컴퓨터 시스템
딥 다이브

컴퓨터 시스템 딥 다이브

C 언어부터 어셈블리, 아키텍처, OS까지 한 꺼풀씩 벗겨보는 컴퓨터 시스템

초판 1쇄 발행 2023년 12월 30일

지은이 수잰 J. 매슈스, 티아 뉴홀, 케빈 C. 웹 / **옮긴이** 김모세, 권성환 / **펴낸이** 전태호
펴낸곳 한빛미디어(주) / **주소** 서울시 서대문구 연희로2길 62 한빛미디어(주) IT출판2부
전화 02-325-5544 / **팩스** 02-336-7124
등록 1999년 6월 24일 제25100-2017-000058호 / **ISBN** 979-11-6921-176-5 93000

총괄 송경석 / **책임편집** 서현 / **기획 · 편집** 이민혁 / **교정** 김묘선
디자인 표지 박정우 내지 박정화 / **전산편집** 다인
영업 김형진, 장경환, 조유미 / **마케팅** 박상용, 한종진, 이행은, 김선아, 고광일, 성화정, 김한솔 / **제작** 박성우, 김정우

이 책에 대한 의견이나 오탈자 및 잘못된 내용에 대한 수정 정보는 한빛미디어(주)의 홈페이지나 아래 이메일로
알려주십시오. 잘못된 책은 구입하신 서점에서 교환해드립니다. 책값은 뒤표지에 표시되어 있습니다.

한빛미디어 홈페이지 www.hanbit.co.kr / **이메일** ask@hanbit.co.kr

지금 하지 않으면 할 수 없는 일이 있습니다.
책으로 펴내고 싶은 아이디어나 원고를 메일(writer@hanbit.co.kr)로 보내주세요.
한빛미디어(주)는 여러분의 소중한 경험과 지식을 기다리고 있습니다.

컴퓨터 시스템 딥 다이브

C 언어부터 어셈블리, 아키텍처, OS까지 한 꺼풀씩 벗겨보는 컴퓨터 시스템

수잰 J. 매슈스, 티아 뉴홀, 케빈 C. 웹 지음
김모세, 권성환 옮김

한빛미디어
Hanbit Media, Inc.

no starch
press

지은이 소개

지은이 **수잰 J. 매슈스**Suzanne J. Matthews

웨스트포인트 미국 육군사관학교의 컴퓨터 과학과 부교수로 텍사스 A&M 대학교에서 컴퓨터 과학 박사 학위를 받았다. 병렬 컴퓨팅과 단일 보드 컴퓨터, 컴퓨터 과학 교육을 연구하고 있다.

지은이 **티아 뉴홀**Tia Newhall

스와스모어 대학교의 컴퓨터 과학과 교수로 위스콘신 대학교에서 컴퓨터 과학 박사 학위를 받았다. 병렬 및 분산 시스템을 연구하고 있다.

지은이 **케빈 C. 웹**Kevin C. Webb

스와스모어 대학교의 컴퓨터 공학과 부교수로 UC 샌디에이고에서 컴퓨터 공학 박사 학위를 받았다. 네트워크와 분산 시스템, 컴퓨터 과학 교육을 연구하고 있다.

옮긴이 소개

옮긴이 **김모세**

대학 졸업 후 소프트웨어 엔지니어, 소프트웨어 품질 엔지니어, 애자일 코치 등 다양한 부문에서 소프트웨어 개발에 참여했다. 재미있는 일, 나와 조직이 성장하도록 돕는 일에 보람을 느껴 2019년부터 번역을 시작했다. 옮긴 책으로는『인간 vs. AI 정규표현식 문제 풀이 대결』(제이펍, 2023),『실무에 바로 쓰는 일잘러의 마이크로카피 작성법』(제이펍, 2023),『애자일 개발의 기술 2/e』(에이콘, 2023),『타입스크립트, 리액트, Next.js로 배우는 실전 웹 애플리케이션 개발』(위키북스, 2023),『플레이어를 생각하는 게임 UI 디자인 노하우』(한빛미디어, 2023) 등이 있다. 이 책은 옮긴이 소개를 작성하는 시점으로 44번째 번역서이다.

옮긴이 **권성환**

TPM^{techical program management}과 애자일 코치 역할을 주로 하고 있다.

코딩에 소질이 없는 것 같아 웹디자인을 취미로 학부 시절을 보냈는데, 별안간 네트워크 엔지니어로 업을 시작했다. 그마저도 회사 사정으로 소프트웨어 엔지니어로 역할이 변경되어서 모바일, 프런트엔드, 백엔드, 아키텍트, PM, PO를 거쳐 TPM과 애자일 코치의 역할에 이르렀다. 정착하지 못해 떠돌았던 실패에 가까운 시간이 좋은 자양분이 되어 다양한 역할자와 편안하게 소통할 수 있는 넓고 얕은 지식을 가진 TPM 겸 애자일 코치가 될 수 있었다.

경험하고 배우고 나누는 일을 기꺼이 즐기기에 이번 책의 공동 번역으로 참여했다.

이 책은 C 프로그래밍부터 아키텍처 기초, 어셈블리 언어, 멀티스레딩 등 컴퓨터 시스템과 관련된 다양한 주제를 소개합니다. 컴퓨터 시스템은 바다로 비유할 수 있습니다. 현대의 삶이 원시 바다 깊은 곳에서 생겨난 것으로 여겨지듯, 현대 프로그래밍도 초기 컴퓨터 아키텍처의 설계와 구축을 바탕으로 시작됐습니다. 최초의 프로그래머들은 최초의 컴퓨터의 하드웨어 다이어그램을 연구하여 최초의 프로그램을 만들었습니다.

그러나 생명체가 바다에서 멀어지면서 바다는 괴물들이 사는 불길하고 위험한 곳으로 인식되기 시작했습니다. 고대 항해자들은 미지의 바다 위치에 바다 괴물과 다른 신화 속 생물의 그림을 캔버스에 그려 넣곤 했습니다. 그 위에는 '여기에 용이 있다'는 경고문을 적어두었습니다. 컴퓨터 역시 세월이 흐르며 그 기원에서 점점 더 멀어졌습니다. 이제 많은 학생에게 컴퓨터 시스템 같은 주제는 마치 용과 같이 무서운 존재로 인식되기 시작했습니다.

이 책을 집필할 때 가장 중요하게 생각한 목표가 있습니다. 바로 여러분이 마음 놓고 컴퓨터 시스템이라는 주제에 뛰어들도록 돕는 것이었습니다. 바다는 위에서 보면 어둡고 위험해 보이지만, 수면 바로 아래로 고개를 넣고 들여다보면 아름답고 놀라운 세계가 펼쳐집니다. 코드도 마찬가지입니다. 코드를 들춰내 그 아래를 들여다보고 구조적 암초를 살펴보면 여러분은 컴퓨터에 관한 더 깊은 이해를 얻을 수 있습니다.

이 책은 여러분을 망망대해에 던지지 않습니다. 이 책은 여러분이 컴퓨터 과학과 1학년 수준의 지식만 가지고 있다고 가정하고, 다양한 컴퓨터 시스템 관련 주제를 소개합니다. C 프로그래밍, 논리 게이트, 바이너리, 어셈블리, 메모리 계층 구조, 스레딩 및 병렬 처리와 같은 주제를 다룹니다. 각 장은 가능한 한 독립적으로 작성되었으며, 다양한 과정에 폭넓게 적용하도록 구성했습니다.

마지막으로, 이 책은 온라인에서 원서를 무료로 제공합니다. 이 책이 컴퓨터 커뮤니티에서 활동하는 많은 이의 손을 거쳐 계속 발전하고 진화하는 살아있는 문서가 되기를 바랍니다. 피드백이 있으시면 언제든지 의견을 남겨 주세요. 여러분의 의견을 들려주세요!

수잰 J. 매슈스, 티아 뉴홀, 케빈 C. 웹

옮긴이의 말

이 책은 컴퓨터를 세로로 잘라, 수면 깊숙이 잠겨 있는 부분을 다룹니다. C 프로그래밍과 디버깅, 하드웨어, 논리 게이트, 메모리 계층 구조, 아키텍처, 어셈블리, 멀티스레딩과 병렬 프로그래밍까지 컴퓨터 시스템과 관련된 다양한 주제를 다룹니다.

하루가 다르게 눈부신 속도로 발전하는 애플리케이션의 세계에서 이런 주제들을 다루는 것은 다소 진부하게 느껴질 수 있습니다. 하지만, 단순한 코드가 아니라 컴퓨터가 만들어진 기본을 알게 되면 이런 애플리케이션을 더욱 효율적으로 다루고 성능을 개선할 수 있는 아이디어를 얻을 수 있을 것입니다. 완전히 새로운 컴퓨팅 하드웨어와 아키텍처가 만들어지지 않는 한, 이 책에서 제공하는 정보들은 여전히 유용할 것입니다.

번역을 통해 유익한 지식을 공유할 수 있도록 해 주신 하나님께 감사드립니다. 또한 재미있는 책을 번역할 수 있도록 기회를 주신 한빛미디어 대표님께 감사드립니다. 옮기는 과정에서 함께 수고하신 공역자 권성환 님께 감사드립니다. 또한 책의 편집 과정에서 많이 고생하시고 도움 주신 이민혁 님께도 감사드립니다. 마지막으로 책을 번역하는 동안 한결같은 믿음으로 저를 지지해 준 아내와 컴퓨터 앞에서 시간을 보내는 아빠를 응원해 준 세 딸에게도 깊은 감사를 전합니다. 정말 고맙습니다.

김모세

옮긴이의 말

저에게는 매우 큰 도전이 된 책이었습니다. 마치 학부 시절 놓쳤던 전공과목을 교수님에게 지금에 이르러서 보충 수업을 받는 느낌으로 이 책을 번역했습니다. 책을 읽어가며 그 시절 수업에 집중하지 못했던 것들이 생각나서 교수님들에게 죄송한 마음이 들었습니다.

근래 엔지니어의 환경이 많이 추상화되다 보니 근간에 대해서 놓치는 경우가 많은 듯합니다. SaaS나 IaaS를 활용해서 비즈니스 목적에 맞게 서비스를 만들어내는 방법을 익히기에도 시간이 부족하기 때문일 것입니다.

저처럼 거의 비전공자에 가까운 분들이나 컴퓨터 엔지니어링의 근간에 대한 부족함과 목마름을 느끼셨던 분들이라면, 이 책은 여러분들의 전공 교수님이 되어줄 수도 있고, 우물이 되어 줄 수도 있습니다. 특히나 눈으로 확인하기 어려운 다양한 로직들을 눈에 보이게 가시화한 부분에서는 큰 도움이 되리라 생각합니다.

다양한 방식으로 경험을 나누어 왔지만, 책이라는 매체는 이번이 처음입니다. 초보 번역가를 이끌어 주시느라 평소보다 많은 고생을 하신 한빛미디어 이민혁 님과 공동 번역자 김모세 님에게 죄송하고 감사한 마음을 가득 전해봅니다.

무엇보다 업무 외 시간에 담당해야 할 집안일과 육아를 이 책을 번역하는 동안 거의 돌보지 못했습니다. 아내와 아이들에게 미안함이 큽니다. 이제 번역의 끝에 다다랐으므로 사랑하는 가족들에게 이자를 더해서 갚아나가겠습니다! 끝으로 이 모든 일의 시작점이 되어주셨으나 마지막은 함께 하지 못한 황후순 님에게도 감사의 마음을 전해봅니다.

권성환

이 책에 대하여

이 책은 컴퓨터 시스템과 관련된 광범위한 주제를 다루지는 않는다. 컴퓨터 시스템 입문 또는 컴퓨터 구조와 같은 중급 주제를 주로 다룬다. 또한 운영 체제나 컴파일러, 병렬 및 분산 컴퓨팅, 컴퓨터 아키텍처 등 상위 수준의 과정을 위한 배경지식도 소개하지만 전체 내용을 담고있지는 않아 해당 주제의 교재를 대신할 수 없다. 대신 컴퓨터가 프로그램을 실행하는 방식을 이해하는 컨텍스트에서 컴퓨터 시스템과 시스템의 공통 주제, 시스템에서 효율적으로 실행되도록 프로그램을 설계하는 방법을 소개하는 데 중점을 두고 있다. 시스템에 대한 고급 학습을 위한 공통 지식 기반과 기술을 제공한다.

이 책의 구성

이 책은 컴퓨터를 수직으로 잘라낸 단면을 바라본다. 가장 낮은 계층에서는 프로그램을 저장하고 실행하도록 설계된 프로그램과 회로의 2진 표현에 대해 논의하고, 프로그램 명령을 실행할 수 있는 기본 게이트로 간단한 CPU를 구축한다. 다음 계층에서는 프로그램 실행과 컴퓨터 하드웨어 관리, 특히 다중 프로그래밍 및 가상 메모리 지원을 구현하는 메커니즘 위주로 운영 체제를 소개한다. 가장 높은 계층에서는 C 프로그래밍 언어와 저수준 코드에 매핑하는 방법, 효율적인 코드를 설계하는 방법, 컴파일러 최적화 및 병렬 컴퓨팅을 소개한다. 이 책 전체를 읽은 독자는 C(및 Pthreads)로 작성된 프로그램이 컴퓨터에서 어떻게 실행되는지 이해하고, 이러한 이해를 바탕으로 프로그램 구조를 변경하여 성능을 개선할 수 있는 몇 가지 방법을 알게 될 것이다.

이 책에 대하여

- **0장. 시작하며**: 컴퓨터 시스템을 간략히 살펴보고 이 책을 읽기 위한 몇 가지 팁을 소개한다.
- **1장. C 프로그래밍 기초**: C 프로그램 컴파일 및 실행을 비롯한 C 프로그래밍 기본 사항을 다룬다. 독자가 프로그래밍 언어에 대한 입문 경험이 있다고 가정하고, 파이썬에 익숙한 독자가 코드를 이해하도록 C 구문을 파이썬 구문과 비교한다. 이 장을 읽거나 이해하는 데 파이썬 프로그래밍 경험이 반드시 필요하지는 않다.
- **2장. C 프로그래밍 심화**: 포인터와 메모리 동적 할당을 비롯한 C 언어의 대부분을 살펴본다. 또한 1장에서 모두 다루지 못한 주제를 더 자세히 설명하며 몇 가지 고급 C 기능을 논의한다.
- **3장. C 디버깅 도구**: 일반적인 C 디버깅 도구(GDB와 발그린드)를 소개하며 다양한 애플리케이션을 디버깅하는 방법을 설명한다.
- **4장. 바이너리와 데이터 표현**: 데이터를 바이너리로 인코딩하는 방법, C 타입의 바이너리 표현, 바이너리 데이터에 대한 산술 연산, 산술 오버플로우에 대해 알아본다.
- **5장. 컴퓨터 아키텍처**: 논리 게이트부터 기본 CPU 구성에 이르는 폰 노이만 아키텍처를 다룬다. 클럭 기반 실행과 산술, 저장, 제어 회로를 통한 명령어 실행 단계의 특징을 살펴본다. 또한 파이프라이닝과 현대 아키텍처의 몇 가지 특징, 컴퓨터 아키텍처의 간략한 역사에 대해서도 간략하게 소개한다.
- **6~10장. 어셈블리 프로그래밍**: 기본 산술 표현식부터 함수, 스택, 배열 및 구조체 접근까지 C를 어셈블리 코드로 변환하는 방법을 다룬다. 7장에는 64비트 x86 어셈블리를 다루고, 7장과 8장은 32비트 x86과 64비트 ARM의 어셈블리를 다룬다. 8장과 9장은 온라인으로 제공한다.
- **11장. 저장소와 메모리 계층**: 저장소 장치와 메모리 계층 구조, 프로그램 성능에 미치는 영향, 지역성, 캐싱, 캐시그라인드 프로파일링 도구에 대해 다룬다.
- **12장. 코드 최적화**: 컴파일러 최적화, 성능을 염두에 둔 프로그램 설계, 코드 최적화를 위한 팁, 프로그램 성능의 정량적 측정에 대해 다룬다.
- **13장. 운영 체제**: 핵심 운영 체제 추상화와 그 이면의 메커니즘을 다룬다. 프로세스, 가상 메모리, 프로세스 간 통신을 주로 살펴본다.
- **14장. 멀티코어 시대의 공유 메모리 활용**: 멀티코어 프로세서, 스레드 및 Pthread 프로그래밍, 동기화, 경쟁 조건, 교착 상태에 대해 다룬다. 이 장에서는 병렬 성능 측정(속도 향상, 효율성, 암달의 법칙), 스레드 안전성 및 캐시 일관성에 대한 고급 주제를 다룬다.
- **15장. 앞으로 살펴볼 다른 병렬 시스템 및 병렬 프로그래밍 모델**: 분산 메모리 시스템의 기본 개념과 메시지 전달 인터페이스(MPI), 하드웨어 가속기 및 CUDA, 클라우드 컴퓨팅 및 맵리듀스를 소개한다.

각 장은 가능한 한 독립적으로 작성했으므로 필요에 따라 장들을 혼합하여 사용할 수 있다. 다음은 각 장의 학습 순서를 정리한 그림이다.

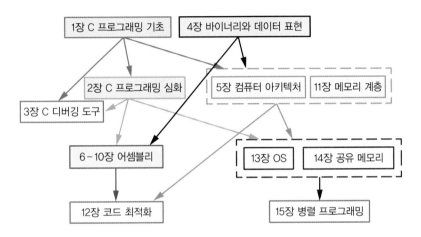

각 주제별로 연관된 배경지식이 포함된 장을 표에 정리했다. 이 책의 내용을 바탕으로 심화 주제의 배경지식을 학습할 수 있다.

심화 주제	관련 장
아키텍처	5, 11
컴파일러	6, 7, 8, 9, 10, 11, 12
데이터베이스	11, 14, 15
네트워크	4, 13, 14
운영체제(OS)	11, 13, 14
병렬 및 분산 시스템	11, 13, 14, 15

본 도서는 x86-64 어셈블리를 다루는 7장만 담고 있다. IA32 어셈블리를 다루는 8장과 ARM 어셈블리를 다루는 9장은 온라인 PDF로 제공한다.

- https://github.com/hanbit/dive-into-systems/blob/main/ch8-9.pdf

CONTENTS

CHAPTER 0 **시작하며**

PART **I C 프로그래밍 언어**

CHAPTER 1 **C 프로그래밍 기초**

CHAPTER 2 C 프로그래밍 심화

CONTENTS

CONTENTS

CHAPTER 5 컴퓨터 아키텍처

CONTENTS

PART **III** 어셈블리 프로그래밍

CHAPTER 6 C 아래로: 어셈블리에 뛰어들기

CHAPTER 7 64비트 X86 어셈블리(X86-64)

CONTENTS

CHAPTER 8 32비트 X86 어셈블리(IA32)

8장은 https://github.com/hanbit/dive-into-systems에서 제공합니다.

CHAPTER 9 ARM 어셈블리

9장은 https://github.com/hanbit/dive-into-systems에서 제공합니다.

CHAPTER 10 어셈블리 핵심 교훈

CHAPTER **11 저장소와 메모리 계층**

CONTENTS

PART V 병렬 프로그래밍

CHAPTER 14 멀티코어 시대의 공유 메모리 활용

CONTENTS

CHAPTER 15 기타 병렬 시스템 및 병렬 프로그래밍 모델

시작하며

멋진 컴퓨터 시스템의 세계로 뛰어들어보자! 컴퓨터 시스템이 무엇이고 프로그램이 어떤 원리로 실행하는지 이해하면, 효율적으로 실행되는 코드를 설계하고 시스템의 기능을 최대한 활용할 수 있다. 이 책은 여러분을 컴퓨터 시스템 세계로 안내한다. 여러분은 이 여행에서 고급 프로그래밍 언어(C 언어)로 작성된 프로그램이 컴퓨터에서 실행하는 방식을 배우며, 프로그램 명령어가 바이너리로 변환하는 방법, 회로가 바이너리 인코딩을 실행하는 방법을 배운다. 그리고 운영 체제가 시스템에서 프로그램을 관리하는 방법과 멀티코어 컴퓨터를 사용해 프로그램을 작성하는 방법을 배운다. 이를 통해, 프로그램 코드와 관련된 시스템 비용을 평가하고 효율적으로 실행하도록 프로그램을 설계하는 방법을 알 수 있다.

0.1 컴퓨터 시스템이란 무엇인가?

컴퓨터 시스템은 사용자가 컴퓨터에서 프로그램을 운용할 수 있도록 컴퓨터 하드웨어와 특정한 시스템 소프트웨어를 결합한 것이며 다음 요소로 구성된다(그림 0-1).

- **입력**Input/**출력**output**(IO) 포트**ports는 컴퓨터 환경에서 정보를 가져와 의미 있는 방식으로 사용자에게 보여준다.
- **중앙 처리 장치**central processing unit**(CPU)**는 명령어를 실행하고 데이터 주소와 메모리 주소를 계산한다.
- **임의 접근 메모리**random access memory**(RAM, 램)**는 실행 중인 프로그램의 데이터와 명령어를 저장한다. 램에 있는 데이터와 명령어는 컴퓨터 시스템의 전원이 꺼지면 사라진다.

- **2차 저장 장치**^{secondary storage devices}는 하드 디스크처럼 컴퓨터에 전원이 공급되지 않을 때도 프로그램과 데이터를 저장한다.

- **운영 체제**^{operating system}**(OS)**는 컴퓨터의 하드웨어와 사용자가 컴퓨터에서 실행하는 소프트웨어 사이에 있다. 운영 체제는 사용자가 시스템에서 프로그램을 쉽게 작동할 수 있도록 프로그래밍 추상화와 인터페이스를 구현한다. 또한 기본 하드웨어 리소스를 관리하고 프로그램이 실행되는 방법과 시점을 제어한다. 운영 체제는 여러 프로그램이 시스템에서 효율적이고 보호되며 원활한 방식으로 동시에 실행되도록 추상화, 정책, 메커니즘을 구현한다.

이중에서 앞의 네 가지는 컴퓨터 시스템의 **컴퓨터 하드웨어** 구성요소이고, 마지막 운영 체제는 컴퓨터 시스템의 주요 소프트웨어다. 라이브러리 같은 시스템 사용자에게 인터페이스를 제공하는 운영 체제 위에 소프트웨어 계층이 추가될 수 있다. 그러나 이 책에서 중점적으로 다루는 시스템 소프트웨어는 운영 체제다.

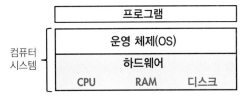

그림 0-1 계층화된 컴퓨터 시스템의 구성요소

이 책은 컴퓨터 시스템의 **범용성**에 중점을 둔다. 즉 특정 애플리케이션^{application}에 맞게 특화되지 않았으며 **재프로그래밍 가능**하다. 따라서 컴퓨터 하드웨어나 시스템 소프트웨어를 수정하지 않고도 다른 프로그램의 실행을 지원한다.

이를 위해 '계산'을 할 수 있는 모든 장치를 컴퓨터 시스템이란 범주에 포함하지 않았다. 예를 들어 계산기는 전형적으로 프로세서^{processor}, 제한된 메모리^{memory}, 입출력 기능이 있으나 보통 운영 체제가 없고(TI-89 같은 공학용 고사양 계산기는 예외) 2차 저장 장치도 없으며 범용적이지 않기 때문에 제외했다.

컴퓨터와 비슷한 기능이 많은 직접 회로 유형의 마이크로컨트롤러^{microcontroller}도 마찬가지다. 다양한 장치(장난감, 의학 장비, 자동차, 가전제품 등)에 주로 내장되는 마이크로컨트롤러는 범용적이고 재프로그래밍 가능하며 프로세서, 내부 메모리, 2차 저장 장치가 있고 입출력이 가능하지만, 운영 체제가 없다. 또한 전원이 꺼질 때까지 단일 특정 프로그램을 부팅하고 실행하도록 설계됐다. 그래서 마이크로컨트롤러는 우리가 정의하는 컴퓨터 시스템에 적합하지 않다.

0.2 현대의 컴퓨터 시스템은 어떤 모습일까?

무엇이 컴퓨터 시스템인지(아닌지) 정의했으므로 이제 컴퓨터 시스템이 일반적으로 어떤 모습인지 논의하고자 한다. [그림 0-2]는 두 가지 유형의 컴퓨터 하드웨어 시스템(주변 장치 제외), 즉 데스크톱 컴퓨터(왼쪽)와 노트북 컴퓨터(오른쪽)를 찍은 사진이다. 각 장치의 왼쪽 하단에 올려놓은 동전(미국 쿼터)으로 장치의 크기를 짐작할 수 있다.

그림 0-2 일반적인 컴퓨터 시스템: 데스크톱 컴퓨터(왼쪽), 노트북 컴퓨터(오른쪽)

두 유형의 컴퓨터는 하드웨어 구성은 동일하지만, 일부 하드웨어는 폼 팩터^{form factor}가 더 작거나 하드웨어 자체가 더 작기도 하다. 데스크톱 컴퓨터에서 DVD 베이^{bay}는 그 밑에 있는 하드 드라이브를 보여주기 위해 옆으로 옮겨두었다. 두 장치는 원래 위아래로 겹쳐 설치된다. 전용 전원 공급 장치는 데스크톱 컴퓨터에 전원을 공급한다.

두 컴퓨터를 대조해보면, 노트북이 더 평평하고 더 작다(오른쪽 사진의 동전이 왼쪽 사진의 동전보다 더 크게 보인다). 노트북은 배터리가 내장되고, 더 작은 하드웨어를 쓰는 편이다. 데스크톱과 노트북 모두에서 CPU는 적정 온도를 유지하기 위한 묵직한 팬에 가려져 잘 보이지 않는다. 하드웨어는 과열되면 영구적으로 손상될 수 있다. 두 장치에는 RAM용 DIMM^{dual inline} ^{memory module}이 있으며 노트북 메모리 모듈이 데스크톱 모듈보다 훨씬 더 작다.

무게와 전력 소비 측면에서 데스크톱은 보통 3~10kg의 무게가 나가고 100~400W 전력을 소비한다. 노트북은 전형적으로 50~100W의 전력을 소비하고 필요에 따라 외부 충전기로 배터리를 충전한다.

컴퓨터 하드웨어 설계는 더 작고 콤팩트한 방향으로 발전하는 추세다. [그림 0-3]은 라즈베리파이^{Raspberry Pi} 단일 기판 컴퓨터^{single-board computer}(SBC)의 사진이다. SBC는 컴퓨터 전체가 회로 기판 하나에 인쇄된 장치다.

그림 0-3 라즈베리파이, 단일 기판 컴퓨터

라즈베리파이 SBC에는 RAM과 CPU가 통합된 **시스템 온 칩**^{system-on-a-chip}(SoC) 프로세서와, [그림 0-2]의 데스크톱과 노트북 하드웨어의 대부분이 내장된다. 노트북, 데스크톱과 달리, 대략 신용 카드 크기에, 43g 정도로 빵 한 조각 무게이며 5W 전력을 소비한다. 라즈베리파이의 SoC 기술은 스마트폰에서도 흔히 볼 수 있다. 사실 스마트폰은 컴퓨터 시스템이나 다름없다.

마지막으로, 앞서 말한 컴퓨터 시스템(라즈베리파이, 스마트폰 포함)에는 모두 **멀티코어**^{multicore} 프로세서가 들어 있다. 즉 CPU는 여러 프로그램을 동시에 실행한다. 이를 **병렬 실행**^{parallel execution}이라고 한다. 멀티코어 프로그래밍의 기초는 이 책의 12장에서 다룬다.

이 같은 다양한 유형의 컴퓨터 하드웨어 시스템은 모두 맥OS^{macOS}, 윈도우^{Windows}, 유닉스^{Unix} 같은 하나 이상의 범용 운영 체제를 실행한다. 범용 운영 체제는 기본적인 컴퓨터 하드웨어를 관리하고 컴퓨터에서 프로그램을 실행할 사용자를 위한 인터페이스를 제공한다. 다양한 범용 운영 체제를 실행하는 다양한 유형의 하드웨어가 컴퓨터 시스템을 구성한다.

0.3 이 책에서 배울 내용

이 책을 끝까지 읽은 독자는 다음의 내용에 관해 알 수 있다.

컴퓨터가 프로그램을 실행하는 방법

고급 프로그래밍 언어로 표현된 프로그램이 컴퓨터 하드웨어의 저수준 회로에 의해 어떻게 실행되는지 자세히 설명할 수 있다. 구체적으로, 배우는 내용은 다음과 같다.

- 프로그램 데이터가 바이너리(2진법)로 인코딩되는 방법과 하드웨어가 산술 연산을 수행하는 방법
- 컴파일러가 C 프로그램을 어셈블리와 2진 기계 코드로 변환하는 방법(어셈블리는 사람이 읽을 수 있는 2진 기계 코드 형식임)
- CPU가 기본 논리 게이트부터 값을 저장하고 산술 연산을 수행하고 프로그램 실행을 제어하는 복잡한 회로까지 2진 프로그램 데이터에서 2진 명령을 실행하는 방법
- 운영 체제가 시스템에서 프로그램을 실행하는 사용자를 위해 인터페이스를 구현하는 방법과 시스템 리소스를 관리하면서 시스템에서 프로그램 실행을 제어하는 방법

프로그램 성능과 관련된 시스템 비용을 평가하는 방법

프로그램은 여러 가지 이유로 느리게 실행되곤 한다. 알고리즘을 잘못 선택하거나 프로그램이 시스템 리소스를 잘못된 방법으로 사용할 수 있다. 이 책에서는 메모리 계층 구조('9.1 메모리 계층' 참조)와 이 계층 구조가 프로그램 성능에 미치는 영향, 프로그램 성능과 관련된 운영 체제 비용을 알아본다. 또 코드를 최적화하는 유용한 팁도 소개한다. 이를 통해 궁극적으로, 시스템 리소스를 효율적으로 사용하는 프로그램을 설계하고 프로그램과 관련된 시스템 비용을 평가할 수 있게 된다.

병렬 프로그래밍으로 병렬 컴퓨터의 성능을 활용하는 방법

오늘날 멀티코어 세계에서 병렬 컴퓨팅을 활용하는 것이 중요한 만큼 CPU의 멀티코어로 프로그램을 더 빠르게 실행하는 법을 배운다. 멀티코어 하드웨어의 기본, 운영 체제의 스레드^{thread} 추상화, 멀티스레드 병렬 프로그램 실행과 연관된 문제를 살펴본다. 병렬 프로그램을 설계하고 POSIX 스레드 라이브러리(Pthreads)를 사용하는 멀티스레드 병렬 프로그램을 작성해본다. 그 외 유형의 병렬 시스템과 병렬 프로그래밍 모델도 소개한다.

이 모든 내용을 배우며 컴퓨터 시스템이 어떻게 설계되고 실행되는지, 컴퓨터 시스템의 중요한 세부 사항을 살펴본다. 시스템 설계의 핵심 주제를 비롯해 시스템과 프로그램의 성능 평가 기술도 배운다. 또 C 언어 및 어셈블리 프로그래밍과 디버깅 등의 중요한 기술을 습득하게 된다.

0.4 이 책을 시작하기에 앞서

이 책에서 사용한 언어, 표기법, 권장 사항을 일러두겠다.

0.4.1 리눅스, C 및 GNU 컴파일러

예시에서 사용한 프로그래밍 언어는 C 언어다. C는 자바^{Java}, 파이썬^{Python} 같은 고급 프로그래밍 언어지만 고급 언어보다 기본 컴퓨터 시스템에서 덜 추상화된다. 그래서 컴퓨터 시스템에서 프로그램의 실행 방식을 더 잘 제어하려는 프로그래머들이 많이 선택한다.

이 책의 코드와 예시는 GNU C 컴파일러(GCC)를 사용해 컴파일됐으며 리눅스 운영 체제에서 실행된다. 리눅스는 주류의 운영 체제는 아니지만 슈퍼컴퓨팅 시스템에서는 단연 지배적이며, 컴퓨터 과학자들이 가장 많이 사용하는 운영 체제임에는 틀림없다.

또 리눅스는 이런 환경에서 널리 사용되는 무료 오픈 소스다. 리눅스 관련 실무 지식은 컴퓨터 분야에서 일하려는 모든 이에게 자산이 된다. GCC 역시 요즘 사용되는 가장 일반적인 C 컴파일러다. 그래서 예시에서는 리눅스와 GCC를 사용한다. 그러나 유닉스 시스템과 컴파일러에도 이와 비슷한 인터페이스와 기능이 있다.

이 책에서는 코드를 실행할 때 아래 나열된 예시를 입력하는 것이 좋다. 리눅스 명령어는 다음과 같은 블록으로 표시된다. $는 명령 프롬프트를 나타낸다.

```
$
```

다음은 uname -a를 커맨드 라인에 입력하라는 표시다. $는 입력할 필요가 없다!

```
$ uname -a
```

명령어의 출력은 보통 커맨드 라인 목록 바로 뒤에 표시된다. 예를 들어 uname -a를 입력한 경우 시스템마다 출력이 다르지만 64비트 시스템에서는 다음과 같이 표시된다.

```
$ uname -a
Linux Fawkes 4.4.0-171-generic #200-Ubuntu SMP Tue Dec 3 11:04:55 UTC 2019
x86_64 x86_64 x86_64 GNU/Linux
```

uname 명령어는 특정 시스템의 정보를 출력한다. -a 플래그는 다음과 같이 시스템과 관련된 정보를 모두 출력한다.

- 시스템의 커널 이름(예, Linux)
- 머신의 호스트네임(예, Fawkes)
- 커널 릴리즈(예, 4.4.0-171-generic)
- 커널 버전(예, #200-Ubuntu SMP Tue Dec 3 11:04:55 UTC 2019)
- 하드웨어(예, x86-64)
- 프로세서 유형(예, x86-64)
- 하드웨어 플랫폼(예, x86-64)
- 운영 체제 이름(예, GNU/Linux)

uname이나 그 외 리눅스 명령어에 대해 더 자세한 설명이 보고 싶다면 명령어 앞에 man을 입력하면 된다.

```
$ man uname
```

이 명령어는 uname 명령어와 관련된 매뉴얼 페이지를 불러오며 [q] 키를 눌러 종료한다.

리눅스에 대한 자세한 내용은 이 책의 범위를 벗어나 생략하지만, 여러 온라인 자료에서 좋은 개요를 볼 수 있다. 이중 추천하는 웹사이트는 'The Linux Command Line'[1]으로 첫 부분인 'Learning the Shell'을 살펴보기만해도 준비는 충분하다.

---

1 http://linuxcommand.org/lc3_learning_the_shell.php

0.4.2 기타 표기법과 설명선

커맨드 라인과 코드 외에 다음 표기법을 사용한다.

첫째, 다음과 같은 **글상자**다. 본문을 부연 설명하는 것이며 주로 역사적인 내용을 담고 있다.

리눅스, GNU, 무료 오픈 소프트웨어Free Open Source Software(FOSS) 운동의 기원

1969년에 AT&T의 벨Bell 연구소는 사내용 유닉스 운영 체제를 개발했다. 처음에는 어셈블리로 작성했지만 1973년에 C로 다시 작성했다. 유닉스 운영 체제는 AT&T 벨 연구소의 컴퓨팅 산업 진출을 제지한 독점 금지 소송 때문에 대학에 무료 라이선스로 제공됐고 많은 대학에서 이를 채택했다. 그러나 1984년에 벨 연구소는 AT&T에서 분할된 후 (이전의 제한에서 벗어남) 유닉스를 상용 제품으로 판매하기 시작해 학계에 큰 분노와 실망을 안겨주었다.

이에 대한 반응으로, 같은 해에 (당시 MIT 학생이던) 리처드 스톨먼Richard Stallman은 완전히 무료 소프트웨어로만 구성해 유닉스와 유사한 시스템을 목표로 하는 GNU('GNU is not UNIXGNU 는 UNIX가 아님') 프로젝트를 개발했다. 이 프로젝트에서 GNU C 컴파일러(GCC), GNU Emacs, GNU 공공 라이선스(GPL, 'copyleft' 원칙의 원형)를 비롯한 여러 성공적인 무료 소프트웨어 제품이 탄생했다.

1992년에는 헬싱키 대학에 재학 중이던 리누스 토발즈Linus Torvalds가 GPL로 작성한 유닉스와 유사한 운영 체제를 출시했다. GNU 도구를 사용한 리눅스 운영 체제(리눅스 이름의 발음 '리−눅스'처럼, '린−눅스' 또는 '리−눅스'로 발음)다. 오늘날 GNU 도구는 대개 리눅스 배포판과 함께 패키지로 제공된다. 리눅스 운영 체제의 마스코트는 펭귄 턱스Tux다. 토발즈는 동물원에 갔다가 펭귄에게 물린 뒤, 펭귄을 매우 좋아하게 되어 이를 운영 체제 마스코트로 선택했는데, 이런 현상을 '펭귄염penguinitis'이라 이름 붙였다.

둘째 설명선은 **노트**다. 다음과 같은 모양의 글상자로 중요한 정보를 강조한다. 가령 특정 유형의 표기법이나 특정 정보를 이해하는 방법을 제안한다.

마지막 유형의 설명선은 **경고**로 주의를 기울여야 할 내용을 담아낸다. 다음과 같은 경고 글상자로 독자가 흔히 접하는 '잘못된 문제' 또는 예기치 못한 사태의 원인을 설명한다. 모든 경고가 모든 독자에게 똑같이 중요하지 않겠지만, 가능하다면 일반적인 함정을 피하기 위해 경고를 읽고 넘어가길 권한다.

시작할 준비가 됐다면, 첫 장을 펼쳐 C의 놀라운 세계로 뛰어들자. C 프로그래밍을 이미 알고 있다면, 4장의 2진 표현이나 2장의 고급 C 프로그래밍부터 시작해도 좋다.

즐거운 여행이 되길 바란다!

Part

I

C 프로그래밍 언어

1장부터 3장까지는 C 프로그래밍 언어에 대해 소개한다. C는 프로그램 제어의 표현력과 컴퓨터가 실행하는 어셈블리와 기계어로의 변환이 비교적 수월하다.

1장 **C 프로그래밍 기초**는 C로 작성한 코드의 컴파일 및 실행 방법을 비롯해 C 프로그래밍 언어의 기본 사항을 다룬다. 2장 **C 프로그래밍 심화**는 포인터와 메모리 동적 할당을 비롯해 C 언어의 심화 개념을 살펴본다.

3장 **C 디버깅 도구**는 많이 사용하는 C 전용 디버깅 도구인 GDB와 발그린드를 다루고 다양한 애플리케이션을 디버깅하는 방법을 설명한다.

Part I

C 프로그래밍 언어

## CHAPTER 1

C 프로그래밍 기초

이 장에서는 지금까지 C가 아닌 언어로 프로그래밍을 한 독자를 위해 C 프로그래밍의 개요를
설명한다. 특히 파이썬 프로그래머를 위해 작성해 파이썬과 C의 코드를 비교한다. 언어가 다르
더라도 기본적인 프로그래밍 경험은 C 프로그래밍을 이해하는 데 도움이 된다.

C는 파이썬, 자바, 루비, C++ 같은 고급 프로그래밍 언어다. 또 명령적, 절차적 프로그래밍 언
어다. 즉, C 프로그램은 컴퓨터가 실행할 명령문(단계)으로 표현되고, 함수(프로시저procedure)의
집합으로 구조화된다. 모든 C 프로그램은 적어도 하나의 함수가 있어야만 한다. main 함수는
프로그램이 시작할 때 실행되며 명령문의 집합이 들어있는 함수다.

C 프로그래밍 언어는 다른 언어보다 컴퓨터 기계어에서 덜 추상화된다. 즉 C는 객체 지향 프로
그래밍(파이썬, 자바, C++ 같은)이나 풍부한 고급 프로그래밍 추상화(파이썬의 문자열string과
리스트list, 딕셔너리dictionaries 등)를 지원하지 않는다. 그 결과, C 프로그램에서 딕셔너리 데이터
구조를 사용하려면 프로그래밍 언어(파이썬 같은)에서 일부를 가져오지 못하고 직접 구현해야
한다.

C가 고수준 추상화 수준이 부족한 탓에 사용하고 싶을 만큼 매력적이지 않을 수 있다. 그러나
기계에서 덜 추상화되면 프로그래머가 프로그램 코드와 컴퓨터 실행의 관계를 이해하기가 더
쉬워진다. C 프로그래머는 자신의 프로그램이 하드웨어에서 실행되는 방식을 더 잘 제어하고,
다른 프로그래밍 언어에서 고수준 추상화를 사용해 작성된 코드보다 더 효율적으로 실행되는
코드를 작성할 수 있다. 특히 프로그램이 메모리를 관리하는 방법을 더 많이 제어할 수 있어 성

능에 더 큰 영향을 미치게 된다. 따라서 C는 사실상 저수준의 제어와 효율성이 중요한 컴퓨터 시스템 프로그래밍을 위한 언어다.

이 책에서 C를 사용하는 이유는 프로그램 제어의 표현력과 컴퓨터가 실행하는 어셈블리와 기계어로의 변환이 비교적 수월하기 때문이다. 이 장에서는 기능에 대한 개요로 시작해 C 프로그래밍을 소개한다. 자세한 C의 기능은 2장에서 설명한다.

1.1 C 프로그래밍 시작하기

수학 라이브러리(math, math.h)에서 함수를 호출하는 예시가 포함된 'Hello World' 프로그램을 파이썬과 C로 구현한 코드를 함께 살펴보겠다. 파이썬 버전은 hello.py라는 이름으로, C 버전은 hello.c라는 이름으로 저장했다(.c는 C 소스 코드 파일에 붙는 접미사).

파이썬 버전[1]

```
'''
    파이썬으로 작성한 Hello World 프로그램
'''


# 파이썬 math 라이브러리
from math import *


# main 함수 정의:
def main():
    # 각 구문은 한 줄을 차지한다.
    print("Hello World")
    print("sqrt(4) is %f" % (sqrt(4)))
# main 함수를 호출한다:
main()
```

[1] https://diveintosystems.org/antora/diveintosystems/1.0/C_intro/_attachments/hello.py

```c
/*
    C로 작성한 Hello World 프로그램
 */

/* C math 및 I/O 라이브러리 */
#include <math.h>
#include <stdio.h>

/* main 함수 정의: */
int main() {
    // 구문은 세미콜론(;)으로 끝난다.
    printf("Hello World\n");
    printf("sqrt(4) is %f\n", sqrt(4));

    return 0;   // main은 0 값을 반환한다.
}
```

이 프로그램의 두 버전은 언어 구문이 다르지만 구조와 언어 구성이 유사하다. 특히 다음 사항
이 유사하다.

주석

파이썬에서 여러 줄의 주석은 ' ' '로 시작해서 끝나고 한 줄 주석은 #로 시작한다.

C에서 여러 줄의 주석은 /*로 시작해서 */로 끝나고 한 줄 주석은 //로 시작한다.

라이브러리를 가져오는 코드

파이썬에서는 **import**를 사용해 라이브러리를 가져온다[import].

C에서는 **#include**를 사용해 라이브러리를 코드에 포함한다[include]. 모든 **#include** 구문은 함
수 본문 밖 프로그램 상단에 나타낸다.

---

2 https://diveintosystems.org/antora/diveintosystems/1.0/C_intro/_attachments/hello.c

블록

파이썬에서 블록은 들여쓰기로 나타낸다.

C에서 블록(예를 들어 함수, 반복문, 조건부)은 {로 시작해서 }로 끝난다.

메인 함수

파이썬에서는 `def main():`이 메인 함수를 정의한다.

C에서는 `int main(){ }`이 메인 함수를 정의한다. `main` 함수는 `int` 타입의 값을 반환한다. `int`는 C에서 −3, 0, 1234처럼 부호가 있는 정수형을 나타내는 이름이다. `main` 함수는 오류 없이 실행이 완료될 때 `int` 값으로 0을 반환한다.

구문

파이썬에서 각 구문은 줄을 분리해 구분한다.

C에서 각 구문은 세미콜론(;)으로 끝난다. 또 반드시 어떤 함수의 본문 내에 있어야 한다(이 예시에서는 `main` 안).

출력

파이썬에서 `print` 함수는 형식이 지정된 문자열을 출력한다. 형식 문자열의 플레이스홀더 placeholders 값은 쉼표로 구분된 값 목록의 `%` 기호를 따른다. 예를 들어 `sqrt(4)`의 값은 형식 문자열의 플레이스홀더 `%f`의 위치에 출력된다.

C에서 `printf` 함수는 형식이 지정된 문자열을 출력한다. 형식 문자열의 플레이스홀더 값은 쉼표로 구분된 추가 인수다. 예를 들어 `sqrt(4)`의 값은 형식 문자열의 플레이스홀더 `%f`의 위치에 출력된다.

이 프로그램은 C와 파이썬에서 다음의 중요한 차이점이 있다.

들여쓰기

C에서 들여쓰기는 아무 의미가 없다. 하지만 포함된 블록의 중첩 수준에 따라 구문을 들여
쓰는 것이 좋은 프로그래밍 스타일이다.

출력

C의 printf 함수는 파이썬의 print 함수처럼 자동으로 끝에 줄바꿈 문자를 출력하지 않는
다. 그러므로 C 프로그래머는 출력에서 줄바꿈이 필요할 때 형식 문자열인 줄바꿈 문자(\n)
를 명시적으로 지정해야 한다.

main 함수

C 프로그램에는 반드시 main 함수가 존재해야 하고 반환 유형은 int여야 한다. 즉 main 함수
는 부호가 있는 정수 유형의 값을 반환한다. 파이썬 프로그램의 이름은 main으로 지을 필요는
없지만 코딩 규약을 따라 짓는 편이다.

C의 main 함수는 int 값을 반환하기 위한 return 구문을 가진다. 메인 함수가 오류 없이 잘
실행됐다면, 코딩 규약에 의해 main은 0 값을 반환해야 한다.

파이썬 프로그램은 프로그램이 실행될 때 main 함수를 실행하기 위해 명시적 호출을 포함해야
한다. C에서 main 함수는 프로그램이 실행될 때 자동으로 호출된다.

1.1.1 C 프로그램의 컴파일과 실행

파이썬은 인터프리터 프로그래밍 언어interpreted programming language다. 즉 파이썬 인터프리터가 파이
썬 프로그램을 실행한다. 파이썬 인터프리터는 파이썬 프로그램이 실행되는 가상 머신처럼 작
동한다. 파이썬 프로그램을 실행하기 위해서 프로그램 소스 코드(hello.py)가 이를 실행하는
파이썬 인터프리터 프로그램의 입력으로 제공된다. 예를 들어 파이썬 인터프리터는 기본 시스
템에서 직접 실행할 수 있는 형식으로 돼 있는 프로그램(**바이너리 실행 파일**)이다($는 리눅스 셸
프롬프트다).

```
$ python hello.py
```

이 명령어는 파이썬 인터프리터를 실행하며 입력으로 파이썬 프로그램을 사용한다(그림 1-1).

파이썬 프로그램

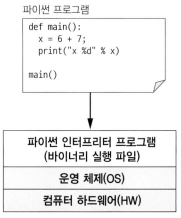

파이썬: 인터프리터 내에서 실행

그림 1-1 파이썬 프로그램은 기본 시스템(OS와 하드웨어)에서 실행되는 바이너리 실행 프로그램인 파이썬 인터프리터에 의해 직접 실행된다.

C 프로그램을 실행하려면 우선 컴퓨터 시스템이 바로 실행할 수 있는 형식으로 변환해야 한다. C 소스 코드를 컴퓨터 하드웨어가 바로 실행할 수 있는 형식인 **바이너리 실행 파일**로 변환하는 프로그램이 C **컴파일러**다. 바이너리 실행 파일은 컴퓨터에서 실행 가능한, 잘 정의된 형식의 0과 1로 이루어진다.

예를 들어 C 프로그램인 hello.c를 유닉스 시스템에서 실행하려면, C 코드를 C 컴파일러(예, GCC[3])로 컴파일해 바이너리 실행파일을 생성해야 한다(GCC로 컴파일한 파일의 기본 이름은 a.out이다). 프로그램의 바이너리 실행 파일은 시스템에서 바로 실행할 수 있다(그림 1-2).

```
$ gcc hello.c
$ ./a.out
```

---

3 https://gcc.gnu.org

일부 C 컴파일러는 수학 라이브러리에 연결되도록 -lm 옵션을 사용해 명시적으로 지시해야 할 수도 있다.

```
$ gcc hello.c -lm
```

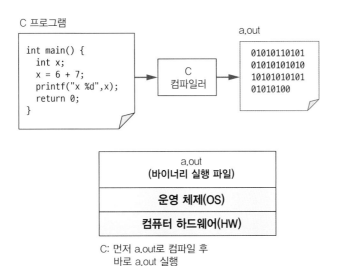

그림 1-2 C 컴파일러(gcc)가 C 소스 코드를 바이너리 실행 파일(a.out)로 빌드하기. 기본 시스템(OS와 하드웨어)은 프로그램을 구동하기 위해 a.out 파일을 직접 실행한다.

세부 단계

일반적으로 유닉스 시스템에서 C 프로그램을 편집, 컴파일, 실행하는 단계는 다음 순서를 따른다. 우선 텍스트 편집기[4](예, vim)를 사용해 C 소스 코드 프로그램을 작성하고 파일로 저장한다(예, hello.c).

```
$ vim hello.c
```

그런 다음 소스 코드를 실행 가능한 형식으로 컴파일하고 실행한다. 컴파일을 하기 위한 가장 기본적인 구문은 gcc다.

---

4 https://www.cs.swarthmore.edu/help/editors.html

```
$ gcc <컴파일할_소스_파일>
```

컴파일에서 오류가 없으면 컴파일러는 a.out라는 이름의 바이너리 실행 파일을 생성한다. 컴파일러의 -o 플래그를 사용해 바이너리 실행 파일을 생성하면 실행 파일의 이름을 지정할 수도 있다.

```
$ gcc -o <실행_파일_이름> <컴파일할_소스_파일>
```

예를 들어 이 명령어는 gcc가 hello.c를 hello라는 이름의 실행 파일로 컴파일한다.

```
$ gcc -o hello hello.c
```

./hello를 사용해 실행 가능한 프로그램을 호출할 수 있다.

```
$ ./hello
```

C 소스 코드(hello.c 파일)에서 변경 사항이 생기면 hello의 새로운 버전을 만들도록 gcc로 다시 컴파일해야 한다. 컴파일러가 컴파일 중 오류를 감지하면 ./hello 파일은 생성/재생성되지 않는다(이전에 성공한 컴파일의 버전이 여전히 존재할 수 있으니 주의해야 한다).

gcc로 컴파일할 때 여러 커맨드 라인 옵션을 포함할 수 있다. 예를 들어 이 옵션은 더 많은 컴파일러 경고를 활성화하고 디버깅 정보가 추가된 바이너리 실행 파일을 빌드한다.

```
$ gcc -Wall -g -o hello hello.c
```

gcc 명령어가 길어질 수 있어 make 유틸리티로 C 프로그램의 컴파일을 단순화하며 gcc로 생성된 파일을 정리할 수 있다. make를 사용하거나 Makefile을 만드는 능력[5]은 C 프로그래밍 경험과 함께 누적되는 중요한 기술이다.

C 라이브러리 코드를 컴파일하고 연결하는 자세한 방법은 2장의 마지막 주제로 다룬다.

----

5 "Using make and writing Makefile" https://www.cs.swarthmore.edu/~newhall/unixhelp/howto_makefiles.html

1.1.2 변수와 C의 숫자 타입

파이썬과 마찬가지로 C도 데이터를 보관하기 위해서 변수를 사용해 저장 위치를 명명한다. 프로그램 변수의 범위와 유형은 프로그램을 실행할 때 프로그램이 무엇을 하는지 그 의미를 이해하는 데 중요하다. 변수의 **범위**scope는 변수가 의미를 갖는 순간(언제, 어디에 사용할 수 있는지)과 수명(즉 프로그램 전체의 실행이나 함수 활성화 중에만 지속될 수 있음)을 정의한다. 변수의 **타입**type은 표현할 수 있는 값의 범위와 해당 데이터에 대한 작업을 수행할 때 해당 값이 해석되는 방식으로 정의한다.

C에서는 변수를 먼저 선언해야 사용할 수 있다. 변수를 선언하는 방법은 다음과 같다.

```
<타입 이름> <변수 이름>;
```

변수 타입은 한 종류여야 한다. C의 기본 타입에는 char, int, float, double이 있다. 관례적으로 C 변수는 범위의 시작 구문({ } 블록의 가장 윗부분) 앞에서 선언한다.

다음은 몇 가지 다른 타입의 변수 선언 및 사용을 보여주는 C 코드다. 예시 후에 타입과 연산자에 대해 자세히 설명한다.

vars.c

```c
{
    /* 1. 블록 상단에서 이 블록 범위에 있는 변수를 정의한다. */

    int x; // x를 int 타입 변수로 선언하고 이를 위한 공간을 할당한다.

    int i, j, k;  // 이처럼 같은 타입의 변수를 여러 개 선언할 수 있다.

    char letter;  // char는 1바이트 정숫값을 저장한다.
                  // 단일 ASCII 문자를 저장하는 데 자주 사용된다.
                  // 값 (문자의 ASCII 숫자 인코딩)
                  // C에서 char는 string과 타입이 다르다.

    float winpct; // winpct는 float 타입으로 선언됐다.
    double pi;    // double 타입이 float 타입보다 더 세밀하다.
```

```
    /* 2. 모든 변수는 정의한 후 사용할 수 있다. */


    x = 7;          // x는 7을 저장한다. (값을 사용하기 전에 변수를 초기화함)
    k = x + 2;      // 표현식에서 x 값을 사용한다.

    letter = 'A';        // 작은따옴표는 단일 문잣값에 사용된다.
    letter = letter + 1; // letter에 'B'가 저장된다. ('A'보다 1만큼 큰 ASCII 값이 'B')

    pi = 3.1415926;

    winpct = 11 / 2.0; // winpct에 저장되는 값은 5.5다. winpct는 float 타입이다.
    j = 11 / 2;        // j에 저장되는 값은 5다. int 타입은 소수점 이하를 버린다.
    x = k % 2;         // %는 mod 연산자로 x에는 9 mod 2의 결괏값인 1이 저장된다.
}
```

세미콜론이 많다는 점에 주목하자. C 구문은 줄바꿈이 아니라 ;으로 구분된다. C에서는 모든 구문과 명령문 뒤에 세미콜론이 있어야 한다. 깜빡 잊고 세미콜론 몇 개를 입력하지 않아도, gcc는 세미콜론이 없다고 알려주지 않는다. 사실 컴파일러는 세미콜론이 누락된 줄 '다음' 줄에 구문 오류를 표시한다. gcc는 세미콜론을 이전 줄의 구문 일부라고 해석하기 때문이다. C 프로그래밍을 꾸준히 하다 보면 특정 구문 실수가 일으키는 gcc 오류를 알게 된다.

1.1.3 C의 데이터 타입

C는 몇 가지 내장 데이터 타입을 지원하며 프로그래머가 타입(배열과 구조체)의 기본 컬렉션을 구성할 방법을 제공한다. 이 같은 기본적인 빌딩 블록에서 C 프로그래머는 복잡한 데이터 구조를 구축할 수 있다.

C는 숫자 값을 저장하기 위한 기본적인 타입을 제공한다. 다음은 다양한 C 언어의 숫자 리터럴 값 예시다.

```
8      // int 값 8
3.4    // double 값 3.4
'h'    // char 값 'h' (h의 ASCII 값은 104)
```

C의 char 타입은 숫자 값을 저장한다. 그러나 프로그래머는 ASCII 문잣값을 저장하기 위해 자주 사용한다. C에서 문자 리터럴 값은 작은따옴표 사이의 단일 문자로 지정된다.

C는 문자열 타입을 지원하지 않는다. 그러나 프로그래머는 **char** 타입과 값의 배열을 구성하기 위한 C의 지원으로 문자열을 생성할 수 있다. 이에 대해서는 이후 절에서 설명한다. 그러나 C 는 프로그램에서 문자열 리터럴 값을 표현하는 방법을 제공한다. 문자 리터럴은 큰따옴표 사이에 있는 문자의 시퀀스다. C 프로그래머는 종종 printf 형식 문자열 인자로 문자 리터럴을 전달한다.

```
printf("this is a C string\n");
```

파이썬은 문자열을 지원하지만 **char** 타입은 없다. C에서 문자열과 **char**는 매우 다른 타입이고 다르게 평가한다. C에서 이 둘의 차이는 **char** 리터럴과 이 리터럴의 문자 하나가 담긴 문자열 리터럴을 대조해보면 알 수 있다. 다음 예시를 살펴보자.

```
'h'  // char 리터럴 값이다(h의 ASCII 값으로 104)
"h"  // 문자열 리터럴 값이다(이 값은 104도 char 타입도 아님).
```

C의 문자열과 **char** 변수에 대한 자세한 내용은 '2.6 문자열과 문자열 라이브러리'에서 다룬다. 여기서는 주로 C의 숫자 타입에 중점을 둔다.

C 숫자 타입

C는 숫자 값을 저장하는 타입을 몇 가지 지원한다. 타입은 나타내는 숫자 값에 따라 형식이 다르다. 예를 들어 float와 double 타입은 실숫값을 나타낸다. int는 부호가 있는 정숫값을, unsigned int는 부호가 없는 정숫값을 나타낸다. 실숫값은 −1.23이나 0.0056처럼 소수점이 있는 양숫값이거나 음숫값이다. 부호가 있는 int 타입은 −333, 0, 3456처럼 음수, 0, 양숫값을 저장한다. 부호가 없는 int 타입은 0이나 1234와 같이 엄격하게 음수가 아닌 정숫값만 저장한다. C의 숫자 타입은 표현할 수 있는 값의 범위와 세밀함도 다르다. 값의 범위, 세밀함은 해당 타입과 연관된 바이트 수에 따라 다르다. 바이트 수가 많은 타입이 바이트 수가 적은 타입보다 더 넓은 범위(정수형)나 더 세밀한 값(실수형)을 나타낸다.

[표 1-1]에 저장 바이트 수, 저장된 숫자 값의 종류, C 숫자 타입 변수를 선언하는 방법을 정리했다(표에 적힌 크기는 일반적인 크기로 정확한 바이트 수는 하드웨어 아키텍처에 따라 다르다).

표 1-1 C 숫자 타입

타입 이름	크기	저장된 값	선언 방법
char	1바이트	정수	char x;
short	2바이트	부호가 있는 정수	short x;
int	4바이트	부호가 있는 정수	int x;
long	4/8바이트	부호가 있는 정수	long x;
long long	8바이트	부호가 있는 정수	long long x;
float	4바이트	부호가 있는 실수	float x;
double	8바이트	부호가 있는 실수	double x;

C는 정수 숫자 타입(char, short, int, long, long long)의 **부호가 없는** 버전도 제공한다. 부호가 없는 타입으로 변수를 선언하려면 타입 이름 앞에 키워드 unsigned를 추가한다. 다음 예시를 살펴보자.

```
int x;          // x는 부호가 있는 int 변수다.
unsigned int y; // y는 부호가 없는 int 변수다.
```

C 표준은 char 타입에 부호가 있고 없음을 규정하지 않는다. 결과적으로 일부 구현에서는 char를 부호가 있는 정수형 값으로, 다른 구현에서는 정수가 없는 값으로 구현하곤 한다. 만약 부호가 없는 char 버전을 사용하려면 unsigned char를 명시적으로 선언하는 것이 좋은 프로그래밍 습관이다.

각 C 타입의 정확한 바이트 수는 아키텍처에 따라 다를 수 있다. [표 1-1]의 크기는 각 타입이 갖는 최소 크기다. 정확한 크기는 C의 sizeof 연산자로 확인하자. 이 연산자는 타입의 이름을 인수로 사용하고 해당 타입을 저장하는 데 사용된 바이트 수를 반환한다.

```
printf("number of bytes in an int: %lu\n", sizeof(int));
printf("number of bytes in a short: %lu\n", sizeof(short));
```

sizeof 연산자는 부호 없는 long 값을 평가하기 위해 printf를 호출할 때, 값을 출력하기 위해 플레이스홀더 %lu를 사용한다. 대부분의 아키텍처에서 해당 명령어를 실행하면 다음과 같은 결과를 출력한다.

```
number of bytes in an int: 4
number of bytes in a short: 2
```

산술 연산자

산술 연산자는 숫자 타입의 값을 결합한다. 연산의 결과는 피연산자의 타입을 따른다. 예를 들어 두 개의 int 값이 산술 연산자로 더해지면, 결과의 타입도 정수형이다.

연산자가 타입이 다른 두 피연산자를 결합할 때 C는 자동으로 타입을 변환한다. 예를 들어 int 피연산자가 float 피연산자와 결합할 때, 정수형 피연산자가 우선 부동 소수점으로 변환된다. 연산자가 적용되기 전에 타입이 동일해지고 연산의 결과는 float 타입이 된다.

다음 산술 연산자는 대부분의 숫자 타입 피연산자에 사용할 수 있다.

- 더하기(+), 빼기(-)
- 곱하기(*), 나누기(/), 나머지^{modula}(%)

  mod 연산자(%)는 정수 타입(int, unsigned int, short 등)의 피연산자만 사용할 수 있다.

  int 타입의 두 값에 나누기 연산자(/)가 정수형 나누기를 수행하면 결괏값은 int이고, 나누기 연산에서 나온 소수점 이하의 값은 버린다. 예를 들어 8/3의 결괏값은 2다.

  피연산자 중 float(또는 double) 타입이 둘 중 하나이거나 둘 다이면 /가 실수 나누기를 수행하고 결괏값도 float(또는 double) 타입이 된다. 예를 들어 8/3.0의 값은 대략 2.6666670이다.

- 할당(=)

```
변수 = 표현식;    // 예, x = 3 + 4;
```

- 업데이트가 있는 할당(+=, -=, *=, /=, %=)

```
변수 연산자= 표현식;   // 예, x += 3;는 x = x + 3;의 축약형
```

- 증분(++)과 감소(--)

```
변수++;    // 예, x++; x에 s+1 값을 할당
```

WARNING_ 사전 증분 vs. 사후 증분

연산자 **++변수**와 **변수++**는 둘 다 유효하지만 살짝 다르게 평가된다.

- **++x**: x를 먼저 증분하고 그 값을 사용한다.
- **x++**: x 값을 먼저 사용하고 그 후 증분한다.

많은 경우 증분되거나 감소된 변수의 값이 구문에서 사용되지 않기 때문에 그중 어느 값을 사용해도 큰 문제가 없다. 가령 다음 두 구문은 동일하다(첫 번째 구문이 더 일반적이다).

```
x++;
++x;
```

경우에 따라(증분되거나 감소된 값이 구문에서 사용될 때) 컨텍스트가 결과에 영향을 미친다. 다음 예시를 살펴보자.

```
x = 6;
y = ++x + 2;   // y에는 9가 할당됨: x를 먼저 증분하고 x + 2의 값을 구함

x = 6;
y = x++ + 2;   // y에 8이 할당됨: x + 2 값을 먼저 구한 다음 x를 증분함
```

앞서 산술 표현식에 증분 연산자를 사용한 예시 코드는 종종 읽기 힘들고 잘못되기도 쉽다. 결과적으로 이 같은 코드는 작성하지 않는 것이 상책이다. 대신 정확히 원하는 순서에 맞춰 별도의 구문으로 작성하길 권한다. 예를 들어 x를 먼저 증분하고 x + 1을 y에 대입하길 원한다면, 두 개의 구문을 별도로 작성하는 것이 좋다.

```
/* 좋지 않은 작성법 */
y = ++x + 1;
```

```
/* 좋은 작성법 */
x++;
y = x + 1;
```

1.2 입력과 출력

C의 printf 함수는 터미널에 값을 출력하고 scanf 함수는 사용자가 입력한 값을 읽는다. printf와 scanf 함수는 C의 표준 입출력 라이브러리에 속하고 이 함수를 사용하는 모든 .c 파일의 최상단에 #include <stdio.h>가 명시적으로 포함돼야 한다. 이 절에서는 C 프로그램에서 printf와 scanf를 사용하는 방법을 알아본다. C의 입력과 출력 함수는 '2.8 C의 입출력(표준 및 파일)'에서 자세히 다룬다.

1.2.1 printf

C의 printf 함수는 호출자가 출력할 형식 문자열을 지정하는 파이썬의 형식화된 출력과 매우 유사하다. 형식 문자열에는 종종 탭(\t)이나 줄바꿈 문자(\n), 출력될 값을 위한 플레이스홀더 등이 담긴다. 플레이스홀더는 %와 뒤따르는 타입 지정 문자로 구성된다(예를 들어 %d는 정수를 위한 플레이스홀더를 나타낸다). 형식 문자열의 각 플레이스홀더를 위해 printf는 추가적인 인수를 예상한다. 파이썬과 C 프로그램의 형식화된 출력 예시를 보자.

파이썬 버전

```python
# 파이썬 형식 지정된 출력 예시

def main():
    print("Name: %s,  Info:" % "Vijay")
    print("\tAge: %d \t Ht: %g" %(20,5.9))
    print("\tYear: %d \t Dorm: %s" %(3, "Alice Paul"))
```

```
# 메인 함수 호출
main()
```

C 버전

```
/* C printf 예시 */
#include <stdio.h> // printf를 위해 필요

int main() {
    printf("Name: %s,   Info:\n", "Vijay");
    printf("\tAge: %d \t Ht: %g\n",20,5.9);
    printf("\tYear: %d \t Dorm: %s\n",3,"Alice Paul");

    return 0;
}
```

두 프로그램 모두 동일한 형식의 결과를 출력한다.

```
Name: Vijay,   Info:
    Age: 20   Ht: 5.9
    Year: 3   Dorm: Alice Paul
```

C의 `printf`와 파이썬의 `print`는 비슷해도 차이가 있다. 파이썬 버전은 문자열 끝에 줄바꿈 문자를 출력하지만 C 버전은 출력하지 않는다. 이 예시에서 C의 형식 문자열은 줄바꿈을 출력하기 위해 줄바꿈 문자(\n)를 입력한다. 형식 문자열에 플레이스홀더에 들어갈 인수를 나열하는 구문도 살짝 다르다.

C는 다른 타입의 값을 지정하기 위해 파이썬과 같은 형식의 플레이스홀더를 사용한다. 앞의 예시에서 사용한 플레이스홀더는 다음과 같다.

%g: float (또는 double) 값을 위한 플레이스홀더
%d: 10진숫값을 위한 플레이스홀더(int, short, char)
%s: 문자열값을 위한 플레이스홀더

C는 부가적으로 %c 문잣값을 출력하기 위한 플레이스홀더도 지원한다. 이 플레이스홀더는 프로그래머가 특정 숫자 인코딩과 관련된 ASCII 문자를 출력할 때 유용하다. 다음은 숫자 값(%d)과 문자 인코딩(%c)으로 char를 출력하는 C 코드다.

```
// 예시: char 값을 10진수(%d)와
// 인코딩한 ASCII 문자(%c)로 출력

char ch;

ch = 'A';
printf("ch value is %d which is the ASCII value of  %c\n", ch, ch);

ch = 99;
printf("ch value is %d which is the ASCII value of  %c\n", ch, ch);
```

이 프로그램을 실행하면 다음과 같은 결과를 출력한다.

```
ch value is 65 which is the ASCII value of  A
ch value is 99 which is the ASCII value of  c
```

1.2.2 scanf

C의 scanf 함수는 (키보드로) 사용자가 입력한 값을 읽고 프로그램 변수에 저장하는 방법의 하나다. scanf 함수를 사용할 때는 데이터 형식을 정확하게 입력해야 한다. 잘못된 형식의 사용자 입력에는 제대로 작동하지 않기 때문이다. 사용자가 입력한 값을 읽는 좀 더 강력한 방법은 '2.8 C의 입출력(표준 및 파일)'에서 다룬다. 지금은 사용자가 잘못된 형식으로 입력하면 프로그램이 무한 반복에 빠질 수 있다는 점을 기억하자. 그럴 때는 CTRL-C를 눌러 프로그램을 종료해 해결한다.

입력값을 읽는 방법은 파이썬과 C에서 다르다. 파이썬에서는 input 함수를 사용해 문자열을 읽고 프로그램이 문자열값을 int 타입으로 변환한다. 반면 C에서는 scanf 함수를 사용해 int

값을 읽고 int 프로그램 변수의 메모리 위치에 저장한다(예, &num1). 다음 코드는 사용자가 파이썬과 C에서 값을 입력하는 예시 프로그램이다.

파이썬 버전

```python
# 파이썬 입력 예시
def main():
    num1 = input("Enter a number:")
    num1 = int(num1)
    num2 = input("Enter another:")
    num2 = int(num2)
    print("%d + %d = %d" % (num1, num2, (num1+num2)))

# 메인 함수 호출
main()
```

C 버전

```c
/* C 입력 (scanf) 예시 */
#include <stdio.h>

int main() {
    int num1, num2;

    printf("Enter a number: ");
    scanf("%d", &num1);
    printf("Enter another: ");
    scanf("%d", &num2);

    printf("%d + %d = %d\n", num1, num2, (num1+num2));

    return 0;
}
```

두 프로그램을 실행하면 두 개의 값(여기서는 30과 67)을 읽는다.

```
Enter a number: 30
Enter another: 67
 30 + 67 = 97
```

printf와 같이, scanf는 형식 문자열을 사용해 읽을 값의 수와 타입을 지정한다(가령 "%d"는 int 값 하나를 지정). scanf 함수는 숫자 값을 읽을 때 앞뒤로 이어진 공백을 건너뛴다. 그래서 형식 문자열은 형식 문자열의 플레이스홀더 사이에 공백이나 다른 형식 지정된 문자가 없는 플레이스홀더가 존재하면 된다. 형식 문자열의 플레이스홀더를 위한 인수는 읽은 값이 저장될 프로그램 변수의 **위치**를 지정해야 한다. 변수 이름 앞의 & 연산자는 프로그램의 메모리에서 해당 변수의 위치(변수의 메모리 주소)를 생성한다. & 연산자는 '2.2 C의 포인터 변수'에서 자세히 다룬다. 지금은 scanf 함수의 컨텍스트 안에서만 사용하면 된다.

또 다른 scanf 예시를 보면 형식 문자열에 두 값을 위한 플레이스홀더가 있다. int와 float다.

scanf_ex.c

```
int x;
float pi;

// int 값을 다음의 float 값("%d%g")으로 읽음
// x의 메모리 위치(&x)에 int 값을 저장
// pi의 메모리 위치(&pi)에 float 값 저장
scanf("%d%g", &x, &pi);
```

scanf로 프로그램에 데이터를 입력할 때, 개별 숫자 입력값은 적어도 하나의 공백 문자로 구분해야 한다. 그러나 scanf가 앞뒤로 이어진 공백 문자(예, 공백, 탭, 줄바꿈)를 건너뛰기 때문에 사용자가 각 입력값의 앞뒤에 임의의 공백 문자를 입력할 수 있다. 앞의 예시에서 사용자가 scanf를 호출하기 위해 다음과 같이 입력했다면, scanf는 x 변수에 8을 저장하고, pi 변수에 3.14를 저장한다.

```
       8                    3.14
```

1.3 조건문과 반복문

다음 코드 예시에 C와 파이썬에서 매우 유사한 if‐else 구문의 문법과 의미를 정리했다. 주요한 문법적 차이는 '본문'을 나타낼 때 파이썬은 들여쓰기를, C는 중괄호를 사용한다는 점이다. 그러나 C 코드에서도 들여쓰기는 잘 사용하는 편이 좋다.

파이썬 버전

```python
# 파이썬의 if-else 예시
def main():
    num1 = input("Enter the 1st number:")
    num1 = int(num1)
    num2 = input("Enter the 2nd number:")
    num2 = int(num2)

    if num1 > num2:
        print("%d is biggest" % num1)
        num2 = num1
    else:
        print("%d is biggest" % num2)
        num1 = num2


# 메인 함수 호출
main()
```

C 버전

```c
/* C의 if-else 예시 */
#include <stdio.h>

int main() {
    int num1, num2;

    printf("Enter the 1st number: ");
    scanf("%d", &num1);
    printf("Enter the 2nd number: ");
```

```
    scanf("%d", &num2);

    if (num1 > num2) {
        printf("%d is biggest\n", num1);
        num2 = num1;
    } else {
        printf("%d is biggest\n", num2);
        num1 = num2;
    }

    return 0;
}
```

if - else 구문에서 파이썬과 C의 문법은 근소한 차이가 있을 뿐 거의 동일하다. 두 언어 모두 else 구문은 선택 사항이다. 파이썬과 C는 if와 else if 구문을 연결해 다중 브랜치도 지원한다. 다음은 C의 if - else 구문 전체에 대한 설명이다.

```
    // 단방향 분기
    if ( <부울식> ) {
        <true일 때 실행할 코드>
    }

    // 이중 분기
    if ( <부울식> ) {
        <true일 때 실행할 코드>
    }
    else {
        <false일 때 실행할 코드>
    }

    // 다중 분기(if-else if-...-else의 연결)
    // (첫 번째 if 뒤에 하나 또는 그 이상의 'else if'가 있음)
    if ( <첫 번째 부울식> ) {
        <첫 번째 부울식이 true일 때 실행할 코드>
    }
    else if ( <두 번째 부울식> ) {
```

```
        // 첫 번째 부울식이 false고, 두 번째 부울식이 true다.
        <두 번째 부울식이 true일 때 실행할 코드>
    }
    else if ( <세 번째 부울식> ) {
        // 첫 번째와 두 번째 부울식이 false고 세 번째 부울식이 true다.
        <세 번째 부울식이 true일 때 실행할 코드>
    }
    // ... if가 많을 때 ...
    else if ( <N번째 부울식> ) {
        // 앞의 N-1개의 부울식이 false, N번 부울식이 true다.
        <N번째 부울식이 true일 때 실행할 코드>
    }
    else { // 마지막 else 부분은 필수가 아니다.
        // 앞의 부울식이 모두 false다.
        <모든 부울식이 false일 때 실행할 코드>
    }
```

1.3.1 C의 부울값

C는 true 값이나 false 값이 있는 부울 타입을 제공하지 않는다. 대신 조건문이 사용될 때 정숫값이 true인지 false인지 평가한다. 조건식이 사용되는 경우 정수식은 다음과 같다.

- 0은 false로 평가된다.
- 0이 아닌 수(음수나 양수)는 true로 평가된다.

C에는 부울식에 대한 관계 및 논리 연산자 집합이 있다. **관계 연산자**는 동일한 타입의 피연산자를 사용하고 0(false) 또는 0이 아닌 값(true)으로 평가한다. 관계 연산자 집합은 다음과 같다.

- 같음(==)과 같지 않음(!=)
- 비교 연산자: 보다 작음(<), 보다 작거나 같음(<=), 보다 큼(>), 보다 크거나 같음(>=)

다음은 관계 연산자를 보여주는 C 코드다.

```
// x와 y가 int형으로 할당됐다고 가정하자.
// 코드에서 이 지점 이전의 값
```

```c
if (y < 0) {
    printf("y is negative\n");
} else if (y != 0) {
    printf("y is positive\n");
} else {
    printf("y is zero\n");
}

// x와 y 두 값 중 더 큰 값으로 설정
if (x >= y) {
    y = x;
} else {
    x = y;
}
```

C에서 **논리 연산자**는 정수형 '부울' 피연산자를 취하고 0(false) 또는 0이 아닌 값(true)으로 평가한다. 논리 연산자 집합은 다음과 같다.

- 논리적 부정(!)
- 논리곱(&&): 첫 번째 false 표현식에서 평가 중지(단락)
- 논리합(||): 첫 번째 true 표현식에서 평가 중지(단락)

C의 **단락** 논리 연산자 평가는 결과를 아는 즉시 논리식 평가를 중지한다. 예를 들어 첫 번째 피연산자가 논리곱(&&) 표현식에서 false로 평가됐다면 && 표현식은 반드시 false다. 결과적으로 두 번째 피연산자의 값은 평가될 필요가 없고 평가되지 않는다.

다음은 C에서 논리 연산자를 사용하는 조건문 예시다(괄호를 사용하면 복잡한 부울식도 읽기 쉬워진다).

```c
if ( (x > 10) && (y >= x) ) {
    printf("y and x are both larger than 10\n");
    x = 13;
} else if ( ((-x) == 10) || (y > x) ) {
    printf("y might be bigger than x\n");
```

```
        x = y * x;
    } else {
        printf("I have no idea what the relationship between x and y is\n");
    }
```

1.3.2 C의 반복문

C는 파이썬처럼 for와 while 반복문을 지원하고 추가로 do-while 반복문까지 제공한다.

while 반복문

while 반복문 문법은 C와 파이썬에서 거의 비슷하며 동작도 같다. C와 파이썬의 while 반복
문 예시 프로그램을 보자.

파이썬 버전

```
# 파이썬 while 반복문 예시
def main():
    num = input("Enter a value: ")
    num = int(num)
    # num이 음수인지 확인
    if num < 0:
        num = -num
    val = 1
    while val < num:
        print("%d" % (val))
        val = val * 2
# 메인 함수 호출
main()
```

```c
/* C의 while 반복문 예시 */
#include <stdio.h>

int main() {
    int num, val;

    printf("Enter a value: ");
    scanf("%d", &num);
    // num이 음수인지 확인
    if (num < 0) {
        num = -num;
    }
    val = 1;
    while (val < num) {
        printf("%d\n", val);
        val = val * 2;
    }

    return 0;
}
```

while 반복문 문법은 C와 파이썬에서 매우 유사하고 둘 다 동일한 방식으로 평가한다.

```
while ( <부울식> ) {
    <true일 때 반복할 코드>
}
```

while 반복문은 우선 부울 표현식을 확인하고, true이면 본문을 실행한다. 앞선 예시 프로그램에서 while 반복문의 변수 val 값이 num 값보다 커질 때까지 val 값은 반복적으로 출력된다. 사용자가 10을 입력했다면 C와 파이썬 프로그램은 다음을 출력한다.

```
1
2
4
8
```

C에는 while 반복문과 유사한 do - while 반복문도 있다. 하지만 이 반복문은 본문을 먼저 실행한 후에 조건을 확인하고 조건문이 true인 동안 본문을 반복해 실행한다. 즉 do - while 반복문은 항상 적어도 한 번 반복문 본문을 실행한다.

```
do {
    <반복할 코드>
} while ( <부울식> );
```

추가로 while 반복문의 예시인 whileLoop1.c[6]와 whileLoop2.c[7]도 살펴보기 바란다.

for 반복문

for 반복문은 파이썬과 C에서 다르다. 파이썬에서는 시퀀스를 반복하는 반면 C에서는 좀 더 일반적으로 반복하는 구조다. 다음은 for 반복문을 사용해 0과 사용자가 입력한 숫자 사이의 값을 모두 출력하는 프로그램 예시다.

파이썬 버전

```python
# 파이썬의 for 반복문 예시
def main():
    num = input("Enter a value: ")
    num = int(num)
    # num이 음수인지 확인
    if num < 0:
        num = -num
    for i in range(num):
```

---

6 https://diveintosystems.org/book/C1-C_intro/_attachments/whileLoop1.c
7 https://diveintosystems.org/book/C1-C_intro/_attachments/whileLoop2.c

```
        print("%d" % i)


    # 메인 함수 호출
    main()
```

C 버전

```c
/* C의 for 반복문 예시*/
#include <stdio.h>

int main() {
    int num, i;

    printf("Enter a value: ");
    scanf("%d", &num);
    // num이 음수인지 확인
    if (num < 0) {
        num = -num;
    }
    for (i = 0; i < num; i++) {
        printf("%d\n", i);
    }

    return 0;
}
```

이 예시에서 for 반복문의 문법이 C와 파이썬에서 상당히 다르므로 평가도 다르게 한다.

C의 for 반복문 문법은 다음과 같다.

```c
for ( <초기화>; <부울 표현식>; <단계> ) {
    <본문>
}
```

for 반복문의 평가 규칙은 다음과 같다.

1 <초기화>를 처음 반복문에 들어갈 때 한 번만 평가한다.

2 <부울 표현식>을 평가한다. 평가한 값이 0(false)이면 for 반복문을 빠져나온다(즉 프로그램이 반복문 본문의 반복을 완료한다).

3 반복문 안의 구문인 <본문>을 평가한다.

4 <단계> 표현을 평가한다.

5 2단계부터 반복한다.

다음은 for 반복문의 예시로 값 0, 1, 2가 출력된다.

```c
int i;

for (i = 0; i < 3; i++) {
    printf("%d\n", i);
}
```

이전 반복문에서 for 반복문의 평가 규칙을 실행하면 다음 순서로 진행된다.

(1) 초기화 : i가 0으로 설정됨 (i=0)

(2) 부울 표현식 평가 : i < 3이 true

(3) 반복문 본문 실행 : 0의 값 출력

(4) 평가 단계 : i가 1로 설정됨 (i++)

(2) 부울 표현식 평가 : i < 3이 true

(3) 반복문 본문 실행 : 1의 값 출력

(4) 평가 단계 : i가 2로 설정됨 (i++)

(2) 부울 표현식 평가 : i < 3이 true

(3) 반복문 본문 실행 : 2의 값 출력

(4) 평가 단계 : i가 3으로 설정됨 (i++)

(2) 부울 표현식 평가 : i < 3이 false, for 반복문에서 빠져나옴

다음 프로그램은 좀 더 복잡한 for 반복문 예시다.[8] C는 <초기화>와 <단계> 부분의 구문 목록을 지원하기 때문에 단순하게 유지하는 편이 가장 좋다(만약 j += 10 단계의 구문을 본문 끝으로 이동해 분문 단계 끝에 i += 1 단계의 구문이 하나만 있도록 단순화된다면, for 반복문을 읽고 이해하기가 더 쉬워진다).

```c
/* 여러 변수를 이용하는 좀 더 복잡한 for 반복문 예시
 * (for 반복문의 초기화와 단계 부분에 다수의 구문이 들어가는 일은 드물다.
 * C는 이런 방식을 지원하는데 이런 조건이 유용할 때도 종종 있다.
 * 그렇다고 해서 이 방식에 열광하지는 말자.)
 */
#include <stdio.h>

int main() {
    int i, j;

    for (i=0, j=0; i < 10; i+=1, j+=10) {
        printf("i+j = %d\n", i+j);
    }

    return 0;
}


// for 반복문 평가를 위한 규칙은 어떻게 하든 동일하다.
// 단순한 부분이나 복잡한 부분은 다음과 같다.
// (1) 처음에 한 번만 초기화 구문을 평가한다.
//      for 반복문의 평가:  i=0과 j=0
// (2) 부울 표현식의 평가: i < 10
//      만약 false이면(i가 10일 때), for 반복문을 빠져나옴
// (3) for 반복문 본문 안에 있는 구문 실행: printf
// (4) 단계 구문 평가:  i += 1, j += 10
// (5) 반복, 2단계부터 시작
```

---

8 https://diveintosystems.org/book/C1-C_intro/_attachments/forLoop2.c

C에서 for 반복문과 while 반복문은 동일한 역할을 한다. while 반복문을 for 반복문으로 표현할 수 있고 그 반대도 가능하다. 하지만 파이썬에서는 다르다. for 반복문은 값에 대한 반복이므로 파이썬에서는 while 반복문이 표현하는 반복 일부를 표현할 수 없다. 파이썬에서 while 반복문으로만 표현할 수 있는 예로는 무한 반복이 있다.

C의 while 반복문을 살펴보자.

```
int guess = 0;

while (guess != num) {
    printf("%d is not the right number\n", guess);
    printf("Enter another guess: ");
    scanf("%d", &guess);
}
```

이 반복문은 C에서 for 반복문으로 똑같이 변환할 수 있다.

```
int guess;

for (guess = 0; guess != num; ) {
    printf("%d is not the right number\n", guess);
    printf("Enter another guess: ");
    scanf("%d", &guess);
}
```

그러나 파이썬에서는 이러한 유형의 반복을 while 반복문으로만 표현할 수 있다.

C 역시 for와 while 반복문이 똑같이 표현되기 때문에 언어에서 반복 구현은 하나로 충분하다. 하지만 for 반복문은 명확한 반복(예, 일정한 값 범위에서 반복)에 자연스러운 언어 구조인 반면, while 반복문은 무한 반복(예, 사용자가 짝수를 입력할 때까지 반복)에 자연스러운 언어 구조다. 결과적으로 C는 프로그래머에게 둘 다 제공한다.

1.4 함수

함수는 코드를 관리할 수 있는 크기의 조각들로 나눠 코드 중복을 줄인다. 함수는 0이나 그 이상의 **매개변수**를 입력으로 가질 수 있고 특정 타입의 값으로 **반환**(값을 돌려주게)한다. 함수의 **선언** 또는 **프로토타입**은 함수의 이름과 반환 타입, 매개변수 목록(모든 매개변수의 수와 타입)을 지정한다. 함수의 **정의**에는 함수가 호출됐을 때 실행할 코드가 담긴다. C의 모든 함수는 호출되기 전에 선언돼야 한다. 이 작업은 함수 프로토타입을 선언하거나 호출하기 전에 함수를 완전히 정의해서 수행할 수 있다.

```
// 함수 정의 형식
// --------------------------
<반환 타입> <함수 이름> (<매개변수 목록>)
{
    <함수 본문>
}

// 매개변수 목록 형식
// --------------------
<타입> <매개변수1 이름>, <타입> <매개변수2 이름>, ..., <타입> <마지막 매개변수 이름>
```

다음은 함수 정의의 예시다. 주석은 함수가 수행하는 작업, 각 매개변수의 상세 정보(용도 및 전달 대상), 함수가 반환하는 내용을 설명한다.

```
/* 이 프로그램은 사용자가 입력한 두 개의 값 중
 * 더 큰 것이 무엇인지 계산한다.
 */
#include <stdio.h>

/* max: 두 정숫값 중 더 큰 값이 무엇인지 계산한다.
 *   x: 하나의 정숫값
 *   y: 다른 정숫값
 *   returns: x와 y 중 더 큰 값
 */
```

```c
int max(int x, int y) {
    int bigger;

    bigger = x;
    if (y > x) {
        bigger = y;
    }
    printf("  in max, before return x: %d y: %d\n", x, y);
    return bigger;
}
```

값을 반환하지 않는 함수는 반환 타입을 **void**로 지정해야 한다. 다음은 **void** 함수의 예시다.

```c
/* start부터 stop까지 제곱값을 출력한다.
 *   start: 범위의 시작
 *   stop: 범위의 끝
 */
void print_table(int start, int stop) {
    int i;

    for (i = start; i <= stop; i++) {
        printf("%d\t", i*i);
    }
    printf("\n");
}
```

함수나 프로시저^{procedure}를 지원하는 여느 프로그래밍 언어와 마찬가지로, **함수 호출**은 특정 호출에 대한 특정 인숫값을 전달하는 함수를 호출한다. 함수는 이름으로 호출되고 각 함수 매개변수에 해당하는 하나의 인수와 함께 여러 인수가 전달된다. C에서 함수 호출은 다음과 같다.

```c
// 함수 호출 형식
// --------------------
함수 이름(<인수 목록>);
```

```
// 인수 목록 형식
// --------------------
<인수1 표현식>, <인수2 표현식>, ..., <마지막 인수 표현식>
```

C 함수는 인수를 보통 **값으로 전달**pass by value한다. 각 함수 매개변수에는 호출자가 함수를 호출하며 전달한 인수의 **값**이 할당된다. 그렇기에 함수 안에서 매개변숫값에 변화(즉, 함수 안에서 매개변수에 새 값을 할당)가 일어나도 호출자에는 아무런 영향을 미치지 못한다.

다음은 이전에 나열됐던 max와 print_table 함수 호출의 몇 가지 예시다.

```
int val1, val2, result;

val1 = 6;
val2 = 10;

/* max 함수를 호출하기 위해 두 개의 int 값을 전달하자.
 * max 함수가 지역 변수에 반환된 값을 할당하는 int 값을 반환하기 때문이다.
 */
result = max(val1, val2);      /* 인숫값 6, 10을 사용해 max 함수 호출 */
printf("%d\n", result);        /* 10 출력 */

result = max(11, 3);           /* 인숫값 11, 3을 사용해 max 함수 호출 */
printf("%d\n", result);        /* 11 출력 */

result = max(val1 * 2, val2);  /* 인숫값 12, 10을 사용해 max 함수 호출 */
printf("%d\n", result);        /* 12 출력 */

/* print_table 함수는 값을 반환하지 않지만 두 개의 인수가 필요 */
print_table(1, 20);            /* 1에서 20까지의 값을 표로 출력 */
print_table(val1, val2);       /* 1에서 10까지의 값을 표로 출력 */
```

다음은 매개변숫값을 변경하는 구문(x = y)이 추가된 max 함수에서 약간 다른 구현을 호출하는 전체 프로그램의 예시다.

```
/* max: 두 int 값 중 더 큰 값이 무엇인지 계산한다.
 *   x: 하나의 값
 *   y: 다른 값
 *   returns: x와 y 중 더 큰 값
 */
int max(int x, int y) {
    int bigger;

    bigger = x;
    if (y > x) {
        bigger = y;
        // 참고: 여기에서 매개변수 x의 값을 변경해도
        //       해당 매개변수의 값은 변경되지 않는다.
        x = y;
    }
    printf("  in max, before return x: %d y: %d\n", x, y);

    return bigger;
}

/* 메인 함수: max 함수의 호출 표시 */
int main() {
    int a, b, res;

    printf("Enter two integer values: ");
    scanf("%d%d", &a, &b);

    res = max(a, b);
    printf("The larger value of %d and %d is %d\n", a, b, res);

    return 0;
}
```

다음 출력은 이 프로그램을 두 번 실행한 결과다. 두 번의 실행에서 매개변수 x 값(max 함수 안에서 출력된)의 차이에 유의하자. 특히 두 번째 실행에서 호출이 반환된 후 max 함수에 인수로 전달된 변수에 영향을 미치지 않는 매개변수 x 값의 변화에 주목한다.

```
$ ./a.out
Enter two integer values: 11  7
  in max, before return x: 11 y: 7
The larger value of 11 and 7 is 11

$ ./a.out
Enter two integer values: 13  100
  in max, before return x: 100 y: 100
The larger value of 13 and 100 is 100
```

인수가 함수에 **값으로 전달**되므로 매개변숫값 중 하나를 변경한 버전의 max 함수는 변경 전 원래 버전의 max 함수와 동일하게 작동한다.

1.4.1 스택

실행 스택execution stack은 프로그램에서 활성 함수의 상태를 추적한다. 각 함수 호출은 매개변수와 지역 변숫값을 포함하는 새로운 **스택 프레임**stack frame(**활성화 프레임** 또는 **활성화 레코드**라고 하기도 함)을 생성한다. 스택 맨 위에 있는 프레임은 활성 프레임이다. 현재 실행 중인 함수 활성화를 나타내며 범위에는 지역 변수와 매개변수만 있다. 함수가 호출되면 새로운 스택 프레임이 생성되고(스택 맨 위로 **밀림**pushed), 지역 변수와 매개변수를 위한 공간이 새 프레임에 할당된다. 함수가 반환되면 스택 프레임이 스택에서 제거된다(스택 맨 위에서 **튀어나감**popped). 호출자의 스택 프레임은 스택의 맨 위에 남는다.

앞선 예시 프로그램의 경우, max 함수가 return 구문을 실행하기 직전의 시점에서 실행 스택은 [그림 1–3]과 같다. main에서 max에 전달한 매개변수는 값으로 전달된다. 즉 max의 매개변수인 x와 y는 main 함수에서 호출된 a와 b의 값으로 할당됐음을 의미한다. max 함수가 x의 값을 바꿨지만 main 안에 있는 a의 값에 영향을 끼치지 않았다.

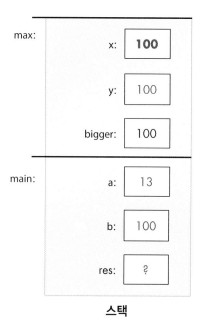

그림 1-3 max 함수 반환 직전의 실행 스택 내용

다음 프로그램은 함수가 두 개 있고 main 함수에서 각 함수를 호출한다. 이 프로그램에서는 main 함수 위에서 max와 print_table 함수 프로토타입을 선언해 main 함수는 두 함수보다 먼저 정의해도 두 함수에 접근할 수 있도록 한다. main 함수는 전체 프로그램의 상위 수준 단계를 포함하므로 main 함수를 먼저 정의해 프로그램의 하향식 설계를 시작할 수 있다. 이 예시는 함수와 함수 호출의 중요한 부분을 설명하는 주석을 작성했다. 전체 프로그램을 다운로드[9] 하고 실행할 수 있다.

```
/* 이 파일은 C 함수를 정의하고 호출하는 예시다.
 * scanf()를 사용하는 방법도 살펴본다.
 */
#include <stdio.h>

/* 함수 프로토타입의 예시다.
 * 함수를 위한 타입 정보만 선언한다(함수의 이름, 반환 타입, 매개변수 목록).
```

---

9 https://diveintosystems.org/book/C1-C_intro/_attachments/function.c

```
 * 프로토타입은 main 함수 안의 코드가 파일 안에서 전체 정의를 하기 전에
 * 함수를 호출하길 원할 때 사용된다.
 */
int max(int n1, int n2);

/* 다른 함수의 프로토타입이다.
 * 함수의 반환 타입은 void로, 값을 반환하지 않는다는 의미다.
 */
void print_table(int start, int stop);

/* 모든 C 프로그램은 메인 함수가 있어야 한다.
 * 이 함수는 프로그램이 실행될 때 수행하는 작업을 정의하며
 * 일반적으로 프로그램의 큰 그림을 구성하는 데 사용된다.
 */
int main() {
    int x, y, larger;

    printf("This program will operate over two int values.\n");

    printf("Enter the first value: ");
    scanf("%d", &x);

    printf("Enter the second value: ");
    scanf("%d", &y);

    larger = max(x, y);

    printf("The larger of %d and %d is %d\n", x, y, larger);

    print_table(x, larger);

    return 0;
}

/* 함수 정의의 예시다.
 * 함수의 이름과 타입을 지정할 뿐 아니라 본문 코드의 모든 것을 지정한다.
 * (함수 주석을 확인해 모방하자!)
 */
```

```c
/* 두 정숫값 중에 최댓값이 어느 것인지 계산한다.
 *   n1: 첫 번째 값
 *   n2: 다른 값
 *   returns : n1과 n2 중에 더 큰 값
 */
int max(int n1, int n2)  {
    int result;

    result = n1;

    if (n2 > n1) {
        result = n2;
    }

    return result;
}


/* start부터 stop까지 제곱값을 출력한다.
 *   start: 범위의 시작
 *   stop: 범위의 끝
 */
void print_table(int start, int stop) {
    int i;

    for (i = start; i <= stop; i++) {
        printf("%d\t", i*i);
    }

    printf("\n");
}
```

1.5 배열과 문자열

배열array은 동일한 타입으로 구성된 데이터 요소의 정렬된 컬렉션을 만들고 이 컬렉션을 단일 프로그램 변수와 연결하는 C 구조체다. 앞 문장에서 **정렬된**ordered이란 표현은 각 요소가 각 컬렉션의 특정 위치에 있음을 의미하지(즉, 0번 위치, 1번 위치 등의 요소가 있음), 값이 반드시 가지런하게 나열된다는 의미는 아니다. 배열은 여러 데이터 값을 그룹화해 단일 이름으로 참조하기 위한 C의 기본 메커니즘이다. 배열은 종류가 여러 가지 있지만 기본 형식은 **1차원 배열**이다. 1차원 배열은 C에서 데이터 구조나 문자열 같은 목록을 구현하는 데 유용하다.

1.5.1 배열 소개

C 배열은 타입이 같은 데이터를 여러 개 저장할 수 있다. 이 장에서는 배열 변수를 선언할 때 총용량(배열에 저장할 수 있는 요소의 최대 수)을 정의해 고정하는 **정적 선언 배열**에 대해 설명한다. 다른 유형의 배열은 다음 장에서 설명하겠다('2.4 동적 메모리 할당', '2.5.2 2차원 배열' 참조).

다음 코드는 정숫값의 컬렉션을 초기화하고 출력하는 파이썬과 C 버전의 프로그램이다. 파이썬 버전은 값의 목록을 저장하기 위해 내장된 리스트 타입을 사용하고 C 버전은 값의 컬렉션을 저장하기 위해 int 타입의 배열을 사용한다.

일반적으로 파이썬은 다양한 상위 수준의 리스트 인터페이스를 제공하고 하위 수준의 구현 세부 정보를 많이 숨긴다. 반면, C는 하위 수준의 배열 구현체를 프로그래머에게 노출해 상위 수준의 기능을 구현하도록 맡긴다. 즉, 배열은 len, append, insert처럼 상위 수준의 리스트 기능 없이 하위 수준의 데이터를 저장할 수 있다.

파이썬 버전

```
# 리스트를 사용하는 파이썬 프로그램 예시
def main():
    # 빈 리스트 생성
    my_lst = []
```

```python
    # 리스트에 정수 10개 추가
    for i in range(10):
        my_lst.append(i)

    # 3의 위치에 100으로 값 설정
    my_lst[3] = 100

    # 리스트 아이템의 수 출력
    print("list %d items:" % len(my_lst))

    # 리스트 각 요소 출력
    for i in range(10):
        print("%d" % my_lst[i])

# 메인 함수 호출
main()
```

C 버전

```c
/* 배열을 사용한 C 프로그램 예 */
#include <stdio.h>

int main() {
    int i, size = 0;

    // 10개의 int 타입 값이 들어갈 수 있는 배열 선언
    int my_arr[10];

    // 각 배열 요소에 값 설정
    for (i = 0; i < 10; i++) {
        my_arr[i] = i;
        size++;
    }

    // 3의 위치에 100으로 값 설정
    my_arr[3] = 100;
```

```
    // 배열 요소의 수 출력
    printf("array of %d items:\n", size);

    // 배열의 각 요소 출력
    for (i = 0; i < 10; i++) {
        printf("%d\n", my_arr[i]);
    }

    return 0;
}
```

C와 파이썬 버전의 프로그램은 몇 가지 유사한 점이 있다. 특히 **인덱싱**^{indexing}을 통해 개별 요소에 접근할 수 있다는 공통점이 있다. 인덱싱 값은 0에서 시작한다. 즉 두 언어에서 컬렉션 첫 위치로 0번 위치의 요소를 참조한다.

C와 파이썬 버전 프로그램의 주요 차이점은 배열의 용량과 크기(요소의 수)가 결정되는 방식에 있다.

파이썬 리스트의 코드를 보자.

```
my_lst[3] = 100    # 3의 위치에 100을 설정하는 파이썬 구문

my_lst[0] = 5      # 첫 번째 위치에 5를 설정하는 파이썬 구문
```

C 배열의 코드를 보자.

```
my_arr[3] = 100;   // 3의 위치에 100을 설정하는 C 구문

my_arr[0] = 5;     // 첫 번째 위치에 5를 설정하는 C 구문
```

파이썬에서는 미리 리스트의 용량을 지정할 필요가 없다. 파이썬이 리스트의 용량을 프로그램이 필요한 만큼 자동으로 늘린다. 예를 들어 파이썬의 **append** 함수는 자동으로 파이썬 리스트의 크기를 늘리고 전달된 값을 그 끝에 추가한다.

반대로 C에서 배열 변수를 선언할 때 프로그래머가 반드시 배열의 타입(배열에 저장된 각 값의 타입)과 총크기(최대 저장 위치 수)를 지정해야 한다. 다음 예시를 살펴보자.

```
int  arr[10];  // int 타입 10개의 배열 선언

char str[20];  // char 타입 20개의 배열 선언
```

이 선언은 int 타입의 값을 가지는 총용량이 10인 배열 arr을 생성하고, char 타입의 총용량이 20인 배열 str을 생성한다.

리스트의 크기(여기서 크기란 목록에 있는 값의 총개수를 의미)를 계산하기 위해 파이썬은 전달된 리스트의 크기를 반환하는 len 함수를 제공한다. C에서 프로그래머는 명시적으로 배열요소의 개수를 추적해야 한다. 이에 대해서는 다음 절 '1.5.2 배열 접근 방법'에서 size 변수와 함께 설명하겠다.

이 프로그램의 파이썬과 C 버전에서 뚜렷하게 보이지 않는 차이점은 메모리에 저장되는 방식이다. C는 프로그램 메모리의 배열 레이아웃을 지시하는 반면, 파이썬은 프로그래머에게 리스트가 구현되는 방법을 숨긴다. C에서 배열의 개별 요소는 프로그램 메모리에 연속적으로 할당된다. 예를 들어 배열의 세 번째 요소는 두 번째 요소 바로 다음에 있으며 그 뒤에는 네 번째 요소가 자리한다.

1.5.2 배열 접근 방법

파이썬에서는 리스트 요소에 접근하는 방법이 다양하다. 그러나 C는 앞서 언급한 인덱싱만 지원한다. 유효한 인덱스 값의 범위는 0부터 배열 용량에서 1을 뺀 수까지다. 몇 가지 예를 보자.

```
int i, num;
int arr[10];  // int 타입의 용량 10의 배열 선언

num = 6;       // 사용된 배열의 요소 수 추적
```

```
// 배열의 첫 5개 요소 초기화 (인덱스 0 ~ 4)
for (i=0; i < 5; i++) {
    arr[i] = i * 2;
}

arr[5] = 100;  // 인덱스 5의 요소에 100으로 값 할당
```

이 예시는 용량 10(요소의 수가 10)의 배열을 선언하지만 첫 6개만 사용한다(현재 값 컬렉션은 10이 아닌 6). 정적으로 선언된 배열을 사용할 때 일부 용량이 사용되지 않는 경우가 종종 있다. 결과적으로 배열의 실제 크기(요소의 수)를 추적하려면 다른 프로그램 변수(이 예시에서는 num)가 필요하다.

파이썬과 C는 프로그램이 유효하지 않은 인덱스에 접근하려고 할 때 오류를 처리하는 방식이 다르다. 파이썬은 만약 리스트 요소에 접근하는 데 인덱스 값이 잘못 사용되는 경우 IndexError 예외를 던진다(예, 리스트의 요소 수를 초과하는 인덱싱). C에서 코드가 배열로 인덱싱할 때 유효한 인덱스 값만 사용하도록 보장하는 것은 프로그래머의 몫이다. 결과적으로 배열에 할당된 범위를 넘어서는 배열 요소에 접근하는 다음과 같은 코드에서 프로그램의 런타임 동작은 정의되지 않는다.

```
int array[10];    // 0에서 9까지 유효한 인덱스를 가진 크기 10의 배열

array[10] = 100;  // 10은 잘못된 인덱스다.
```

C 컴파일러는 배열의 경계 너머에 있는 배열 위치에 접근하는 코드를 컴파일한다. 컴파일러 또는 런타임에서는 배열의 경계를 검사하지 않는다. 그 결과, 이 코드를 실행하면 예기치 않은 동작이 발생할 수 있다(동작은 실행할 때마다 다를 수 있다). 프로그램이 충돌을 일으키거나 변수의 값이 바뀌거나 아니면 아무 일도 일어나지 않을 수 있다. 즉 이런 상황은 예상할 수 없는 버그로 이어진다. 따라서 C 프로그래머로서 배열 접근이 유효한 위치를 참조하는지 확인하는 것도 여러분의 역할이다!

1.5.3 배열과 함수

C에서 함수에 배열을 전달하는 방식은 파이썬이 함수에 리스트를 전달하는 것과 비슷하다. 함수는 전달된 배열이나 리스트의 요소를 변경할 수 있다. 다음은 두 개의 매개변수로 int 배열(arr)과 int 변수(size)를 사용하는 예시 함수다.

```c
void print_array(int arr[], int size) {
    int i;
    for (i = 0; i < size; i++) {
        printf("%d\n", arr[i]);
    }
}
```

매개변수 이름 뒤의 []는 컴파일러에 arr가 **int 타입의 배열**이고 size 같은 int 매개변수가 아님을 알린다. 배열 매개변수를 지정하는 대체 구문은 다음 장에서 설명한다. arr[]는 용량에 상관없이 모든 배열 인수와 함께 이 함수를 호출할 수 있다는 의미다. 배열 변수로 배열의 크기나 용량을 얻을 방법이 없기 때문에 배열로 전달되는 함수는 거의 항상 배열의 크기를 지정하는 두 번째 매개변수(이 예에서 size 매개변수)를 동반한다.

배열 함수가 있는 함수를 호출하려면 **배열의 이름**을 인수로 전달한다. 다음은 print_array 함수를 호출하는 C 코드다.

```c
int some[5], more[10], i;

for (i = 0; i < 5; i++) {  // 두 배열의 첫 5개 요소 초기화
    some[i] = i * i;
    more[i] = some[i];
}

for (i = 5; i < 10; i++) { // "more" 배열의 마지막 5개 요소 초기화
    more[i] = more[i-1] + more[i-2];
}

print_array(some, 5);     // "some"의 5개 값 모두 출력
```

```
print_array(more, 10);    // "more"의 10개 값 모두 출력
print_array(more, 8);     // "more"의 첫 8개 값만 출력
```

C에서 배열 변수의 이름은 배열의 **기본 주소**(예, 0번 요소의 메모리 위치)와 같다. C는 함수를 호출할 때, 인수에 **값으로 전달**하므로 함수로 배열을 전달하면 각 배열의 요소가 개별적으로 함수에 전달되지 않는다. 다시 말해, 함수는 각 배열 요소의 복사본을 받지 않는다. 대신 배열 매개변수가 **배열의 기본 주솟값**을 얻는다. 이 동작은 함수가 매개변수로 전달된 배열의 요소를 수정해도, 함수가 반환할 때 변경 사항이 유지될 것을 시사한다. 예를 들어 다음 C 프로그램을 생각해보자.

```
void test(int a[], int size) {
    if (size > 3) {
        a[3] = 8;
    }
    size = 2; // 매개변수를 변경해도 인수는 변경되지 않음
}

int main() {
    int arr[5], n = 5, i;

    for (i = 0; i < n; i++) {
        arr[i] = i;
    }

    printf("%d %d", arr[3], n);  // 출력: 3 5

    test(arr, n);
    printf("%d %d", arr[3], n);  // 출력: 8 5

    return 0;
}
```

main에서 test 함수를 호출하면 인수 arr는 메모리에 arr 배열의 기본 주소를 전달한다. test 함수 안의 매개변수 a는 이 기본 주소의 복사본을 얻는다. 다시 말해, 매개변수 a는 **인수**

arr와 동일한 배열 저장 위치를 참조한다. 그 결과 test 함수가 a 배열에 저장된 값을 변경(a[3] = 8)하면, 인수 배열의 해당 위치에 영향을 미친다(arr[3]이 8이 됨). a가 전달받은 값이 arr의 기본 주소이므로 a와 arr가 동일한 배열을 참조하기 때문이다(메모리에 저장된 위치가 같다)!

[그림 1-4]에는 테스트 함수가 반환하기 직전에 실행한 지점의 스택 내용을 정리했다.

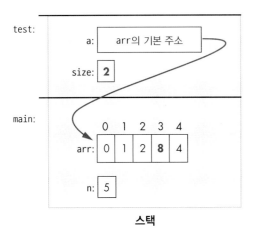

그림 1-4 매개변수가 있는 함수의 스택 내용

매개변수 a는 배열 인수 arr의 기본 주솟값을 전달받는다. 즉 둘 다 같은 배열 저장 주소의 같은 셋을 참조함을 a에서 arr로 향하는 화살표로 표시했다. 또 test 함수가 수정한 값을 굵게 강조했다. 매개변수 size의 값 변경은 해당하는 인자 n의 값을 변경하지 **않는다.** 그러나 a(예, a[3] = 8)가 참조하는 요솟값의 변경은 arr에서 이에 해당하는 위치의 값에 영향을 미친다.

1.5.4 문자열과 C 문자열 라이브러리 소개

파이썬은 문자열 타입을 구현하고 문자열에 사용할 풍부한 인터페이스를 제공하지만, C에는 이에 상응하는 문자열 타입이 없다. 대신 문자열을 char 값의 배열로 구현한다. 모든 문자 character 배열이 C 문자열 string로 사용되는 것은 아니지만 모든 C 문자열은 문자 배열이다.

C에서 배열은 궁극적으로 프로그램이 사용하는 크기보다 더 큰 크기로 정의될 수 있음을 기억해야 한다. 예를 들어 '1.5.2 배열 접근 방법'에서 크기가 10인 배열을 선언하고 첫 6개만 사용했다. 이 동작은 문자열에서 중요한 사실을 시사하는데, 문자열의 길이가 배열의 길이와 같다

고 가정할 수 없다. 이러한 이유로 C에서 문자열은 반드시 특수 문잣값으로 끝나야 한다. **널 문자**null character(\0)는 문자열의 종결을 나타낸다.

널 문자로 끝난 문자열을 **널 종단**null-terminated string이라고 한다. C에서 모든 문자열이 널 종단돼야 하는데, 널 문자의 적당한 위치를 계산하지 못해 초보 C 프로그래머는 자주 오류를 일으킨다. 문자열을 사용할 때 문자 배열은 각 문자와 널 문자(\0)까지 저장할 충분한 용량을 선언하는 것이 중요하다. 예를 들어 문자열 "hi"를 저장하려면 적어도 문자 세 개를 저장할 배열이 필요하다('h'를 저장할 1개, 'i'를 저장할 1개, '\0'를 저장할 1개).

문자열은 많이 사용되므로 C에서는 문자열을 조작하는 함수가 포함된 문자열 라이브러리를 제공한다. 문자열 라이브러리 함수를 사용하는 프로그램은 string.h 헤더를 포함해야 한다.

printf로 문자열값을 출력할 때는 형식 문자열에서 %s 플레이스홀더를 사용한다. 그렇게 하면 printf 함수는 \0 문자를 만날 때까지 배열 인수의 모든 문자를 출력한다. 마찬가지로 문자열 라이브러리에서 제공하는 함수는 \0 문자를 검색해 문자열의 끝을 찾거나 수정한 모든 문자열의 끝에 \0 문자를 덧붙인다.

다음은 문자열과 문자열 라이브러리 함수를 사용하는 예시다.

```c
#include <stdio.h>
#include <string.h>    // C 문자열 라이브러리 포함

int main() {
    char str1[10];
    char str2[10];
    int len;

    str1[0] = 'h';
    str1[1] = 'i';
    str1[2] = '\0';

    len = strlen(str1);

    printf("%s %d\n", str1, len);  // 출력값: hi 2

    strcpy(str2, str1);      // str1의 내용을 str2에 복사
```

```
    printf("%s\n", str2);   // 출력값: hi

    strcpy(str2, "hello");  // 문자열 "hello"를 str2에 복사
    len = strlen(str2);
    printf("%s has %d chars\n", str2, len);   // 출력값: hello has 5 chars
}
```

C 문자열 라이브러리 중 **strlen** 함수는 문자열 인수의 문자 수를 반환한다. 문자열을 종결하는 널 문자는 문자열의 일부로 계산되지 않는다. 그래서 **strlen(str1)**을 호출했을 때 2가 반환된다(문자열 **"hi"**의 길이). **strcpy** 함수는 원본*source*에서 널 문자에 도달할 때까지 원본 문자열(두 번째 매개변수)에서 대상 문자열(첫 번째 매개변수)로 한 번에 한 문자씩 복사한다.

대부분의 C 문자열 라이브러리 함수는 함수가 작업을 수행할 용량이 충분한 문자 배열에 호출이 전달될 것으로 예상한다. **strcpy** 함수는 원본을 포함하지 못할 크기의 대상 문자열과 함께 호출해서는 안 된다. 그러면 프로그램에서 정의되지 않은 동작이 발생한다!

C 문자열 라이브러리 함수는 문자열값이 **\0** 문자로 끝나는 올바른 형식으로 전달되기를 요구한다. 조작할 C 라이브러리 함수에 유효한 값을 전달하는지 확인하는 것은 C 프로그래머의 몫이다. 따라서 앞선 예시에서 **strcpy** 함수를 호출할 때, 원본 문자열(**str1**)이 **\0** 문자로 종결하도록 초기화되지 않았다면, **strcpy**는 **str1** 배열의 경계를 넘은 계속된 동작으로 정의되지 않은 동작을 이끌어내 충돌을 일으킬 수 있다.

WARNING_ STRCPY 함수는 안전하지 않을 수 있다.

앞의 예시에서는 **strcpy** 함수를 안전하게 사용했다. 그러나 일반적으로 **strcpy** 함수는 대상이 전체 문자열을 저장할 만큼 충분히 크다고 가정하기 때문에, 항상 그렇지는 않지만 보안 위험이 있다(가령 문자열을 사용자가 입력한 경우).

여기서는 문자열을 간단하게 소개하기 위해 **strcpy** 함수를 예로 들었다. 안전한 대안은 '2.6 문자열과 문자열 라이브러리'에서 제시하겠다.

C 문자열과 문자열 라이브러리는 2장에서 자세히 설명한다.

1.6 구조체

C에서 데이터 요소의 컬렉션 생성을 지원하는 방법으로 배열과 구조체가 있다. 배열은 타입이 동일한 데이터 요소로 정렬된 컬렉션을 만드는 데 사용하고 **구조체**structs는 타입이 상이한 데이터 요소 컬렉션을 만드는 데 사용한다. C 프로그래머는 배열과 구조체를 결합해 더 복잡한 타입과 구조를 생성할 수 있다. 이 절에서는 구조체를 소개하고 '2.7 C 구조체'에서 구조체의 특성을 자세히 설명한다. 특히 '2.7.4 구조체 배열'에서는 구조체와 배열을 결합하는 방법도 안내한다.

C는 객체 지향 언어가 아니다. 따라서 클래스를 지원하지 않는다. 그러나 클래스의 데이터 부분 같은 구조화된 타입 정의를 지원한다. struct는 이종의 데이터 컬렉션을 나타내는 타입이다. 즉 서로 다른 타입의 집합을 하나의 일관된 단위로 다루는 메커니즘이다. C 구조체는 개별 데이터 값의 최상단에 추상화 수준을 제공해 데이터 값을 단일 타입으로 처리한다. 예를 들어 학생 이름과 나이, 학점(GPA), 졸업 연도가 주어지면 프로그래머는 네 개의 상이한데이터 요소를 하나의 변수 struct student로 결합해 새로운 struct 타입을 정의해야 한다. 구조체에 담긴 변수는 이름(문자열을 저장할 char [] 타입)과 나이(int 타입), GPA(float 타입), 졸업 연도(int 타입)다. 이 구조체 타입의 단일 변수는 ('Freya', 19, 3.7, 2021) 형태로 특정 학생을 네 가지 데이터로 저장할 수 있다.

C 프로그램에서 struct 타입을 정의하고 사용하는 세 단계는 다음과 같다.

1 구조를 나타내는 새로운 struct 타입을 정의한다.
2 새로운 struct 타입의 변수를 선언한다.
3 변수에서 개별 필드 값에 접근하기 위한 점(.) 표기법을 사용한다.

1.6.1 구조체 타입의 정의

구조체 타입의 정의는 **모든 함수의 바깥 부분**에 있어야 하는데, 전형적으로 프로그램 .c 파일의 최상단 부근이다. 새로운 구조체 타입을 정의하는 구문은 다음과 같다(struct는 예약어).

```
struct <구조체 타입 이름> {
    <필드 1 타입> <필드 1 이름>;
```

```
        <필드 2 타입> <필드 2 이름>;
        <필드 3 타입> <필드 3 이름>;
        ...
    };
```

다음은 학생 데이터를 저장하기 위해 새로운 struct studentT 타입을 정의하는 예시다.

```
struct studentT {
    char name[64];
    int age;
    float gpa;
    int grad_yr;
};
```

이 구조체 정의로 C의 타입 시스템에 새로운 타입이 추가됐는데 타입의 이름은 struct stu-dentT다. 구조체는 네 개의 필드를 정의하고 각 필드 정의에는 필드의 타입과 이름이 포함된다. 이 예시에서 name 필드의 타입은 문자열을 사용하기 위한 문자 배열이다('1.5.4 문자열과 C 문자열 라이브러리 소개' 참조).

1.6.2 구조체 타입의 변수 선언

타입이 정의되면 새로운 타입인 struct studentT의 변수를 선언할 수 있다. 지금까지 다룬 한 단어로만 이루어진 타입(예를 들어 int, char, float)과 달리, 새로운 구조체 타입의 이름은 struct studentT로 두 단어다.

```
struct studentT student1, student2; // student1, student2는 struct studentT다.
```

1.6.3 필드 값 접근

구조체 변수의 필드 값에 접근하려면 **점 표기법**을 사용한다.

```
<변수 이름>.<필드 이름>
```

구조체와 필드에 접근할 때는 사용 중인 변수 타입을 신중하게 고려해야 한다. 초보 C 프로그래머는 종종 구조체 필드의 타입을 계산하지 못해 프로그램에 버그를 일으킨다. [표 1-2]에 struct studentT를 참조하는 여러 가지 표현의 타입을 정리했다.

표 1-2 다양한 struct studentT 표현과 관련된 타입

표현	C 타입
student1	구조체(struct studentT)
student1.age	정수형(int)
student1.name	문자 배열(char [])
student1.name[3]	문자(char), name 배열의 각 위치를 저장하는 타입

다음은 struct studentT 변수의 필드를 할당하는 몇 가지 예시다.

```
// 'name' 필드는 문자 배열이고 그래서 'strcpy'를 사용할 수 있다.
// 배열을 문자열값으로 채우는 문자열 라이브러리 함수
strcpy(student1.name, "Kwame Salter");

// 'age' 필드는 정수형이다.
student1.age = 18 + 2;

// 'gpa'(평균 점수) 필드는 float 타입이다.
student1.gpa = 3.5;

// 'grad_yr' 필드는 int 타입이다.
student1.grad_yr = 2020;
student2.grad_yr = student1.grad_yr;
```

[그림 1-5]는 앞선 예시에서 필드에 할당된 후 메모리에 있는 student1 변수의 레이아웃을 나타낸다. 메모리에는 구조체 변수의 필드(박스 안 영역)만 저장된다. 그림에 있는 필드 이름은 설명을 위해 표시했지만, C 컴파일러는 필드를 구분할 때 저장 위치나 구조체 변수의 메모리가

시작되는 **오프셋**offset을 사용한다. 예를 들어 컴파일러는 struct studentT의 정의를 기반으로 gpa(평균 점수) 필드에 접근하려면 64자 배열(name)과 1개 정수(age)를 뛰어넘어야 한다. 그림에서 name 필드는 64자 배열의 첫 여섯 개 문자만 나타냈다.

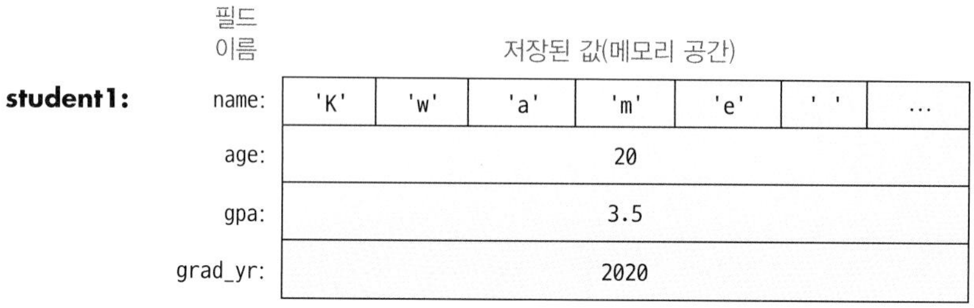

필드
이름   저장된 값(메모리 공간)

student1:   name: | 'K' | 'w' | 'a' | 'm' | 'e' | ' ' | ... |

age: 20
gpa: 3.5
grad_yr: 2020

그림 1-5 각 필드를 할당한 후 student1 변수의 메모리

C 구조체 타입은 **lvalue**인데, 이는 대입문의 왼쪽에 나타날 수 있음을 의미한다. 따라서 구조체 변수는 간단한 대입문을 사용해 다른 구조체 변수의 값을 할당할 수 있다. 대입문 오른쪽의 구조체 필드 값은 대입문의 왼쪽에 있는 구조체 필드 값으로 **복사된다**. 다시 말해, 한 구조체의 메모리 내용이 다른 구조체의 메모리로 복사된다. 다음은 이 방식으로 구조체의 값을 할당하는 예시다.

```
student2 = student1;  // student2는 student1의 값을 얻는다.
                      // (student1의 필드 값이
                      //  이에 해당하는 student2의 필드 값으로 복사된다.)

strcpy(student2.name, "Frances Allen");  // 한 필드 값 변경
```

[그림 1-6]에 대입문과 strcpy 호출을 실행한 후 두 student 변수의 값을 정리했다. 그림은 64자의 전체 배열이 아닌 문자열값으로 name 필드를 나타냈다.

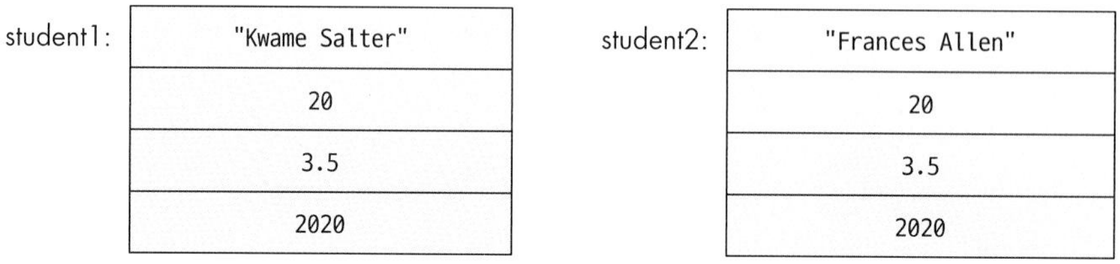

student1: | "Kwame Salter" |
| 20 |
| 3.5 |
| 2020 |

student2: | "Frances Allen" |
| 20 |
| 3.5 |
| 2020 |

그림 1-6 구조체 할당과 strcpy 호출을 실행한 후의 student1과 student2 구조체의 레이아웃

C에는 타입을 받고 타입에 사용된 바이트 수를 반환하는 sizeof 연산자가 있다. sizeof 연산자를 사용하면 구조체 타입을 비롯해 어떤 C 타입에서든 해당 타입의 변수에서 필요한 메모리 공간을 확인할 수 있다. 예를 들어 struct studentT 타입의 크기를 출력할 수 있다.

```
// 참고: '%lu' 형식의 플레이스홀더는 부호 없는 long 값을 지정한다.
printf("number of bytes in student struct: %lu\n", sizeof(struct studentT));
```

실행할 때 이 줄은 적어도 76바이트의 값을 반드시 출력해야 한다. name 배열이 64바이트(각 char가 1바이트), int age 필드가 4바이트, float gpa 필드가 4바이트, int grad_yr 필드가 4바이트를 차지하기 때문이다. 정확한 바이트 수는 시스템에 따라 76보다 클 수 있다.

다음은 struct studentT 타입의 정의와 실행을 위한 전체 예시 프로그램이다(다운로드 가능[10]).

```
#include <stdio.h>
#include <string.h>

// 새로운 타입의 struct studentT 정의
// struct 정의는 함수 본문 바깥에 있어야 한다.
struct studentT {
    char name[64];
    int age;
    float gpa;
    int grad_yr;
};

int main() {
    struct studentT student1, student2;

    strcpy(student1.name, "Kwame Salter");  // name 필드는 char 타입의 배열
    student1.age = 18 + 2;                  // age 필드는 int 타입
    student1.gpa = 3.5;                     // gpa 필드는 float 타입
```

----

10 https://diveintosystems.org/book/C1-C_intro/_attachments/studentTstruct.c

```
    student1.grad_yr = 2020;                    // grad_yr 필드는 int 타입

    /* 참고: printf는 우리가 정의한 struct studentT를
     * 출력할 플레이스홀더가 없으므로
     * 각 필드를 출력하기 위해 개별적으로 전달해야 한다. */
    printf("name: %s age: %d gpa: %g, year: %d\n",
            student1.name, student1.age, student1.gpa, student1.grad_yr);

    /* student1의 모든 필드 값을 student2로 복사 */
    student2 = student1;

    /* student2 변수를 약간 변경 */
    strcpy(student2.name, "Frances Allen");
    student2.grad_yr = student1.grad_yr + 1;

    /* student2의 필드를 출력 */
    printf("name: %s age: %d gpa: %g, year: %d\n",
            student2.name, student2.age, student2.gpa, student2.grad_yr);

    /* struct studentT 타입의 크기를 출력 */
    printf("number of bytes in student struct: %lu\n", sizeof(struct studentT));

    return 0;
}
```

이 프로그램을 실행하면 다음과 같이 출력된다.

```
name: Kwame Salter age: 20 gpa: 3.5, year: 2020
name: Frances Allen age: 20 gpa: 3.5, year: 2021
number of bytes in student struct: 76
```

LVALUE

lvalue는 대입문의 왼쪽에 올 수 있는 표현식을 말한다. 메모리 저장 위치를 나타내는 표현이다. C 배열, 구조체, 포인터를 결합해 더 복잡한 구조를 만드는 예시와 C 포인터 타입을 소개할 때 타입을 신중하게 고려하고 어떤 C 표현식이 유효한 lvalue인지(어떤 표현식을 대입문의 왼쪽에 사용할지)를 염두에 둬야 한다.

지금까지 C에 대해 알려진 바로는, 기본 타입의 단일 변수와 배열 요소, 구조체까지 모두 lvalue 다. 정적으로 선언된 배열의 이름은 lvalue가 아니다(메모리에서 정적으로 선언된 배열의 기본 주소는 변경할 수 없다). 다음 예시 코드에는 다양한 타입의 lvalue 여부를 기반으로 유효한 C 대입문과 유효하지 않은 C 대입문을 정리했다.

```c
struct studentT {
    char name[32];
    int  age;
    float gpa;
    int  grad_yr;
};

int main() {
    struct studentT  student1, student2;
    int x;
    char arr[10], ch;

    x = 10;                  // 유효한 C: x는 lvalue다.
    ch = 'm';                // 유효한 C: ch는 lvalue다.
    student1.age = 18;       // 유효한 C: age 필드는 lvalue다.
    student2 = student1;     // 유효한 C: student2는 lvalue다.
    arr[3] = ch;             // 유효한 C: arr[3]은 lvalue다.

    x + 1 = 8;       // 유효하지 않은 C: x+1은 lvalue가 아니다.
    arr = "hello";   // 유효하지 않은 C: arr는 lvalue가 아니다.
                     //  정적으로 선언된 배열의 기본 주소는 바꿀 수 없다.
                     //  (strcpy를 사용해서 문자열값 "hello"를 배열에 복사할 수 있다.)

    student1.name = student2.name;  // 유효하지 않은 C: name 필드는 lvalue가 아니다.
                                    // (정적으로 선언된 배열의 기본 주소는 바꿀 수 없다.)
```

1.6.4 함수에 구조체 전달

C에서 모든 타입의 인수는 함수에 **값으로 전달**pass by value한다. 따라서 함수가 구조체 타입의 매개변수가 있는 경우 구조체 변수를 함께 호출하면 인수의 **값**은 매개변수로 전달된다. 즉 매개변수는 인숫값의 복사본을 얻는다. 구조체 변수의 값은 메모리의 내용이므로 다음과 같이 단일 대입문에서 한 구조체의 필드를 다른 구조체와 동일하게 할당할 수 있다.

```
student2 = student1;
```

구조체 변수의 값은 메모리 내용 전체를 나타내므로 함수에 구조체를 인수로 전달하면 매개변수는 구조체의 필드 값인 모든 인수를 **복사**해서 전달한다. 함수가 구조체 매개변수의 필드 값을 바꾼 경우 매개변수의 필드 값 변경은 인수의 해당 필드 값에 **영향을 주지 않는다**. 즉 매개변수 필드의 변경은 해당 필드에 대한 인수의 메모리 위치가 아니라 해당 필드의 매개변수 메모리 위칫값만 수정한다.

다음은 구조체 매개변수가 있는 **checkID** 함수를 사용한 전체 프로그램 예시다(다운로드 가능[11]).

```c
#include <stdio.h>
#include <string.h>

/* struct 타입 정의 */
struct studentT {
    char name[64];
    int  age;
    float gpa;
    int  grad_yr;
};

/* 함수 프로토타입(프로토타입: checkID 함수의 정의로
 *     메인 함수가 호출할 수 있고
 *     전체 정의는 파일 안에서 메인 함수 뒤에 나열됨)
```

---

[11] https://diveintosystems.org/book/C1-C_intro/_attachments/structfunc.c

```c
 */
int checkID(struct studentT s1, int min_age);

int main() {
    int can_vote;
    struct studentT student;

    strcpy(student.name, "Ruth");
    student.age = 17;
    student.gpa = 3.5;
    student.grad_yr = 2021;

    can_vote = checkID(student, 18);
    if (can_vote) {
        printf("%s is %d years old and can vote.\n",
                student.name, student.age);
    } else {
        printf("%s is only %d years old and cannot vote.\n",
                student.name, student.age);
    }

    return 0;
}

/*  학생이 최소 연령 이상인지 확인
 *     s: 학생
 *     min_age: 테스트할 최소 나잇값
 *     return: min_age 이상이면 1 아니면 0
 */
int checkID(struct studentT s, int min_age) {
    int ret = 1;   // 반환값을 1로 초기화 (true)

    if (s.age < min_age) {
        ret = 0;   // 반환값을 0으로 업데이트 (false)

        // 학생의 나이를 변경해보자.
        s.age = min_age + 1;
    }
```

```
    printf("%s is %d years old\n", s.name, s.age);

    return ret;
}
```

main 함수가 checkID를 호출할 때, student 구조체의 값(모든 필드의 메모리 내용 복사본)은 매개변수 s로 전달된다. 함수가 매개변수의 age 필드 값을 변경해도 인수(student)의 age 필드에는 영향을 미치지 **않는다.** 이 동작은 다음을 출력하는 프로그램을 실행해서 볼 수 있다.

```
Ruth is 19 years old
Ruth is only 17 years old and cannot vote.
```

출력 내용을 보면 checkID가 age 필드를 출력할 때 함수에서 일어난 변경 사항이 매개변수 s의 age 필드에 영향을 끼친다. 그러나 함수 호출이 반환된 후 main 함수는 checkID 호출 이전과 같은 값을 student의 age 필드로 출력한다. [그림 1-7]은 checkID 함수가 반환되기 직전의 콜 스택^{call stack} 모습이다.

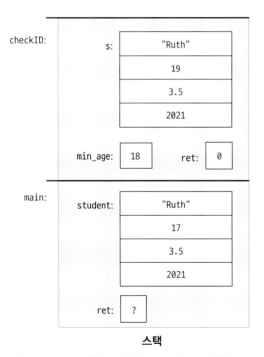

스택

그림 1-7 checkID 함수가 반환되기 직전의 콜 스택 내용

구조체 studentT의 name 필드와 같이 구조체가 정적인 배열 필드를 선언하려면 구조체 매개변수에서의 값으로 전달pass by value 의미 체계semantic를 이해해야 한다. 구조체가 함수로 전달되면 배열 필드의 모든 배열 요소를 포함해 구조체 인수의 전체 메모리 내용이 매개변수로 복사된다. 만약 매개변수 구조체의 배열 내용이 함수에 의해 변경되면 변경 내용은 함수가 반환된 후에는 지속되지 않는다. 이 동작은 기존에 알고 있던 배열이 함수에 전달되는 방식과 다르게 이상하게 보일 수 있다(1.5.3 '배열과 함수'). 그러나 이전에 설명한 구조체 복사 동작과는 일치한다.

1.7 정리

많은 독자가 파이썬을 알 것으로 생각해 C 프로그래밍 언어를 파이썬의 언어 구성과 비교해 소개했다. C에는 변수, 반복문, 조건문, 함수, 입출력(I/O) 등 고급 명령형 및 객체 지향 프로그래밍 언어와 유사한 기능이 있다. C는 모든 변수가 사용되기 전에 특정 타입으로 선언돼야 한다는 점과 C 배열과 문자열이 파이썬의 리스트와 문자열보다 낮은 수준의 추상화라는 점에서 파이썬과 주요한 차이가 있다. 저수준의 추상화를 통해 C 프로그래머는 프로그램이 메모리에 접근하는 방법을 더 잘 제어할 수 있어 프로그램의 효율성을 높인다.

다음 장에서 C 프로그래밍 언어를 더 자세히 다룬다. 이 장에서 제시한 언어의 많은 기능을 깊이 다시 살펴보고 C 언어의 몇 가지 새로운 기능, 특히 C 포인터와 동적 메모리 할당 지원을 소개한다.

## CHAPTER 2

C 프로그래밍 심화

이전 장에서 다룬 C 프로그래밍의 기본 내용을 더 세부적으로 살펴보자. 이 장에서는 앞에서 다룬 주제를 다시 다루되 배열, 문자열, 구조체에 대해 자세한 세부 사항을 알아본다. 또한 C의 포인터 변수와 동적 메모리 할당을 소개한다. **포인터**pointer는 프로그램 상태 접근을 위한 간접 계층을 제공하고 **동적 메모리 할당**dynamic memory allocation은 프로그램이 실행될 때 필요한 공간과 크기를 변화에 맞게 조절해서 필요한 만큼 공간을 할당하고 그 이상 필요하지 않은 공간은 반환한다. 포인터 변수와 동적 메모리 할당을 언제 어떻게 사용할지 이해함으로써 C 프로그래머는 강력하고 효율적인 프로그램을 설계할 수 있다.

프로그램 메모리에 대한 이야기로 시작하는데, 나중에 제시될 여러 주제를 이해하는 데 도움이 되기 때문이다. 논의를 진행하면서 C 파일 입출력(I/O), 라이브러리 링크, 어셈블리 코드 컴파일 같은 고급 C 주제도 일부 다룬다.

2.1 프로그램 메모리와 범위

다음의 C 프로그램은 함수, 매개변수, 지역 및 전역 변수의 예시다(코드 분량을 줄이기 위해 함수 주석은 생략).

```
/* 지역 변수와 전역 변수가 있는 C 프로그램 예시 */
#include <stdio.h>

int max(int n1, int n2); /* 함수 프로토타입*/
int change(int amt);

int g_x;   /* 전역 변수: 함수 본문의 외부에서 선언 */

int main() {
    int x, result;   /* 지역 변수: 함수 본문 내부에서 선언 */

    printf("Enter a value: ");
    scanf("%d", &x);
    g_x = 10;        /* 전역 변수는 모든 함수에서 접근 가능 */

    result = max(g_x, x);
    printf("%d is the largest of %d and %d\n", result, g_x, x);

    result = change(10);
    printf("g_x's value was %d and now is %d\n", result, g_x);

    return 0;
}

int max(int n1, int n2) {  /* 2개의 매개변수가 있는 함수 */
    int val;    /* 지역 변수 */

    val = n1;
    if ( n2 > n1 ) {
        val = n2;
    }
    return val;
}

int change(int amt) {
    int val;
```

```
        val = g_x;   /* 전역 변수는 모든 함수에서 접근 가능 */
        g_x += amt;
        return val;
    }
```

예시에서 프로그램 변수들은 **범위**가 다르다. 변수의 범위는 해당 변수의 이름이 의미를 갖는 시점을 정의한다. 즉 범위는 변수가 프로그램 메모리 위치에 바인딩(연결)돼 있고 프로그램 코드에 의해 사용될 수 있는 프로그램 코드 블록의 집합을 정의한다.

함수 본문 외부에서 선언하면 **전역 변수**다. 전역 변수는 범위 내에서 영구적으로 유지되며 항상 특정 메모리 위치에 바인딩되기 때문에 프로그램 내 모든 코드에서 사용할 수 있다. 전역 변수는 반드시 고유한 이름이 있어야 한다. 그 이름은 프로그램 전체 유지 기간 동안 프로그램 메모리 내 특정 저장 위치를 식별하는 데 활용한다.

지역 변수와 **매개변수**는 정의된 함수 내에서만 존재한다. 예를 들어 amt 매개변수는 change 함수 내의 범위에만 있다. 즉 change 함수 본문 안에 있는 구문만이 amt 매개변수에 접근할 수 있다. amt 매개변수는 특정 활성화된 함수 실행 내에서만 특정 메모리 저장 위치에 바인딩된다. 매개변숫값을 저장할 공간은 함수가 호출될 때 스택에 할당되고 함수가 반환되면 스택에서 할당 해제된다. 함수를 활성화할 때마다 해당 매개변수와 지역 변수에 대한 자체 바인딩을 가져온다. 따라서 재귀 함수 호출의 경우 각 호출(또는 활성화)은 해당 매개변수와 지역 변수를 위한 공간이 포함된 별도의 스택 프레임을 얻는다.

매개변수와 지역 변수가 이를 정의하는 함수 내의 범위에만 있기 때문에, 다른 함수는 지역 변수와 매개변수에 같은 이름을 사용할 수 있다. 예를 들어 change 함수와 max 함수에는 둘 다 val이라는 이름의 지역 변수가 있다. max 함수 안에 있는 코드가 val을 참조하면 지역 변수 val을 참조하며 change 함수의 지역 변수 val(max 함수 내의 범위에 속하지 않는)을 참조하지 않는다.

때로는 C 프로그램에서 전역 변수를 사용해야 할 경우가 있겠지만, **프로그래밍할 때 전역 변수는 사용하지 않기를 적극** 권장한다. 지역 변수와 매개변수만 사용하면 모듈화되고 범용적이며 디버깅하기 쉬운 코드가 생성된다. 또한 함수의 매개변수와 지역 변수는 함수가 활성화된 경우에만 프로그램 메모리에 할당되기 때문에 공간 효율적인 프로그램이 될 수 있다.

프로그램을 새로 시작할 때 운영 체제는 새 프로그램의 **주소 공간**을 할당한다. 프로그램의 주소 공간(또는 메모리 공간)은 실행에 필요한 모든 것, 즉 명령과 데이터를 저장할 위치를 나타낸다. 프로그램의 주소 공간은 주소를 지정할 수 있는 바이트의 배열로 생각해도 무방하다. 프로그램 주소 공간에서 사용된 각 주소는 프로그램 명령이나 데이터 값(또는 프로그램의 실행에 필요해 추가된 상태 일부)의 전체나 일부를 저장한다.

프로그램의 메모리 공간은 여러 부분으로 나뉘며 각 부분은 프로세스의 주소 공간에 다른 종류의 엔티티를 저장하는 데 사용된다.

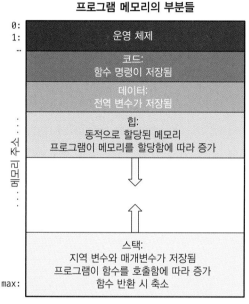

그림 2-1 프로그램 주소 공간

프로그램 메모리의 최상단은 운영 체제에서 사용하기로 예약됐지만 나머지 부분은 실행 중인 프로그램에서 사용할 수 있다. 프로그램의 명령은 메모리의 코드 섹션에 저장된다. 예를 들어 이 장의 첫 예시 프로그램은 이 메모리 영역에 main, max, change 함수를 저장한다.

지역 변수와 매개변수는 **스택**stack의 메모리 부분에 상주한다. 스택 공간의 양이 함수의 호출과 반환 같은 프로그램 실행에 따라 늘고 줄기 때문에, 메모리의 스택 부분은 전형적으로 메모리의 최하단(가장 높은 메모리 주소)에 할당되어 변경할 공간을 남겨둔다. 지역 변수와 매개변수를 위한 스택 저장 공간은 함수가 활성 상태일 때(스택에서 함수 활성화를 위한 스택 프레임 내)만 존재한다.

전역 변수는 **데이터** 영역에 저장된다. 스택과 달리 데이터 영역은 늘거나 줄지 않는다. 전역 저장 공간은 프로그램이 실행되는 동안 계속 유지된다.

마지막으로 **힙**heap 메모리 부분은 동적 메모리 할당과 관련된 프로그램 주소 공간의 일부다. 힙은 전형적으로 스택 메모리에서 멀리 떨어져 있으며 실행 중인 프로그램에 의해 더 많은 공간이 동적으로 할당되면서 더 높은 주소로 늘려간다.

2.2 C의 포인터 변수

C의 포인터 변수는 프로그램 메모리 접근에 간접 계층을 제공한다. 프로그래머는 포인터 변수의 사용법을 이해해야 강력하고도 효율적으로 C 프로그램을 작성할 수 있다. 예를 들어 C 프로그래머는 포인터 변수로 다음 작업을 수행한다.

- 매개변수가 호출자의 스택 프레임에서 값을 수정할 수 있는 함수 구현
- 프로그램이 필요할 때 런타임에 메모리를 동적으로 할당(및 할당 해제)
- 대용량 데이터 구조를 함수에 효율적으로 전달
- 연결된 동적 데이터 구조 생성
- 프로그램 메모리의 바이트를 여러 가지 방식으로 해석

이 절에서는 C의 포인터 변수 구문과 의미를 소개하고 C 프로그램에서 사용하는 방법을 예시로 다룬다.

2.2.1 포인터 변수

포인터 변수는 특정 타입을 저장할 수 있는 메모리 위치의 주소를 저장한다. 예를 들어 정숫값 12가 저장된 int 주소의 값을 포인터 변수에 저장할 수 있다. 포인터 변수는 참조하는 값을 가리킨다. 포인터는 메모리에 저장된 값에 접근하기 위한 간접 계층을 제공한다. [그림 2–2]는 포인터 변수가 메모리에서 어떻게 보이는지 표현한 예시다.

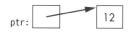

그림 2-2 포인터 변수는 메모리의 위치 주소를 저장한다. 여기에 포인터는 숫자 12를 가진 정수형 변수의 주소를 저장한다.

포인터 변수 ptr을 통해 값(12)은 간접적으로 접근할 수 있는 메모리 위치에 저장된다. C 프로그램은 다음의 경우에 포인터 변수를 자주 사용한다.

1 **포인터로 전달**pass by pointer**받은 매개변수**는 인숫값을 수정하는 함수를 작성하는 데 유용하다.
2 **동적 메모리 할당**은 프로그램이 실행될 때 공간을 할당(및 할당 해제)하는 프로그램을 작성할 때 유용하다. 동적 메모리는 배열을 동적으로 할당하는 데 많이 사용된다. 프로그래머가 컴파일 시 데이터 구조의 크기를 모를 때 유용하다(예, 배열 크기는 런타임 시 사용자 입력에 따라 다르다). 또한 프로그램이 실행될 때 데이터 구조의 크기를 동적 메모리로 조정한다.

포인터 변수 사용 규칙

포인터 변수의 타입과 포인터 변수가 가리키는 메모리 주소에 저장된 타입, 이 두 유형에 대해 고려해야 한다는 점을 제외하면 포인터 변수 사용 규칙은 일반 변수의 규칙과 유사하다.

<타입_이름> *<변수_이름> 형태의 포인터 변수 선언

```
int *ptr;   // int의 메모리 주소를 저장 (ptr이 int를 "가리킨다")
char *cptr; // char의 메모리 주소를 저장 (cptr이 char를 "가리킨다")
```

> **NOTE_ 포인터 타입**
>
> **ptr**과 **cptr**은 둘 다 포인터지만 다른 타입을 참조한다.
>
> • **ptr**의 타입은 **int를 가리키는 포인터**(int *)다. int 값을 저장하는 메모리 위치를 가리킬 수 있다.
> • **cptr**의 타입은 **char를 가리키는 포인터**(char *)다. char 값을 저장하는 메모리 위치를 가리킬 수 있다.

다음은 **포인터 변수 초기화**의 예시다. 포인터 변수는 **주솟값을 저장한다**. 포인터 변수가 가리키는 타입과 타입이 일치하는 메모리 위치의 주소를 저장하려면 포인터를 초기화해야 한다. 포인터 변수는 변수 앞에 **주소 연산자(&)**를 붙여 변수의 주솟값으로 초기화한다.

```
int x;
char ch;

ptr = &x;    // ptr은 x의 주소를 가져오고 포인터는 x를 가리킨다.
cptr = &ch;  // cptr은 ch의 주소를 가져오고 포인터는 ch를 가리킨다.
```

그림 2-3 프로그램은 포인터에 적절한 타입의 기존 변수 주소를 할당해서 포인터를 초기화한다.

다음은 타입이 불일치해 유효하지 않은 포인터 초기화의 예시다.

```
cptr = &x;   // 오류: cptr은 char 타입 메모리 위치를 보유할 수 있다.
             // (&x는 int 타입의 주소다.)
```

C 컴파일러가 이러한 타입의 할당을 허용할 수 있지만(호환되지 않는 타입에 대한 경고 포함) cptr을 통한 x 접근 및 수정 동작은 프로그래머의 예상과 다르게 동작한다. 대신 프로그래머는 int 저장 위치를 가리키는 int * 변수를 사용해야만 한다.

포인터 변수는 잘못된 주소를 나타내는 특별한 값인 NULL을 할당할 수도 있다. **널(NULL) 포인터** (값이 NULL인 포인터)는 메모리에 접근하는 데 절대 사용해서는 안 되지만, NULL 값은 포인터 변수가 유효한 메모리 주소를 가리키는지 확인하기 위해 포인터 변수를 테스트하는 데 유용하다. C 프로그래머는 포인터가 가리키는 메모리 위치에 접근을 시도하기 전에 그 값이 널(NULL)이 아닌지 확인해야 한다. 포인터에 NULL 값을 설정하는 방법은 다음과 같다.

```
ptr = NULL;
cptr = NULL;
```

그림 2-4 모든 포인터에 특수 값인 널(NULL)을 지정할 수 있는데 그 값은 특정 주소를 참조하지 않음을 나타낸다. 널 포인터는 절대 역참조돼서는 안 된다.

드디어 **포인터 변수를 사용할 차례다. 역참조 연산자**(*)는 포인터 변수를 메모리에서 가리키는 위치로 이동하고 해당 위치의 값에 접근한다.

```
/* x라는 정수가 이미 선언됐고 이 코드는 x의 값으로 8을 설정한다. */

ptr = &x;    /* ptr을 x의 주소로 초기화 (ptr은 x 변수를 가리킴) */
*ptr = 8;    /* ptr이 가리키는 메모리 위치가 8로 할당됨 */
```

그림 2-5 포인터의 역참조는 포인터가 참조하는 값에 접근한다.

포인터 예시

다음은 두 개의 포인터 변수를 사용하는 C 구문 시퀀스의 예시다.

```
int *ptr1, *ptr2, x, y;

x = 8;
ptr2 = &x;      // ptr2에는 x의 주소가 할당된다.
ptr1 = NULL;
```

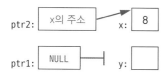

```
*ptr2 = 10;      // ptr2가 가리키는 메모리 위치는 10으로 할당된다.
y = *ptr2 + 3;   // y는 ptr2가 가리키는 것에 3을 더한 것이 할당된다.
```

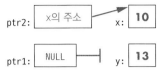

```
ptr1 = ptr2;    // ptr1은 ptr2에 저장된 주솟값을 가진다(둘 다 x를 가리킴).
```

```
*ptr1 = 100;
```

```
ptr1 = &y;      // ptr1의 값을 변경 (가리키는 대상 변경)
*ptr1 = 80;
```

포인터 변수를 사용할 때 관련 변수의 타입을 신중하게 고려하길 권한다. 메모리를 위의 그림처럼 도식화하면 포인터 코드가 수행하는 작업을 한결 이해하기 쉽다. 몇 가지 흔한 오류는 역참조 연산자(*) 또는 주소 연산자(&)를 잘못 사용해서 생긴다. 다음 예시를 살펴보자.

```
ptr = 20;        // 오류?:  주소 20을 가리키도록 ptr을 할당함
ptr = &x;
*ptr = 20;       // 맞음: ptr이 가리키는 메모리에 20을 할당함
```

프로그램이 유효한 주소가 담기지 않은 포인터 변수를 역참조하면 프로그램이 충돌한다.

```
ptr = NULL;
*ptr = 6;      // 충돌! 프로그램이 segfault(메모리 오류)로 인해 충돌함

ptr = 20;
*ptr = 6;      // 충돌! segfault (20은 유효한 주소가 아님)

ptr = x;
*ptr = 6;      // 충돌 가능성이 높거나 메모리 위치를 6으로 설정할 수 있음
               // (주솟값으로 사용되는 x의 값에 따라 다름)

ptr = &x;      // 프로그래머가 원하던 코드로 추측됨
*ptr = 6;
```

이 같은 오류를 예방하기 위해 포인터 변수를 NULL로 초기화한다. 프로그램은 역참조하기 전에 NULL에 대한 포인터의 값을 테스트할 수 있다.

```
if (ptr != NULL) {
    *ptr = 6;
}
```

2.3 포인터와 함수

포인터 매개변수는 함수가 인숫값을 수정할 수 있는 메커니즘을 제공한다. 많이 사용되는 **포인터로 전달** 패턴은 호출자에 의해 전달된 일부 **저장 위치의 주솟값을 얻는** 포인터 함수 매개변수를 사용한다. 예를 들어 호출자는 지역 변수 중 하나의 주소를 전달할 수 있다. 함수 내부의 포인터 매개변수를 역참조함으로써 함수는 자신이 가리키는 저장 위치에서 값을 수정할 수 있다.

우리는 이미 배열 매개변수에서 이와 유사한 기능을 보았다. 배열 함수 매개변수는 전달된 배열의 기본 주솟값을 가져오고(매개변수는 인수와 동일한 배열 요소 집합을 참조함), 함수는 배열에서 저장된 값을 수정할 수 있다. 일반적으로 호출자 범위의 메모리 위치를 가리키는 함수에 포인터 매개변수를 전달해 이와 동일한 개념을 적용할 수 있다.

> **NOTE_ 값으로 전달**
>
> C의 모든 인수는 값으로 전달된다. 매개변수는 인숫값의 복사본을 가져오고 매개변수의 값을 수정해도 인숫값은 변경되지 않는다. int 변수의 값처럼 기본 타입의 값을 전달할 때, 함수 매개변수는 인숫값의 복사본을 가져온다(특정 int 값). 그리고 매개변수에 저장된 값을 변경해도 해당 인수에 저장된 값은 변경할 수 없다.
>
> 포인터로 전달 패턴에서 매개변수는 여전히 인숫값을 가져오지만 주솟값을 전달한다. 기본 타입을 전달할 때와 같이 포인터 매개변수의 값을 변경해도 인숫값은 변경되지 않는다(예, 다른 주소를 가리키도록 매개변수를 할당해도 인수의 주솟값은 변경되지 않는다). 그러나 함수는 포인터 매개변수를 역참조함으로써 매개변수와 해당 인수가 참조하는 메모리의 내용을 변경할 수 있다. 함수는 포인터 매개변수를 통해 함수가 반환된 후 호출자에 표시되는 변수를 수정할 수 있다.

다음 예시 코드에는 포인터로 전달 매개변수로 함수를 구현하고 호출하는 과정을 단계별로 정리했다.

1 함수 매개변수를 변수 타입을 위한 포인터로 선언한다.

```
/* 입력: int 값(int를 가리킴)을 저장할 수 있는
 *       메모리 위치의 주솟값을 저장하는 int 포인터
 */
int change_value(int *input) {
```

2 함수를 호출할 때 변수의 주소를 인수로 전달한다.

```
int x;
change_value(&x);
```

앞의 예에서 매개변수의 타입이 int *이면 전달된 주소도 int 변수의 주소여야 한다.

3 함수 본문에서 포인터 매개변수를 역참조해 인숫값을 변경한다.

```
*input = 100;   // (x의 메모리) 위치 입력 지점이 100으로 할당됨
```

이번에는 더 큰 프로그램을 살펴보자.

passbypointer.c

```c
#include <stdio.h>

int change_value(int *input);

int main() {
    int x;
    int y;

    x = 30;
    y = change_value(&x);
    printf("x: %d y: %d\n", x, y);   // x: 100 y: 30 출력

    return 0;
}

/*
 * 인숫값 변경
 *    input: 변경할 값에 대한 포인터
 *    returns: 인수의 원래 값
 */
int change_value(int *input) {
```

```
    int val;

    val = *input; /* val은 input이 가리키는 변수의 값을 가져온다. */

    if (val < 100) {
        *input = 100;   /* input이 가리키는 변수에 100을 대입 */
    } else {
        *input =  val * 2;
    }

    return val;
}
```

이 프로그램을 실행하면 다음과 같은 결과를 출력한다.

```
x: 100 y: 30
```

[그림 2-6]에 change_value에서 반환을 실행하기 전의 호출 스택을 정리했다.

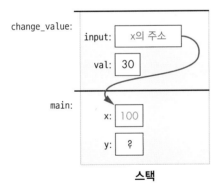

그림 2-6 change_value가 반환을 실행하기 전의 호출 스택 스냅샷

입력 매개변수는 인숫값(x의 주소)을 복사해 가져온다. 함수를 호출할 때 x의 값은 30이다. change_value 함수 안에서 매개변수가 가리키는 메모리 위치에 값 100을 할당하기 위해 매개변수가 역참조됐다(*input = 100;은 'input이 가리키는 위치에 값 100을 넣는다'는 의미다). 매개변수가 main 함수의 스택 프레임에 지역 변수의 주솟값을 저장한 후 매개변수 역참

조를 통해 호출자의 지역 변수에 저장된 값이 변경될 수 있었다. 함수가 반환될 때 인숫값은 포인터 매개변수를 통해 변경된 내용을 반영한다(`main` 안의 `x` 값은 `input` 매개변수를 통한 `change_value` 함수에 의해 100으로 바뀌었다).

2.4 동적 메모리 할당

프로그램은 메모리를 동적으로 할당할 때 포인터로 전달 매개변수는 물론이고 포인터 변수도 많이 사용한다. **동적 메모리 할당**은 C 프로그램이 실행 중일 때 더 많은 메모리를 요청해 포인터 변수는 동적으로 할당된 공간의 주소를 저장한다. 프로그램은 특정 실행을 위해 배열 크기를 조정하려고 동적으로 메모리를 할당하는 경우가 많다.

동적 메모리 할당은 유연성을 부여해 다음과 같은 프로그램을 만들 수 있다.

- 배열 또는 기타 데이터 구조의 크기를 런타임까지 알 수 없는 프로그램(예. 입력에 따라 크기가 달라짐)
- 고정된 제한량이 없어 다양한 입력 크기를 허용해야 하는 프로그램
- 특정 실행에 필요한 데이터 구조의 크기를 정확하게 할당해 용량을 낭비하지 않는 프로그램
- 프로그램 실행 중 할당된 메모리의 크기를 늘리거나 줄여 필요할 때 더 많은 공간을 재할당하고 필요하지 않을 때 공간을 확보하는 프로그램

2.4.1 힙 메모리

프로그램의 메모리 공간에서 모든 메모리 바이트는 관련 주소가 있다. 프로그램이 실행될 때 필요한 모든 것이 메모리 공간에 있으며 다른 유형의 엔티티entity는 프로그램 메모리 공간의 다른 부분에 상주한다. 예를 들어 **코드** 영역에는 프로그램의 명령이 있고, **데이터** 영역에는 전역 변수, **스택**에는 지역 변수와 매개변수가 있다. 그리고 **힙**heap에는 동적으로 할당된 메모리가 있다. 스택과 힙은 런타임에 증가하기 때문에(함수의 호출과 반환, 동적 메모리의 할당과 해제에 따라) 전형적으로 프로그램이 실행될 때 프로그램의 주소 공간에서 멀리 떨어져 각각 공간을 늘리기 위해 많은 공간을 남겨둔다.

동적으로 할당된 메모리는 프로그램 주소 공간의 힙 메모리 영역을 차지한다(그림 2-1). 프로그램이 런타임에 동적으로 메모리를 요청하면 힙은 포인터 변수에 할당해야 하는 메모리 청크 chunk를 제공한다.

[그림 2-7]에 동적으로 할당된 힙 메모리의 주소를 저장하는 스택의 포인터 변수(ptr)와 함께 실행 중인 프로그램의 메모리 부분을 정리했다.

프로그램 메모리의 부분들

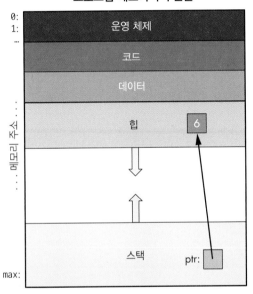

그림 2-7 스택의 포인터는 힙에서 할당된 메모리 블록을 가리킨다.

힙 메모리는 익명 메모리라는 점을 기억하자. 여기서 '익명'이란 힙의 주소가 변수명에 바인딩되지 않음을 뜻한다. 명명된 프로그램 변수를 선언하면 프로그램 메모리의 스택이나 데이터 부분에 할당된다. 지역 또는 전역 포인터 변수는 익명의 힙 메모리 위치의 주소를 저장할 수 있다(예, 스택의 지역 포인터 변수는 힙 메모리를 가리킬 수 있다). 이러한 포인터를 역참조하면 프로그램이 데이터를 힙에 저장할 수 있다.

2.4.2 malloc과 free

malloc과 **free**는 C 표준 라이브러리(stdlib)에 있는 함수로, 프로그램이 **힙**에 메모리를 할당하고 해제할 수 있게 한다. 힙 메모리는 C 프로그램에 의해 명시적으로 할당malloc 및 해제freed돼야 한다.

힙 메모리를 할당하려면 malloc을 호출하고 할당할 연속 힙 메모리의 총 바이트 수를 전달해야 한다. 요청할 바이트 수를 계산하기 위해 sizeof **연산자**를 사용하자. 예를 들어 단일 정수를 저장할 공간을 힙에 할당하기 위해 프로그램은 다음과 같이 호출할 수 있다.

```
// 정수의 크기를 결정하고 그만큼의 힙 공간을 할당
malloc(sizeof(int));
```

malloc 함수는 호출자를 위해 할당된 힙 메모리의 기본 주소를 반환한다(오류가 발생한 경우, NULL 반환). 다음은 단일 int 값을 저장할 힙 메모리를 할당하기 위해 malloc을 호출하는 프로그램 전체 예시다.

```c
#include <stdio.h>
#include <stdlib.h>

int main() {
    int *p;

    p = malloc(sizeof(int));  // int를 저장할 힙 메모리 할당

    if (p != NULL) {
        *p = 6;   // p가 가리키는 힙 메모리에 값 6을 대입
    }
}
```

malloc 함수는 void * 타입을 반환한다. void *는 지정되지 않은 타입(또는 모든 타입)에 제네릭generic 포인터를 나타내는 타입이다. 프로그램이 malloc을 호출하고 포인터 변수에 결과를

할당할 때, 프로그램은 할당된 메모리를 포인터 변수의 타입에 연결한다.

때때로 malloc을 호출할 때 포인터 변수의 타입에 맞추기 위해 void *로 반환 타입을 명시적으로 다시 캐스팅하는 경우가 있다. 다음 예시를 살펴보자.

```
p = (int *) malloc(sizeof(int));
```

malloc 앞 (int *)는 컴파일러에 malloc이 반환할 void * 타입이 이 호출에서 int *로 사용함을 알려준다(malloc의 반환 타입을 int *로 다시 캐스팅). 타입 리캐스팅과 void * 타입은 '2.9.3 void * 타입과 타입 리캐스팅'에서 자세히 다룬다.

만약 할당하도록 요청된 바이트 수를 채울 만큼 사용 가능한 힙 메모리가 충분하지 않으면 malloc 호출은 실패한다. malloc 호출이 실패하는 경우는 주로 요청한 바이트 수가 너무 크거나 0보다 작을 때, 무한히 반복하는 반복문 안에서 호출할 때, 힙 메모리가 부족한 때이다. malloc 호출이 실패할 수 있으므로, 포인터 값을 역참조하기 전에 항상 NULL 값(malloc이 실패)으로 **반환값을 테스트하길 권한다.** 널 포인터를 역참조하면 프로그램에 충돌이 발생한다! 다음 예시를 살펴보자.

```
int *p;
p = malloc(sizeof(int));
if (p == NULL) {
    printf("Bad malloc error\n");
    exit(1);    // 프로그램 종료 및 오류 표시
}
*p = 6;
```

프로그램에 더 이상 malloc으로 할당된 동적인 힙 메모리가 필요하지 않을 때 free 함수를 호출해 명시적으로 메모리 할당을 해제해야 한다. free 호출 뒤에 포인터 값을 NULL로 설정하는 것도 좋은 아이디어다. 그래서 프로그램 오류로 인해 free 호출 뒤에 실수로 역참조되는 경우, 프로그램은 malloc을 호출해 힙 메모리의 일부를 재할당하도록 수정하는 대신 충돌을 일으킨다. 의도하지 않은 이 같은 메모리 참조는 디버깅하기가 매우 어려운, 정의되지 않은 프로그램

동작을 초래할 수 있는 반면, 널 포인터 역참조는 즉시 실패해 상대적으로 버그를 찾고 수정하기가 용이하다.

```
free(p);
p = NULL;
```

2.4.3 동적 할당된 배열과 문자열

C 프로그래머는 종종 동적으로 메모리를 할당해 배열을 저장한다. malloc을 성공적으로 호출하면 요청된 크기의 연속적인 힙 메모리 청크 하나를 할당하고 동적 할당된 배열의 기본 주소의 시작 주소를 반환한다.

요소 배열에 공간을 동적으로 할당하려면 malloc에 원하는 배열의 총 바이트 수를 전달해야 한다. 즉 프로그램은 malloc에서 각 배열 요소의 총 바이트 수에 배열의 요소 수를 곱한 값을 요청해야 한다. 다음과 같이 malloc에 sizeof(〈타입〉) * 〈요소의 수〉 형식으로 총 바이트 수를 구하는 식을 전달한다.

```
int *arr;
char *c_arr;

// 힙에 20개 크기의 int 배열 할당
arr = malloc(sizeof(int) * 20);

// 힙에 10개 크기의 char 배열 할당
c_arr = malloc(sizeof(char) * 10);
```

이 예시에서 malloc을 호출한 후에, int 포인터 변수 arr는 힙 메모리에 연속된 20개의 정수 저장 위치 배열의 기본 주소를 저장하고, char 포인터 변수 c_arr는 힙 메모리에 연속된 10개의 문자 저장 위치 배열의 기본 주소를 저장한다. 이 동작을 묘사한 [그림 2-8]을 참조하자.

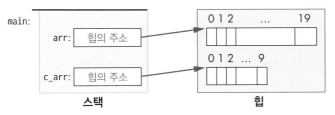

그림 2-8 힙에 할당된, 20개 요소가 담긴 정수 배열과 10개 요소가 담긴 문자 배열

malloc이 힙 메모리에 동적으로 할당된 공간을 가리키는 포인터를 반환하는 동안, C 프로그램은 스택에 힙 위치를 가리키는 포인터를 저장한다. 포인터 변수에는 힙 내 배열 저장 공간의 **오직 기본 주소**(시작 주소)만 담긴다. 정적으로 선언된 배열과 마찬가지로, 동적으로 할당된 배열의 메모리 위치는 인접한 메모리 위치에 자리한다. malloc 단일 호출로 요청된 바이트 수의 메모리 청크가 할당되는 반면, (대부분의 시스템에서) malloc 다중 호출로는 힙 주소가 연속적으로 만들어지지 않는다. 이전 예시에서 char 배열 요소와 int 배열 요소는 힙에서 멀리 떨어진 주소에 있을 수 있다.

배열에 힙 공간을 동적으로 할당한 후, 프로그램은 포인터 변수를 통해 배열에 접근할 수 있다. 포인터 변수의 값이 힙 내 배열의 기본 주소를 나타내므로, 정적으로 선언된 배열의 요소에 접근하는 데 사용한 구문과 동일한 구문을 사용해 동적으로 할당된 배열의 요소에 접근할 수 있다.

```
int i;
int s_array[20];
int *d_array;

d_array = malloc(sizeof(int) * 20);
if (d_array == NULL) {
    printf("Error: malloc failed\n");
    exit(1);
}

for (i=0; i < 20; i++) {
    s_array[i] = i;
    d_array[i] = i;
```

```
    }

    printf("%d %d \n", s_array[3], d_array[3]);  // 3 3 출력
```

정적으로 선언된 배열의 요소에 접근하는 데 사용한 구문과 동일한 구문을 동적으로 할당된 배열의 요소에 접근하는 데 사용할 수 있는 이유가 명확하지 않을 수 있다. 그러나 타입이 다르더라도 s_array와 d_array 값 모두는 메모리에 있는 기본 주소로 평가된다(표 2-1 참조).

표 2-1 정적으로 할당된 s_array와 동적으로 할당된 d_array의 비교

표현	값	타입
s_array	메모리에 있는 배열의 기본 주소	(정적) 정수 배열
d_array	메모리에 있는 배열의 기본 주소	정수 포인터(int *)

두 변수의 이름이 메모리에 있는 배열의 기본 주소(첫 번째 요소 메모리의 주소)로 평가되기 때문에, 변수 이름 다음에 오는 [i] 구문의 의미는 두 변수에서 동일하게 유지된다. [i]는 **메모리에 있는 배열의 기본 주소에서** 오프셋 i에 있는 위치를 역참조(i번째 요소에 접근)한다.

대부분의 경우, 동적으로 할당된 배열의 요소에 접근할 때 [i] 구문을 사용하는 것이 좋다. 그러나 프로그램은 배열 요소에 접근하기 위해 포인터 역참조 구문(* 연산자)을 사용하기도 한다. 동적으로 할당된 배열을 참조하기 위해 포인터 앞에 *를 두어 배열의 요소 0에 접근하기 위해 포인터를 역참조하는 식이다.

```
    /* 두 구문은 동일하다. 둘 다 인덱스 0에 8을 넣는다. */
    d_array[0] = 8; // d_array의 인덱스 0에 8을 넣음
    *d_array = 8;    // d_array가 8을 저장한 것이 가리키는 위치
```

'2.5 C의 배열'에서는 배열을 자세히 설명하고 '2.9.4 포인터 산술'에서는 포인터 변수를 통한 배열 요소 접근에 대해 논의한다.

프로그램이 동적으로 할당된 배열을 사용해 완료되면, 힙 공간을 할당 해제하기 위해 free를 호출해야 한다. 앞서 언급했듯이 할당 해제 후 포인터에 NULL을 설정하는 것이 좋다.

```
free(arr);
arr = NULL;

free(c_arr);
c_arr = NULL;

free(d_array);
d_array = NULL;
```

힙 메모리 관리, MALLOC과 FREE

C 표준 라이브러리가 제공하는 malloc과 free는 힙 메모리 관리자를 위한 프로그래밍 인터페이스다. malloc을 호출할 때, malloc에서 요청한 크기를 만족할 수 있으면서 할당되지 않은 힙 메모리 공간의 연속된 청크를 찾아야 한다. 힙 메모리 관리자는 힙 메모리에 할당되지 않은 **익스텐트**extent**의 free list**를 유지한다. 각 익스텐트는 힙 공간의 할당되지 않은 연속적인 청크의 시작 주소와 크기를 지정한다.

처음에는 모든 힙 메모리가 비어 있다. 즉 전체 힙 영역을 사용할 수 있다. 프로그램이 malloc과 free를 호출하면 힙 메모리는 조각난다. 즉 할당된 힙 공간의 청크 사이에 텅 빈 힙 공간 청크가 생긴다는 뜻이다. 힙 메모리 관리자는 전형적으로 특정 크기의 사용 가능한 공간을 빠르게 검색할 수 있도록 힙 내부의 공간들이 갖는 크기를 정리한 목록을 가진다. 또한 요청을 충족하는 데 사용할 수 있는 여러 여유 공간 중에서 선택할 정책을 하나 이상 구현한다.

free 함수는 해당 주소에서 해제할 힙 공간의 크기를 필요로 하지 않고 해제할 힙 공간의 주소 만 받을 것으로 예상한다는 점에서 이상하게 보일 수 있다. malloc이 요청된 메모리 바이트를 할당할 뿐 아니라 헤더 구조를 저장하기 위해 메모리의 앞에 몇 바이트를 추가로 할당하기 때문이다. 헤더는 할당된 힙 공간의 청크에 대한 메타데이터를 저장한다. 그 결과 free 호출 시 할당 해제를 위해 힙 메모리의 주소만 전달하면 된다. free 실행으로 free에 주소를 전달하기 직전의 헤더 정보에서 해제할 메모리 크기를 얻을 수 있다.

힙 메모리 관리에 대한 자세한 내용은 OS 도서를 참고하자. 한 예로『운영 체제 아주 쉬운 세 가 지 이야기』(홍릉과학출판사, 2020)의 17장 'OS에서 여유 공간 관리'[1]에서 세부 사항을 다룬다.

---

1 http://pages.cs.wisc.edu/~remzi/OSTEP/vm-freespace.pdf(원서)

2.4.4 힙 메모리와 함수를 위한 포인터

함수에 동적으로 할당된 배열을 전달할 때 포인터 변수 인수의 값이 함수에 전달된다(예, 힙에 있는 배열의 기본 주소가 함수에 전달된다). 따라서 정적으로 선언되거나 동적으로 할당된 배열을 함수에 전달할 때 매개변수는 정확히 같은 값(메모리에 있는 배열의 기본 주소)을 얻는다. 결과적으로 동일한 타입의 정적 및 동적으로 할당된 배열에 대해 동일한 함수를 사용할 수 있고 배열 요소에 접근하기 위해 함수 내 동일한 구문을 사용할 수 있다. 매개변수 선언 `int *arr`와 `int arr[]`는 동일하다. 그러나 코딩 규약에 따라 포인터 구문은 동적으로 할당된 배열로 호출할 수 있는 함수에 사용되는 경향이 있다.

```c
int main() {
    int *arr1;

    arr1 = malloc(sizeof(int) * 10);
    if (arr1 == NULL) {
        printf("malloc error\n");
        exit(1);
    }

    /* arr1(힙에 있는 배열의 기본 주소)의 값을 전달 */
    init_array(arr1, 10);
    ...
}
void init_array(int *arr, int size) {
    int i;
    for (i = 0; i < size; i++) {
        arr[i] = i;
    }
}
```

`init_array` 함수에서 반환되기 직전 시점의 메모리 내용은 [그림 2-9]와 같다. `main`은 `init_array`에 배열의 기본 주소만 전달한다는 점을 참고하자. 배열의 큰 연속 메모리 블록이 힙에 남아있지만 함수는 `arr` 포인터 매개변수를 역참조해 접근할 수 있다.

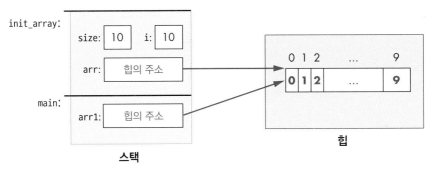

그림 2-9 init_array에서 반환되기 전 메모리 내용 main의 arr1과 init_array의 arr 변수는 둘 다 힙 메모리의 같은 블록을 가리킨다.

2.5 C의 배열

'1.5.1 배열 소개'에서 정적으로 선언된 1차원 C 배열을 소개하며 함수에 전달되는 방식을 이야기했다. '2.4 동적 메모리 할당'에서는 동적으로 할당된 1차원 배열을 소개하고 이를 함수에 전달하는 방법을 이야기했다. 이번에는 C의 배열을 깊이 알아보고자 한다. 정적 및 동적으로 할당된 배열을 자세히 설명하고 2차원 배열에 대해 이야기하고자 한다.

2.5.1 1차원 배열

먼저 1차원 배열을 할당하는 방법을 알아보겠다. C에서 배열을 할당하는 방법은 정적 할당과 동적 할당이 있다.

정적 할당

정적 배열을 예시로 간략하게 요약한 후 새로운 내용으로 넘어가겠다. 정적으로 선언된 1차원 배열의 자세한 내용은 '1.5.1 배열 소개'를 참조한다.

정적으로 선언된 배열은 스택(지역 변수의 경우) 또는 메모리의 데이터 영역(전역 변수의 경우)에 할당된다. 프로그래머는 타입(각 인덱스에 저장된 타입)과 전체 용량(요소 수)을 지정해 배열 변수를 선언할 수 있다.

함수에 배열을 전달할 때 C는 기본 주솟값을 매개변수에 복사한다. 즉 매개변수와 인수는 같은 메모리 위치를 참조한다. 매개변수 포인터는 메모리에 있는 인수의 배열 요소를 가리킨다. 그 결과, 배열 매개변수를 통해 배열에 저장된 값을 수정하면 인수 배열에 저장된 값도 수정된다.

다음은 정적 배열 선언과 사용에 대한 예시다.

```
// 타입과 총용량을 지정해서 배열을 선언
float averages[30];    // float 타입의 배열, 30개 요소가 담길 수 있음
char  name[20];        // char 타입의 배열, 20개 요소가 담길 수 있음
int i;

// 배열 요소에 접근
for (i = 0; i < 10; i++) {
    averages[i] = 0.0 + i;
    name[i] = 'a' + i;
}
name[10] = '\0';     // name은 C 스타일 문자열을 저장하는 데 사용된다.

// 출력: 3 d abcdefghij
printf("%g %c %s\n", averages[3], name[3], name);

strcpy(name, "Hello");
printf("%s\n", name);  // 출력: Hello
```

동적 할당

'2.4 동적 메모리 할당'에서 배열에 접근하는 구문과 함수에 동적으로 할당된 배열을 전달하는 구문을 비롯해 동적으로 할당된 1차원 배열을 소개했다. 동적 할당 역시 예시로 간략하게 요약하겠다.

malloc 함수를 호출하면 런타임 시 힙에 동적으로 배열을 할당한다. 힙 공간에 할당된 주소는 배열의 첫 번째 요소를 가리키는 전역 또는 지역 포인터 변수에 할당될 수 있다. 동적으로 공간을 할당하려면 배열에 할당할 총 바이트 수를 malloc에 전달해야 한다(sizeof 연산자를 사용

해 특정 타입의 크기를 얻는다). malloc 단일 호출은 요청된 크기의 연속적인 힙 공간 청크를 할당한다. 다음 예시를 살펴보자.

```
// 할당된 힙 공간을 가리키는 포인터 변수 선언
int    *p_array;
double *d_array;

// 배열에 적절한 바이트 수를 할당하기 위해 malloc 호출
p_array = malloc(sizeof(int) * 50);        // 50개의 int 할당
d_array = malloc(sizeof(double) * 100);  // 100개의 double 할당

// 항상 함수의 반환값을 확인해 오류 반환값을 처리해야 함
if ( (p_array == NULL) || (d_array == NULL) ) {
    printf("ERROR: malloc failed!\n");
    exit(1);
}

// [] 표기법을 사용해 배열 요소에 접근
for (i = 0; i < 50; i++) {
    p_array[i] = 0;
    d_array[i] = 0.0;
}

// 사용이 끝난 힙 공간 해제
free(p_array);
p_array = NULL;

free(d_array);
d_array = NULL;
```

배열 메모리 레이아웃

malloc 단일 호출을 통해 배열이 정적으로 선언되거나 동적으로 할당되면, 배열 요소는 연속적인 메모리 위치(주소)를 나타낸다.

```
array [0]:  기본 주소
array [1]:  다음 주소
array [2]:  다음 주소
   ...          ...
array [99]: 마지막 주소
```

i 요소의 위치는 배열의 기본 주소에서 i 오프셋에 있다. i번째 요소의 정확한 위치는 배열에서 저장된 타입의 바이트 수에 따라 다르다. 한 예로 다음의 배열 선언을 보자.

```
int  iarray[6];  // 6개의 int 타입 배열, 각각 4바이트
char carray[4];  // 4개의 char 타입 배열, 각각 1바이트
```

개별 배열 요소의 주소는 다음과 같다.

```
주소    요소
----    -------
1230:  iarray[0]
1234:  iarray[1]
1238:  iarray[2]
1242:  iarray[3]
1246:  iarray[4]
1250:  iarray[5]
    ...
1280:  carray[0]
1281:  carray[1]
1282:  carray[2]
1283:  carray[3]
```

이 예시에서 1230은 iarray의 기본 주소이고 1280은 carray의 기본 주소다. 각 배열의 개별 요소가 연속적인 메모리 주소에 할당됨을 명심하자. iarray 배열의 각 요소는 4바이트의 int 값으로 저장되고 그래서 각 요소의 주소가 4씩 다르다. carray의 각 요소는 1바이트의 char

값으로 저장되고 그래서 각 주소가 1씩 다르다. 지역 변수의 집합이 스택의 연속적인 메모리 위치에 할당된다는 보장이 없다(따라서 예시에서 보듯, iarray의 끝과 carray의 시작 사이에 격차가 생길 수 있다).

2.5.2 2차원 배열

C는 다차원 배열을 지원하지만, C 프로그래머들이 1차원 배열과 2차원 배열을 가장 많이 사용하기 때문에 설명은 2차원 배열로 제한하고자 한다.

정적으로 할당된 2차원 배열

다차원 배열 변수를 정적으로 선언하려면 각 차원의 크기를 지정해야 한다. 다음 예시를 살펴보자.

```
int   matrix[50][100];
short little[10][10];
```

matrix는 50개 행과 100개 열이 있는 int 타입의 2차원 배열이고 little은 10개 행과 10개 열이 있는 short 타입의 2차원 배열이다.

각 요소에 접근하려면 행과 열의 인덱스를 모두 표시해야 한다.

```
int   val;
short num;

val = matrix[3][7];  // matrix의 3행, 7열의 int 값을 가져옴
num = little[8][4];  // little의 8행, 4열의 short 값을 가져옴
```

[그림 2-10]은 2차원 배열을 정숫값의 행렬로 나타냈다. 2차원 배열의 특정 요소는 행과 열의 인덱스 값으로 인덱싱된다.

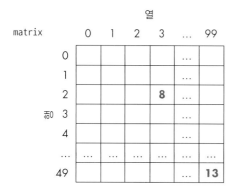

```
matrix[2][3] = 8;
matrix[49][99] = 13;
```

그림 2-10 2차원 배열의 2행과 3열을 행렬로 표현하면 `matrix[2][3]`이다.

프로그램은 종종 중첩된 반복문으로 2차 배열의 요소에 접근한다. 예를 들어 다음 중첩 반복문은 `matrix`의 모든 요소를 0으로 초기화한다.

```
int i, j;

for (i = 0; i < 50; i++) {  // 각 i행에 대해
    for (j = 0; j < 100; j++) { // i행의 각 열 요소를 반복함
        matrix[i][j] = 0;
    }
}
```

2차원 배열 매개변수

1차원 배열 인수를 함수에 전달하는 규칙이 2차원 배열 인수를 전달하는 데도 그대로 적용된다. 매개변수는 2차원 배열(`&arr[0][0]`)의 기본 주솟값을 얻는다. 즉 매개변수가 인수의 배열 요소를 가리키므로 함수는 전달된 배열에 저장된 값을 변경한다.

다차원 배열 매개변수의 경우 매개변수가 다차원 배열임을 나타내야 하지만(좋은 일반 설계를 위해), 첫 번째 차원의 크기를 지정하지 않은 상태로 둘 수 있다. 그 외 차원의 크기는 완벽하게 지정해야 컴파일러가 배열에 올바른 오프셋을 생성할 수 있다. 다음은 2차원 배열의 예시다.

```
// C 상수 정의: COLS는 값 100으로 정의된다.
#define COLS  (100)

/*
 * init_matrix : 전달된 행렬 요소를 인덱스 값의 곱으로 초기화
 *    m: 2차원 배열 (열 차원은 100이어야 함)
 *    rows: 행렬의 행 수
 *    return: 값을 반환하지 않음
 */
void init_matrix(int m[][COLS], int rows) {
    int i, j;
    for (i = 0; i < rows; i++) {
        for (j = 0; j < COLS; j++) {
            m[i][j] = i*j;
        }
    }
}

int main() {
    int matrix[50][COLS];
    int bigger[90][COLS];

    init_matrix(matrix, 50);
    init_matrix(bigger, 90);
    ...
```

matrix와 bigger 배열은 둘 다 init_matrix 함수에 인수로 전달될 수 있다. 매개변수 정의
와 열 차원이 동일하기 때문에 가능하다.

> **NOTE_** 열 차원은 컴파일러가 2차원 배열의 기본 주소부터 요소의 특정 행 시작까지의 오프셋을 계산할 수
> 있도록 2차원 배열의 매개변수 정의에 지정돼야 한다. 오프셋 계산은 메모리의 2차원 배열 레이아웃을 따
> 른다.

2차원 배열 메모리 레이아웃

정적으로 할당된 2차원 배열은 **행 우선 순서**^{row major order}로 메모리에 배열된다. 즉 행 0의 요소가 모두 먼저 오고 행 1의 요소가 모두 뒤따르는 식이다. 다음에 주어진 예시 선언은 정수의 2차원 배열이다.

```
int arr[3][4];  // 3개 행과 4개 열이 있는 int 배열
```

메모리의 레이아웃은 [그림 2-11]과 같다.

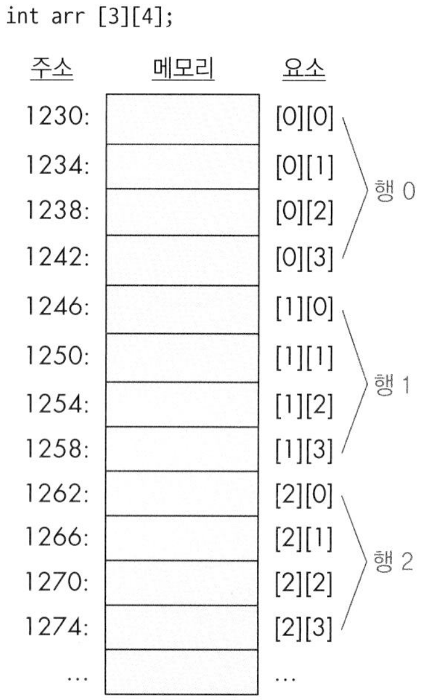

```
int arr [3][4];
```

주소	메모리	요소
1230:		[0][0]
1234:		[0][1]
1238:		[0][2] 〉행 0
1242:		[0][3]
1246:		[1][0]
1250:		[1][1]
1254:		[1][2] 〉행 1
1258:		[1][3]
1262:		[2][0]
1266:		[2][1]
1270:		[2][2] 〉행 2
1274:		[2][3]
…		…

그림 2-11 행 우선 순서의 2차원 배열 레이아웃

모든 배열 요소가 연속되는 메모리 주소에 할당된다. 즉 2차원 배열의 기본 주소가 `[0][0]` 요소의 메모리 주소이며(`&arr[0][0]`), 후속 요소는 행을 우선으로 연속적으로 저장된다. 가령 행 1의 전체가 배치된 후 행 2의 전체가 배치되는 식이다.

동적으로 할당된 2차원 배열

2차원 배열을 동적으로 할당하는 방법은 두 가지가 있다.

1 힙 공간에 모든 **N** × **M** 배열 요소를 저장할 하나의 큰 청크를 할당하는 malloc을 호출한다.

2 malloc을 다중 호출해 배열로 이루어진 배열을 만든다.

    a. 우선 저장할 요소의 타입을 가리키는 포인터 **N**개로 이루어진 1차원 배열을 할당한다. 각 포인터는 2차원 배열에서 각 행을 나타낸다.

    b. 크기가 **M**인 **N**개의 1차원 배열을 할당해 열을 저장할 공간을 만든다.

    c. 각 배열의 주소를 a 단계에서 만든 **N**개 포인터의 첫 번째 배열 요소에 할당한다.

변수 선언, 할당 코드, 배열 요소 구문은 프로그래머가 사용할 방법에 따라 달라진다.

방법 1: 메모리 효율적인 할당

이 방법에서는 malloc 단일 호출이 **N** × **M** 배열의 값을 저장하는 데 필요한 총 바이트 수를 할당한다. 이 방법은 메모리 효율성이 높다는 장점이 있다. **N** × **M** 요소를 위한 전체 공간이 인접한 메모리 위치에서 한 번에 할당되기 때문이다.

malloc 호출은 할당된 공간의 시작 주소(배열의 기본 주소)를 반환한다. 이 값은 (1차원 배열과 같이) 포인터 변수로 저장돼야 한다. 실제로 이 방법을 사용한 1차원 배열 할당과 2차원 배열 할당에는 의미상 차이가 없다. malloc 호출은 요청된 바이트 수의 연속적으로 할당된 힙 메모리 청크의 시작 주소를 반환한다. 이 방법을 사용해 2차원 배열을 할당하는 것은 1차원 배열을 할당하는 것처럼 보이기 때문에, 프로그래머는 힙 메모리 공간의 단일 청크 위에 명시적으로 2차원 행과 열 인덱싱을 매핑해야 한다(컴파일러는 행이나 열에 대한 개념이 없다. 따라서 이중 인덱싱 구문을 malloc된 공간으로 해석하지 못한다).

다음은 방법 1을 사용해 2차원 배열을 동적으로 할당하는 C 코드 예시다.

```
#define N 3
#define M 4

int main() {
    int *two_d_array;     // 타입은 int(요소 타입)에 대한 포인터다.
```

```
    // N x M int 크기 요소의 단일 malloc으로 할당
    two_d_array = malloc(sizeof(int) * N * M);

    if (two_d_array == NULL) {
        printf("ERROR: malloc failed!\n");
        exit(1);
    }

    ...
```

[그림 2-12]에 이 방법을 사용해 2차원 배열을 할당한 예시와 **malloc** 호출 후 메모리 모습을 나타냈다.

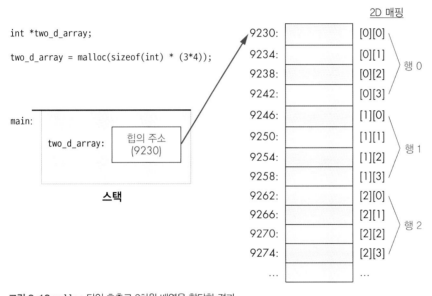

그림 2-12 malloc 단일 호출로 2차원 배열을 할당한 결과

동적으로 할당된 1차원 배열처럼, 2차원 배열에 대한 포인터 변수도 스택에 할당된다. 포인터에는 **malloc** 호출로 생성된 **N × M int** 저장 위치의 연속적인 청크의 기본 주소가 할당된다.

이 방법은 2차원 배열에 대해 **malloc**된 공간의 단일 청크를 사용하기 때문에 메모리 할당이 효율적이다(2차원 배열 전체에 대해 한 번의 **malloc**만 요구한다). 모든 요소가 인접한 메모리

에 가깝게 위치하기 때문에 메모리에 접근하는 더 효율적인 방법이며, 각 접근은 포인터 변수에서 단일 수준의 간접 참조만 필요하다.

그러나 C 컴파일러는 이 방법을 사용한 2차원 배열 할당과 1차원 배열 할당의 차이를 인식하지 못한다. 결과적으로 이 방법으로 2차원 배열을 할당하면 정적으로 선언된 2차원 배열의 이중 인덱싱 구문([i][j])은 **사용할 수 없다**. 대신 프로그래머는 행과 열 인덱스 값의 함수를 사용해 힙 메모리의 연속 청크로 오프셋을 명시적으로 계산해야 한다([i*M + j], 여기서 M은 열의 수).

다음 예시는 프로그래머가 2차원 배열의 모든 요소를 초기화하기 위해 구성한 코드다.

```
// [] 표기법을 사용해 접근
//    [i][j] 구문은 사용할 수 없다.
//    컴파일러는 힙 영역의 청크 안에서 다음 행의 시작을 알 수 없기 때문이다.
//    그래서 프로그래머는 공간의 2차원 뷰를 1차원 메모리 청크로 매핑하도록
//    명시적으로 행과 열의 인덱스 값(i*M + j)의 함수를 추가해야 한다.

for (i = 0; i < N; i++) {
    for (j = 0; j < M; j++) {
        two_d_array[i*M + j] = 0;
    }
}
```

방법 1(단일 malloc)에서 사용하는 함수 매개변수

단일 malloc을 통해 할당된 int 타입 배열의 기본 주소는 int에 대한 포인터다. 그래서 (int *) 매개변수와 함께 함수에 전달될 수 있다. 또 함수에는 2차원 배열에 대한 오프셋을 정확하게 계산할 수 있도록 행과 열 차원이 전달돼야 한다. 다음 예시를 살펴보자.

```
/*
 * 2차원 배열의 모든 요소를 0으로 초기화
 * arr: 배열
 * rows: 행의 수
```

```
 *  cols: 열의 수
 */
void init2D(int *arr, int rows, int cols) {
    int i, j;
    for (i = 0; i < rows; i++) {
        for (j = 0; j < cols; j++) {
            arr[i*cols + j] = 0;
        }
    }
}


int main() {
    int *array;
    array = malloc(sizeof(int) * N * M);
    if (array != NULL) {
        init2D(array, N, M);
    }
    ...
```

방법 2: 프로그래머 친화적인 방법

2차원 배열을 동적으로 할당하는 두 번째 방법은 배열을 **N**개의 1차원 배열들의 배열로 저장한다(행마다 한 개의 1차원 배열). 이 방법은 malloc을 **N + 1** 번 호출한다. 행 배열들의 배열을 위한 한 번의 malloc 그리고 각 **N**행의 열 배열을 위한 한 번의 malloc, 결과적으로 행 내의 요소 위치는 연속적이지만 요소들은 2차원 배열의 행에서 연속적이지 않다. 할당과 요소 접근은 방법 1만큼 효율적이지 않고 변수를 위한 타입 정의는 좀 더 혼란스러울 수 있다. 그러나 이 방법을 사용하면, 프로그래머는 이중 인덱싱 구문을 사용해 2차원 배열의 개별 요소에 접근할 수 있다(첫 번째 인덱스는 행 배열에 대한 인덱스, 두 번째 인덱스는 해당 행 내의 열 요소 배열에 대한 인덱스다).

다음은 방법 2를 사용해 2차원 배열을 할당하는 예시다(가독성을 위해 오류 감지 및 처리 코드 제거).

```
// 2차원 배열 변수는 `int **`(int *에 대한 포인터)로 선언된다.
// 동적으로 할당된 int 배열의 동적으로 할당된 배열
// (ints에 대한 포인터에 대한 포인터)
int **two_d_array;
int i;

// ints에 대한 N 포인터의 배열을 할당한다.
// malloc은 이 배열의 주소를 반환한다((int *)에 대한 포인터).
two_d_array = malloc(sizeof(int *) * N);

// 각 행에 대해 열 요소에 대한 malloc 공간을 배열의 배열에 추가한다.
for (i = 0; i < N; i++) {
    // i행의 M열 요소를 위한 malloc 공간
    two_d_array[i] = malloc(sizeof(int) * M);
}
```

이 예에서 malloc 호출에 전달된 변수의 타입과 크기에 유의하자. 동적으로 할당된 2차원 배열을 참조하기 위해 프로그래머는 int ** 타입의 변수(two_d_array)를 선언한다. 이 변수는 int * 요솟값의 동적으로 할당된 배열의 주소를 저장한다. two_d_array의 각 요소는 int 값의 동적으로 할당된 배열의 주소를 저장한다(two_d_array[i]의 타입은 int *다).

[그림 2-13]은 앞선 예시에서 **N + 1**회의 malloc 호출 후, 메모리 모습이다.

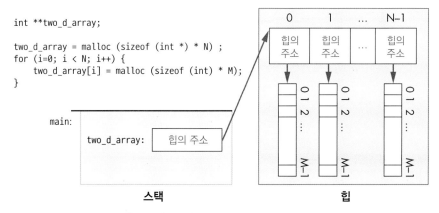

그림 2-13 N + 1 malloc 호출로 2차원 배열을 할당한 후 메모리의 배치

이 방법을 사용하면 malloc 단일 호출의 일부로 할당된 요소들만 메모리에서 연속적이다. 즉 각 행 내의 요소는 연속적이지만 다른 행(인접한 행도 포함)의 요소는 연속적이지 않다.

일단 할당되면 이중 인덱싱 표기법을 사용해 2차원 배열의 개별 요소에 접근할 수 있다. 첫 번째 인덱스는 int * 포인터(행)의 외부 배열에 요소를 지정한다. 그리고 두 번째 인덱스는 내부의 int 배열(행 내의 열)에 요소를 지정한다.

```
int i, j;

for (i = 0; i < N; i++) {
    for (j = 0; j < M; j++) {
        two_d_array[i][j] = 0;
    }
}
```

이중 인덱싱이 평가되는 방법을 이해하려면 다음 표현식의 타입과 값을 살펴보자.

two_d_array: int 포인터의 배열, int * 값 배열의 기본 주소를 저장한다.
타입은 int**(int *에 대한 포인터)다.

two_d_array[i]: 배열의 배열에 대한 i번째 요소,
(int) 값 배열의 기본 주소를 나타내는 (int *) 값을 저장한다.
타입은 int*다.

two_d_array[i][j]: 배열의 배열에서 i번째 요소가 가리키는 j번째 요소,
int 값을 저장한다(2차원 배열의 i행, j열의 값).
타입은 int다.

방법 2(배열들의 배열)와 함수 매개변수

배열 인수의 타입은 int **(int에 대한 포인터를 위한 포인터)이고 함수 매개변수는 인수의 타입과 일치한다. 또한 행과 열 크기를 함수에 전달해야 한다. 방법 2가 방법 1과 타입이 달라서 두 배열 타입이 공통 함수를 사용할 수 없기 때문이다(동일한 C 타입이 아님).

다음은 방법 2(배열들의 배열) 2차원 배열을 매개변수로 사용하는 함수의 예시다.

```c
/*
 * 2차원 배열 초기화
 * arr: 배열
 * rows: 행의 수
 * cols: 열의 수
 */
void init2D_Method2(int **arr, int rows, int cols) {
    int i,j;

    for (i = 0; i < rows; i++) {
        for (j = 0; j < cols; j++) {
            arr[i][j] = 0;
        }
    }
}


/*
 * main: init2D_Method2를 호출하는 예시
 */
int main() {
    int **two_d_array;

    // 행 배열과 다중 열 배열을 할당하는 코드
    // ...

    init2D_Method2(two_d_array, N, M);
    ...
```

여기서 함수 구현은 이중 인덱싱 구문을 사용할 수 있다. 정적으로 선언된 2차원 배열과 달리, 행과 열 차원을 모두 매개변수로 전달해야 한다. rows 매개변수는 가장 바깥쪽 배열(행 배열들의 배열)의 범위를 지정하고 cols 매개변수는 내부 배열(각 행의 배열 열 값)의 경계를 지정한다.

2.6 문자열과 문자열 라이브러리

배열과 문자열은 이전 장에서 소개했다. 이번 장에서는 동적으로 할당된 C 문자열, C 문자열 라이브러리와 함께 그 사용법을 설명한다. 먼저 정적으로 선언된 문자열에 대해서 간략히 살펴보자.

2.6.1 정적으로 할당된 문자열(문자 배열)

C는 별도의 문자열 타입을 지원하지 않는다. 하지만 특수한 널 문잣값 \0으로 종결되는 char 값의 배열을 사용해서 C 프로그램에서도 문자열을 구현할 수 있다. 종결 널 문자는 문자열의 끝을 의미한다. 모든 문자 배열이 C 문자열은 아니지만 모든 C 문자열은 char 값의 배열이다.

문자열이 프로그램에 자주 등장하기 때문에 C는 문자열을 조작하는 함수가 있는 라이브러리를 제공한다. C 문자열 라이브러리를 사용하는 프로그램은 string.h를 포함해야 한다. 대부분의 문자열 라이브러리 함수는 함수가 문자 배열을 조작할 수 있도록 공간을 할당해야 한다. 문자열의 값을 출력할 때는 플레이스홀더 %s를 사용하자.

다음은 문자열과 일부 문자열 라이브러리 함수를 사용하는 프로그램 예시다.

```c
#include <stdio.h>
#include <string.h>   // C 문자열 라이브러리를 포함

int main() {
    char str1[10];
    char str2[10];

    str1[0] = 'h';
    str1[1] = 'i';
    str1[2] = '\0';   // 끝에 널 종료 문자를 명시적으로 추가

    // strcpy는 원본 매개변수(str1)에서 대상 매개변수(str2)로
    // 바이트를 복사하고 널에서 복사를 종료
    strcpy(str2, str1);
    str2[1] = 'o';
```

```
    printf("%s %s\n", str1, str2);  // 출력: hi ho

    return 0;
}
```

2.6.2 동적으로 문자열 할당

문자 배열은 동적으로 할당할 수 있다('2.2 C의 포인터 변수'와 '2.5 C의 배열' 참조). 문자열을 저장할 공간을 동적으로 할당할 때는, 문자열의 끝에 있는 종결 문자 \0의 배열에 잊지 말고 공간을 할당해야 한다.

다음 예시 프로그램은 문자열을 정적 및 동적으로 할당한다(값이 malloc에 전달된 것에 주의한다).

```
#include <stdio.h>
#include <stdlib.h>
#include <string.h>

int main() {
    int size;
    char str[64];           // 정적으로 할당
    char *new_str = NULL;   // 동적 할당을 위함

    strcpy(str, "Hello");
    size = strlen(str);     // 5를 반환

    new_str = malloc(sizeof(char) * (size+1)); // \0을 위한 공간 필요
    if(new_str == NULL) {
        printf("Error: malloc failed!  exiting.\n");
        exit(1);
    }
    strcpy(new_str, str);
    printf("%s %s\n", str, new_str);     // "Hello Hello"를 출력
```

```
    strcat(str, " There");   // str의 끝에 " There"를 연결
    printf("%s\n", str);     // "Hello There" 출력

    free(new_str);   // 완료되면 malloc된 공간을 해제
    new_str = NULL;

    return 0;
}
```

WARNING_ C 문자열 함수와 대상 메모리

많은 C 문자열 함수(특히 **strcpy**와 **strcat**)는 **대상** 문자열 포인터(char *) 매개변수와 포인터가 가리키는 위치를 작성한 것으로 결과를 저장한다. 이러한 함수는 결과를 저장할 메모리가 대상에 충분히 있다고 가정한다. 따라서 프로그래머는 이러한 함수를 호출하기 전에 대상에서 충분한 메모리를 사용할 수 있는지 확인해야 한다.

충분한 메모리를 할당하지 못하면, 프로그램 충돌부터 주요 보안 취약점까지 정의되지 않은 결과가 발생한다 ('7.10 실제 사례: 버퍼 오버플로' 참조). 한 예로, 초보 C 프로그래머는 **strcpy**와 **strcat**를 호출할 때 이런 실수를 자주 저지른다.

```
// 5자 문자 배열에 12바이트 문자열 쓰기를 시도
char mystr[5];
strcpy(mystr, "hello world");

// 널(null) 대상과 문자열에 쓰기를 시도
char *mystr = NULL;
strcpy(mystr, "try again");

// 읽기 전용 문자열 리터럴을 수정하기를 시도
char *mystr = "string literal value";
strcat(mystr, "string literals aren't writable");
```

2.6.3 C 문자열과 문자를 조작하기 위한 라이브러리

C는 문자열과 문자를 조작하기 위해 함수가 포함된 여러 라이브러리를 제공한다. 문자열 라이브러리(`string.h`)는 C 문자열을 사용하는 프로그램을 작성할 때 특히 유용하다. `stdlib.h`와 `stdio.h` 라이브러리는 문자열 조작을 위한 함수도 포함하고 `ctype.h` 라이브러리는 개별 문잣값을 조작하기 위한 함수를 포함한다.

C 문자열 라이브러리 함수를 사용할 때 대부분은 조작하는 문자열에 공간을 할당하지 않고 유효한 문자열을 전달하는지 확인하지 않는다는 점을 기억해야 한다. 프로그램은 C 문자열 라이브러리가 사용할 문자열을 위한 공간을 할당해야 한다. 또한 라이브러리 함수가 전달된 문자열을 수정하는 경우 문자열이 올바른 형식인지 확인해야 한다(예, 문자열이 문자 \0으로 종결되는지 확인). 잘못된 인숫값으로 문자열 라이브러리 함수를 호출하면 종종 프로그램이 충돌한다. 다른 라이브러리 함수에 대한 공식 문서(예, 매뉴얼 페이지)는 라이브러리 함수가 공간을 할당하는지 또는 호출자가 라이브러리 함수에 할당된 공간을 전달할 책임이 있는지 여부를 지정한다.

NOTE_ CHAR[]와 CHAR * 매개변수 및 CHAR * 반환 타입

정적으로 선언된 문자 배열과 동적으로 할당된 문자 배열은 모두 char * 매개변수로 전달될 수 있다. 두 타입의 변수 이름이 메모리에 있는 배열의 기본 주소로 평가되기 때문이다. char [] 타입으로 매개변수를 선언하면 정적 및 동적으로 할당된 인숫값 모두에 대해 동작하지만, char * 문자열(char의 배열) 매개변수의 타입을 지정하는 데 더 일반적으로 사용된다.

함수가 문자열(반환 타입은 char *)을 반환하는 경우 반환값은 char * 타입의 변수에만 할당된다. 즉 정적으로 할당된 배열 변수에는 할당할 수 없다. 정적으로 선언된 배열 변수의 이름이 유효한 lvalue가 아니기 때문이다(메모리의 기본 주소는 변경 불가, '1.6.3 필드 값접근' 참조). 그래서 char * 반환값을 할당할 수 없다.

---

strlen, strcpy, strncpy

문자열 라이브러리는 문자열을 복사하고 문자열의 길이를 찾는 함수를 제공한다.

```
// 문자열에서 문자의 수를 반환한다.
// (널 문자 제외)
```

```
int strlen(char *s);

// src의 첫 번째 \0 문자까지 문자열 src를 문자열 dst로 복사한다.
// (호출자는 src가 올바르게 초기화됐는지 확인하고
// dst가 src 문자열의 복사본을 저장할 공간이 충분한지 확인한다.)
// dst 문자열의 주소를 반환한다.
char *strcpy(char *dst, char *src);

// strcpy와 비슷하지만 첫 번째 '\0'까지 복사하거나 size 문자까지 복사한다.
// 만약 src 문자열이 제대로 구성되지 않았거나 dst보다 더 커도
// dst 배열의 범위를 넘어 복사하지 않도록 해 안전을 확보한다.
// size_t는 부호 없는 정수 타입이다.
char *strncpy(char *dst, char *src, size_t size);
```

strcpy 함수는 원본 문자열이 대상 문자열의 총용량보다 더 길 수 있는 상황에서 사용하기에는 안전하지 않다. 이 경우에는 strncpy를 사용해야 한다. size 매개변수는 strncpy가 src 문자열에서 dst 문자열로 size 이상의 크기를 복사하지 못하도록 막는다. src 문자열의 길이가 size보다 더 크거나 같으면 strncpy는 src부터 dst까지 size만큼 복사한다. dst의 끝에 널 문자를 추가하지 않는다. 그 결과, 프로그래머는 strncpy 호출 후에 dst의 끝에 널 문자를 명시적으로 추가해야 한다.

다음은 프로그램에서 이러한 함수를 사용하는 몇 가지 예시다.

```
#include <stdio.h>
#include <stdlib.h>
#include <string.h>    // 문자열 라이브러리 포함

int main() {
    // 예시에서 사용할 변수 선언
    int len, i, ret;
    char str[32];
    char *d_str, *ptr;

    strcpy(str, "Hello There");
    len = strlen(str);  // len은 11
```

```
        d_str = malloc(sizeof(char) * (len+1));
        if (d_str == NULL) {
            printf("Error: malloc failed\n");
            exit(1);
        }

        strncpy(d_str, str, 5);
        d_str[5] = '\0';    // 명시적으로 끝에 널 종결 문자 추가

        printf("%d:%s\n", strlen(str), str);      // 11:Hello There 출력
        printf("%d:%s\n", strlen(d_str), d_str);  // 5:Hello 출력

        return 0;
    }
```

strcmp, strncmp

문자열 라이브러리는 두 문자열을 비교하는 함수도 제공한다. == 연산자를 떠올렸겠지만 아쉽게도 이 연산자는 문자열의 문자를 비교하지 않는다. == 연산자는 두 문자열의 기본 주소만 비교한다. 예를 들어 다음 표현식을 보자.

```
if (d_str == str) { ...
```

힙 안에 d_str이 가리키는 char 배열의 기본 주소와 스택에 할당된 str char 배열의 기본 주소를 비교한다.

문자열의 값을 비교하려면 해당 요소의 값을 비교하는 코드를 직접 작성하거나 문자열 라이브러리에 있는 strcmp 또는 strncmp 함수를 사용할 필요가 있다.

```
int strcmp(char *s1, char *s2);
// s1과 s2가 같은 문자열이면 0을 반환한다.
// s1이 s2보다 작으면 값이 0보다 작다.
```

```
    // s1이 s2보다 크면 값은 0보다 크다.

    int strncmp(char *s1, char *s2, size_t n);
    // s1과 s2를 최대 n자까지 비교
```

strcmp 함수는 **ASCII 표현**을 기반으로 해서 문자별로 문자열을 비교한다('4장 바이너리와 데이터 표현' 도입부 참조). 다시 말해 두 매개변수 배열의 해당 위치에 있는 char 값을 비교해 문자열 비교 결과를 생성하는데, 이 결과는 때에 따라 직관적이지 못하다. 한 예로 char 값 'a'에 대한 ASCII 인코딩은 char 값 'Z'에 대한 인코딩보다 더 크다. 따라서 strcmp("aaa", "Zoo")는 양숫값을 반환한다. "aaa"가 "Zoo"보다 더 크기 때문이다. 그리고 strcmp("aaa", "zoo") 호출은 음수를 반환한다. "aaa"가 "zoo"보다 더 작기 때문이다.

다음은 몇 가지 문자열을 비교하는 예시다.

```
    strcpy(str, "alligator");
    strcpy(d_str, "Zebra");

    ret =  strcmp(str,d_str);
    if (ret == 0) {
        printf("%s is equal to %s\n", str, d_str);
    } else if (ret < 0) {
        printf("%s is less than %s\n", str, d_str);
    } else {
        printf("%s is greater than %s\n", str, d_str);  // 이 문자열은 참
    }

    ret = strncmp(str, "all", 3);  // 0 반환: 첫 세 글자까지 동일하다.
```

strcat, strstr, strchr

문자열 라이브러리 함수는 문자열을 연결할 수 있다(대상 문자열에 결과를 저장할 공간이 충분한지 는 호출자가 확인해야 한다).

```
// src에서 dst의 끝까지 문자 추가
// ptr를 dst로 반환하고 끝에 \0 추가
char *strcat(char *dst, char *src)


// src부터 dst의 끝까지 첫 번째 문자에 최대 크기에 도달하기까지 추가
// ptr을 dst로 반환하고 끝에 \0 추가
char *strncat(char *dst, char *src, size_t size);
```

또한 문자열에서 하위 문자열 또는 문잣값을 찾는 함수를 제공한다.

```
// 문자열 내 하위 문자열 찾기
// (const는 함수가 문자열을 수정하지 않음을 의미한다.)
// 문자열에서 substr의 시작 부분에 대한 포인터를 반환
// substr이 문자열에 없으면 NULL을 반환
char *strstr(const char *string, char *substr);


// 전달된 문자열(s)에서 문자(c) 찾기
// (const는 함수가 s를 수정하지 않음을 의미한다.)
// 문자열에서 첫 번째 char c에 대한 포인터를 반환
// c가 문자열에 없으면 NULL을 반환
char *strchr(const char *s, int c);
```

다음은 이러한 함수를 사용한 몇 가지 예시다(가독성을 위해 일부 오류 처리는 생략).

```
char str[32];
char *ptr;

strcpy(str, "Zebra fish");
strcat(str, " stripes");  // str은 "Zebra fish stripes"를 얻음
printf("%s\n", str);     // 출력: Zebra fish stripes

strncat(str, " are black.", 8);
printf("%s\n", str);      // 출력: Zebra fish stripes are bla  (공백 계산)
```

```
ptr = strstr(str, "trip");
if (ptr != NULL) {
    printf("%s\n", ptr);   // 출력: tripes are bla
}


ptr = strchr(str, 'e');
if (ptr != NULL) {
    printf("%s\n", ptr);   // 출력: ebra fish stripes are bla
}
```

strchr와 strstr을 호출하면 각각 일치하는 문잣값이나 하위 문자열값이 있는 매개변수 배열의 첫 번째 요소의 주소를 반환한다. 이 요소의 주소는 \0으로 종결되는 char 배열의 시작이다. 다시 말해 ptr는 다른 문자열 안에 있는 부분 문자열의 시작을 가리킨다. ptr 값을 printf를 사용해 문자열로 출력할 때 ptr이 가리키는 인덱스에서 시작하는 문잣값이 출력되고 앞선 예시의 결과가 나타난다.

strtok, strtok_r

문자열 라이브러리는 문자열을 토큰으로 나누는 함수도 제공한다. **토큰**token은 프로그래머가 선택한 여러 구분 기호로 구분되는 문자열의 하위 시퀀스 문자를 나타낸다.

```
char *strtok(char *str, const char *delim);

// strtok의 재진입 버전 (재진입은 후속 장들에서 정의됨)
char *strtok_r(char *str, const char *delim, char **saveptr);
```

strtok(또는 strtok_r) 함수는 더 큰 문자열 내에서 개별 토큰을 찾는다. 예를 들어 strtok의 구분 기호를 공백 문자 집합으로 설정하면 원래 영어 문장이 담긴 문자열에서 단어를 생성한다. 즉 문장의 각 단어가 문자열의 토큰이다.

다음은 strtok를 사용해 입력 문자열에서 개별 단어를 토큰으로 찾는 예시다.[2]

---

2 https://diveintosystems.org/book/C2-C_depth/_attachments/strtokexample.c

```
/*
 * 입력 줄에서 공백으로 구분된 토큰 추출
 * 그리고 한 줄에 하나씩 출력
 *
 * 컴파일하기:
 *   gcc -g -Wall strtokexample.c
 *
 * 예시 실행:
 *   Enter a line of text:      aaaaa          bbbbbbbbb          ccccc
 *
 *   The input line is:
 *       aaaaa          bbbbbbbbb          ccccc
 *   Next token is aaaaa
 *   Next token is bbbbbbbbb
 *   Next token is ccccc
 */


#include <stdlib.h>
#include <stdio.h>
#include <string.h>


int main() {
    /* 공백은 strtok에 전달된 delim 문자열을 저장한다.
     * delim 문자열은 토큰을 구분하는 문자 집합으로 초기화된다.
     * delim 문자열을 다음 문자 집합으로 초기화한다.
     *   ' ': 공백  '\t': 탭  '\f': 폼 피드(form feed)
     *   '\r': 캐리지 리턴(carriage return)
     *   '\v': 수직 탭(vertical tab)  '\n': 새 줄
     * (모든 ASCII 문자를 실행)
     *
     * 이 줄은 문자열 변수를 정적으로 초기화하는 예시다.
     * (이 방법을 사용하면 문자열 내용이 상수다.
     *  즉, 수정할 수 없다.
     *  이 점은 이 프로그램에서 공백 문자열을 사용하는 방식에 적합하다.)
     */
    char *whitespace = " \t\f\r\v\n";  /* 시작 부분의 공백 문자 참고 */
```

```
    char *token;  /* 줄의 다음 토큰 */
    char *line;   /* 토큰화할 텍스트 읽기 줄 */

    /* 힙에서 사용자의 문자열을 위한 공간을 할당 */
    line = malloc(200 * sizeof(char));
    if (line == NULL) {
        printf("Error: malloc failed\n");
        exit(1);
    }

    /* "표준 입력"에서 사용자가 입력한 줄을 읽음 */
    printf("Enter a line of text:\n");
    line = fgets(line, 200 * sizeof(char), stdin);
    if (line == NULL) {
        printf("Error: reading input failed, exiting...\n");
        exit(1);
    }
    printf("The input line is:\n%s\n", line);

    /* 문자열을 토큰으로 나눔 */
    token = strtok(line, whitespace);       /* 첫 번째 토큰 가져오기 */
    while (token != NULL) {
        printf("Next token is %s\n", token);
        token = strtok(NULL, whitespace);     /* 다음 토큰 가져오기 */
    }

    free(line);

    return 0;
}
```

sprintf

C stdio 라이브러리에는 C 문자열을 조작하는 함수도 있다. sprintf 함수는 터미널로 결과를 출력하는 대신 문자열로 '출력'한다.

```
// printf()와 마찬가지로 형식 문자열은 %d, %f 등의 플레이스홀더를 허용한다.
// 형식 문자열 뒤에 매개변수를 전달해 채운다.
int sprintf(char *s, const char *format, ...);
```

sprintf는 다양한 타입의 값에서 문자열의 내용을 초기화한다. 매개변수 format은 printf와 scanf의 format과 비슷하다. 몇 가지 예시를 보자.

```
char str[64];
float ave = 76.8;
int num = 2;

// str을 형식 문자열로 초기화하고 각 플레이스홀더를
// 인수의 값으로 채운다.
sprintf(str, "%s is %d years old and in grade %d", "Henry", 12, 7);
printf("%s\n", str);  // 출력: Henry is 12 years old and in grade 7

sprintf(str, "The average grade on exam %d is %g", num, ave);
printf("%s\n", str);  // 출력: The average grade on exam 2 is 76.8
```

개별 문잣값을 위한 함수

표준 C 라이브러리(stdlib.h)에는 char 값을 조작하고 테스트하는 함수가 있다.

```
#include <stdlib.h>   // stdlib와 ctype를 포함한다.
#include <ctype.h>

int islower(ch);
int isupper(ch);       // 이 함수는 테스트가 참인 경우 0이 아닌 값을 반환한다.
int isalpha(ch);       // 그렇지 않으면 0(거짓)을 반환한다.
int isdigit(ch);
int isalnum(ch);
int ispunct(ch);
int isspace(ch);
```

```
char tolower(ch);      // 인수 소문자의 ASCII 값을 반환한다.
char toupper(ch);
```

다음은 문자열 함수의 사용 예시다.

```
char str[64];
int len, i;

strcpy(str, "I see 20 ZEBRAS, GOATS, and COWS");

if ( islower(str[2]) ){
    printf("%c is lower case\n", str[2]);   // 출력: s is lower case
}

len = strlen(str);
for (i = 0; i < len; i++) {
    if ( isupper(str[i]) ) {
        str[i] = tolower(str[i]);
    } else if( isdigit(str[i]) ) {
        str[i] = 'X';
    }
}
printf("%s\n", str);  // 출력: i see XX zebras, goats, and cows
```

문자열을 다른 타입으로 변환하는 함수

stdlib.h는 문자열과 그 외 C 타입 간에 변환하는 함수도 포함한다. 다음 예시를 살펴보자.

```
#include <stdlib.h>

int atoi(const char *nptr);      // 문자열을 정수로 변환
double atof(const char *nptr);  // 문자열을 float 타입으로 변환
```

예를 들면 다음과 같다.

```
printf("%d %g\n", atoi("1234"), atof("4.56"));
```

이 함수와 그 외 C 라이브러리 함수에 대한 더 많은 정보(함수의 기능, 매개변수 포맷, 반환값, 정의 헤더)는 **매뉴얼 페이지**를 참조한다.[3] 가령 strcpy 매뉴얼 페이지를 보려면 다음을 실행한다.

```
$ man strcpy
```

2.7 C 구조체

'1.6 구조체'에서 여러 C 구조체를 소개했다. 이 장에서는 C 구조체를 깊이 살펴보고 정적 및 동적으로 할당된 구조체에 대해 알아본다. 또 구조체와 포인터를 결합해 더 복잡한 데이터 타입과 데이터 구조를 만든다.

정적으로 선언된 구조체부터 간단히 설명하겠다. 자세한 내용은 이전 장을 참조한다.

2.7.1 C struct 타입 리뷰

struct 타입은 이종의 데이터 모음collection을 나타낸다. 서로 다른 타입으로 이루어진 집합을 하나의 일관된 단위로 취급하는 메커니즘이다.

C 프로그램에서 struct 타입을 정의하고 사용할 때는 세 단계를 거친다.

1 필드 값과 해당 타입을 정의하는 struct 타입을 정의한다.
2 struct 타입의 변수를 선언한다.
3 변수의 개별 필드 값에 접근하는 **점 표기법**을 사용한다.

---

3 http://www.cs.swarthmore.edu/~newhall/unixhelp/man.html

C에서 구조체는 lvalue로 대입문의 왼쪽에 올 수 있다('1.6.3 필드값 접근' 참조). struct 변숫값은 메모리의 내용이다(필드 값을 구성하는 모든 바이트). 매개변수로 함수를 호출할 때, struct 인수의 값(모든 필드의 모든 바이트의 복사본)이 struct 함수 매개변수로 복사된다.

구조체로 프로그래밍할 때 특히 구조체와 배열을 결합할 때는 모든 표현식의 타입을 신중하게 고려해야 한다. struct의 각 필드는 특정 타입을 나타내고, 필드 값에 접근하거나 개별 필드 값을 함수에 전달할 때는 특정 타입의 구문을 따른다.

다음의 전체 예시 프로그램은 struct 타입을 정의하고 해당 타입의 변수를 선언하며, 필드 값에 접근하고, 구조체와 개별 필드 값을 함수에 전달한다(가독성을 위해 일부 오류 처리 및 주석 생략).

struct_review.c

```
#include <stdio.h>
#include <string.h>

/* 새 구조체 타입 정의 (함수 본문 외부) */
struct studentT {
    char    name[64];
    int     age;
    float   gpa;
    int     grad_yr;
};

/* 함수 프로토타입 */
int checkID(struct studentT s1, int min_age);
void changeName(char *old, char *new);

int main() {
    int can_vote;
    // 구조체 타입의 변수 선언:
    struct studentT student1, student2;

    // 필드 값 접근
    strcpy(student1.name, "Ruth");
```

```
        student1.age = 17;
        student1.gpa = 3.5;
        student1.grad_yr = 2021;

        // 구조체는 lvalues다.
        student2 = student1;
        strcpy(student2.name, "Frances");
        student2.age = student1.age + 4;

        // 구조체 전달
        can_vote = checkID(student1, 18);
        printf("%s %d\n", student1.name, can_vote);

        can_vote = checkID(student2, 18);
        printf("%s %d\n", student2.name, can_vote);

        // 구조체 필드 값 전달
        changeName(student2.name, "Kwame");
        printf("student 2's name is now %s\n", student2.name);

        return 0;
}

int checkID(struct studentT s, int min_age) {
        int ret = 1;

        if (s.age < min_age) {
                ret = 0;
                // 매개변수 복사 전용의 나이 필드 변경
                s.age = min_age + 1;
        }
        return ret;
}

void changeName(char *old, char *new) {
        if ((old == NULL) || (new == NULL)) {
                return;
```

```
    }
    strcpy(old,new);
  }
```

프로그램을 실행하면 다음이 출력된다.

```
Ruth 0
Frances 1
student 2's name is now Kwame
```

구조체를 사용할 때 각 필드의 타입을 신중하게 생각해야 한다. 예를 들어 struct를 함수에 전달할 때 매개변수는 struct 값의 사본을 가진다(인수에서 모든 바이트의 사본). 결과적으로 매개변수의 필드 값 변경으로 인숫값이 변경되진 않는다. 이 동작은 이전 프로그램에서 매개변수의 age 필드를 수정하는 checkID 호출에 설명했다. checkID에서의 변경은 해당 인수의 age 필드 값에 아무 영향을 미치지 않는다.

struct의 필드를 함수에 전달하는 구문은 필드의 타입(함수의 매개변수 타입)을 따른다. 예를 들어 changeName을 호출하면 name 필드의 값은 (student2 구조체 안의 name 배열의 기본 주소) old 매개변수로 복사된다. 즉, 매개변수가 메모리에 있는 동일한 배열 요소 집합을 해당 인수로 참조한다는 의미다. 따라서 함수에서 배열의 요소를 변경하면 인수의 요솟값도 변경된다.

2.7.2 포인터와 구조체

프로그래머는 여느 C 타입과 마찬가지로 사용자가 정의한 struct 타입에도 포인터로 변수를 선언할 수 있다. struct 포인터 변수 사용의 의미는 int * 같은 포인터 타입과 유사하다.

이전 프로그램 예시로 소개한 struct studentT 타입을 살펴보자.

```
struct studentT {
    char  name[64];
    int   age;
    float gpa;
```

```
    int    grad_yr;
};
```

프로그래머는 struct studentT 타입의 변수를 선언하거나 struct studentT *(struct
studentT에 대한 포인터)를 선언할 수 있다.

```
struct studentT s;
struct studentT *sptr;

// 각 필드에 접근할 때 각 필드의 타입에 대해 신중하게 생각하자.
// (name은 char 타입의 배열, age는 int 타입 ...)
strcpy(s.name, "Freya");
s.age = 18;
s.gpa = 4.0;
s.grad_yr = 2020;

// sptr이 가리키는 struct studentT를 위한 malloc 공간
sptr = malloc(sizeof(struct studentT));
if (sptr == NULL) {
    printf("Error: malloc failed\n");
    exit(1);
}
```

malloc 호출은 힙 메모리에서 동적으로 할당된 구조체를 가리키도록 sptr를 초기화한다.
malloc의 크기 요청을 계산하기 위해 sizeof(struct studentT) 같은 sizeof 연산자를 사
용하면 구조체에서 모든 필드 값을 할당하는 malloc의 안전을 보장한다.

struct를 위한 포인터에 있는 개별 필드에 접근하기 위해서는 먼저 포인터 변수를 **역참조**해야
한다. 포인터 역참조 규칙('2.2 C의 포인터 변수' 참조)을 기반으로 다음과 같이 struct 필드에
접근하고 싶을 수 있다.

```
// sptr이 가리키는 grad_yr 필드는 2021을 가진다.
(*sptr).grad_yr = 2021;
```

```
// sptr이 가리키는 age 필드는 s.age에 1을 더한 값을 가진다.
(*sptr).age = s.age + 1;
```

그러나 구조체에 대한 포인터가 매우 자주 사용되기 때문에, C는 특수 연산자(->)를 제공한다. 이 연산자는 **struct** 포인터를 역참조하고 해당 필드 값의 하나에 접근한다. 가령 **sptr->year** 는 (*sptr).year와 동일하다. 다음은 이 표기법을 사용해 필드 값에 접근하는 몇 가지 예시다.

```
// sptr이 가리키는 gpa 필드는 3.5를 얻는다.
sptr->gpa = 3.5;

// sptr이 가리키는 필드 이름은 char *다.
// (값을 초기화하기 위해 strcpy를 사용할 수 있음)
strcpy(sptr->name, "Lars");
```

[그림 2-14]는 이전 코드가 실행된 후 변수 s와 sptr가 메모리에 배치된 모습이다. 앞서 설명 했듯 **malloc**은 힙에 메모리를 할당하고 지역 변수는 스택에 할당된다.

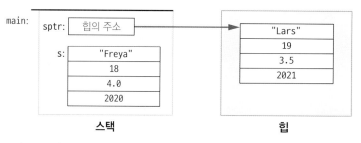

그림 2-14 정적으로 할당된 구조체(스택의 데이터)와 동적으로 할당된 구조체(힙의 데이터)의 메모리 레이아웃 차이

2.7.3 구조체의 포인터 필드

포인터 타입을 필드 값으로 갖도록 구조체를 정의할 수 있다. 예를 들면 다음과 같다.

```
struct personT {
    char *name;       // 동적으로 할당된 문자열 필드의 경우
```

```
    int  age;
};

int main() {
    struct personT p1, *p2;

    // name 필드를 위한 malloc 공간 필요
    p1.name = malloc(sizeof(char) * 8);
    strcpy(p1.name, "Zhichen");
    p1.age = 22;


    // 구조체를 위한 첫 번째 malloc 공간
    p2 = malloc(sizeof(struct personT));

    // name 필드를 위한 malloc 공간
    p2->name = malloc(sizeof(char) * 4);
    strcpy(p2->name, "Vic");
    p2->age = 19;
    ...

    // 참고: 문자열의 끝을 표시할 종결 널(null) 문자를 위한 1바이트를 추가로 할당해야 한다.
}
```

이 변수들이 메모리에 할당된 모습은 [그림 2-15]와 같다(스택에 할당된 부분과 힙에 할당된
부분을 주목하자).

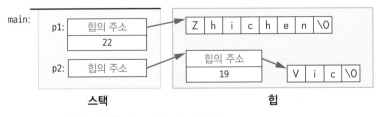

그림 2-15 포인터 필드가 있는 구조체 메모리 레이아웃

구조체와 해당 필드의 타입이 점차 복잡해지면 코드 작성에 주의해야 한다. 필드 값에 적절하게 접근하려면 가장 바깥쪽 변수 타입에서 시작하고 해당 타입 구문을 사용해 개별 부분에 접근한다. [표 2-2]에 보이는 struct 변수 타입은 프로그래머가 해당 필드에 접근하는 방법을 제어한다.

표 2-2 구조체 필드 접근 예시

표현	타입	필드 접근 구문
p1	struct personT	p1.age, p1.name
p2	struct personT *	p2->age, p2->name

또한 필드 값의 타입을 알면 [표 2-3]와 같이 프로그램에서 올바른 구문을 사용해 접근할 수 있다.

표 2-3 다른 구조체 필드 타입에 접근

표현	타입	접근 구문 예
p1.age	int	p1.age = 18;
p2->age	int *	p2->age = 18;
p1.name	char *	printf("%s", p1.name);
p2->name	char *	printf("%s", p2->name);
p2->name[2]	char	p2->name[2] = 'a';

마지막 예에서는 가장 바깥쪽 변수의 타입부터 살펴보겠다. p2는 구조체 personT를 위한 포인터이므로 구조체의 필드 값에 접근하려면 프로그래머는 -> 구문(p2->name)을 사용해야 한다. 다음으로 name 필드의 유형을 살펴보자. char *는 프로그램에서 char 값의 배열을 가리키기 위해 사용된다. name 필드를 통해 특정 char 저장 위치에 접근하려면 배열 인덱싱 표기법을 사용해야 한다. 이 경우 p2->name[2] = 'a'다.

2.7.4 구조체 배열

배열, 포인터, 구조체를 결합해 더 복잡한 데이터 구조를 만들 수 있다. 다음은 다양한 타입의 구조체 배열 변수를 선언하는 몇 가지 예시다.

```
struct studentT classroom1[40];    // struct studentT 40개 배열

struct studentT *classroom2;       // struct studentT에 대한 포인터
                                   // (동적으로 할당된 배열의 경우)

struct studentT *classroom3[40];   // struct studentT * 40개 배열
                                   // (각 요소는 struct studentT *를 저장한다.)
```

다시 말하지만, 프로그램에서 이러한 변수를 사용한 구문과 방식을 이해하려면 변수와 필드 타입을 신중하게 고려해야 한다. 다음은 이러한 변수에 접근하는 올바른 구문의 몇 가지 예제다.

```
// classroom1은 배열이다.
// 인덱싱을 사용해 특정 요소에 접근
// classroom1의 각 요소는 struct studentT를 저장
// 점 표기법을 사용해 필드에 접근
classroom1[3].age = 21;

// classroom2는 struct studentT에 대한 포인터다.
// malloc을 호출해 15개 studentT 구조체의 배열을 동적으로 할당한다.
classroom2 = malloc(sizeof(struct studentT) * 15);

// classroom2가 가리키는 배열의 각 요소는 studentT 구조체다.
// 배열의 요소에 접근하기 위해 [] 표기법을 사용하고
// 해당 인덱스에서 구조체의 특정 필드 값에 접근하기 위한 점 표기법을 사용한다.
classroom2[3].year = 2013;

// classroom3는 struct studentT *의 배열이다.
// [] 표기법을 사용해 특정 요소에 접근하고
// malloc을 호출해 포인터가 가리키는 구조체를 동적으로 할당한다.
```

```
classroom3[5] = malloc(sizeof(struct studentT));

// -> 표기법을 사용해 구조체의 필드에 접근
// classroom3 배열의 5번 요소에서 가리키는 age 필드를 21로 설정한다.
classroom3[5]->age = 21;
```

매개변수로 struct studentT * 타입의 배열을 취하는 함수는 다음과 같다.

```
void updateAges(struct studentT *classroom, int size) {
    int i;

    for (i = 0; i < size; i++) {
        classroom[i].age += 1;
    }
}
```

프로그램은 동적 또는 정적으로 할당된 struct studentT 배열을 이 함수에 전달할 수 있다.

```
updateAges(classroom1, 40);
updateAges(classroom2, 15);
```

classroom1(또는 classroom2)을 updateAges로 전달하는 방식은 정적으로 선언된(또는 동적으로 할당된) 배열을 함수에 전달하는 방식과 일치한다. 매개변수가 인수와 동일한 요소 집합을 참조하므로 함수 내 배열 값의 변경은 인수의 요소에 영향을 미친다.

[그림 2-16]은 updateAges 함수를 두 번 호출한 후 스택의 모습이(보다시피 구조체에 대한 예시 필드 값이 있는 classroom2 배열이 각 해당 요소에 전달됐다).

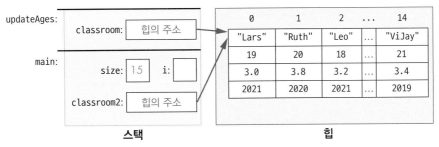

그림 2-16 함수에 전달된 `struct studentT` 배열의 메모리 레이아웃

늘 그렇듯이, 매개변수는 인숫값(힙 메모리에 있는 배열의 메모리 주소)의 사본을 가져온다. 따라서 함수에서 배열의 요소를 수정하면 인숫값이 유지된다(매개변수와 인수는 모두 메모리에서 동일한 배열을 참조한다).

`updateAges` 함수에 `classroom3` 배열을 전달할 수 없다. 배열의 타입이 매개변수의 타입과 같지 않기 때문이다. `classroom3`는 `studentT *`의 배열이지 `studentT`의 배열이 아니다.

2.7.5 자기 참조 구조체

구조체는 같은 `struct` 타입에 대한 포인터 타입의 필드로 정의할 수 있다. 이러한 자기 참조 `struct` 타입은 연결 리스트linked list, 트리, 그래프 같은 데이터 구조의 연결된 구현을 구축하는 데 사용할 수 있다.

이러한 데이터 타입과 연결된 구현에 대한 세부 내용은 이 책의 범위에서 벗어난다. 그러나 C에서 연결 리스트를 만들기 위한 자기 참조 `struct` 타입을 정의하고 사용하는 방법에 대한 예시를 살펴보겠다. 연결 리스트의 자세한 내용은 데이터 구조와 알고리즘에 대한 책을 참조하길 권한다.

연결 리스트는 추상 데이터 타입 리스트를 구현하는 한 방법이다. 리스트는 그 위치에 따라 정렬된 요소를 나타낸다. C에서 리스트 데이터 구조는 리스트에서 개별 노드를 저장하기 위해 자체 참조 `struct` 타입을 사용해 배열이나 연결 리스트로 구현할 수 있다.

후자를 구축하기 위해 프로그래머는 하나의 리스트 요소와 리스트의 다음 노드로의 연결을 포함하는 `node` 구조체를 정의한다. 다음은 정숫값의 연결 리스트를 저장하는 예시다.

```
struct node {
    int data;          // 리스트 요소의 데이터 값을 저장하는 데 사용
    struct node *next;  // 리스트의 다음 노드를 가리키는 데 사용
};
```

struct 타입의 인스턴스는 next 필드를 통해 서로 연결됨으로써 연결 리스트를 만들 수 있다.

이 예시 코드는 세 요소가 있는 연결 리스트를 생성한다(리스트 자체는 리스트에서 첫 번째 노드를 가리키는 head 변수를 통해 참조될 수 있다).

```
struct node *head, *temp;
int i;

head = NULL;  // 빈 연결 리스트

head = malloc(sizeof(struct node));  // 노드 할당
if (head == NULL) {
    printf("Error malloc\n");
    exit(1);
}
head->data = 10;   // 데이터 필드 설정
head->next = NULL;  // next에 NULL 설정 (다음 요소가 없음)

// 리스트의 헤드에 2개 노드 추가
for (i = 0; i < 2; i++) {
    temp = malloc(sizeof(struct node));  // 노드 할당
    if (temp == NULL) {
        printf("Error malloc\n");
        exit(1);
    }
    temp->data = i;      // 데이터 필드 설정
    temp->next = head;  // 현재 첫 번째 노드를 가리키는 next 설정
    head = temp;         // head를 새로 추가된 노드를 가리키도록 변경
}
```

temp 변수는 head가 현재 가리키는 노드를 가리키도록 next 필드를 설정해 초기화된 다음, 리스트의 시작 부분에 추가된 malloc된 노드를 일시적으로 가리킨다. 그런 다음 새 노드를 가리키도록 head를 변경한다.

코드를 실행한 결과, 메모리 모습은 [그림 2-17]과 같다.

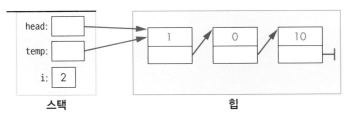

그림 2-17 연결 리스트 노드가 세 개 있는 메모리의 레이아웃

2.8 C의 입출력(표준 및 파일)

C는 파일 I/O뿐만 아니라 표준 I/O를 수행하는 함수를 대폭 지원한다. 이 절에서는 C에서 I/O에 가장 많이 사용되는 인터페이스를 설명한다.

2.8.1 표준 입출력

실행 중인 모든 프로그램은 표준 출력(stdout), 표준 입력(stdin), 표준 오류(stderr)라는 세 가지 기본 I/O 스트림으로 시작한다. 프로그램은 stdout과 stderr로 결과를 출력하고 stdin으로 입력된 값을 읽는다. stdin은 대개 키보드에서 입력을 읽지만 stdout과 stderr는 터미널terminal에 출력한다.

C의 stdio.h 라이브러리는 표준 출력으로 화면 출력에 사용되는 printf 함수를 제공하고, scanf 함수는 표준 입력에서 값을 읽는 데 사용할 수 있는 함수다. C에는 한 번에 한 문자씩 읽고 쓰는 함수(getchar와 putchar)도 있다. 뿐만 아니라 표준 I/O 스트림에 문자를 읽고 쓰는별도의 함수와 라이브러리도 있다. C 프로그램은 이러한 함수를 호출하기 위해 명시적으로 stdio.h를 포함해야 한다.

실행 중인 프로그램에서 stdin, stdout, stderr가 읽거나 쓰는 위치를 변경할 수 있다. st-din, stdout, stderr가 파일을 읽거나 쓰도록 리디렉션하는 방법이 있다. 다음은 파일에 프로그램의 stdin, stdout, stderr을 리디렉션하는 셸 명령어의 예시다($은 셸 프롬프트다).

```
# infile.txt 파일을 읽기 위해 a.out의 stdin을 리디렉션함
$ ./a.out < infile.txt


# outfile.txt 파일을 출력하기 위해 a.out의 stdout을 리디렉션함
$ ./a.out > outfile.txt

# a.out의 stdout과 stderr을 out.txt 파일로 리디렉션함
$ ./a.out &> outfile.txt

# 세 가지 모두를 다른 파일로 리디렉션함
#   (<stdin, 1> stdout, 2> stderr):
$ ./a.out < infile.txt 1> outfile.txt 2> errorfile.txt
```

printf

C의 printf 함수는 호출자가 출력할 형식 문자열을 지정하는 파이썬의 형식화된 print 호출과 유사하다. 형식 문자열에는 특수 문자 등의 특수 형식 지정자가 포함되는 경우가 있다. 특수 문자는 탭(\t)이나 줄바꿈(\n)을 출력하거나 출력값을 위한 플레이스홀더를 지정한다(타입 지정자가 %에 뒤따름). printf에 전달된 형식 문자열에 플레이스홀더를 추가할 때, 형식 문자열 다음의 추가 인수로 해당 값을 전달한다. 다음은 printf를 호출하는 몇 가지 예시다.

printf.c

```
int x = 5, y = 10;
float pi = 3.14;

printf("x is %d and y is %d\n", x, y);

printf("%g \t %s \t %d\n", pi, "hello", y);
```

이 프로그램을 실행하면 다음과 같은 결과를 출력한다.

```
x is 5 and y is 10
3.14   hello   10
```

탭 문자(\t)가 두 번째 호출에서 출력되고, 다양한 타입의 값에 다양한 포매팅 플레이스홀더가 출력되는 방법에 유의하자(%g, %s, %d).

다음은 흔히 쓰는 C 타입에 대한 포매팅 플레이스홀더 집합이다. long과 long long 값을 위한 플레이스홀더는 l 또는 ll 접두사를 포함한다.

%f, %g: float 또는 double value를 위한 플레이스홀더

%d: 10진숫값(char, short, int)을 위한 플레이스홀더

%u: 부호 없는 10진숫값을 위한 플레이스홀더

%c: 단일 문자를 위한 플레이스홀더

%s: 문자열값을 위한 플레이스홀더

%p: 주솟값을 출력하는 플레이스홀더

%ld: long 값을 위한 플레이스홀더

%lu: 부호 없는 long 값을 위한 플레이스홀더

%lld: long long 값을 위한 플레이스홀더

%llu: 부호 없는 long long 값을 위한 플레이스홀더

다음은 몇 가지 사용 예시다.

```
float labs;
int midterm;

labs = 93.8;
midterm = 87;

printf("Hello %s, here are your grades so far:\n", "Tanya");
printf("\t midterm: %d (out of %d)\n", midterm, 100);
```

```c
    printf("\t lab ave: %f\n", labs);
    printf("\t final report: %c\n", 'A');
```

이 프로그램을 실행하면 다음과 같은 결과를 출력한다.

```
Hello Tanya, here are your grades so far:
    midterm: 87 (out of 100)
    lab ave: 93.800003
    final report: A
```

C는 형식 플레이스홀더로 필드 너비를 지정할 수도 있다. 몇 가지 예시를 보자.

%5.3f: 5자 너비의 공간에 소수점 이하 세 자리 float 값을 출력

%20s: 20자 너비의 필드에 문자열값을 오른쪽 정렬로 출력

%-20s: 20자 너비의 필드에 문자열값을 왼쪽 정렬로 출력

%8d: 8자 너비의 필드에 int 값을 오른쪽 정렬로 출력

%-8d: 8자 너비의 필드에 int 값을 왼쪽 정렬로 출력

다음은 형식 문자열에서 플레이스홀더와 함께 필드 너비 지정자를 사용하는 예시다.

printf_format.c

```c
#include <stdio.h> // printf에 필요한 라이브러리

int main() {
    float x, y;
    char ch;

    x = 4.50001;
    y = 5.199999;
    ch = 'a';       // ch는 'a'의 ASCII 값을 저장(값은 97)

    // .1: 단정밀도(single precision)로 x와 y를 출력
    printf("%.1f %.1f\n", x, y);
```

```
    printf("%6.1f \t %6.1f \t %c\n", x, y, ch);

    // ch+1은 98, 'b'의 ASCII 값은 98
    printf("%6.1f \t %6.1f \t %c\n", x+1, y+1, ch+1);

    printf("%6.1f \t %6.1f \t %c\n", x*20, y*20, ch+2);
    return 0;
}
```

이 프로그램을 실행하면 다음과 같은 결과를 출력한다.

```
4.5 5.2
   4.5    5.2    a
   5.5    6.2    b
  90.0  104.0    c
```

표 형식으로 출력된 마지막 세 개의 `printf` 구문 결과에서 탭과 필드 너비가 어떻게 나타나는 지 알 수 있다.

마지막으로, C는 다른 표현으로 값을 표시하는 플레이스홀더를 정의한다.

%x: 값을 16진수로 출력

%o: 값을 8진수로 출력

%d: 부호 있는 10진수로 값을 출력

%u: 부호 없는 10진수로 값을 출력

%e: 과학적 표기법으로 float와 double을 출력

(바이너리로 값을 표시하는 형식 지정 옵션은 없음)

다음은 플레이스홀더를 사용해 다른 표현으로 값을 출력하는 예시다.

```
int x;
char ch;

x = 26;
```

```
ch = 'A';

printf("x is %d in decimal, %x in hexadecimal and %o in octal\n", x, x, x);
printf("ch value is %d which is the ASCII value of  %c\n", ch, ch);
```

이 프로그램을 실행하면 다음과 같은 결과를 출력한다.

```
x is 26 in decimal, 1a in hexadecimal and 32 in octal
ch value is 65 which is the ASCII value of A
```

scanf

scanf 함수는 stdin에서 값을 읽고 프로그램 변수에 저장하는 한 방법을 제공한다(보통 사용자가 키보드로 입력). scanf 함수는 사용자가 데이터를 입력하는 정확한 형식에 대해 약간 까다롭기 때문에 잘못된 형식의 사용자 입력에 민감하다.

scanf 함수를 위한 인수는 printf의 인수와 비슷하다. scanf는 읽을 입력값의 수와 타입을 지정하는 형식 문자열을 사용하며 값이 저장될 프로그램 변수의 위치를 따른다. 프로그램은 전형적으로 (&) 연산자의 주소를 변수명과 결합해서 프로그램 메모리에서 변수의 위치(변수의 메모리 주소)를 생성한다. 다음은 두 값(int와 float)을 읽는 scanf 호출 예시다.

scanf_ex.c

```
int x;
float pi;

// int 값을 다음의 float 값("%d%g")으로 읽음
// x의 메모리 위치(&x)에 int 값을 저장
// pi의 메모리 위치(&pi)에 float 값을 저장
scanf("%d%g", &x, &pi);
```

개별 입력값은 하나 이상의 공백 문자(예, 공백, 탭, 줄바꿈)로 구분돼야 한다. 그러나 scanf는 각 숫자 리터럴 값의 시작과 끝을 찾을 때 선행 및 후행 공백 문자를 건너뛴다. 결과적으로 사

용자는 값 8과 3.14를 입력하며 두 값(사이에 하나 이상의 공백 문자 포함)의 앞이나 뒤에 얼마든지 공백을 둘 수 있다. 그리고 scanf는 8을 읽어서 x에 저장하고 3.14를 읽고 pi에 저장한다. 예를 들어 두 값 사이에 많은 공백이 있더라도 입력인 8을 x에, 3.14를 pi에 저장한다.

8	3.14

프로그래머는 종종 scanf 함수에 형식 문자열을 쓰는데, 이 문자열은 사이에 다른 문자 없이 플레이스홀더만으로 구성된다. 앞선 예시의 두 숫자를 읽기 위한 형식 문자열은 다음과 같다.

```
// 적어도 하나의 공백 문자로 구분된 int와 float를 읽음
scanf("%d%g",&x, &pi);
```

getchar와 putchar

getchar는 stdin에서 단일 문잣값을 읽고, putchar는 stdout에 단일 문잣값을 쓴다. getchar는 C 프로그램에서 특히 유용한데, 면밀하게 오류를 감지하거나 잘못된 형식의 사용자 입력을 처리할 때 유용하다(scanf는 이 같은 상황에서 강력하지 않다).

```
ch = getchar();  // stdin에서 다음 char 값을 읽음
putchar(ch);     // ch의 값을 stdout에 씀
```

2.8.2 파일 입출력

C 표준 I/O 라이브러리(stdio.h)는 파일 입출력을 위한 스트림 인터페이스를 포함한다. 파일은 영구 데이터를 저장한다. 데이터를 생성한 프로그램의 실행 후에도 데이터가 유지된다. 텍스트 파일은 문자의 스트림을 나타내며 열려 있는 각 파일은 문자 스트림에서 현재 위치를 추적한다. 파일을 열 때 현재 위치는 파일의 첫 문자에서 시작해 파일에서 읽은(또는 쓰는) 모든 문자의 결과로 이동한다. 파일에서 10번째 문자를 읽으려면 먼저 첫 9개 문자를 읽어야 한다(또는 fseek 함수를 사용해 현재 위치가 명시적으로 10번째 문자로 이동해야만 한다).

C의 파일 인터페이스는 파일을 입력 또는 출력 스트림으로 보고, 라이브러리 함수는 파일 스트림의 다음 위치에서 읽거나 쓴다. fprintf와 fscanf 함수는 파일 입출력 함수로 printf와 scanf에 상응하는 역할을 한다. 두 함수는 형식 문자열을 사용해 쓰거나 읽을 형식을 지정하고, 쓰거나 읽은 데이터에 값이나 저장소를 제공하는 인수를 포함한다. 마찬가지로 라이브러리에서 제공하는 fputc, fgetc, fputs, fgets 함수는 개별 문자나 문자열을 파일 스트림에 읽고 쓰는 기능을 한다. C에서 많은 라이브러리가 파일 입출력을 지원하지만 그중 텍스트 파일에 대한 stdio.h 라이브러리의 스트림 인터페이스를 자세히 설명하겠다.

텍스트 파일에는 stdin과 stdout 스트림 같은 특수 문자가 포함될 수 있다. 줄바꿈('\n'), 탭('\t') 기타 등등이 그러한 특수 문자다. 또한 파일 데이터의 끝에 도달하면 C의 I/O 라이브러리는 파일의 끝을 나타내는 특수 문자(End-Of-File, EOF)를 생성한다. 파일을 읽는 함수는 파일 스트림의 끝에 도달한 시점을 결정하는 EOF를 테스트할 수 있다.

2.8.3 C에서 텍스트 파일 사용

C에서 파일을 읽거나 쓰려면 다음 단계를 따라야 한다.

먼저 FILE * 변수를 선언한다.

```
FILE *infile;
FILE *outfile;
```

이 선언은 라이브러리에 정의된 FILE 타입에 포인터 변수를 생성한다. 포인터는 애플리케이션에서 역참조할 수 없다. 대신 I/O 라이브러리 함수에 전달될 때 특정 파일 스트림을 참조한다.

둘째, 파일을 연다. fopen을 호출해 변수를 실제 파일 스트림과 연결한다. 파일을 열 때, 모드 매개변수는 프로그램이 읽기("r"), 쓰기("w"), 추가("a") 중 어느 용도로 파일을 여는지 결정한다.

```
infile = fopen("input.txt", "r");  // 파일의 상대경로와 파일명, 읽기 모드
if (infile == NULL) {
```

```
        printf("Error: unable to open file %s\n", "input.txt");
        exit(1);
    }


    // 파일의 절대경로와 파일명, 쓰기 모드
    outfile = fopen("/home/me/output.txt", "w");
    if (outfile == NULL) {
        printf("Error: unable to open outfile\n");
        exit(1);
    }
```

fopen 함수는 파일명이 잘못 지정됐거나 사용자가 특정 파일을 여는 권한이 없는 경우, 오류를 알려주기 위해 NULL을 반환한다(예, output.txt 파일을 쓰는 권한이 없는 경우).

셋째, 파일에서 현재 위치를 읽거나 쓰거나 이동하기 위한 I/O 연산자를 사용한다.

```
    int ch;  // EOF는 char값이 아니라 int다.
             // 모든 char값은 int에 저장될 수 있으므로 ch를 위해 int를 사용한다.

    ch = getc(infile);     // infile 스트림에서 다음 char를 읽는다.
    if (ch != EOF) {
        putc(ch, outfile);  // outfile 스트림에 char 값 을 쓴다.
    }
```

마지막으로, 파일을 닫는다. 프로그램이 더 이상 파일을 필요로 하지 않을 때는 파일을 닫기 위해 fclose를 사용한다.

```
    fclose(infile);
    fclose(outfile);
```

stdio 라이브러리는 파일에서 현재 위치를 변경하는 기능도 제공한다.

```
// 현재 위치를 파일의 시작으로 재설정
void rewind(FILE *f);

rewind(infile);

// 파일의 특정 위치로 이동하려면
fseek(FILE *f, long offset, int whence);

fseek(f, 0, SEEK_SET);    // 파일의 시작 부분을 찾는다.
fseek(f, 3, SEEK_CUR);    // 현재 위치에서 앞으로 문자 3개를 찾는다.
fseek(f, -3, SEEK_END);   // 파일의 끝에서 뒤로 문자 3개를 찾는다.
```

2.8.4 stdio.h의 표준 및 파일 I/O 함수

C stdio.h 라이브러리에는 파일에 읽고 쓰거나 표준 파일 같은 스트림(stdin, stdout, stderr)을 위한 함수가 많다. 이 함수들은 문자 기반, 문자열 기반, 형식화된 I/O 함수로 분류할 수 있다. 다음은 이러한 함수의 서브셋 세부 정보다.

```
// --------------
// 문자 기반
// --------------

// 파일 스트림의 다음 문자를 반환 (EOF은 int 값)
int fgetc(FILE *f);

// char 값 c를 파일 스트림 f에 씀
// 작성된 char 값을 반환
int fputc(int c, FILE *f);

// 문자 c를 다시 파일 스트림으로 푸시
// 최대, 하나의 char를 (EOF 아님) 뒤로 밀 수 있음
int ungetc(int c, FILE *f);
```

```c
// fgetc 및 fputc와 같지만 stdin와 stdout 용
int getchar();
int putchar(int c);


// -------------
// 문자열 기반
// -------------

// 최대 n-1 문자를 배열 s로 읽음
// 줄바꿈 문자가 나타나면 중지하고 \0으로 끝나는 배열에 줄바꿈 문자가 포함됨
char *fgets(char *s, int n, FILE *f);

// 문자열 s(\0으로 종결됐는지 확인)를 파일 스트림 f에 기록
int fputs(char *s, FILE *f);


// ---------
// 포맷됨
// ---------

// 형식 문자열의 내용을 파일 스트림 f에 씀
// (후속 인숫값으로 채워진 플레이스홀더 포함)
// 출력된 문자 수를 반환
int fprintf(FILE *f, char *format, ...);

// fprintf와 비슷하지만 stdout에
int printf(char *format, ...);

// fprintf를 사용해 stderr를 출력
fprintf(stderr, "Error return value: %d\n", ret);

// 파일 스트림 f에서 형식 문자열에 지정된 값을 읽음
// 형식 문자열과 일치하는 타입의 프로그램 스토리지 위치에 읽은 값을 저장
// 변환 및 할당된 입력 항목 수를 반환하거나
// 오류 발생 시 또는 EOF에 도달한 경우 EOF를 반환
int fscanf(FILE *f, char *format, ...);

// fscanf 같지만 stdin에서 읽음
int scanf(char *format, ...);
```

일반적으로 scanf와 fscanf는 잘못된 형식의 입력에 민감하다. 그러나 파일 I/O의 경우, 프로그래머는 종종 입력 파일이 잘 형식화됐다고 가정하는데 이때 사용할 만한 견고한 함수가 fscanf다. scanf 함수에서는 사용자 입력이 잘못되면 종종 프로그램 충돌이 발생한다. 한 번에 한 문자씩 읽고 값을 다른 타입으로 변환하기 전에 테스트하는 코드를 포함하는 것이 더 강력하지만 그러자면 프로그래머가 더 복잡한 I/O 기능을 구현해야 한다.

fscanf에서 형식 문자열은 다른 타입의 값과 파일 스트림에서 읽는 방법을 지정하는 다음 구문을 포함할 수 있다.

```
%d 정수
%f 실수(float)
%lf 실수(double)
%c 문자
\%s 문자열, 첫 번째 공백까지

%[...] 문자열, 대괄호 안의 문자가 아닌 첫 번째 문자까지
%[0123456789] 숫자로 읽을 수 있음
%[^...] 문자열, 대괄호 안의 첫 번째 문자까지
%[^\n] 줄바꿈까지 모든 것을 읽음
```

숫자와 문자열이 혼합되거나 문자 타입이 혼합된 파일을 읽을 때는 올바른 fscanf 형식 문자열을 얻기가 까다로울 수 있다.

다음은 다른 형식 문자열로 fscanf(fprintf 포함)를 호출하는 몇 가지 예시다(성공적으로 실행된 이전 예시의 fopen 호출에 대해 가정해보자).

```
int x;
double d;
char c, array[MAX];

// 쉼표로 구분된 파일에 int 및 char 값을 작성하고 마지막에 줄바꿈을 사용
fprintf(outfile, "%d:%c\n", x, c);
```

```
// int와 char가 쉼표로 구분된 파일에서 int와 char를 읽음
fscanf(infile, "%d,%c", &x, &c);

// 파일에서 배열로 문자열 읽기(공백 문자에서 읽기 중지)
fscanf(infile,"%s", array);

// infile에서 double과 문자열로 최대 24자의 문자를 읽음
fscanf(infile, "%lf %24s", &d, array);

// 지정된 집합(0~5)의 문잣값으로만 구성된 문자열을 읽음
// 다음의 경우 읽기를 중지
//    * 20자를 읽음
//    * 집합에 없는 문자에 도달
//    * 파일 스트림이 파일의 끝(EOF)에 도달
fscanf(infile, "%20[012345]", array);

// 문자열을 읽음. 집합에서 문장 부호에 도달하면 중지
fscanf(infile, "%[^.,:!;]", array);

// 두 정숫값을 읽음. 첫 번째는 long에, 두 번째는 int에 저장
// 그다음 Int 값 다음의 char 값을 읽음
fscanf(infile, "%ld %d%c", &x, &b, &c);
```

코드의 마지막 예에서 형식 문자열은 fscanf에 대한 후속 호출을 위해 파일 스트림의 현재 위치가 적절하게 진행되도록 숫자 뒤의 문잣값을 명시적으로 읽는다. 가령 이 패턴은 종종 명시적으로 공백 문자(\n)를 읽기 위해(그리고 버리기 위해) 사용된다. fscanf의 다음 호출이 파일의 다음 줄에서 시작되도록 보장하기 위함이다. fscanf에 대한 다음 호출이 문잣값을 읽으려고 시도한다면 추가 문자 읽기가 필요하다. 그렇지 않으면 줄바꿈을 사용하지 않았기 때문에 fscanf에 대한 다음 호출은 의도한 문자가 아닌 줄바꿈문자를 읽는다. 다음 호출에서 숫자 타입의 값을 읽으면 선행 공백 문자는 자동으로 fscanf에 의해 버려진다. 프로그래머는 파일 스트림에서 명시적으로 \n 문자를 읽을 필요가 없다.

2.9 일부 고급 C 기능

C 프로그래밍 언어의 거의 모든 내용이 앞에서 제시됐다. 여기서는 고급 C 언어 기능, C 프로그래밍, 컴파일에 대해 다룬다.

2.9.1 switch 구문

C switch 구문은 연속되는 `if-else if` 코드 시퀀스 전체가 아닌 일부를 대신 사용할 수 있다. switch로 C 프로그래밍 언어 표현력이 더 좋아지지는 않지만 종종 코드 분기 시퀀스가 더 간결해진다. 또한 switch로 인해 컴파일러는 동일하게 연속되는 `if-else if` 코드보다 더 효율적으로 실행되는 코드 분기를 만들 수 있다.

switch 구문에 대한 C 문법은 다음과 같다.

```
switch (<표현식>) {

    case <리터럴 값 1>:
        <구문>;
        break;          // switch 문 본문에서 빠져나옴
    case <리터럴 값 2>:
        <구문>;
        break;          // switch 문 본문에서 빠져나옴
    ...
    default:            // dafault를 반드시 사용할 필요는 없음
        <구문>;
}
```

switch 구문은 다음과 같이 실행된다.

1 `<표현식>`이 먼저 평가된다.

2 다음으로 switch는 case 리터럴 값을 찾는다. 그 값은 표현식의 값과 일치하는 값이다.

3 일치하는 case 리터럴을 찾으면 바로 따라오는 `<구문>`을 실행하기 시작한다.

4 일치하는 case가 없으면, default가 있는 경우 default에 있는 `<구문>`을 실행하기 시작한다.

5 그렇지 않으면 switch 구문 본문에 있는 구문이 실행되지 않는다.

switch 구문에도 몇 가지 규칙이 있다.

- 각 case에 적힌 값은 리터럴이어야 한다. 표현식일 수 없다. 원래 표현식은 각 case와 관련된 리터럴 값만 동일하게 매칭한다.
- break 구문에 다다르면 실행 중인 구문에 남아있는 모든 실행이 중단된다. 즉 break는 다음 case의 구문을 실행한다.
- 값이 일치하는 case 구문은 실행될 C 구문 시퀀스의 시작점을 표시한다. 실행은 코드 실행을 시작하기 위해 switch 본문 내부의 위치로 이동한다. 따라서 특정 case의 끝에 break 구문이 없는 경우 후속 case 구문의 다른 break 구문이 실행될 때까지 실행되거나 switch 구문의 본문 끝에 다다를 때까지 실행된다.
- default는 선택 사항이다. default가 있는 경우, 반드시 끝에 자리해야 한다.

다음은 switch 구문의 예시 프로그램이다.

```c
#include <stdio.h>

int main() {
    int num, new_num = 0;

    printf("enter a number between 6 and 9: ");
    scanf("%d", &num);

    switch(num) {
        case 6:
            new_num = num + 1;
            break;
        case 7:
            new_num = num;
            break;
        case 8:
            new_num = num - 1;
            break;
        case 9:
            new_num = num + 2;
            break;
        default:
            printf("Hey, %d is not between 6 and 9\n", num);
    }
```

```
    printf("num %d   new_num %d\n", num, new_num);
    return 0;
}
```

다음은 이 코드의 몇 가지 실행 예시다.

```
$ ./a.out
enter a number between 6 and 9: 9
num 9   new_num 11

$ ./a.out
enter a number between 6 and 9: 6
num 6   new_num 7

$ ./a.out
enter a number between 6 and 9: 12
Hey, 12 is not between 6 and 9
num 12   new_num 0
```

2.9.2 커맨드 라인 인수

커맨드 라인 인수를 읽음으로써 프로그램을 좀 더 범용적으로 만들 수 있는데, 이때 커맨드 라인 인수는 실행 가능한 바이너리 프로그램을 실행하기 위해 사용자가 입력한 명령의 일부를 포함한다. 커맨드 라인 인수는 프로그램의 런타임 동작을 변경할 입력값이나 옵션을 지정한다. 즉, 상이한 커맨드 라인 인숫값으로 프로그램을 실행하면, 프로그램 코드를 수정하고 다시 컴파일하지 않아도 프로그램의 동작이 실행마다 변경된다. 예를 들어 프로그램이 입력 파일 이름을 커맨드 라인 인수로 사용하는 경우, 사용자는 코드에서 특정 입력 파일 이름을 참조하는 프로그램과 달리 모든 입력 파일 이름으로 프로그램을 실행한다.

사용자가 제공하는 모든 커맨드 라인 인수는 매개변숫값으로 main 함수에 전달된다. 커맨드 라인 인수를 사용하는 프로그램을 작성하려면 main 함수의 정의에 두 매개변수 argc와 argv 가 반드시 포함돼야 한다.

```
int main(int argc, char *argv[]) { ...
```

두 번째 매개변수의 타입은 char **argv로 나타나야 한다.

첫 번째 매개변수 argc는 인수의 수를 저장한다. 해당 값은 메인 함수(프로그램의 이름을 포함)에 전달된 커맨드 라인 인수의 수를 나타낸다. 사용자가 다음을 입력한다고 가정하자.

```
$ ./a.out 10 11 200
```

그러면 argc는 값으로 4를 가지게 된다(a.out은 첫 번째 커맨드 라인 인수로 취급하고, 10, 11, 200은 나머지 세 개의 커멘드 라인 인수로 센다).

두 번째 매개변수 argv는 인수 벡터를 저장한다. 여기에는 각 커맨드 라인의 값이 포함된다. 각 커맨드 라인 인수는 문자열값으로 전달되고 argv의 타입은 문자열 배열(또는 char 배열)이다. argv 배열에는 argc + 1의 요소가 있다. 첫 번째 argc 요소는 커맨드 라인 인수 문자열을 저장하고, 마지막 요소는 커맨드 라인 인수 리스트의 끝을 나타내는 NULL을 저장한다. 예를 들어 이전 예에서 입력한 커맨드 라인에서 argv 배열은 그림으로 나타내면 다음과 같다(그림 2-18).

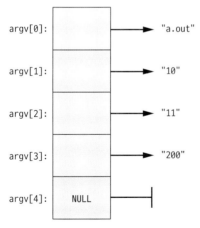

그림 2-18 main으로 전달된 argv 매개변수는 문자열 배열이다. 각 커맨드 라인 인수는 배열에서 별도의 문자열 요소로 전달된다. 마지막 요소의 값은 커맨드 라인 인수 리스트의 끝을 나타내는 NULL이다.

argv 배열에서 문자열은 **불변**이다. 즉, 문자열이 읽기 전용 메모리에 저장된다. 따라서 프로그램이 커맨드 라인 인수 중 하나의 값을 수정하려면 커맨드 라인 인수의 로컬 사본을 만들고 사본을 수정해야 한다.

종종 프로그램은 문자열이 아닌 타입으로 main에 전달된 커맨드 라인 인수를 해석하려고 한다. 이전 예에서 프로그램은 정숫값 10을 첫 번째 커맨드 라인 인수인 문자열값 "10"에서 추출하려고 할 수 있다. 이때는 다른 타입으로 변환하는 기능이 있는 C의 표준 라이브러리를 이용한다. 예를 들어 atoi(ASCII to Integer^{ASCII에서 정수로}의 약자) 함수는 숫자 문자열을 해당 정숫값으로 변환한다.

```
int x;
x = atoi(argv[1]);  // x는 int 값 10을 얻는다.
```

이러한 함수에 대한 정보를 더 얻고 싶다면, '2.6.3 C 문자열과 문자를 조작하기 위한 라이브러리'의 '문자열을 다른 타입으로 변환하는 함수'를 참조하길 권한다. C 커맨드 라인 인수를 사용하는 또 다른 예로는 commandlineargs.c 프로그램[4]이 있다.

2.9.3 void * 타입과 타입 리캐스팅

C 타입 void *는 일반 포인터를 나타낸다. 모든 타입에 대한 포인터 또는 지정되지 않은 타입을 위한 포인터다. C는 시스템의 메모리 주소가 항상 같은 바이트 수로 저장되기 때문에 일반 포인터 타입을 허용한다(예, 주소는 32비트 시스템에서 4바이트이고 64비트 시스템에서는 8바이트다). 결과적으로 모든 포인터 변수가 동일한 수의 저장 바이트가 필요하고 크기가 모두 같기 때문에, 컴파일러는 가리키는 타입을 모르는 채 void * 변수에 공간을 할당할 수 있다. 예를 들면 다음과 같다.

---

4 https://diveintosystems.org/book/C2-C_depth/_attachments/commandlineargs.c

```
void *gen_ptr;
int x;
char ch;

gen_ptr = &x;  // gen_ptr에 int의 주소를 할당할 수 있다.
gen_ptr = &ch; // 또는 char의 주소 (또는 모든 타입의 주소)
```

전형적으로 프로그래머는 앞선 예와 같이 void * 타입의 변수를 선언하지 않는다. 대신 함수에서 일반 반환 타입을 지정하거나 함수에 대한 일반 매개변수를 지정하는 데 많이 사용된다. void * 타입은 종종 함수에 의해 반환되는 타입으로 사용되고 어떤 타입도 저장할 수 있는 새롭게 할당된 메모리를 반환한다(예, malloc). 또한 모든 타입의 값을 취할 수 있는 함수의 함수 매개변수로도 사용된다. 이 경우 함수에 대한 개별 호출은 특정 타입에 대한 포인터를 전달하는데 이는 함수의 void * 매개변수에 전달될 수 있다. 모든 타입의 주소를 저장할 수 있기 때문이다.

void *는 일반 포인터 타입이기 때문에 직접 역참조를 할 수 없다. 컴파일러는 주소가 가리키는 메모리의 크기를 모른다. 예를 들어 주소는 4바이트의 int 저장 위치나 1바이트 메모리에서 char 저장 위치를 참조할 수 있다. 따라서 프로그래머는 역참조 전에 명시적으로 특정 타입의 포인터를 위해 void * 포인터를 리캐스팅해야 한다. 리캐스팅은 컴파일러에 특정 타입의 포인터 변수를 알려주고, 이를 통해 컴파일러는 포인터 역참조를 위한 올바른 메모리 접근 코드를 생성할 수 있다. 다음은 void *를 사용하는 두 가지 예시다. 첫째, malloc 호출은 void * 반환 타입을 반환된 힙 메모리 주소를 저장하는 데 사용되는 변수의 특정 포인터 타입으로 리캐스팅한다.

```
int *array;
char *str;

array = (int *)malloc(sizeof(int) * 10); // void * 반환값을 리캐스팅
str = (char *)malloc(sizeof(char) * 20);

*array = 10;
str[0] = 'a';
```

둘째, 종종 스레드를 생성할 때 void *를 접하게 된다('14.2 헬로 스레드! 첫 번째 멀티스레드 프로그램 작성' 참조). 스레드 함수의 void * 매개변수 타입을 사용하면 스레드가 모든 타입의 애플리케이션 특정 포인터를 사용할 수 있다. pthread_create 함수에는 스레드 메인 함수를 위한 매개변수와 새로 생성된 스레드가 실행할 스레드 메인 함수에 전달하는 인수에 대한 void * 매개변수가 있다. void * 매개변수를 사용하면 pthread_create가 일반 스레드 생성 함수가 된다. 즉 어느 타입이든 메모리 위치를 가리키는 데 사용할 수 있다. pthread_create를 호출하는 특정 프로그램의 경우, 프로그래머는 void * 매개변수에 전달된 인수의 타입을 알고 있어서 역참조하기 전에 알려진 타입으로 캐스팅해야 한다. 이 예에서는 args 매개변수에 전달된 주소에 정수 변수의 주소가 포함됐다고 가정한다.

```c
/*
 * 애플리케이션별 pthread 메인 함수에는
 * int func_name(void *args) 형태의 함수 프로토타입이 있어야 한다.
 *
 * 해당 구현은 args로 전달된 값이 실제로 어떤 타입인지 알고 있다.
 * args는 int 값을 가리키는 포인터다.
 */
int my_thr_main(void *args) {
    int num;

    // 먼저 args를 int *로 캐스팅한 다음, 역참조해 int 값을 얻는다.
    num = *((int *)args);  // num는 6을 얻는다.
    ...
}


int main() {
    int ret, x;
    pthread_t tid;

    x = 6;
    // int 변수(x)의 주소를 pthread_create의 void * param에 전달한다.
    // (pthread_create의 매개변수 타입과 일치하도록 &x를 (void *)로 캐스팅한다.)
    ret = pthread_create(&tid, NULL,
                        my_thr_main,    // 스레드 메인 함수
```

```
            (void *)(&x));  // &x는 my_thr_main에 전달된다.
    // ...
```

2.9.4 포인터 산술

포인터 변수가 배열을 가리키는 경우, 프로그램은 포인터에서 산술 연산을 수행해 배열의 요소에 접근할 수 있다. 그러나 대부분의 경우, 배열 요소에 접근할 때 포인터 산술은 사용하지 않는 것이 좋다. 오류가 생기기 쉽고 디버깅하기가 더 어렵다. 그러나 경우에 따라서는 요소 배열을 반복하기 위해 포인터를 연속적으로 증가시키는 편이 편리할 수 있다.

포인터를 증분할 경우 원래 가리키는 위치에서 타입의 크기만큼 다음 저장 위치를 가리키게 된다. 예를 들어 정수 포인터(int *)를 증가시키면 다음 int 저장 주소(현재 값보다 4바이트가 더 큰 주소)를 가리키고, 문자 포인터를 증가시키면 다음 char 저장 주소(현재 값보다 1바이트가 더 큰 주소)를 가리키게 된다.

다음 예시 프로그램에서는 포인터 산술을 사용해 배열을 조작한다. 먼저 배열의 요소 타입과 일치하는 포인터 변수를 선언한다.

pointerarith.c

```
#define N 10
#define M 20

int main() {
    // 배열 선언
    char letters[N];
    int numbers[N], i, j;
    int matrix[N][M];

    // int 또는 char 배열 요소에 접근할 포인터 변수 선언
    // 포인터 산술 사용 (포인터 타입은 배열 요소 타입과 일치해야 함)
    char *cptr = NULL;
    int *iptr = NULL;
    ...
```

다음으로, 포인터 변수를 반복할 배열의 기본 주소로 초기화한다.

pointerarith.c

```
// 포인터가 배열의 첫 번째 요소를 가리키도록 한다.
cptr = &(letters[0]); //  &(letters[0])는 0번 요소의 주소다.
iptr = numbers;        // 0번 요소의 주소 (numbers는 &(numbers[0]))
```

그런 다음 포인터 역참조를 사용해 프로그램이 배열의 요소에 접근하도록 할 수 있다. 여기서는 배열 요소에 값을 할당하기 위해 역참조했고 포인터 변수를 1씩 증가시켜 다음 요소를 가리키도록 진행한다.

pointerarith.c

```
// 포인터 변수를 통해 초기화된 letters와 numbers 배열
for (i = 0; i < N; i++) {
    // 각 포인터를 역참조하고 현재 가리키는 요소를 업데이트한다.
    *cptr = 'a' + i;
    *iptr = i * 3;

    // 포인터 산술을 사용해 각 포인터가 다음 요소를 가리키도록 설정한다.
    cptr++;  // cptr은 다음 char 주소(letters의 다음 요소)를 가리킨다.
    iptr++;  // iptr은 다음 int 주소(numbers의 다음 요소)를 가리킨다.
}
```

이 예에서 포인터 값은 반복문 내에서 증가한다. 따라서 값을 증가시키면 배열의 다음 요소를 가리키게 된다. 이 패턴은 각 반복에서 cptr[i] 또는 iptr[i]에 접근하는 방식과 동일한 방식으로 배열의 각 요소를 효과적으로 통과한다.

> **NOTE_ 포인터 산술의 기본 산술 함수**
>
> 포인터 산술은 타입 독립적이다. N으로 포인터 값의 타입을 바꾸면(ptr = ptr + N) 포인터가 현재의 값을 넘어 N개의 저장 위치를 가리키게 된다(또는 현재 가리키는 요소를 넘어 N 요소를 가리키게 된다). 결과적으로 어느 타입이든 포인터를 증가시키면 포인터가 가리키는 타입의 바로 다음 메모리 위치를 가리킨다.

그러나 컴파일러가 포인터 산술식을 위해 생성하는 실제 산술 함수는 포인터 변수의 타입에 따라 다르다(시스템이 가리키는 타입을 저장하는 데 사용한 바이트 수에 따라 다르다). 예를 들어 **char** 포인터를 증가시키면 포인터는 그 값을 1씩 증가시킨다. 다음의 유효한 **char** 주소가 현재 주소에서 1바이트 떨어진 주소이기 때문이다. **int** 포인터를 증가시키면 포인터는 그 값을 4씩 증가시킨다. 다음의 유효한 정수 주소가 현재 주소에서 4바이트 떨어진 주소이기 때문이다.

프로그래머는 포인터가 다음 요솟값을 가리키도록 하기 위해 간단하게 **ptr++**로 작성할 수 있다. 컴파일러는 가리키는 해당 타입에 적절한 바이트 수를 추가하는 코드를 생성한다. 추가는 해당 타입의 메모리에서 다음 유효한 주소로 값을 효율적으로 설정한다.

값을 출력해서, 이전 코드에서 배열 요소를 수정한 방법을 확인할 수 있다(먼저 배열 인덱싱을 사용한 후 포인터 산술을 사용해 각 배열 요소의 값에 접근한다).

```c
printf("\n array values using indexing to access: \n");
// 위의 코드가 수행한 작업을 확인한다.
for (i = 0; i < N; i++) {
    printf("letters[%d] = %c, numbers[%d] = %d\n",
            i, letters[i], i, numbers[i]);
}


// 포인터 산술을 사용해 다음을 출력할 수도 있다.
printf("\n array values using pointer arith to access: \n");
// 첫 번째: 배열의 기본 주소에 대한 포인터를 초기화
cptr = letters;  // letters == &letters[0]
iptr = numbers;
for (i = 0; i < N; i++) {
    // 배열 요솟값에 접근하기 위해 포인터 역참조
    printf("letters[%d] = %c, numbers[%d] = %d\n",
            i, *cptr, i, *iptr);

    // 포인터가 다음 요소를 가리키도록 증가
    cptr++;
    iptr++;
}
```

이 프로그램을 실행하면 다음과 같은 결과를 출력한다.

```
 array values using indexing to access:
letters[0] = a, numbers[0] = 0
letters[1] = b, numbers[1] = 3
letters[2] = c, numbers[2] = 6
letters[3] = d, numbers[3] = 9
letters[4] = e, numbers[4] = 12
letters[5] = f, numbers[5] = 15
letters[6] = g, numbers[6] = 18
letters[7] = h, numbers[7] = 21
letters[8] = i, numbers[8] = 24
letters[9] = j, numbers[9] = 27

 array values using pointer arith to access:
letters[0] = a, numbers[0] = 0
letters[1] = b, numbers[1] = 3
letters[2] = c, numbers[2] = 6
letters[3] = d, numbers[3] = 9
letters[4] = e, numbers[4] = 12
letters[5] = f, numbers[5] = 15
letters[6] = g, numbers[6] = 18
letters[7] = h, numbers[7] = 21
letters[8] = i, numbers[8] = 24
letters[9] = j, numbers[9] = 27
```

포인터 산술을 사용해 인접한 메모리 청크를 반복할 수 있다. 다음은 포인터 산술을 사용해 정적으로 선언된 2차원 배열을 초기화하는 예시다.

```
// 행렬을 다음과 같이 설정한다.
// row 0:   0,   1,   2, ...,  99
// row 1: 100, 110, 120, ..., 199
//         ...
iptr = &(matrix[0][0]);
for (i = 0; i < N*M; i++) {
    *iptr = i;
```

```
        iptr++;
    }


    // 위의 코드가 수행한 작업을 확인하자.
    printf("\n 2D array values inited using pointer arith: \n");
    for (i = 0; i < N; i++) {
        for (j = 0; j < M; j++) {
            printf("%3d ", matrix[i][j]);
        }
        printf("\n");
    }


    return 0;
}
```

이 프로그램을 실행하면 다음과 같은 결과를 출력한다.

```
2D array values inited using pointer arith:
  0   1   2   3   4   5   6   7   8   9  10  11  12  13  14  15  16  17  18  19
 20  21  22  23  24  25  26  27  28  29  30  31  32  33  34  35  36  37  38  39
 40  41  42  43  44  45  46  47  48  49  50  51  52  53  54  55  56  57  58  59
 60  61  62  63  64  65  66  67  68  69  70  71  72  73  74  75  76  77  78  79
 80  81  82  83  84  85  86  87  88  89  90  91  92  93  94  95  96  97  98  99
100 101 102 103 104 105 106 107 108 109 110 111 112 113 114 115 116 117 118 119
120 121 122 123 124 125 126 127 128 129 130 131 132 133 134 135 136 137 138 139
140 141 142 143 144 145 146 147 148 149 150 151 152 153 154 155 156 157 158 159
160 161 162 163 164 165 166 167 168 169 170 171 172 173 174 175 176 177 178 179
180 181 182 183 184 185 186 187 188 189 190 191 192 193 194 195 196 197 198 199
```

포인터 산술은 연속 메모리 청크의 패턴에서 시작하고 끝나는 연속된 메모리 위치에 접근할 수 있다. 예를 들어 배열 요소의 주소를 가리키는 포인터를 초기화한 후에 해당 값이 하나 이상 변경될 수 있다. 다음 예시를 살펴보자.

```
iptr = &numbers[2];
*iptr = -13;
```

```
    iptr += 4;
    *iptr = 9999;
```

앞의 코드를 실행한 후 numbers 배열의 값을 출력하면 다음과 같다(2번 인덱스와 6번 인덱스의 값이 변경된 것에 주목하자).

```
numbers[0] = 0
numbers[1] = 3
numbers[2] = -13
numbers[3] = 9
numbers[4] = 12
numbers[5] = 15
numbers[6] = 9999
numbers[7] = 21
numbers[8] = 24
numbers[9] = 27
```

포인터 산술은 동적으로 할당된 배열에서도 동작한다. 그러나 프로그래머는 동적으로 할당된 다차원 배열 작업에 주의해야 한다. 예를 들어 프로그램이 2차원 배열의 각 행을 동적으로 할당하기 위해 malloc을 호출한다면('2.5.2 2차원 배열'에서 설명하는 '동적으로 할당된 2차원 배열'의 '방법 2: 프로그래머 친화적인 방법' 참조), 모든 행의 시작 요소 주솟값을 가리키도록 포인터를 재설정해야 한다. 행 내 요소만 연속 메모리 주소에 있기 때문에 포인터 재설정이 필요하다. 반면에 2차원 배열이 총 행과 열을 곱한 공간의 단일 malloc으로 할당된다면('2.5.2 2차원 배열'에서 설명하는 '동적으로 할당된 2차원 배열'의 '방법 1: 메모리 효율적인 할당' 참조), 모든 행이 연속된 메모리에 있다(이전 예시에서 정적으로 선언된 2차원 배열과 같음). 후자의 경우 기본 주소를 가리키도록 포인터만 초기화하면 포인터 산술이 2차원 배열의 모든 요소에 올바르게 접근한다.

2.9.5 C 라이브러리: 사용, 컴파일, 연결

라이브러리는 다른 프로그램에서 사용할 수 있는 함수와 정의 모음을 구현한다. C 라이브러리는 두 부분으로 구성된다.

- **애플리케이션 프로그래밍 인터페이스**(API): C 소스 코드에 포함하는 헤더 파일(.h 파일)에 정의되는 라이브러리다. 헤더는 라이브러리가 사용자에게 내보내는 항목을 정의한다. 이 정의에는 대개 라이브러리 함수 프로토타입이 포함되며 타입, 상수 또는 전역 변수 선언도 포함된다.
- **구현**: 종종 미리 컴파일된 바이너리 형식으로 프로그램에서 사용할 수 있다. 미리 컴파일된 바이너리 형식은 gcc에 의해 생성된 바이너리 실행 파일에 **연결**된다. 미리 컴파일된 라이브러리 코드는 여러 .o 파일을 포함하는 아카이브 파일(libsomelib.a) 안에 있을 수 있다. .o 파일은 컴파일 시간에 실행 파일에 정적으로 연결될 수 있는 파일이다. 또는 공유 객체 파일(libsomelib.so)로 구성될 수도 있다. 공유 객체 파일은 런타임 시 실행 중인 프로그램에 동적으로 연결될 수 있다.

예를 들어 C 문자열 라이브러리는 C 문자열을 조작하는 함수를 구현한다. string.h 헤더 파일이 인터페이스를 정의하므로 문자열 라이브러리 함수를 사용하고자 하는 모든 프로그램은 반드시 #include <string.h>를 포함해야 한다. C 문자열 라이브러리의 구현은 더 큰 표준 C 라이브러리(libc)의 부분이다. 이 C 라이브러리는 gcc 컴파일러가 생성하는 모든 실행 파일에 자동으로 연결한다.

라이브러리의 구현은 하나 이상의 모듈(.c 파일)로 구성되고 라이브러리 구현 내부의 헤더 파일을 추가로 포함할 수 있다. 내부 헤더 파일은 라이브러리 API의 일부가 아니라 잘 설계된 모듈 라이브러리 코드의 일부다. 종종 라이브러리의 C 소스 코드 구현은 라이브러리 사용자에게 내보내지^{export} 않는다. 대신 라이브러리는 미리 컴파일된 바이너리 형식으로 제공된다. 이러한 바이너리 형식은 실행 가능한 프로그램이 아니지만(자체적으로 실행할 수 없음), 실행 가능한 코드를 제공한다. 실행 가능한 코드는 컴파일 시간에 gcc에 의해 실행 파일에 **연결**될 수 있다.

C 프로그래머가 사용할 수 있는 라이브러리가 수없이 많다. 가령 POSIX 스레드 라이브러리(10장에서 논의)는 다중 스레드 C 프로그램을 활성화한다. C 프로그래머는 자체 라이브러리를 구현하고 사용할 수도 있다('2.9.6 나만의 C 라이브러리 작성 및 사용' 참조). 대규모 C 프로그램은 많은 C 라이브러리를 사용하는 경향이 있고 일부 프로그램은 gcc가 암시적으로 연결하는 반면, 다른 프로그램은 gcc에 대한 커맨드 라인 옵션인 -l을 사용해 명시적으로 연결해야 한다.

표준 C 라이브러리는 일반적으로 -l 옵션을 사용한 명시적인 연결이 필요하지 않지만, 다른 라이브러리는 필요하다. 라이브러리 함수에 대한 공식 문서는 종종 컴파일할 때 해당 라이브러리를 명시적으로 연결해야 하는지 여부를 지정한다. 가령 POSIX 스레드 라이브러리(pthread)와 readline 라이브러리는 gcc 커맨드 라인에서 명시적으로 연결해야 한다.

```
$ gcc -o myprog myprog.c -lpthread -lreadline
```

라이브러리 파일의 전체 이름은 gcc의 -l 인수에 포함될 수 없다. 라이브러리 파일은 libp-
thread.so 또는 libreadline.a 같은 이름이 지정되지만, 파일 이름의 lib 접두사와 .so 또
는 .a 접미사는 포함되지 않는다. 실제 라이브러리 파일 이름에는 버전 번호가 포함될 수 있지
만(예, libreadline.so.8.0), -l 커맨드 라인 옵션에는 포함되지 않는다(예, -lreadline).
사용자가 연결할 라이브러리 파일의 정확한 이름과 위치를 지정(또는 알도록)하지 않음으로써
gcc는 사용자의 라이브러리 경로의 최신 버전을 자유롭게 찾을 수 있다. 또한 컴파일러가 두
공유 객체(.so)와 아카이브(.a) 버전이 사용 가능할 때 동적으로 연결하도록 선택할 수 있다.
사용자가 라이브러리를 정적으로 연결하려는 경우, gcc 커맨드 라인에서 정적 연결을 명시적
으로 지정할 수 있다. --static 옵션은 정적 연결을 요청하는 한 방법이다.

```
$ gcc -o myprog myprog.c --static -lpthread -lreadline
```

컴파일 단계

C의 프로그램 컴파일 단계를 알고 나면 라이브러리 코드가 실행 가능한 바이너리 파일에 연결
되는 방법을 설명하는 데 도움이 된다. 먼저 컴파일 과정을 설명한 후, 라이브러리를 사용하는
프로그램을 컴파일할 때 발생하는 다양한 유형의 오류를 (예시와 함께) 논의한다.

C 컴파일러는 C 소스 파일(예, myprog.c)을 각각 다른 네 단계(런타임에서 발생하는 다섯째
단계 추가 가능)를 거쳐 실행 가능한 바이너리 파일(예, a.out)로 변환한다.

프리컴파일러precompiler 단계가 먼저 실행되어 **전처리기 지시문**을 확장한다. 이는 #define과 #in-
clude 같이 C 프로그램에서 나타나는 # 지시문이다. 이 단계의 컴파일 오류에는 전처리기 지
시문의 구문 오류 또는 #include 지시문과 연결된 헤더 파일을 찾지 못하는 gcc 등이 있다.
프리컴파일러 단계의 중간 결과를 보려면 gcc에 -E 플래그를 전달한다(출력은 텍스트 편집기
에서 볼 수 있는 파일로 리디렉션될 수 있다).

```
$ gcc -E  myprog.c
$ gcc -E  myprog.c  > out
$ vim out
```

컴파일 단계는 다음에 실행되어 대부분의 컴파일 작업을 수행한다. C 프로그램 소스 코드 (myprog.c)를 기계 어셈블리 코드(myprog.s)로 변환한다. 어셈블리 코드는 컴퓨터가 실행할 수 있는 2진 기계 코드 명령을 사람이 읽을 수 있는 형식으로 나타낸다. 이 단계의 컴파일 오류에는 C 언어 구문 오류, 정의되지 않은 기호 경고, 정의 및 함수 프로토타입 누락으로 인한 오류 등이 있다. 컴파일 단계의 중간 결과를 보려면 gcc에 -S 플래그를 전달한다(이 옵션은 myprog.s로 명명된 텍스트 파일을 생성한다. myprog.c의 어셈블리 번역으로 텍스트 편집기에서 읽을 수 있다).

```
$ gcc -S  myprog.c
$ vim myprog.s
```

어셈블리 단계는 어셈블리 코드를 재배치 가능한 2진 객체 코드(myprog.o)로 변환한다. 그 결과 생성된 객체 파일은 기계어 명령을 포함하지만 자체적으로 실행할 수 있는 완전히 실행 가능한 프로그램은 아니다. 유닉스와 리눅스 시스템에서 gcc 컴파일러는 ELF실행 가능하며 연결 가능한 포맷[5]라는 포맷의 바이너리 파일을 제공한다. 이후 컴파일을 중지하려면 gcc에 -c 플래그를 전달한다(이는 myprog.o라는 이름의 파일을 제공한다). 바이너리 파일(예, a.out과 .o 파일)은 objdump같은 툴을 사용해 표시할 수 있다.

```
$ gcc -c  myprog.c

# objdump를 사용해 myprog.o의 함수 분해
$ objdump -d myprog.o
```

링크 편집 단계는 마지막으로 실행 가능한 단일 파일(a.out)을 생성한다. 이 파일은 재배치된 바이너리(.o)와 라이브러리(.a 또는 .so)에서 생성된다. 이 단계에서 링커는 .o 파일의 이름 (기호)에 대한 참조가 다른 .o, .a, 또는 .so 파일에 있는지 확인한다. 예를 들어 링커는 표준 C 라이브러리에서 printf 함수를 찾는다(libc.so). 링커가 기호 정의를 찾지 못하는 경우, 기호가 정의되지 않았다는 오류와 함께 이 단계가 실패한다. gcc를 부분 컴파일을 위한 플래그 없이 실행하면 C 소스 코드 파일(myprog.c)을 실행 가능한 바이너리 파일(a.out)로 컴파일하는 네 단계를 모두 수행한다.

---

5 https://wikipedia.org/wiki/Executable_and_Linkable_Format

```
$ gcc myprog.c
$ ./a.out

# objdump로 a.out의 함수 분해
$ objdump -d a.out
```

바이너리 실행 가능한 파일(a.out)이 정적으로 라이브러리 코드(.a 라이브러리 파일에서)에 연결되면, gcc는 a.out 파일의 결과 파일인 .a에서 라이브러리 함수의 사본을 포함한다. 애플리케이션에 의한 모든 라이브러리 함수 호출은 라이브러리 함수가 복사되는 a.out의 위치에 **바인딩**된다. 바인딩은 이름을 프로그램 메모리의 위치와 연결한다. 예를 들어 gofish라는 이름의 라이브러리 함수 호출을 바인딩하면 함수 이름을 함수 메모리 주소로 대체한다(메모리 주소는 '13.3.1 메모리 주소'에서 자세히 설명한다).

그러나 만약 a.out을 동적으로 라이브러리(라이브러리 공유 객체, .so 파일)를 연결해 생성했다면, a.out은 이러한 라이브러리의 라이브러리 함수 코드 사본을 포함하지 않는다. 대신 여기에는 a.out 파일을 실행하는 데 필요한 동적으로 연결된 라이브러리의 정보가 포함된다. 이러한 실행 파일은 런타임 시 추가 연결 단계를 요한다.

a.out가 연결 편집 중에 공유 객체 파일과 연결된 경우, **런타임 연결** 단계가 필요하다. 이 경우 동적 라이브러리 코드(.so 파일 안)는 런타임 시 로드되고 실행 중인 프로그램과 연결돼야 한다. 공유 객체 라이브러리의 런타임 로드 및 연결을 **동적 연결**이라고 한다. 사용자가 공유 객체 종속성과 함께 a.out 실행 파일을 실행하면 시스템은 프로그램이 main 함수를 실행하기 전에 동적 연결을 수행한다.

컴파일러는 연결 편집 컴파일 단계에서 a.out 파일에 공유 객체 종속성 정보를 더한다. 프로그램이 실행되면 동적 링커는 공유 객체 종속성을 검사하고 공유 객체 파일을 찾아 실행 중인 프로그램에 로드한다. 그런 다음 재배치 테이블 항목을 a.out 파일에 업데이트한다. 런타임에 로드된 .so 파일의 해당 위치에 공유 객체(라이브러리 함수 호출 등)에서 프로그램에서 사용된 기호를 바인딩한다. 런타임 링크는 동적 링커가 실행 파일에 필요한 공유 객체(.so)를 찾을 수 없는 경우 오류를 보고한다.

ldd 유틸리티는 실행 파일의 공유 객체 종속성을 나열한다.

```
$ ldd a.out
```

GNU 디버거(GDB)는 실행 중인 프로그램을 검사하고 런타임에 어떤 공유 객체 코드가 로드되고 연결되는지 표시할 수 있다. GDB는 3장에서 다룬다. 그러나 동적으로 연결된 라이브러리 함수를 위한 호출의 런타임 연결에 사용되는 프로시저 룩업 테이블[procedure lookup table](PLT) 검사에 대한 자세한 내용은 이 책의 범위를 벗어나므로 생략하겠다.

컴파일 단계와 그 외 단계를 검사하는 도구의 세부 내용은 온라인에서 찾을 수 있다.[6]

라이브러리 컴파일 및 연결과 관련된 일반적인 컴파일 오류

프로그래머가 깜빡 잊고 라이브러리 헤더 파일을 포함하지 않거나 라이브러리 코드에 명시적으로 연결하지 않을 때 여러 컴파일 오류와 연결 오류가 발생할 수 있다. 이들 오류와 연관된 gcc 컴파일러 오류와 경고를 식별하면, C 라이브러리 사용으로 생기는 오류를 디버깅하기가 수월하다.

examplelib 라이브러리(공유 객체 파일 libmylib.so로 사용 가능)에서 libraryfunc 함수를 호출하는 다음의 C 프로그램을 살펴보자.

```c
#include <stdio.h>
#include <examplelib.h>

int main(int argc, char *argv[]) {
    int result;
    result = libraryfunc(6, MAX);
    printf("result is %d\n", result);
    return 0;
}
```

헤더 파일이 있다고 가정하자. examplelib.h는 다음 예시의 정의를 포함한다.

---

6 http://www.cs.swarthmore.edu/~newhall/unixhelp/compilecycle.html

```
#define MAX 10    // 라이브러리에서 내보낸 상수

// 라이브러리에서 내보낸 함수
extern int libraryfunc(int x, int y);
```

함수 프로토타입의 extern 접두사는 함수의 정의가 다른 파일에 있다는 것을 의미한다. 즉 examplelib.h 파일이 아니라 라이브러리 구현의 .c 파일 중 하나에서 제공된다.

헤더 파일 포함하기를 잊은 경우. 프로그래머가 실수로 자신의 프로그램에서 examplelib.h 파일을 포함하지 않으면 컴파일러는 알지 못하는 라이브러리 함수 및 상수 사용에 대한 경고와 오류를 생성한다. 예를 들어 사용자가 #include <examplelib.h> 없이 프로그램을 컴파일하면 gcc는 다음 출력을 생성한다.

```
# '-g': 디버깅 정보 추가, -c: '.o'로 컴파일
$ gcc -g -c myprog.c

myprog.c: In function main:
myprog.c:8:12: warning: implicit declaration of function libraryfunc
   result = libraryfunc(6, MAX);
            ^~~~~~~~~~~

myprog.c:8:27: error: MAX undeclared (first use in this function)
   result = libraryfunc(6, MAX);
                           ^~~
```

첫 번째 컴파일러 경고(libraryfunc 함수의 암시적 선언)는 프로그래머에게 컴파일러가 libraryfunc 함수를 위한 함수 프로토타입을 찾을 수 없음을 알린다. 단지 컴파일러 경고일 뿐이어서 gcc는 함수의 반환 타입이 정수라고 추측하고 프로그램 컴파일을 계속한다. 그러나 프로그래머는 이러한 경고를 절대 무시해서는 **안 된다!** 이 경고는 프로그램이 myprog.c 파일에서 함수 프로토타입을 포함하지 않고 함수를 호출했음을 알려준다. 경고는 종종 함수 프로토타입이 담긴 헤더 파일을 포함하지 않기 때문에 발생한다.

두 번째 컴파일 오류 MAX undeclared(MAX 미선언)은 상수 정의가 누락돼 생긴다. 컴파일러는 누락된 상숫값을 추측할 수 없으므로 정의가 누락되면 오류를 표시하며 실패한다. "undeclared" 메시지 유형은 종종 상수나 전역 변수를 정의하는 헤더 파일이 없거나 제대로 포함되지 않았음을 나타낸다.

라이브러리 연결하기를 잊은 경우. 프로그래머가 라이브러리 헤더 파일을 포함했지만(이전 목록에 표시됨), 컴파일 링크 편집 단계에서 라이브러리에 명시적으로 연결하는 것을 잊었다면 gcc는 "undefined reference" 오류를 출력한다.

```
$ gcc -g myprog.c

In function main:
myprog.c:9: undefined reference to libraryfunc
collect2: error: ld returned 1 exit status
```

이 오류는 컴파일러의 링커 컴포넌트인 ld에서 발생하며, 링커가 myprog.c의 9번째 줄에서 호출한 libraryfunc 라이브러리 함수의 구현을 찾지 못함을 나타낸다. "undefined reference" 오류는 라이브러리를 실행 파일에 명시적으로 연결해야 함을 나타낸다. 이 예시에서는 gcc 커맨드 라인에서 -lexamplelib를 지정해 오류를 수정한다.

```
$ gcc -g myprog.c  -lexamplelib
```

gcc가 헤더 또는 라이브러리 파일을 찾지 못한 경우. gcc가 검색하는 디렉터리에 라이브러리 헤더나 구현체 파일이 없을 경우, 오류를 표시하며 컴파일이 실패한다. 예를 들어 gcc가 examplelib.h 파일을 못 찾은 경우 다음 오류 메시지가 생성된다.

```
$ gcc -c myprog.c -lexamplelib
myprog.c:1:10: fatal error: examplelib.h: No such file or directory
 #include <examplelib.h>
         ^~~~~~~

compilation terminated.
```

만약 링커가 컴파일의 연결 편집 단계에서 연결할 .a 또는 .so 라이브러리 버전을 찾지 못한다면, gcc는 다음과 같은 오류를 표시하며 종료한다.

```
$ gcc -c myprog.c -lexamplelib
/usr/bin/ld: cannot find -lexamplelib
collect2: error: ld returned 1 exit status
```

마찬가지로 동적으로 연결된 실행 파일이 공유 객체 파일(예, libexamplelib.so)을 찾을 수 없는 경우에도 다음 오류를 표시하며 런타임 시 실행되지 않는다.

```
$ ./a.out
./a.out: error while loading shared libraries:
    libexamplelib.so: cannot open shared object file: No such file or directory
```

이 같은 유형의 오류를 해결하려면, 프로그래머는 라이브러리 파일을 찾을 수 있는 위치를 나타내는 추가 옵션을 gcc에 지정해야 한다. 런타임 링커가 라이브러리의 .so 파일을 찾기 위한 환경 변수 LD_LIBRARY_PATH를 수정해야 할 수도 있다.

라이브러리와 포함 경로

컴파일러는 표준 디렉터리 위치에서 헤더 및 라이브러리 파일을 자동으로 검색한다. 가령 시스템은 대개 /usr/include에 표준 헤더 파일을 저장하고 라이브러리 파일은 /usr/lib에 저장한다. 그리고 gcc는 이 디렉터리에서 헤더와 라이브러리를 자동으로 검색한다. 현재 작업 디렉터리에서도 헤더 파일을 자동으로 검색한다.

gcc가 헤더 또는 라이브러리 파일을 못 찾으면 사용자는 커맨드 라인에서 -I와 -L을 사용해 명시적으로 경로를 제공해야 한다. 예를 들어 libexamplelib.so라는 라이브러리가 /home/me/lib에 있다고 가정하면, 헤더 파일인 examplelib.h는 /home/me/include에 있다. gcc는 이러한 경로를 모르기 때문에 이 라이브러리를 사용하는 프로그램을 성공적으로 컴파일하려면, 해당 경로에 파일을 포함하도록 명시적으로 지시해야 한다.

```
$ gcc  -I/home/me/include -o myprog myprog.c -L/home/me/lib -lexamplelib
```

동적으로 연결된 실행 파일을 시작할 때 동적 라이브러리의 위치(예, libexamplelib.so)를 지정하려면 라이브러리 경로를 포함하는 환경 변수 LD_LIBRARY_PATH를 설정한다. 다음 명령어를 셸 프롬프트에서 실행하거나 .bashrc 파일에 추가하면 된다.

```
export LD_LIBRARY_PATH=/home/me/lib:$LD_LIBRARY_PATH
```

gcc 커맨드 라인이 길어지거나 실행 파일이 많은 소스와 헤더 파일을 요하는 경우 **Makefile**로 컴파일을 단순화할 수 있다.[7]

2.9.6 나만의 C 라이브러리 작성 및 사용

프로그래머는 전형적으로 대규모 C 프로그램을 관련 기능끼리 분리된 **모듈**로 나눈다(예, `.c` 파일로 분리). 둘 이상의 모듈이 공유하는 정의는 필요한 모듈에 포함된 헤더 파일(`.h` 파일)에 둔다. 마찬가지로 C 라이브러리 코드도 하나 이상의 모듈(`.c` 파일)과 헤더 파일(`.h` 파일)에서 구현된다. C 프로그래머는 널리 사용되는 기능을 자체 C 라이브러리로 구현하는 경우가 많다. 라이브러리를 작성함으로써 기능을 라이브러리에서 한 번 구현한 다음 그 뒤에 작성하는 모든 후속 C 프로그램에 사용할 수 있다.

'2.9.5 C 라이브러리: 사용, 컴파일, 연결'에서 C 라이브러리 코드를 C 프로그램으로 사용, 컴파일, 연결하는 방법을 설명했다. 이 절에서는 C에서 자신의 라이브러리를 작성하고 사용하는 방법을 설명한다. 여기서 제시하는 내용은 여러 C 소스와 헤더 파일로 구성된 더 큰 C 프로그램을 구성하고 컴파일하는 데도 적용된다.

C에서 라이브러리를 생성하려면 다음 단계를 따른다.

1 헤더 파일(`.h`)에서 라이브러리에 대한 인터페이스를 정의한다. 라이브러리를 사용하려는 모든 프로그램은 이 헤더 파일을 포함해야 한다.

2 하나 이상의 `.c` 파일에 라이브러리의 구현체를 생성한다. 이 함수 정의 집합은 라이브러리의 기능을 구현한다. 이 집합에는 라이브러리 사용자가 호출할 인터페이스 함수도 있고, 라이브러리 사용자가 호출할 수 없는 내부 함수도 있다(내부 함수는 라이브러리 구현의 우수한 모듈식 설계의 일부다).

3 라이브러리를 사용하는 프로그램에 링크할 수 있는 바이너리 형식의 라이브러리를 컴파일한다.

라이브러리의 바이너리 형식은 라이브러리를 사용하는 애플리케이션 코드를 컴파일하는 과정에서 소스 파일에서 직접 빌드할 수 있다. 이 방법은 라이브러리 파일을 `.o` 파일로 컴파일하고 바이너리 실행 파일에 정적으로 연결한다. 이런 방식으로 라이브러리를 포함하면 종종 자신이

---

7 https://www.cs.swarthmore.edu/~newhall/unixhelp/howtomakefiles.html

사용하기 위해 작성하는 라이브러리 코드에 적용되어(.c 소스 파일에 접근할 수 있기 때문에), 여러 .c 모듈로 실행 파일을 빌드할 수 있다.

또 다른 방법으로, 라이브러리를 바이너리 아카이브(.a) 파일 또는 라이브러리를 사용하려는 프로그램을 위한 공유 객체(.so) 파일로 컴파일할 수 있다. 이 경우 라이브러리 사용자는 종종 라이브러리의 C 소스 코드 파일에 접근할 수 없으므로 이를 사용하는 애플리케이션 코드로 라이브러리 코드를 직접 컴파일할 수 없다. 프로그램이 미리 컴파일된 라이브러리(예, .a 또는 .so)를 사용하는 경우, 라이브러리 코드를 gcc의 -l 커맨드 라인 옵션을 사용해 실행 파일에 명시적으로 연결해야 한다.

여기서는 프로그래머가 개별 라이브러리 모듈(.c 또는 .o 파일)에 접근하는 상황에서의 라이브러리 코드 작성, 컴파일링, 연결에 대한 세부 사항에 초점을 맞춘다. 여러 개의 .c와 .h 파일로 나뉜 큰 C 프로그램의 설계와 컴파일도 다룬다. 또 라이브러리의 아카이브 및 공유 객체 형식을 빌드하는 명령을 간략하게 소개한다. 이러한 라이브러리 파일 빌드의 자세한 내용은 gcc와 ar 매뉴얼 페이지가 딤긴 gcc 문서에서 확인할 수 있다.

다음은 자체 라이브러리를 만들고 사용하는 몇 가지 예시다.

라이브러리 인터페이스 정의. 헤더 파일(.h 파일)은 C 함수 프로토타입 및 기타 정의를 포함하는 텍스트 파일이며 라이브러리의 인터페이스를 나타낸다. 라이브러리를 사용하려는 애플리케이션에는 헤더 파일이 포함돼야 한다. 예를 들어 C 표준 라이브러리 헤더 파일은 대개 /usr/include에 저장되고 편집기로 볼 수 있다.

```
$ vi /usr/include/stdio.h
```

다음은 라이브러리 사용자 정의가 일부 포함된 라이브러리의 헤더 파일 예시다.[8]

myfile.h

```
#ifndef _MYLIB_H_
#define _MYLIB_H_

// 라이브러리에서 내보낸 상수 정의
```

---

[8] https://diveintosystems.org/book/C2-C_depth/_attachments/mylib.h

```
#define MAX_FOO  20

// 라이브러리에서 내보낸 타입 정의
struct foo_struct {
    int x;
    float y;
};

// 라이브러리에서 내보낸 전역 변수
// "extern"은 변수 선언이 아니라는 것을 의미한다.
// 하지만 total_times 타입의 변수를 정의한다.
// int는 라이브러리 구현에 존재하며 사용 가능하다.
// 라이브러리를 사용하는 프로그램에서 사용한다.
// 라이브러리는 일반적으로 전역 변수를 내보내지 않는다.
// 하지만 다음 내용이 중요하다.
// extern은 .h 파일의 정의에 나타난다.
extern int total_times;

// 라이브러리에서 내보낸 함수를 위한 함수 프로토타입
// extern은 이 함수 정의가 있다는 것을 의미한다.
// 다른 곳에 있다.
/*
 * 이 함수는 두 개의 float 값 중 더 큰 값을 반환한다.
 *  y, z: 두 개의 값
 *  중 더 큰 값을 반환한다.
 */
extern float bigger(float y, float z);

#endif
```

헤더 파일에는 일반적으로 내용 주위에 특수한 '보일러 플레이트' 코드가 있다. 다음 예시를 살펴보자.

```
#ifndef <identifier>
// 헤더 파일 내용
#endif <identifier>
```

이 보일러 플레이트 코드는 `mylib.h`의 내용을 포함하는 어떤 C 파일에서든 컴파일러의 전처리기가 정확하게 한 번만 `mylib.h`의 내용을 포함하도록 한다. 컴파일 시 중복 정의 오류를 방지하기 위해 `.h` 파일 내용을 한 번만 포함해야 한다. 이와 유사하게 라이브러리를 사용하는 C 프로그램에서 `.h` 파일 포함하기를 잊은 경우 컴파일러는 '정의되지 않은 기호' 경고를 생성한다.

`.h` 파일의 주석은 라이브러리 사용자를 위해 작성된 라이브러리 인터페이스의 일부다. 이러한 주석은 정의를 설명하고 각 라이브러리 함수가 수행하는 작업, 사용하는 매개변숫값, 반환하는 내용을 충분히 설명해야 한다. 때로는 `.h` 파일에 라이브러리 사용법을 설명하는 최상위 주석이 포함되기도 한다.

전역 변수 정의와 함수 프로토타입 앞의 **extern** 키워드는 이들의 이름이 다른 곳에서 정의됐다는 의미다. 라이브러리가 내보내는 모든 전역 변수 앞에 **extern**을 둬야 한다. **extern**이 라이브러리 구현의 변수 선언에서 이름과 타입 정의(`.h` 파일 안)를 구별하기 때문이다. 이전 예시에서 전역 변수는 라이브러리 내에서 정확하게 한 번 선언되지만 라이브러리의 `.h` 파일에서 **extern** 정의를 통해 라이브러리 사용자에게 내보낸다.

라이브러리 기능 구현. 프로그래머는 하나 이상의 `.c` 파일(때로는 내부 `.h` 파일)에서 라이브러리를 구현한다. 구현에는 `.h` 파일의 모든 함수 프로토타입과 구현 내부의 다른 함수 정의가 포함된다. 이러한 내부 함수는 종종 **static** 키워드로 정의되는데, 이는 정의된 모듈(`.c` 파일)에 가용성 범위를 지정한다. 라이브러리 구현은 `.h` 파일의 모든 **extern** 전역 변수 선언을 위한 변수 정의를 포함해야 한다. 다음은 라이브러리 구현의 예시다.

`mylib.c`

```
#include <stdlib.h>

// 구현에 정의가 필요한 경우 라이브러리 헤더 파일 포함
// (예, 타입 또는 상수)
// mylib.h 파일이 다른 표준 라이브러리 헤더 파일에 있는 기본 라이브러리 경로에 없다면
// (일반적으로 라이브러리 코드를 작성하고 사용하는 것처럼) < > 대신 " "를 사용한다.
#include "mylib.h"

// 라이브러리에서 내보낸 전역 변수 선언
```

```
int total_times = 0;
// 각 라이브러리 함수에 대한 함수 정의 포함
float bigger(float y, float z) {
    total_times++;
    if (y > z) {
        return y;
    }
    return z;
}
```

라이브러리를 2진 형태로 만들기. 라이브러리(.o 파일)의 2진 형식을 만들려면, -c 옵션을 사용한다.

```
$ gcc -o mylib.o -c mylib.c
```

하나 이상의 .o 파일을 라이브러리의 아카이브(.a) 또는 공유 객체(.so) 버전으로 빌드할 수 있다. 아카이버(ar)를 사용해 정적 라이브러리를 빌드하는 방법은 다음과 같다.

```
$ ar -rcs libmylib.a mylib.o
```

동적으로 연결된 라이브러리를 빌드하려면 라이브러리에서 mylib.o 객체 파일을 **위치 독립 코드**position independent code로 빌드해야 한다(-fPIC 사용). gcc에 -shared 플래그를 지정해 mylib.o에서 libmylib.so 공유 객체 파일을 만들 수 있다.

```
$ gcc -fPIC -o mylib.o -c mylib.c
$ gcc -shared -o libmylib.so mylib.o
```

공유 객체와 아카이브 라이브러리는 종종 여러 .o 파일에서 빌드된다(동적으로 연결된 라이브러리의 .o는 -fPIC 플래그를 사용해 빌드해야 한다).

```
$ gcc -shared -o libbiglib.so file1.o file2.o file3.o file4.o
$ ar -rcs libbiglib.a file1.o file2.o file3.o file4.o
```

라이브러리 사용과 연결. 라이브러리를 사용하는 다른 .c 파일은 헤더 파일을 #include(포함)해야 하고 구현(.o 파일)은 컴파일 중에 명시적으로 연결돼야 한다.

라이브러리 헤더 파일을 포함한 후 코드는 라이브러리의 함수를 호출할 수 있다.

myprog.c

```
#include <stdio.h>
#include "mylib.h"    // 라이브러리 헤더 파일 포함

int main() {
    float val1, val2, ret;
    printf("Enter two float values: ");
    scanf("%f%f", &val1, &val2);
    ret = bigger(val1, val2);    // 라이브러리 함수 사용
    printf("%f is the biggest\n", ret);

    return 0;
}
```

NOTE_ #INCLUDE 구문과 전처리기

mylib.h를 포함하는 #include 구문은 stdio.h를 포함하는 구문과 다르다. mylib.h가 표준 라이브러리의 헤더 파일과 함께 있지 않기 때문이다. 전처리기는 표준 헤더 파일을 찾는 기본 위치가 있다. "file.h" 구문 대신에 <file.h> 구문과 파일을 포함할 때, 전처리기는 이러한 표준 위치에서 헤더 파일을 검색한다. mylib.h가 큰따옴표 안에 있으면 전처리기는 먼저 mylib.h 파일을 현재 디렉터리에서 살펴본다. 그런 다음 gcc에 경로(-I)를 지정해서 명시적으로 살펴볼 다른 위치에서 살펴본다. 예를 들어 헤더 파일이 /home/me/myincludes 디렉터리에 있다면(그리고 myprog.c 파일과 동일한 디렉터리에 있지 않다면), 이 디렉터리에 대한 경로는 전처리기가 mylib.h 파일을 찾도록 gcc 커맨드 라인에 지정돼야 한다.

```
$ gcc -I/home/me/myincludes -c myprog.c
```

바이너리 실행 파일에서 라이브러리(mylib.o)를 사용하는 프로그램(myprog.c)을 컴파일하는 명령은 다음과 같다.

```
$ gcc -o myprog myprog.c mylib.o
```

또는 컴파일 시 라이브러리 구현 파일을 사용할 수 있는 경우, 프로그램과 라이브러리 .c 파일에서 직접 프로그램을 빌드할 수 있다.

```
$ gcc -o myprog myprog.c mylib.c
```

또는 라이브러리를 아카이브 파일이나 공유 객체 파일로 사용 가능한 경우, -l을 사용해 연결할 수 있다(-lmylib: 라이브러리 이름은 libmylib.[a,so]이고 mylib 부분은 오직 gcc 커맨드 라인에 포함한다).

```
$ gcc -o myprog myprog.c -L. -lmylib
```

-L. 옵션은 libmylib.[so,a] 파일의 경로를 지정한다(-L 뒤에 위치한 .는 현재 디렉터리를 검색해야 함을 나타낸다). .so 버전을 찾을 수 없는 경우, gcc 라이브러리를 동적으로 연결한다. 연결과 그 경로에 대한 자세한 내용은 '2.9.5 C 라이브러리: 사용, 컴파일, 연결'을 참조한다.

그런 다음 프로그램을 실행할 수 있다.

```
$ ./myprog
```

동적으로 연결된 myprog 버전을 실행하면 다음 오류가 발생할 수 있다.

```
/usr/bin/ld: cannot find -lmylib
collect2: error: ld returned 1 exit status
```

이 오류는 런타임 링커가 런타임 시 libmylib.so를 찾을 수 없음을 나타낸다. 이 문제를 해결하려면 libmylib.so 파일의 경로를 포함하도록 LD_LIBRARY_PATH 환경 변수를 설정해야 한다. myprog는 LD_LIBRARY_PATH 경로를 사용해 libmylib.so 파일을 찾고 런타임에 로드한다. 예를 들어 libmylib.so가 /home/me/mylibs/ 하위 디렉터리에 있다면, LD_LIBRARY_PATH 환경 변수 설정을 위해 셸 프롬프트에서 (한 번만) 다음과 같이 입력한다.

```
$ export LD_LIBRARY_PATH=/home/me/mylibs:$LD_LIBRARY_PATH
```

2.9.7 C를 어셈블리로 컴파일

컴파일러는 C 코드를 어셈블리 코드로 컴파일할 수 있고 바이너리 실행 프로그램에 연결되는 2진 형식으로 컴파일할 수 있다. 어셈블리 언어와 컴파일로 예로 IA32 어셈블리와 gcc를 사용하지만 이 기능은 모든 C 컴파일러에서 지원되며 대부분의 컴파일러는 다양한 어셈블리 언어로의 컴파일을 지원한다. 어셈블리 코드와 어셈블리 프로그래밍에 대한 자세한 내용은 7장을 참조하자.

다음과 같은 매우 단순한 C 프로그램을 살펴보자.

simpleops.c

```
int main() {
    int x, y;
    x = 1;
    x = x + 2;
    x = x - 14;
    y = x*100;
    x = x + y * 6;

    return 0;
}
```

gcc 컴파일러는 –S 커맨드 라인 옵션을 사용해 어셈블리에 컴파일을 지정하고 –m32 커맨드 라인 옵션을 사용해 IA32 어셈블리 생성을 지정해 이를 IA32 어셈블리 텍스트 파일(.s)로 컴파일한다.

```
$ gcc -m32 -S simpleops.c    # 어셈블러를 실행해 .s 텍스트 파일 생성
```

이 명령은 C 코드 컴파일러의 IA32 어셈블리 변환으로 simpleops.s라는 파일을 생성한다. .s 파일은 텍스트 파일이므로 사용자가 텍스트 편집기로 파일을 보고 편집할 수 있다. 다음 예시를 살펴보자.

```
$ vim simpleops.s
```

gcc에 추가 컴파일러 플래그를 전달하면 C를 IA32 어셈블리 코드로 변환할 때 특정 기능이나 최적화를 사용해야 한다.

gcc에서 생성되거나 프로그래머가 직접 생성한 어셈블리 코드 파일은 -c 옵션을 사용해 gcc에서 2진 기계 코드 형식으로 컴파일할 수 있다.

```
$ gcc -m32 -c simpleops.s    # 재배치 가능한 객체 바이너리 파일(.o)로 컴파일
```

결과적으로 simpleops.o 파일은 2진 실행 파일에 연결할 수 있다(참고: 시스템에 32비트 버전의 시스템 라이브러리가 설치되어 있어야 한다).

```
$ gcc -m32 -o simpleops simpleops.o  # 32비트 실행 파일을 생성
```

이 명령은 IA32(및 x86-64) 아키텍처를 위한 2진 실행 파일 simpleops을 생성한다.

실행 파일을 빌드하는 gcc 커맨드 라인은 .o와 .c 파일을 포함할 수 있다. 이 파일들은 단일 바이너리 실행 파일을 생성하기 위해 함께 컴파일되고 연결될 파일이다.

시스템은 사용자가 바이너리 파일을 볼 수 있는 유틸리티를 제공한다. 예를 들어 objdump는 .o 파일에 매핑하는 기계 코드와 어셈블리 코드를 출력한다.

```
$ objdump -d simpleops.o
```

이 출력을 어셈블리 파일과 비교할 수 있다.

```
$ cat simpleops.s
```

다음과 같이 표시돼야 한다(C 프로그램의 해당 코드로 일부 어셈블리 코드에 주석을 달았다).

```
        .file   "simpleops.c"
        .text
        .globl main
        .type   main, @function
   main:
```

```
pushl    %ebp
movl     %esp, %ebp
subl     $16, %esp
movl     $1, -8(%ebp)       # x = 1
addl     $2, -8(%ebp)       # x = x + 2
subl     $14, -8(%ebp)      # x = x - 14
movl     -8(%ebp), %eax     # x를 R[%eax]에 로드
imull    $100, %eax, %eax   # R[%eax]에 x*100 결과 저장
movl     %eax, -4(%ebp)     # y = x*100
movl     -4(%ebp), %edx
movl     %edx, %eax
addl     %eax, %eax
addl     %edx, %eax
addl     %eax, %eax
addl     %eax, -8(%ebp)
movl     $0, %eax
leave
ret
.size    main, .-main
.ident "GCC: (Ubuntu 7.4.0-1ubuntu1~18.04.1) 7.4.0"
.section .note.GNU-stack,"",@progbits
```

어셈블리 코드의 작성과 컴파일

프로그래머는 자신의 어셈블리 코드를 손으로 직접 작성하고 gcc를 사용해 2진 실행 프로그램으로 컴파일할 수 있다. 예를 들어 어셈블리에서 함수를 구현하려면 .s 파일에 코드를 추가하고 gcc를 사용해 컴파일한다. 다음 예시는 IA32 어셈블리에서 함수의 기본 구조다. 이 코드는 프로토타입이 있는 함수 int myfunc(int param);를 위해 파일에 작성된다(예, myfunc.s). 매개변수가 더 많거나 지역 변수에 더 많은 공간이 필요한 함수는 프리앰블 코드에서 살짝 다를 수 있다.

```
    .text                 # 이 파일에는 명령 코드가 포함된다.
.globl myfunc             # myfunc은 함수 이름이다.
    .type   myfunc, @function
```

```
myfunc:                        # 함수의 시작
        pushl   %ebp           # 함수 프리앰블
        movl    %esp, %ebp     #  첫 번째 세 명령어가 스택을 설정
        subl    $16, %esp

        # 프로그래머가 특정 IA32 명령어를 추가한다.
        # 여기에 모든 지역 변수에 대한 스택 공간을 할당한다.
        # 그런 다음 매개변수와 로컬을 사용해서 코드를 구현해
        # myfunc 함수의 기능을 수행한다.
        #
        # 반환값은 반환 전에 %eax에 저장해야 한다.

        leave     # 함수 반환 코드
        ret
```

이 함수를 호출하려는 C 프로그램은 함수 프로토타입을 포함해야 한다.

```c
#include <stdio.h>

int myfunc(int param);

int main() {
    int ret;

    ret = myfunc(32);
    printf("myfunc(32) is %d\n", ret);

    return 0;
}
```

다음의 gcc 명령은 myfunc.s와 main.c 소스 파일로 실행 파일(myprog)을 빌드한다.

```
$ gcc -m32 -c myfunc.s
$ gcc -m32 -o myprog myfunc.o main.c
```

손으로 쓴 어셈블리 코드

다양한 시스템에서 컴파일과 실행이 가능한 고급 언어인 C와 달리, 어셈블리 코드는 저수준 언어이며 특정 하드웨어 아키텍처를 지정한다. 프로그래머는 저수준 함수나 성능에 중요한 코드 시퀀스에서 손으로 어셈블리 코드를 작성할 수 있다. 프로그래머는 때때로 컴파일러에 최적화된 C 어셈블리 변환보다 더 빠르게 실행되는 어셈블리 코드를 작성할 수 있고, 때때로 C 프로그래머는 코드에서 기본 아키텍처(예, 특정 레지스터)의 저수준 부분에 접근하려고 한다. 이러한 이유로 운영 체제 코드의 일부는 종종 어셈블리 코드로 구현된다. 그러나 C는 이식 가능한 언어이고 어셈블리 언어보다 레벨이 더 높기 때문에, 대부분의 운영 체제 코드는 잘 수행되는 기계 코드를 생성하는, 우수한 최적화 컴파일러에 의존해 C로 작성된다.

대부분의 시스템 프로그래머는 어셈블리 코드를 거의 작성하지 않지만 프로그램의 어셈블리 코드를 읽고 이해하는 능력은 프로그램이 수행하는 작업과 실행 방법을 더 깊이 이해하는 데 중요하다. 또 프로그램의 성능을 이해하고 프로그램의 보안 취약성을 발견하고 파악하는 데도 유용하다.

2.10 정리

C 프로그래밍 언어를 심도 있게 다루고 몇 가지 고급 C 프로그래밍 주제에 대해 논의했다. 다음 장에서는 매우 유용한 C 디버깅 툴 두 가지를 소개한다. 범용 C 프로그램 디버깅을 위한 GNU GDB 디버거와 C 프로그램에서 메모리 접근 오류를 찾는 발그린드^{Valgrind} 메모리 디버거다. 이러한 프로그래밍 도구와 이 장에서 제시한 핵심 C 프로그래밍 언어에 대한 지식을 갖춘 C 프로그래머는 강력하고 효율적이며 튼튼한 소프트웨어를 설계할 수 있다.

## CHAPTER 3

C 디버깅 도구

이 장에선 두 가지 디버깅 도구를 소개한다. 그중 GNU 디버거^{GNU debugger}(GDB)[1]는 프로그램의 런타임 상태를 확인하는 데 유용하고, 발그린드^{Valgrind}[2]는 유명한 코드 프로파일링 도구다. 특히 발그린드의 멤체크^{Memcheck}[3]는 프로그램의 메모리 사용을 분석해 유효하지 않은 메모리 사용, 초기화하지 않은 메모리 사용, 메모리 누수를 감지한다.

GDB는 절 두 개를 거쳐 간단하게 다루는데, GDB의 사용법과 프로그램의 버그를 찾아주는 많이 쓰는 GDB 명령어를 소개한다. 또한 실행 중인 프로세스에 GDB 연결, GDB와 Makefiles, GDB의 시그널 제어, 어셈블리 코드 수준에서의 디버깅, 멀티스레딩 Pthreads 프로그램의 디버깅을 비롯해 몇 가지 고급 GDB 기능을 설명한다.

발그린드를 다루는 절에서는 메모리 접근 오류와 오류를 감지하기 어려운 이유를 설명한다. 잘못된 메모리 접근 오류가 있는 프로그램에서 Memcheck를 실행하는 예시도 살펴본다. 발그린드 제품군에는 후속 장들에서 다룰 프로그램 프로파일링과 디버깅 도구가 포함된다. 예를 들어 '11.5. 캐시 분석과 발그린드'에서 캐시 프로파일링 도구인 캐시그린드^{cachegrind}[4]를 다룬다. 그리고 '12.1.1 콜그린드를 사용한 프로파일링'에서 함수 호출 도구 콜그린드^{callgrind}[5]를 다룬다.

----

1 https://www.gnu.org/software/gdb
2 https://valgrind.org/info/tools.html
3 https://valgrind.org/docs/manual/mc-manual.html
4 https://valgrind.org/docs/manual/cg-manual.html
5 http://valgrind.org/docs/manual/cl-manual.html

3.1 GDB로 디버깅

GDB는 프로그래머가 프로그램에서 버그를 찾고 수정하는 일을 돕는다. GDB는 다양한 언어로 컴파일된 프로그램과 함께 작동하지만 여기서는 C에 중점을 둔다. 디버거는 다른 프로그램(디버깅 중인 프로그램)의 실행을 제어하는 프로그램이다. 이를 통해 프로그래머는 프로그램이 실행될 때 수행하는 작업을 볼 수 있다. 디버거를 사용하면 프로그래머가 버그를 발견하고 발견한 버그의 원인을 파악하기가 용이하다. GDB는 다음과 같은 유용한 작업을 수행한다.

- 프로그램을 시작하고 한 줄씩 실행
- 코드의 특정 지점에 도달하면 프로그램 실행 일시 중지
- 사용자 지정 조건에서 프로그램 실행 일시 중지
- 프로그램이 일시 중지된 실행 시점에서 변수의 값 표시
- 일시 중지 후 프로그램 계속 실행
- 충돌이 발생한 시점에서 프로그램의 실행 상태 검사
- 호출 스택에 있는 모든 스택 프레임의 내용 검사

GDB 사용자는 일반적으로 프로그램에 중단점breakpoints을 설정한다. 중단점은 GDB가 프로그램 실행을 일시 중지할 지점을 지정한다. 실행 중인 프로그램이 중단점에 도달하면 GDB는 실행을 일시 중단하고 사용자가 GDB 명령을 입력해서 프로그램 변수와 스택 내용을 검사한다. 그리고 프로그램 실행을 한 번에 한 줄씩 단계별로 실행하고 새 중단점을 추가해 다음 중단점에 도달할 때까지 프로그램 실행을 계속하게 한다.

많은 유닉스 시스템은 커맨드 라인 디버거 프로그램(예를 들어 GDB) 주변에 사용하기 쉬운 GUI 래퍼인 DDD^data display debugger도 제공한다. DDD 프로그램은 매개변수와 명령이 GDB와 동일하지만 디버깅 메뉴 옵션이 있는 GUI 인터페이스와 GDB에 대한 커맨드 라인 인터페이스를 제공한다.

GDB를 시작하는 방법에 대해 논의한 후, 다양한 유형의 버그를 찾을 때 일반적으로 사용되는 GDB 명령어를 두 가지 예시로 소개한다. '3.1.2 GDB 예시 세션'의 'GDB를 사용하는 프로그램(badprog.c) 디버깅 예시'에서는 C 프로그램에서 논리 버그를 찾기 위해 GDB 명령어를 사용하는 방법을 살펴본다. 그다음 'GDB를 사용한 프로그램 충돌 디버깅 예시'에서는 프로그램 충돌 원인을 찾기 위해 GDB 명령어를 사용해 프로그램 충돌 시점에서 프로그램 실행 상태를 검사하는 방법을 살펴본다.

'3.2.2 자주 쓰는 GDB 명령어'에서 일반적으로 사용되는 GDB 명령어를 자세히 설명하고 일부 명령어의 예시까지 살펴본다. 이후 절에서는 고급 GDB 기능에 대해 설명한다.

3.1.1 GDB 시작하기

프로그램을 디버깅할 때 바이너리 실행 파일에 추가 디버깅 정보를 추가하는 -g 옵션과 함께 컴파일하면 유익하다. 이 추가 정보로 디버거는 바이너리 실행 파일에서 프로그램 변수와 함수를 찾고 기계 코드 명령을 C 소스 코드(C 프로그래머가 이해하는 프로그램 형식)에 매핑할 수 있다. 또한 디버깅을 위해 컴파일할 때 컴파일러 최적화를 피하도록 한다(가령 -02로 빌드하지 마라). 컴파일러 최적화 코드는 종종 디버깅하기가 매우 어렵다. 최적화된 기계어 코드의 시퀀스가 C 소스 코드에 다시 명확하게 매핑되지 않기 때문이다. 다음 절에서는 -g 플래그를 사용해 보완하지만, 사용자에 따라 추가 디버깅 정보를 표시할 수 있는 -g3 플래그를 사용하는 편이 더 좋을 수 있다.

다음은 GDB로 디버깅하기에 적합한 실행 파일을 빌드하는 gcc 명령어 사용 예시다.

```
$ gcc -g myprog.c
```

앞서 컴파일된 실행 파일을 GDB에서 호출해 디버깅을 시작한다.

```
$ gdb a.out
 (gdb)          # gbd 명령 프롬프트
```

GDB가 시작되면 (gdb) 프롬프트가 출력되어 a.out 프로그램이 실행되기 전에 사용자가 GDB 명령어(중단점 설정과 같음)를 입력할 수 있다.

마찬가지로, DDD 역시 마찬가지로 실행파일을 호출해야 한다.

```
$ ddd a.out
```

때때로 프로그램이 오류를 내면서 종료하면 운영 체제는 충돌 시 프로그램 상태 정보가 포함된 코어 파일을 덤프한다. 이 코어 파일의 내용은 코어 파일 및 이를 생성한 실행 파일과 함께 GDB를 실행해 GDB에서 검사할 수 있게 한다.

```
$ gdb core a.out
(gdb) where          # where 명령어는 충돌 지점을 보여줌
```

3.1.2 GDB 예시

GDB를 사용해 프로그램을 디버깅하는 두 가지 예시 세션을 통해 GDB에서 자주 사용하는 기능을 알아보자. 첫째는 GDB를 사용해 프로그램에서 두 개의 버그를 찾아 수정하고, 둘째는 충돌하는 프로그램을 디버깅하기 위해 GDB를 사용한다. 두 예시 세션에서 시연하는 GDB 명령어 집합의 각 명령어를 다음 표에 소개한다.

명령어	설명
break	중단점 설정
run	프로그램을 처음부터 실행 시작
cont	중단점에 도달할 때까지 프로그램을 계속 실행
quit	GDB 세션 종료
next	프로그램이 C 코드의 다음 줄을 실행한 다음 일시 중지하도록 허용
step	프로그램이 C 코드의 다음 줄을 실행하도록 허용. 만약 다음 줄이 함수 호출을 포함한다면 함수로 들어가 일시 중지
list	일시 중지 시점 또는 지정된 시점 주변의 C 소스 코드 나열
print	프로그램 변수(또는 표현식)의 값 출력
where	호출 스택 출력
frame	특정 스택 프레임의 컨텍스트로 이동

GDB를 사용하는 프로그램(badprog.c) 디버깅 예시

첫 예시 GDB 세션은 badprog.c 프로그램 디버깅이다. 이 프로그램은 int 값 배열에서 가장 큰 값을 찾는다. 그러나 프로그램을 실행하면, 배열에서 가장 큰 값을 올바른 최댓값인 60 대신 17로 잘못 찾는다. 이 예시는 프로그램이 예상한 결과를 계산하지 않은 이유를 GDB가 판별하기 위해 프로그램의 런타임 상태를 검사한다. 특히 디버깅 세션에는 해결할 버그가 두 개다.

1 프로그램이 배열 범위를 벗어난 요소에 접근하는 반복 범위 오류

2 호출자에 올바른 값을 반환하지 않는 함수의 오류

GDB로 프로그램을 검사하려면 실행 파일에 디버깅 정보를 추가하기 위해 -g를 사용해 프로그램을 컴파일한다.

```
$ gcc -g badprog.c
```

다음으로 바이너리 실행 프로그램(a.out)에서 GDB를 실행한다. GDB는 사용자가 GDB 명령어를 입력할 수 있는 (gdb) 프롬프트를 초기화하고 출력한다.

```
$ gdb ./a.out

GNU gdb (Ubuntu 8.1-0ubuntu3) 8.1.0.20180409-git
Copyright (C) 2018 Free Software Foundation, Inc.
  ...
(gdb)
```

GDB가 프로그램 실행을 아직 시작하지 않은 시점이다. 디버깅은 주로 main() 함수에 중단점을 설정하며 시작한다. 이 설정은 main()에서 첫 번째 명령을 실행하기 직전에 프로그램 실행을 일시 중지한다. 지정된 위치(이 경우 main() 함수의 시작 부분)에 '중단점'(프로그램을 일시 중지)을 설정하는 명령어는 break다.

```
(gdb) break main

Breakpoint 1 at 0x8048436: file badprog.c, line 36.
```

run 명령어는 GDB에 프로그램을 시작하라고 지시한다.

```
(gdb) run
Starting program: ./a.out
```

프로그램이 커맨드 라인 인수를 사용하려면 run 명령어 뒤에 인수를 입력한다(가령 run 100 200은 a.out을 커맨드 라인 수인 100, 200과 함께 실행한다).

run에 들어간 후, GDB는 시작부터 프로그램을 실행해 중단점에 도달할 때까지 계속한다. 중단점에 도달하면 GDB는 중단점에서 코드를 실행하기 전에 프로그램을 일시 중지하고 중단점 번호와 중단점과 관련된 소스 코드를 출력한다. 다음 예시에서 GDB는 프로그램이 36번 줄을 실행하기 직전에 프로그램을 일시 중지한다. 그런 다음 (gdb) 프롬프트를 출력하고 추가 명령을 기다린다.

```
Breakpoint 1, main (argc=1, argv=0x7fffffffe398) at badprog.c:36
36          int main(int argc, char *argv[]) {


(gdb)
```

종종 프로그램이 중단점에서 일시 중지할 때 사용자는 중단점 주변의 C 소스 코드를 보고 싶어 한다. GDB의 list 명령어로 중단점을 둘러싼 코드를 볼 수 있다.

```
(gdb) list
29          }
30          return 0;
31 }
32
33 /**********************************/
34 int main(int argc, char *argv[]) {
35
36          int arr[5] = { 17, 21, 44, 2, 60 };
37
38          int max = arr[0];
```

list의 후속 호출은 그 뒤에 이어지는 소스 코드의 다음 줄을 표시한다. list는 list 11처럼 특정 줄 번호와 함께 사용할 수도 있고, 아니면 함수 이름과 함께 사용해서 프로그램의 지정된 부분에 소스 코드를 나열하도록 할 수도 있다. 다음 예시를 살펴보자.

```
(gdb) list findAndReturnMax
12  *   array: 정숫값의 배열
13  *   len: 배열의 크기
14  *   max: 배열에서 가장 큰 값으로 설정
15  *    returns: 성공 시 0, 오류 시 0이 아닌 값 반환
```

```
16  */
17  int findAndReturnMax(int *array1, int len, int max) {
18
19      int i;
20
21      if (!array1 || (len <=0) ) {
```

사용자는 각 줄이 실행된 후 프로그램 상태를 검사하면서 중단점에 도달한 후 코드를 한 줄씩 실행하고 싶을 수 있다. GDB next 명령어로 C 코드의 바로 다음 줄만 실행한다. 프로그램이 이 코드 줄을 실행한 후 GDB는 프로그램을 다시 일시 중지한다. print 명령어로 프로그램의 변숫값을 출력한다. 그다음 차례는 다음 두 줄의 실행에 미치는 영향을 보기 위한 next와 print 호출이다. 아직 실행되지 않은 next 뒤에 나열된 소스 코드 줄에 주목하자. 프로그램이 일시 중지된 줄을 보여주는데, 이 줄은 다음에 실행될 줄이다.

```
(gdb) next
36     int arr[5] = { 17, 21, 44, 2, 60 };
(gdb) next
38     int max = arr[0];
(gdb) print max
$3 = 0
(gdb) print arr[3]
$4 = 2
(gdb) next
40     if ( findAndReturnMax(arr, 5, max) != 0 ) {
(gdb) print max
$5 = 17
(gdb)
```

프로그램 실행 중 이 지점에서 메인 함수는 지역 변수 arr, max를 초기화하고 findAnd, ReturnMax() 함수를 호출했다. GDB next 명령어는 C 소스 코드의 다음 전체 줄을 실행한다. 해당 줄이 함수 호출을 포함하고 있으면, 함수 호출의 전체 실행과 반환이 단일 next 명령어의 일부로 실행된다. 함수 실행을 관찰하려는 사용자는 next 명령어 대신 GDB의 step 명령어를 실행해야 한다. step은 함수 호출을 시작해서 함수의 첫째 줄이 실행되기 전에 프로그램을 일시 중지한다.

이 프로그램의 버그가 findAnd. ReturnMax() 함수와 연관됐으리라고 의심되기 때문에 함수를 지나치지 않고 한 단계씩 실행하려고 한다. 따라서 40번 줄에서 일시 중지하면 step 명령어는 findAndReturnMax()의 시작에서 프로그램을 일시 중지한다(또는 사용자가 해당 지점에서 프로그램의 실행을 일시 멈추게 하기 위해 findAndReturnMax()에 중단점을 설정할 수 있다).

```
(gdb) next
40    if ( findAndReturnMax(arr, 5, max) != 0 ) {
(gdb) step
findAndReturnMax (array1=0x7ffffffe290, len=5, max=17) at badprog.c:21
21    if (!array1 || (len <=0) ) {
(gdb)
```

이제 프로그램은 findAndReturnMax 함수 안에서 일시 정지한다. 함수의 지역 변수와 매개변수는 이제 범위 내에 있다. print 명령은 해당 값을 표시하고 list는 일시 중지 지점 주변의 C 소스 코드를 표시한다.

```
(gdb) print array1[0]
$6 = 17
(gdb) print max
$7 = 17
(gdb) list
16  */
17 int findAndReturnMax(int *array1, int len, int max) {
18
19    int i;
20
21    if (!array1 || (len <=0) ) {
22        return -1;
23    }
24    max = array1[0];
25    for (i=1; i <= len; i++) {
(gdb) list
26        if(max < array1[i]) {
27            max = array1[i];
28        }
29    }
```

```
30     return 0;
31 }
32
33 /*************************************/
34 int main(int argc, char *argv[]) {
35
```

버그가 이 함수와 관련된다고 생각하기 때문에, 실행을 통해 런타임 상태를 검사할 수 있도록 함수 내부에 중단점을 설정할 수 있다. 특히 max가 변경되는 줄에 중단점을 설정하면 이 함수의 수행 과정을 확인할 수 있다.

프로그램의 특정 줄(27번째 줄)에 중단점을 설정하고 애플리케이션의 실행이 일시 중지된 지점부터 이어 실행되도록 GDB에 지시하는 cont 명령어를 사용할 수 있다. GDB는 프로그램이 중단점에 도달할 때만 프로그램을 일시 중지하고 제어권을 다시 확보해 사용자가 다른 GDB 명령어를 입력할 수 있도록 한다.

```
(gdb) break 27
Breakpoint 2 at 0x555555554789: file badprog.c, line 27.

(gdb) cont
Continuing.

Breakpoint 2, findAndReturnMax (array1=0x...e290,len=5,max=17) at badprog.c:27
27        max = array1[i];
(gdb) print max
$10 = 17
(gdb) print i
$11 = 1
```

display 명령어는 중단점에 도달할 때마다 동일한 프로그램 변수 집합을 자동으로 출력하도록 GDB에 요청한다. 예를 들어 프로그램이 중단점(findAndReturnMax() 반복문의 각 반복에서)에 도달할 때마다 i, max, array1[i]의 값을 표시한다.

```
(gdb) display i
1: i = 1
```

```
(gdb) display max
2: max = 17
(gdb) display array1[i]
3: array1[i] = 21

(gdb) cont
Continuing.

Breakpoint 2, findAndReturnMax (array1=0x7fffffffe290, len=5, max=21)
    at badprog.c:27
27          max = array1[i];
1: i = 2
2: max = 21
3: array1[i] = 44

(gdb) cont
Continuing.

Breakpoint 2, findAndReturnMax (array1=0x7fffffffe290, len=5, max=21)
    at badprog.c:27
27          max = array1[i];
1: i = 3
2: max = 44
3: array1[i] = 2

(gdb) cont
Breakpoint 2, findAndReturnMax (array1=0x7fffffffe290, len=5, max=44)
    at badprog.c:27
27          max = array1[i];
1: i = 4
2: max = 44
3: array1[i] = 60

(gdb) cont
Breakpoint 2, findAndReturnMax (array1=0x7fffffffe290, len=5, max=60)
    at badprog.c:27
27          max = array1[i];
```

```
1: i = 5
2: max = 60
3: array1[i] = 32767


(gdb)
```

첫 번째 버그를 찾았다! array1[i]의 값이 32767이다. 이 값은 전달된 배열에 없는 값이고, 게다가 i의 값이 5지만 5는 이 배열에서 유효한 인덱스가 아니다. GDB를 통해 for 반복문의 범위가 i < len로 고정돼야 함을 알게 됐다.

이 시점에서 GDB 세션을 종료하고 코드에서 이 버그를 수정할 수 있다. GDB 세션을 종료하려면 quit을 입력한다.

```
(gdb) quit
The program is running.   Exit anyway? (y or n) y
$
```

이 버그를 수정하고 프로그램을 다시 컴파일하고 실행한 후에도 여전히 올바른 최댓값을 찾지 못한다(여전히 60이 아닌 17이 최댓값이다). 이전 GDB 실행을 기반으로 findAndReturn-Max() 함수를 호출하거나 반환하는 데 오류가 있다고 의심할 수 있다. GDB에서 프로그램의 새 버전을 다시 실행한다. 이번에는 findAndReturnMax() 함수의 도입부에 중단점을 설정한다.

```
$ gdb ./a.out
...
(gdb) break main
Breakpoint 1 at 0x7c4: file badprog.c, line 36.

(gdb) break findAndReturnMax
Breakpoint 2 at 0x748: file badprog.c, line 21.

(gdb) run
Starting program: ./a.out

Breakpoint 1, main (argc=1, argv=0x7fffffffe398) at badprog.c:36
36   int main(int argc, char *argv[]) {
```

```
(gdb) cont
Continuing.

Breakpoint 2, findAndReturnMax (array1=0x7fffffffe290, len=5, max=17)
    at badprog.c:21
21    if (!array1 || (len <=0) ) {
(gdb)
```

함수의 인수 또는 반환값에 버그가 있다고 의심되는 경우, 스택의 내용을 검사하는 것이 좋다. where(또는 bt) GDB 명령어는 스택의 현재 상태를 출력한다. 이 예시에서 main() 함수는 스택의 맨 아래(프레임 1)에 있으며 40번 줄에서 findAndReturnMax() 호출을 실행 중이다. findAndReturnMax() 함수는 스택의 맨 위에 있고(프레임 0) 현재 21번 줄에서 일시 중지된 상태다.

```
(gdb) where
#0  findAndReturnMax (array1=0x7fffffffe290, len=5, max=17) at badprog.c:21
#1  0x0000555555554810 in main (argc=1, argv=0x7fffffffe398) at badprog.c:40
```

GDB의 frame 명령어는 스택의 모든 프레임 컨텍스트로 이동한다. 각 스택 프레임 컨텍스트 내에서 사용자는 해당 프레임의 지역 변수와 매개변수를 검사할 수 있다. 이 예시에서 스택 프레임 1(호출자의 컨텍스트)로 이동하고 인수의 값을 출력한다. 인수는 main() 함수에서 find-AndReturnMax()로 전달된다(예를 들어 arr와 max).

```
(gdb) frame 1
#1  0x0000555555554810 in main (argc=1, argv=0x7fffffffe398) at badprog.c:40
40    if ( findAndReturnMax(arr, 5, max) != 0 ) {
(gdb) print arr
$1 = {17, 21, 44, 2, 60}
(gdb) print max
$2 = 17
(gdb)
```

인숫값이 괜찮아 보이므로 findAndReturnMax() 함수의 반환값을 확인해보자. 이를 위해 findAndReturnMax()가 반환되기 직전에 중단점을 넣어서 현재 max 값을 확인한다.

```
(gdb) break 30
Breakpoint 3 at 0x5555555547ae: file badprog.c, line 30.
(gdb) cont
Continuing.


Breakpoint 3, findAndReturnMax (array1=0x7fffffffe290, len=5, max=60)
    at badprog.c:30
30    return 0;

(gdb) print max
$3 = 60
```

이제 함수가 올바른 최댓값(60)을 찾았다. 다음 몇 줄의 코드를 실행해 main() 함수가 어떤 값을 받는지 확인해보자.

```
(gdb) next
31   }
(gdb) next
main (argc=1, argv=0x7fffffffe398) at badprog.c:44
44    printf("max value in the array is %d\n", max);

(gdb) where
#0  main (argc=1, argv=0x7fffffffe398) at badprog.c:44

(gdb) print max
$4 = 17
```

두 번째 버그를 발견했다! findAndReturnMax() 함수는 전달된 배열에서 올바른 가장 큰 값 (60)을 식별하지만 해당 값을 main() 함수로 다시 반환하지 않는다. 이 오류를 수정하려면 max 값을 반환하도록 findAndReturnMax()를 변경하거나 포인터 매개변수를 추가해 main() 함수의 max 지역 변숫값을 수정해야 한다.

GDB를 사용한 프로그램 충돌 디버깅 예시

두 번째 예시 GDB 세션(segfaulter.c 프로그램 실행)은 프로그램이 충돌할 때 GDB가 어떻게 동작하고 GDB를 사용해 충돌이 발생하는 이유를 파악한다.

이 예시는 GDB에서 충돌을 일으키는 segfaulter 프로그램을 실행한다.

```
$ gcc -g -o segfaulter segfaulter.c
$ gdb ./segfaulter

(gdb) run
Starting program: ./segfaulter

Program received signal SIGSEGV, Segmentation fault.
0x00005555555546f5 in initfunc (array=0x0, len=100) at segfaulter.c:14
14      array[i] = i;
```

프로그램이 충돌하자마자 GDB는 충돌이 발생한 지점에서 프로그램의 실행을 일시 중지하고 제어권을 잡는다. GDB는 사용자가 프로그램 충돌 시점에서 프로그램의 런타임 상태 검사 명령을 실행하도록 해서 프로그램이 충돌한 이유와 충돌 원인을 수정하는 방법을 발견하도록 한다. GDB의 where와 list 명령어는 프로그램의 충돌 위치를 결정하는 데 특히 유용하다.

```
(gdb) where
#0 0x00005555555546f5 in initfunc (array=0x0, len=100) at segfaulter.c:14
#1 0x00005555555547a0 in main (argc=1, argv=0x7fffffffe378) at segfaulter.c:37

(gdb) list
9 int initfunc(int *array, int len) {
10
11      int i;
12
13      for(i=1; i <= len; i++) {
14          array[i] = i;
15      }
16      return 0;
17 }
18
```

이 출력으로 initfunc() 함수의 14번 줄에서 충돌이 발생했음을 알 수 있다. 14번 줄에서 매개변수와 지역 변수의 값을 조사하면 충돌한 이유를 알 수 있다.

```
(gdb) print i
$2 = 1
(gdb) print array[i]
Cannot access memory at address 0x4
```

i의 값은 괜찮은 것 같지만 array의 i 인덱스에 접근하려고 할 때 오류가 표시된다. array의 값(배열의 기본 주솟값)을 출력해서 무엇을 알려주는지 확인한다.

```
(gdb) print array
$3 = (int *) 0x0
```

충돌 원인을 찾았다! 배열의 기본 주소가 0(또는 NULL)이다. 그리고 널 포인터를 역참조한다는 것을 알았다(array[i]를 통해). 이 때문에 충돌이 발생했다.

호출자의 스택 프레임을 살펴보면서 array 매개변수가 NULL인 이유를 알아내보자.

```
(gdb) frame 1
#1 0x00005555555547a0 in main (argc=1, argv=0x7fffffffe378) at segfaulter.c:37
37    if(initfunc(arr, 100) != 0 ) {
(gdb) list
32 int main(int argc, char *argv[]) {
33
34    int *arr = NULL;
35    int max = 6;
36
37    if(initfunc(arr, 100) != 0 ) {
38        printf("init error\n");
39        exit(1);
40    }
41
(gdb) print arr
$4 = (int *) 0x0
(gdb)
```

호출자의 스택 프레임으로 이동하고 main()이 initfunc()에 전달하는 인수의 값을 출력하면 main() 함수가 initfunc() 함수에 널 포인터를 전달함을 알 수 있다. 즉 사용자가 initfunc()를 호출하기 전에 arr 배열을 할당하지 않은 상태다. 이를 해결하려면 malloc() 함수를 사용해서 34번째 줄의 arr에 공간을 할당해야 한다.

지금까지 두 예시 GDB 세션을 통해 프로그램에서 버그를 찾는 데 일반적으로 사용하는 명령어를 알아보았다. 이들과 그 외 GDB 명령어는 바로 다음 절에서 자세히 논의한다.

3.2 GDB 명령어의 세부 사항

이 절에서는 자주 쓰는 GDB 명령어를 나열하고 몇 가지 기능을 시연한다. 먼저 GDB를 훨씬 더 쉽게 사용하게 해주는 키보드 단축키에 대해 논의한다.

3.2.1 GDB의 키보드 단축키

GDB는 **커맨드 라인 자동 완성**을 지원한다. 사용자가 명령어의 고유한 접두어를 입력하고 탭 키를 누를 수 있는데, 이때 GDB는 커맨드 라인을 자동 완성한다. 또한 고유한 **짧은 약어**로 많은 자주 쓰는 GDB 명령어를 실행할 수 있다. 예를 들어 사용자가 print x 명령어를 입력하는 대신 x의 값을 출력하기 위해 단지 p x를 입력할 수 있다. l은 list 명령어로 사용할 수 있고, n은 next 대신 사용 가능하다.

위/아래 방향키는 이전 GDB 커맨드 라인을 스크롤해서 매번 다시 입력할 필요가 없게 한다.

GDB 프롬프트에서 리턴(엔터)키를 누르면 가장 최근에 입력한 명령어를 실행한다. 이 단축키는 특히 next 또는 step 명령어를 실행할 때 유용하다. 리턴(엔터)키를 누르면 GDB가 다음 명령을 실행한다.

3.2.2 자주 쓰는 GDB 명령어

GDB의 명령어를 유사한 기능끼리 묶으면, 프로그램 실행을 제어하는 명령어, 프로그램 실행 시점을 평가하는 명령어, 중단점을 설정하는 명령어, 프로그램 상태를 출력하고 표현식을 평가하는 명령어로 압축된다. GDB help 명령은 모든 GDB 명령에 대한 정보를 제공한다.

help

주제 및 GDB 명령어에 대한 도움말 문서를 표시한다.

```
help <topic or command>   주제 또는 명령어에 대해 사용할 수 있는 도움말을 표시
help breakpoints    중단점에 대한 도움말 정보를 표시
help print          출력 명령에 대한 도움말 정보를 표시
```

실행 제어를 위한 명령어

break

중단점을 설정한다.

```
break <func-name>    <func-name> 함수 시작 시 중단점을 설정
break <line>          <line>에 해당하는 줄 번호에 중단점을 설정
break <filename:><line>   <filename>의 이름을 가진 파일의 <line>에 해당하는 줄 번호에
                          중단점을 설정
break main            메인의 시작 부분에 중단점을 설정
break 13               13번 줄에 중단점을 설정
break gofish.c:34     gofish.c의 34번 줄에 중단점을 설정
break main.c:34       main.c의 34번 줄에 중단점을 설정
```

특정 파일에 줄을 지정하면(break gofish.c:34처럼), 여러 C 소스 코드 파일(.c 파일)에 걸쳐 있는 C 프로그램에서 중단점을 설정할 수 있다. 이 기능은 설정 중인 중단점이 프로그램의 일시 중지 지점에 있는 코드와 동일한 파일에 있지 않을 때 특히 유용하다.

run

디버깅된 프로그램을 처음부터 실행한다.

```
run <명령어 인수>
```

```
run                명령어 인수 없이 실행
run 2 40 100       세 개의 명령어 인수로 실행: 2, 40, 100
```

continue (cont)

중단점에서 실행을 계속한다.

```
continue
```

step (s)

프로그램의 C 소스 코드의 다음 줄을 실행하고 해당 줄에서 함수 호출이 실행되면 함수를 한 단계씩 실행한다.

```
step               다음 줄을 실행(함수로 이동)
step <count>       프로그램 코드의 다음 <count>만큼 줄을 실행
step 10            다음 10개 줄을 실행(함수로 이동)
```

step <count>에서 해당 줄이 함수 호출을 포함한다면 함수를 호출한 줄은 단계별로 진행되는 줄의 count 합계에 포함된다. 따라서 step <count> 명령어가 실행된 시점에 함수 내에서 프로그램이 일시 중지될 수 있다.

next

next 명령어는 step 명령어와 유사하지만 함수 호출을 한 줄로 취급한다. 즉 다음 명령어에 함수 호출이 포함되면 함수의 실행으로 들어가진 않고 함수 호출이 반환된 후 프로그램을 일시 중지한다(함수 호출이 있는 코드의 후속 코드 다음 줄에서 프로그램 일시 중지).

```
next               다음 행을 실행
next <count>       다음 <count>만큼 명령을 실행
```

until

지정된 소스 코드의 줄 번호에 도달할 때까지 프로그램을 실행한다.

```
until <line>       <line>번 줄까지 실행
```

quit

GDB를 종료한다.

```
quit
```

실행 지점을 검사하고 프로그램을 나열하는 명령어

list

프로그램 소스 코드를 나열한다.

```
list                 다음 몇 줄의 프로그램 소스 코드를 나열
list <line>          프로그램의 <line>번 줄 주위의 줄을 나열
list <start> <end>   <start>번 줄부터 <end>번 줄까지 나열
list <func-name>     <func-name> 함수의 시작 부분 주위의 줄을 나열
list 30 100          소스 코드를 30번 줄부터 100번 줄까지 나열
```

where (백트레이스(backtrace), bt)

스택의 내용을 표시한다(프로그램 실행의 현재 시점에서 함수 호출 시퀀스). where 명령어는
프로그램 충돌 위치를 정확히 찾아내고 함수에 전달된 인숫값 같은 함수 호출과 함수 반환 사
이의 인터페이스에서 상태를 검사하는 데 유용하다.

```
where
```

frame ⟨frame-num⟩

스택 프레임 번호 <frame-num>의 컨텍스트로 이동한다. 프로그램은 스택의 맨 위에 있는 프
레임인 프레임 0의 컨텍스트에서 일시 중지되는데, frame 명령어를 사용해 다른 스택 프레임
의 컨텍스트로 이동할 수 있다. 대개 GDB 사용자는 다른 함수의 매개변수와 지역 변숫값을
출력하기 위해 다른 스택 프레임으로 이동한다.

```
frame <frame-num>    현재 스택 프레임을 <frame-num>로 설정
info frame           현재 스택 프레임의 상태 표시
frame 3              스택 프레임 3의 컨텍스트로 이동 (0은 최상단 프레임)
```

중단점을 설정하고 조작하는 명령어

break

중단점을 설정한다(자세한 설명은 앞서 '실행 제어를 위한 명령' 참조).

```
break <func-name>    함수 시작 부분에 중단점을 설정한다.
break <line>         줄 번호에 중단점을 설정
break main           메인의 시작 부분에 중단점을 설정
break 12             12번 줄에 중단점을 설정
break file.c:34      file.c의 34번 줄에 중단점을 설정
```

enable, disable, ignore, delete, clear

일정 횟수 동안 활성화, 비활성화, 무시 또는 하나 이상의 중단점을 삭제한다. delete 명령어는 해당 번호로 중단점을 삭제한다. 이와 대조적으로 clear 명령어는 소스 코드의 특정 위치에서 중단점을 삭제한다.

```
disable <bnums ...>     하나 이상의 중단점을 비활성화
enable  <bnums ...>     하나 이상의 중단점을 활성화
ignore  <bpnum> <num>   중단점 <bpnum>에서 다음 <num> 번째 중단점을 만날 때까지 일시
                        중지하지 않음
delete  <bpnum>         중단점 번호 <bpnum>을 삭제
delete                  모든 중단점을 삭제
clear <line>            <line> 줄의 중단점을 삭제
clear <func-name>       <func-name> 함수의 중단점을 삭제

info break     중단점 정보를 나열(중단점 bnum 포함)
disable 3      중단점 번호 3을 비활성화
ignore  2  5   다음 5번에서 중단점 2가 적용됐으면 무시
enable  3      중단점 번호 3을 활성화
delete  1      중단점 번호 1을 삭제
clear   124    소스 코드 124번 줄의 중단점을 삭제
```

condition

중단점 조건을 설정한다. 조건부 중단점은 특정 조건이 참일 때만 제어를 GDB로 이전한다. 반복 카운트 변수에 조건을 추가해서 몇 번의 반복 후에만 반복문의 중단점에서 일시 중지할

수 있다. 또는 디버깅 목적으로 변수에 흥미로운 값이 있을 때만 중단점에서 프로그램을 일시 중지하는 데 사용한다(다른 시간의 프로그램 일시 중지 방지).

```
condition <bpnum> <exp>    표현식 <exp>가 참일 때만 중단점 번호<bpnum> 설정

break 28              28번 줄에 중단점 설정(함수 실행에서)
info break           모든 중단점 정보 나열
  Num Type           Disp Enb Address     What
   1   breakpoint     keep y   0x080483a3 in play at gofish.c:28

condition 1 (i > 1000)    중단점 1에 조건 설정
```

프로그램 상태와 표현식 검사 및 평가를 위한 명령어

print (p)

표현식 값을 표시한다. GDB 사용자는 대개 프로그램 변숫값을 확인하려 하지만, GDB는 모든 C 표현식 값을 출력한다(프로그램 코드에 없는 표현식도 포함). 이 명령어는 다양한 형식의 출력과 다양한 숫자 표현의 피연산자를 지원한다.

```
print <exp>      표현식 <exp> 값을 표시

p i              i 값을 출력
p i+3            (i+3) 값을 출력
```

다른 형식으로 출력하려면 다음과 같이 입력한다.

```
print    <exp>     부호 없는 int로 표현식 값을 출력
print/x  <exp>     16진수로 표현식 값을 출력
print/t  <exp>     2진수로 표현식 값을 출력
print/d  <exp>     부호 있는 int로 표현식 값을 출력
print/c  <exp>     표현식의 ASCII 값을 출력
print  (int)<exp>  부호 없는 int로 표현식 값을 출력

print/x 123        0x7b 출력
print/t 123        1111011 출력
```

```
print/d 0x1c        28 출력
print/c 99          'c' 출력
print (int)'c'      99 출력
```

표현식에서 다른 숫자 표현을 지정하려면(숫자의 기본값은 10진수임), 다음과 같이 입력한다.

```
16진수를 위한 접두사 0x: 0x1c
2진수를 위한 접두사 0b: 0b101

print 0b101          5 출력 (기본 형식은 10진수임)
print 0b101 + 3      8 출력
print 0x12  + 2      20 출력 (16진수 12는 10진수 18임)
print/x 0x12  + 2    0x14 출력 (10진수 20의 16진수 형식임)
```

경우에 따라 표현식은 해석 방법을 print에 알리기 위해 명시적으로 타입을 캐스팅할 필요가 있다. 예를 들어 주소가 역참조되기 전에 주솟값을 특정 타입으로 (int *) 리캐스팅해야 한다 (그렇지 않으면 GDB는 주소를 역참조하는 방법을 모른다).

```
print *(int *)0x8ff4bc10   주소 0x8ff4bc10에서 int 값을 출력
```

역참조된 포인터 변수의 값을 보기 위해 print를 사용할 때 타입 캐스팅은 필요하지 않다. GDB가 포인터 변수의 타입을 알고 그 값을 역참조하는 방법도 알기 때문이다. 예를 들어 ptr 가 int *로 선언됐다면, int 값은 다음과 같이 표시될 수 있다.

```
print *ptr       ptr이 가리키는 int 값을 출력
```

하드웨어 레지스터에 저장된 값을 출력하는 명령어는 다음과 같다.

```
print $eax       eax 레지스터에 저장된 값을 출력
```

display

중단점에 도달하면 표현식의 값을 자동으로 표시한다. 표현식 구문은 print 명령어와 동일하다.

```
display <exp>    모든 중단점에서 <exp>의 값을 표시

display i
display array[i]
```

x (메모리 검사)

메모리 위치의 내용을 표시한다. 이 명령어는 print와 비슷하지만, 인수를 주소에 저장된 값을 출력하기 위해 역참조하는 주솟값으로 해석한다.

```
x <메모리 주소 표현식>

x  0x5678      메모리 주소 0x5678의 내용을 검사
x  ptr         ptr이 가리키는 메모리의 내용을 검사
x  &temp       변수의 주소를 지정할 수 있음
               (이 명령어는 print temp와 동일함)
```

print와 같이, x는 다양한 형식(int, char, string 등)으로 값을 표시할 수 있다.

WARNING_ EXAMINE의 고정 포맷

고정 포맷은 GDB가 현재 포맷 설정을 기억하고 있다가 포맷을 지정하지 않은 x 후속 호출에서 현재 포맷을 적용한다는 의미다. 예를 들어 사용자가 x/c 명령어를 입력하면 이후의 포맷 지정이 없는 모든 x의 실행은 /c 포맷을 사용한다. 결과적으로 사용자가 x에 대한 가장 최근 호출의 메모리 주소 단위, 반복되거나 표시되는 포맷을 변경하기 원할 때 x 명령으로 포맷 옵션을 명시적으로 지정하면 된다.

일반적으로 x는 최대 세 개의 포맷 인수를 가진다(x/nfu <memory address>). 나열된 순서는 중요하지 않다.

```
n   반복 횟수(양의 정숫값)
f   포맷 표시. s: 문자열, i: 명령(instruction), x: 16진수(hex), d: 10진수(decimal),
t: 2진수(binary), a: 주소(address)
u   단위(unit) 포맷(바이트 수). b: 바이트(byte), h: 2바이트, w: 4바이트, g: 8바이트
```

다음은 몇 가지 예시다(s1 = "Hello There"이고 메모리 주소가 0x40062d라고 가정한다).

```
x/d   ptr        ptr이 가리키는 위치에 저장된 값을 10진수로 출력
x/a   &ptr       ptr의 주소에 저장된 값을 주소로 출력
x/wx  &temp      temp 주소에 4바이트 값을 16진수로 출력
x/10dh 0x1234    0x1234 주소에서 시작해 10진수로 short 타입 10 출력

x/4c s1          s1의 첫 네 문자를 검사
   0x40062d   72 'H'  101 'e'  108 'l'  108 'l'

x/s s1           s1과 관련된 메모리 위치를 문자열로 검사
   0x40062d   "Hello There"

x/wd s1          var s1을 int로 사용해 메모리 위치 assoc를 검사
                 (포맷이 고정되므로 다음과 같은 상황에서 명시적으로 설정해야 함.
                 x/s 명령어가 단위를 바이트로 설정한 후 단위를 워드(w)로 설정할 때)
   0x40062d   72

x/8d s1          s1의 첫 여덟 문자의 ASCII 값을 검사
   0x40062d:  72  101 108 108 111 32  84  104
```

whatis

표현식의 타입을 표시한다.

```
whatis <exp>       표현식의 데이터 타입을 표시

whatis (x + 3.4)   Displays:  type = double
```

set

프로그램 변수에 값을 할당/변경하거나 특정 메모리 주소나 특정 기계 레지스터에 저장할 값을
할당한다.

```
set <variable> = <exp>   <exp> 표현식에 <variable> 변수를 설정

set x = 123*y            변수 x의 값을 123*y로 설정
```

info

프로그램 상태와 디버거 상태에 대한 정보를 나열한다. 프로그램의 현재 실행 상태와 디버거에 대한 정보를 제공하는 info 옵션이 많다. 몇 가지 예시를 정리하면 다음과 같다.

```
help info          모든 info 옵션을 표시
help status        더 많은 info와 명령을 표시

info locals        현재 스택 프레임의 지역 변수를 표시
info args          현재 스택 프레임의 인수 변수를 표시
info break         중단점을 표시
info frame         현재 스택 프레임에 대한 정보를 표시
info registers     레지스터 값을 표시
info breakpoints   모든 중단점의 상태를 표시
```

이 명령어와 기타 GDB 명령어의 자세한 내용은 GDB 매뉴얼 페이지(man gdb)와 GNU 디버거 홈페이지를 참조한다.[6]

3.3 발그린드로 메모리 디버깅

발그린드의 Memcheck 디버깅 도구는 프로그램의 힙 메모리 오류를 강조 표시한다. 힙^{heap} 메모리는 C 프로그램에서 malloc() 호출로 동적으로 할당되고 free() 호출로 해제되는 실행 중인 메모리의 일부다. 발그린드가 찾아낸 메모리 오류 유형은 다음과 같다.

• 초기화되지 않은 메모리에서 값 읽기(가져오기)

```
int *ptr, x;
ptr = malloc(sizeof(int) * 10);
x = ptr[3];     // 초기화되지 않은 메모리에서 읽기
```

---

6 https://www.gnu.org/software/gdb

- 할당되지 않은 메모리 위치에서 값의 읽기(가져오기)나 쓰기(설정하기)는 종종 배열 범위를 벗어나는 오류를 나타낸다.

```
ptr[11] = 100;  // 할당되지 않은 메모리에 쓰기 (11번째 요소 없음)
x = ptr[11];    // 할당되지 않은 메모리에서 읽기
```

- 이미 할당 해제된 메모리 해제하기

```
free(ptr);
free(ptr);  // 동일한 포인터를 두 번 해제
```

- **메모리 누수**는 프로그램의 포인터 변수에 의해 참조되지 않은 할당된 힙 메모리 공간의 청크이므로 해제할 수 없다. 즉 프로그램이 할당된 힙 공간 청크의 주소를 잃어버릴 때 메모리 누수가 발생한다. 다음 예시를 살펴보자.

```
ptr = malloc(sizeof(int) * 10);
ptr = malloc(sizeof(int) * 5);  // 첫 번째 int 10개짜리 malloc에서 메모리 누수 발생
```

메모리 누수로 프로그램의 힙 메모리 공간이 부족하면 후속 `malloc()` 호출이 실패할 수 있다. 잘못된 읽기 및 쓰기 같은 유형의 메모리 접근 오류로 프로그램이 충돌하거나 일부 프로그램 메모리 내용이 알 수 없는 방식으로 수정될 수 있다.

메모리 접근 오류는 프로그램에서 찾기 힘든 버그의 하나다. 가끔 이 오류는 프로그램 실행에서 즉각 눈에 띄는 오류로 나타나지 않는다. 대신 오류의 원인과 거의 무관해 보이는 프로그램 일부에서 실행 후반에 오류를 유발할 수 있다. 또 다른 경우, 이 오류가 있는 프로그램이 일부 입력에서는 정상으로 실행되나 일부 입력에서는 충돌을 일으켜 오류의 원인을 찾고 수정하기가 어렵다.

발그린드를 사용하면 프로그래머는 이처럼 난해한 힙 메모리 접근 오류를 식별하고 수정하며 상당량의 디버깅 시간과 노력을 절약할 수 있다. 또한 발그린드는 프로그래머가 코드 테스트와 디버깅에서 발견되지 않은 숨겨진 힙 메모리 오류를 식별하는 데도 유용하다.

3.3.1 힙 메모리 접근 오류가 있는 예시 프로그램

메모리 접근 오류가 있는 프로그램을 찾아내고 수정하는 과정이 얼마나 어려운지 작은 프로그램으로 살펴보자. 이 프로그램은 bigfish 배열의 범위를 넘어 할당한 두 번째 for 반복문에서 "할당되지 않은 힙 메모리에 쓰기" 오류를 표시한다(참고: 목록에는 소스 코드 줄 번호가 포함되고 print_array() 함수 정의는 표시되지 않지만 설명대로 동작한다).

bigfish.c

```
#include <stdio.h>
#include <stdlib.h>

/* 이름이 name인 배열 p의 요소를 주어진 size만큼 출력 */
void print_array(int *p, int size, char *name) ;

int main(int argc, char *argv[]) {
    int *bigfish, *littlefish, i;

    // 두 개의 int 배열을 위한 공간 할당
    bigfish = (int *)malloc(sizeof(int) * 10);
    littlefish = (int *)malloc(sizeof(int) * 10);
    if (!bigfish || !littlefish) {
        printf("Error: malloc failed\n");
        exit(1);
    }
    for (i=0; i < 10; i++) {
        bigfish[i] = 10 + i;
        littlefish[i] = i;
    }
    print_array(bigfish,10, "bigfish");
    print_array(littlefish,10, "littlefish");

    // 여기에 힙 메모리 접근 오류가 있다.
    // (할당된 메모리의 범위를 넘어서 씀)
    for (i=0; i < 13; i++) {
        bigfish[i] = 66 + i;
    }
    printf("\nafter loop:\n");
```

```
    print_array(bigfish,10, "bigfish");
    print_array(littlefish,10, "littlefish");

    free(bigfish);
    free(littlefish);   // 여기서 프로그램이 충돌
    return 0;
}
```

main() 함수에서 두 번째 for 반복문이 bigfish 배열의 범위를 넘어선 세 개의 인덱스(10, 11, 12)에 쓰면 힙 메모리 접근 오류가 발생한다. 프로그램은 오류가 생긴 지점(두 번째 for 반복문의 실행)에서 충돌하지 않는다. 대신 free(littlefish) 호출을 실행하는 중에 충돌한다.

```
bigfish:
 10  11  12  13  14  15  16  17  18  19
littlefish:
  0   1   2   3   4   5   6   7   8   9

after loop:
bigfish:
 66  67  68  69  70  71  72  73  74  75
littlefish:
 78   1   2   3   4   5   6   7   8   9
Segmentation fault (core dumped)
```

GDB에서 이 프로그램을 실행하면 free(littlefish)를 호출하는 시점에 segfault로 인해 프로그램이 충돌하는 것으로 나타난다. 이 시점에서 충돌이 발생하면 프로그래머는 little-fish 배열에 접근하는 부분에 버그가 있다고 추정한다. 그러나 오류의 원인은 bigfish 배열에 대한 쓰기 작업으로, 프로그램이 littlefish 배열에 접근하는 방식과는 무관하다.

프로그램이 충돌하는 가장 큰 이유는 for 반복문이 bigfish 배열의 범위를 넘어가거나 big-fish의 마지막 할당된 배열의 힙 메모리 위치와 littlefish의 처음 할당된 요소 사이의 메모리를 덮어쓰기 때문이다. 둘 사이의 힙 메모리 위치(그리고 littlefish의 첫 번째 요소 바로 앞)는 littlefish 배열에 할당된 힙 메모리의 메타데이터를 저장하는 malloc()에 의해

사용된다. 내부적으로 free() 함수는 이 메타데이터를 사용해 해제할 힙 메모리 양을 결정한다. bigfish의 인덱스 10, 11에 대한 수정은 이러한 메타데이터 값을 덮어쓰고, 그 결과 free(littlefish) 호출 시 프로그램 충돌이 발생한다. 그러나 이 전략을 malloc() 함수의 모든 구현에서 사용하지는 않는다.

이 프로그램에는 bigfish에 대한 메모리 접근 오류 후 littlefish를 출력하는 코드가 있기 때문에 오류의 원인이 프로그래머에게 더 명확할 수 있다. 즉 두 번째 for 반복문이 littlefish 배열의 내용을 수정한다(반복문 이후 요소 0의 값이 0에서 78로 '이상하게' 변한다). 하지만 이런 매우 작은 프로그램에서도 실제 오류를 찾기가 어렵다. 만약 프로그램이 두 번째 for 반복문 이후에 메모리 접근 오류와 함께 littlefish를 출력하지 않았거나 for 반복문의 상한이 13 대신 12였다면, 프로그램 변숫값의 이상한 변화가 없어 프로그램이 bigfish 배열에 접근하는 방식에 오류가 있음을 프로그래머가 알아차리기 어렵다.

더 큰 프로그램에서 이런 유형의 메모리 접근 오류는 충돌하는 부분이 아니라 프로그램 코드의 전혀 다른 부분에서 생길 수 있다. 또한 손상된 힙 메모리 접근에 사용된 변수와 동일한 메모리를 잘못 덮어쓰는 데 사용된 변수 간에 논리적 연결이 없을 수 있다. 대신 두 변수의 유일한 연관성은 힙에서 가깝게 할당된 메모리 주소를 참조한다는 점이다. 이런 상황은 프로그램 실행마다 다를 수 있고 이런 동작은 종종 프로그래머에게 숨겨진다. 잘못된 메모리 접근 역시 종종 프로그램 실행에 눈에 띄는 영향을 미치지 않아서 그 오류를 발견하기가 어렵다. 프로그램이 일부 입력에서는 잘 실행되는 듯 보이지만 일부 입력에서 충돌이 발생한다면 이는 프로그램의 메모리 접근 오류 시그널이다.

발그린드^{Valgrind} 같은 도구로 프로그래머는 코드에서 힙 메모리 접근 오류의 원인과 유형을 신속하게 지정해 디버깅 시간을 단축한다. 이전 프로그램에서 발그린드는 오류가 발생한 지점 (bigfish 배열의 경계를 넘어 요소에 접근할 때)을 구분한다. 발그린드 오류 메시지는 오류 유형, 오류가 발생하는 프로그램 내 위치와 나쁜 메모리 접근 근처의 힙 메모리가 할당된 프로그램 위치를 출력한다. 예를 들어 프로그램이 27번 줄을 실행할 때 발그린드가 표시하는 정보는 다음과 같다(실제 발그린드 오류 메시지의 상세 정보 일부는 생략).

```
Invalid write
 at main (bigfish.c:27)
 Address is 0 bytes after a block of size 40 alloc'd
  by main (bigfish.c:11)
```

발그린드 오류 메시지는 27번 줄에서 유효하지 않은(할당되지 않은) 힙 메모리에 쓰고 있음과 이 유효하지 않은 메모리가 11번 줄에서 할당된 메모리 블록 바로 뒤에 위치함을 알린다. 이는 반복문이 bigfish가 가리키는 힙 공간에 할당된 메모리의 경계를 벗어나 몇몇 요소에 접근하고 있음을 나타낸다. 이럴 때는 malloc()에 전달되는 바이트의 수를 늘리거나 두 번째 for 반복문의 경계를 변경해 할당된 힙 메모리의 경계를 넘지 않게 해야 한다.

발그린드는 힙 메모리만이 아니라 스택 메모리에서도 접근 오류를 찾아낸다. 가령 초기화되지 않은 지역 변수를 사용하거나 현재 스택의 범위를 넘는 스택 메모리 위치에 접근하려는 경우이다. 그러나 전역 데이터 메모리와 같은 메모리 접근 오류를 감지하지 않으며 스택 메모리 접근 오류를 힙 메모리와 같은 세밀한 단위로 감지하지도 않는다.

프로그램에는 발그린드가 찾지 못하는 스택과 전역 메모리에서 접근 오류가 있을 수 있다. 그러나 이 같은 오류는 잘못된 프로그램 동작이나 힙 메모리 접근 오류로 발생하는 동작과 유사한 프로그램 충돌을 초래한다. 예를 들어 스택에서 정적으로 선언된 배열의 범위를 넘는 메모리 위치를 덮어쓰면, 다른 지역 변수의 값이 '이상하게' 변경되거나 함수를 호출할 때 반환하는 데 사용되는 스택에 저장된 상태를 덮어쓸 수 있다. 함수가 반환될 때 충돌이 발생한다. 힙 메모리 오류를 찾는 데 발그린드를 사용한 경험은 프로그래머가 스택과 전역 메모리 접근 오류와 관련된 유사 오류를 식별하고 수정하는 데 도움이 된다.

3.3.2 Memcheck를 사용하는 방법

몇 가지 메모리 접근 오류(오류 유형은 코드 주석으로 설명)가 있는 예시 프로그램 valgrind-badprog.c로 발그린드가 제공하는 Memcheck 메모리 분석 도구의 주요 기능 일부를 살펴보겠다. 발그린드는 Memcheck 도구를 실행한다. 다음 코드는 이 기본 동작을 따른다. --tool=memcheck 옵션을 사용해 Memcheck 도구를 명시적으로 지정한다. 이후 절에서는 --tool 옵션을 호출해 다른 발그린드 프로파일링 도구를 호출한다.

Memcheck를 실행하려면 먼저 -g 플래그를 사용해 valgrindbadprog.c 프로그램을 디버깅 정보가 포함된 실행 파일로 컴파일한 뒤 valgrind로 실행한다. 비대화형 프로그램의 경우, 프로그램이 종료된 후에 볼 수 있도록 발그린드의 출력을 파일로 리디렉션하는 것이 좋다.

```
$ gcc -g valgrindbadprog.c
$ valgrind -v ./a.out

# valgrind (및 a.out) 출력을 'output.txt' 파일로 리디렉션
$ valgrind -v ./a.out >& output.txt

# out 파일에 저장된 프로그램과 valgrind 출력 보기
$ vim output.txt
```

발그린드의 Memcheck 도구는 프로그램 실행 중에 발생한 메모리 접근 오류와 경고를 출력한다. 프로그램 실행이 끝나면 프로그램의 메모리 누수에 대한 요약도 출력한다. 메모리 누수를 수정하는 것도 중요하지만 프로그램의 정확성 면에서는 다른 유형의 메모리 접근 오류가 훨씬 더 중요하다. 결과적으로 메모리 누수에 기인한 프로그램의 힙 메모리 공간 부족으로 충돌이 발생하지 않는 한, 프로그래머는 메모리 누수를 고려하기에 앞서 다른 유형의 메모리 접근 오류를 수정하는 데 집중해야 한다. 개별 메모리 누수의 세부 정보를 보려면 --leak-check=yes 옵션을 사용한다.

발그린드를 처음 사용하는 경우, 출력의 구문을 분석하기가 약간 어렵게 느껴질 수 있다. 그러나 출력은 모두 동일한 형식을 따르며 이 형식을 알면 발그린드가 힙 메모리 접근 오류와 경고에서 표시하는 정보도 쉽게 이해된다. 다음은 valgrindbadprog.c 프로그램 실행에서 발생한 발그린드 오류의 예시다.

```
==31059== Invalid write of size 1
==31059==    at 0x4006C5: foo (valgrindbadprog.c:29)
==31059==    by 0x40079A: main (valgrindbadprog.c:56)
==31059== Address 0x52045c5 is 0 bytes after a block of size 5 alloc'd
==31059==    at 0x4C2DB8F: malloc (in /usr/lib/valgrind/...)
==31059==    by 0x400660: foo (valgrindbadprog.c:18)
==31059==    by 0x40079A: main (valgrindbadprog.c:56)
```

발그린드 출력의 각 줄에는 프로세스 ID(PID) 번호(이 예에서는 31059)가 접두사로 붙는다.

```
==31059==
```

대부분의 발그린드 오류와 경고 형식은 다음과 같다.

- 오류 또는 경고의 유형이다.
- 오류가 발생한 위치(오류가 발생했을 때 프로그램 실행 지점의 스택 추적)
- 오류 주변의 힙 메모리가 할당된 위치(대개 오류와 관련된 메모리 할당)

앞의 예시 오류에서 첫 번째 줄은 메모리에 대한 잘못된 쓰기를 나타낸다(힙에서 할당되지 않은 메모리에 쓰기로, 매우 나쁜 오류다!).

```
==31059== Invalid write of size 1
```

다음 몇 줄은 오류가 발생한 스택 추적 과정이다. 이는 56번 줄에서 main() 함수에서 호출된 foo() 함수의 29행에서 쓰기가 잘못됐음을 나타낸다.

```
==31059== Invalid write of size 1
==31059==    at 0x4006C5: foo (valgrindbadprog.c:29)
==31059==    by 0x40079A: main (valgrindbadprog.c:56)
```

나머지 줄은 잘못된 쓰기 근처의 힙 공간이 프로그램에서 할당된 위치를 나타낸다. 발그린드 출력에서 이 섹션은 힙 메모리 공간의 5바이트 블록 바로 뒤(0바이트 뒤)에 쓰기가 잘못됐음을 의미한다. 힙 메모리 공간은 56번 줄의 main() 함수의 호출에 의한 foo() 함수의 18번 줄에서 malloc() 호출로 할당됐다.

```
==31059== Address 0x52045c5 is 0 bytes after a block of size 5 alloc'd
==31059==    at 0x4C2DB8F: malloc (in /usr/lib/valgrind/...)
==31059==    by 0x400660: foo (valgrindbadprog.c:18)
==31059==    by 0x40079A: main (valgrindbadprog.c:56)
```

오류에 나타난 정보로 사용자는 프로그램에 할당되지 않은 힙 메모리 쓰기 오류가 있음을 식별하고 오류가 발생한 프로그램의 특정 부분(29번 줄)과 오류 주변 메모리가 할당된 위치(18번 줄)를 찾게 된다. 프로그래머는 프로그램에서 이들 지점을 살펴봄으로써 오류의 원인과 수정 사항을 확인할 수 있다.

```
18    c = (char *)malloc(sizeof(char) * 5);
...
22    strcpy(c, "cccc");
...
28    for (i = 0; i <= 5; i++) {
29        c[i] = str[i];
30    }
```

for 반복문이 한 번 더 실행되어 c 배열의 끝을 넘어선 c[5]에 접근해 오류가 발생한다. 29번 줄에서 반복문의 범위를 변경하거나 18번 줄에서 더 큰 배열을 할당해 해결한다.

발그린드 오류 주변 코드를 검사해도 프로그래머가 오류를 이해하거나 수정하기가 곤란한 경우, GDB의 힘을 빌리는 것이 좋다. 발그린드 오류와 관련된 코드 주위 지점에 중단점을 설정하면, 프로그래머가 프로그램의 런타임 상태를 평가하고 발그린드 오류의 원인을 이해하는 데 도움이 될 수 있다. 예를 들어 29번 줄에 중단점을 설정하고 i와 str 값을 출력하면 프로그래머는 i가 5일 때 배열의 범위 초과 오류를 볼 수 있다. 이때 GDB를 발그린드와 함께 사용하면, 발그린드가 메모리 접근 버그를 찾아내고 프로그래머는 이 버그를 수정하는 방법을 결정할 수 있다.

이 장에서는 발그린드의 기본 Memcheck 도구에 중점을 두었지만, 이 책의 뒷부분에서는 발그린드의 다른 기능, 예컨대 캐시 프로파일링 도구 캐시그린드(11장), 코드 프로파일링 도구 콜그린드(12장), 메모리 프로파일링 도구 massif(12장)를 설명한다. 발그린드 사용에 대한 자세한 내용은 발그린드 홈페이지[7]와 온라인 매뉴얼[8]을 참조하자.

3.4 고급 GDB 기능

고급 GDB 기능을 소개하는데, 기능 일부는 '11장 운영 체제'의 도입부를 읽으면 이해에 도움이 된다.

---

7 https://valgrind.org
8 https://valgrind.org/docs/manual

3.4.1 GDB와 make

GDB는 디버깅 세션 도중 make 명령어를 받아 새로운 실행 파일을 다시 빌드할 수 있다. 만약 빌드에 성공하면 새로 빌드된 프로그램을 실행할 수 있다(run 명령어 실행 시).

```
(gdb) make
(gdb) run
```

GDB 내 빌드는 사용자가 많은 중단점을 설정하고 버그 하나를 수정했지만 디버깅 세션을 이어나갈 때 편리하다. 이 경우 GDB 사용자는 GDB를 종료하고, 재컴파일하고, 새 실행 파일로 GDB를 재시작하고, 모든 중단점을 재설정하는 대신에, make를 실행해 모든 중단점이 설정된 상태에서 새 버전의 프로그램 디버깅을 시작할 수 있다. 그러나 GDB에서 make를 실행해 C 소스를 수정하고 재컴파일한 후에는 소스 코드 줄이 추가되거나 삭제된 경우 이전 버전과 달리 새 버전에서 중단점의 논리적 위치가 다를 수 있다. 이 문제가 발생하면, GDB를 종료하고 새 실행 파일에서 GDB 세션을 재시작하거나 disable 또는 delete을 사용해 오래된 중단점을 비활성화하거나 삭제한다. 그리고 새로 컴파일된 프로그램에서 break를 사용해 새 중단점을 설정한다.

3.4.2 실행 중인 프로세스에 GDB 연결

GDB는 (GDB 세션에서 실행할 프로그램을 시작하는 대신) 이미 실행 중인 프로그램에 디버깅을 지원한다. 즉 실행 중인 프로세스에 GDB attaching 명령어를 사용해 디버깅할 수 있다. 이렇게 하려면 사용자가 프로세스 ID(PID) 값을 가져와야 한다.

1 셸 명령어인 ps를 사용해 프로세스의 PID를 가져온다.

```
# 프로세스의 PID를 얻기 위한 ps 명령어 (현재 셸에서 시작된 모든 프로세스 나열)
$ ps

# 모든 프로세스를 나열하고 grep 명령어를 연결해 a.out이라는 이름의 프로세스만 나열한다.
$ ps -A | grep a.out
   PID TTY          TIME CMD
   12345 pts/3     00:00:00 a.out
```

2 구문을 GDB로 시작하고 실행 중인 특정 프로세스(PID 12345 포함)에 붙인다.

```
# gdb <executable> <pid>
$ gdb a.out 12345
(gdb)


# 대체구문 : gdb attach <pid>  <executable>
$ gdb attach 12345 a.out
(gdb)
```

프로세스에 GDB를 붙이면 프로세스가 일시 중지되고, 사용자는 프로세스가 실행을 계속하기 전에 GDB 명령어를 실행할 수 있다.

또는 프로그램이 (attach_example.c 예시와 같이) kill(getpid(), SIGSTOP)를 호출해 디버깅을 기다리기 위해 명시적으로 자체를 일시 중지할 수 있다. 프로그램이 이 시점에서 일시 중지되면 프로그래머는 GDB를 프로세스에 연결해 디버깅할 수 있다.

프로그램 일시 중지 방식에 관계없이, GDB가 연결되고 사용자가 일부 GDB 명령어를 입력한 후에야 프로그램은 cont를 사용해 연결 지점부터 실행을 재개한다. cont가 동작하지 않으면 실행을 계속하기 위해 GDB가 프로세스에 명시적으로 SIGCONT 시그널을 보내야 할 수도 있다.

```
(gdb) signal SIGCONT
```

3.4.3 포크에서 프로세스 따라가기

GDB가 fork() 함수를 호출해 새로운 자식 프로세스를 생성하는 프로그램을 디버깅할 때, GDB를 부모 프로세스나 자식 프로세스 중 어느 하나를 따라가도록 설정할 수 있다. 이렇게 하면 다른 프로세스의 실행에 미치는 영향 없이 해당 프로세스를 디버깅할 수 있다. 기본적으로 GDB는 fork()를 호출한 후에 부모를 따른다. 자식 프로세스를 따르도록 GDB를 설정하려면 set follow-fork-mode 명령어를 사용한다.

```
(gdb) set follow-fork-mode child    # 포크에서 자식을 따르도록 gdb 설정
(gdb) set follow-fork-mode parent   # 포크에서 부모를 따르도록 gdb 설정
```

```
(gdb) show follow-fork-mode          # gdb의 팔로우 모드 표시
```

이 동작을 GDB 세션 중에 변경하는 경우 프로그램에서 fork() 호출 지점에 중단점을 설정하는 것이 유용하다.

attach_example.c는 포크에서 두 프로세스를 '따르는' 방법을 보여준다. GDB는 포크 이후에 부모 프로세스를 따르고 자식 프로세스는 포크 이후 명시적으로 일시 중지하기 위해 스스로 SIGSTOP 시그널을 보낸다. 이렇게 함으로써 프로그래머는 자식 프로세스가 계속되기 전에 두 번째 GDB 프로세스를 자식 프로세스에 연결할 수 있다.

3.4.4 시그널 제어

GDB 프로세스는 디버깅 중인 대상 프로세스에 시그널을 전송하고 대상 프로세스에서 수신한 시그널을 처리할 수도 있다.

GDB는 signal 명령어를 사용해 디버깅 중인 프로세스에 시그널을 보낸다.

```
(gdb) signal SIGCONT
(gdb) signal SIGALRM
...
```

때때로 사용자는 디버깅된 프로세스에서 시그널을 수신할 때 GDB가 어떤 조치를 수행하기를 원한다. 한 예로 프로그램이 접근하는 유형에서 잘못 정렬된 메모리 주소를 사용해 메모리에 접근하려고 하면, SIGBUS 시그널을 수신하고 종료한다. GDB는 SIGBUS를 수신하면 프로세스를 종료한다. 그러나 GDB가 SIGBUS를 수신할 때 프로그램 상태를 조사하길 원한다면, handle 명령어를 사용해 GDB가 SIGBUS 시그널을 달리 처리하도록 지정한다(info 명령어로 디버깅 중인 프로세스에서 받은 시그널을 GDB가 처리하는 방법에 대한 추가 정보를 볼 수 있다).

```
(gdb) handle SIGBUS stop     # 프로그램이 SIGBUS를 받으면 gdb가 제어권 취득
```

```
(gdb) info signal       # 모든 시그널에 대한 정보 나열
(gdb) info SIGALRM       # SIGALRM 시그널에 대한 정보 나열
```

3.4.5 DDD 설정 및 버그 수정

DDD를 실행하면 홈 디렉터리에 .ddd 디렉터리가 생성되는데, 이 디렉터리는 사용자가 실행 시마다 모든 환경 설정을 처음부터 재설정할 필요가 없도록 설정을 저장하는 데 사용된다. 가령 하위 창의 크기, 메뉴 표시 옵션, 레지스터 값과 어셈블리 코드를 볼 수 있는 창 활성화 같은 설정이다.

DDD가 때로는 "Waiting until GDB ready" 메시지를 표시하면서 시작하자마자 중단되는데, 이는 저장된 설정 파일의 오류를 나타낸다. 이 문제를 해결하는 가장 손쉬운 방법은 .ddd 디렉터리의 삭제다(저장된 모든 설정이 손실되며 다시 시작할 때 재설정해야 함).

```
$ rm -rf ~/.ddd  # 삭제 명령어는 늘 주의해서 입력해야 한다!
$ ddd ./a.out
```

3.5 어셈블리 코드 디버깅

고수준의 C와 C++ 디버깅 외에, GDB는 어셈블리 코드 수준의 프로그램도 디버깅한다. 그러면 함수에서 디스어셈블된 코드 시퀀스를 나열하고, 어셈블리 명령 수준에서 중단점을 설정하고, 프로그램 실행을 한 번에 하나의 어셈블리 명령으로 단계별 실행하고, 런타임에 머신 레지스터와 스택 및 힙 메모리 주소에 저장된 값을 GDB가 검사할 수 있게 된다. 이 절에서는 예시 어셈블리 언어로 IA32를 사용하지만, GDB 명령은 GCC가 지원하는 모든 어셈블리 언어에 적용된다. 이 책의 어셈블리 관련 내용을 읽은 독자라면 이번 설명이 유용할 것이다.

다음은 짧은 C 프로그램 예시다.

```
int main() {
    int x, y;

    x = 1;
    x = x + 2;
    x = x - 14;
    y = x * 100;
    x = x + y * 6;
    return 0;
}
```

IA32 실행 파일로 컴파일하려면 -m32 플래그를 사용한다.

```
$ gcc -m32 -o simpleops simpleops.c
```

선택적으로, gcc의 -fno-asynchronous-unwind-tables 커맨드 라인 옵션으로 컴파일하면
프로그래머가 읽고 이해하기 쉬운 IA32 코드를 생성한다.

```
$ gcc -m32 -fno-asynchronous-unwind-tables -o simpleops simpleops.c
```

3.5.1 GDB를 사용한 바이너리 코드 검사

이 절에서는 어셈블리 코드 수준에서 짧은 C 프로그램을 디버깅하는 예시 GDB 명령어를 다
룬다. 여기서 설명할 명령어를 다음 표에 요약했다.

GDB 명령어	설명
break sum	sum 함수의 시작 부분에 중단점 설정
break *0x0804851a	메모리 주소 0x0804851a에 중단점 설정
disass main	main 함수의 어셈블리 코드 출력
ni	다음 명령어 실행
si	함수 호출 내부로 들어가기

GDB 명령어	설명
info registers	레지스터 내용 나열
p $eax	%eax 레지스터에 저장된 값 출력
p *(int *)($ebp+8)	(%ebp+8) 주소에 int 값 출력
x/d $ebp+8	주소에서 메모리 내용 검사

먼저 IA32 어셈블리로 컴파일하고 IA32 실행 프로그램인 simpleops를 GDB로 실행한다.

```
$ gcc -m32 -fno-asynchronous-unwind-tables -o simpleops simpleops.c
$ gdb ./simpleops
```

그런 다음 main에 중단점을 설정하고 run 명령어로 프로그램을 실행한다.

```
(gdb) break main
(gdb) run
```

disass 명령어는 프로그램의 일부를 출력한다(관련된 어셈블리 코드 나열). 예를 들어 메인 함수의 어셈블리 명령을 보는 방법은 다음과 같다.

```
(gdb) disass main        # 메인 함수의 어셈블리 코드 출력
```

GDB는 프로그래머가 명령어의 메모리 주소를 역참조해 개별 어셈블리 명령어에 중단점을 설정할 수 있게 한다.

```
(gdb) break *0x080483c1      # 0x080483c1의 명령어에 중단점 설정
```

프로그램의 실행은 함수 내부로 들어가거나 다음 명령어를 실행하는 si와 ni를 사용해서 한 번에 하나의 어셈블리 명령어로 수행할 수 있다.

```
(gdb) ni       # 다음 명령어 실행

(gdb) si       # 호출 명령어인 경우 함수 내부로 들어가서
               # 다음 명령어 실행
```

si 명령어는 함수 호출로 들어가 GDB가 호출된 함수의 첫 명령어에서 프로그램을 일시 중단한다는 의미다. ni 명령어는 호출을 건너뛰어 GDB가 호출 명령어 다음의 명령어(함수가 실행되고 호출자에 반환된 후)에서 프로그램을 일시 중단한다는 의미다.

프로그래머는 print 명령어와 $ 접두사가 붙은 이름으로 기계 레지스터에 저장된 값을 출력할 수 있다.

```
(gdb) print $eax     # eax 레지스터에 저장된 값 출력
```

display 명령어는 중단점에 도달하면 자동으로 값을 표시한다.

```
(gdb) display $eax
(gdb) display $edx
```

info registers 명령어는 기계 레지스터에 저장된 값을 모두 보여준다.

```
(gdb) info registers
```

3.5.2 DDD를 사용한 어셈블리 디버깅

DDD 디버거는 다른 디버거(이 경우엔 GDB) 위에 그래픽 인터페이스를 제공한다. 어셈블리 코드를 표시하고, 레지스터를 보며, IA32 명령 실행을 단계별로 실행하는 멋진 인터페이스다. DDD에는 디스어셈블된 코드, 레지스터 값, GDB 명령 프롬프트를 표시하는 별도의 창이 있다. 그래서 어셈블리 코드 수준에서 디버깅할 때 GDB보다 사용하기가 더 쉬울 때가 많다.

DDD로 디버깅하려면, gdb 대신 ddd를 사용하면 된다.

```
$ ddd ./simpleops
```

GDB 프롬프트는 프롬프트에서 GDB 명령어를 수락하는 하단 창에 나타난다. 일부 GDB 명령어에는 메뉴 옵션과 버튼이 딸려 있지만 GDB 프롬프트를 사용하는 편이 더 쉽다.

DDD는 [View] ▶ [Machine Code Window] 메뉴 옵션을 선택해서 프로그램의 어셈블리 코드 보기를 표시한다. 해당 옵션은 프로그램의 어셈블리 코드 목록이 담긴 새 하위 창을 만든다(크기를 조정하기 위함).

별도의 창에서 프로그램의 모든 레지스터 값을 보려면, [Status] ▶ [Registers] 메뉴 옵션을 활성화한다.

3.5.3 GDB 어셈블리 디버깅 명령어 및 예시

어셈블리 코드 수준에서 디버깅에 유용한 GDB 명령어 중 일부 명령어의 세부 정보와 예시를 정리했다(명령어 중, 특히 print와 x 포매팅 옵션에 대한 자세한 내용은 '3.2.2 자주 쓰는 GDB 명령어' 참조).

disass

함수 또는 주소 범위에 대한 코드를 디스어셈블한다.

```
disass <func_name>   # 함수에 대한 어셈블리 코드 나열
disass <start> <end> # 시작 주소와 끝 주소 사이의 명령 나열


disass main          # 메인 함수를 디스어셈블
disass 0x1234 0x1248 # 0x1234와 0x1248 주소 사이의 명령을 디스어셈블
```

break

명령어 주소에 중단점을 설정한다.

```
break *0x80dbef10 # 0x80dbef10 주소의 명령어에 중단점을 설정
stepi (si), nexti (ni)
stepi, si     # 다음 기계 코드 명령 실행,
              # 호출 명령인 경우 함수 호출 내부로 들어감
nexti,  ni    # 다음 기계 코드 명령 실행,
              # 함수 호출을 단일 명령으로 처리
```

info registers

모든 레지스터 값을 나열한다.

print

표현식의 값을 출력한다.

```
print $eax              # eax 레지스터에 저장된 값 출력
print *(int *)0x8ff4bc10 # 메모리 주소 0x8ff4bc10에 저장된 int 값 출력
```

x

주어진 주소에 메모리 위치의 내용을 표시한다. x의 형식이 고정되므로 명시적으로 변경해야한다.

```
(gdb) x $ebp-4        # 만약 해당 위치에 주소 x/a, int x/wd 등이 저장됐다면
                      # 레지스터 ebp 내용을 참조해 4를 뺀 주소에 있는 메모리 내용을 검사

(gdb) x/s 0x40062d  # 메모리 위치 0x40062d를 문자열로 검사
0x40062d    "Hello There"

(gdb) x/4c 0x40062d # 주소 0x40062d에서 시작하는
                    # 처음 네 글자 메모리 위치 검사
0x40062d    72 'H'  101 'e' 108 'l' 108 'l'

(gdb) x/d 0x40062d  # 메모리 위치 0x40062d를 10진수로 검사
0x40062d    72      # 참고: 단위는 이전 x/4c 명령어로 설정된 1바이트다.

(gdb) x/wd 0x400000 # 메모리 위치 0x400000을 10진수 4바이트로 검사
0x400000    100     # 참고: 단위가 1바이트로 설정됐으므로 w로 재설정해야 한다.
```

set

메모리 위치와 레지스터의 내용을 설정한다.

```
set $eax = 10               # 레지스터 eax를 10으로 설정
set $esp = $esp + 4         # 스택에서 4바이트 값을 꺼냄
set *(int *)0x8ff4bc10 = 44 # 주소 0x8ff4bc10에 44 저장
```

display

중단점에 도달할 때마다 표현식을 출력한다.

```
display $eax       # 레지스터 eax 값 표시
```

3.5.4 어셈블리 디버깅에서 자주 사용하는 명령어 요약

```
$ ddd ./a.out
(gdb) break main
(gdb) run

(gdb) disass main        # 메인 함수를 디스어셈블
(gdb) break sum          # 함수 시작 부분에 중단점 설정
(gdb) cont               # 프로그램 실행 계속하기
(gdb) break *0x0804851a  # 메모리 주소 0x0804851a의 중단점 설정
(gdb) ni                 # 다음 명령어 실행
(gdb) si                 # 함수 호출 내부로 들어가기
(gdb) info registers     # 레지스터 내용 나열
(gdb) p $eax             # %eax 레지스터에 저장된 값 출력
(gdb) p  *(int *)($ebp+8) # (%ebp+8) 주소에 int 값 출력
(gdb) x/d $ebp+8         # 주어진 주소의 메모리 내용 검사
                         # (/d: 값을 int로 출력)
(gdb) x/s 0x0800004      # 주소의 메모리 내용을 문자열로 조사
(gdb) x/wd 0xff5634      # x/s 이후, 너비 w와 \& d를 모두 int로 지정해 검사하려면
                         # 단위 크기를 1바이트로 설정
```

3.6 GDB로 멀티스레드 프로그램 디버깅

멀티스레드 프로그램의 디버깅은 다중 실행 스트림 때문에, 또 동시에 실행되는 스레드 간의 상호작용 때문에 까다로울 수 있다. 일반적으로 멀티스레드 프로그램 디버깅을 좀 더 간편하게 하는 방법은 다음과 같다.

- 가능한 한 적은 수의 스레드로 프로그램을 디버깅한다.
- 코드에 디버깅용 printf 구문을 추가할 때 실행 중인 스레드의 ID를 출력해서 어떤 스레드가 출력 중인지 확인하고 줄 끝에는 \n을 붙인다.
- 디버깅 출력 양을 제한하기 위해 스레드 중 하나의 정보와 공통 정보를 출력하도록 한다. 한 예로 각 스레드가 지역 변수 my_tid에 논리적 ID를 저장하는 경우, my_tid 값의 조건을 사용해 디버깅 출력을 스레드 하나로 제한한다.

```
if (my_tid == 1) {
    printf("Tid:%d: value of count is %d and my i is %d\n", my_tid, count, i);
    fflush(stdout);
}
```

3.6.1 GDB와 Pthreads

GDB 디버거는 개별 스레드에 대한 중단점 설정과 개별 스레드 스택 검사를 포함해 스레드 프로그램 디버깅을 지원한다. GDB에서 Pthreads 프로그램을 디버깅할 때 각 스레드에 최소한 세 개의 식별자가 있다는 데 주의해야 한다.

- 스레드를 위한 Pthreads 라이브러리 ID이다(pthread_t 값).
- 스레드를 위한 운영 체제의 LWP^{Lightweight Process} ID 값으로, 스케줄링 목적으로 스레드를 추적하기 위해 운영 체제에서 부분적으로 사용된다.
- 스레드의 GDB ID로, GDB 명령에서 특정 스레드를 지정할 때 사용된다.

스레드 ID 간의 특정 관계는 운영 체제와 Pthreads 라이브러리 구현마다 다를 수 있지만, 대부분의 시스템에서는 Pthreads ID, LWP ID, GDB 스레드 ID 간에 일대일로 대응한다.

여기서는 GDB에서 스레드 프로그램을 디버깅하는 몇 가지 기본 사항을 제시한다. 자세한 내용은 온라인 문서[9]를 참조하기 바란다.

3.6.2 GDB 스레드 관련 명령어

스레드 시작 및 종료 이벤트 출력을 활성화한다.

```
set print thread-events
```

프로그램에 존재하는 모든 스레드를 나열한다(GDB 스레드 번호는 첫 번째로 나열된 값이며, 중단점에 도달한 스레드는 *로 표시).

```
info threads
```

특정 스레드의 실행 컨텍스트로 전환하고(가령 **where**를 실행할 때 그 스택을 검사), 스레드 ID로 스레드를 지정한다.

```
thread <threadno>

thread 12       # 스레드 12의 실행 컨텍스트로 전환
where           # 스레드 12의 스택 추적
```

특정 스레드에만 중단점을 설정한다. 코드 내 중단점이 설정된 지점에서 실행 중인 다른 스레드는 프로그램을 일시 중지하고 GDB 프롬프트를 출력하기 위해 중단점을 트리거하지 않는다.

```
break <where> thread <threadno>

break foo thread 12    # 스레드 12가 함수 foo를 실행할 때 중단
```

특정 GDB 명령어를 스레드 전부나 일부에 적용하려면 thread apply <threadno ¦ all> 접두어를 GDB 명령어에 추가하면 된다. 여기서 **threadno**는 GDB 스레드 ID를 나타낸다.

---

9 https://sourceware.org/gdb/onlinedocs/gdb/Threads.html

```
thread apply <threadno|all> command
```

이 명령어가 특히 중단점을 설정하는 모든 GDB 명령어에서 동작하지는 않으므로 스레드별로 중단점을 설정하는 대신 아래 구문을 사용한다.

```
break <where> thread <threadno>
```

중단점에 도달하면 GDB는 사용자가 cont를 입력할 때까지 모든 스레드를 일시 중단한다. 사용자는 다른 스레드가 계속 실행되도록 허용하고 GDB가 중단점에 도달한 스레드만 일시 중지하도록 동작을 변경할 수 있다.

3.6.3 예시

이번에는 racecond.c 파일을 컴파일한 멀티스레드 실행 파일에 실행한 GDB 명령어와 출력을 정리한다.

잘못된 이 프로그램은 공유 변수 count에 대한 접근 주변에 동기화가 없다. 그 결과, 이 프로그램의 다른 실행에서 count의 최종 값이 다르게 나타나는 경쟁 상태race condition가 발생한다. 예를 들어 다음은 상이한 결과를 생성하는 5개 스레드로 프로그램을 두 번 실행한 결과다.

```
$ ./a.out 5
hello I'm thread 0 with pthread_id 139673141077760
hello I'm thread 3 with pthread_id 139673115899648
hello I'm thread 4 with pthread_id 139673107506944
hello I'm thread 1 with pthread_id 139673132685056
hello I'm thread 2 with pthread_id 139673124292352
count = 159276966

$ ./a.out 5
hello I'm thread 0 with pthread_id 140580986918656
hello I'm thread 1 with pthread_id 140580978525952
hello I'm thread 3 with pthread_id 140580961740544
hello I'm thread 2 with pthread_id 140580970133248
```

```
hello I'm thread 4 with pthread_id 140580953347840
count = 132356636
```

count에 대한 접근을 pthread_mutex_t 변수를 사용해 크리티컬 섹션 안으로 옮겨 문제를 해결하자. 사용자가 C 코드 검사만으로 이 문제를 해결하지 못했다면, GDB에서 실행하고 count 변수에 대한 접근 지점에 중단점을 설정해 문제를 발견할 수 있다.

다음은 이 프로그램의 GDB 실행에서 가져온 명령어의 일부다.

```
(gdb) break worker_loop      # 생성된 모든 스레드에 대한 중단점 설정
(gdb) break 77 thread 4      # 스레드 4에만 중단점 설정
(gdb) info threads           # 모든 스레드 정보 나열
(gdb) where                  # 중단점에 도달한 스레드의 스택 나열
(gdb) print i                # 지역 변수 i의 값 나열
(gdb) thread 2               # 다른 스레드의 (2) 컨텍스트로 전환
(gdb) print i                # 스레드 2의 지역 변수 i 나열
```

다음 예시는 GDB 디버깅 세션의 GDB 스레드 명령어를 보여주며, 스레드 세 개(run 3)가 있는 racecond.c 프로그램의 GDB 실행 부분 출력을 일부 포함한다. 메인 스레드는 항상 GDB 스레드 1이고 생성된 세 개의 스레드는 GDB 스레드 2~4다.

멀티스레드 프로그램을 디버깅하는 GDB 사용자는 명령을 내릴 때 어느 스레드가 존재하는지 추적해야 한다. 예를 들어 main에 있는 중단점을 만났을 때는 스레드 1(메인 스레드)만 존재한다. 결과적으로 GDB 사용자는 특정 스레드에 중단점을 설정하기 전에 스레드가 생성될 때까지 기다려야 한다(예시에서는 77번 줄에서 스레드 4에 중단점을 설정했다). 출력을 보면서, 스레드 컨텍스트가 GDB의 thread 명령어로 전환될 때 중단점이 설정되고 삭제되는 시점과 각 스레드의 지역 변수 i 값을 확인해보자.

```
$ gcc -g racecond.c -lpthread

$ gdb ./a.out
(gdb) break main
Breakpoint 1 at 0x919: file racecond.c, line 28.
(gdb) run 3
```

```
Starting program: ...
[Thread debugging using libthread_db enabled] ...

Breakpoint 1, main (argc=2, argv=0x7fffffffe388) at racecond.c:28
28      if (argc != 2) {
(gdb) list 76
71    myid = *((int *)arg);
72
73    printf("hello I'm thread %d with pthread_id %lu\n",
74         myid, pthread_self());
75
76    for (i = 0; i < 10000; i++) {
77         count += i;
78    }
79
80    return (void *)0;

(gdb) break 76
Breakpoint 2 at 0x555555554b06: file racecond.c, line 76.
(gdb) cont
Continuing.

[New Thread 0x7ffff77c4700 (LWP 5833)]
hello I'm thread 0 with pthread_id 140737345505024
[New Thread 0x7ffff6fc3700 (LWP 5834)]
hello I'm thread 1 with pthread_id 140737337112320
[New Thread 0x7ffff67c2700 (LWP 5835)]
[Switching to Thread 0x7ffff77c4700 (LWP 5833)]

Thread 2 "a.out" hit Breakpoint 2, worker_loop (arg=0x555555757280)
    at racecond.c:76
76    for (i = 0; i < 10000; i++) {
(gdb) delete 2

(gdb) break 77 thread 4
Breakpoint 3 at 0x555555554b0f: file racecond.c, line 77.
(gdb) cont
```

```
Continuing.

hello I'm thread 2 with pthread_id 140737328719616
[Switching to Thread 0x7ffff67c2700 (LWP 5835)]
Thread 4 "a.out" hit Breakpoint 3, worker_loop (arg=0x555555757288)
    at racecond.c:77
77          count += i;
(gdb) print i
$2 = 0
(gdb) cont
Continuing.
[Switching to Thread 0x7ffff67c2700 (LWP 5835)]

Thread 4 "a.out" hit Breakpoint 3, worker_loop (arg=0x555555757288)
    at racecond.c:77
77          count += i;
(gdb) print i
$4 = 1

(gdb) thread 3
[Switching to thread 3 (Thread 0x7ffff6fc3700 (LWP 5834))]
#0  0x0000555555554b12 in worker_loop (arg=0x555555757284) at racecond.c:77
77          count += i;
(gdb) print i
$5 = 0

(gdb) thread 2
[Switching to thread 2 (Thread 0x7ffff77c4700 (LWP 5833))]
#0  worker_loop (arg=0x555555757280) at racecond.c:77
77          count += i;
(gdb) print i
$6 = 1
```

3.7 정리

지금까지 C 프로그래밍 언어를 전체적으로 살펴봤다. C는 여느 고급 프로그래밍 언어에 비해 상대적으로 규모가 작아서 프로그래머가 몇 가지 기본 구조로 프로그램을 구축한다. C 언어의 추상화는 컴퓨터에서 실행되는 기본 기계 코드에 더 가깝기 때문에, C 프로그래머가 여타 프로그램 언어에서 제공하는 상위 수준 추상화를 사용해 작성한 코드보다 훨씬 더 효율적으로 실행되는 코드를 작성할 수 있다. 특히 C 프로그래머는 프로그램이 메모리를 사용하는 방법을 훨씬 더 많이 제어할 수 있는데 이는 프로그램 성능에 상당한 영향을 미친다. C는 저수준 제어와 효율성이 매우 중요한 저수준 컴퓨터 시스템 프로그래밍에서 핵심 역할을 하는 언어다. 다음 장에서는 C 예시를 통해 컴퓨터 시스템이 프로그램을 실행하도록 어떻게 설계됐는지 설명한다.

Part **II**

컴퓨터 시스템 기초

4장부터 5장까지는 컴퓨터 시스템을 이해하는 데 기초가 되는 데이터 표현법과 기초적인 컴퓨터 아키텍처 개념을 소개한다.

4장 바이너리와 데이터 표현은 데이터를 바이너리로 변환하는 방법, C 언어의 바이너리 데이터 표현, 바이너리 데이터를 사용한 산술 연산과 산술 오버플로우에 대해 설명한다. **5장 컴퓨터 아키텍처**는 폰 노이만 아키텍처를 기반으로 하는 컴퓨터 구조를 다루며, 클럭 기반 실행, 산술 · 저장 · 제어 회로를 통한 명령어 실행 과정과 파이프라이닝, 현대 컴퓨터 아키텍처의 주요 특징들을 살펴본다.

바이너리와 데이터 표현

인류는 단순한 석판과 동굴 벽화의 수기 문자와 축음기에 이르기까지 정보를 기록하고 저장하는 방법을 끊임없이 모색해왔다. 이번 장에서는 정보를 표현하는 인류의 가장 거대한 저장 혁신인 디지털 컴퓨팅을 소개한다. 또 디지털 데이터의 의미를 해석하는 방법을 설명한다.

현대 컴퓨터는 전자기 디스크, 광학 디스크, 플래시 메모리, 테이프, 간단한 전자 회로 등 여러 가지 수단을 활용해 정보를 저장한다. '11.2 저장소'에서 다시 말하겠지만, 이 장의 논의에서는 그 수단에 관계없이(DVD든, 표면을 레이저로 스캔하든, 전자 플래터 위를 움직이는 디스크 헤드이든), 저장 장치의 출력이 궁극적으로 전자 신호라고 정의하겠다. 회로를 단순화하기 위해 각 신호가 **바이너리**^{binary}, 다시 말해 두 가지 상태 중 하나만 가진다고 정의한다. 즉, 전압 값이 없거나(0) 있는(1) 상태다. 이 장에서는 저장 수단에 관계없이 시스템이 정보를 바이너리로 인코딩하는 방법을 살펴본다.

바이너리에서 각 시그널은 **1비트**^{bit}(2진수) 정보에 대응하며 그 값은 0 아니면 1이다. 0과 1만을 사용해 모든 정보를 나타낼 수 있다는 사실에 놀랄 수도 있다. 정보의 복잡도가 증가하면 그 정보를 표현하기 위해 사용하는 비트 수도 증가한다. 다행히도 비트 수열에서는 1비트가 증가할 때마다 표현할 수 있는 정보의 수가 2배가 된다. 따라서 N비트는 2^N개의 유효한 값을 표시할 수 있다.

[그림 4-1]은 비트열의 길이가 늘어남에 따라 표현할 수 있는 값의 증가를 나타낸다. 1비트는 2개의 값, 즉 0과 1을 나타낼 수 있다. 2비트는 4개의 값, 즉 0으로 시작하는 00, 01과 1로 시

작하는 10, 11이 된다. 비트가 늘어날 때마다 같은 패턴이 반복된다. 새로 늘어난 비트는 0이나 1이 되며, 해당 비트가 추가되기 전에 표현됐던 모든 값의 범위가 반복된다. 그러므로 비트가 추가될 때마다 새로운 비트열이 표현할 수 있는 값의 수는 기하급수로 증가한다.

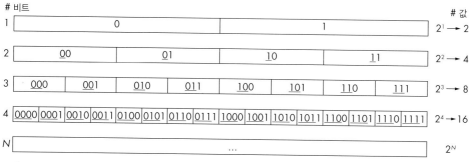

그림 4-1 1~4비트로 표현할 수 있는 값. 밑줄이 그어진 비트는 이전 행의 값과 일치한다.

한 비트로는 많은 정보를 표현할 수 없으므로, 저장 시스템은 대개 비트 그룹을 더 길게 연결해서 의미 있는 값을 저장한다. 가장 보편적인 그룹은 8개 비트를 묶은 **바이트**byte다. 1바이트는 $2^8 = 256$개의 고유한 값(0~255)을 나타낼 수 있는데, 이는 영어의 문자와 구두점 기호를 모두 표현할 만큼 충분하다. 바이트는 컴퓨터 시스템의 메모리를 지정할 수 있는 가장 작은 단위다. 즉, 컴퓨터는 8비트 이하의 크기로는 변수를 저장할 수 없다.

현대 CPU는 전형적으로 하드웨어 설계에 따라 32비트나 64비트를 묶은 **워드**word를 정의한다. 워드의 크기는 시스템의 하드웨어가 데이터를 하나의 컴포넌트에서 다른 컴포넌트로 옮기는 (가령 메모리와 레지스터 사이) 데 사용하는 기본default 크기를 결정한다. 큰 비트열은 숫자를 저장하는 데 사용한다. 프로그램이 256보다 큰 수를 자주 세어야 하기 때문이다! C 언어에서는 변수를 사용하기 전에 반드시 선언해야 한다('1.1.2 변수와 C의 숫자 타입' 참조). 이 선언은 C 컴파일러에 변수의 2진 표현에 관한 두 가지 중요한 속성 정보를 전달한다. 첫째는 변수에 할당된 비트의 수, 둘째는 프로그램이 그 비트열을 해석하는 방법이다. 개념적으로 비트 수는 직관적이다. 컴파일러는 선언된 타입에 얼마나 많은 비트가 할당됐는지 확인한다(예, char 하나가 1바이트다). 그리고 변수에도 같은 양의 메모리를 할당한다. 비트열의 해석은 개념적으로 더 흥미롭다. 컴퓨터 메모리의 데이터는 비트들로 저장되지만, 비트 자체에는 어떠한 본질적 의미도 있지 않다. 예를 들면 심지어 1비트라 할지라도 여러분은 이를 다양하게, 위/아래, 검은

색/흰색, 네/아니요, 켜짐/꺼짐 등으로 해석할 수 있다.

비트열의 길이가 증가하면 그 표현의 범위도 증가한다. 예를 들어 하나의 char 변수는 ASCII^{American Standard Code for Information Interchange} 인코딩 표준을 이용한다. ASCII 표준은 8비트로 구성된 하나의 바이너리 값이 영문자 및 구두점에 매핑되는 방법을 정의한다. [표 4-1]은 ASCII 표준의 일부를 나타낸다(전체를 보려면 man ascii 명령어를 커맨드 라인에서 실행한다). 문자 'X'가 01011000에 일치해야 할 특별한 이유는 없다. 중요한 것은 문자를 저장하는 모든 프로그램이 비트열의 해석에 합의했다는 점이다. ASCII는 표준 위원회에서 정의한다.

표 4-1 8비트 ASCII 문자 인코딩 표준의 일부

2진숫값	문자 해석	2진숫값	문자 해석
01010111	W	00100000	공백
01011000	X	00100001	!
01011001	Y	00100010	"
01011010	Z	00100011	#

그래픽이나 오디오 같은 리치 데이터를 비롯한 모든 정보는 2진수로 인코딩된다. 예를 들어 어떤 이미지 인코딩 스킴이 00, 01, 10, 11을 각각 흰색, 주황색, 파란색, 검은색으로 정의했다고 가정하자. [그림 4-2]는 이 단순한 2비트 인코딩을 전략적으로 사용해 12바이트만으로 물고기 이미지를 그려낸다. (a)에서 각 셀은 색상에 따라 하나의 2비트 수열에 매핑된다. (b)와 (c)에서는 이 셀들이 각각 2비트와 바이트 열로 인코딩된다. 쉽게 설명하기 위해 예시를 단순화했지만, 실제 그래픽 시스템도 기본 개념은 이와 거의 동일하다. 단지 더 많은 범위의 색상을 나타내기 위해 더 많은 비트를 사용할 뿐이다.

2진 표:	00 흰색	01 주황색
	10 파란색	11 검은색

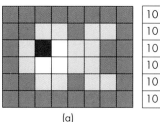

10	10	10	10	10	10	10	10
10	10	01	01	10	01	01	10
10	01	11	00	01	01	10	10
10	01	00	00	01	01	10	10
10	10	01	01	10	01	01	10
10	10	10	10	10	10	10	10

10101010	10101010
10100101	10010110
10011100	01011010
10010000	01011010
10100101	10010110
10101010	10101010

(a)	(b)	(c)

그림 4-2 간단한 물고기 이미지의 (a) 이미지 표현, (b) 2비트 셀 표현, (c) 바이트 표현

앞에서 설명한 두 가지 인코딩 스킴을 사용하면, 동일한 비트열인 01011010은 텍스트 편집기에서는 'Z'를 의미하지만, 그래픽 프로그램에서는 물고기의 꼬리 지느러미를 의미하기도 한다. 해석은 컨텍스트에 따라 달라진다. 내부의 비트열은 동일하지만, 사람은 그 안에서 어떤 해석을 찾아내서 더 쉽게 이해한다(가령 바이트 표가 아닌 색상이 있는 셀로 물고기를 인식한다).

이 장의 나머지 부분에서는 대부분 2진수를 표현하고 다루는 방법을 설명하지만, 전체적인 핵심은 반복된다. 컴퓨터 메모리의 모든 정보는 0과 1로 저장되지만, 그 비트열의 의미를 해석하는 방법은 실행하는 프로그램이나 사람에 따라 다르다.

4.1 숫자의 밑과 부호가 없는 정수

앞에서 바이너리 수열이 비숫자적인 모든 것으로 해석될 수 있음을 보았다. 이제 숫자에 주목해보자. 특별히 **부호가 없는**unsigned 숫자에서 시작한다. 이 숫자는 0 또는 양수로 해석될 수 있지만 음수는 될 수 없다(부호가 없다).

4.1.1 10진수

2진수 대신 먼저 우리가 이미 편하게 사용하고 있는 **10진수**, 즉 10을 **밑**base으로 하는 수에 관해 생각해보자. **10을 밑으로** 함으로써 10진수는 값의 해석과 표현에 관한 두 가지 중요한 정보를 내포한다.

첫째, 10을 밑으로 하는 수의 각 자리는 10개의 고유한 값 중 하나를 가진다(0~9). 9보다 큰 값을 저장하기 위해서는 왼쪽에 한 자리를 추가해야 한다. 예를 들어, 최댓값(9)으로 시작하는 한 자릿수에 1을 더하면, 결과는 두 자릿수(9 + 1 = 10)가 된다. 동일한 패턴이 자리에 상관없이 모든 자리에 반복된다(예, 5080 + 20 = 5100).

둘째, 숫자에서 각 자리의 위치가 전체 값에서 해당 자리의 중요한 정도를 결정한다. 숫자의 **오른쪽 자리부터 왼쪽으로** 각 자리를 d_0, d_1, d_2, …라 하면 왼쪽 자리의 수가 그 오른쪽 자리의 수보다 10배만큼 전체 값에 더 많이 기여한다. 예를 들어 8425를 생각해보자(그림 4-3).

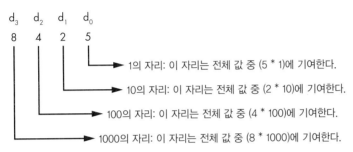

그림 4-3 10진수에서 각 자릿수의 중요성

8425에서 1의 자리 5는 5(5×10^0), 10의 자리 2는 20(2×10^1), 100의 자리 4는 400(4×10^2), 마지막으로 1000의 자리 8은 8000(8×10^3)에 기여한다. 8425는 공식적으로 다음과 같이 표현할 수 있다.

$$(8 \times 10^3) + (4 \times 10^2) + (2 \times 10^1) + (5 \times 10^0)$$

밑을 10으로 한 지수가 증가하는 패턴 때문에 우리는 이를 **10진수**라 부른다. 오른쪽에서 왼쪽으로 d_0부터 시작하는 자릿수는 d_i가 10^i만큼 전체 값에 기여한다. 그러므로 N자리의 임의의 10진수의 전체 값은 다음과 같이 표현된다.

$$(d_{N-1} \times 10^{N-1}) + (d_{N-2} \times 10^{N-2}) + \cdots + (d_2 \times 10^2) + (d_1 \times 10^1) + (d_0 \times 10^0)$$

이후에 살펴보겠지만, 다행히도 비슷한 패턴이 다른 숫자 체계에도 그대로 적용된다.

4.1.2 부호가 없는 2진수

여러분은 10진수를 10의 거듭제곱으로 설명하는 공식에 관해 생각해보지 않았을지도 모른다. 하지만 일, 십, 백 같은 개념은 익숙하리라 생각한다. 다행히도 비슷한 용어들이 2진수 등 다른 숫자 체계에도 적용된다. 물론 다른 숫자 체계에서는 밑이 다르므로, 각 자릿수가 해당 숫자 값에 기여하는 크기 역시 다르다.

2진수 체계는 10 대신 2를 밑으로 사용한다. 2진수를 해석하는 방법은 10진수와 같다(10을 2로 대체하면 된다).

첫째, 밑이 2인 숫자의 각 비트는 0과 1, 둘 중 하나를 저장한다. 1보다 큰 숫자를 저장하려면 왼쪽에 비트를 하나 추가해야 한다. 예를 들어 하나의 비트가 최댓값(1)으로 시작한다고 가정할 때, 여기에 1을 더한 결과를 표시하는 데는 2비트가 필요하다(1 + 1 = 0b10). 자릿수에 관계없이 모든 비트에 같은 패턴이 적용된다(예, 0b100100 + 0b100 = 0b101000).

둘째, 숫자에서 각 자리의 위치가 해당 숫자 값에서의 중요도를 결정한다. 각 자리를 오른쪽에서 왼쪽으로 d_0, d_1, d_2, ...로 표현할 때, 왼쪽 자리는 오른쪽 바로 옆 자리의 2배만큼 기여한다.

첫째 포인트는 2진수를 10진수와 같은 방법으로 셀 수 있음을 의미한다. 그저 값을 나열하고 자리(비트)를 추가하면 된다. 이 절에서는 부호가 없는 숫자(0과 양수만)만 다루므로, 0부터 세는 것이 자연스럽다. [표 4-2]는 자연수와 그에 대응하는 2진수를 정리한 표다. 표에서 볼 수 있듯, 2진수에서는 자리가 빠르게 증가한다. 이 증가는 자연스럽게 이해된다. 2진수의 각 자리(2개의 값을 표현)가 10진수의 각 자리(10개의 값을 표현)보다 표현할 수 있는 정보가 적기 때문이다.

표 4-2 2진수와 10진수 비교

2진숫값	10진숫값
0	0
1	1
10	2
11	3
100	4
101	5
…	…

둘째 포인트는 각 자릿수의 라벨링 방식이 거의 동일하다는 점이다! 사실 이는 10진수의 방식과 매우 비슷하며 2진수의 해석 또한 거의 동일한 공식을 사용할 수 있다. 각 지수의 밑을 10에서 2로 바꾸기만 하면 된다.

$$(d_{N-1} \times 2^{N-1}) + (d_{N-2} \times 2^{N-2}) + \cdots + (d_2 \times 2^2) + (d_1 \times 2^1) + (d_0 \times 2^0)$$

이 공식을 적용하면 부호가 없는 2진수를 해석할 수 있다. 예를 들어 0b1000은 다음과 같이 해석한다.

$$(1 \times 2^3) + (0 \times 2^2) + (0 \times 2^1) + (0 \times 2^0) = 8 + 0 + 0 + 0 = 8$$

조금 더 긴 1바이트인 0b10110100은 다음과 같이 해석할 수 있다.

$$(1 \times 2^7) + (0 \times 2^6) + (1 \times 2^5) + (1 \times 2^4) + (0 \times 2^3) + (1 \times 2^2) + (0 \times 2^1) + (0 \times 2^0)$$
$$= 128 + 0 + 32 + 16 + 0 + 4 + 0 + 0$$
$$= 180$$

4.1.3 16진수

이제까지 두 개의 숫자 체계(10진수와 2진수)를 살펴봤다. 10진수는 사람이 인식하기 편한 방식이며, 2진수는 데이터가 하드웨어에 저장되는 방식이다. 두 숫자 체계는 표현 능력에 있어 동일하다는 점이 중요하다. 즉, 한 숫자 체계의 어떤 숫자이든 다른 숫자 체계로 표현할 수 있다. 이런 동등함을 기준으로 또 다른 숫자 체계인 16을 밑으로 하는 **16진수**hexadecimal 체계에 관해 살펴본다.

완벽하게 훌륭한 숫자 체계가 두 개나 있는데, 군이 다른 숫자 체계가 필요할까? 이는 편의성 때문이다. [표 4-2]에서 보았듯, 2진수의 비트열은 그 자릿수가 매우 빠르게 늘어난다. 사람은 0과 1로만 가득한 긴 숫자열을 보고 그 의미를 잘 떠올리지 못한다. 10진수를 기준으로 생각하면 편하겠지만 10진수와 2진수는 쉽게 바꿔 생각하기 어렵다.

10진수를 사용하는 경우에는 고정된 비트의 숫자로 표현할 수 있는 범위를 명확하게 알기 어렵다. 예를 들어, 한 구식 컴퓨터가 16비트 메모리 주소를 사용한다고 가정하자. 이때 유효한 주소 범위는 0b0000000000000000부터 0b1111111111111111까지다. 해당 범위를 10진수로 표현하면 0부터 65535가 된다. 분명히 10진수 표현은 2진수 표현보다 간결하지만, 두 체계 사이의 변환을 기억하지 않는 한 10진수의 의미를 추론하기는 매우 어렵다. 32비트나 64비트 주소 체계를 사용하는 현대 컴퓨터에서는 그 문제가 더 심각해진다!

이런 긴 비트열을 다룰 때 16진수가 빛을 발한다. 밑이 클수록 적은 자릿수로 더 많은 정보를 표현할 수 있으므로 16진수는 더 간결해진다. 게다가 16진수의 밑 자체가 2의 제곱수($2^4 = 16$)이므로 16진수를 2진수로 또는 2진수를 16진수로 쉽게 매핑할 수 있다. 명확한 확인을 위해 10진수, 2진수와 동일한 방식으로 16진수를 분석해보자.

첫째, 16을 밑으로 하는 각 자리는 16개의 고유한 값을 저장할 수 있다. 16진수에서 10 이상의 값을 표현하는 것은 새로운 도전이다. 전통적인 10진수에서 표현할 수 있는 최댓값이 9이기 때문이다. 관습적으로 16진수에서는 9를 넘는 값을 A=10, B=11, ... F=15로 표현한다. 여타 시스템과 마찬가지로 15를 초과하는 값을 저장할 때는 왼쪽에 새로운 자리를 추가해야 한다. 예를 들어 한 자리가 최댓값(F)으로 시작하고 여기에 1을 더한다면, 결과는 두 자리(0xF + 0x1 = 0x10; 0x는 16진수를 나타낸다)가 된다.

둘째, 숫자에서 각 자리의 위치는 해당 자릿수가 해당 숫자 값에 기여하는 중요도를 나타낸다. 각 자릿수를 오른쪽에서 왼쪽으로 d_0, d_1, d_2, ...으로 라벨링하면 왼쪽 자릿수는 오른쪽 바로 옆 자릿수의 16배만큼 전체값에 기여한다.

당연히 16진수를 해석할 때도 같은 공식을 적용할 수 있다.

$$(d_{N-1} \times 16^{N-1}) + (d_{N-2} \times 16^{N-2}) + \cdots + (d_2 \times 16^2) + (d_1 \times 16^1) + (d_0 \times 16^0)$$

예를 들어 0x23C8은 10진수로 다음과 같이 나타낸다.

$$(2 \times 16^3) + (3 \times 16^2) + (C \times 16^1) + (8 \times 16^0)$$
$$= (2 \times 16^3) + (3 \times 16^2) + (12 \times 16^1) + (8 \times 16^0)$$
$$= (2 \times 4096) + (3 \times 256) + (12 \times 16) + (8 \times 1)$$
$$= 8192 + 768 + 192 + 8 = 9160$$

> **WARNING_ 16진수에 대한 오해**
>
> 시스템 프로그래밍을 처음 학습할 때 16진수는 메모리 주소를 표현하는 경우 외에는 거의 나오지 않는다. 변수의 메모리 주소를 printf의 %p(포인터) 포맷 코드로 출력하면 16진수의 출력이 나온다.
>
> 많은 사람들이 자주 16진수를 메모리 주소(예, C 포인터 변수)와 동일시한다. 이런 방식으로 주소를 표현하는 것에 익숙할 수 있지만, 16진수도 다른 데이터와 마찬가지로 하드웨어에는 2진수로 저장된다는 점을 기억하자!

4.1.4 저장 공간 제한

개념적으로 부호 없는 정수는 무한하다. 하지만 실질적으로 프로그래머는 숫자를 저장하기 전에 변수에 할당할 비트 수를 선택해야 한다. 다음과 같은 이유 때문이다.

- 값을 저장하기 전에 프로그램은 값을 저장할 저장 공간을 할당해야 한다. C 언어에서는 변수를 선언함으로써 컴파일러에 그 타입에 따라 필요한 메모리양을 전달한다('1.1.2 변수와 C의 숫자 타입' 참조).
- 하드웨어 저장 장치의 용량은 유한하다. 시스템의 메인 메모리는 전형적으로 용량이 크고 제한되지 않는 반면, 임시 '스크래치 공간'scratch space'('5.4.3 CPU 레지스터' 참조)으로 사용되는 CPU 내부 저장 공간은 제한된다. CPU는 시스템의 워드 크기(CPU 아키텍처에 따라 일반적으로 32비트나 64비트)로 한정된 레지스터를 사용한다.
- 프로그램은 주로 데이터를 한 저장 장치에서 다른 저장 장치로 옮긴다(예, CPU 레지스터와 메인 메모리). 값이 커질수록 저장 장치는 신호를 전달하기 위해 더 많은 전선이 필요하다. 따라서 저장 장치를 늘릴수록 하드웨어의 복잡도가 증가하고 다른 컴포넌트를 위한 물리적 공간이 줄게 된다.

정수 하나를 저장하기 위해 사용되는 비트 수는 표현 가능한 값의 범위에 따라 달라진다. [그림 4-4]는 부호가 없는 무한 정수와 유한 정수에 대한 저장 공간을 개념적으로 나타낸다.

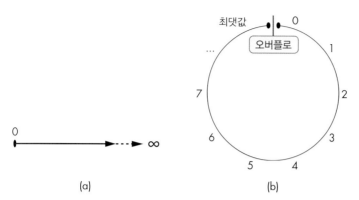

그림 4-4 (a) 부호가 없는 무한 수와 (b) 부호가 없는 유한 수. 유한 수는 양쪽 끝 자리에서 '접힌다'(오버플로).

변수의 크기보다 큰 값을 저장하려고 하면 **정수 오버플로**integer overflow가 발생한다. 오버플로에 관해서는 후반에 설명한다('4.5 정수 오버플로' 참조). 여기서는 우선 차량의 총 주행 거리계odometer로 생각하자(최댓값을 넘어 증가하면 0으로 '되돌아간다'roll over). 이와 비슷하게 0에서 1을 빼면 최댓값이 된다.

이 지점에서 부호가 없는 2진수에 대해 자연스럽게 이런 질문이 떠오른다. 'N비트에 저장할 수 있는 가장 큰 양의 숫자는 무엇인가?' 다시 말해, 모든 비트가 1인 N비트가 주어졌을 때, 이 비트열의 값은 무엇인가? 간단하게 생각해보면, 이전 절에서 N비트를 사용해 2^N개의 고유한 비트열을 나타낼 수 있음을 보였다. 이 비트열들 중 하나는 반드시 숫자 0에 해당하므로, 나머지 $2^N - 1$개의 양숫값은 1부터 $2^N - 1$이 된다. 그러므로 N비트의 부호가 없는 2진수의 최댓값은 $2^N - 1$이다.

예를 들어 8비트는 $2^8 = 256$개의 고유한 수열을 나타낼 수 있다. 그 수열 중 0b00000000은 0을 위해 예약됐으며, 나머지 255개의 수열은 양숫값을 저장한다. 따라서 하나의 8비트 변수는 1부터 255까지의 양숫값을 나타낼 수 있으며, 최댓값은 255다.

4.2 진수 변환

이 장에서 설명한 세 가지 숫자 체계는 각각 다른 컨텍스트에서 자주 등장한다. 또한 여러분은 한 숫자 체계를 다른 숫자 체계로 변환해야 할 수도 있다. 이 절은 2진수를 16진수로 변환하는 내용으로 시작한다. 2진수와 16진수는 상호 간에 쉽게 매핑할 수 있다. 이후 2진수, 16진수, 10진수 간 변환을 살펴본다.

4.2.1 2진수와 16진수 변환

2진수와 16진수의 밑은 모두 2의 제곱수이므로 이들은 서로 직관적으로 변환할 수 있다. 특히 16진수의 각 자리는 16개의 고윳값을 가지며, 4개의 비트는 2^4 = 16개의 고윳값을 가지므로 각 값을 직접적으로 연관 지을 수 있다. [표 4-3]는 4비트로 표현할 수 있는 모든 수열과 16진수 한 자리의 매핑을 나타낸다.

표 4-3 2진수의 모든 비트열과 16진수 한 자리의 매핑

2진수	16진수	2진수	16진수
0000	0	1000	8
0001	1	1001	9
0010	2	1010	A
0011	3	1011	B
0100	4	1100	C
0101	5	1101	D
0110	6	1110	E
0111	7	1111	F

[표 4-3]의 내용은 두 숫자 체계에서 0부터 15까지 정리했으므로 굳이 암기할 필요는 없다. 이 표의 매핑을 사용하면, 길이에 상관없이 2진수와 16진수를 양방향으로 자유롭게 변환할 수 있다.

0xB491을 2진수로 바꿀 때는 16진수의 각 자리를 그에 해당하는 2진수로 변경하면 된다.

```
   B    4    9    1
 1011 0100 1001 0001  ->  0b1011010010010001
```

0b1111011001을 16진수로 변환할 때는 가장 먼저 비트열을 오른쪽에서 왼쪽으로 4비트씩 덩어리로 나눈다. 가장 왼쪽의 덩어리가 4비트가 되지 않으면 비트열의 왼쪽을 0으로 채운다. 그리고 각 덩어리를 16진수로 변환한다.

```
 1111011001  ->  11 1101 1001  ->  0011 1101 1001
                                    ^ padding

 0011 1101 1001
   3    D    9 -> 0x3D9
```

4.2.2 10진수로 변환

다행히도 값을 10진수로 변환하는 과정은 이 장의 앞부분에서 했던 것과 같다. B를 밑으로 하는 어떤 숫자의 각 자리를 오른쪽에서 왼쪽으로 d_0, d_1, d_2, …라고 하면, 이 숫자를 10진수로 변환하는 일반적인 공식은 다음과 같다.

$$(d_{N-1} \times B^{N-1}) + (d_{N-2} \times B^{N-2}) + \cdots + (d_2 \times B^2) + (d_1 \times B^1) + (d_0 \times B^0)$$

4.2.3 10진수를 변환

10진수에서 다른 숫자 체계로 변환할 때는 조금 더 수고해야 한다. 이전 공식을 역으로 적용해보자. 각 자리의 위치에 기반해 항의 값을 결정하고, 모든 값을 더하면 원래의 10진수가 된다. 같은 방식으로 대상 숫자 체계의 각 자릿수(1의 자리, 10의 자리 등)를 생각하면 이해가 편하다. 예를 들어 10진수를 16진수로 변환한다고 가정하자. 16진수의 각 자리는 16의 배수에 일치한다. [표 4-4]는 첫 몇 개의 제곱수를 나타낸다.

표 4-4 16의 제곱수

16^4	16^3	16^2	16^1	16^0
65536	4096	256	16	1

한 예로 10진수 9742를 16진수로 변환한다면 다음을 고려해야 한다.

- 65536은 9742 안에 몇 번 포함되는가? (다시 말해, '65536의 자리' 위치의 값은 무엇인가?)

  16진수 결과에서는 65536의 배수가 필요하지 않다. 9742가 65536보다 작기 때문이다. 그러므로 d_4의 값은 0이다. 같은 논리를 적용하면 그 이상의 자리는 모두 0이 된다. 그 이상의 자리가 모두 65536보다 크기 때문이다. 지금까지 계산한 결과는 다음과 같다.

$$\begin{array}{ccccc} & & & & 0 \\ d_4 & d_3 & d_2 & d_1 & d_0 \end{array}$$

- 4096은 9742 안에 몇 번 포함되는가? (즉, '4096의 자리' 위치의 값은 무엇인가?)

  4096은 9742 안에 2번 포함된다($2 \times 4096 = 8192$). 그러므로 d_3의 값은 2다. 따라서 d_3은 전체 값에 8192만큼 기여하므로, 결과는 $9742 - 8192 = 1550$이 된다.

$$\begin{array}{ccccc} & & 0 & & 2 \\ d_4 & d_3 & d_2 & d_1 & d_0 \end{array}$$

- 256은 1550 안에 몇 번 포함되는가? (즉, '256의 자리' 위치의 값은 무엇인가?)

  256은 1550 안에 6번 포함된다($6 \times 256 = 1536$). 그러므로 d_2의 값은 6이다. 나머지는 $1550 - 1536 = 14$가 된다.

$$\begin{array}{ccccc} & 0 & 2 & 6 & \\ d_4 & d_3 & d_2 & d_1 & d_0 \end{array}$$

- 16은 14 안에 몇 번 포함되는가? (즉, '16의 자리' 위치의 값은 무엇인가?)

  한 번도 포함되지 않는다. 따라서 d_1의 값은 0이다.

$$\begin{array}{ccccc} 0 & 2 & 6 & 0 & \\ d_4 & d_3 & d_2 & d_1 & d_0 \end{array}$$

- 마지막으로 1은 14 안에 몇 번 포함되는가? (즉, '1의 자리' 위치의 값은 무엇인가?)

  답은 14다. 16진수로는 E에 해당한다.

0	2	6	0	E
d_4	d_3	d_2	d_1	d_0

따라서 10진수 9742는 16진수 0x260E와 같다.

10진수를 2진수로 변환하기: 2의 제곱수

2진수(및 다른 숫자 체계)에도 동일한 절차를 적용할 수 있으며, 적절한 밑의 제곱수를 사용하면 된다. 2의 제곱수를 나타낸 [표 4-5]를 참고해 10진수 422를 2진수로 변환해보자.

표 4-5 2의 제곱수

2^8	2^7	2^6	2^5	2^4	2^3	2^2	2^1	2^0
256	128	64	32	16	8	4	2	1

비트 하나는 0과 1 중 하나만 저장할 수 있으므로, '각 제곱수가 한 값 안에 몇 번 포함되는가?'라는 질문은 2진수로 변환할 때 군이 필요하지 않다. 대신 그보다 단순한 질문을 할 수 있다. '그다음으로 큰 2의 제곱수가 포함되는가?' 예를 들어 10진수 422를 변환한다면,

- 256은 422 안에 포함된다. 따라서 d_8은 1이다. 나머지는 422 − 256 = 166이다.
- 128은 166 안에 포함된다. 따라서 d_7은 1이다. 나머지는 166 − 128 = 38이다.
- 64는 38 안에 포함되지 않는다. 따라서 d_6은 0이다.
- 32는 38 안에 포함된다. 따라서 d_5은 1이다. 나머지는 38 − 32 = 6이다.
- 16은 6 안에 포함되지 않는다. 따라서 d_4은 0이다.
- 8은 6 안에 포함되지 않는다. 따라서 d_3은 0이다.
- 4는 6 안에 포함된다. 따라서 d_2은 1이다. 나머지는 6 − 4 = 2이다.
- 2는 2 안에 포함된다. 따라서 d_1은 1이다. 나머지는 2 − 2 = 0이다.
  (참고로, 나머지가 0이 되면 그 이후의 남은 모든 자릿수는 항상 0이다).
- 1은 0 안에 포함되지 않는다. 따라서 d_0은 0이다.

따라서 10진수 422는 0b110100110과 같다.

10진수를 2진수로 변환하기: 반복해서 나누기

앞에서 설명한 방법은 2의 제곱수에 비교적 익숙한 이들이 사용하기에 효과적이다(가령 244를 변환한다면 첫 번째 자리가 2_8에서 시작한다는 점을 알아야 한다. $2^9 = 512$이기 때문이다).

2의 제곱수에 관한 지식 없이 사용할 수 있는 다른 방법도 소개한다. 대신 이 방법에서는 10진수의 패리티parity(짝수 아니면 홀수)를 확인해서 2진수를 만들고, 반복적으로 몫을 2로 나누어 다음 비트를 결정한다. 결과 비트는 **오른쪽에서 왼쪽으로** 만들어진다는 점을 기억하자. 10진수가 짝수이면 다음 비트는 0이 된다. 10진수가 홀수이면 다음 비트는 1이 된다. 나눗셈이 0이 되면, 변환이 완료된다.

예를 들어 422를 변환하는 과정은 다음과 같다.

- 422가 짝수이므로, d_0의 값은 0이다(가장 오른쪽 비트다).
- $422/2 = 211$이 홀수이므로, d_1의 값은 1이다.
- $211/2 = 105$가 홀수이므로, d_2의 값은 1이다.
- $105/2 = 52$가 짝수이므로, d_3의 값은 0이다.
- $52/2 = 26$이 짝수이므로, d_4의 값은 0이다.
- $26/2 = 13$이 홀수이므로 d_5의 값은 1이다.
- $13/2 = 6$이 짝수이므로 d_6의 값은 0이다.
- $6/2 = 3$이 홀수이므로, d_7의 값은 1이다.
- $3/2 = 1$이 홀수이므로, d_8의 값은 1이다.
- $1/2 = 0$이므로 9번째 자리 이후의 모든 자릿값은 0이다. 알고리즘은 종료된다.

예상한 대로, 이 방법을 사용해 변환한 결과와 이전에 계산한 결과는 0b110100110으로 같다.

4.3 부호가 있는 2진수 정수

지금까지는 부호가 있는 2진수 정수(0과 양수)에 관해서만 논의했다. 이번 절에서는 음수를 나타내는 2진수의 대체 해석을 살펴본다. 변수의 저장 공간이 유한한 상태에서, 부호가 있는 2진 인코딩은 반드시 음숫값, 0, 양숫값을 구분해야 한다. 부호가 있는 숫자를 다룰 때는 추가로 숫자를 부정하는 절차가 필요하다.

부호가 있는 2진 인코딩은 비트열을 음수와 비음숫값$^{\text{non-negative}}$값으로 나눠야만 한다. 실제로 시스템 설계자들은 범용 시스템을 만들기 때문에 50:50으로 나누는 방법이 가장 좋다. 따라서 이 장에서 살펴보는 부호가 있는 숫자 인코딩에서는 음수의 수와 비음숫값의 수가 동일하다.

> **NOTE_ 비음수 vs. 양수**
>
> 비음수$^{\text{non-negative}}$와 양수^{positive}에는 미묘하지만 중요한 차이가 있다. 엄밀히 말하자면 양수는 0을 포함하지 않는다. 반면, 비음수는 0을 포함한다. 사용할 수 있는 비트열을 음수와 비음수로 절반씩 분할하더라도, 비음숫값 중 하나는 0을 위해 예약돼야 한다. 따라서 고정된 수의 비트가 주어질 때, 숫자 체계에서는 양수보다 음수가 하나 더 많다(예. 2의 보수 체계$^{\text{2's complement system}}$)

부호가 있는 숫자 인코딩에서는 한 비트를 사용해 **음수** 셋과 **비음수** 셋을 구분한다. 관습적으로 가장 왼쪽 비트를 사용해 해당 숫자가 음수인지(1), 비음수인지(0) 표시한다. 이 가장 왼쪽 비트를 최상위 비트$^{\text{the high order bit}}$ 또는 가장 중요한 비트$^{\text{the most significant bit}}$라고 부른다.

이 장에서는 두 가지 잠재적인 부호가 있는 2진수 인코딩, 즉 부호가 있는 수와 2의 보수를 소개한다. 비록 현재 이 인코딩 중 실질적으로 사용되는 건 2의 보수뿐이지만, 두 인코딩을 비교하며 주요한 특징을 살펴보겠다.

4.3.1 부호가 있는 수

부호가 있는 수$^{\text{signed magnitude}}$를 표현할 때는 최상위 비트를 배타적으로(명시적으로) 부호 비트로 간주한다. 다시 말해, 가장 왼쪽 비트의 값이 1이든 0이든, 전체 숫자의 절댓값에 영향을 미치지 않는다. 가장 왼쪽 비트는 단지 해당 값이 양수인지(최상위 비트가 0) 혹은 음수인지(최상위 비트가 1)만 결정한다. 2의 보수에 비해, 부호가 있는 수에서는 10진수 변환과 부호 변환 절차가 상대적으로 직관적이다.

- N비트의 부호가 있는 수열을 10진수로 계산할 때는 d_0부터 d_{N-2} 자리까지 계산한다('4.1.2 부호가 없는 2진수' 참조). 다음으로 최상위 비트 d_{N-1}을 확인한다. 해당 비트가 1이면 그 값은 음수이고, 그렇지 않으면 음수가 아니다(즉, 비음수다).
- 값을 부정할 때는 최상위 비트 값을 뒤집어 숫자의 부호를 바꾼다.

[그림 4-5]에 4비트의 부호가 있는 수열을 10진수에 매핑해두었다. 한눈에 보기에 부호가 있는 수는 매우 단순하기 때문에 매력적으로 보이기까지 한다. 안타깝게도, 두 가지 단점이 있어 그 매력이 반감된다. 첫째는 0을 표현하는 방법이 2가지라는 점이다. 예를 들어, 4비트의 부호가 있는 수는 0(0b0000)과 음수 0(0b1000)을 나타낸다. 하드웨어 설계자들은 이 때문에 어려움을 겪는다. 동일한 숫자를 비트 값이 다른 2개의 바이너리 비트열로 표현해야 하기 때문이다. 하드웨어 설계자의 업무는 이런 중요한 숫자를 표현하는 방법이 한 가지일 때 훨씬 쉬워진다.

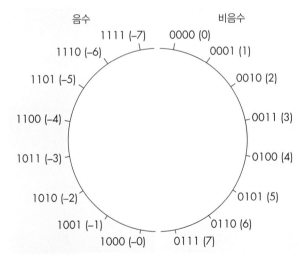

그림 4-5 4비트열의 부호가 있는 수의 논리적 레이아웃

부호가 있는 수의 또 다른 단점은 음숫값과 0 사이에 귀찮은 단절이 존재한다는 점이다. 오버플로에 관해서는 '4.5 정수 오버플로'에서 깊이 다룬다. 4비트열 0b1111에 1을 더하면

0b0000으로 되돌아간다. 부호가 있는 수라면 이 효과로 인해 0b1111(−7) + 1이 −6이 아니라 0이 된다. 이 문제를 해결할 수는 있지만, 그 해결 방법은 하드웨어 설계를 되려 복잡하게 만든다. 그리고 무엇보다 음수와 비음수 정수 사이를 오가는 모든 변환은 특별히 다루어야 할 영역이 되어 버린다.

이런 이유로 부호가 있는 수는 실질적으로 거의 사라졌다. 대신 2의 보수가 그 자리를 차지했다.

4.3.2 2의 보수

2의 보수$^{\text{2's complement}}$ 인코딩은 부호가 있는 수가 가진 문제를 현명하게 해결한다. 부호가 있는 수와 마찬가지로, 2의 보수의 최상위 비트는 해당 값이 음수인지 아닌지를 나타낸다. 하지만 최상위 비트는 숫자 값 자체에도 영향을 미친다. 어떻게 두 가지를 모두 하는가?

N비트 값의 2의 보수에 대한 10진수를 계산하는 과정은 이미 익숙한 부호가 없는 수의 계산 방식과 비슷하다. 단, 최상위 비트는 부정에 사용한다. 즉, N비트의 2의 보수열에서 첫 번째 비트는 $d_{N-1} \times 2^{N-1}$이 아닌 $-d_{N-1} \times 2^{N-1}$을 의미한다(음수 기호에 주의). 따라서 최상위 비트가 1이면, 전체값은 음수가 된다. 첫 번째 비트가 전체 합에 가장 많이 기여하기 때문이다. 그렇지 않으면 첫 번째 비트는 전체합에 아무런 기여도 하지 않으며 그 결과는 비음수가 된다. 다음은 전체 공식이다.

$$-(d_{N-1} \times 2^{N-1}) + (d_{N-2} \times 2^{N-2}) + \cdots + (d_2 \times 2^2) + (d_1 \times 2^1) + (d_0 \times 2^0)$$

(맨 앞의 음수 부호는 첫 번째 항에만 붙는다!)

[그림 4-6]은 4비트열에 대한 2의 보수의 레이아웃이다. 이 정의에서는 0을 표현하는 코드가 하나뿐이다. 모든 비트열이 0일 때만 0이다. 0을 나타내는 비트열이 하나뿐이므로, 2의 보수에서는 음수의 수가 양수의 수보다 하나 더 많다. 예시와 같이 4비트를 사용하면 2의 보수의 최솟값은 0b1000(−8), 최댓값은 0b0111(7)이다. 다행히도 이런 비대칭은 하드웨어 설계에 영향을 주지 않음은 물론, 애플리케이션에서도 거의 문제를 일으키지 않는다.

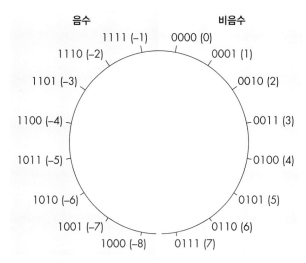

그림 4-6 4비트열 길이를 갖는 2의 보수 값의 논리적 레이아웃

부호가 있는 수에 비해, 2의 보수는 음수와 0 사이의 전환을 더 자연스럽게 만든다. 값을 저장하는 데 사용되는 비트 수와 무관하게, 모든 비트가 1인 2의 보수의 값은 언제나 −1이다. 이 비트열에 1을 더하면 모든 비트가 0으로 되돌아가는데, 상당히 편리하다. −1 + 1은 반드시 0이 되기 때문이다.

부정

2의 보수 인코딩에서의 부정은 부호가 있는 수를 부정하는 방법보다 약간 더 까다롭다. N비트 값을 부정하려면, 2^N을 기준으로 그 값에 대한 보수를 결정해야 한다(2의 보수라는 이름이 여기에서 유래했다). 다시 말해, N비트 값 X를 부정하는 비트열 Y(X의 보수)는 X + Y = 2^N를 만족해야 한다.

다행히도 실질적으로 편리한 방법으로 2의 보수를 구할 수 있다. 모든 비트를 반전시킨 뒤 1을 더한다. 예를 들어 8비트 값 13을 부정한다면, 먼저 13의 2진 값을 결정한다('4.2.3 10진수에서 변환하기' 참조). 13은 8, 4, 1의 합이므로 해당 비트인 3, 2, 0번째 비트를 설정한다.

```
00001101   (10진수 13)
```

다음으로, '모든 비트를 뒤집는다'(모든 0은 1로, 1은 0으로 바꾼다).

```
11110010
```

마지막으로, 1을 더하면 0b11110011이 된다. 2의 보수 비트열을 해석하는 공식을 적용한 결괏값은 명확하게 −13이 된다.

$$-(1 \times 2^7) + (1 \times 2^6) + (1 \times 2^5) + (1 \times 2^4) + (0 \times 2^3) + (0 \times 2^2) + (1 \times 2^1) + (1 \times 2^0)$$
$$= -128 + 64 + 32 + 16 + 0 + 0 + 2 + 1 = -13$$

마치 마법처럼 보이는 이 공식이 작동하는 이유가 흥미롭다면, 13의 8비트 값을 부정하는 과정을 조금 더 공식적으로 생각해보자. 13의 보수를 찾기 위해서는 0b00001101(13) + Y = 0b100000000(2^8, 값을 나타내기 위해 새로운 비트가 필요하다)를 풀어야 한다. 방정식은 Y = 0b100000000 − 0b00001101로 다시 쓸 수 있다. 이는 명확하게 다음의 뺄셈 문제와 같다.

```
  100000000   (256)
 -  00001101   (13)
```

다소 우스꽝스러워 보일지 몰라도, 이 뺄셈은 (0b011111111 + 1) − 0b00001101과 같이 표현하면 더 쉽게 계산할 수 있다. 2^8(256)을 (255 + 1)으로 표현한 것과 같다. 변경한 계산식은 이후 다음과 같다.

```
  011111111   (255)  + 00000001   (1)
 -  00001101   (13)
```

앞에서 본 것처럼 모든 비트 값 b에 대해 1 − b를 '뒤집은' 값은 서로 같다. 따라서 앞 예시에서의 전체 뺄셈은 작은 숫자의 비트를 반전하는 것으로 바꿀 수 있다. 남은 계산은 256을 255 + 1로 표현하듯, 남은 1을 더한다. 위 내용에 따라, 값의 비트를 모두 반전한 뒤 1을 더하면 그 보수를 계산할 수 있다!

부호 확장

종종 다른 비트수로 저장된 두 숫자로 산술 연산을 할 때가 있다. 예를 들어, C에서 32비트 int와 16비트 short를 더한다고 가정해보자. 이런 경우에는 비트수가 적은 숫자를 부호 확장 signed extension해야 한다. 부호 확장이란 간단히 말해 대상 숫자의 가장 중요한 비트를 원하는 길이가 될 때까지 반복해 늘리는 작업을 말한다. 물론 C에서의 비트 연산은 컴파일러가 담당하지만, 그 절차를 알아두면 도움이 된다.

예를 들어, 4비트열인 0b0110(6)을 8비트열로 늘린다면, 최상위 비트(0)를 그 앞에 네 번 붙여 확장된 값인 0b00000110(여전히 6)을 만들 수 있다. 0b1011(−5)를 8비트열로 늘릴 때도, 마찬가지로 최상위 비트(1)를 네 번 붙여 확장된 값인 0b11111011(여전히 −5)를 얻을 수 있다. 계산이 올바른지 증명하기 위해 새로운 비트를 추가함에 따라 값이 어떻게 변하는지 확인해 본다.

```
       0b1011 =                         -8 + 0 + 2 + 1 = -5
      0b11011 =                   -16 + 8 + 0 + 2 + 1 = -5
     0b111011 =             -32 + 16 + 8 + 0 + 2 + 1 = -5
    0b1111011 =       -64 + 32 + 16 + 8 + 0 + 2 + 1 = -5
   0b11111011 = -128 + 64 + 32 + 16 + 8 + 0 + 2 + 1 = -5
```

예시를 통해 알 수 있듯, 비음수(최상위 비트가 0)는 0을 앞에 계속 추가해도 비음수인 상태를 유지한다. 마찬가지로, 음수(최상위 비트가 1)는 앞에 계속 1을 추가해도 음수 상태를 유지한다.

> **NOTE_ 부호가 없는 0 확장**
>
> 부호가 없는 값(예, C 변수는 명시적으로 unsigned 지시자로 선언된다)의 경우, 더 긴 비트열로 확장할 때는 0을 덧붙여 확장zero extension해야 한다. 왜냐하면 unsigned 지시자는 값이 음수로 해석되는 것을 방지하기 때문이다. 0 확장은 확장된 비트열의 가장 높은 자리에 0을 계속 붙인다. 예를 들어, 0b110(unsigned로 해석할 경우 14!)는 최상위 비트가 1임에도 불구하고 0b00001110으로 확장할 수 있다.

4.4 2진 정수 산술 연산

앞에서 부호가 없는 정수('4.1.2 부호가 없는 2진수' 참조)와 부호가 있는 정수('4.3 부호가 있는 2진수 정수' 참조)에 관해 살펴봤다. 이제 이 숫자들을 산술 연산에 사용해보자. 다행히도 이들의 인코딩 덕분에 피연산자나 연산 결과를 부호가 있는 것으로 다루는지, 부호가 없는 것으로 다루는지는 중요하지 않다. 이는 하드웨어 설계자에게는 축복과 같은 소식이다. 하나의 하드웨어 컴포넌트만 만들어 부호가 있는 연산과 부호가 없는 연산에서 공유할 수 있기 때문이다. '5.4 회로'에서는 수리 연산을 수행하는 회로를 자세히 소개한다.

다행히 초등학교에서 10진수를 계산할 때 종이와 연필을 사용하던 방식을 2진수에도 그대로 적용할 수 있다. 물론 하드웨어가 계산하는 방식과 똑같지는 않지만, 적어도 그 방식을 이해할 수는 있다.

4.4.1 덧셈

2진수에서는 각 자릿수가 1 아니면 0임을 기억하자. 따라서 값이 1인 두 비트를 더하면 다음 자리로 **자리 올림**이 발생한다(예, 1 + 1 = 0b10, 결과적으로 값을 표현하려면 두 비트가 필요하다). 실질적으로 프로그램들은 여러 비트의 변수에 대한 덧셈을 수행하며, 한 자리에서 발생하는 자리 올림은 다음 자리의 계산에 영향을 준다.

일반적으로 두 2진수(A와 B)를 더할 때 **Digit$_A$**의 값, **Digit$_B$**의 값, **Carry$_{in}$**(이전 자리에서의 자리 올림)에 따라 8가지 결과가 가능하다. [표 4-6]은 한 쌍의 비트를 더할 때 발생할 수 있는 8가지 가능성을 정리한 표다. **Carry$_{in}$** 열은 이전 자리에서 발생한 자리 올림을 나타내며, **Carry$_{out}$** 열은 현재 두 자리를 더했을 때 다음 자리에 자리 올림이 발생함을 나타낸다.

표 4-6 두 개의 2진수(A, B) 자리를 더할 때 발생할 수 있는 여덟 가지 결과. 이전 자리에서 발생할 수 있는 자리 올림(Carry$_{in}$) 고려

입력			출력	
Digit$_A$	Digit$_B$	Carry$_{in}$	결과(합)	Carry$_{out}$
0	0	0	0	0
0	0	1	1	0
0	1	0	1	0
0	1	1	0	1
1	0	0	1	0
1	0	1	0	1
1	1	0	0	1
1	1	1	1	1

4비트의 2진수 두 개의 덧셈을 생각해보자. 먼저 각 자리가 일치하도록 자릿수를 늘어놓는다. 그리고 낮은 자리부터(d_0) 높은 자리로(d_3) 각 자리를 차례로 더한다. 예를 들어, 0b0010 + 0b1011은 다음과 같이 계산한다.

문제 설정	계산 결과	
	1	자리 1에서 자리 2로의 자리 올림 1 발생
0010	0010	
+ 1011	+ 1011	
	1101	

예시에서는 d_1에서 d_2로 자리 올림(1)이 발생한다. 이 상황은 합이 9를 초과하는 두 10진수 합의 상황과 유사하다. 예를 들어, 5 + 8 = 13일 때 1의 자리는 3, 자리 올림 1이 10의 자리에 발생한다.

첫 번째 피연산자(0b0010)의 가장 윗자리는 0이므로 2의 보수와 부호가 없는 해석 모두에서 그 값이 2다. 두 번째 피연산자(0b1001)는 부호가 있는 2의 보수값에서는 −5로 해석된다. 한편, 부호가 없는 값에서는 11로 해석된다. 다행히도 피연산자에 대한 해석은 결과 계산 단계에 아무런 영향도 주지 않는다. 즉, 계산 결과(0b1101)는 13(부호가 없는 경우: 2 + 11) 또는 −3(부호가 있는 경우: 2 + −5), 이 둘을 모두 나타낼 수 있는데, 이는 두 번째 피연산자의 해석에 따라 모두 올바른 답이다.

일반적으로 4비트열은 **부호가 없는** 수로 해석하면 [0, 15]의 값을 나타낸다. **부호가 있는** 수로 해석하면 [−8, 7]을 나타낸다. 앞의 예시에서 결과는 모두 두 경우에 나타낼 수 있는 범위에 포함됐다. 하지만 항상 그렇지는 않다. 예를 들어, 0b1100(부호가 없는 12) + 0b0111(부호가 없는 7)의 답은 19여야 하지만, 4비트열에서는 19를 표시할 수 없다.

문제 설정	계산 결과	
	11	← 자리 2에서 자리 3으로 자리 올림 1 발생.
		자리 3에서 전체값 자리 올림 발생
1100	1100	
+ 0111	+ 0111	
	0011	
	1	← 자리 올림

이 예시의 덧셈에서는 최상위 비트에서 자리 올림 1이 발생한다. 이는 전체 산술 연산에서 **자리 올림 발생**(carry out)이라고 불리는 조건이다. 예시에서 이 자리 올림은 의도된 결과를 저장하기 위해 산술 연산의 결과를 출력하는 추가 비트가 필요함을 나타낸다. 그러나 이 계산은 4비트열을 사

용하므로 자리 올림을 위한 추가 비트를 사용할 수 없다. 그래서 하드웨어는 그 자리 올림을 **잘라내고**, 0b0011을 결과로 남긴다. 물론, 12 + 7을 계산하는 것이 목표였다면 3이라는 결과는 당황스러울 것이다. 이는 수열의 **오버플로**를 따른 결과다. '4.5 정수 오버플로'에서 오버플로를 감지하는 방법과 그런 현상이 나타나는 이유를 살펴본다.

> **NOTE_** 멀티비트 덧셈 회로multibit adder circuits는 가장 오른쪽 자리 d_0에 대한 자리 올림도 지원한다. 이 자리 올림은 덧셈에서는 유용하지 않다. 암묵적으로 0으로 설정되기 때문에 이전 예시에서도 표현되지 않았다. 그렇지만 자리 올림은 덧셈 회로를 사용하는 다른 연산, 그중에서도 뺄셈에서는 매우 중요하다.

4.4.2 뺄셈

뺄셈은 친숙한 두 가지 연산인 덧셈과 부정을 조합한 연산이다. 다시 말해, 7 − 3은 7 + (−3)으로 표현된 연산과 동일하다. 이 뺄셈 방식은 하드웨어가 작동하는 방식과 유사하다. CPU는 이미 덧셈 회로와 부정 회로를 갖고 있으므로, 이 회로를 재사용하는 것이 새로운 뺄셈 회로를 만드는 것보다 더 낫다. 2진수를 부정하는 방법은 모든 비트를 뒤집은 다음 1을 더하면 된다는 점을 다시 상기하자('4.3.2 2의 보수'의 '부정' 참조).

다음 예시인 0b0111(7) − 0b0011(3)에 관해 생각해보자. 이 계산은 3을 비트 반전 회로bit-flipping circuit에 보내는 것으로 시작한다. 1을 더하기 위해 덧셈 회로가 가진 **자리 올림**을 사용한다. 즉, 덧셈 회로의 자리올림 기능을 본래 목적과는 다르게 사용해 d_0을 1로 설정한다. 자리 올림을 1로 설정하면 '1의 자리' 값이 1 증가하는데, 이는 정확하게 부정 연산에서의 '+1'과 일치한다. 설명한 과정을 종합하면 예시는 다음과 같이 나타난다.

문제 설정	덧셈으로 변환됨	계산 결과	
	1 (자리 올림)	1 (자리 올림)	
0111	0111	0111	
− 0011	+ 1100 (비트 반전)	+ 1100	(비트 반전)
		0100	
		1	← 자리 올림

최종적으로 덧셈을 한 결과는 추가 비트에 대한 자리 올림을 발생시키지만, 해당 자리가 잘리므로 결과(0b0100)는 예상대로 4가 된다. 앞의 덧셈 예시와 달리, 최상위 비트에서 발생한 자리 올림은 뺄셈에서는 암묵적인 오버플로 문제가 되지 않는다.

뺄셈을 부정과 덧셈으로 변환해 계산하는 과정은 음수의 뺄셈에서도 동일하게 동작한다. 예를 들어, 7 − (−3)은 10이 된다.

문제 설정	덧셈으로 변환됨	계산 결과
	1 (자리 올림)	1 (자리 올림)
0111	0111	0111
− 1101	+ 0010 (비트 반전)	+ 0010 (비트 반전)
		1010
		0 ← 자리 올림

자리 올림 있음(혹은 없음)의 영향에 관해서는 '4.5 정수 오버플로'에서 자세히 살펴본다.

4.4.3 곱셈과 나눗셈

이 절에서는 2진수 정수의 곱셈과 나눗셈을 간단하게 살펴본다. 손으로 계산하는 방법과 동일하며, 현대 하드웨어의 동작을 반영하지는 않는다. 곱셈과 나눗셈은 대략적으로만 설명하고, 이 장의 나머지 부분에서는 덧셈과 뺄셈을 중점적으로 다룬다.

곱셈

2진수를 곱할 때는 손으로 계산할 때와 같이 한 번에 한 자리씩 곱한 뒤, 그 결과를 더한다. 예를 들어, 0b0101(5)와 0b0011(3)을 곱한 값은 다음을 더한 값과 같다.

- d_0과 0b101(5)를 곱한 결과: 0b0101(5)
- d_1과 0b101(5)를 곱한 값을 왼쪽으로 한 자리 시프트한 값: 0b1010(10)

```
   0101       0101       0101
 x 0011  =  x    1  +  x   10  =  101 + 1010  =  1111 (15)
```

(정수의) 나눗셈

앞에서 설명한 연산과 달리, 정수의 나눗셈 결과는 정수가 아닐 가능성이 있다. 정수의 나눗셈에서 염두에 둘 점은 대부분의 언어(예, C, 파이썬 2, 자바)가 소수점(즉, 분수)을 잘라낸다는 점이다. 이를 제외하고는 2진수의 나눗셈 역시 초등학교에서 배우는 방법을 그대로 사용한다. 예를 들어, 11 / 3의 결괏값은 정수 3이다.

```
      ----
   11 |1011


      00__    11 (3)은 1(1) 또는 10(2)에 포함되지 않으므로,
   11 |1011   첫 번째 두 자리의 결과는 00이다.


      001_    11 (3)은 101(5)에 한 번 포함된다.
   11 |1011


      101     101 (5) - 11 (3) 의 나머지는 10(2)이다.
    -  11
       10


      0011
   11 |1011   11 (3)은 101(5)에 한 번 포함된다.
       101
```

이 시점에서 산술 연산 결과는 예상한 정숫값인 0011(3)이며, 하드웨어는 나머지 값을 버린다. 나머지 값을 알고 싶다면 나머지 연산자(%)를 사용한다. 예를 들어, 11 % 3 = 2다.

4.5 정수 오버플로

정수는 수학적으로는 무한하지만, 실질적으로 컴퓨터 메모리의 숫자 타입 비트열 수는 일정하다('4.1.4 저장 공간 제한' 참조). 이 장에서 힌트를 제공했듯, 고정된 비트 수를 사용한다는 것은 프로그램이 저장해야 할 값을 표현하지 못할 가능성을 내포한다. 예를 들어, 2개 정수의 덧

셈에서 합법적인 두 값을 더한 결과가 정상적으로 표현되지 못하는 것을 확인했다('4.4.1 덧셈' 참조). 표현할 수 있는 저장 공간이 부족한 계산은 오버플로를 발생시킨다.

4.5.1 총 주행 거리계 비유

오버플로의 성격을 규정하기 위해 컴퓨팅 세계가 아닌, 자동차의 총 주행 거리계를 예로 들어 생각해보자. 총 주행 거리계는 자동차가 주행한 전체 거리를 일정한 거리 단위(예, 1km)로 계산하며, 디지털이든 아날로그든 여러 자리의 숫자(10진수)를 나타낸다. 총 주행 거리계가 표시할 수 있는 거리보다 조금이라도 더 주행하면(예, 1km), 해당 거리를 표시할 수 없으므로 총 주행 거리계는 0km로 '되돌아간다'. 예를 들어, 여섯 자리 총 주행 거리계의 표현 가능한 최댓값은 999999다. 여기에서 1km를 더 주행할 경우 총 주행 거리계는 1000000을 표시해야 하지만, '4.4.1 덧셈'에서 설명한 덧셈 오버플로와 마찬가지로 여섯 번째 자리에서 한 자리 올림이 발생하면 000000만 남는다.

설명을 간단히 하기 위해 총 주행 거리계가 한 자리의 수만 표현할 수 있다고 가정하자. 즉, 총 주행 거리계는 [0, 9]의 범위를 표시할 수 있으며, 10km가 될 때마다 0으로 되돌아간다. 이 총 주행 거리계를 시각적으로 나타내면 [그림 4-7]과 같다.

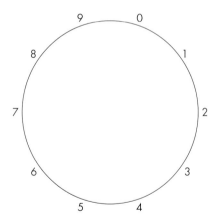

그림 4-7 한 자리의 총 주행 거리계가 표현할 수 있는 잠재적 값

한 자리를 표현하는 총 주행 거리계는 10이 될 때마다 0으로 되돌아가므로, 원형으로 이를 나타내면 원의 맨 위에 있는 (유일한) 불연속성discontinuity이 강조된다. 9가 아닌 값에는 1을 더하면

예상한 값을 얻는다. 한편, 9에 1을 더하면 자연적으로는 이해할 수 없는 값(0)이 된다. 이를 일반화하면, 9와 0 사이의 불연속성을 가로지르는 모든 산술 연산의 결과는 오버플로를 일으킨다. 예를 들어, 8 + 4는 [그림 4-8]과 같이 생각할 수 있다.

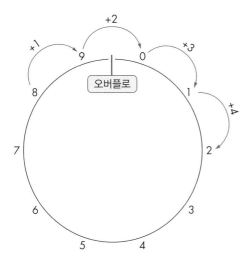

그림 4-8 10진수 한 자리에서의 8 + 4 연산 결과. 0과 9 사이의 불연속성을 가로지르면 오버플로가 발생했음을 의미한다.

덧셈 결과는 예상한 12가 아닌 2다. 8에 더한 많은 수(예, 8 + 14)의 결괏값은 원을 몇 번 돌았는지 차이가 있을 뿐 그 값은 2가 된다. 결과적으로 차량이 2km, 12km, 152km 등 주행한 거리에 관계없이, 총 주행 거리계는 2km를 나타낸다.

총 주행 거리계처럼 동작하는 장치는 **계수 산술 연산**modular arithmetic을 한다. 이 예시에서 모든 산술 연산은 10을 계수로 한다. 숫자 한 자리가 10개 값을 표현하기 때문이다. 따라서 몇 km를 주행하든, 총 주행 거리계는 실제 주행한 거리를 10으로 나눈 나머지 거리를 나타낸다. 총 주행 거리계가 한 자리가 아니라 두 자리라면 [0, 99]를 표현할 수 있으므로 계수는 10이 아닌 100이 된다. 이와 비슷하게 클럭은 12(또는 24)를 계수로 하는 계수 산술 연산을 수행한다.

4.5.2 2진수 정수 오버플로

우리에게 익숙한 오버플로를 살펴봤다. 다음으로 2진수를 살펴보자. N 비트의 저장 공간은 2^N개의 고유한 비트열을 나타내고, 그 비트열은 다른 방식(부호가 없는 또는 부호가 있는)으로 해석될 수 있음을 상기하자. 한 해석에서는 올바른 결과가 다른 해석에서는 오버플로를 일으킬 수 있으므로, 하드웨어는 각 경우에 대한 오버플로를 다르게 인식해야 한다.

예를 들어, 한 머신에서 4비트열을 사용해 0b0010(2) − 0b0101(5)를 계산한다고 해보자. 뺄셈 절차를 따라 이 계산을 수행하면('4.4.2 뺄셈' 참조) 0b1101이라는 2진수 결괏값을 얻는다. 이 결괏값을 부호가 있는 값으로 해석하면 −3(−8 + 4 + 1)이며 오버플로가 발생하지 않은 2 − 5의 예상값을 얻는다. 한편, 부호가 없는 값으로 해석하면 13(8 + 4 + 1)로, 이 값은 올바르지 않은 값이며 명확하게 오버플로가 발생했음을 의미한다. 이 예시를 조금 더 깊이 들여다보면 직관적으로 이해할 수 있다. 결괏값은 음수가 돼야 하는데, 부호가 있는 해석에서는 음수를 허용하지만 부호가 없는 해석에서는 그렇지 않기 때문이다.

부호가 없는 오버플로

부호가 없는 숫자는 10진수의 총 주행 거리계와 유사하게 동작한다. 두 시스템이 모두 비음숫값만 표현하기 때문이다. N 비트는 $[0, 2^N − 1]$ 범위의 부호가 없는 수를 표현할 수 있으며, 2^N을 계수로 하는 모든 산술 연산을 할 수 있다. [그림 4-9]는 계수 공간에서 4비트열에 대한 부호가 없는 해석을 나타낸다.

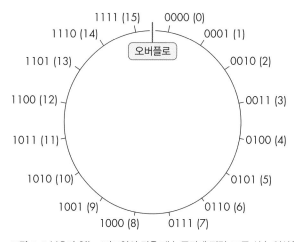

그림 4-9 부호가 없는 4비트열의 값을 계수 공간에 정렬. 모든 산술 연산은 2^4(16)에 대한 나머지다.

부호가 없는 해석에서는 음의 값을 가질 수 없으므로, 불연속성이 최댓값과 0 사이에 존재한다. 따라서 부호가 없는 오버플로는 $2^N − 1$과 0 사이를 가로지르는 모든 연산에서 발생한다.

조금 더 직접적으로 말하자면 덧셈(결괏값이 **커지는**)을 수행했을 때 결괏값이 작아지는데, 이는 해당 덧셈에서 부호가 없는 오버플로가 발생했다는 의미다. 대칭적으로 뺄셈(결괏값이 **작아지는**)을 수행했을 때 결괏값이 커지는데, 이는 해당 뺄셈에서 부호가 없는 오버플로가 발생했다는 의미다.

덧셈과 뺄셈에서 부호가 없는 오버플로가 발생하는지 여부를 빠르게 식별하려면, 가장 높은 자리의 자리 올림('4.4.1 덧셈' 참조)과 가장 낮은 자리의 자리 올림('4.4.2 뺄셈' 참조)을 떠올려라. 자리 올림은 계산 결과의 가장 중요한 비트에서의 자리 올림을 나타낸다. 자리 올림이 1이면, 가장 낮은 자리의 자리 올림은 산술 연산 결과의 가장 중요하지 않은 자리를 1 증가시킨다. **가장 낮은 자리의 자리 올림**은 부정 절차의 일부로 뺄셈인 경우에만 1로 설정된다.

부호가 없는 산술 연산을 간단하게 이렇게 판단할 수 있다. 가장 높은 자리의 자리 올림은 가장 낮은 자리의 자리 올림과 일치해야 한다. 그렇지 않으면 해당 연산은 오버플로를 일으킨다. 그 이유는로 다음과 같다.

- 덧셈의 경우(carry in = 0), 결과는 첫 번째 피연산자보다 크다(또는 같다). 그렇지만 합계가 저장소의 추가 비트가 필요하면(carry out = 1), 합계에서 추가 비트를 잘라내며 결과는 첫 번째 피연산자보다 작아진다(오버플로가 발생한다). 예를 들어, 부호가 없는 4비트 숫자 공간에서 0b1100(12) + 0b1101(13)의 결괏값인 0b11001(25)를 저장하려면 5비트가 필요하다. 4비트만 남기고 잘라내면 그 결과는 0b1001(9)가 되는데, 이는 첫 번째 피연산자보다 작다(오버플로가 발생한다).
- 뺄셈의 경우(carry in = 1), 결과는 첫 번째 피연산자보다 작다(또는 같다). 뺄셈은 덧셈과 부정을 조합한 것이므로, 덧셈의 하위 문제로 인해 첫 번째 피연산자보다 연산 결과가 작아진다. 덧셈을 작은 값으로 끝내는 유일한 방법은 합계를 잘라내는 것뿐이다(carry out = 1). 만약 숫자를 잘라내지 않아도 된다면(carry out = 0), 뺄셈의 결괏값은 첫 번째 피연산자보다 커지게 된다(오버플로가 발생한다).

4비트 뺄셈에 관한 두 가지 예시를 살펴보자. 첫 번째 예시는 오버플로가 발생하고, 두 번째 예시는 오버플로가 발생하지 않는다. 첫 번째로 0b0111(7) − 0b1001(9)을 생각해보자. 이 뺄셈은 다음과 같이 계산된다.

문제 설정	덧셈으로 변환됨	계산 결과	
	1 (자리 올림)	1 (자리 올림)	
0111	0111	0111	
− 1001	+ 0110 (비트 반전)	+ 0110 (비트 반전)	
		1110	
		0	← 자리 올림

계산 결과 d_3의 자리 올림이 발생하지 않으므로 최상위 비트를 잘라내지 않으며, 자리 올림 받음(1)과 자리 올림(0)이 일치하지 않는다. 0b1110(14)은 두 피연산자보다 크므로 명확하게 7 – 9를 잘못 계산한 결과다(오버플로가 발생한다).

다음으로 0b0111(7) – 0b0101(5)을 생각해보자. 이 뺄셈은 다음과 같이 계산된다.

문제 설정	덧셈으로 변환됨	계산 결과
	1 (자리 올림)	1 (자리 올림)
0111	0111	0111
– 0101	+ 1010 (비트 반전)	+ 1010 (비트 반전)
		0010
		1 ← 자리 올림

계산 결과 d_4 비트로 자리 올림이 발생하며, 자리 올림 받음(1)과 자리 올림(1)이 일치한다. 최상위 비트를 잘라낸 결과는 0b0010(2)이며, 예상한 뺄셈의 결괏값을 나타낸다(오버플로가 발생하지 않는다).

부호가 있는 오버플로

오버플로에 관한 동일한 관점을 부호가 있는 2진수의 해석에도 적용할 수 있다. 계수 숫자 공간에는 불연속성이 존재한다. 하지만 부호가 있는 해석에서는 음수를 허용하기 때문에, 이 불연속성은 0 주변에서 발생하지 않는다. 2의 보수는 −1(0b1111 … 111)에서 0(0b0000 … 0em000)으로 자연스럽게 되돌아간다는 점을 상기하자('4.3.2 2의 보수' 참조). 따라서 이 불연속성은 숫자 공간의 다른 끝, 즉 가장 큰 양수와 가장 작은 음수가 만나는 곳에 존재한다.

[그림 4–10]에 4비트열을 계수 공간에서 부호가 있는 숫자로 정리했다. 값의 절반은 음수, 나머지 절반은 비음수이며 불연속성은 최소 음숫값과 최대 비음숫값 사이에 존재한다.

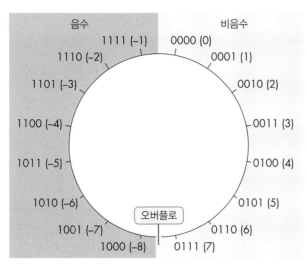

그림 4-10 부호가 있는 4비트열 값을 계수 공간에 정렬. 부호가 있는 해석에서는 음숫값을 허용하므로, 불연속성이 더 이상 0에 존재하지 않는다.

부호가 있는 산술 연산에서는 0에 가까운 결과를 만드는 것이 언제나 안전하다. 즉, 결과의 절 댓값을 줄이는 모든 연산은 오버플로를 발생시키지 않는다. 오버플로의 불연속성은 표현 가능 한 값의 크기가 가장 큰 곳에 위치하기 때문이다.

결과적으로 부호가 있는 덧셈과 뺄셈에서 시스템은 피연산자의 가장 중요한 비트와 계산 결과 의 가장 중요한 비트를 비교해 오버플로를 판별한다. 뺄셈에서는 먼저 수식을 덧셈으로 변경한 다(예, 5 − 2를 5 + −2로 다시 쓴다).

덧셈에서 피연산자들의 가장 중요한 비트가 서로 다르다면(예, 한 피연산자는 음수이고 다른 피연산자는 양수), 부호가 있는 오버플로는 발생하지 않는다. 왜냐하면 계산 결과의 절댓값은 두 피연산자보다 작기(또는 같기) 때문이다. 계산 결과는 0에 가까워진다.

덧셈에서 피연산자들의 가장 중요한 비트가 서로 같다면(예, 두 피연산자가 모두 양수이거나 음수), 올바른 계산 결과의 가장 중요한 비트도 그들과 같아야 한다. 따라서 같은 부호의 두 피 연산자를 더하는 경우, 계산 결과의 부호가 피연산자들의 부호와 다르면 부호가 있는 오버플로 가 발생한다.

이번에는 부호가 있는 4비트의 2진수를 생각해보자.

- 5 − 4는 5 + −4와 같다. 첫 번째 피연산자(5)는 양수, 두 번째 피연산자(−4)는 음수다. 계산 결과가 0에 가까워지므로 오버플로는 발생하지 않는다.

- 4 + 2(모두 양수)의 결과가 6(역시 양수)이므로 오버플로는 발생하지 않는다.

- −5 − 1은 −5 + −1(모두 음수)과 같으며, 계산 결과가 −6(역시 음수)이므로 오버플로는 발생하지 않는다.

- 4 + 5(모두 양수)의 계산 결과가 −7(음수)이다. 두 피연산자의 부호가 같고 계산 결과의 부호와는 같지 않으므로 이 연산에서는 오버플로가 발생한다.

- −3 − 8은 −3 + −8(모두 음수)과 같으며, 계산 결과가 5(양수)다. 두 피연산자의 부호가 같고 계산 결과의 부호와는 같지 않으므로 이 연산에서는 오버플로가 발생한다.

4.5.3 오버플로 요약

일반적으로 정수 오버플로는 산술 연산 결과가 표현할 수 있는 최솟값과 최댓값 사이를 이동할 때 발생한다. 부호가 있는 오버플로와 부호가 없는 오버플로 규칙을 잘 모르겠다면 N비트열의 최솟값과 최댓값을 떠올려보자.

- 부호가 없는 최솟값은 0(부호가 없는 인코딩에서는 음수를 표현할 수 없음)이고 부호가 없는 최댓값은 $2^N − 1$ (한 비트열은 0을 표현하기 위해 예약됨)이다. 따라서 불연속성은 $2^N − 1$과 0 사이에 존재한다.

- 부호가 있는 최솟값은 $−2^{N-1}$(비트열의 절반은 음숫값을 표현하기 위해 예약됨)이고, 부호가 있는 최댓값은 $2^{N-1} − 1$(나머지 비트열 절반과 한 비트열은 0을 표현하기 위해 예약됨)이다. 따라서 불연속성은 $2^{N-1} − 1$과 $−2^{N-1}$ 사이에 존재한다.

4.5.4 오버플로에 따른 결과

정수 오버플로를 접하는 일은 그리 많지 않겠지만, 오버플로는 프로그램을 눈에 띄게(잠재적으로 돌이킬 수 없게) 망가뜨릴 수 있다.

예를 들어, 2014년 싸이의 유명한 '강남 스타일'[1] 뮤직 비디오의 조회 수가 폭발해 유튜브가 조회 수 표시에 사용한 32비트 카운터의 한계치에 다다랐다. 그 결과 유튜브는 이를 64비트 카운터로 바꾸었다.

비교적 덜 위험한 사례로는 1980년 아케이드 게임인 〈팩맨PacMan〉을 들 수 있다. 이 게임의 개발자들은 부호가 없는 8비트의 값을 사용해 플레이어의 게임 레벨을 추적했다. 그 결과, 실력이

---

1 https://en.wikipedia.org/wiki/Gangnam_Style

뛰어난 플레이어가 레벨 255(부호가 없는 8비트 정수의 최댓값)를 넘으면, 게임판의 절반이 엉망이 되는 현상이 발생했다(그림 4-11).

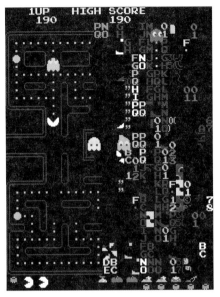

그림 4-11 게임 레벨이 255를 넘으면 〈팩맨〉 게임 보드의 절반이 '엉망이 된다'.

훨씬 더 비극적인 오버플로의 사례는 1980년대 중반 Therac-25[2] 방사능 치료 기기의 발전사에 등장한다. Therac-25는 여러 설계 문제로 고전하고 있었는데, 그중 플래그 변수를 상수로 설정하지 않고 증가시키는 문제도 있었다. 해당 기기를 오랫동안 사용하면 해당 플래그에 오버플로가 발생해 플래그 값이 0(거짓)으로 뒤집혔고, 그대로 안전 메커니즘을 통과했다. 그 결과 Therac-25로 환자 여섯 명이 중상을 입고 몇 사람은 목숨을 잃었다.

4.6 비트와이즈 연산자

앞에서 설명한 표준 산술 연산 외, CPU는 일반적이지 않은 2진 연산도 지원한다. 이 **비트와이즈 연산자**bitwise operators는 논리 게이트의 동작을 비트 시퀀스에 직접 적용하며('5.3.1 기본 논리

---

2 https://en.wikipedia.org/wiki/Therac-25

게이트' 참조), 이들을 하드웨어로 직접 효과적으로 구현할 수 있게 한다. 프로그래머는 변수의 수치적 해석을 조작하기 위해 전형적으로 사용하는 덧셈이나 뺄셈과 달리, 주로 비트와이즈 연산자를 사용해 변수의 특정 비트를 수정한다. 예를 들어, 어떤 프로그램은 변수의 특정 비트를 참/거짓의 의미로 인코딩하기도 하며, 비트와이즈 연산을 사용해 프로그램이 해당 변수의 해당 비트를 개별적으로 조작하도록 할 수 있다.

4.6.1 비트와이즈 AND

비트와이즈 AND 연산자(&)는 두 개의 입력 비트열을 평가한다. 입력 비트열의 각 자리에 대해, 해당 비트가 모두 1이면 해당 자리에 1을 출력한다. 그렇지 않으면 해당 자리에 0을 출력한다. [표 4-7]은 두 변수 A, B에 대한 비트와이즈 AND의 진리표다.

표 4-7 두 값의 비트와이즈 AND 결과(A AND B)

A	B	A & B
0	0	0
0	1	0
1	0	0
1	1	1

예를 들어, 0b011010과 0b110110를 비트와이즈 AND 할 때는 가장 먼저 두 비트열의 자리를 맞춘다. 비트열의 각 자리를 수직으로 확인해서 두 비트열의 자리가 모두 1이면 해당 열은 1이 된다. 그렇지 않으면 결과열은 0이 된다.

```
    011010
AND 110110  1번째 자리, 4번째 자리만 모두 1이므로,
Result: 010010  해당 자리의 결괏값만 1이 된다.
```

C 언어에서 비트와이즈 AND를 수행할 때는 C의 비트와이즈 AND 연산자(&)를 두 피연산자 사이에 입력한다. 다음은 C 언어에서의 비트와이즈 AND의 예시다.

```
int x = 26;
int y = 54;

printf("Result: %d\n", x & y);  // 18을 출력한다.
```

WARNING_ 비트와이즈 연산 vs. 논리값 연산

비트와이즈 연산자와 논리적 참 연산자logical truth operator를 혼용하지 않도록 주의하자('1.3.1 C의 부울값' 참조). 두 연산은 이름이 비슷하지만(AND, OR, NOT 등), 동일하지 않다.

- 비트와이즈 연산자는 입력값의 각 비트를 각각 고려하며, 1로 설정된 개별 입력 비트에 대한 계산을 한 뒤출력 비트열을 만들어낸다.

- 논리 연산자는 피연산자들의 해석 결과가 참truth인지만 고려한다. C 언어에서 0 값은 거짓으로, 그 외 값은모두 참으로 간주한다. 논리 연산자는 주로 조건(예. if 문)을 평가할 때 사용한다.

C에서는 유사한(조금은 다른) 연산자를 사용해 두 연산을 구분한다. 가령, 비트와이즈 AND와 비트와이즈 OR는 &, |를 사용해 나타내고, 논리적 AND와 논리적 OR는 &&, ||를 사용해 나타낸다. 마지막으로 비트와이즈 NOT은 ~를 사용해 나타내고, 논리적 NOT은 !을 사용해 나타낸다.

4.6.2 비트와이즈 OR

비트와이즈 OR 연산자(|)는 비트와이즈 AND 연산자와 비슷하게 동작한다. 단, 두 입력의 어느 한 비트가 1이거나 둘 다 1일 때만 1을 출력한다. 그렇지 않으면 해당 자리에 0을 출력한다. [표 4-8]은 두 값 A와 B에 대한 비트와이즈 OR 진리표다.

표 4-8 두 값의 비트와이즈 OR 연산 결과(A OR B)

A	B	A|B
0	0	0
0	1	1
1	0	1
1	1	1

예를 들어, 0b011010과 0b110110을 비트와이즈 OR 연산할 때는 먼저 두 비트열의 자릿수를 맞춘다. 각 비트를 세로로 계산해서, 두 비트 중 한 비트가 1이거나 둘 다 1이면 해당 열의 결과는 1이 된다.

```
        011010
   OR 110110        두 수에서 1번째 자리만 모두 0이므로,
Result: 111110      1번째 자리만 0이 된다.
```

C에서 비트와이즈 OR를 할 때는 두 피연산자 사이에 비트와이즈 OR 연산자(|)를 넣는다. 다음은 C에서 같은 연산을 한 예시다.

```
int x = 26;
int y = 54;

printf("Result: %d\n", x | y);  // 62를 출력한다
```

4.6.3 비트와이즈 XOR

비트와이즈 XOR 연산자(^)는 비트와이즈 OR 연산자와 비슷하게 동작하지만, 두 비트 중 한 비트만 1일 때 해당 자리에 1을 출력한다. 그렇지 않으면 해당 자리에 0을 출력한다. [표 4-9]는 두 값 A, B에 대한 비트와이즈 XOR 진리표다.

표 4-9 두 값의 비트와이즈 XOR 연산 결과(A XOR B)

A	B	A ^ B
0	0	0
0	1	1
1	0	1
1	1	0

예를 들어, 0b011010과 0b110110을 비트와이즈 XOR 한다면 먼저 비트열의 자리를 맞춘다. 각 자리를 세로로 확인해서, 한 비트만 1일 때 해당 자리에 1을 출력한다.

```
        011010
   XOR 110110     2,3,6번째 자리에서 두 입력 중 하나에만 1이 존재한다.
Result: 101100
```

C에서 비트와이즈 XOR를 할 때는 두 피연산자 사이에 비트와이즈 XOR 연산자(^)를 넣는다. 다음은 C에서 같은 연산을 한 예시다.

```
int x = 26;
int y = 54;

printf("Result: %d\n", x ^ y);  // 44를 출력한다.
```

4.6.4 비트와이즈 NOT

비트와이즈 NOT 연산자(~)는 피연산자 하나를 가진다. 비트열의 각 자리를 뒤집는다(0이면 1로, 1이면 0으로). [표 4-10]은 비트와이즈 NOT 연산자의 진리표다.

표 4-10 한 값의 비트와이즈 NOT 연산 결과(~A)

A	~A
0	1
1	0

예를 들어, 0b011010을 비트와이즈 NOT 할 때는 각 비트의 값을 뒤집는다.

```
   NOT 011010
Result: 100101
```

C에서 비트와이즈 NOT을 할 때는 연산자 앞에 물결 기호(~)를 붙인다. 다음은 C에서 같은 연산을 한 예시다.

```
int x = 26;

printf("Result: %d\n", ~x); // -27을 출력한다.
```

> **WARNING_ 비트와이즈 NOT vs. 부정**
>
> 현대 시스템에서는 정수를 2의 보수로 표현하므로, 비트와이즈 NOT과 부정은 전혀 다르다. 비트와이즈 NOT은 각 비트를 뒤집기만 할 뿐 1을 더하지 않는다.

4.6.5 비트 시프트

또 다른 중요한 비트와이즈 연산으로 피연산자의 비트 위치를 왼쪽으로 옮기거나(<<), 오른쪽으로 옮기는(>>) 연산이 있다. 두 시프트 연산자는 두 개의 피연산자, 즉 비트를 이동할 비트열과 옮겨야 할 자릿수를 입력받는다.

왼쪽 시프트

비트열을 왼쪽으로 N비트만큼 시프트할 때는 모든 비트를 왼쪽으로 N번 움직인 뒤, 오른쪽 비트열에는 0을 붙인다. 예를 들어, 8비트의 비트열 0b00101101을 왼쪽으로 2번 시프트하면 0b10110100이 된다. 오른쪽의 두 개 0은 비트열의 마지막에 붙인다. 시프트 결과 역시 8비트의 비트열이 돼야 하기 때문이다.

오버플로가 발생하지 않는다면 왼쪽 시프트는 결괏값을 증가시킨다. 비트가 값의 크기를 2씩 곱하는 쪽으로 움직이기 때문이다. 하지만 비트 수가 고정됐다면, 최상위 비트 값을 초과하는 비트열은 잘린다. 예를 들어, 8비트의 비트열 0b11110101(부호가 없는 정수로 245)을 왼쪽으로 1비트 움직이면, 결괏값은 0b11101010(부호가 없는 정수로 234)이 된다. 여기서 최상위 자리의 비트를 잘라낸 결괏값은 더 작아진다.

C에서 왼쪽 시프트를 수행할 때는 값과 해당 값을 옮길 비트 수 사이에 작다 기호를 두 개 넣는다(<<).

```
int x = 13;  // 13 = 0b00001101

printf("Result: %d\n", x << 3);  // 104(0b01101000)를 출력한다.
```

오른쪽 시프트

오른쪽 시프트 결과는 왼쪽 시프트 결과보다 항상 작다. 변수가 가진 비트열의 범위(오른쪽 끝)를 넘어가는 비트가 모두 잘려 사라지기 때문이다. 그러나 오른쪽 시프트에서는 결괏값의 가장 왼쪽의 비트가 0과 1 중 어떤 값을 가져야 할지도 고려해야 한다. 이는 시프트 대상 변수의 타입과 최상위 비트 값에 따라 결정된다. 개념적으로 0 또는 1의 선택은 부호 확장('4.3.2 2의 보수' 참조)에 따라 결정된다. 그러므로 오른쪽 시프트는 두 가지가 존재한다.

- **논리적 오른쪽 시프트**logical right shift에서는 항상 결괏값의 최상위 비트에 0을 붙인다. 논리적 시프트는 부호가 없는 변수의 시프트에 사용된다. 부호가 없는 값에서 최상위 비트 값 1은 해당 값이 음수임을 의미하지 않기 때문이다. 예를 들어, 0b10110011을 오른쪽으로 2만큼 논리적 시프트한 결과는 0b00101100이다.
- **산술적 오른쪽 시프트**arithmetic right shift에서는 이동 전 값의 최상위 비트 값을 새로운 비트에 복사한다. 부호가 있는 변수는 시프트를 할 때 최상위 비트의 부호를 유지해야 하므로 산술적 시프트를 사용한다. 예를 들어, 0b10110011을 오른쪽으로 2만큼 산술적 시프트한 결과는 0b11101100이다.

다행히도 C 언어로 프로그래밍할 때는, 변수의 속성을 선언했다면 이에 관해 걱정할 필요가 없다. 여러분이 작성한 프로그램이 오른쪽 시프트 연산자(>>)를 포함한다면, 실제로 모든 C 컴파일러는 자동으로 시프트할 변수의 타입에 따라 적절한 시프트를 수행한다. 즉, 시프트 대상 변수가 unsigned 지시자로 선언됐다면, 컴파일러는 논리적 시프트를 수행한다. 그렇지 않으면, 컴파일러는 산술적 시프트를 수행한다.

NOTE_ C 오른쪽 시프트 예시 프로그램

다음과 같은 작은 예시 프로그램으로 오른쪽 시프트의 동작을 확인할 수 있다.

```c
#include <stdio.h>

int main(int argc, char **argv) {
    /* 부호가 없는 정숫값: u_val */
    unsigned int u_val = 0xFF000000;

    /* 부호가 있는 정숫값: s_val */
    int s_val = 0xFF000000;

    printf("%08X\n", u_val >> 12);  // 논리적 오른쪽 시프트
    printf("%08X\n", s_val >> 12);  // 산술적 오른쪽 시프트

    return 0;
}
```

이 프로그램에서는 32비트 정수를 두 개 선언한다. 하나는 부호가 없는 정수(**u_val**), 다른 하나는 부호가 있는 정수(**s_val**)다. 프로그램은 두 변수를 동일한 값(8비트의 1 + 24비트의 0)으로 초기화한 뒤, 오른쪽으로 12비트 시프트한다. 프로그램이 실행되면 다음이 출력된다.

```
$ ./a.out
000FF000
FFFFF000
```

부호가 없는 **u_val**에서 맨 앞자리의 1은 '음수'를 의미하지 않으므로, 컴파일러는 앞에 0을 붙이는 명령을 사용한다. 시프트 결과는 12개의 0, 8개의 1, 12개의 0이 된다(**0b00000000000011111111000000000000**). 한편, 부호가 있는 **s_val**에서 맨 앞자리의 1은 '음수'를 의미하므로, 컴파일러는 시프트된 값의 앞에 1을 붙인다. 시프트 결과는 20개의 1, 12개의 0이 된다(**0b11111111111111111111000000000000**).

4.7 정수 바이트 오더

이 장에서는 비트를 사용해 숫자를 인코딩하는 여러 스킴에 대해 설명했다. 그러나 값들이 메모리에서 구조화되는 방법은 설명하지 않았다. 현대 시스템에서 참조 가능한 가장 작은 메모리 단위는 바이트(즉, 8비트)다. 결과적으로 1바이트 값(예, char 타입 변수)을 주소 X에서 시작해 저장한다면, 다른 선택의 여지가 없다. 그저 해당 바이트를 X 위치에 저장하면 된다.

하지만 여러 바이트 값(예, short 또는 integer 타입 변수)이라면, 변수의 바이트를 메모리 주소에 할당할 방법이 여럿 있다. 예를 들어, 2바이트의 short 변수 s를 생각해보자. 변수의 최상위high order 비트가 담긴 바이트를 A, 변수의 최하위low order 비트가 담긴 바이트를 B라고 한다. 시스템이 s와 같은 short를 주소 X(즉, 주소 X와 X + 1)에 저장하라는 요청을 받는다면, 시스템은 변수의 각 부분(A 또는 B)을 어떤 주소(X 또는 X + 1)에 넣어야 할지 정의해야 한다. [그림 4-12]는 s를 메모리에 저장하는 두 가지 옵션을 나타낸다.

그림 4-12 메모리 주소 X에서 시작해 20바이트 short를 저장하는 두 레이아웃

시스템의 **바이트 오더**byte order(또는 **엔디안니스**endianness)는 시스템 하드웨어가 여러 바이트의 변수에 연속된 메모리 주소를 할당하는 방법을 정의한다. 단일 시스템에서 실행되는 프로그램에서 바이트 오더가 문제를 일으키는 경우는 드물지만, 프로그램에서 바이트 단위로 출력하고자 하거나, 디버거를 사용해 변수를 평가할 때는 다소 당황스러울 수 있다.

예를 들어, 다음 프로그램을 생각해보자.

```
#include <stdio.h>

int main(int argc, char **argv) {
    // 판별하기 쉬운 바이트 값으로 4바이트 정수를 초기화한다.
    int value = 0xAABBCCDD;
```

```
    // 해당 정수의 주소에 character 포인터를 초기화한다.
    char *p = (char *) &value;

    // 정수의 각 바이트에 대해 메모리 주소와 값을 출력한다.
    int i;
    for (i = 0; i < sizeof(value); i++) {
        printf("Address: %p, Value: %02hhX\n", p, *p);
        p += 1;
    }

    return 0;
}
```

이 프로그램은 4바이트 정수를 할당하고 가장 중요한 바이트부터 덜 중요한 바이트 순으로 16
진수(0xAA, 0xBB, 0xCC, 0xDD)로 초기화한다. 다음으로 해당 정수의 기본 주소부터 한 번에
한 바이트씩 출력한다. 바이트가 알파벳 순서대로 출력되리라 예상하겠지만 일반적으로 사용
되는 CPU 아키텍처(예, x86 또는 대부분의 ARM 하드웨어)는 예시 프로그램을 실행하면 알
파벳 역순으로 출력한다.

```
$ ./a.out
Address: 0x7ffc0a234928, Value: DD
Address: 0x7ffc0a234929, Value: CC
Address: 0x7ffc0a23492a, Value: BB
Address: 0x7ffc0a23492b, Value: AA
```

x86 CPU는 정수를 **리틀 엔디안**little-endian 형식, 즉 연속된 주소의 가장 덜 중요한 바이트에서 가
장 중요한 바이트 순으로 저장한다. 다른 **빅 엔디안**big-endian CPU 아키텍처는 이와 반대 순서로
여러 바이트 정수를 저장한다. [그림 4-13]은 (a) 빅 엔디안과 (b) 리틀 엔디안 레이아웃으로
저장된 4바이트 정수를 나타낸다.

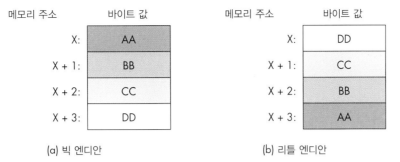

그림 4-13 (a) 빅 엔디안과 (b) 리틀 엔디안 형식의 4바이트 정수에 대한 메모리 레이아웃

얼핏 다소 이상하게 느껴지는 '엔디안'이라는 용어는 조너선 스위프트^{Jonathan Swift}의 저명한 소설 『걸리버 여행기』(1726)[3]에서 유래한다. 이 소설에서 걸리버는 신장이 15cm 정도 되는 사람들이 사는 땅으로 가게 된다. 그 땅에서는 두 제국이 계란을 깨는 알맞은 방법을 두고 전쟁 중이었다. 블레푸스쿠^{Blefuscu}의 '빅 엔디안' 제국은 계란의 둥근 부분을 깨뜨렸고, 릴리풋^{Lilliput}의 '리틀 엔디안' 제국은 계란의 갸름한 부분을 깨뜨렸다.

컴퓨팅 세계에서 시스템이 **빅 엔디안**인지 아니면 **리틀 엔디안**인지 여부는 프로그램이 서로 다른 머신 사이에서 통신할 때만 영향을 미친다(예, 네트워크 경유). 데이터 통신을 시스템 사이에서 할 때는 두 시스템이 수신자가 값을 적절히 해석할 수 있는 바이트 오더에 합의해야 한다. 1980년대에 대니 코헨^{Danny Cohen}은 인터넷 엔지니어링 태스크 포스^{Internet Enginnering Task Force}(IETF)에 'On Holy Wars and a Plea for Peace'[4]라는 기고문을 남겼다. 그 기고문에서 코헨은 스위프트의 '엔디안'이라는 용어를 사용하면서 IETF가 네트워크 통신에 관한 표준 바이트 오더를 도입해야 함을 제안했다. IETF는 최종적으로 **빅 엔디안**을 '네트워크 바이트 오더'로 채택했다.

C 언어는 통신을 위해 프로그램이 정수의 바이트를 재구성할 수 있는 라이브러리 두 개[5]를 제공한다.

---

3 Jonathan Swift, Gulliver's Travels. http://www.gutenberg.org/ebooks/829
4 Danny Cohen, On Holy Wars and a Plea for Peace. https://www.ietf.org/rfc/ien/ien137.txt
5 https://linux.die.net/man/3/byteorder, https://linux.die.net/man/3/endian

4.8 2진수에서의 실수

이 장에서는 주로 2진수 정수 표현을 다루는데, 프로그래머는 실수$^{real\ number}$를 저장해야 할 때가 종종 있다. 실수를 저장하기는 어렵기 때문에 모든 2진수 인코딩은 실수를 완벽하게 정밀하게 표현하지 못한다. 즉, 실수에 관한 2진수 인코딩은 정확하게 표현할 수 없는 값이 존재한다. π 같은 비합리적인 값은 무한하기 때문에 분명 정확하게 표현하지 못한다. 고정된 수의 비트를 사용하기 때문에, 2진수 인코딩은 해당 범위 안에서 합리적인 몇몇 값을 여전히 표현하지 못한다.

셀 수 있는 무한한 정수[6]와 달리, 실수 셋[7]은 셀 수 없다. 다시 말해, 아주 작은 범위의 실수(예, 0과 1 사이)라 해도 해당 범위의 값 셋이 거대하기 때문에 열거조차 할 수 없다. 따라서 실수 인코딩은 전형적으로 미리 결정된 수의 비트에 맞춰 잘린 대략적인 값의 범위만 저장한다. 비트가 충분하다면, 보통 정밀도는 사용상에 문제가 없을 만큼 충분하지만, 반올림을 허용하지 않는 애플리케이션을 작성할 때는 주의해야 한다.

이제부터는 실수를 2진수로 표현하는 두 가지 방법을 설명하겠다. 먼저 살펴볼 **고정 소수점**$^{fixed-point}$ 방식은 2진수 정수 포맷을 확장하고, 그다음에 살펴볼 **부동 소수점**$^{floating-point}$ 방식은 다소 복잡한 방식을 추가해 값의 큰 범위를 표현한다.

4.8.1 고정 소수점 표현

고정 소수점 표현$^{fixed-point\ representation}$에서는 값의 **2진수 소수점**의 위치가 고정되어 변하지 않는다. 10진수의 **소수점**$^{decimal\ point}$과 마찬가지로, 2진수 소수점은 숫자에서 소수 부분$^{fractional\ portion}$이 시작되는 위치를 나타낸다. 고정 소수점 인코딩 규칙은 부호가 없는 정수 표현과 유사한데('4.1.2 부호가 없는 2진수' 참조), 한 가지 큰 차이가 있다. 2진수 소수점의 뒷자리는 2의 **음수** 제곱수를 의미한다. 예를 들어, 8비트열 0b000101.10을 생각해보자. 첫 여섯 비트는 0과 양의 정수를 나타내고, 나머지 두 비트는 소수 부분$^{fractional\ part}$을 나타낸다. [그림 4-14]는 자리의 위치와 각 자리의 해석을 나타낸다.

---

6 https://en.wikipedia.org/wiki/Countable_set

7 https://en.wikipedia.org/wiki/Uncountable_set

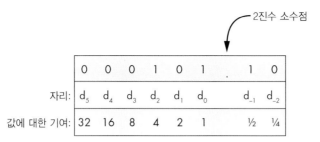

그림 4-14 고정 소수점 뒤에 2비트가 있는 8비트 숫자의 각 자릿값

0b000101.10을 10진수로 변환하는 공식은 다음과 같이 적용한다.

$$(0 \times 2^5) + (0 \times 2^4) + (0 \times 2^3) + (1 \times 2^2) + (0 \times 2^1) + (1 \times 2^0) + (1 \times 2^{-1}) + (0 \times 2^{-2})$$
$$= 0 + 0 + 0 + 4 + 0 + 1 + 0.5 + 0 = 5.5$$

좀 더 일반적으로, 소수점 이후에 두 비트가 있다면, 해당 숫자의 소수 부분은 00(.00), 01(0.25), 10(.50), 11(.75) 중 하나가 된다. 따라서 소수 비트 두 개는 고정 소수점 수가 $0.25(2^{-2})$의 정밀도로 소수를 표현하도록 한다. 세 번째 비트를 추가하면 정밀도는 $0.125(2^{-3})$가 되며, 같은 패턴이 반복된다. 2진수 소수점 뒤에 N비트가 주어지면, 정밀도는 2^{-N}이 된다.

2진수 소수점 이하의 비트 수가 고정되기 때문에, 정밀도가 높은 피연산자와의 일부 계산 결과가 잘릴 수 있다(올림 또는 버림). 이전 예시와 동일한 8비트 고정 소수점 인코딩에 관해 생각해보자. 이 인코딩은 0.75(0b000000.11)와 2(0b000010.00)를 정확하게 표현한다. 하지만 0.75를 2로 나눈 값은 정확하게 표현할 수 없다. 이 계산의 결과는 0.375이며, 이를 저장하기 위해서는 2진수 소수점 아래에 비트 세 개가 필요하다(0b000000.011). 가장 오른쪽에 있는 1을 잘라내면 지정한 형식에 맞출 수 있지만 0.75 / 2 = 0.25 결과를 올리는 셈이다. 이 예시에서는 관련된 비트의 수가 적으므로 올림이 쉽지만[egregious], 더 긴 비트열에서는 특정 지점에서 잘라내야 한다.

올림 시 발생하는 에러가 중간 계산을 반복하면서 누적되고, 어떤 경우에는 계산 결과가 그 순서에 따라 크게 달라질 수도 있다. 예를 들어, 다음 두 가지 계산식을 살펴보자. 앞에서 설명한 8비트 고정 소수점 인코딩 수다.

```
1 (0.75 / 2) * 3 = 0.75
2 (0.75 * 3) / 2 = 1.00
```

두 식은 곱셈과 나눗셈 연산의 순서가 다를 뿐이다. 올림이 필요하지 않다면, 두 계산의 결과는 동일해야 한다(1.125). 하지만 산술 연산의 다른 위치에서 잘리기 때문에 결과가 달라진다.

1 왼쪽에서 오른쪽으로 처리하면서 중간 계산 결과(0.75 / 2)가 0.25로 올림이 되고, 결과적으로 3을 곱한 결과는 0.75가 된다.

2 왼쪽에서 오른쪽으로 처리하면서 중간 계산 결과(0.75 * 3)가 올림 없이 정확히 2.25가 된다. 2.25를 2로 나누면 올림이 발생하고 최종 결과는 1이 된다.

이 예시에서 2^{-3}에 한 비트를 추가하면 계산 결과가 완전히 정확해지지만, 선택할 수 있는 고정 소수점 위치는 2진 소수점 뒤의 두 비트뿐이다. 반면에, 피연산자의 최상위 비트는 전혀 사용되지 않는다(d_2부터 d_5까지 1로 설정되지 않는다). 복잡도가 추가되기는 하나, 대안적인 표현(부동 소수점)을 사용하면 정수$^{\text{whole number}}$와 소수$^{\text{fractional part}}$를 나누지 않고도 모든 범위의 비트를 사용해 값에 기여하도록 표현할 수 있다.

4.8.2 부동 소수점 표현

부동 소수점 표현$^{\text{floating-point representation}}$에서는 값의 2진수 소수점이 미리 정의된 위치에 고정돼 있지 않다. 즉, 2진수 열의 해석은 값의 전체 부분과 소수 부분의 구분을 표현하는 방법을 인코딩해야만 한다. 2진수 소수점의 위치를 인코딩하는 방법은 다양하지만, 이 절에서는 전기전자공학자협회$^{\text{Institute of Electrical and Electronics Engineers}}$(IEEE) 754 표준에 제정된 방법[8]만 다룬다. 대부분의 현대 하드웨어는 IEEE 754 표준을 따라 부동 소수점 값을 표현한다.

해석: $(-1)^n * 2^{(e-127)} * 1.s$

그림 4-15 32비트 IEEE 754 부동 소수점 표준

---

8 https://en.wikipedia.org/wiki/IEEE_754

[그림 4-15]는 32비트 부동 소수점 수(C 언어의 `float` 타입)에 대한 IEEE 754의 해석을 나타낸다. 이 표준에서는 비트를 세 영역으로 분할한다.

1 하위 23비트(d_{22}부터 d_0까지)는 **유효 숫자**significand(종종 **가수**mantissa로 불림)를 나타낸다. 유효 숫자는 가장 큰 비트 영역으로 값의 기반이 된다. 값은 궁극적으로 다른 비트 영역에 따라 곱셈을 통해 변경된다. 유효 숫자를 해석할 때는 그 값이 암묵적으로 1과 2진수 소수점을 따른다고 가정한다. 소수 부분은 이전 절에서 설명한 고정 소수점 표현처럼 동작한다.

예를 들어, 유효 숫자의 비트가 0b110000 … 0000을 포함하는 경우, 첫 번째 비트가 0.5(1 x 2-1)를 의미하고, 나머지 비트가 모두 0이므로, 이들은 값에 영향을 미치지 않는다. 따라서 이 유효숫자significnat는 1.(0.5 + 0.25)인 1.75만큼 기여한다.

2 그다음 8비트(d_{30}부터 d_{23}까지)는 **지수**exponent를 나타낸다. 지수는 유효 숫자의 값을 확장해 더 넓은 범위를 표현할 수 있다. 유효 숫자는 $2^{(exponent-127)}$와 곱해진다. 여기서 127은 **바이어스**bias로 float가 매우 큰 값과 매우 작은 값을 동시에 표현하게 한다.

3 마지막 최상위 비트(d_{31})는 **부호 비트**sign bit를 표현한다. 부호 비트는 해당 값이 양수인지(0), 음수인지(1)를 인코딩한다.

한 예로 비트열 0b11000001101101000000000000000000을 디코딩한다고 가정해보자. 유효 숫자 부분은 01101000000000000000000인데 $2^{-2} + 2^{-3} + 2^{-5} = 0.40625$를 나타내므로, 유효 숫자 영역은 1.40625이다. 지수는 10000011인데, 10진수로 131을 나타낸다. 따라서 지수는 $2^{(131-127)}$(16)이다. 마지막으로 부호 비트가 1이므로, 이 비트열은 음숫값을 나타낸다. 이를 모두 종합하면, 이 비트열은 $1.40625 \times 16 \times -1 = -22.5$를 나타낸다.

IEEE 부동 소수점 표준은 앞서 설명한 고정 소수점 스킴보다 분명 다소 복잡하지만, 유연해서 더 넓은 범위의 값을 표현해낸다. 그 유연함에도 불구하고, 고정된 비트 수로 나타내는 부동 소수점 포맷은 여전히 가능한 모든 값을 정확하게는 표현하지 못한다. 고정 소수점 인코딩과 같이, 부동 소수점 인코딩에서도 올림 문제가 비슷한 영향을 미치기 때문이다.

4.8.3 올림의 영향

여러분이 작성한 프로그램이 올림 때문에 망가지는 일은 거의 없겠지만, 실수에서의 올림 오류는 때때로 심각한 시스템 실패를 유발한다. 1991년 걸프 전Gulf War 중 미국의 패트리어트 미사일 배터리가 이라크의 미사일을 탈취하는 데 실패한 원인이 바로 올림이었다.[9] 이라크의 미사

---

9 http://www-users.math.umn.edu/~arnold/disasters/patriot.html

일은 28명의 군 전사자와 많은 사상자를 남겼다. 1996년 유럽 우주 에이전시$^{European Space Agency}$의 최초 로켓인 아리안 5$^{Ariane 5}$는 발사한 지 39초 만에 폭발했다.[10] 아리안 4에서 상당량의 코드를 차용했는데, 부동 소수점 값을 정숫값으로 변환할 때 오버플로가 발생한 탓이다.

4.9 정리

현대 컴퓨터가 비트와 바이트를 사용해 정보를 표현하는 방법을 살펴봤다. 컴퓨터의 메모리는 모든 정보를 2진수 0과 1로 저장한다. 비트의 의미 해석은 프로그램이나 프로그램을 실행하는 사람의 의도에 달렸다. 또한 정수 표현에 집중해 부호가 없는(비음수인) 정수에서 시작해 부호가 있는 정수까지 살펴봤다.

컴퓨터 하드웨어는 우리에게 익숙한 덧셈, 뺄셈, 곱셈, 나눗셈을 비롯해 다양한 정수 연산을 제공한다. 시스템은 비트와이즈 AND, OR, NOT, 시프트 같은 비트와이즈 연산을 제공한다. 모든 연산을 수행할 때는 피연산자와 연산 결과를 나타내기 위해 사용하는 비트 수를 고려해야 한다. 결과를 표현하기 위해 할당된 저장 공간이 충분하지 않다면, 오버플로로 인해 결괏값이 잘못 표현될 수 있다.

마지막으로 IEEE 754 표준을 포함해 실수를 2진수로 표현하는 공통적인 스킴을 살펴봤다. 부동 소수점 값을 표현할 때는 유연성(예, 10진수 소수점을 옮기는 능력)을 높이기 위해 정밀도를 희생해야 함을 기억하자.

---

10 https://medium.com/@bishr_tabbaa/crash-and-burn-a-short-story-of-ariane-5-flight-501-3a3c50e0e284

## CHAPTER 5

컴퓨터 아키텍처

컴퓨터 아키텍처^{computer architecture}라는 용어는 컴퓨터 전체 하드웨어를 가리키기도 한다. 하지만 주로컴퓨터 하드웨어의 디지털 프로세서의 설계와 구현을 가리키므로, 이번 장에서는 컴퓨터 프로세서 아키텍처에 집중한다.

중앙 처리 장치^{central processing unit}(CPU 또는 프로세서)는 프로그램 데이터에 프로그램 명령을 실행하는 컴퓨터의 일부다. 프로그램 명령과 데이터는 컴퓨터의 임의 접근 메모리^{random access memory}(RAM)에 저장된다. 디지털 프로세스에 따라 특정한 **명령 셋 아키텍처**^{instruction set architecture}(ISA)를 구현한다. ISA는 명령 셋과 해당 명령어들의 바이너리 인코딩, CPU 레지스터 셋, 프로세서 상태에 대한 명령어 실행 결과를 정의한다. ISA의 종류는 SPARC, IA32, MIPS, ARM, ARC, PowerPC, x86(x86에 IA32와 x86-64 포함) 등 매우 다양하다. **마이크로아키텍처**^{microarchitecture}는 특정한 ISA를 구현한 회로를 정의한다. 동일한 ISA에 대한 마이크로아키텍처 구현이라 해도 ISA 정의 구현 방식에 따라 달라질 수 있다. 예를 들어 인텔과 AMD는 IA32 ISA에 대해 다른 형태의 마이크로프로세서를 구현한다.

일부 ISA는 **축소된 명령 셋 컴퓨터**^{reduced insruction set computer}(RISC)를 구현하며, 다른 ISA는 **복잡한 명령 셋 컴퓨터**^{complexed instruction set computer}(CISC)를 구현한다. RISC ISA는 기본 명령 셋이 적고 각 명령어가 빠르게 실행된다. 각 명령은 대략 한 번의 프로세서 클럭 사이클 안에 실행되고, 컴파일러는 여러 기본 RISC 명령 순서를 조합해 고수준의 기능을 구현한다. 반대로, CISC ISA의 명령어는 RISC 명령에 비해 더 높은 수준의 기능을 제공한다. CISC 아키텍처는 RISC보다 더 많은 명령을 제공하고, 더 복잡한 주소 지정 모드(프로그램 데이터의 메모리 위치를 표현하는 방식)를 지원한다. 한 CISC 명령은 여러 저수준 기능을 수행하기도 하는데, 이 경우 실행에 여러 프로세스 클럭 사이클이 소요될 수 있다. 같은 기능을 RISC 아키텍처에서 수행하려면 여러 명령이 필요하다.

RISC와 CISC의 대결의 역사

1980년대 초반, 버클리와 스탠퍼드 대학의 연구자들은 버클리 RISC 프로젝트와 스탠퍼드 MIPS 프로젝트를 통해 RISC를 개발했다. 버클리의 데이비드 패터슨David Paterson과 스탠퍼드의 존 헤네시John Hennessy는 RISC 아키텍처를 개발한 공로를 인정받아 2017년 튜링 어워드[1](컴퓨터 학계 최고 상)를 수상했다.

RISC 아키텍처는 개발되던 당시 ISA가 고성능을 내기 위해서는 좀 더 복잡해져야 한다는 보편적인 견해에서 벗어났다. 'RISC 접근 방식'은 당시 지배적이던 복잡한 명령 셋 컴퓨터(CISC)의 컴퓨터들과 달랐다. RISC에서는 적은 수의 간단하고 일반적인 명령(컴퓨터가 반드시 수행해야 하는 기능) 셋으로 충분했으며, 복잡한 명령 셋보다 적은 수의 트랜지스터를 필요로 했기 때문에 컴퓨터가 수행해야 하는 작업량도 줄어들었다.[2]

CISC ISA는 RISC보다 적은 수의 명령어로 프로그램을 표현했으며, 그 결과 실행 프로그램의 크기도 작은 경우가 많았다. 메인 메모리 크기가 작은 시스템에서는 실행 프로그램의 크기가 프로그램 성능에 중요한 요소였다. 큰 실행 프로그램은 실행 중인 프로그램의 메모리 공간을 위해 다른 RAM 공간을 더 적게 남기기 때문이다. CISC에 기반을 둔 마이크로아키텍처 역시 전형적으로 CISC 변수 길이와 고수준 기능 명령을 효율적으로 실행하는 데 특화됐다. 더 복잡한 명령을 실행하기 위해 특화된 회로는 특정한 고수준 기능의 실행에는 더 효과적일 수 있지만, 모든 명령어 실행에는 더 높은 비용의 복잡성을 요했다.

RISC 프로그램에는 CISC 프로그램에 비해 실행하는 전체 명령어 수가 더 많지만 각 명령이 CISC의 명령보다 훨씬 더 효율적으로 실행되므로, RISC의 마이크로아키텍처 설계는 CISC의 설계보다 더 단순해진다. CISC 프로그램은 명령 수가 더 적으므로, 더 복잡한 명령을 효율적으로 실행하도록 설계된다. 하지만 그만큼 마이크로아키텍처의 설계가 복잡해지고, 클럭도 빨라져

---

1 "ACM A. M. Turing award winners," https://amturing.acm.org

2 "Pioneers of modern computer architecture receive ACM A. M. Turing award," ACM Media Center Notice, March 2018. https://www.acm.org/media-center/2018/march/turing-award-2017

야 한다. 일반적으로 RISC 프로세서를 사용하는 경우 설계가 효율적이고 성능도 뛰어나다. 컴퓨터 메모리양이 시간이 지나면서 늘어나기 때문에 실행 프로그램의 크기는 프로그램의 성능보다 덜 중요하다. 하지만 결국 지배적 우위를 점한 ISA는 CISC인데, 업계에서 더 많이 구현되고 그만큼 많은 지원을 받기 때문이다.

오늘날 CISC는 데스크톱과 많은 서버 클래스 컴퓨터에서 지배적인 ISA로 자리 잡고 있다. 예를 들어 인텔의 x86 ISA는 CISC 기반이다. RISC ISA는 저전력 요구 사항을 준수하기 위해 하이엔드 서버(예, SPARC 등)나 모바일 기기(예, ARM) 등에서 더 흔히 볼 수 있다. 특정 마이크로아키텍처 구현의 RISC 또는 CISC ISA는 RISC 설계와 CISC 설계를 모두 적용한다. 예를 들어 대부분의 CISC 프로세서는 마이크로코드를 사용해 일부 CISC 명령어를 내부 프로세스가 실행하는 RISC 같은 명령어로 변경한다. 현대의 일부 RISC 명령 셋에는 초기 MIPS나 버클리 RISC 명령 셋보다 더 복잡한 몇몇 명령어나 주소 지정 모드가 있다.

모든 모던 프로세서는 ISA에 관계없이 폰 노이만$^{von\ Neumann}$ 아키텍처 모델을 따른다. 폰 노이만 아키텍처의 범용적 설계를 사용하면 모든 유형의 프로그램을 실행할 수 있다. 폰 노이만 모델은 저장된 프로그램 모델, 다시 말해 프로그램 명령어는 컴퓨터 메모리에 프로그램 데이터와 함께 상주하며, 명령어와 데이터는 프로세서에 대한 입력이 된다.

이 장에서는 폰 노이만 아키텍처와 함께 근대 컴퓨터 아키텍처의 근간이 되는 선조들과 컴포넌트들을 소개한다. 폰 노이만 아키텍처 모델에 기반해 예시 디지털 프로세서(CPU)를 만들고, 논리 게이트 빌딩 블록으로 구성된 디지털 회로 CPU를 설계하고, 프로그램 명령을 수행하는 방법에 관해 설명한다.

5.1 현대 컴퓨팅 아키텍처의 기원

현대 컴퓨팅 아키텍처의 선조를 거슬러 올라가보면, 현대 컴퓨터가 과거에 존재했던 머신을 개선해 변형한 것이며 이전 머신을 계승할 뿐이라고 간주하고 싶은 충동에 빠지게 된다. 컴퓨터 설계를 내부 개선의 결과로 보는 이런 시각은 특정한 아키텍처 클래스에 한해서는 사실이기도 하지만(첫 아이폰^{iPhone}에서 아이폰 X$^{iPhone\ X}$까지의 반복적인 개선을 고려해보라), 아키텍처 트리의 기원을 정의하기란 쉽지 않다.

1700년대부터 1900년대 초반까지 수학자들은 과학과 엔지니어링에 필요한 계산을 수행하는 인간 컴퓨터 역할을 도맡아왔다.[3] '컴퓨터computer'라는 용어는 원래 '계산하는 사람'을 뜻한다. 여성 수학자들은 종종 컴퓨터 역할을 담당했다. 실제로 여성을 인간 컴퓨터로 이용하는 상황이 만연해서 계산 복잡도를 '킬로걸스kilogirls' 또는 1,000대의 인간 컴퓨터가 한 시간 내에 끝낼 수 있는 작업의 양으로 측정하기도 했다.[4] 여성이 남성보다 수학적 계산을 더 잘한다는 인식이 널리 퍼졌고, 남성은 방법론적 분야에 집중했다. 여성은 엔지니어의 지위를 차지하지 못했고, 따라서 복잡한 계산을 수행 같은 '하찮은' 작업만 하게 됐다.

첫 범용 디지털 컴퓨터인 **애널리티컬 엔진**analytical engine은 컴퓨터의 아버지라 불리는영국 수학자 찰스 배비지Charles Babbage가 개발했다. 애널리티컬 엔진은 그가 발명한 디퍼런스 엔진difference engine을 개선한 것이다. 디퍼런스 엔진은 다항 함수polynomial function를 계산할 수 있는 기계적 계산기였다. 그리고 컴퓨터 프로그램의 최초 개발자이자 찰스 배비지의 애널리티컬 엔진을 사용해 계산하는 알고리즘을 처음 발표한 사람은 컴퓨팅의 어머니로 알려진 에이다 러브레이스Ada Lovelace다. 그녀는 애널리티컬 엔진의 범용성에 대해 "애널리티컬 엔진은 어떤 것도 가동한다고 가정하지 않는다. 애널리티컬 엔진은 우리가 실행 순서를 결정할 수만 있다면 무엇이든 할 수 있다"[5]는 평을 남겼다. 그러나 현대 컴퓨터와 달리 애널리티컬 엔진은 단순한 기계였으며 부분적으로만 구현됐다. 현대 컴퓨터의 직접적인 선구자가 된 설계자들은 대부분 자신들의 기계를 개발할 때 배비지와 러브레이스가 했던 작업을 거의 알지 못했다.

그러므로 현대 컴퓨터 아키텍처는 1930년대와 1940년대에 출현한 아이디어와 혁신의 원시 수프에서 태어났다고 간주해도 무방하다. 한 예로, MIT 학생이던 클로드 섀넌Claude Shannon은 1937년 역사상 가장 큰 영향을 미칠 석사 논문을 작성했다. 섀넌은 조지 부울George Boole(부울 대수를 개발한 수학자)의 작업을 기반으로 2진 논리를 회로에 적용해 전자 스위치를 개발할 수 있음을 제시했다. 이 제안은 2진 컴퓨팅 시스템과 대부분의 미래 디지털 회로 설계로 이어졌다. 남성은 초기 전기 컴퓨터를 설계했지만, (엔지니어가 될 수 없었던) 여성은 프로그래밍의 개척자가 되어 프로그래밍 언어, 컴파일러, 알고리즘, 운영 체제와 같은 초기 소프트웨어 혁신을 이끌었다.

---

3 David Alan Grier, 『When Computers Were Human』, Princeton University Press, 2005.

4 Megan Garber, "Computing power used to be measured in kilo-girls," The Atlantic, October 16, 2013. https://www.theatlantic.com/technology/archive/2013/10/computing-power-used-to-be-measured-in-kilo-girls/280633

5 Betty Alexandra Toole, Ada, The Enchantress of Numbers, Strawberry Press, 1998.

컴퓨터 아키텍처 탄생에 관한 이야기는 다른 좋은 도서[6, 7])를 참조하길 바란다. 하지만 현대 컴퓨터 아키텍처를 태동시킨 1930년대와 1940년의 굵직한 혁신만큼은 짚고 넘어가자.

5.1.1 튜링 머신

1937년 영국 수학자 앨런 튜링$^{Alan\ Turing}$이 이론상의 컴퓨터인 '논리적 컴퓨팅 머신$^{Logical\ Computing}$ ^{Machine}'[8]을 제안했다. 튜링은 이 머신을 사용해 1928년 수학자인 데이비드 힐버트$^{David\ Hilbert}$와 빌헬름 아커만$^{Wilhelm\ Ackermann}$이 제기한 **결정 문제**(독일어로 Entscheidungs 문제)에 솔루션이 존재하지 않음을 밝혔다. 의사 결정 문제는 한 문장을 입력으로 받아 해당 문장이 항상 유효한지 결정하는 알고리즘이다. 튜링은 **정지 문제**$^{halting\ problem}$(기계 X가 입력 y에 의해 중단될 것인가?)를 튜링 머신으로 결정할 수 없음을 보임으로써, 그런 솔루션이 존재하지 않음을 증명했다. 이 증명 과정에서 튜링은 모든 컴퓨팅 머신의 태스크를 수행할 수 있는 범용 머신을 기술했다. 프린스턴 대학에서 튜링의 논문 지도 교수였던 알론조 처치$^{Alonzo\ Church}$는 이 **논리적 컴퓨팅 머신**을 최초로 **튜링 머신**$^{Turing\ machine}$이라 언급했으며 그 범용적인 형태를 **범용 튜링 머신**$^{universal\ Turing}$ ^{machine}이라 불렀다.

그 후 튜링은 영국으로 돌아와 제2차 세계 대전 동안 블레츨리 파크$^{Bletchley\ Park}$의 암호 해독 부대에서 군복무를 했다. 그는 **봄베**^{Bombe}의 설계와 구현에 참여했는데, 봄베는 에니그마 머신^{enigma} ^{machine}이 만든 암호를 해독하는 기계였다. 이 암호는 독일 나치가 제2차 세계 대전 동안 민감한 통신을 보호하기 위해 널리 사용했다.

제2차 세계 대전 후 튜링은 **자동 컴퓨팅 엔진**$^{automatic\ computing\ engine}$(ACE)를 설계했다. ACE는 저장된 프로그램 컴퓨터, 즉 프로그램 명령어와 그 데이터가 컴퓨터 메모리로 함께 로딩되고 범용 컴퓨터에 의해 실행된다. 1946년 발간된 그의 논문[9]만큼 이 컴퓨터에 대한 좋은 설명은 없다.

---

6   George Dyson, Turing's Cathedral: The Origins of the Digital Universe, Pantheon, 2012.

7   『이노베이터』(21세기북스, 2022)

8   Alan M. Turing, "On computable numbers, with an application to the Entscheidungsproblem," Proceedings of the London Mathematical Society 2(1), pp. 230–265, 1937.

9   Brian Carpenter and Robert Doran, "The other Turing machine," The Computer Journal 20(3), pp. 269–279, 1977

5.1.2 초기의 전기 컴퓨터

제2차 세계 대전으로 초기 컴퓨터 개발은 급물살을 탔다. 하지만 제2차 세계 대전 동안에는 군 활동이 비밀리에 부쳐졌기 때문에, 전쟁 중 활동을 통해 얻은 혁신의 세부 사항은 대부분 전쟁이 종식되고 수년이 지난 뒤에 공개됐다. 그 좋은 예로 콜로서스Colossus를 들 수 있다. 콜로서스는 영국 엔지니어 토미 플라워Tommy Flowers가 로렌츠Lorenz 암호를 해독하기 위해 설계한 머신이다. 로렌츠 암호는 독일 나치가 사용한 고수준의 지능 통신 암호로 앨런 튜링의 작업 일부가 그 설계에 반영됐다. 1943년에 만들어진 콜로서스는 분명 프로그래밍이 가능한 최초의 디지털 컴퓨터이자 완전한 전기 컴퓨터였지만 암호 해독이라는 특수 목적하에 설계된 것이었다. 영국 여성 왕립 해군Women's Royal Naval Service(WRNS)이 콜로서스 운영에 관여했다. **튜니에 관한 일반 보고**General Report on Tunny[10]에 WRNS가 암호 관련 역량을 보유했다고 언급됐음에도 불구하고, WRNS의 어느 누구도 암호사의 직위를 받지 못했다. 오히려 하찮은 콜로서스 운영 업무에 투입됐다.[11, 12]

한편 대서양 반대편에서는 미국 과학자들과 엔지니어들이 자체 기술로 컴퓨터를 만들기 위해 분투 중이었다. 하버드 대학 교수인(미 해군 예비역 사령관이기도 한) 호워드 에이컨Howard Aiken은 마크 IMark I을 설계했다. 마크 I은 전기 장치이자 범용적이고 프로그래밍 가능한 컴퓨터로, 1944년 원자 폭탄 설계를 위해 만들었다. 당시 에이컨은 튜링의 작업에 관해서는 전혀 몰랐고 주로 찰스 배비지의 애널리티컬 엔진에서 영감을 받아 만들었다.[13] 마크 I의 핵심 기능은 완전히 자동화돼서 사람이 개입하지 않아도 며칠 동안 프로그램을 실행하는 것이었다. 이 기능은 이후 컴퓨터 설계에서 근간이 된다.

한편, 미국인 엔지니어 존 모클리John Mauchly와 펜실베이니아 대학의 프레스퍼 에커트Presper Eckert는 함께 **전기 수치 통합 및 계산기**Electronic Numerical Integrator and Computer(ENIAC, 에니악)를 1945년에 설계하고 제작했다. 에니악은 현대 컴퓨터의 선조임에 거의 틀림없다. 2진수가 아닌 10진수를 사용했지만 완전한 디지털이며, 전기적이고, 프로그램 가능하며, 범용적이었다. 저장된 프로그램 기능은 에니악의 초기 오리지널 버전에는 없었지만 1940년대 말미에 구현됐다. 에니악은 미군의 탄도 연구소Ballistic Research Laboratory의 재원으로 구현됐으며, 탄도 미사일의 궤적을 추적하

---

10 James A. Reeds, Whitfield Diffie, and J. V. Field (eds), Breaking Teleprinter Ciphers at Bletchley Park: General Report on Tunny with Emphasis on Statistical Methods (1945), Wiley, 2015.

11 ack Copeland et al., Colossus: The Secrets of Bletchley Park's Code-Breaking Computers, OUP, 2010.

12 Janet Abbate, Recoding Gender, MIT Press, 2012.

13 『이노베이터』(21세기북스, 2022)

는 것이 주요 목적이었다. 이후 수소 폭탄hydrogen bomb 설계용으로 사용되고 있다.

남성이 제2차 세계 대전 중 무장 병력으로 참전하게 되면서, 여성이 전쟁을 지원하기 위해 인간 컴퓨터로 고용됐다. 최초의 전기 컴퓨터가 도입되면서 여성은 최초의 프로그래머가 됐는데, 당시 프로그래밍은 비밀스러운 작업으로 인식됐다. 프로그래밍의 조기 혁신, 가령 최초의 컴파일러, 모듈화된 프로그램 표기, 디버깅, 어셈블리 언어 등이 여성 발명가에 의해 탄생한 것도 그리 놀랍지 않다. 가령 그레이스 호퍼Grace Hopper는 최초의 고수준 머신 비의존 프로그래밍 언어(COBOL)와 그 컴파일러를 만들었으며, 마크 I의 프로그래머였고 그 운영에 관한 책도 집필했다.

에니악 프로그래머는 여섯 명의 여성이었다. 진 제닝스 바틱Jean Jennings Bartik, 베티 스나이더 홀버튼Betty Snyder Holberton, 케이 맥널티 모클리Kay McNulty Mauchly, 프랜시스 빌라스 스펜스Frances Bilas Spence, 말린 웨스코프 멜처Marlyn Wescoff Meltzer, 루스 릭터먼 타이텔바움Ruth Lichterman Teitelbaum이 그들이다. WRNS와 달리 에니악의 여성 프로그래머는 자율적으로 태스크를 수행했다. 에니악의 설계 다이어그램만 제공받고 에니악이 동작하는 방법과 프로그래밍하는 방법을 알아내야 했다. 이들은 세계 최초의 전기적 범용 컴퓨터를 프로그래밍(및 디버깅)하는 방법을 해결해야 하는 혁신뿐만 아니라, 알고리즘 플로차트 아이디어도 개발했다. 또한 서브루틴subroutine과 중첩nesting 같은 중요한 프로그래밍 개념도 다수 개발했다. 그레이스 호퍼와 같이 진 제닝스 바틱과 베티 스나이더 홀버튼은 컴퓨팅 분야에서 오랜 경력을 쌓아 초기 컴퓨팅 개척자로 이름을 올렸다. 안타깝게도 이 여성들의 활약상이 모두 알려져 있지는 않다. 제2차 세계 대전 이후 많은 여성이 경력을 이어가지 못했다. 초기 여성 프로그래머에 관해 자세히 알고 싶다면 참고 자료를 확인하기 바란다.[14, 15, 16, 17]

컴퓨터의 잠재력에 관심을 보인 나라는 비단 영국과 미국만이 아니었다. 독일에서는 콘라드 주세Konrad Zuse가 1941년에 최초의 전기 기계식 범용 디지털 프로그래밍 컴퓨터 Z3를 만들었다. 주세의 설계는 튜링이나 다른 사람들의 작업과 달랐다. 무엇보다 주세의 설계에서는 10진수가 아닌 2진수를 사용했는데, 이는 바이너리 시스템을 사용한 최초의 컴퓨터였다. 그러나 Z3는 베를린 폭격 시 파괴됐고, 주세의 작업은 1950년까지 이어지지 못했다. 이후 수년이 지나 업적이 알려지면서 그는 독일 컴퓨팅의 아버지로 널리 인정받게 됐다.

....

14 Janet Abbate, Recoding Gender, MIT Press, 2012.
15 LeAnn Erickson, Top Secret Rosies: The Female Computers of World War II, Public Broadcasting System, 2010.
16 Kathy Kleiman, The Computers, `http://eniacprogrammers.org`
17 『사라진 개발자들』(한빛미디어, 2023)

5.1.3 그래서 폰 노이만은 무엇을 알았나?

현대 컴퓨터 아키텍처의 기원에 관한 논의를 통해, 1930년대와 1940년대에 등장한 다양한 혁신이 오늘날 우리가 알고 있는 컴퓨터의 탄생으로 이어졌음이 분명해졌다. 1945년에 존 폰 노이만John von Neumann은 「에드박 보고서 초안First draft of a report on the EDVAC」[18]이라는 논문을 발표해 현대 컴퓨터의 기반이 되는 아키텍처를 설명했다. 에드박(EDVAC)은 전자 이산 변수 자동 컴퓨터Electronic Discrete Variable Automatic Computer로 에니악을 계승했으나 에니악과 달리 2진수 컴퓨터이자 저장된 프로그램 컴퓨터다. 에드박의 아키텍처 설계를 오늘날 폰 노이만 아키텍처von Neumann Architecture라 부른다.

폰 노이만 아키텍처는 모든 프로그램을 수행하기 위해 설계된 범용 컴퓨터를 묘사한다. 또한 내장 프로그램 모델을 사용한다. 즉, 프로그램 명령어와 데이터가 모두 컴퓨터에 로딩되어 실행된다. 폰 노이만 모델에서는 명령어와 데이터를 구분하지 않는다. 명령어와 데이터가 모두 컴퓨터의 내장 메모리에 로딩되며, 프로그램 명령어는 메모리에서 페치되고 프로그램 데이터에 대한 프로그램 명령을 실행하는 컴퓨터의 기능 장치에 의해 실행된다.

존 폰 노이만은 컴퓨팅 시대 이전부터 다양한 부문에 수많은 공헌을 했다. 폰 노이만은 헝가리 수학자로 인스티튜트 오브 어드밴스드 스터디Institute of Advanced Study와 프린스턴 대학에서 동시에 교수를 지내고 앨런 튜링의 조기 멘토였다. 이후 맨해튼 프로젝트Manhattan Project 연구 과학자가 됐으며, 이를 통해 호워드 에이컨과 그의 컴퓨터 마크 I과 인연을 맺게 됐다. 이후 에니악 프로젝트의 컨설턴트로 참여하면서 에커트, 모클리와 정기적으로 협업하게 됐다. 그가 에드박을 연구하면서 작성한 유명한 논문은 에커트와 모클리가 미군에 제안했고 펜실베이니아 대학에서 이를 구축했다. 에드박은 거의 모든 현대 컴퓨터의 근간을 형성하는 여러 아키텍처 설계 혁신이 반영됐다. 범용적이고, 2진수 체계를 사용하며, 메모리가 내장되고 완전히 전기로만 동작한다. 논문의 많은 부분을 폰 노이만이 혼자 썼기 때문에,[19] 논문에서 설명하는 아키텍처 설계는 전적으로 폰 노이만의 것이었고 결국 그 이름도 폰 노이만 아키텍처가 됐다. 튜링도 1946년에 이와 유사한 머신의 설계에 관해 상세히 기술하기는 했다. 하지만 폰 노이만의 논문이 튜링의 논문에 앞서 발행됐기 때문에 이러한 혁신의 일등 공로는 폰 노이만에게 돌아갔다.

---

18 John von Neumann, "First draft of a report on the EDVAC (1945)." Reprinted in IEEE Annals of the History of Computing 4, pp. 27–75, 1993.
19 John von Neumann, "First draft of a report on the EDVAC (1945)." Reprinted in IEEE Annals of the History of Computing 4, pp. 27–75, 1993.

'실제로' 폰 노이만 아키텍처를 발명한 사람이 누구이건 폰 노이만의 전적인 기여를 무시할 수는 없다. 그는 뛰어난 수학자이자 과학자였다. 집합 이론set theory부터 양자 기계학quantum mechanics, 게임 이론game theory에 이르기까지 수학에 기여한 바가 지대하다. 또 컴퓨팅 분야에서는 **병합 정렬**merge sort 알고리즘을 발명했다. 월터 아이작슨Walter Isaacson은 폰 노이만의 가장 위대한 강점이 광범한 협업과 새로운 개념의 중요성을 직감적으로 꿰뚫어보는 능력이라고 말했다.[20] 컴퓨터의 초기 설계자 대다수는 서로 떨어져 일했다. 아이작슨은 마크 I 컴퓨터의 느린 진행을 보면서, 폰 노이만이 진정한 전기 컴퓨터의 가치와 프로그램을 메모리에 저장하고 수정할 필요를 파악했다고 주장한다. 따라서 폰 노이만은 에커트와 모클리에 앞서 완전히 전자적으로 저장된 프로그램 컴퓨터의 위력을 충분히 이해하고 평가했다고 주장할 수 있다.

5.2 폰 노이만 아키텍처

폰 노이만 아키텍처는 대부분의 현대 컴퓨터에서 기반 역할을 한다. 이 절에서는 폰 노이만 아키텍처의 주요 컴포넌트 특성을 간단하게 살펴본다.

폰 노이만 아키텍처(그림 5−1)는 다음 다섯 가지 주요 컴포넌트로 구성된다.

1 **처리 장치**processing unit는 프로그램 명령어를 실행한다.
2 **제어 장치**control unit는 처리 장치에서 프로그램 명령어를 실행하도록 주도한다. 처리 장치와 제어 장치는 CPU를 구성한다.
3 **기억 장치**memory unit는 프로그램 데이터와 명령어를 저장한다.
4 **입력 장치**input unit는 프로그램 데이터와 명령어를 컴퓨터에 로딩하고 프로그램 실행을 시작한다.
5 **출력 장치**output unit는 프로그램 실행 결과를 저장하거나 수신한다.

버스는 장치들을 연결하고, 장치는 버스를 통해 서로에게 제어 정보와 데이터 정보를 전송한다. 하나의 **버스**bus는 통신 채널로 2진 값을 통신 양단 사이(값의 송신자와 수신자)에 전달한다. 예를 들어 메모리 장치와 CPU를 연결하는 데이터 버스는 32개 평행 와이어로 구현되어 4바이트 값을 전달할 수 있다. 하나의 비트는 하나의 와이어를 통해 전달된다. 전형적으로 아키텍처에는 데이터 전송, 메모리 주소, 장치 간의 제어를 위한 버스가 별도로 있다. 장치는 제어 버스

---

[20] Walter Isaacson, The Innovators: How a Group of Inventors, Hackers, Genius and Geeks Created the Digital Revolution, Simon and Schuster, 2014.

로 제어 신호를 보내 다른 장치의 액션을 요청하거나 알린다. 주소 버스는 메모리 주소를 보내 기억 장치의 요청을 읽거나 쓴다. 데이터 버스는 데이터를 장치 간에 전송한다.

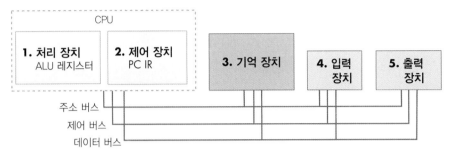

그림 5-1 폰 노이만 아키텍처는 처리 장치, 제어 장치, 기억 장치, 입력 장치, 출력 장치로 구성된다. 제어 장치와 처리 장치가 CPU를 구성하며 CPU에는 ALU 레지스터, 범용 CPU 레지스터, 일부 특수 목적의 레지스터(IR과 PC)가 내장된다. 장치는 장치들 간의 데이터 전송과 통신에 사용되는 버스로 연결된다

5.2.1 CPU

CPU는 제어 장치와 처리 장치로 구성된다. CPU는 프로그램 데이터를 대상으로 프로그램 명령어를 실행한다.

5.2.2 처리 장치

폰 노이만 머신에서 **처리 장치**processing unit는 두 부분으로 구성된다. 한 부분은 **산술 논리 장치**arithmetic logic unit(ALU)로 덧셈, 뺄셈 같은 산술 연산과 논리 연산 등을 수행한다. 현대 ALU는 전형적으로 더 많은 산술 연산을 수행한다. 또 다른 부분은 레지스터register다. **레지스터**는 작고 빠른 저장 장치storage unit로 프로그램 데이터와 ALU에 의해 실행되는 프로그램 명령어를 저장한다. 폰 노이만 아키텍처에서는 명령어와 데이터의 구분이 없다. 명령어를 사용한 의도와 목적에 관계없이 명령어는 데이터다. 따라서 모든 레지스터는 하나의 데이터 워드를 저장할 수 있다.

5.2.3 제어 장치

제어 장치^{control unit}는 프로그램 명령을 메모리에서 읽고, 처리 장치를 통해 명령어의 피연산자와 연산을 전달함으로써 프로그램 명령을 실행한다. 제어 장치 역시 일종의 저장 장치가 내장되며, 이를 활용해 실행 상태를 추적하고 그다음에 실행할 행동을 결정한다. **프로그램 카운터**^{program counter}(PC)는 실행할 다음 명령어의 메모리 상태를 유지하고, **명령어 레지스터**^{instruction register}(IR)는 메모리에서 로드되어 현재 실행 중인 명령을 저장한다.

5.2.4 기억 장치

내부 기억 장치^{internal memory}는 폰 노이만 아키텍처가 일군 혁신의 핵심이다. 내부 기억 장치는 (중앙) 처리 장치에 가까운 프로그램 데이터 저장소를 제공함으로써 계산 수행 시간을 대폭 줄인다. **기억 장치**^{memory unit}는 프로그램 데이터와 프로그램 명령어를 저장한다. 프로그램 명령의 저장 또한 폰 노이만 아키텍처의 내장 프로그램 모델의 핵심이다.

메모리의 크기는 시스템에 따라 크게 다르다. 그러나 시스템이 표현할 수 있는 주소의 범위는 시스템의 ISA에 의해 제한된다. 현대 시스템에서 가장 작은 메모리 주소 단위는 1바이트(8비트) 이며, 각 주소는 1바이트의 저장소 단위로 고유한 메모리 위치를 갖는다. 그 결과, 32비트 아키텍처는 전형적으로 2^{32}의 최대 주소 공간 크기를 지원하는데, 이는 주소 지정이 가능한 4기가바이트(GiB) 메모리에 해당한다.

메모리^{memory}라는 용어는 종종 시스템의 전체 저장소 계층을 나타낸다. 메모리에는 처리 장치의 레지스터와 하드 디스크 드라이브^{hard disk drive}(HDD) 또는 솔리드 스테이트 드라이브^{solid-state drive}(SSD) 같은 2차 저장 장치도 포함될 수 있다. 메모리 계층에 관한 세부적인 내용은 9장에서 살펴본다. 여기서 '메모리'라는 용어는 **임의 접근 메모리**(RAM), 즉 CPU가 직접 접근하는 메모리를 의미한다. RAM 저장소는 임의로 접근할 수 있다. 왜냐하면 모든 RAM 저장소 위치(주소)에 직접 접근할 수 있기 때문이다. RAM은 선형적인 주소이고, 각 주소는 메모리의 1바이트에 상응한다는 것을 알아두는 것이 좋다.

> **워드 크기의 변천**
>
> ISA에 의해 정의되는 **워드 크기**는 프로세스가 하나의 단위로 다루는 표준 데이터 크기의 비트 수다. 표준 워드 크기는 시간이 지나면서 바뀌었다. 에드박의 워드 크기는 30비트로 제안됐고, 1950년대에는 36비트의 워드 크기를 많이 사용했다. 워드 크기는 1960년대 IBM 636의 혁신과 함께 어느 정도 표준화됐고, 16비트에서 32비트로 확장되어 오늘날의 64비트까지 이르렀다. 인텔 아키텍처를 자세히 들여다보면 원래의 16비트 아키텍처에 32비트, 64비트 아키텍처가 확장으로 추가된 흔적을 찾을 수 있다.

5.2.5 입력 및 출력(I/O) 장치

제어, 처리, 저장 장치가 컴퓨터의 기반을 형성한다면, 입력 장치와 출력 장치는 이 장치들이 외부 세계와 상호작용하도록 한다. 특히 입력 및 출력 장치는 프로그램의 명령과 데이터를 메모리로 읽어들이고, 그 데이터를 메모리 외부에 저장하고, 데이터를 사용자에게 표시할 방법을 제공한다.

입력 장치input unit는 사용자가 컴퓨터 외부에서 데이터를 얻도록 프로그래밍하는 장비로 구성된다. 가장 보편적인 형태의 입력 장치로는 키보드나 마우스를 들 수 있다. 카메라나 마이크 역시 입력 장치에 속한다.

출력 장치output unit는 컴퓨터가 계산한 결과를 외부 세계로 되돌려 보내거나 내장 메모리 외부에 저장하는 장비로 구성된다. 예를 들어 모니터는 일반적인 출력 장치다. 스피커나 햅틱도 출력 장치에 속한다.

터치스크린touchscreen 같은 몇몇 현대 장치는 동시에 입력 및 출력 장치 역할을 한다. 사용자는 하나의 장비로 입력하거나 데이터를 받을 수 있다.

솔리드 스테이트와 하드 드라이브 역시 입력 및 출력 장치의 역할을 동시에 하는 장치다. 이 저장 장치들은 운영 체제가 실행하기 위해 메모리에 읽어들이는 컴퓨터 프로그램이 있을 때는 입력 장치, 프로그램의 결괏값이 기록된 파일을 저장할 때는 출력 장치처럼 동작한다.

5.2.6 폰 노이만 머신

폰 노이만 아키텍처를 구성하는 다섯 가지 장치는 프로그램 명령어를 실행하는 Fetch^{가져오기} -Decode^{해석하기}-Execute^{실행하기}-Store^{저장하기} 사이클을 구현한다. 이 사이클은 프로그램의 첫 명령어에서 시작해 프로그램이 종료될 때까지 반복된다.

1 제어 장치는 메모리에서 다음 명령을 **가져온다**. 제어 장치에는 특별한 레지스터인 프로그램 카운터(PC)가 있는데, PC에는 다음에 끌어와야 할 명령어의 주소가 저장된다. 다음으로 **주소 버스**^{address bus}에는 해당 주소를, **제어 버스**^{control bus}에는 **READ** 명령어를 넣어 저장 장치에 보낸다. 저장 장치는 지정된 주소에 저장된 바이트를 읽어서 **데이터 버스**^{data bus}의 제어 장치로 보낸다. 명령어 레지스터(IR)는 저장 장치에서 전달받은 명령어의 바이트를 저장한다. 제어 장치는 PC의 값을 증가시켜 다음으로 끌어올 새 명령어의 주소를 저장한다.

2 제어 장치는 IR에 저장된 명령을 **해석한다**. 제어 장치는 수행할 작업을 나타내는 명령어 비트열과 피연산자의 위치를 나타내는 비트열을 해석한다. 명령어 비트열은 명령어 인코딩에 대한 ISA의 정의에 따라 해석된다. 제어 장치는 지정된 위치(CPU 레지스터, 메모리 또는 명령어 비트열에 인코딩된)에서 데이터 피연산자 값을 꺼내 처리 장치의 입력으로 전달한다.

3 처리 장치는 해당 명령을 **실행한다**. ALU는 명령어 데이터 피연산자에 명령어 연산을 수행한다.

4 제어 장치는 메모리에 연산 결과를 **저장한다**. 제어 장치에서 명령을 실행한 결과는 메모리에 저장된다. 제어 장치는 메모리에 결과를 기록한다. 이때 **데이터 버스**에는 결괏값, **주소 버스**에는 저장 위치의 주소, **제어 버스**에는 **WRITE** 명령어를 넣는다. 저장 장치는 지정된 주소의 메모리에 값을 써넣는다.

입력 및 출력 장치는 프로그램 명령어 실행에 직접적으로 관여하지 않는다. 대신, 프로그램의 명령과 데이터를 읽고 프로그램의 연산 결과를 표시함으로써 프로그램의 실행에 참여한다.

[그림 5-2]와 [그림 5-3]에 폰 노이만 아키텍처에서 명령이 실행되는 네 단계를 정리했다. 덧셈 명령어의 예시이며, 피연산자가 CPU 레지스터에 저장된다. **Fetch** 단계에서 제어 장치는 PC(1234)에 저장된 메모리 주소의 명령을 읽는다. 제어 장치는 주소 버스에 해당 주소를, 제어 버스에 Read 명령어를 넣어 보낸다. 저장 장치는 요청을 받고 주소 1234의 값을 읽고, 이를 데이터 버스에 넣어 제어 장치로 보낸다. 제어 장치는 명령어 바이트를 IR 레지스터에 넣고 PC를 다음 명령어의 주소로 업데이트한다(예시에서는 1238). **Decode** 단계에서 제어 장치는 수행해야 할 연산을 지정한 명령어에 대한 비트열을 처리 장치의 ALU에 보내고, 처리 장치의 레지스터에서 ALU로 피연산자 값을 읽기 위해 피연산자를 저장하는 레지스터를 지정하는 명령 비트열을 사용한다(예시에서는 피연산자 값이 3과 4). **Execute** 단계에서 처리 장치의 ALU 부분은 피연산자에 연산을 실행해 결과를 만든다(예시에서는 3 + 4 = 7). 마지막으로 **Store** 단계에서 제어 장치는 처리 장치에서 전달받은 결과(7)를 저장 장치에 써넣는다. 메모리 주소

(5678)는 주소 버스, WRITE 명령어는 제어 버스, 저장할 데이터 값(7)은 데이터 버스로 보내진다. 저장 장치는 이 요청을 받아 메모리 주소 5678에 7을 저장한다. 이 예시에서는 결과를 저장할 메모리 주소가 명령어 비트열에 인코딩됐다고 가정한다.

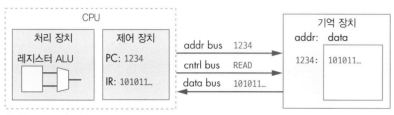

1. Fetch: PC(1234)에 있는 메모리 주소에서 명령 비트열을 읽고, IR에 저장한다.

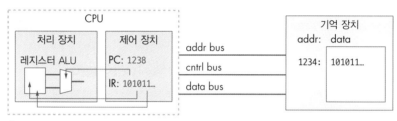

2. Decode: IR에 있는 명령 비트열은 피연산자와 ALU가 수행할 작업을 저장한 레지스터 정보를 보유한다.

그림 5-2 덧셈 명령 예에 대한 폰 노이만 아키텍처의 fetch와 decode 단계. 피연산자, 결과, 메모리 주소는 10진숫값으로, 메모리 내용은 2진숫값으로 표시한다.

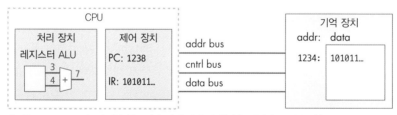

3. Execute: ALU는 피연산자(3, 4)에 대해 명령 연산(+)을 실행하고 결괏값(7)을 계산한다.

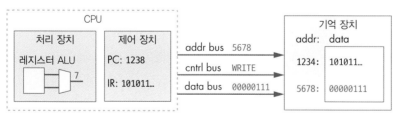

4. Store: 제어 장치는 ALU의 결과(7, 2진수 00000111)를 메모리에 저장한다.

그림 5-3 덧셈 명령 예에 대한 폰 노이만 아키텍처의 execute와 store 단계. 피연산자, 결과, 메모리 주소는 10진숫값으로, 메모리 내용은 2진숫값으로 표시한다.

5.3 논리 게이트

논리 게이트logic gates는 디지털 회로의 빌딩 블록으로 디지털 컴퓨터의 산술, 제어, 저장 기능을 구현한다. 복잡한 디지털 회로를 설계할 때는 높은 추상화가 필요하다. 설계자는 적은 수의 기본 논리 게이트를 사용해 기본 기능을 구현하는 간단한 회로를 만든다. 이 간단한 회로는 구현으로부터 추상화되며, 복잡한 회로를 만드는 빌딩 블록으로 사용된다(간단한 회로를 서로 조합해 기능이 복잡한 회로를 만든다). 이 복잡한 회로는 한층 추상화되어 더 복잡한 기능을 만드는 빌딩 블록으로 사용되며 프로세서의 처리, 저장, 제어 컴포넌트를 만드는 데까지 이어진다.

트랜지스터

논리 게이트는 반도체 소자에 에칭된 트랜지스터(예, 실리콘 칩)를 사용해 만든다. 트랜지스터는 칩을 통해 흐르는 제어 전류를 스위칭한다. 하나의 트랜지스터는 On/Off 상태를 전환할 수 있다(높은 전압 아니면 낮은 전압). 트랜지스터의 출력 상태는 현재 상태와 입력 상태(높은 전압 아니면 낮은 전압)에 따라 다르다. 2진 값은 높은 전압(1) 아니면 낮은 전압(0)에 따라 인코딩되며,

논리 게이트는 입력에서 스위칭 동작을 수행해 논리 게이트의 출력을 생성하는 몇 개의 트랜지스터 배열에 따라 구현된다. 집적 회로(칩)에 들어갈 수 있는 트랜지스터의 수는 대략적인 전력 측정 단위가 된다. 칩당 트랜지스터 수가 더 많으면 기능이나 저장소를 구현할 수 있는 컴포넌트가 더 많다.

5.3.1 기본 논리 게이트

가장 낮은 수준에서 모든 회로는 논리 게이트의 연결을 통해 구성된다. 논리 게이트는 부울 피연산자(0과 1)에 대한 부울 연산을 구현한다. **AND, OR, NOT**은 완전한 논리 게이트 조합을 구성하므로 이들을 사용하면 모든 회로를 만들어낼 수 있다. 하나의 논리 게이트는 하나의 입력(NOT) 또는 두 개의 입력(AND 및 OR)을 가지며 입력값에 대한 비트와이즈 논리적 연산에 대한 2진 결괏값을 만들어낸다. 예를 들어 NOT 게이트에 0을 입력하면 1을 출력한다(1 = NOT(0)). 논리 연산의 **진리표**는 입력의 각 조합에 대한 결괏값을 나타낸다. [표 5-1]은 AND, OR, NOT 논리 게이트의 진리표다.

표 5-1 AND, OR, NOT에 대한 진리표

A	B	A AND B	A OR B	NOT A
0	0	0	0	1
0	1	0	1	1
1	0	0	1	0
1	1	1	1	0

컴퓨터 아키텍트는 이 게이트들을 회로 도면에 다음과 같이 표현한다.

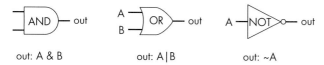

out: A & B   out: A|B   out: ~A

그림 5-4 단일 비트에 대한 단일 출력을 생성하는 AND, OR, NOT 논리 게이트

논리 게이트의 멀티비트 버전(M비트 입력 및 출력)은 M개의 1비트 논리 게이트를 사용해 구조화한 매우 간단한 회로다. M비트 입력의 각 비트는 서로 다른 1비트 게이트로 입력되고, M비트 결과의 해당 출력 비트를 만든다. 예를 들어 [그림 5-5]는 4개의 1비트 AND 게이트를 사용해 만든 4비트 AND 회로도다.

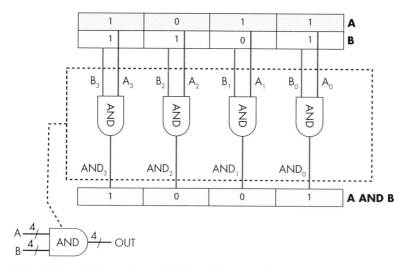

그림 5-5 4개의 1비트 AND 게이트를 사용해 만든 4비트 AND 회로

그저 논리 게이트의 입력과 출력을 확장한 이 같은 단순한 회로 유형을 M비트 게이트라 부른다. 특정한 M 값이 입력과 출력 비트 폭(비트 수)을 지정하기 때문이다.

5.3.2 그 외 논리 게이트

AND, OR, NOT으로 구성된 논리 게이트 셋만 있으면 모든 회로를 만들 수 있지만, 디지털 회로를 구성할 때는 다른 기본 논리 게이트도 자주 사용한다. 이런 논리 게이트에는 NAND(A AND B의 부정), NOR(A OR B의 부정), XOR(배타적 OR)이 있다. 각 논리 게이트의 진리표는 [표 5-2]와 같다.

표 5-2 NAND, NOR, XOR에 대한 진리표

A	B	A NAND B	A NOR B	A XOR B
0	0	1	1	0
0	1	1	0	1
1	0	1	0	1
1	1	0	0	0

[그림 5-6]은 NAND, NOR, XOR 게이트의 회로도다.

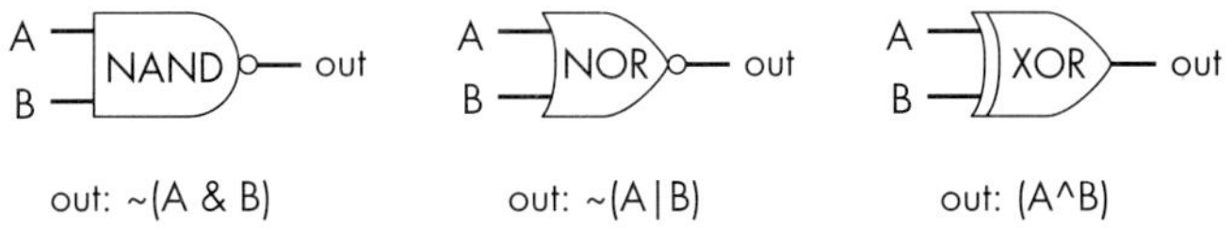

out: ~(A & B)   out: ~(A | B)   out: (A^B)

그림 5-6 NAND, NOR, XOR 논리 게이트

NAND와 NOR 게이트 끝의 동그라미는 부정 또는 NOT을 나타낸다. 예를 들어 NOR 게이트는 OR 게이트의 끝에 동그라미가 붙은 것처럼 보인다. 이는 NOR이 OR의 부정임을 표시한다.

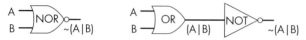
5.4 회로

디지털 회로는 아키텍처의 핵심 기능을 구현한다. 디지털 회로는 하드웨어의 **명령 셋 아키텍처**(ISA)와 시스템 전체의 저장 및 제어 기능을 구현한다. 디지털 회로 설계에는 여러 추상화 수준이 있다. 복잡한 기능을 구현하는 회로는 부분적인 기능을 구현하는 작은 회로들로 구현되며, 이 작은 회로는 더 간단한 회로들로 구현된다. 모든 디지털 회로의 빌딩 블록은 기본 논리 게이트까지 내려간다. [그림 5-8]에는 구현으로부터 추상화한 회로가 **블랙박스**로 표현된다. 기능 또는 이름 라벨과 입출력만 가짐으로써 내부의 세부적인 구현을 숨기기 때문이다.

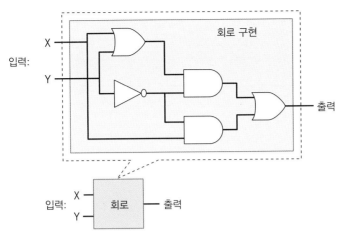

그림 5-8 회로는 하위 회로들과 논리 게이트를 연결해 구현된다. 회로의 기능은 그 구현의 세부 사항에 추상화되며, 다른 회로를 만드는 빌딩 블록으로 사용될 수 있다.

회로 빌딩 블록은 산술/논리, 제어, 저장 회로의 세 가지로 구분된다. 예를 들어 하나의 프로세서는 세 가지 타입의 하위 회로를 모두 통합한 회로다. 프로세서의 레지스터는 저장 회로, 산술 및 논리 기능을 구현하는 핵심 기능은 산술 및 논리 회로를 사용하고, 제어 회로를 사용해 프로세서 전체에서의 명령을 실행하거나 레지스터에서 값을 읽거나 저장한다.

이 절에서는 회로의 세 가지 유형을 설명한다. 논리 게이트로부터 기본 회로를 설계하는 방법을 설명한 뒤, 기본 회로와 논리 게이트를 사용해 더 큰 회로를 만드는 방법을 살펴본다.

5.4.1 산술 및 논리 회로

산술 및 논리 회로는 ISA의 산술 및 논리 명령을 구현하며, 이들은 함께 프로세서의 **산술 논리 장치**arithmetic logic unit(ALU)를 구성한다. 또한 산술 및 논리 회로는 CPU의 다른 기능 일부를 구현한다. 예를 들어 산술 회로는 명령어 실행의 첫 단계로 프로그램 카운터(PC)를 구현하는 데 사용된다. 또한 피연산자 비트열과 레지스터의 값을 조합해 메모리 주소를 계산하는 데 사용된다.

회로 설계는 일반적으로 단순한 1비트 논리 게이트 구현에서 시작한다. 이 1비트 회로는 이후 M비트 버전의 회로를 구현하는 기본 요소가 된다. 기본 논리 게이트에서 1비트 회로는 다음 단계에 따라 설계한다.

1 회로의 진리표를 설계한다. 입력과 출력의 수를 결정하고 입력 비트(들)의 모든 조합에 대해 구체적인 출력 비트(들)를 결정하는 테이블 입력을 추가한다.

2 위에서 만든 진리표를 사용해 입력값과 AND, OR, NOT 등을 조합하고 출력값이 1이 되는 하나의 표현식을 작성한다.

3 위에서 만든 표현식을 논리 게이트의 나열로 바꾼다. 각 게이트는 해당 회로에 대한 입력 또는 이전 단계의 논리 게이트로부터 입력을 받는다.

이 단계를 따라 1비트의 **등치**equals 회로를 만든다. 비트와이즈 등치(A == B)는 A와 B의 값이 같으면 1, 그렇지 않으면 0을 출력한다.

먼저 회로의 진리표를 설계한다.

표 5-3 간단한 등치 회로의 진리표

A	B	A == B
0	0	1
0	1	0
1	0	0
1	1	1

다음으로 A == B가 1일 때의 표현식을 AND, OR, NOT을 조합해 나타낸다. 먼저 출력값이 1인 각 행을 살펴본다. 진리표의 첫 행부터 시작한다.

A	B	A == B
0	0	1

이 행의 입력에 대해, 결괏값이 1이 되는 입력값 표현의 **교집합**을 만든다. 교집합은 0 아니면 1로 평가되는 하위 표현식을 AND와 조합하고, 하위 표현식이 모두 1일 때만 출력값은 1이 된다. 모든 입력값이 1로 평가될 때를 나타내는 데서 시작한다.

```
NOT(A)    # A가 0이면 1이다.
NOT(B)    # B가 0이면 1이다.
```

다음으로 이들을 접속해서(AND로 조합한다) 진리표의 이 행이 1이 되는 표현식을 만든다.

```
NOT(A) AND NOT(B)     # A와 B가 모두 0일 때 1이다.
```

같은 작업을 진리표의 마지막 행(출력값이 1)에 대해서도 반복한다.

A	B	A == B
1	1	1

```
A AND B   # A, B 모두 1일 때 1이다
```

마지막으로 출력값이 1이 되는 진리표의 각 행에 해당하는 교집합들의 **합집합**(하나의 OR)을 만든다.

```
(NOT(A) AND NOT(B)) OR (A AND B)   # A와 B가 모두 0 이거나, 모두 1일 때 1이다.
```

이 시점에서 회로로 변환할 수 있는 A == B에 대한 표현식을 얻는다. 이 단계에서, 회로 설계자는 표현식을 간단히 하는 기법을 사용해 최소 등치 표현식(가장 적은 수의 연산자 그리고(또는) 회로 전체의 게이트 경로 길이가 가장 짧은 것에 상응하는)을 만든다. 회로 설계자는 회로를 최소화할 때 변환 전후로 표현식이 같도록 세심한 주의를 기울여야 한다. 공식적인 회로 최소화 몇 가지 있지만 이 책의 범위를 넘어서므로 회로를 개발하면서 몇 가지 휴리스틱만 사용하겠다.

예시에서는 앞의 표현식을 그대로 회로로 옮긴다. (NOT(A) AND NOT(B))를 (A NAND B)로 바꾸고 싶겠지만, 이 두 표현식은 등치가 아니다. 모든 A, B의 조합에서 같은 값을 출력하지 않기 때문이다. 예를 들어 A가 1이고 B가 0이면 (A == B)는 0이지만, (A NAND B)는 1이다.

표현식을 회로로 변환할 때는, 가장 안쪽의 표현식에서 바깥쪽의 표현식으로 이동한다(가장 안쪽의 표현식이 첫 번째 게이트가 되며, 이 게이트의 출력이 다음 차례의 게이트들에 대한 입력이 된다). 첫 번째 게이트 셋은 입력값의 부정에 해당한다(입력 A와 B에 대한 NOT 게이트들). 다음으로 각 교집합에 대해, AND 게이트에 입력값을 전달하는 회로의 일부를 만든다. 이 AND 게이트의 출력은 합집합을 나타내는 OR 게이트에 입력된다. 결과 회로는 [그림 5-9]와 같다.

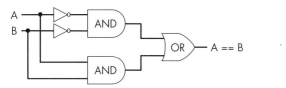

그림 5-9 AND, OR, NOT 논리 게이트로 구성된 1비트 등치 회로(A == B)

회로의 정확성을 검증하기 위해 입력값 A, B의 모든 조합을 회로에 입력하고 그 출력이 (A == B)에 대한 진리표의 각 행과 일치하는지 검증한다. 예를 들어 A가 0이고 B가 0이면, 두 개의 NOT 게이트는 이 값들을 부정한 뒤 맨 위의 AND 게이트에 입력한다. 따라서 AND 게이트의 입력은 (1, 1)이 되고 그 결과는 1이며, 이 값은 가장 위의 OR 게이트에 대한 입력값이 된다. A와 B의 값이 모두 0이면 가장 아래의 AND 게이트에 곧바로 입력되며 해당 게이트에서의 결괏값은 0이 된다. 이 값은 가장 마지막 OR 게이트에 대한 입력값이 된다. 따라서 OR 게이트의 입력값은 (1, 0)이 되고 출력값은 1이 된다. 그래서 A와 B의 값이 모두 0이면, 이 회로는 정확하게 1을 출력한다. [그림 5-10]은 이 예시를 나타낸다.

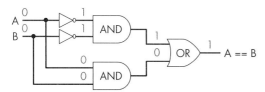

그림 5-10 (A == B)를 계산하는 1비트 등치 회로 예시. A에 대한 입력값 0, B에 대한 입력값 0에서 시작해서, 값들은 게이트를 지나 전파되면서 회로를 구성하고 올바른 A == B에 대한 올바른 출력값 1을 계산한다.

1비트 등치 회로의 구현을 하나의 단위로 보면 이를 구현으로부터 추상화할 수 있으며, 다른 회로를 구성하는 빌딩 블록으로 쉽게 사용할 수 있다. 이 1비트 등치 회로의 추상화(그림

5-11)를 두 개의 입력 A, B와 하나의 출력 A == B를 가진 박스로 나타낼 수 있다. 이 추상화를 통해 1비트 등치 회로를 구현하는 내부 게이트는 가려져 외부에서 보이지 않는다.

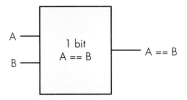

그림 5-11 1비트 등치 회로 추상화. 이 회로는 다른 회로의 빌딩 블록으로 사용할 수 있다.

1비트 버전의 NAND, NOR, XOR 회로도 AND, OR, NOT 게이트를 사용해 비슷한 방식으로 구성할 수 있다. 진리표(표 5-4)에서 시작해 1비트 등치 회로와 동일한 단계를 적용한다.

표 5-4 NAND, NOR, XOR에 대한 진리표

A	B	A NAND B	A NOR B	A XOR B
0	0	1	1	0
0	1	1	0	1
1	0	1	0	1
1	1	0	0	0

이 회로들의 멀티비트 버전은 여러 1비트 버전의 회로를 사용해 구성할 수 있으며, 그 방법은 '5.3.1 기본 논리 게이트'에서 1비트 AND 게이트를 사용해 4비트 AND 게이트를 구성한 과정과 같다.

산술 회로

산술 회로는 논리 회로를 구성하는 방법과 동일한 방법으로 구성한다. 예를 들어 1비트 덧셈 회로를 구현할 때는 1비트 덧셈에 대한 진리표에서 시작한다. 이 진리표에는 2개의 입력값(A와 B)과 2개의 출력값(A와 B의 합, 오버플로 또는 자리 올림)이 있다. [표 5-5]는 1비트 덧셈의 진리표다.

표 5-5 1비트 덧셈 회로에 대한 진리표

A	B	합	자리 올림
0	0	0	0
0	1	1	0
1	0	1	0
1	1	0	1

다음 단계로 합과 자리 올림에 대해, 출력값이 1일 때의 논리적 표현식을 만든다. 이 표현식들은 입력값의 행당 교집합으로 표현된다.

```
합: (NOT(A) AND B) OR (A AND NOT(B))      # A 또는 B 중 하나가 1일 때만 1
자리 올림:  A AND B                         # A, B가 모두 1일 때 1
```

자리 올림에 대한 표현식은 더 이상 간단하게 만들 수 없다. 그러나 합에 대한 표현식은 더 복잡하므로 간단하게 만들 수 있으며, 그 결과 회로 설계가 더 간단해진다. 첫째로 합계 출력값이 (A XOR B)로 표현될 수 있다는 점을 알아두자. XOR 게이트나 회로가 있다면 SUM을 (A XOR B)로 표현할 수 있어 덧셈 회로 설계가 더 간단해진다. 그렇지 않다면 AND, OR, NOT을 사용한 표현식을 사용하는데, 이는 AND, OR, NOT 게이트를 사용해 구현된다.

여기서는 1비트 덧셈 회로 구현을 위해 하나의 XOR 게이트를 사용한다고 가정한다. 결과 회로는 [그림 5-12]와 같다.

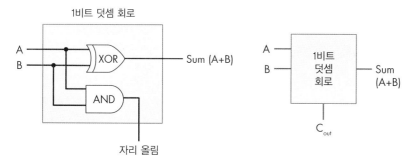

그림 5-12 2개의 입력값(A, B)과 2개의 출력값(합계, 자리 올림)이 있는 1비트 덧셈 회로

1비트 덧셈 회로는 더 복잡한 회로의 빌딩 블록으로 사용할 수 있다. 예를 들어 크기가 다양한 값을 더할 수 있는 N비트 덧셈 회로를 만들고 싶다고 가정하자(예, 1바이트, 2바이트, 4바이트 덧셈 회로). 그렇지만 N개의 1비트 덧셈 회로를 사용해 N비트 덧셈 회로를 만들 때는 N개의 1비트 논리 회로를 사용해 N비트 논리 회로를 만들 때보다 더 세심한 주의가 필요하다.

멀티비트 덧셈(또는 뺄셈)을 할 때는 가장 낮은 자리의 비트부터 가장 높은 자리의 비트 순으로 각 비트를 더해야 한다. 비트 단위의 덧셈 과정에서 i번째 비트의 합에서 자리 올림값이 1이면, i + 1번째 비트에 추가로 1을 더해야 한다. 다시 말해, i번째 비트 덧셈 회로의 자리 올림은 i + 1번째 덧셈 회로의 입력이 된다.

그러므로, 멀티비트 덧셈 회로를 구현할 때는 3개의 입력값(A, B, 자리 올림 받음)을 받는 새로운 1비트 덧셈 회로가 필요하다. 이를 만들기 위해서는 앞에서 1비트 덧셈 회로를 만들 때 설명한 단계를 따른다. 3개의 입력값(A, B, 자리 올림 받음)과 2개의 출력값(합계, 자리 올림)이 있다. 3개의 입력값의 모든 조합에 대한 진리표에서 시작한다. 회로 설계는 독자 여러분이 연습하도록 따로 설명하지 않겠다. 1비트 덧셈 회로를 [그림 5-13]에 추상화해 나타냈다.

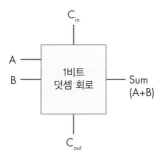

그림 5-13 3개의 입력값(A, B, 자리 올림 받음)과 2개의 출력값(합계와 자리 올림)이 있는 1비트 덧셈 회로

1비트 덧셈 회로를 빌딩 블록으로 사용해 N비트 덧셈 회로를 만들 수 있다. 해당하는 피연산자의 비트를 개별 1비트 덧셈 회로를 통해 입력하고, i번째 1비트 덧셈 회로의 자리 올림값을 i + 1번째 1비트 덧셈 회로의 자리 올림 받음으로 입력한다. 0번째 자리의 1비트 덧셈 회로는 덧셈 명령어를 해석하는 CPU 회로의 다른 부분으로부터 자리 올림으로 0을 받는다.

이 유형의 N비트 덧셈 회로에서는 N개의 1비트 덧셈 회로가 만들어지는데, **리플 자리 올림 덧셈 회로**ripple carry adder라 불린다(그림 5-14). SUM 결과는 낮은 자리 비트에서 높은 자리 비트로 회로를 따라 **전파**된다. 비트 0의 SUM과 자리 올림값이 계산된 후에만 비트 1의 SUM과 자리 올림값이 올바르게 계산된다. 1번째 비트의 자리 올림 받음값이 0번째 비트의 자리 올림값과 같으며, 이는 비트가 높아지면서 계속 반복된다.

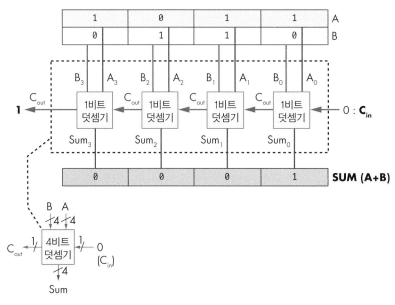

그림 5-14 4개의 1비트 덧셈기 회로를 사용해 만든 4비트 리플 덧셈기 회로

다른 산술 및 논리 함수도 이처럼 회로와 논리 게이트를 조합해 구현된다. 예를 들어 (A − B)를 계산하는 뺄셈 회로는 (A + (−B))를 계산하는 덧셈 회로와 부정 회로의 조합으로 만들 수 있다.

5.4.2 제어 회로

제어 회로는 시스템 전체에서 사용된다. 프로세서에서 제어 회로는 프로그램 데이터에 대한 프로그램 명령의 실행을 주도한다. 또한 여러 수준의 저장소(레지스터, 캐시, RAM)에 대한 데이터 읽기와 저장, 시스템의 하드웨어 장비를 제어한다. 산술 및 논리 회로와 동일하게, 복잡한 기능을 구현하는 제어 회로는 간단한 회로와 논리 게이트를 조합해 만든다.

멀티플렉서multiplexer(MUX)는 여러 값 중 하나를 선택하는 제어 회로다. CPU는 멀티플렉서 회로를 사용해 명령어 피연산자의 값을 읽을 CPU 레지스터를 선택할 수 있다.

N웨이 MUX는 N개의 입력값 셋을 가지며, 하나의 출력값을 가진다. 출력값은 입력값 중 하나가 된다. 추가 입력값인 **Select**(S)는 N개의 입력값 중 출력값으로 어떤 것을 선택할지를 나타낸다.

가장 기본적인 2웨이 MUX는 2개의 1비트 입력값 A, B 중 하나를 선택한다. 2웨이 MUX의 Select 입력값은 1비트다. S 입력값이 1이면 A, 0이면 B를 출력값으로 선택한다. 다음 표는 2웨이 1비트 MUX의 진리표다. 선택 비트(S)의 값에 따라 A 또는 B를 MUX의 출력값으로 선택한다.

A	B	S	출력
0	0	0	0 (B의 값)
0	1	0	1 (B의 값)
1	0	0	0 (B의 값)
1	1	0	1 (B의 값)
0	0	1	0 (A의 값)
0	1	1	0 (A의 값)
1	0	1	1 (A의 값)
1	1	1	1 (A의 값)

[그림 5-15]는 1비트 입력에 대한 2웨이 MUX 회로도다.

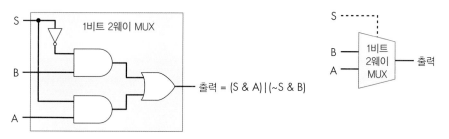

그림 5-15 2웨이 1비트 MUX 회로. 입력값 A와 B 중 어느 값을 출력할지 결정하는 데 신호 입력값(S)을 사용한다. S가 1이면 A, S가 0이면 B를 출력값으로 선택한다.

[그림 5-16]은 MUX가 S의 입력값이 1일 때 A의 출력값을 선택하는 방법을 나타낸다. 예를 들어 A의 입력값이 1, B의 입력값이 0, S의 입력값이 1이라고 가정하자. S의 값은 부정된 뒤

가장 위의 AND 게이트로 전달된다(0 AND B). 그 결과, 가장 위의 AND 게이트의 출력은 0이 된다. S는 가장 아래의 AND 게이트로 A와 함께 입력되며(1 AND A), 가장 아래의 AND 게이트는 A의 값을 출력값으로 평가한다. A의 값과(예시에서는 1) 위쪽 AND 게이트의 0은 OR 게이트로 입력되고, (0 OR A)가 출력값이 된다. 한편, S의 값이 1이면 MUX는 A의 값을 그 출력값으로 선택한다(예시에서는 A의 값이 1이다). B의 값은 MUX의 출력값에 아무런 영향을 미치지 않는다. S의 값이 1일 때 위쪽 AND 게이트의 출력값이 항상 0이기 때문이다.

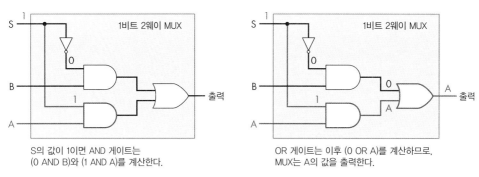

S의 값이 1이면 AND 게이트는
(0 AND B)와 (1 AND A)를 계산한다.

OR 게이트는 이후 (0 OR A)를 계산하므로,
MUX는 A의 값을 출력한다.

그림 5-16 2웨이 1비트 MUX 회로는 S의 값이 1일 때 A의 값을 출력한다.

[그림 5-17]은 S의 입력값이 0일 때 B의 결괏값을 선택하는 경로를 나타낸다. A, B에는 앞의 예시와 동일한 값을 입력하고 S에 대한 입력값만 0으로 바꾸면, 0의 부정이 위쪽 AND 게이트의 입력값이 되고(1 AND B), B의 값이 AND 게이트의 출력값이 된다. 아래쪽 AND 게이트의 입력은 (0 AND A)이므로, 결괏값은 0이 된다. 따라서 OR 게이트의 입력이 (B OR 0)이므로 MUX는 B의 값을 출력한다(예시에서는 B의 값이 0이다).

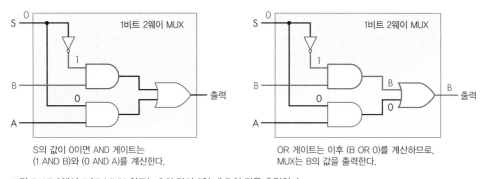

S의 값이 0이면 AND 게이트는
(1 AND B)와 (0 AND A)를 계산한다.

OR 게이트는 이후 (B OR 0)를 계산하므로,
MUX는 B의 값을 출력한다.

그림 5-17 2웨이 1비트 MUX 회로는 S의 값이 0일 때 B의 값을 출력한다.

이 2웨이 1비트 MUX 회로는 이후 2웨이 N비트 버전의 회로를 구현하는 빌딩 블록이 된다. 예를 들어 [그림 5-18]은 4개의 2웨이 1비트 MUX 회로를 사용해 만든 하나의 2웨이 4비트 MUX를 나타낸다.

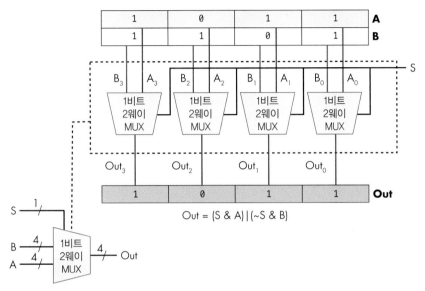

그림 5-18 4개의 2웨이 1비트 MUX 회로를 사용해 만든 하나의 2웨이 4비트 MUX. 1개의 신호 비트 S에 따라 A 또는 B를 결괏값으로 출력한다.

N웨이 MUX는 N개의 입력값 중 하나를 출력한다. N웨이 MUX는 하나의 2웨이 MUX와 미묘하게 다르며, Select에 대한 입력값으로 $\log_2(N)$개의 비트가 필요하다. $\log_2(N)$에서 N은 인코딩될 수 있는 전체 비트 수를 나타내며, 이 입력값 중에서 하나를 선택한다. $\log_2(N)$ 선택 비트의 고유한 조합은 AND 게이트로 N개의 입력값 중 하나와 함께 입력되며, 그 결과 MUX의 출력으로 정확하게 하나의 입력만 선택된다. [그림 5-19]는 1개의 4웨이 1비트 MUX 회로다.

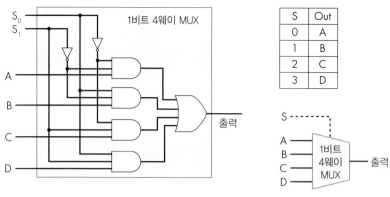

그림 5-19 4웨이 MUX는 4개의 입력값과 2개의 ($log_2(4)$) 선택 비트를 가지며, 4개의 입력값 중 하나를 출력한다.

4웨이 MUX 회로는 3개의 입력값을 받는 AND 게이트 4개와, 4개의 입력값을 받는 OR 게이트 1개를 사용한다. 다중 입력 버전의 게이트는 2개의 입력을 받는 AND 게이트(또는 OR 게이트) 여러 개를 사용해 만들 수 있다. 예를 들어 3개의 입력을 받는 AND 게이트 1개는 2개의 입력을 받는 AND 게이트 2개를 사용해 만들 수 있다. 첫 번째 AND 게이트는 2개의 입력을 받고, 두 번째 AND 게이트는 첫 번째 AND 게이트의 출력과 세 번째 입력값을 받는다. (x AND y AND z)는 ((x AND y) AND z)와 등가이다.

4웨이 MUX 회로가 동작하는 방법을 살펴보기 위해, [그림 5-20]과 같이 S의 입력이 2(2진수로 0b10)일 때를 가정해보자. 가장 위쪽의 AND 게이트는 입력으로 (NOT(S0) AND NOT(S1) AND A)를 받고, 0을 출력한다. 두 번째 AND 게이트는 (0 AND 0 AND B)를 입력으로 받고, 0을 출력한다. 세 번째 AND 게이트는 (1 AND 1 AND C)를 입력으로 받고, C의 값을 출력한다. 마지막 AND 게이트는 (0 AND 1 AND D)를 입력으로 받고, 0을 출력한다. OR 게이트는 (0 AND 1 AND D)를 입력으로 받고, MUX의 출력값으로 C를 출력한다(S의 값이 2일 때 C의 값을 선택한다).

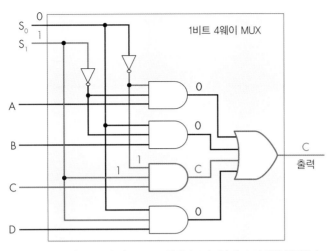

그림 5-20 4웨이 MUX 회로는 Select 입력값 S가 2일 때, C의 값을 출력한다.

다른 제어 회로의 예로 디멀티플렉서^{demultiplexer}(DMUX)와 디코더^{decoder}를 들 수 있다. **디멀티플렉서**는 MUX를 반전한 회로다. MUX는 N개의 입력 중에서 하나를 선택하지만, DMUX는 N개의 출력 중에서 하나를 선택한다. DMUX는 하나의 입력값과 선택 입력을 받고, N개의 출력을 갖는다. S의 값에 따라 입력값을 정확하게 N개의 출력값 중 하나로 보낸다(입력값은 N개의 출력 경로 중 하나로 매핑된다). DMUX 회로는 N개의 회로 중 선택한 하나로 값을 전달하기 위해 많이 사용된다. **디코더** 회로는 인코딩된 입력값을 받고 그 입력값에 따라 여러 값을 출력한다. 예를 들어 N비트의 입력값을 갖는 디코더는 정확하게 2^N 출력 중 하나를 활성화(1로 설정)한다(결괏값은 N비트 값의 인코딩이다). [그림 5-21]은 2웨이 DMUX 회로다. 선택 입력값(s)은 입력값 A를 얻기 위해 2개의 출력값 중 어느 것을 선택할지 결정한다. 그림에서는 2비트 디코더 회로도 볼 수 있다. 이 디코더는 1을 얻기 위해 4개의 출력값 중 하나를 결정한다. 앞에서 살펴본 두 회로에 대한 진리표는 다음과 같다.

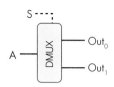

A	S	Out$_0$	Out$_1$
0	0	0 (A)	0
1	0	1 (A)	0
0	1	0	0 (A)
1	1	0	1 (A)

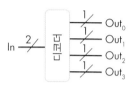

In	Out$_0$	Out$_1$	Out$_2$	Out$_3$
0 0	1	0	0	0
0 1	0	1	0	0
1 0	0	0	1	0
1 1	0	0	0	1

그림 5-21 하나의 2웨이 1비트 DMUX와 하나의 2비트 디코더 및 그 진리표

5.4.3 저장 회로

저장 회로storage circuit는 2진 값을 저장하는 컴퓨터 메모리를 구성하는 데 사용된다. 저장 회로를 사용해 구축한 컴퓨터 메모리 유형을 **정적 RAM**static RAM(SRAM)이라 부른다. SRAM은 CPU 레지스터 저장소와 온 칩 캐시 메모리on-chip cache memory 구현에 사용된다. 시스템에서는 전형적으로 **동적 RAM**dynamic RAM(DRAM)을 메인 메모리(RAM) 저장소로 사용한다. DRAM의 축전기 병기 기반 설계에서는 정기적으로 저장된 값을 새로 고쳐야 하므로, '동적'이라 불린다. SRAM은 회로 기반 저장소로 그 값을 새로 고칠 필요가 없으므로 정적이라 불린다. 회로 기반 메모리는 축전기 기반 메모리보다 더 빠르고 비싸다. 그 결과, SRAM은 메모리 계층의 최상위 저장소로 사용되고(CPU 레지스터와 온 칩 캐시 메모리), DRAM은 메인 메모리(RAM) 저장소로 사용된다. 이 장에서는 SRAM 같은 회로 기반 메모리를 중점적으로 살펴본다.

값을 저장하기 위해 회로는 하나의 피드백 루프를 포함함으로써 회로에 의해 해당 값이 유지되게 해야 한다. 다시 말해, 저장 회로의 값은 입력값과 현재 저장된 값에 따라 달라진다. 회로가 값을 저장할 때, 회로에 현재 저장된 값과 그 입력값은 함께 현재 저장된 값과 일치하는 출력값을 만든다(즉, 회로는 계속해서 현재 값을 저장한다). 새로운 값이 저장 회로에 기록되면, 회로의 입력값은 시시각각 바뀌어 회로의 동작을 수정하고, 새로운 값이 회로에 기록되어 저장된다. 새로운 값이 기록되면, 회로는 다음 기록이 발생할 때까지 새로 기록된 값을 지속적으로 유지한다.

RS 래치

래치^{latch}는 1비트 값을 저장하는(기억하는) 디지털 회로다. 한 예로 **리셋-셋 래치**^{reset-set latch}(또는 RS 래치)를 들 수 있다. RS 래치는 2개의 입력값(R, S)과 1개의 출력값(Q)을 가진다. 이 출력값은 래치에 저장되는 값이다. RS 래치는 추가적으로 출력값 NOT(Q), 즉 저장된 값의 부정을 갖기도 한다. [그림 5-22]는 단일 비트를 저장하는 RS 래치 회로다.

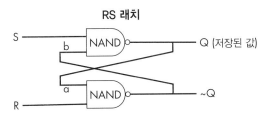

그림 5-22 단일 비트 값을 저장하는 RS 래치

RS 래치의 첫 번째 특징은 출력값에서 입력값으로 이어진 피드백 루프다. 위쪽 NAND 게이트의 출력(Q)은 아래쪽 NAND 게이트의 입력(a)이 된다. 그리고 아래쪽 NAND 게이트의 출력(~Q)은 위쪽 NAND 게이트의 입력(b)이 된다. 입력값 S와 R이 모두 1이면 RS 래치는 Q 값을 저장한다. 다시 말해 S와 R이 모두 1이면 RS 래치의 출력값 Q는 안정화된다. 이 동작을 확인하기 위해 [그림 5-23]을 살펴본다. 이 그림은 값 1을 저장하는 RS 래치를 나타낸다(Q = 1). R과 S가 모두 1이면, 아래쪽 NAND 게이트에 대한 피드백 루프의 입력값(a)의 값은 Q, 즉 1이다. 따라서 아래쪽 NAND 게이트의 출력값은 0(1 NAND 1 = 0)이 된다. 위쪽 NAND 게이트에 대한 피드백 루프의 입력값(b)은 0이다. 위쪽 NAND 게이트의 또 다른 입력값은 S의 값인 1이다. 위쪽 게이트의 출력값은 1(1 NAND 0 = 1)이다. 따라서 S와 R이 모두 1이면 이 회로는 지속적으로 Q의 값을 저장한다(예시에서는 1).

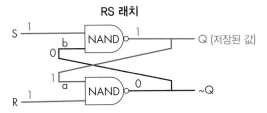

그림 5-23 단일 비트 값을 저장하는 RS 래치. R과 S가 모두 1이면 래치는 값을 저장한다. 저장된 값은 출력값 Q다.

RS 래치에 저장된 값을 변경하려면, R 또는 S의 값 중 하나만 0으로 설정해야 한다. RS 래치를 둘러싼 제어 회로는 R과 S가 동시에 0이 되지 않는 것을 보장한다. 최대 하나의 값만 0이 될 수 있으며, R 또는 S의 값이 0이면 RS 래치에 값을 쓴다는 의미다. RS 래치에 0을 저장할 때는 입력 R의 값을 0으로 설정한다(입력 S의 값은 1로 유지한다). RS 래치에 1을 저장할 때는 입력 S의 값을 0으로 설정한다(입력 R의 값은 1로 유지한다). 예를 들어 RS 래치에 현재 1 값을 저장하고 있다고 가정하자. 래치에 0을 쓰려면 R의 값을 0으로 설정한다. 그러면 0과 1 값이 아래쪽의 NAND 게이트에 입력되고 결과적으로 (0 NAND 1)의 값, 즉 1을 계산한다. 이 출력값 1은 다시 위쪽 NAND 게이트로 입력된다(그림 5-24B). 새로운 입력값 b는 1, 입력값 S는 1이되며, 위쪽 NAND 게이트는 새로운 출력값 Q를 계산하고 이 값은 아래쪽 NAND 게이트의 입력이 된다(그림 5-24C). 입력값 a가 0, 입력값 b가 1이면 래치는 이제 0을 저장한다. 최종적으로 R은 1로 설정되며 RS 래치는 계속해서 0을 저장한다(그림 5-24D).

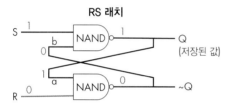

A. R을 0으로 설정하며 0을 저장한다.

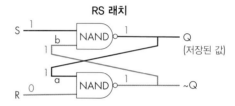

B. 아래쪽 NAND 출력을 1로 변경한다.

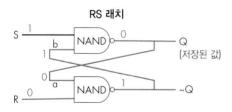

C. 위쪽 NAND 출력을 0으로 변경한다.

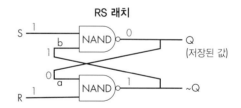

D. RS 래치는 이제 0을 저장한다
   (R을 다시 1로 설정해도 0을 저장한다).

그림 5-24 RS 래치에 0을 쓰려면, 일시적으로 R을 0으로 설정한다.

게이티드 D 래치

게이티드 D 래치gated D latch는 RS 래치에 회로를 추가해 R과 S에서 입력값으로 동시에 0을 받지 않는다. [그림 5-25]는 게이티드 D 래치의 구조를 나타낸다.

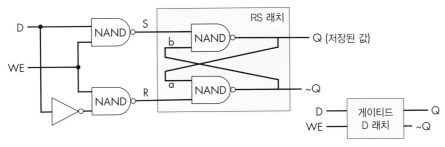

그림 5-25 1비트 값을 저장하는 게이트가 하나 있는 게이티드 D 래치. 첫 번째 NAND 게이트 셋은 RS 래치에 대한 쓰기를 제어하며, R과 S의 값이 동시에 0이 되지 않도록 보장한다.

게이트가 있는 D 래치에 대한 데이터 입력(D)은 회로에 저장되는 값이다(0 아니면 1). 쓰기 활성화Write Enable(WE) 입력은 RS 래치에 쓰는 값을 제어한다. WE 값이 0이면 NAND 게이트 2개의 출력값은 모두 1이고, R과 S의 값이 1로 RS 래치에 입력된다(RS 래치는 값을 저장한다). 게이티드 D 래치는 WE 값이 1일 때만 RS 래치에 D 값을 저장한다. 입력 데이터(D)가 반전되어 아래쪽 NAND 게이트로 전달되므로, 위 혹은 아래쪽 NAND 게이트의 입력값 중 하나만 1이 된다. 다시 말해, WE 비트 값이 1이면 R과 S 중 하나의 값은 반드시 0이 된다. 예를 들어 D 값이 1이고 WE 값이 1이면, 위쪽 NAND는 (1 NAND 1)을 계산하고 아래쪽 NAND는 (O NAND 1)을 계산한다. 그 결과 위쪽 NAND 게이트로부터 S로 입력되는 값은 0, 아래쪽 NAND 게이트로부터 R로 입력되는 값은 1이므로, RS 래치에 쓰이는 값은 1이 된다. WE 입력값이 0이면 두 NAND 게이트의 출력은 1이므로, R과 S는 1을 유지한다. 다시 말해, WE 값이 0이면 D 값은 RS 래치에 저장된 값에 영향을 주지 않는다. WE 값이 1일 때만 D 값이 래치에 저장된다. 게이티드 D 래치에 새로운 값을 쓰려면 D에 새로운 값을, WE에 0을 설정한다.

CPU 레지스터

멀티비트 저장 회로는 여러 개의 1비트 저장 회로를 연결해 만든다. 예를 들어 32개의 1비트 D 래치를 연결하면 1개의 32비트 저장 회로를 만들고, 이는 [그림 5-26]과 같이 32비트 CPU 레지스터로 사용할 수 있다. 이 레지스터 회로는 1개의 32비트 데이터 값과 1개의 1비트 WE 신호 값을 입력값으로 받는다. 내부적으로 각 1비트 D 래치는 입력값으로 32비트 **Data in** 입력의 1비트와 WE 값을 받는다. 레지스터의 출력값은 레지스터 회로를 구성하는 32개의 1비트 D 래치에 저장된 값이다.

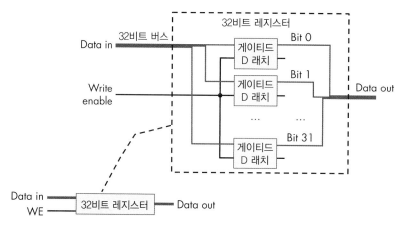

그림 5-26 게이티드 D 래치 여러 개로 만들어진 CPU 레지스터(32비트 레지스터를 위한 32개의 게이티드 D 래치). WE 입력값이 1이면 입력된 데이터가 레지스터에 쓰인다. 데이터 출력값은 저장된 값이다.

5.5 프로세서 만들기: 종합하기

중앙 처리 장치[central processing unit](CPU)는 폰 노이만 아키텍처의 처리와 제어 장치를 구현하며, 프로그램 데이터에 대해 프로그램 명령어를 실행한다(그림 5–27).

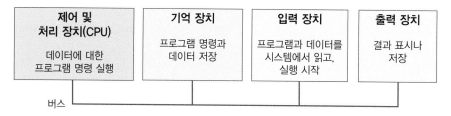

그림 5-27 CPU는 폰 노이만 아키텍처의 처리와 제어 장치 부분을 구현한다.

CPU는 기본 산술/논리, 저장, 제어 회로로 구성된다. 주요한 기능 컴포넌트에는 **산술 논리 장치**[arithmetic logic unit](ALU)(산술 및 논리 연산을 수행), 다수의 범용 **레지스터**(프로그램 데이터 저장), 일부 제어 회로 및 특수 목적용 레지스터(명령어 실행 구현에 사용), **클럭**[clock](CPU의 회로가 프로그램 명령을 실행하도록 함) 등이 있다.

이 절에서는 ALU와 레지스터 파일을 포함해 CPU의 주요 부분과 이들을 조합해 CPU를 구성하는 방법을 살펴본다. 다음 절에서는 CPU가 프로그램 명령을 실행하는 방법과 클럭이 프로그램 명령어를 실행하는 데 사용되는 방법을 살펴본다.

5.5.1 ALU

ALU는 복잡한 회로로 부호가 있는 정수와 부호가 없는 정수에 대한 모든 산술 및 논리 연산을 구현한다. 별도의 부동소수점 장치는 부동 소수점 값에 대한 산술 연산을 수행한다. ALU는 정수 피연산자 값과 실행할 연산을 지정하는 **opcode**(예, 덧셈)를 받는다. ALU의 출력값은 입력된 피연산자에 대해 지정한 연산을 수행한 결괏값, 그리고 연산 결과에 대한 정보를 담은 **조건 코드**condition code다. 조건 코드는 주로 ALU 연산 결과가 음수인지negative, 0인지zero, 또는 자리 올림carry out이 있는지 등을 나타낸다. 다음 C 코드를 살펴보자.

```
x = 6 + 8;
```

CPU는 피연산자 값(6, 8)과 덧셈(ADD) 연산을 나타내는 비트를 ALU 회로에 입력해 덧셈을 실행하기 시작한다. ALU는 계산을 수행하고 결괏값을 출력한다. 이때 결괏값이 비음수이며, 0이 아니며, 자리 올림이 발생하지 않았다는 조건 코드를 함께 출력한다. 각 조건 코드는 단일 비트로 인코딩된다. 비트 값 1은 조건을 유지함을 나타내고, 비트 값 0은 ALU 결과를 유지하지 않음을 나타낸다. 예시에서 비트 패턴 000은 6 + 8을 실행하는 데 세 가지 조건이 존재함을 의미한다. 결괏값은 음수가 아니며(0), 0이 아니며(0), 자리 올림이 발생하지 않는다(0).

ALU가 연산 실행 결과의 일부를 설정하는 조건 코드는 특정한 조건에 기반해 행동을 선택하는 이후 명령을 활용하기도 한다. 예를 들어 다음 if 구문과 같이 조건문의 일부로 (x + 8)을 계산할 수 있다.

```
if( (x + 8) != 0 ) {
    x++;
}
```

ALU는 ADD 명령을 실행하고 (x + 8)의 결과에 따라 조건 코드를 설정한다. 조건 점프 conditional jump 명령이 실행되면 ADD 명령에 의해 설정된 조건 코드 비트를 확인하고, 그 값에 따라 점프(if 구문 안의 명령을 실행하지 않음) 여부를 결정한다. 예를 들어 ADD 명령 실행 결과 0이 아닌지의 여부에 대한 조건 코드를 0으로 설정했다면, 조건 점프 명령은 if 구문 안의 명령을 건너뛰지 않는다(조건 코드가 0이면, ADD를 실행한 결과가 0이 아니라는 의미임). 만약 0 조건 코드값이 1이면, if 구문 안의 명령을 건너뛴다. 명령을 건너뛰는 것을 구현할 때, CPU는 if 구문의 명령 바로 뒤의 명령이 있는 메모리 주소를 다음에 실행할 명령 주소를 가리키는 **프로그램 카운터**(PC)에 기록한다.

1개의 ALU 회로는 여러 산술 및 논리 회로(여러 연산을 구현하기 위해)와 1개의 멀티플렉서 회로를 연결하며, MUX는 ALU의 결괏값을 선택한다. 간단한 ALU는 선택적으로 지정된 연산과 관련된 특정한 산술 회로만 활성화하는 대신, 피연산자를 내부의 모든 산술 및 논리 회로에 보낸다. ALU의 모든 내부 산술 및 논리 회로의 출력값은 MUX의 입력값이 되며, MUX가 ALU의 출력값을 선택한다. ALU의 opcode 입력값은 MUX의 신호 입력값으로 사용되며 ALU의 결과로 어떤 산술/논리 연산을 선택할지 결정한다. 조건 코드는 MUX 출력값과 결괏값에 따라 각 조건 코드의 비트를 테스트하는 회로를 조합한 결과에 기반한 결괏값이다.

[그림 5-28]은 2개의 32비트 피연산자에 대해 4개의 다른 연산(ADD, OR, AND, EQUALS)을 수행하는 ALU 회로의 예시다. 또한 연산 결과가 0인지를 나타내는 단일 조건 코드를 출력한다. ALU는 MUX에 opcode를 직접 입력하고, MUX는 이를 기반으로 ALU의 4개 연산 결과 중 어느 것을 출력할지 선택한다.

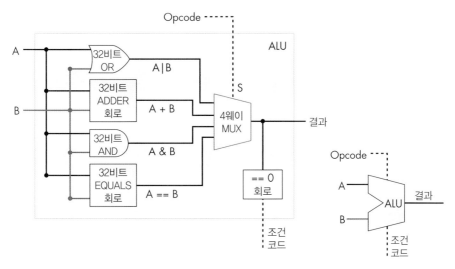

그림 5-28 2개의 32비트 피연산자에 대해 4가지 연산(ADD, OR, AND, EQUALS)을 수행하는 4기능 ALU. 이 ALU 는 연산 결과가 0인지를 나타내는 단일 조건 코드 출력값을 가진다.

ALU에 대한 opcode 입력값은 CPU가 실행하는 명령 비트열에서 온다. 예를 들어 ADD 명령의 바이너리 인코딩은 다음과 같이 네 부분으로 구성된다.

OPCODE 비트 ┆ 피연산자 A 소스 ┆ 피연산자 B 소스 ┆ 결과 목적지

CPU 아키텍처에 따라 피연산자 소스 비트열은 CPU 레지스터, 피연산자 값을 저장하고 있는 메모리 주소 또는 피연산자 값 그 자체일 수 있다. 예를 들어 6 + 8을 수행하는 명령의 경우 숫자 값 6과 8이 그대로 명령어의 피연산자 지정 비트열에 인코딩될 수도 있다.

모든 ALU에 대해 opcode는 2비트여야 한다. 모든 ALU는 네 가지 연산을 지원하는데, 2비트를 사용하면 각 연산에 대한 유일한 값(00, 01, 10, 11)을 인코딩할 수 있기 때문이다. 일반적으로 N개의 고유한 연산을 수행하는 ALU에는 출력할 연산 결과를 지정하기 위해 $\log_2(N)$개의 opcode 비트가 필요하다.

[그림 5-29]는 ADD 명령의 opcode와 피연산자들이 ALU의 입력값으로 어떻게 사용되는지 나타낸다.

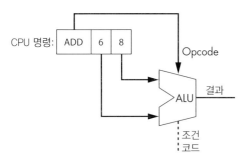

CPU 명령: ADD 6 8

Opcode

ALU 결과

조건
코드

그림 5-29 명령의 opcode 비트열은 ALU에서 출력할 연산을 선택하기 위해 사용한다. 이 예시에서 ADD 명령의 서로 다른 비트열이 ALU에 피연산자와 opcode로 입력되어 6과 8에 대한 덧셈을 수행한다.

5.5.2 레지스터 파일

메모리 계층의 가장 위에서 CPU의 범용 레지스터들은 일시적인 값을 저장한다. CPU가 제공하는 레지스터의 수는 매우 적으며 보통 8~32개다(예, IA32 아키텍처에서 8개, MIPS에서 16개, ARM에서 13개를 제공한다). 명령은 주로 범용 레지스터에서 피연산자 값을 꺼내거나 범용 레지스터에 결괏값을 저장한다. 예를 들어 ADD 명령은 '레지스터 1의 값과 레지스터 2의 값을 더한 뒤, 그 결과를 레지스터 3에 저장하라'와 같이 인코딩될 수 있다.

CPU의 범용 레지스터 셋은 1개의 **레지스터 파일** 회로에 구조화된다. 1개의 레지스터 파일은 데이터를 저장하기 위한 레지스터 회로를 구성하며('5.4.3 저장 회로'의 'CPU 레지스터' 참조), 레지스터에 대한 읽기와 쓰기를 제어하는 회로('5.4.2 제어 회로' 참조)를 구성한다. 전형적으로 이 회로에는 레지스터에 기록하는 데이터 입력 줄 하나와, 레지스터에서 동시에 두 값을 읽는 출력 줄 두 개가 있다.

[그림 5-30]은 4개의 레지스터를 가진 레지스터 파일 회로의 예시다. 2개의 출력값(Data out$_0$과 Data out$_1$)은 2개의 멀티플렉서 회로에 의해 제어된다. 각 선택 입력값(Sr$_0$과 Sr$_1$)이 MUX에 입력되어 레지스터를 선택하고 그에 맞는 결과를 출력한다. 레지스터 파일에 대한 데이터 입력값(Data in 줄)은 모든 레지스터 회로로 전달되며, WE 입력값은 가장 먼저 DMUX를 통해 입력된 뒤 각 레지스터 회로로 전달된다. DMUX 회로는 1개의 입력값을 받아 N개의 출력값 중 하나를 선택하고, 나머지 N − 1개의 출력값으로 0을 보낸다. 레지스터 파일에 대한 쓰기 선택 입력값(S$_w$)은 DMUX 회로로 보내져 WE 값의 대상 레지스터를 선택하는 데 사용된

다. 레지스터 파일의 WE 입력값이 0이면, 레지스터에는 아무런 값도 쓰이지 않는다. 왜냐하면 각 레지스터의 WE 비트도 0이기 때문이다(따라서 Data in은 레지스터에 저장된 값에 아무런 영향도 주지 않는다). WE 값이 1이면, DMUX는 쓰기 선택 입력(S_w)에 의해 지정된 레지스터에만 1을 출력하며, 선택된 레지스터에만 Data in 값이 저장된다.

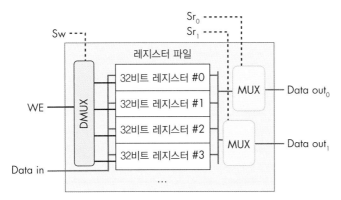

그림 5-30 레지스터 파일: CPU 범용 레지스터 셋은 명령 피연산자와 결괏값을 저장한다.

특수 목적용 레지스터

레지스터 파일의 범용 레지스터 셋 외에, CPU에는 명령의 주소와 내용을 저장하는 특수 목적용 레지스터가 있다. **프로그램 카운터**(PC)는 다음에 실행할 명령의 메모리 주소를 저장하고, **명령 레지스터**(IR)는 CPU가 실행하는 현재 명령의 비트열을 저장한다. IR에 저장된 명령 비트열은 명령을 실행하는 동안 CPU의 다른 부분의 입력으로 사용된다. 이 레지스터들에 관해서는 '5.6 프로세서의 프로그램 명령 실행'에서 자세히 살펴본다.

5.5.3 CPU

ALU와 레지스터 파일 회로를 사용해 [그림 5-31]과 같이 CPU의 주요 부분을 구현할 수 있다. 명령의 피연산자는 주로 범용 레지스터에 저장된 값에서 얻으므로, 레지스터 파일의 출력은 데이터를 ALU의 입력값으로 보낸다. 이와 유사하게, 명령 실행 결과가 레지스터에 주로 저장되기 때문에 ALU의 결과 출력값은 레지스터 파일의 입력값으로 전달된다. CPU에는 ALU, 레지스터 파일, 다른 컴포넌트(예, 메인 메모리) 간에 데이터를 전달하는 추가 회로가 있다.

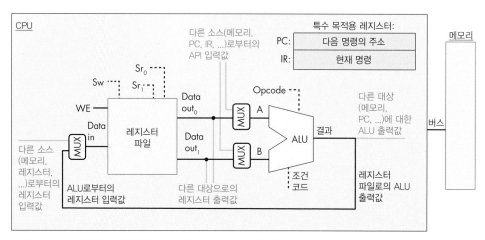

그림 5-31 ALU와 레지스터 파일은 CPU의 주요 부분을 구성한다. ALU는 연산을 수행하고, 레지스터 파일은 피연산자와 결괏값을 저장한다. 추가적인 특수 목적용 레지스터는 명령 주소(PC)와 내용(IR)을 저장한다. 명령은 레지스터 파일이 아닌 다른 위치(예, 메인 메모리)에서 피연산자를 꺼내거나 해당 위치에 결과를 저장한다.

CPU의 주요 부분은 **데이터 경로**data path를 구성한다. 데이터 경로는 CPU의 산술 및 논리 연산을 수행하는 부분(ALU), 데이터를 저장하는 부분(레지스터), 이들을 연결하는 버스로 구성된다. 또한 CPU는 **제어 경로**control path를 구현하는데, 제어 경로는 레지스터 파일에 저장된 피연산자에 대해 ALU가 수행하는 프로그램 명령을 구동한다. 추가로 제어 경로는 입출력 장치에 명령어를 전달하고, 명령이 필요로 하는 메모리에 대한 접근을 조율한다. 예를 들어 일부 명령은 범용 레지스터가 아니라 메모리 위치에서 직접 피연산자 값을 꺼낸다(혹은 그 결과를 메모리 위치에 직접 저장한다). 다음 절에서는 레지스터 파일에서 피연산자를 얻거나 레지스터 파일에 연산 결과를 저장하는 CPU 명령의 실행 과정을 살펴본다. CPU는 다른 위치에서 피연산자 값을 읽거나 명령 결괏값을 쓰기 위해 추가적인 제어 회로가 필요하다. 그러나 주요한 명령 실행 단계는 소스나 대상 위치에 관계없이 동일하다.

5.6 프로세서의 프로그램 명령 실행

명령 실행은 여러 단계로 수행된다. 아키텍처에 따라 단계의 개수는 다르지만 넷 이상의 단계로 구분되며, 대부분 Fetch, Decode, Execute, WriteBack 단계를 포함한다. 명령 실행에 관해서는 ADD 명령의 예시를 들어 네 가지 실행 단계에 관해 살펴본다. 예시에서 사용할 ADD 명령은 [그림 5-32]와 같다.

명령 형식:	**연산**	**소스 1**	**소스 2**	**대상**
예시:	ADD	Reg1	Reg3	Reg0
2진 인코딩 예시:	0001	0001	0011	0000

그림 5-32 3레지스터 연산용 명령 포맷. 예시 명령은 바이너리로 인코딩됐으며 그 비트열은 명령의 다른 부분, 즉 연산, 2개의 소스 레지스터(피연산자), 연산 결과를 저장하기 위한 대상 레지스터로 구성된다. 예시는 이 포맷의 ADD 명령의 인코딩이다.

명령을 실행하기 위해 CPU는 가장 먼저 메모리에서 다음 명령을 꺼내, 특수 목적용 레지스터인 명령 레지스터(IR)에 넣는다. 꺼낼 명령의 메모리 주소는 또 다른 특수 목적용 레지스터인 프로그램 카운터(PC)에 저장된다. PC는 꺼내야 할 다음 명령의 메모리 주소를 계속해서 추적하고 꺼내는 단계가 진행될 때마다 증가한다. 따라서 PC는 바로 다음 명령의 메모리 주솟값을 저장한다. 예를 들어 모든 명령이 32비트 길이라면 PC의 값은 4씩 증가하며(각 바이트는 8비트이며 모두 고유한 값을 가짐), 한 명령을 꺼내는 즉시 명령의 메모리 주소를 저장한다. ALU에서 분리된 산술 회로는 PC 값을 증가시킨다. PC의 값은 WriteBack 단계에서도 변경될 수 있다. 예를 들어 반복문, if-else 블록, 함수 호출 등의 실행과 관련된 일부 명령은 특정한 주소로 점프한다. [그림 5-33]은 실행의 Fetch 단계다.

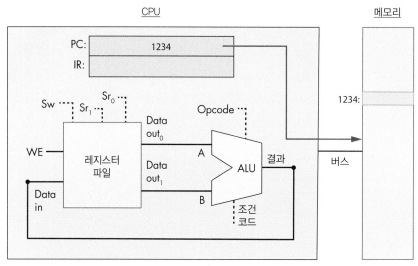

A. PC의 메모리 주소를 사용해 메모리에 읽기 요청을 보낸다.

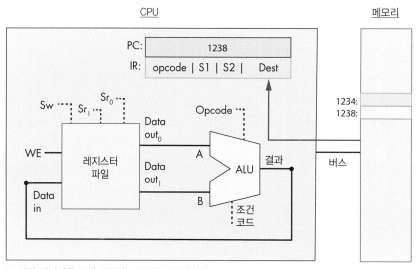

B. 명령 데이터를 IR에 저장하고 PC를 증가시킨다.

그림 5-33 명령 실행의 Fetch 단계: PC 레지스터에 저장된 메모리 주솟값의 명령어를 메모리에서 읽어 IR에 저장한다. PC 값은 이 단계 끝에서도 증가한다(명령이 4바이트면, 다음 주소는 1238이 된다. 실제 명령 크기는 아키텍처나 명령 유형에 따라 다르다).

명령을 꺼낸 뒤, CPU는 IR 레지스터에 저장된 명령 비트열을 네 부분으로 해석한다. 명령의 최상위 비트열은 수행할 연산을 지정하는 opcode(예, ADD, SUB, OR, ...)를 나타내고, 나머지 비트열은 세 부분으로 나뉘어 2개의 피연산자 소스와 결과 대상^{destination}을 나타낸다. 예시에서는 소스와 결과 대상에 모두 레지스터를 사용했다. opcode는 ALU의 입력으로 연결된 선으로 전달되고, 소스 비트열은 레지스터 파일의 입력으로 연결된 선으로 전달된다. 소스 비트열은 레지스터 파일에서 읽을 레지스터값을 지정하는 2개의 읽기 선택 입력(Sr_0과 Sr_1)으로 전달된다. [그림 5-34]는 Decode 단계를 나타낸다.

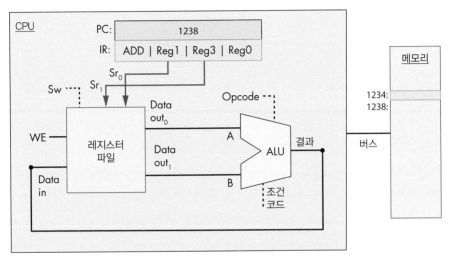

그림 5-34 명령 실행의 Decode 단계: IR의 명령 비트열을 컴포넌트로 나누어 ALU와 레지스터 파일의 입력으로 전달한다. IR의 opcode 비트열은 ALU의 선택 입력으로 전달되어 수행할 연산을 선택하는 데 사용된다. IR의 2개의 피연산자 비트열은 레지스터 파일의 선택 입력으로 전달되어 피연산자 값을 읽을 레지스터를 선택하는 데 사용된다. IR의 대상 비트열은 WriteBack 단계의 레지스터 파일로 전달된다. 이들은 ALU의 연산 결과를 저장할 레지스터를 지정한다.

Decode 단계에서 수행할 연산과 피연산자 소스를 결정하면, ALU는 다음 단계인 **Execution** 단계에서 연산을 수행한다. ALU의 데이터 입력값은 레지스터 파일의 2개의 출력값에서 오며, 선택 입력값은 명령의 opcode 비트열에서 온다. 이 입력값들은 ALU를 통해 전파되며 피연산자 값과 연산을 조합해 결과를 만든다. 예시에서 ALU는 Reg1에 저장된 값을 Reg3에 저장된 값에 더한 결괏값, 해당 결괏값과 관련된 조건 코드값을 출력한다. [그림 5-35]는 Execution 단계를 나타낸다.

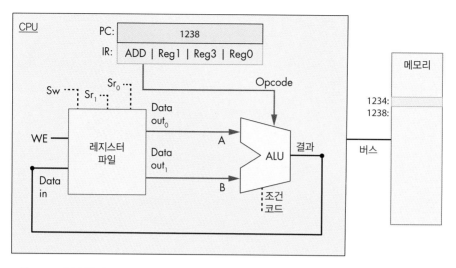

그림 5-35 명령 실행의 Execution 단계: ALU는 (명령의 opcode 비트열에서) 지정된 연산을 (레지스터 파일 출력으로부터의) 입력값에 대해 수행한다.

WriteBack 단계에서 ALU의 연산 결과는 대상 레지스터에 저장된다. 레지스터 파일은 ALU의 결과 출력을 입력의 Data, write-select(S_w) 입력으로 대상 레지스터(IR의 명령 비트열로부터), WE 입력으로 1을 받는다. 예를 들어 대상 레지스터가 Reg0이면, IR에 Reg0를 인코딩한 비트열이 레지스터의 S_w 입력으로 전달되어 대상 레지스터가 선택된다. ALU로부터의 출력은 레지스터 파일의 입력 Data in으로 전달되며, WE 비트는 1로 설정되어 ALU의 결과를 Reg0에 저장한다. [그림 5-36]은 WriteBack 단계를 나타낸다.

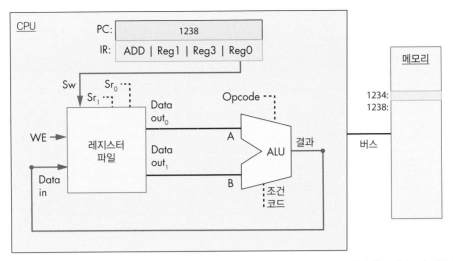

그림 5-36 명령 실행의 WriteBack 단계: Execution 단계의 결과(ALU로부터의 출력값)는 레지스터 파일의 대상 레지스터에 기록된다. ALU 출력은 레지스터 파일의 Data in 입력, 명령의 대상 비트열은 레지스터 파일의 write-selection의 입력(S_w), WE 입력은 1로 설정되어 Data in을 지정된 대상 레지스터에 기록한다.

5.6.1 클럭 주도 실행

클럭^{clock}은 각 단계의 시작을 트리거함으로써 CPU의 명령어 실행을 이끈다. 다시 말해, CPU는 클럭을 사용해 각 단계와 관련된 회로에 대한 입력이 회로에서 사용할 수 있도록 준비됐는지 결정하며, 클럭은 해당 회로의 한 단계에서의 유효한 결괏값이 출력되고 해당 출력값이 다음 단계에 실행되는 다른 회로의 입력으로 사용될 수 있는 시점을 제어한다.

CPU 클럭은 연속적인 시간이 아닌 이산적인 시간으로 측정된다. 다시 말해, 클럭이 뛸 때마다 시간은 0, 1, 2, …가 된다. 프로세서의 **클럭 사이클 타임**$^{clock\ cycle\ time}$은 각 클럭 틱 사이의 시간을 나타낸다. 프로세서의 **클럭 속도**$^{clock\ speed}$(또는 **클럭 레이트**$^{clock\ rate}$)는 1/(클럭 사이클 타임)이다. 클럭 속도는 전형적으로 메가헤르츠^{megahertz}(MHz) 또는 기가헤르츠^{gigahertz}(GHz)로 측정된다. 1MHz 클럭 속도는 클럭이 1초에 100만 번, 1GHz는 클럭이 1초에 1억 번 뛰는 것을 의미한다. 클럭 레이트는 CPU가 얼마나 빠르게 실행되는지를 의미하며, CPU가 1초 동안 실행할 수 있는 최대 명령 수의 추정값이다. 예를 들어 예시의 CPU와 같이 단순한 스칼라 프로세서일 때, 2GHz 프로세서는 최대 초당 2억 개 명령을 실행할 수 있다(1억 분의 1초마다 2개 명령을 실행할 수 있다).

단일 머신에서 클럭 레이트를 증가시키면 그 성능은 증가하지만, 클럭 속도만으로는 다양한 프로세서의 성능을 비교하는 데 큰 의미가 없다. 예를 들어 어떤 아키텍처(RISC 같은)는 명령을 실행하는 데 다른 아키텍처(CISC 같은)보다 적은 단계를 필요로 할 수 있다. 실행 단계가 적어 클럭 속도가 느린 아키텍처라도, 실행 단계가 훨씬 많고 클럭 속도가 빠른 아키텍처와 초당 실행 명령 수가 같을 수 있다. 그러나 같은 마이크로프로세서일 경우, 클럭 속도를 두 배로 하면 명령 실행 속도도 대략 두 배가 된다.

클럭 속도와 프로세서 성능

역사적으로 클럭 속도를 높이는 것은, 보다 빠른 클럭이 동작할 수 있는 복잡하고 강력한 마이크로아키텍처 설계와 함께 컴퓨터 아키텍처에서 프로세서 성능을 개선하는 대단히 효과적인 방법이었다. 예를 들어 1974년 인텔 8080 CPU는 2MHz(초당 200만 클럭)로 동작했다. 1995년에 소개된 인텔 펜티엄 프로Pentium Pro의 클럭 속도는 1.3GHz(또는 초당 1억 3천만 클럭)이었다. 클럭 속도는 2000년대 후반에 IBM z10이 정점을 찍었는데, 당시 클럭 속도는 4.4GHz였다.

그러나 최근에는 빠른 클럭에서 방출되는 열을 다루는 문제로 인해 CPU의 클럭 속도가 한계에 이르렀다. 이 한계 문제는 **전력 장벽**power wall이라 알려져 있다. 전력 장벽으로 2000년대 중반부터는 멀티코어 프로세서 개발이 시작됐다. 멀티코어 프로세서는 칩마다 여러 개의 '단순한' CPU가 있으며, 각 코어는 이전 세대의 코어에서 증가하지 않은 클럭 속도에 맞춰 구동된다. 멀티코어 프로세서 설계는 CPU 클럭 속도를 높이지 않으면서 CPU 성능을 개선하는 방법이다.

클럭 회로

클럭 회로는 오실리에이터 회로를 사용해서 매우 정밀하고 정규적인 펄스 패턴을 만든다. 전형적으로 크리스털 오실리에이터는 오실리에이터 회로의 기반 주파수를 생성하며, 오실리에이터의 펄스 패턴을 사용해 클럭 회로는 고전압/저전압을 반복하는 패턴을 출력한다. 이 반복 패턴은 2진수의 1과 0에 해당한다. [그림 5-37]은 정규적인 1과 0의 출력 패턴을 생성하는 클럭 회로다.

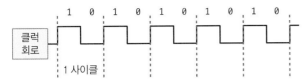

그림 5-37 클럭 회로의 1과 0을 반복하는 정규적 출력 패턴. 1과 0이 한 번씩 반복되는 것이 클럭 사이클이다.

클럭 사이클clock cycle(또는 틱tick)은 클럭 회로 패턴에서 1과 0이 한 번씩 이어진 것을 말한다. 1에서 0 또는 0에서 1로 변화하는 것을 **클럭 에지**clock edge라 부른다. 클럭 에지는 CPU 회로의 상태 변화를 일으키며, 명령어의 실행을 이끈다. 상승 클럭 에지(새로운 클럭 사이클의 시작으로, 0에서 1로 변화)는 입력값이 명령 실행 단계에서 사용될 수 있는 상태가 됐음을 의미한다. 예를 들어 상승 에지 전환은 입력값이 ALU 회로에 입력될 준비가 됐음을 나타낸다. 클럭값이 1인 동안에는 이 회로가 값을 출력할 준비가 될 때까지 회로를 통해 이 입력값을 전파한다. 이를 회로의 **전파 지연**propagation delay이라 부른다. 예를 들어 클럭 신호가 1인 동안 ALU의 입력값은 ALU 연산 회로를 통해 전파되고, 이후 멀티플렉서를 통해 전파되어 입력값과 조합된 연산에 대한 ALU의 올바른 출력을 만들어낸다. 하강 에지(1에서 0으로 전환)에서는 해당 단계의 출력값이 안정되고, 다음 위치로 전파 가능한 상태가 된다([그림 5-38]의 '출력 준비 완료'). 예를 들어 ALU로부터의 출력값은 하강 에지에서 준비 완료된다. 클럭값이 0인 동안에는 ALU의 출력이 레지스터 파일 입력으로 전파된다. 다음 사이클의 상승 에지는 레지스터 파일 입력값이 레지스터에 기록될 준비가 됐음을 나타낸다([그림 5-38]의 '새 입력').

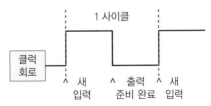

그림 5-38 새로운 클럭 사이클의 상승 에지는 클럭이 제어하는 회로의 입력 변화를 트리거한다. 하강 에지는 클럭이 제어하는 회로의 출력값이 유효하다는 것을 트리거한다.

클럭 사이클의 길이(또는 클럭 속도)는 명령 실행의 가장 긴 전파 지연에 따라 조정된다. 보통은 실행 단계와 ALU 전파가 가장 길다. 따라서 클럭 사이클 시간의 절반은 ALU의 입력값이 가장 느린 연산 회로를 통해 전파되어 ALU의 출력값이 되는 데 걸리는 시간보다 더 빨라서는 안 된다(즉, 출력값이 입력값에 대한 연산 결과를 반영해야 한다). 예를 들어 4개의 연산을 실행하는 ALU(OR, ADD, AND, EQUALS)에서 리플 캐리 덧셈 회로ripple carry adder circuit는 전파 지연이 가장 길며 클럭 사이클의 최소 길이를 결정한다.

한 사이클에 CPU 명령 실행의 한 단계를 완료해야 하므로, 4단계 명령 실행 순서(Fetch, Decode, Execute, WriteBack. 그림 5-39 참조)를 거치는 프로세서는 최대 4클럭 사이클마다 하나의 명령을 완료해야 한다.

그림 5-39 4단계 명령 실행을 완료하는 데 4클럭 사이클이 걸린다.

예를 들어 클럭 속도가 1GHz라면 1개의 명령을 완료하는 데 4나노초(4단계의 각 단계는 1나노초)가 걸린다. 클럭 속도가 2GHz라면, 1개의 명령을 완료하는 데 2나노초가 걸린다.

클럭 속도는 분명 프로세서의 성능에 영향을 받지만, 클럭 속도만으로 프로세서의 성능을 측정하는 것은 무의미하다. 대신, 프로그램 전체 실행에 대한 **명령당 사이클**cycles per instruction(CPI)의 평균값을 구하는 것이 더 나은 CPU 성능 측정 방법이다. 전형적으로 프로세서는 전체 프로그램을 실행하는 동안 최대 CPI를 유지하지 못한다. 최대 미만의 CPI는 여러 요인에 의한 결과인데, 요인에는 반복문, `if-else` 분기, 함수 호출 같은 제어 흐름을 변경하는 일반적인 프로그램 실행도 포함된다. 표준 벤치마크 프로그램 셋을 실행해 평균 CPI를 구하고 이를 다양한 아키텍처를 비교할 때 사용한다. CPI는 프로그램 실행 속도와 개별 명령 실행의 한 측면을 측정하기 때문에 CPU 성능을 좀 더 정확하게 나타내는 지표다. 프로세서 성능과 성능 개선을 위한 프로세스 설계에 관한 자세한 내용은 컴퓨터 아키텍처 교재[21]를 참조하길 권한다.

21 One suggestion is John Hennessy and David Patterson, Computer Architecture: A Quantitative Approach, Morgan Kaufmann, 2011.

5.6.2 정리: 완전한 컴퓨터에서의 CPU

데이터 경로(ALU, 레지스터 파일, 이들을 연결하는 버스)와 제어 경로(명령 실행 회로)가 CPU 를 구성한다. 이들은 폰 노이만 아키텍처의 처리와 제어 부분을 구현한다. 오늘날의 프로세서 는 실리콘 칩에 에칭된 디지털 회로로 구현된다. 프로세서 칩 역시 빠른 속도의 온 칩 캐시 메 모리(래치 저장 회로로 구현됨)를 가진다. 이 메모리는 최근에 사용된 프로그램 데이터와 명령 의 사본을 프로세서 가까이에 유지한다. 온 칩 캐시 메모리의 자세한 내용은 9장을 참조한다.

[그림 5-40]은 완전한 현대 컴퓨터의 컨텍스트상에서의 프로세서 예시다. 프로세스의 컴포넌 트는 폰 노이만 아키텍처를 구현한다.

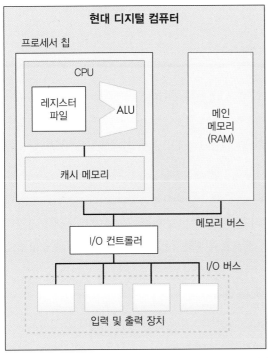

그림 5-40 완전한 현대 컴퓨터에서 CPU 버스는 프로세서 칩, 메인 메모리, 입력 및 출력 장치를 연결한다.

5.7 파이프라이닝: CPU를 더 빠르게

예시의 4단계 CPU는 1개의 명령을 실행하는 4클럭 사이클을 사용한다. 첫 번째 사이클에서는 메모리에서 명령을 꺼낸다. 두 번째 사이클에서는 명령을 해석하고 레지스터 파일에서 피연산자를 읽는다. 세 번째 사이클에서는 ALU가 연산을 수행한다. 네 번째 사이클에서는 ALU에서의 연산 결과를 레지스터 파일의 레지스터에 기록한다. N개의 명령 열을 실행하려면, 4N 클럭 사이클이 필요하다. CPU는 순서에 따라 한 번에 하나의 명령만 실행하기 때문이다.

그림 5-41 3개의 명령을 실행하는 데 12번의 사이클이 필요하다.

[그림 5-41]은 3개의 명령을 실행하는 데 12번의 사이클이 필요하다는 것을 나타낸다. 명령당 1개의 사이클이 필요하며, 결과 CPI는 4다(CPI는 해당 명령을 실행하기 위해 필요한 사이클의 평균이다). 그러나 CPU의 제어 회로를 개선해 CPI 값을 더 낮게(좋아지게) 만들 수 있다.

각 명령을 실행하는 데 4사이클이 걸리고, 그다음 명령을 실행하는 데 4사이클이 걸리는 실행 패턴을 고려할 때, 각 단계를 구현하는 것과 관계된 CPU 회로는 4사이클마다 한 번씩만 실질적으로 명령 실행에 관여한다. 예를 들어 매 Fetch 단계에서 CPU의 Fetch 회로는 다음 3클럭 사이클 동안 명령 실행과 관계된 어떤 다른 액션도 수행하지 않는다. 하지만 만약 Fetch 회로가 다음 세 사이클 동안 계속해서 수행되는 명령의 Fetch 부분을 실행할 수 있다면, CPU는 4 사이클마다 하나 이상의 명령 실행을 완료할 수 있게 된다.

CPU **파이프라이닝**pipelining은 현재 명령 실행을 완료하기 전에 다음 명령의 실행을 시작한다는 개념이다. CPU 파이프라이닝은 명령을 순서대로 실행하지만, 명령을 중첩해 실행한다. 예를 들어 첫 번째 사이클에서 첫 번째 명령은 실행의 Fetch 단계에 들어간다. 두 번째 사이클에서 첫 번째 명령은 Decode 단계로 이동하고, 동시에 두 번째 명령이 Fetch 단계로 들어온다. 세 번째 사이클에서 첫 번째 명령은 Execution 단계로 이동하고, 동시에 두 번째 명령이 Decode 단계에 들어가고, 세 번째 명령이 메모리에서 꺼내진다. 네 번째 사이클에서 첫 번째 명령은 WriteBack 단계에 들어가 완료되고, 두 번째 명령은 Execution 단계, 세 번째 명령은

Decode 단계, 네 번째 명령은 Fetch 단계에 들어간다. 이 시점에서 CPU의 명령 파이프라인은 가득 찬다. CPU의 모든 단계가 프로그램 명령을 실행하며, 후속 명령은 이전 명령보다 한 단계가 더 늦다. 파이프라인이 가득 찬 뒤 CPU는 클럭 사이클마다 하나의 명령 실행을 완료한다!

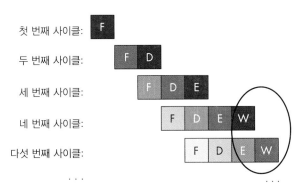

그림 5-42 파이프라이닝: 명령 실행을 중첩해 사이클마다 하나의 명령을 완료한다. 원은 CPU가 사이클마다 하나의 명령을 완료하는 안정적인 상태가 됐음을 나타낸다

[그림 5-42]는 예시의 CPU에서의 파이프라이닝된 명령 실행을 나타낸다. 네 번째 클럭 사이클부터 파이프라인이 가득 차기 시작한다. 이는 사이클마다 CPU가 명령 실행을 완료하는 상태로 CPI 1을 달성했다는 의미다([그림 5-42]의 타원). 파이프라인 실행을 하더라도 하나의 명령을 실행하는 데 필요한 사이클의 수(명령 지연)는 감소하지 않는다는 점에 주의한다. 각 명령을 실행하는 데는 여전히 4사이클이 걸린다. 대신, 파이프라이닝은 명령 **처리량**throughput 또는 CPU가 주어진 시간 내에 실행할 수 있는 명령의 수를 증가시킨다. 시차를 두어 연속된 명령이 파이프라인의 다른 단계에서 수행되도록 한다.

1970년대 이후, 컴퓨터 아키텍트들은 파이프라이닝을 사용해 마이크로프로세서의 성능을 비약적으로 개선했다. 그렇지만 파이프라이닝을 지원하는 CPU의 설계는 파이프라이닝을 지원하지 않는 CPU의 설계에 비해 훨씬 비용이 많이 들었다. 파이프라이닝을 지원하려면 저장 회로와 제어 회로를 추가해야 했는데, 가령 파이프라인에서 현재 실행되는 여러 명령을 저장할 여러 레지스터가 필요했기 때문이다. 복잡성 추가는 항상 파이프라이닝을 통해 얻게 되는 CPI의 개선만큼 가치가 있었다. 그 결과, 현대 마이크로프로세서 대부분은 파이프라인 실행을 구현한다.

파이프라이닝 개념은 컴퓨터 공학의 다른 컨텍스트에서도 속도 향상을 위해 사용되고, 비 컴퓨터 공학에도 적용된다. 한 대의 세탁기로 많은 양의 빨래를 한다고 예를 들겠다. 한 번의 세탁이 네 단계(세탁, 건조, 개기, 갖다놓기)로 완료되고, 첫 번째 세탁물을 세탁해 건조하는 동안 두 번째 세탁물을 세탁할 수 있다면, 각 세탁물을 단계를 중첩해 세탁함으로써 네 번의 세탁을 각각 할 때보다 소요시간을 줄일 수 있다. 공장 조립 라인도 파이프라이닝의 일종이다.

CPU가 프로그램 명령을 실행하는 방법과 CPU 파이프라이닝을 간단한 4단계 파이프라인과 ADD 명령을 통해 설명했다. 메모리와 레지스터 사이에서 값을 꺼내고 저장하는 명령을 실행하기 위해서는 5단계 파이프라인을 사용한다. 5단계 파이프라인은 메모리 접근을 위한 Memory 단계를 포함해 Fetch–Decode–Execute–Memory–WriteBack 단계로 구성된다. 프로세서에 따라 파이프라인 단계는 전형적인 5단계 파이프라인에 비해 적거나 많을 수 있다. 예를 들어 초기 ARM 아키텍처는 세 단계(Fetch, Decode, Execute. Excute 단계에서 ALU 실행과 레지스터 파일 WriteBack 기능을 함께 수행)로 구성됐다. 최근의 ARM 아키텍처는 5단계 이상의 파이프라인을 거친다. 초기 인텔 펜티엄 아키텍처는 5단계 파이프라인을 거쳤으나, 이후 아키텍처는 훨씬 많은 파이프라인 단계를 거친다. 예를 들어 인텔 코어 i7은 14단계 파이프라인을 거친다.

5.8 고급 파이프라인 명령 고려 사항

파이프라이닝은 여러 명령의 실행을 중첩해 프로세서의 성능을 개선한다. 파이프라이닝에 관한 이전 논의에서 기본적인 Fetch(F), Decode(D), Execute(E), WriteBack(W)의 간단한 4단계 파이프라인을 설명했다. 이번에는 데이터 메모리에 대한 접근을 나타내는 Memory(M) 단계가 추가된 5단계 파이프라인에 관해 살펴보자. 5단계 파이프라인은 다음 단계로 구성된다.

- Fetch(F): 메모리에서 명령을 읽는다(프로그램 카운터가 가리킨다).
- Decode(D): 소스 레지스터를 읽고 제어 로직을 설정한다.
- Execute(E): 명령을 실행한다.
- Memory(M): 데이터 메모리에서 값을 읽거나, 데이터 메모리에 값을 쓴다.
- WriteBack(W): 결과를 대상 레지스터에 저장한다.

컴파일러는 코드를 CPU가 실행할 수 있는 기계어 코드로 변환한다. 어셈블리 코드는 사람이 읽을 수 있는 기계어 코드다. 다음은 완성된 어셈블리 명령의 일부다.

```
MOV M[0x84], Reg1        # 메모리 주소 0x84의 값을 레지스터 Reg1로 옮긴다.
ADD 2, Reg1, Reg1        # Reg1의 값에 2를 더한 뒤, 그 결과를 Reg1에 저장한다.
MOV 4, Reg2              # 값 4를 레지스터 Reg2에 복사한다.
ADD Reg2, Reg2, Reg2     # Reg2 + Reg2를 계산하고, 그 결과를 Reg2에 저장한다.
JMP L1<0x14>             # L1(코드 주소 0x14)의 코드를 실행하기 위해 점프한다.
```

이해하기 어려워도 걱정하지 말자. 어셈블리에 관해서는 7장에서 자세히 다룬다. 지금은 다음 사항에만 집중하자.

- 각 ISA가 명령 셋을 정의한다.
- 각 명령은 하나나 그 이상의 피연산자(레지스터, 메모리, 상수)에 대해 연산을 수행한다.
- 모든 명령을 실행하는 파이프라인 단계 수가 동일하지는 않다.

앞의 논의에서는 모든 명령의 실행 사이클이 모두 4로 동일하다고 가정했지만, 실제로 그런 경우는 거의 없다. 예를 들어 첫 번째 MOV 명령은 5단계 모두에서 필요하다. 메모리에서 레지스터로 데이터를 이동해야 하기 때문이다. 반면, 다음 세 개의 명령을 실행하려면 레지스터가 필요하고 메모리는 필요하지 않으므로 4단계(F, D, E, W)로 충분하다. 마지막 명령(JMP)은 **브랜치**branch 혹은 **조건부**conditional 유형의 명령이다. 이 유형의 명령은 제어 흐름을 코드의 다른 부분으로 전이한다. 구체적으로는 메모리 참조의 코드 영역이 실행 가능한 다른 **명령**을 가리키게 한다. JMP 명령은 범용 레지스터를 업데이트하지 않으므로 WriteBack 단계가 생략되며, 결과적으로 3단계(F, D, E)만 필요해진다. 조건부 명령은 '7.4 조건부 제어와 반복문'에서 자세하게 살펴본다.

파이프라인 중단pipeline stall은 어떤 명령이 계속되기 전에 다른 명령의 실행이 종료되기를 기다려야 하는 경우 발생한다. 컴파일러와 프로세서는 성능을 최대화하기 위해 모든 방법을 동원해 파이프라인 중단을 피한다.

5.8.1 데이터 해저드

데이터 해저드[data hazard]는 하나의 명령 파이프라인에서 두 개의 명령이 동일한 데이터에 접근을 시도할 때 발생한다. 이전 코드에서 다음 명령 쌍을 살펴보자.

```
MOV M[0x84], Reg1        # 메모리 주소 0x84의 값을 레지스터 Reg1로 옮긴다.
ADD 2, Reg1, Reg1        # Reg1의 값에 2를 더한 뒤, 그 결과를 Reg1에 저장한다.
```

MOV M[0x84], Reg1
Add 2, Reg1, Reg1

| 문제 | 부분적 솔루션:
'버블'(NOP)을 사용한다. |

그림 5-43 파이프라인 해저드 예시. 두 명령이 동시에 같은 파이프라인 단계에 이르렀을 때 발생한다.

MOV 명령은 5단계(메모리에 대한 접근 포함)를 필요로 하지만, ADD 명령은 4단계에만 필요하다. 이 시나리오에서 두 명령은 동시에 레지스터 **Reg1**에 쓰기 작업을 시도한다(그림 5-43).

프로세서는 앞서 언급한 시나리오를 피하기 위해 모든 명령을 5단계로 실행되도록 강제한다. 일반적인 경우 5단계보다 적은 단계가 필요한 명령에 대해, CPU는 'no-operation'(NOP) 명령(파이프라인 '버블[bubble]'이라 부른다)을 추가해 해당 단계를 보충한다.

하지만 여전히 문제가 완전히 해결되지 않았다. 두 번째 명령의 목표가 2를 레지스터 **Reg1**에 저장된 값에 더하는 것이므로, MOV 명령이 레지스터 **Reg1**에 값을 기록한 뒤에 ADD 명령을 수행해야 올바른 계산이 된다. 비슷한 문제가 다음 두 명령에도 존재한다.

```
MOV 4, Reg2              # 4를 레지스터 Reg2에 복사한다.
ADD Reg2, Reg2, Reg2     # Reg2 + Reg2를 계산한 결괏값을 Reg2에 저장한다.
```

MOV 4, Reg2
ADD Reg2, Reg2, Reg2

| 문제: SUB는 Reg2의
올바른 값을 갖지 못한다. | 해결책(비최적화):
버블을 더 많이 사용한다! | 피연산자 포워딩: 이전 연산
결과를 읽어서 사용한다. |

그림 5-44 프로세서는 명령 사이에 피연산자를 포워딩해서 파이프라인 해저드로 발생하는 위험을 줄인다.

이 두 명령은 4를 레지스터 Reg2로 읽어서 두 배를 만든다(자신을 더한다). 다시 한번, 버블이 추가되어 각 명령을 5단계 파이프라인으로 만든다. 이 경우, 버블과 무관하게 첫 번째 명령이 값(4)을 레지스터 Reg2에 쓰기 전에 두 번째 명령의 실행 단계가 수행된다.

버블을 더 많이 추가하면 파이프라인 중단을 야기하므로 최적화된 것이 아니다. 대신, 프로세서는 **피연산자 포워딩**operand forwarding이라는 기법을 이용한다. 피연산자 포워딩을 수행하면 파이프라인은 이전 연산의 결과를 읽는다. [그림 5-44]에서는 MOV 4, Reg2가 실행되는 동안, ADD Reg2, Reg2, Reg2 명령으로 결과를 전달한다. 따라서 MOV 명령이 Reg2에 기록하는 동안, ADD 명령은 MOV 명령에서 받아 업데이트된 Reg2 값을 사용할 수 있다.

5.8.2 제어 해저드

파이프라인은 차례로 이어 실행되는 명령에 최적화된다. if 문이나 반복문 같은 조건에 의해 발생하는 프로그램에서의 변화를 제어하면 파이프라인의 성능에 큰 영향을 미친다. 앞과 다른 코드를 살펴보자. 다음은 C 코드다.

```c
int result = *x; // x는 int를 가진다.
int temp = *y;    // y는 다른 int를 가진다.

if (result <= temp) {
    result = result - temp;
}
else {
    result = result + temp;
}
return result;
```

이 코드는 정수 데이터를 2개의 포인터에서 읽어서, 그 값을 비교하고, 그 결과에 기반해 여러 산술 연산을 한다. 다음은 앞 C 코드를 어셈블리 명령으로 바꾼 코드다.

```
MOV M[0x84], Reg1      # 메모리 주소 0x84의 값을 레지스터 Reg1로 옮긴다.
MOV M[0x88], Reg2      # 메모지 주소 0x88의 값을 레지스터 Reg2로 옮긴다.
```

```
    CMP Reg1, Reg2        # Reg1의 값과 Reg2의 값을 비교한다.
    JLE L1<0x14>          # Ref1이 Reg2보다 더 작으면 코드 실행을 L1으로 바꾼다.
    ADD Reg1, Reg2, Reg1  # Reg1 + Reg2를 계산하고, 그 결과를 Reg1에 저장한다.
    JMP L2<0x20>          # 코드 실행을 L2(코드 주소 0x20)로 바꾼다.
  L1:
    SUB Reg1, Reg2, Reg1  # Reg1 - Reg2를 계산하고, 그 결과를 Reg1에 저장한다.
  L2:
    RET                   # 함수에서 반환된다.
```

이 명령열은 메모리에서 데이터를 읽어 두 개의 다른 레지스터에 저장하고, 그 값을 비교하고,
첫 번째 레지스터의 값이 두 번째 레지스터의 값보다 더 작은지에 따라 서로 다른 산술 연산을
수행한다. 이 예시에서 if 문은 비교(CMP) 명령과 조건부 점프 작다(JLE) 명령과 함께 주어진
다. 조건부 명령에 관해서는 '7.4 조건부 제어와 반복문'에서 자세히 다룬다. 지금은 CMP 명령
이 두 레지스터의 값을 비교하고, JLE는 특별한 유형의 분기 명령으로 주어진 조건(이 예시에
서는 작거나 같은 경우)이 참일 때만 프로그램의 다른 부분으로 코드 실행을 옮기는 것임을 이
해하는 정도로 충분하다.

WARNING_ 세부 사항에 압도되지 말라

어셈블리를 처음 봤다면 다분히 두려운 기분이 든다. 걱정하지 말라. 어셈블리는 7장에서 자세히 다룬다. 여
기서 중요한 점은 조건 구분을 가진 코드가 다른 코드와 동일하게 어셈블리 코드로 전환된다는 점이다. 하지
만 다른 코드와 달리, 조건 구문은 특정한 방식으로 수행되는 것을 보장하지 않는다. 조건 구문이 실행되는
방법에 관한 불확실성은 파이프라인에 큰 영향을 미친다.

```
MOV M[0x84], Reg1
MOV M[0x88], Reg2
CMP Reg1, Reg2
JLE L1<0x14>
ADD Reg1, Reg2, Reg1
JMP L2<0x18>
L1:
  SUB Reg1, Reg2, Reg1
L2:
  RET
```

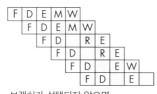

브랜치가 선택되지 않으면 …

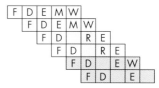

브랜치가 선택되면, 파이프라인에
비워야 하는 '쓰레기(junk)'가 생긴다!

그림 5-45 조건 브랜치로 발생하는 제어 해저드 예시

제어 해저드는 파이프라인이 브랜치(혹은 조건부) 명령을 만날 때 발생한다. 이때 파이프라인은 브랜치가 선택될지 아닐지 '추측'해야 한다. 브랜치가 선택되지 않으면, 프로세스는 다음 명령을 순서대로 실행한다. [그림 5-45]의 예시를 보자. 브랜치가 선택되면, 다음으로 실행되는 명령은 **SUB** 명령이다. 하지만 **JLE** 명령의 실행이 끝난 뒤에야 해당 브랜치의 선택 여부를 알 수 있다. 이 시점에 이미 **ADD**와 **JMP** 명령은 파이프라인에 들어와 있다. 브랜치가 선택되면 파이프라인의 이 '쓰레기' 명령들은 삭제되거나 비워져야 하며, 그 뒤 새로운 명령을 파이프라인에 읽어들여야 한다. 파이프라인을 비우는 작업의 비용은 매우 크다.

하드웨어 엔지니어는 프로세서의 제어 해저드를 다음 방법으로 처리한다.

- **파이프라인을 중단한다**: 간단한 해결책으로 브랜치가 존재하면 수많은 NOP 버블을 붙여 프로세서가 브랜치를 선택해야 하는지 판단할 때까지 파이프라인을 중단한다. 파이프라인을 중단하면 문제는 해결되지만, 성능 문제가 발생한다(그림 5-46).

- **브랜치를 예측한다**: 가장 일반적인 해결책은 브랜치 예측자branch predictor를 사용하는 방법이다. 브랜치 예측자는 이전 실행 결과에 기반해 어떤 브랜치를 선택할 것인지 예측한다. 현대 브랜치 예측자는 성능이 매우 뛰어나다. 그렇지만 이 접근 방식은 최근 몇몇 보안 취약점(예, Spectre[22])을 일으켰다. [그림 5-46]은 브랜치 예측자가 앞에서 논의한 제어 해저드를 처리하는 방법을 나타낸다.

- **적극적인 실행**eager execution: 적극적인 실행에서는 CPU가 두 개의 브랜치를 모두 실행하고, 조건부 브랜치가 아닌 조건부 데이터 전송(x86의 경우 cmov, ARMv8-A의 경우 csel 명령으로 구현)을 수행한다. 조건부 데이터 전송을 사용하면 파이프라인을 방해하지 않고 프로세서가 실행을 계속하도록 할 수 있다. 그렇지만 모든 코드가 적극적인 실행의 장점을 택할 수 있는 것은 아니다. 적극적인 실행은 포인터 역참조pointer dereference와 부작용이 발생했을 때 위험할 수 있다.

```
MOV M[0x84], Reg1
MOV M[0x88], Reg2
CMP Reg1, Reg2
JLE L1<0x14>
ADD Reg1, Reg2, Reg1
JMP L2<0x18>
L1:
  SUB Reg1, Reg2, Reg1
L2:
  RET
```

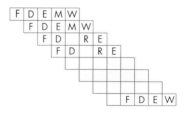

해결책 1: 파이프라인 실행을 중단한다(느리다!).

해결책 2: 브랜치 예측자를 사용한다.
브랜치 예측자가 잘 동작하면,
가끔 파이프라인을 비우기만 하면 된다.

그림 5-46 제어 해저드를 다루는 잠재적 해결책

---

22 Peter Bright, "Google: Software is never going to be able to fix Spectre-type bugs," Ars Technica, 2019.

5.9 미래를 내다보기: 오늘날의 CPU

CPU 파이프라이닝은 **명령 레벨 병렬화**instruction-level parallelism(ILP)의 한 예시다. ILP에서는 CPU가 여러 명령을 병렬로 동시에 실행한다. 파이프라인 실행 시, CPU는 파이프라인에서 실행 단계를 중첩함으로써 동시에 여러 명령을 실행한다. 간단한 파이프라인 CPU는 CPI 1을 달성할 수 있다(즉, 클럭 사이클마다 명령 하나를 실행한다). 현대 마이크로프로세서는 전형적으로 파이프라이닝과 여타 ILP 기법을 사용하며, 여러 CPU 코어를 사용해 1보다 작은 CPI 값을 달성한다. 이 마이크로아키텍처에서는 일반적으로 **사이클당 명령**instructions per cycle(IPC)의 평균값을 성능 지표로 사용한다. IPC 값이 클수록 프로세서의 동시 명령 실행 능력이 높은 수준에서 안정화된 것이라 할 수 있다.

트랜지스터는 통합 회로의 모든 회로를 구성하는 빌딩 블록이다. 모든 CPU의 처리 및 제어 장치는 회로로 구성되며, 이 회로는 트랜지스터로 구현된 하위 회로와 기본 논리 게이트로 구현된다. 트랜지스터는 CPU 및 최근에 접근한 데이터나 명령을 저장하는 고속의 온 칩 캐시 메모리(캐시 메모리는 9장에서 자세히 설명한다)에 사용되는 저장 회로를 구현한다.

칩에 넣을 수 있는 트랜지스터의 수는 대략적인 성능 지표가 된다. 1975년에 고든 무어Gordon Moore는 집적 회로당 트랜지스터의 수가 매년 두 배가된다는 사실을 발견했다. 이를 **무어의 법칙** Moore's Law[23]이라 한다. 칩당 트랜지스터의 수가 두 배가 되면 컴퓨터 아키텍트가 저장 회로와 연산 회로를 두 배로 늘려 설계할 수 있으며, 대략적으로 그 성능을 두 배 높일 수 있다. 역사적으로, 컴퓨터 아키텍트들은 여분의 트랜지스터를 이용해 ILP 기법을 사용하는 보다 복잡한 단일 프로세서를 설계해 전체적인 성능을 개선했다.

5.9.1 명령 수준 병렬화

명령 수준 병렬화(ILP)는 단일 프로세서에서 단일 프로그램의 명령을 병렬 실행하도록 지원하는 설계 기법을 나타낸다. ILP 기법은 프로그래머에게 투명하다. 즉, 프로그래머가 순차적인 C 프로그램을 작성하지만 프로세서는 여러 명령을 동시에, 병렬로, 하나 혹은 그 이상의 실행 단

---

23 무어는 1965년 처음으로 메모리의 용량이 매년 두 배로 늘어나는 것을 발견했는데, 1975년에 이 주기를 2년 이상으로 업데이트했다. 이를 무어의 법칙이라 한다. 무어의 법칙은 트랜지스터 집적도 개선이 느려지기 시작한 2012년까지 성립됐다. 무어는 2020년대 중반에 무어의 법칙이 더 이상 적용되지 않을 것이라 예측했다.

위로 실행한다. 파이프라이닝은 ILP의 한 예시다. 파이프라이닝에서는 프로그램 명령이 각기 다른 파이프라인 단계에서 동시에 실행된다. 파이프라이닝이 적용된 프로세서는 사이클당 1개의 명령을 실행할 수 있다(IPC 1을 달성할 수 있다). 다른 유형의 마이크로프로세서 ILP 설계에서는 클럭 사이클당 1개 이상의 명령을 실행하며, 1보다 작은 IPC 값을 달성할 수 있다.

벡터 프로세서^{vector processor}는 특별한 벡터 명령을 사용해 ILP를 구현한 아키텍처다. 벡터 명령은 1차원 배열(벡터) 데이터를 피연산자로 받는다. 벡터 명령은 벡터 프로세서가 여러 실행 단위에 대해 병렬로 실행한다. 각 단위는 그 벡터 피연산자의 단일 요소에 대해 산술 연산을 수행한다. 과거 벡터 프로세서는 대규모 병렬 컴퓨터에서 자주 사용됐다. 1976년의 Cray-1은 최초의 벡터 프로세서 기반 슈퍼 컴퓨터였는데, Cray는 1990년대에 벡터 프로세서를 사용해 계속해서 슈퍼 컴퓨터를 설계했다. 그러나 결국 이 설계는 다른 병렬 슈퍼 컴퓨터 설계와 경쟁하지 못했고, 오늘날 벡터 프로세서는 주로 그래픽 처리 장치(GPU) 같은 가속 장치 등(특히 1차원 배열에 저장된 이미지 데이터에 대한 계산에 최적화됨)에 주로 사용된다.

슈퍼스칼라^{superscalar}는 또 다른 ILP 프로세서 설계의 예시다. 슈퍼스칼라 프로세서는 단일 프로세서로서 여러 개의 실행 장치와 실행 파이프라인을 가진다. 이 프로세서는 순차 프로그램의 명령 스트림으로부터 명령 셋을 꺼내 이들을 여러 독립된 명령 스트림으로 쪼개, 실행 장치에서 병렬로 실행한다. 또한 순서를 무시하는 프로세서^{out-of-order processor} 혹은 순차 명령 스트림의 순서를 따르지 않고 명령어를 실행하는 프로세서다. 순서를 무시하는 프로세서는 병렬로 안전하게 실행될 수 있는 의존성 없이 독립된 명령열을 인식할 수 있어야 한다. 슈퍼스칼라 프로세서는 동적으로 독립된 명령어의 여러 스트림을 생성해 여러 실행 장치에 전달할 수 있는 기능이 있다. 이 기능은 의존성 분석^{dependency analysis}을 수행함으로써 순차 스트림 안에서 이전 명령의 수행 결과에 의존해 실행되는 모든 명령의 순서가 올바름을 보장해야 한다. 예를 들어 파이프라인 실행 장치가 5개 있는 슈퍼스칼라 프로세서는 순차 프로그램에서 5개 명령을 한 사이클에 실행할 수 있다(즉, IPC 5를 달성할 수 있다). 그러나 명령 의존성 때문에, 파이프라인을 항상 가득 채우지는 못한다.

매우 긴 명령 워드^{very long instruction word}(VLIW)는 슈퍼스칼라와 유사한 또 다른 ILP 마이크로아키텍처 설계다. 그러나 VLIW 아키텍처에서는 컴파일러가 프로세서에 의해 병렬로 실행되는 여러 독립 명령 스트림을 구성한다. VLIW 아키텍처에서의 컴파일러는 프로그램 명령을 분석해 각 독립 스트림에서 하나씩 하나의 VLIW 명령을 정적으로 구성한다. VLIW는 슈퍼스칼라보다 더 단순한 프로세서 설계를 만들어낸다. VLIW 프로세서가 프로그램 명령 시행의 일환으로 여러 독립 명령을 구성하기 위한 의존성 분석을 수행하지 않기 때문이다. 대신 VLIW 프로세서에는 추가 회로가 필요하다. 이 추가 회로는 다음 VLIW 명령을 꺼내 이를 여러 명령으로 나눈다. 나누어진 명령은 각 실행 파이프라인의 입력으로 전달된다. 그러나 VLIW 아키텍처는 의존성 분석을 컴파일러로 미루기 때문에, 좋은 성능을 달성하기 위해서는 특화된 컴파일러가 필요하다.

슈퍼스칼라와 VLIW의 공통된 문제점 하나는 그들이 실행하는 순차 애플리케이션 프로그램에 따라 병렬 수행 성능 정도가 상당히 제한된다는 점이다. 프로그램 명령 사이의 의존성으로 인해 모든 파이프라인을 가득 채우는 것이 제한된다.

5.9.2 멀티코어 및 하드웨어 멀티스레딩

2000년대 초반까지 컴퓨터 아키텍트들은 매우 복잡한 ILP 기법을 채용한 단일 프로세서를 설계하고, CPU 클럭 속도를 높여 이 복잡한 기능의 속도를 향상함으로써 무어의 법칙 속도를 충족하는 성능의 프로세서를 설계했다. 이후, 프로세서의 소비 전력을 늘리지 않고 CPU의 클럭 속도를 높이는 것은 더 이상 불가능해졌다.[24] 이는 현재의 멀티코어 및 멀티스레드 마이크로아키텍처로 이어졌다. 두 기술은 모두 프로그래머가 **명시적 병렬 프로그래밍**explicit parallel programming을 통해 단일 프로그램의 실행 속도를 높여야 한다.

하드웨어 멀티스레딩hardware multithreading은 여러 하드웨어 스레드 실행을 지원하는 단일 프로세서 설계다. **스레드**thread는 하나의 독립적인 실행 스트림이다. 예를 들어 실행 중인 두 개의 프로그램은 각각 독립적인 실행 스레드를 가진다. 이 두 프로그램의 실행 스레드는 운영 체제에 의해 멀티스레드 프로세서에서 '동시에at the same time' 수행되도록 스케줄링될 수 있다. 하드웨어 멀티스레딩은 프로세서에 의해 구현되며, 사이클마다 각 스레드 명령으로부터의 명령을 번갈아 실행한다. 이 경우, 서로 다른 하드웨어 스레드의 명령이 모두 각 사이클마다 동시에 실행되지는 않는다. 대신, 프로세서는 빠르게 다른 스레드의 실행 스트림으로부터 실행 중인 명령을 빠르게 전환하도록 설계된다. 이로써 보통 단일 스레드 프로세서에서의 실행에 비해 전체적으로 실행 속도가 향상된다.

---

24 Adrian McMenamin, "The end of Dennard scaling," https://cartesianproduct.wordpress.com/2013/04/15/the-end-of-dennard-scaling

멀티스레딩은 스칼라나 슈퍼스칼라 유형의 마이크로프로세서 하드웨어에서 구현될 수 있다. 하드웨어는 최소한 별도의 여러 명령 스트림으로부터 명령을 꺼낼 수 있도록 지원해야 하며, 각 스레드의 실행 스트림을 위한 별도의 레지스터 셋을 가져야 한다. 이 아키텍처들은 **명시적으로 멀티스레드화**explicitly multithreaded**25**된다. 왜냐하면 슈퍼스칼라 아키텍처와 달리, 각 실행 스트림이 독립적으로 운영 체제에 의해 스케줄링되고 프로그램 명령의 독립된 논리적 시퀀스를 실행하기 때문이다. 다중 실행 스트림은 다중 순차 프로그램 또는 단일 멀티스레드 병렬 프로그램의 다중 소프트웨어 스레드에서 올 수 있다(멀티스레드 병렬 프로그래밍은 12장에서 다룬다).

슈퍼스칼라 프로세서에 기반한 하드웨어 멀티스레드 마이크로아키텍처는 여러 파이프라인과 여러 실행 장치가 있으며, 따라서 여러 하드웨어 스레드의 명령을 동시에 병렬로 실행할 수 있고, 그 결과 IPC 값은 1보다 크다. 단순한 스칼라 프로세서에 기반한 멀티스레드 아키텍처는 **간섭된 멀티스레딩**interleaved multithreading을 구현한다. 이 마이크로아키텍처는 전형적으로 1개의 파이프라인을 공유하고, 동시에 항상 프로세서의 단일 ALU를 공유한다(CPU는 이 ALU에서 실행하는 다른 스레드 사이를 전환한다). 이런 유형의 멀티스레딩의 IPC 값은 1보다 클 수 없다. 슈퍼스칼라 기반 마이크로아키텍처를 통해 지원되는 하드웨어 스레딩을 종종 **동시 멀티스레딩**simultaneous multithreading(SMT)이라 부른다.**26** 그런데 SMT란 용어는 두 유형의 하드웨어 멀티스레딩을 모두 가리키기도 해서, 용어만으로는 멀티스레드 마이크로아키텍처가 동시 멀티스레딩을 구현하는지 아니면 간섭된 멀티스레딩을 구현하는지 알 수 없다.

멀티코어 프로세서에는 완전한 CPU 코어가 여러 개 있다. 멀티스레드 프로세서와 마찬가지로, 각 코어는 운영 체제에 의해 독립적으로 스케줄링된다. 그러나 멀티코어 프로세서의 각 코어는 완전한 CPU 코어이며, 그 자체로 프로그램 명령을 실행할 수 있도록 기능이 완전히 분리돼 있다. 멀티코어 프로세서는 이 CPU 코어들과 이 코어들이 캐시된 데이터를 공유하도록 지원하는 하드웨어가 추가된다. 멀티코어 프로세서의 각 코어는 스칼라, 슈퍼스칼라 또는 하드웨어 멀티스레드 프로세서가 될 수 있다. [그림 5-47]은 멀티코어 컴퓨터의 예시를 나타낸다.

25 T. Ungerer, B. Robic, and J. Silc, "A survey of processors with explicit multi-threading," ACM Computing Surveys 35(1), pp. 29–63, 2003.
26 T. Ungerer, B. Robic, and J. Silc, "A survey of processors with explicit multi-threading," ACM Computing Surveys 35(1), pp. 29–63, 2003.

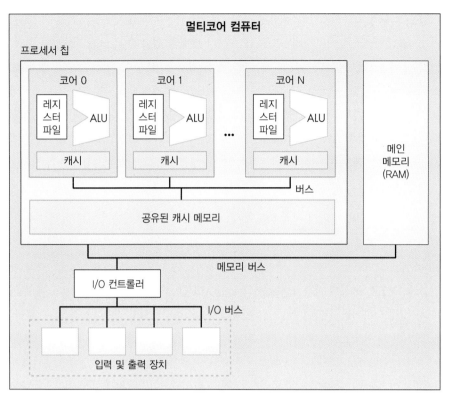

그림 5-47 멀티코어 프로세서를 가진 컴퓨터 프로세서에는 완전한 CPU 코어가 여러 개 있으며, 각 코어에는 별도의 캐시 메모리가 있다. 코어는 온 칩 버스를 경유해 큰 공유 캐시 메모리를 공유하며 통신한다.

멀티코어 마이크로프로세서 설계는 프로세서 아키텍처의 성능이 프로세서의 클럭 속도를 증가시키지 않으면서 무어의 법칙 속도를 계속 유지할 수 있는 주된 방법이다. 멀티코어 컴퓨터는 동시에 여러 순차 프로그램을 실행할 수 있으며, 운영 체제는 각 코어를 다른 프로그램의 명령 스트림에 스케줄링한다. 프로그램이 명시적 멀티스레드(소프트웨어 수준 스레드) 병렬 프로그램으로 작성됐다면, 단일 프로그램의 실행 속도를 높일 수 있다. 예를 들어 운영 체제는 개별 프로그램의 스레드를 멀티코어 프로세서의 개별 코어에서 동시에 실행되도록 스케줄링할 수 있다. 결과적으로 같은 프로그램의 순차 버전을 실행하는 것에 비해 프로그램 실행 속도가 빠르다. 멀티코어에서의 명시적 멀티스레드 병렬 프로그래밍과 공유 메인 메모리를 사용하는 다른 유형의 병렬 시스템은 12장에서 살펴본다.

5.9.3 예시 프로세서

오늘날 프로세서는 ILP, 하드웨어 멀티스레딩, 멀티코어 기술을 조합해 만들어진다. 사실, 멀티코어가 아닌 프로세서를 찾는 것이 오히려 어렵다. 데스크톱 클래스 프로세서는 전형적으로 코어가 2~8개 있고 대부분 저수준의 코어별 멀티스레딩을 지원한다. 예를 들어 AMD Zen 멀티코어 프로세서[27]와 인텔의 하이퍼스레드 멀티코어 Xeon 프로세서와 Core 프로세서[28]는 모두 코어당 하드웨어 스레드 두 개를 지원한다. 인텔의 하이퍼스레드 코어는 간섭된 멀티스레딩을 구현한다. 그러므로 각 코어 자체의 IPC 값은 1이지만, 칩마다 여러 CPU 코어가 있어 프로세서 자체의 IPC 값은 더 크다.

서버나 슈퍼 컴퓨터 같은 하이엔드 시스템을 위해 설계된 프로세서는 코어가 많으며, 각 코어는 높은 수준의 멀티스레딩을 지원한다. 예를 들어 하이엔드 서버에서 사용되는 오라클의 SPARC M7 프로세서[29]는 코어가 32개다. 각 코어는 8개의 하드웨어 스레드를 가지고 있으며, 동시에 2개의 스레드를 실행할 수 있어 프로세서의 최대 IPC 값은 64가 된다. IBM의 Power 9 프로세서는 칩당 최대 24개의 코어가 있으며, 각 코어는 최대 8웨이 동시 멀티스레딩을 지원한다. 24코어 버전의 Power 9 프로세서의 최대 IPC 값은 192다.

5.10 정리

프로그램을 실행하는 방법을 이해하기 위해 프로세서(CPU) 설계와 구현을 중점으로 컴퓨터 아키텍처를 살펴봤다. 오늘날 현대 프로세서는 폰 노이만 아키텍처에 기반하며, 폰 노이만 아키텍처는 내장 프로그램, 범용 컴퓨터를 정의한다. 폰 노이만 아키텍처의 범용적 설계를 사용하면 모든 유형의 프로그램을 실행할 수 있다.

CPU가 프로그램 명령을 실행하는 방법을 이해하기 위해 예시 CPU를 만들었다. 기본 논리 게이트 빌딩 블록에서 시작해 이들을 조합해 회로를 만들고, 회로를 조합해 디지털 프로세서를 구현했다. 디지털 프로세서의 기능은 제어, 저장, 산술/논리 회로를 조합해 구현하며, 클럭 회

---

27 https://www.amd.com/en/technologies/zen-core
28 https://www.intel.com/content/www/us/en/architecture-and-technology/hyper-threading-technology.html
29 https://web.archive.org/web/20190819165804
   http://www.oracle.com/us/products/servers-storage/sparc-m7-processor-ds-2687041.pdf

로는 프로그램 명령 실행 시 Fetch, Decode, Execute, WriteBack 단계를 수행한다.

모든 프로세서 아키텍처는 명령 셋 아키텍처(ISA)를 구현한다. ISA는 CPU 명령 셋, CPU 레지스터 셋, 프로세서 상태에 관한 명령 실행의 영향을 정의한다. ISA의 종류는 매우 다양하며, ISA에 따라 다양한 형태로 마이크로프로세서가 구현된다. 오늘날 마이크로프로세서는 파이프라인 실행, 명령 수준 병렬화, 멀티코어 설계 등 다양한 기법으로 프로세서 성능을 개선한다.

컴퓨터 아키텍처에 관한 상세한 정보를 알고 싶다면, 컴퓨터 아키텍처 교재를 읽어볼 것을 권한다.[30]

---

[30] David A. Patterson and John L. Hennessy, Computer Organization and Design: The Hardware and Software Interface, Morgan Kaufmann, 2010.

III

어셈블리 프로그래밍

6장부터 10장까지는 어셈블리 언어의 기본 산술 표현식부터 함수, 스택, 배열 및 구조체 액세스까지 C를 어셈블리 코드로 변환하는 방법을 다룬다. 어셈블리 언어는 프로그래머가 1과 0을 직접 사용하지 않고 기계 수준에 가장 가깝게 코드를 작성하고 사람이 읽을 수 있는 기계 코드다. 효율적인 어셈블리 코드를 작성하려면, 프로그래머는 근간을 이루는 기계 아키텍처 동작을 구석구석 이해해야 한다.

Part III

어셈블리 프로그래밍

## CHAPTER 6

C 아래로: 어셈블리에 뛰어들기

컴퓨팅 초기 시대에 컴파일러가 발명되기 이전에는 많은 프로그래머가 **어셈블리 언어**^{assembly} _{language}로 코드를 작성해 컴퓨터가 실행 과정에서 수행할 명령 셋을 직접 지정했다. 어셈블리 언어는 프로그래머가 1과 0을 직접 사용하지 않고 기계 수준에 가장 가깝게 코드를 작성하고 사람이 읽을 수 있는 **기계 코드**^{machine code}다. 효율적인 어셈블리 코드를 작성하려면, 프로그래머는 근간을 이루는 기계 아키텍처 동작을 구석구석 이해해야 한다

컴파일러가 개발되면서 프로그래머가 코드를 작성하는 방법은 완전히 바뀌었다. **컴파일러**가 사람이 읽을 수 있는 프로그래밍 언어(대개 영어로 작성됨)를 컴퓨터가 이해할 수 있는 언어(예, 기계어)로 번역하게 된 것이다. 컴파일러는 해당 프로그래밍 언어의 규칙, 운영 체제의 명세, 기계의 명령 셋을 사용해 사람이 읽을 수 있는 코드를 기계가 읽을 수 있는 코드로 변환하고 그 과정에서 일부 오류를 발견하고 타입까지 확인한다. 대부분의 현대 컴파일러는 손으로 작성하는 예스터이어^{yesteryear} 어셈블리 코드만큼 효율적인 어셈블리 코드를 생성한다.

6.1 어셈블리 학습의 이점

컴파일러를 사용해 얻을 수 있는 이점을 생각해보면 어셈블리를 배울 이유가 모호해질 수도 있다. 하지만 어셈블리 코드를 학습하고 이해해야 하는 타당한 이유가 있다. 그 이유를 알아보자.

6.1.1 가치 있는 프로그램의 세부 사항을 감추는 고수준의 추상화

고수준 프로그래밍 언어는 추상화abstraction로 프로그래밍의 복잡성을 줄인다. 덕분에 프로그래머는 자신의 선택에 따른 영향을 기계 수준에서 이해하지 못한 상태에서도 의사 결정을 할 수있다. 그러나 어셈블리에 관한 지식이 부족하면 프로그램 실행에 대한 알찬 정보를 얻지 못하고, 자신이 작성한 코드가 실제로 하는 일도 부분적으로만 이해하게 된다.

예시로 다음 프로그램을 살펴보자.

```c
#include <stdio.h>

int adder() {
    int a;
    return a + 2;
}

int assign() {
    int y = 40;
    return y;
}

int main() {
    int x;
    assign();
    x = adder();
    printf("x is: %d\n", x);
    return 0;
}
```

이 프로그램은 무엇을 출력하는가? 얼핏 보기에 **assign** 함수는 아무것도 하지 않은 듯 보인다. 이 함수의 반환값이 main 함수의 어느 변수에도 저장되지 않기 때문이다. adder 함수는 a
+ 2 값을 반환하지만 변수 a가 초기화되지 않는다(단, 일부 머신에서는 컴파일러가 a를 0으로초기화한다). x를 출력하면 그 결과는 정의되지 않은undefined 값이 돼야 한다. 그렇지만 대부분의 64비트 머신에서 이 프로그램을 컴파일하고 실행하면 답은 42가 된다.

```
$ gcc -o example example.c
$ ./example
x is: 42
```

이 프로그램의 출력값은 얼핏 이해할 수 없어 보인다. 왜냐하면 adder 함수와 assign 함수가 분리된 것처럼 보이기 때문이다. 스택 프레임과 함수가 실행하는 방법을 이해한다면, 왜 답이 42인지 알 수 있다. 이 예시는 이어지는 장들에서 다시 살펴보겠다.

6.1.2 리소스가 제한돼 컴파일러를 사용할 수 없는 컴퓨팅 시스템

우리 주변에 가장 흔한 '컴퓨터'는 컴퓨터로 인식받지 못하고 있다. 자동차, 커피 메이커, 식기 세척기, 스마트 워치에 이르기까지 삶의 전 영역에 존재한다. 센서, 마이크로컨트롤러, 기타 임베디드 프로세서는 우리 일상을 갈수록 더 많이 점유하며 기기를 작동할 소프트웨어를 요구한다. 그러나 이런 기기에 탑재된 프로세서는 대부분 매우 작아 고수준 프로그래밍 언어로 작성된 코드를 컴파일하지 못한다. 많은 경우, 이런 기기에는 일반적인 프로그래밍 언어에 요구되는 런타임 라이브러리에 의존하지 않는 독립된 어셈블리 프로그램이 필요하다.

6.1.3 취약점 분석

일부 보안 전문가들은 컴퓨터 시스템에 존재하는 다양한 유형의 취약성을 식별하기 위해 노력한다. 프로그램을 공격하는 많은 방법이 프로그램이 런타임 정보를 저장하는 방식을 노린다. 보안 전문가들은 어셈블리를 학습함으로써 취약성이 어떻게 생기고 어떻게 악용될 수 있는지 이해할 수 있다.

다른 보안 전문가들은 멀웨어malware나 여타 위험한 소프트웨어에 있는 위험한 코드를 '역엔지니어링reverse engineering'하는 데 주력한다. 이런 소프트웨어 엔지니어에게 어셈블리에 관한 실무 지식은 공격으로부터 시스템을 보호하기 위한 대비책을 빠르게 개발하는 데 필수다. 마지막으로, 자신이 작성한 코드가 어셈블리로 변환되는 방법을 이해하지 못하는 개발자는 의도치 않게 취약한 코드를 작성하고 만다.

6.1.4 시스템 수준 소프트웨어에서 중요한 코드 순서

마지막으로 컴퓨터 시스템의 일부 컴포넌트는 컴파일러에 의해 충분하게 최적화될 수 없으며 이를 위해서는 직접 어셈블리를 작성해야 한다. 일부 시스템 레벨에서 성능상 머신 전용 최적화가 필요한 곳에는 어셈블리 코드를 직접 작성한다. 한 예로 모든 컴퓨터의 부트 시퀀스boot sequence는 어셈블리 코드로 작성한다. 운영 체제는 스레드나 프로세스 컨텍스트 스위칭을 위해 어셈블리 코드를 직접 작성한다. 사람은 길이가 짧고 성능에 중요한 순서들에 관해서는 컴파일러가 만드는 것보다 훨씬 최적화된 어셈블리 코드를 직접 작성할 수 있다.

6.2 후속 장들에서 학습할 내용

이어지는 장에서는 어셈블리를 다룬다. 7장에서 x86-64 어셈블리를 소개한다. x86-64의 전신인 IA32와 ARMv8-A 어셈블리는 8장과 9장에서 살펴본다. ISA는 라즈베리 파이Raspberry Pi 같은 단일 보드 컴퓨터와 대부분의 현대 ARM 머신에서 볼 수 있다. 10장에서는 어셈블리에 대해 배운 내용을 요약하고 핵심을 간추려 정리한다.

각각의 어셈블리 유형은 서로 다른 명령 셋 아키텍처(ISA)를 구현한다. ISA(5장 참조)가 명령 셋과 그 바이너리 인코딩, CPU 레지스터 셋, CPU와 메모리의 상태에 대한 명령 실행 효과 등을 정의한다는 점을 다시 한번 상기하자.

ISA는 일반적인 유사점을 지니고 있다. CPU 레지스터가 많은 명령의 피연산자로 사용되고, 각 ISA가 유사한 명령 유형을 제공한다. 7장과 8장, 9장을 비교하면 각 ISA의 유사점을 쉽게 파악할 수 있다.

- 덧셈 혹은 비트와이즈 AND 등 산술 및 논리 연산을 위한 계산 명령
- if-else, 반복문, 함수 호출과 반환 같은 분기를 구현하는 데 사용되는 흐름 제어 명령
- CPU 레지스터와 메모리 사이에서 값을 읽고 저장하는 데이터 이동 명령 레지스터
- 값을 스택에서 꺼내고 스택에 넣는 명령. 이 명령은 콜 스택call stack을 구현하는 데 사용된다. 콜 스택에서는 함수를 호출할 때 스택 메모리(실행 중인 함수의 지역 변수와 매개변수를 저장하는 영역)의 새로운 프레임이 스택의 맨 위에 추가되고, 함수를 반환할 때 스택의 맨 위에 있는 프레임이 제거된다.

C 컴파일러는 C 소스 코드를 특정한 ISA 명령 셋으로 변환한다. 컴파일러는 반복문, if-else, 함수 호출 등을 포함한 C 구문을 ISA에 정의된, 해당 ISA에 따른 명령을 실행하도록 설계된 CPU에 의해 구현된 특정한 명령 셋으로 변환한다. 예를 들어 컴파일러는 C 소스 코드를 인텔 x86 프로세서에서 실행되도록 x86 명령으로 변환하고, ARM 프로세서에서 실행되도록 ARM 명령으로 변환한다.

7장부터 9장까지는 내용과 설명이 중복되며 세부사항에만 차이가 있다. 그렇기에 8장과 9장은 온라인에서 별도로 제공한다. 각 장의 내용은 대부분 고유하지만 각 장에 나타난 공통점을 통해 서로 다른 어셈블리의 유사점을 알게 될 것이다.

그럼, 바로 어셈블리 세계로 들어가보자!

## CHAPTER 7

64비트 X86 어셈블리(X86-64)

이번 장에서는 인텔 아키텍처 64비트(x86-64) 명령 셋 아키텍처(ISA)에 관해 다룬다. 명령 셋 아키텍처는 기계 수준 프로그램의 명령 셋과 바이너리 인코딩을 정의한다는 점을 상기하자(5 장 참조). 이 장의 예시를 실행하려면 64비트 x86 프로세서가 장착된 기기가 필요하다. 'x86' 이라는 용어는 IA-32 아키텍처의 동의어로 자주 사용된다. 이 아키텍처의 64비트 확장은 x86-64(또는 x64)라 불리며 대부분의 현대 컴퓨터에 내장됐다. IA32와 x86-64는 모두 x86 아키텍처군에 속한다.

리눅스 머신에 64비트 인텔 프로세서가 장착됐는지 확인하려면, uname -p 명령을 실행한다. x86-64 시스템인 경우 다음과 같이 출력된다.

```
$ uname -p
x86_64
```

x86-64가 이보다 작은 IA32 ISA를 확장한 것이므로 IA32 사용을 선호하는 경우도 있다. IA32의 자세한 내용은 온라인으로 제공하는 8장을 참조한다.

x86 아키텍처는 전형적으로 상이한 구문 분기syntax branch 두 개 중 하나를 따른다. 유닉스 머신은 공통적으로 AT&T 문법을 따른다. 유닉스는 AT&T의 벨 연구소에서 개발됐고, 이에 해당하는 어셈블러가 GNU 어셈블러GNU Assembler(GAS)다. 이 책의 예시 대부분에서 GCC를 사용하므로 이 장에서는 AT&T 문법을 살펴본다. 윈도우 머신은 마이크로소프트의 매크로 어셈블러Macro Assembler(MASM)가 사용하는 인텔 문법을 보편적으로 따른다. 넷와이드 어셈블러Netwide Assembler(NASM)는 인텔 문법을 사용하는 리눅스 어셈블러 중 하나다. 두 문법의 우열을 다투는 논의가 끊이지 않고 계속된바 이 논의를 컴퓨터 공학에서는 소위 '성전holy wars'으로 일컫는다. 하지만 프로그래머라면 두 문법 모두에 익숙해지는 것이 바람직하다. 다양한 상황에서 두 문법을 접하기 때문이다.

7.1 어셈블리 살펴보기: 기본

먼저 x64 어셈블리를 살펴보기 위해 6장에서 소개한 adder 함수의 동작을 단순하게 수정한다. 다음 코드는 수정된 함수(adder2)다.

```c
#include <stdio.h>

// 2를 정수에 더한 뒤, 그 결과를 반환한다.
int adder2(int a) {
    return a + 2;
}

int main(){
    int x = 40;
    x = adder2(x);
    printf("x is: %d\n", x);
    return 0;
}
```

다음 명령어를 실행해 이 코드를 컴파일한다.

```
$ gcc -o adder adder.c
```

이제 objdump 명령어를 사용해 이 코드의 어셈블리 버전을 확인해보자.

```
$ objdump -d adder > output
$ less output
```

/adder2를 입력하면 adder2와 관련된 코드를 확인할 수 있고, less를 사용하면 출력된 파일의 내용을 확인할 수 있다. adder2와 관련된 섹션은 다음과 같이 나타난다.

```
0000000000400526 <adder2>:
  400526:      55                    push   %rbp
  400527:      48 89 e5              mov    %rsp,%rbp
  40052a:      89 7d fc              mov    %edi,-0x4(%rbp)
  40052d:      8b 45 fc              mov    -0x4(%rbp),%eax
  400530:      83 c0 02              add    $0x2,%eax
  400533:      5d                    pop    %rbp
  400534:      c3                    retq
```

지금 당장은 내용을 이해하지 못해도 좋다. 이후 절에서 어셈블리에 관해 자세하게 살펴본다. 먼저 각 명령의 구조를 살펴보자.

앞의 예시에서 각 줄에는 프로그램 메모리에서 1개 명령의 64비트 주소, 명령에 해당하는 바이트, 명령 자체의 텍스트 표현이 있다. 예를 들어 55는 push %rbp 명령에 해당하는 기계 코드 표현이며 프로그램 메모리의 0x400526 주소에 존재한다. 0x400526은 push %rbp 명령과 관련된 전체 64비트 주소를 약식으로 나타낸 것임에 주의한다. 가독성을 위해 앞에 붙은 0은 제거했다.

한 줄의 C 코드는 종종 어셈블리에서 여러 명령으로 변환된다는 점을 기억해야 한다. a + 2 연산은 mov -0x4(%rbp),%eax와 add $0x2,%eax라는 두 명령으로 표현된다.

7.1.1 레지스터

레지스터는 CPU에 위치한 워드 크기의 저장 장치임을 기억하자. 레지스터는 데이터, 명령, 주소용으로 구분될 수 있다. 예를 들어 인텔 CPU에는 64비트 데이터를 저장하는 레지스터가 16개(%rax, %rbx, %rcx, %rdx, %rdi, %rsi, %rsp, %rbp, %r8 ~ %r15) 있다. 모든 레지스터는 범용 64비트 데이터용으로 %rsp와 %rbp를 예비로 남겨둔다. 프로그램은 레지스터의 내용을 정수나 주소로 해석하지만, 사실 레지스터 자체에는 구분이 없다. 프로그램은 레지스터 16개 모두에서 읽고 쓰기를 할 수 있다.

%rsp와 %rbp는 각각 **스택 포인터**stack pointer와 **프레임 포인터**frame pointer(또는 **베이스 포인터**base pointer)로 알려져있다. 컴파일러는 프로그램 스택의 레이아웃을 유지하는 연산을 위해 이 레지스터를 예약해둔다. 예를 들어 %rsp 레지스터는 항상 스택의 맨 위를 가리킨다. 초기 x86 시스템(예, IA32)에서 프레임 포인터는 활성화된 스택 프레임의 베이스를 추적하면서 매개변수 참조를 보조했다. 그러나 x86-64 시스템에서는 베이스 포인터를 잘 사용하지 않는다. 컴파일러는 전형적으로 첫 6개 매개변수를 %rdi, %rsi, %rdx, %rcx, %r8, %r9 레지스터에 각각 저장한다. %rax 레지스터는 함수의 반환값을 저장한다.

마지막으로 언급할 레지스터는 %rip, **명령 포인터**instruction pointer 혹은 종종 **프로그램 카운터**program counter(PC)로 불린다. 이 레지스터는 CPU가 실행할 다음 명령을 가리킨다. 앞에서 언급된 레지스터 16개와 달리, %rip 레지스터에는 프로그램이 직접 값을 쓸 수 없다.

7.1.2 고급 레지스터 표기

x86-64는 32비트 x86 아키텍처(32비트 아키텍처 자체도 이전의 16비트 버전의 확장)를 확장한 것이므로, ISA는 각 레지스터의 하위 32비트, 하위 16비트, 마지막 바이트에 직접 접근할 수 있는 메커니즘을 제공한다. [표 7-1]은 레지스터 16개와 레지스터의 하위 바이트에 접근하기 위해 사용할 수 있는 ISA 표기를 나타낸다.

표 7-1 x86-64 레지스터 및 하위 바이트 접근 메커니즘

64비트 레지스터	32비트 레지스터	하위 16비트	하위 8비트
%rax	%eax	%ax	%al
%rbx	%ebx	%bx	%bl
%rcx	%ecx	%cx	%cl
%rdx	%edx	%dx	%dl
%rdi	%edi	%di	%dil
%rsi	%esi	%si	%sil
%rsp	%esp	%sp	%spl
%rbp	%ebp	%bp	%bpl
%r8	%r8d	%r8w	%r8b
%r9	%r9d	%r9w	%r9b
%r10	%r10d	%r10w	%r10b
%r11	%r11d	%r11w	%r11b
%r12	%r12d	%r12w	%r12b
%r13	%r13d	%r13w	%r13b
%r14	%r14d	%r14w	%r14b
%r15	%r15d	%r15w	%r15b

첫 8개 레지스터(%rax, %rbx, %rcx, %rdx, %rdi, %rsi, %rsp, %rbp)는 x86의 32비트 레지스터를 확장한 것이며, 하위 32비트, 하위 16비트, 마지막 바이트에 접근하는 공통 메커니즘을 가진다. 첫 8개 레지스터의 하위 32비트에 접근할 때는 단순하게 레지스터 이름의 **r**을 **e**로 바꿔 쓰면 된다. 따라서 레지스터 %rax의 하위 32비트는 레지스터 %eax가 된다. 8개 레지스터의 하위 16비트에 접근할 때는 각 레지스터 이름의 끝에 있는 두 글자를 참조하면 된다. 그래서 레지스터 %rax의 마지막 2바이트는 %ax를 사용해 참조한다.

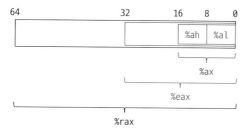

그림 7-1 레지스터 %rax의 서브셋을 참조하는 이름

ISA는 앞에서 소개한 레지스터 중 첫 4개 레지스터의 하위 16비트의 8비트 컴포넌트에 접근하는 별도의 메커니즘을 제공한다. [그림 7-1]은 레지스터 **%rax**에 대한 접근 메커니즘을 나타낸다. 첫 4개 레지스터의 하위 16비트 중에서 상위 1바이트와 하위 1바이트에 접근할 때는 레지스터 이름의 맨 뒤 두 글자에서 마지막 글자를 위치에 따라 h(**상위**higher) 또는 l(**하위**lower)로 바꾸면 된다. 예를 들어 **%al**은 레지스터 **%ax**의 하위 8비트를 참조하고, **%ah**는 레지스터 **%ax**의 상위 8비트를 참조한다. 마지막 8비트 레지스터는 공통적으로 1바이트 값을 저장하는데, 이 값은 비트와이즈 시프트 같은 특정 연산에 사용된다(32비트 레지스터는 32자리 이상 이동할 수 없으며, 1바이트면 32라는 숫자를 충분히 표현할 수 있다).

WARNING_ 컴파일러는 타입에 따라 컴포넌트 레지스터를 선택하기도 한다

어셈블리 코드를 읽는 경우, 컴파일러는 64비트 값(예. 포인터 또는 long 타입)을 다룰 때는 64비트 레지스터를, 32비트 타입(예. int)을 다룰 때는 32비트 컴포넌트 레지스터를 전형적으로 사용한다는 것을 알아두자. x86-64에서는 32비트 컴포넌트 레지스터와 64비트 레지스터를 같은 것으로 보는 것이 매우 보편적이다. 이를테면 앞 예시의 adder2 함수에서는 컴파일러가 **%rax** 대신 컴포넌트 레지스터 **%eax**를 참조했다. 왜냐하면 int 타입이 전형적으로 64비트 시스템 공간의 32비트(4 바이트)를 차지하기 때문이다. 만약 adder2 함수가 int 대신 long 매개변수를 받았다면, 컴파일러는 a를 레지스터 **%eax**가 아니라 레지스터 **%rax**에 저장한다.

마지막 8개 레지스터(**%r8~%r15**)는 IA32 ISA에 속하지 않는다. 그러나 이들에게도 다른 바이트 컴포넌트에 접근할 수 있는 메커니즘이 있다. 마지막 8개 레지스터의 하위 32비트, 하위 16비트, 마지막 1바이트에 접근할 때는 레지스터 이름 끝에 각각 d, w, b를 붙인다. 그래서 **%r9d**는 레지스터 **%r9**의 하위 32비트, **%r9w**는 하위 16비트, **%r9b**는 마지막 1바이트에 접근한다.

7.1.3 명령 구조

각 명령은 무엇을 해야 할지 지정하는 하나의 연산 코드(또는 **opcode**)와 연산 방법을 지정하는 하나 이상의 **피연산자**[operand]로 구성된다. 가령 명령 add $0x2,%eax는 opcode add와 피연산자 $0x2와 %eax로 구성된다.

각 피연산자는 특정 운영을 위한 소스나 대상 위치에 해당한다. 피연산자가 2개 있는 명령은 전형적으로 소스, 대상(S, D) 형식을 따르는데, 첫 피연산자가 소스 레지스터, 그다음 연산자가 대상 레지스터가 된다.

피연산자의 종류는 다양하다.

- **상수(리터럴)** 값 앞에는 $ 기호를 붙인다. 예를 들어 명령 add $0x2,%eax에서 $0x2는 리터럴 값으로 16진수 0x2에 해당한다.
- **레지스터**는 개별 레지스터에 대한 참조를 형성한다. 따라서 명령 mov %rsp,%rbp는 소스 레지스터(%rsp)의 값이 대상 레지스터 위치(%rbp)에 복사돼야 함을 나타낸다.
- **메모리**는 메인 메모리(RAM) 안에 있는 값의 일부를 형성하며, 대개 주소 룩업에 사용된다. 메모리 주소는 레지스터와 상숫값이 조합된 형태가 된다. 예를 들어 명령 mov -0x4(%rbp),%eax에서 피연산자 -0x4(%rbp)는 메모리 형태의 예시다. 이 명령은 대략적으로 "-0x4를 레지스터 %rbp의 값에 더하고(즉, 0x4를 %rbp에서 뺀다), 메모리 룩업을 수행하라"로 해석된다. 만약 포인터 역참조가 떠올랐다면 제대로 추측한 게 맞다.

7.1.4 피연산자가 포함된 예시

간단한 예를 들어 피연산자를 설명한다. 메모리에 다음 값이 담겼다고 가정하겠다.

주소	값
0x804	0xCA
0x808	0xFD
0x80c	0x12
0x810	0x1E

이어진 레지스터에는 다음 값이 있다고 가정한다.

레지스터	값
%rax	0x804
%rbx	0x10
%rcx	0x4
%rdx	0x1

그리고 [표 7-2]의 피연산자들이 나타내는 다음 값을 평가한다. 표의 각 행은 피연산자와 그 형태(즉, 상수, 레지스터, 메모리), 해석 방법, 실제 값을 나타낸다. 이 컨텍스트에서 M[x] 표기는 주소 x에 의해 지정된 메모리 위치의 값을 나타낸다.

표 7-2 피연산자 예

피연산자	형태	해석	값
%rcx	레지스터	%rcx	0x4
(%rax)	메모리	M[%rax] 또는 M[0x804]	0xCA
$0x808	상수	0x808	0x808
0x808	메모리	M[0x808]	0xFD
0x8(%rax)	메모리	M[%rax + 8] 또는 M[0x80c]	0x12
(%rax, %rcx)	메모리	M[%rax + %rcx] 또는 M[0x808]	0xFD
0x4(%rax, %rcx)	메모리	M[%rax + %rcx + 4] 또는 M[0x80c]	0x12
0x800(,%rdx,4)	메모리	M[0x800 + %rdx×4] 또는 M[0x804]	0xCA
(%rax, %rdx, 8)	메모리	M[%rax + %rdx × 8] 또는 M[0x80c]	0x12

[표 7-2]에서 **%rcx**는 레지스터 **%rcx**에 저장된 값을 나타낸다. 대조적으로, M[**%rax**]는 레지스터 **%rax**의 값을 주소로 취급해야 함을 의미하며, 해당 주소의 값을 참조 해제(룩업)해야 한다. 그러므로 피연산자 (**%rax**)는 M[**0x804**]와 일치하고, 0xCA 값과도 일치한다.

다음 내용을 진행하기 전에 몇 가지 중요한 점을 짚고 넘어가자. [표 7-2]가 다양한 유효 피연산자 형태를 보여주기는 하나, 모든 피연산자를 모든 상황에서 바꿔 사용할 수 있는 것은 아니다. 구체적으로 알아보자.

- 상수 형태는 대상 피연산자로 사용할 수 없다.
- 메모리 형태는 단일 명령에서의 소스 및 대상 피연산자로 사용할 수 없다.

- 스케일링 연산자(표 7-2의 마지막 두 피연산자)인 경우 괄호 안의 세 번째 매개변수는 스케일링 상수다. 스케일링 상수는 1, 2, 3, 8 중 하나다.

[표 7-2]는 참조용으로 제공했다. 하지만 핵심 피연산자의 형태를 이해하면 어셈블리 언어를 해석하는 속도가 빨라진다.

7.1.5 명령 접미사

이후 제시할 여러 예시에서 많은 산술 연산에 접미사suffix가 붙는다. 접미사는 코드 수준에서 처리되는 데이터의 크기size(타입의 영향을 받음)를 의미한다. 컴파일러는 자동으로 적절한 접미사와 함께 코드를 명령으로 변환한다. [표 7-3]은 x86-64 명령에 주로 사용하는 접미사를 나타낸다.

표 7-3 명령 접미사 예

접미사	C 타입	크기(바이트)
b	char	1
w	short	2
l	int 또는 unsigned	4
s	float	4
q	long, unsigned long, 포인터 전체	8
d	double	8

조건부 실행과 관련된 명령은 평가된 조건에 따라 접미사가 달라진다. 조건부 실행과 관련된 명령은 '7.4 조건부 제어와 반복문'에서 살펴본다.

7.2 흔히 사용하는 명령

이 절에서는 흔히 사용하는 어셈블리 명령을 살펴본다. x86(및 x64) 어셈블리에서 가장 기본적인 명령은 [표 7-4]와 같다.

표 **7-4** 흔히 사용하는 명령

명령	해석	
mov S,D	S → D	(S의 값을 D에 복사한다)
add S,D	S + D → D	(S와 D를 더한 결괏값을 D에 저장한다)
sub S,D	D - S → D	(S를 D에서 뺀 결괏값을 D에 저장한다)

다음과 같은 명령이 있다고 하자.

```
mov    -0x4(%rbp),%eax
add    $0x2,%eax
```

이 명령은 다음과 같이 해석할 수 있다.

- 메모리의 %rbp + -0x4(또는 M[%rbp - 0x4]) 위치의 값을 레지스터 %eax로 복사한다.
- 0x2 값을 레지스터 %eax에 더한 뒤, 그 결과를 레지스터 %eax에 저장한다.

[표 7-4]의 세 명령은 프로그램 스택(즉, **콜 스택**)의 구조를 유지하는 명령을 위한 빌딩 블록이다. 레지스터 **%rbp**와 **%rsp**가 각각 **프레임** 포인터와 **스택** 포인터를 참조하며, 콜 스택 관리를 위해 컴파일러에 의해 예약됨을 상기하자. 앞서 '2.1 프로그램 메모리와 범위'에서 프로그램 메모리에 관해 논의했다. 콜 스택은 전형적으로 지역 변수와 매개변수를 저장함으로써, 프로그램이 그 실행을 추적하도록 돕는다(그림 7-2). x86-64 시스템에서 실행 스택은 낮은 주소 쪽으로 늘어난다. 모든 스택 데이터 구조와 마찬가지로, 연산은 스택의 '맨 위'에서 수행된다.

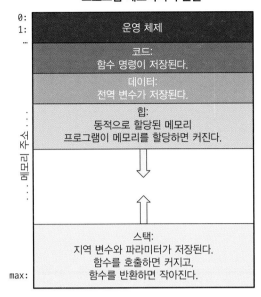

프로그램 메모리의 부분들

0: 1: ...	**운영 체제**
	코드: 함수 명령이 저장된다.
	데이터: 전역 변수가 저장된다.
	힙: 동적으로 할당된 메모리 프로그램이 메모리를 할당하면 커진다.
	⇓
	⇑
max:	**스택:** 지역 변수와 파라미터가 저장된다. 함수를 호출하면 커지고, 함수를 반환하면 작아진다.

그림 7-2 프로그램의 주소 공간 부분들

x86-64 ISA는 두 명령(표 7-5)을 사용해 콜 스택 관리를 단순화한다.

표 7-5 스택 관리 명령

명령	해석
push S	S의 복사본을 스택의 맨 위에 넣는다.
	sub $0x8,%rsp
	mov S,(%rsp)
pop D	스택의 맨 위 요소를 꺼내 D 위치에 넣는다.
	mov (%rsp),D
	add $0x8,%rsp

[표 7-4]의 명령에는 피연산자가 두 개 있지만, push와 pop 명령은 [표 7-5]와 같이 피연산자가 하나다.

7.2.1 한층 구체적인 예시

adder2 함수를 다시 살펴보자.

```
// 2를 정수에 더한 뒤, 결괏값을 반환한다.
int adder2(int a) {
    return a + 2;
}
```

이는 다음 어셈블리 코드와 같다.

```
0000000000400526 <adder2>:
  400526:    55             push    %rbp
  400527:    48 89 e5       mov     %rsp,%rbp
  40052a:    89 7d fc       mov     %edi,-0x4(%rbp)
  40052d:    8b 45 fc       mov     -0x4(%rbp),%eax
  400530:    83 c0 02       add     $0x2,%eax
  400533:    5d             pop     %rbp
  400534:    c3             retq
```

이 어셈블리 코드는 push 명령, mov 명령 3개, add 명령 1개, pop 명령 1개, 마지막으로 retq 명령 1개로 구성된다. CPU가 이 명령 셋을 실행하는 방법을 이해하려면 프로그램 메모리의 구조를 다시 살펴봐야 한다('2.1 프로그램 메모리와 범위' 참조). 프로그램을 실행할 때마다, 운영 체제는 새로운 프로그램의 주소 공간(**가상 메모리**)을 할당한다는 점을 상기하자. 가상 메모리 및 그와 관련된 프로세스의 개념은 11장에서 자세하게 다룬다. 지금은 프로세스를 실행 중인 프로그램, 가상 메모리를 하나의 프로세스에 할당된 메모리라고 생각하는 것으로 충분하다. 모든 프로세스에는 콜 스택이라는 고유의 메모리 영역이 있다. **콜 스택**은 레지스터(CPU 안에 위치한)가 아닌 프로세스/가상 메모리 안에 위치한다.

[그림 7-3]은 adder2 함수가 실행되기 전의 콜 스택과 레지스터의 상태 예시다.

```
0x526   push  %rbp
0x527   mov   %rsp, %rbp
0x52a   mov   %edi, -0x4(%rbp)
0x52d   mov   -0x4(%rbp), %eax
0x530   add   $0x2, %eax
0x533   pop   %rbp
0x534   retq
```

레지스터	
%eax	0x123
%edi	0x28
%rsp	0xd28
%rbp	0xd40
%rip	0x526

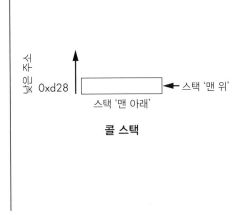

콜 스택

그림 7-3 실행 전 실행 스택

스택은 낮은 주소 방향으로 커진다. 레지스터 %eax에는 쓸모없는 값이 들어있다. adder2 함수의 단일 매개변수(a)는 관습적으로 레지스터 %rdi에 저장된다. a는 int 타입이므로 컴포넌트 레지스터 %edi에 저장된다(그림 7-3). 마찬가지로 adder2 함수는 int를 반환하며, 이 값은 %rax가 아닌 %eax에 저장된다.

프로그램 메모리의 코드 세그먼트의 명령과 관련된 주소들(0x400526~0x400534)은 가독성을 높이기 위해 0x526~0x534로 나타냈다. 마찬가지로 프로그램 메모리의 콜 스택 세그먼트와 관련된 주소들(0x7fffffffdd28~0x7fffffffdd1c)은 0xd28~0xd1c로 나타냈다. 사실, 콜 스택 주소는 코드 세그먼트 주소보다 프로그램 메모리의 훨씬 더 큰 주소 영역에 나타난다.

레지스터 %rsp와 %rbp의 초깃값(각각 0xd28과 0xd40)에 주목하자. 다음 그림에서 왼쪽 위 화살표는 현재 실행 중인 명령을 시각적으로 나타낸다. 레지스터 %rip(또는 명령 포인터)는 다음에 실행할 명령을 나타낸다. 맨 처음의 %rip는 주솟값이 0x526인데, 이는 adder2 함수의 첫 번째 명령 주솟값과 일치한다.

```
0x526    push  %rbp
0x527    mov   %rsp, %rbp
0x52a    mov   %edi, -0x4(%rbp)
0x52d    mov   -0x4(%rbp), %eax
0x530    add   $0x2, %eax
0x533    pop   %rbp
0x534    retq
```

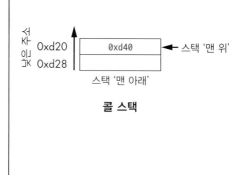

레지스터	
%eax	0x123
%edi	0x28
%rsp	**0xd20**
%rbp	0xd40
%rip	**0x527**

콜 스택

첫 번째 명령(push %rbp)은 스택 맨 위의 **%rbp** 값(또는 0xd40)에 값을 복사해 넣는다. 실행 후, 레지스터 **%rip**는 다음으로 실행할 명령의 주소로 바뀐다. push 명령은 스택 포인터의 값을 8만큼 감소시킨다(스택을 8바이트 '늘린다'). 레지스터 **%rsp**는 새로운 값 0xd20을 가진다. push **%rbp** 명령은 다음과 같다.

```
sub $8, %rsp
mov %rbp, (%rsp)
```

다시 말해, 스택 포인터에서 8을 빼고 **%rbp**의 값을 복사해 참조 해제 스택 포인터(**%rsp**)가 가리키는 위치에 넣는다.

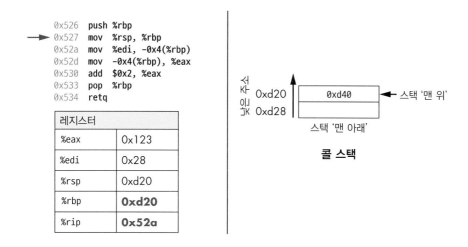

mov 명령은 mov S, D의 구조인데, S는 소스 위치이고 D는 대상 위치다. 따라서 다음 명령어
(mov %rsp, %rbp)는 %rbp의 값을 0xd20으로 업데이트한다. 레지스터 %rip는 다음에 실행할
명령 주소인 0x52a를 가진다.

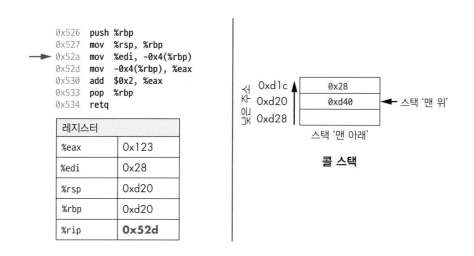

다음으로 mov %edi,-0x4(%rbp)가 실행된다. 이는 직전의 mov 명령에 비해 다소 복잡하다.
명령을 작게 나눠 확인해보자. 첫째, 모든 함수의 첫 번째 매개변수는 %rdi에 저장된다. a가
int 타입이므로, 컴파일러는 첫 번째 매개변수를 컴포넌트 레지스터 %edi에 저장한다. 둘째,
피연산자 -0x4(%rbp)는 M[%rbp - 0x4]로 해석된다. %rbp가 0xd20 값을 가지므로, 이 값에
서 4를 빼면 결괏값은 0xd1c가 된다. 그러므로 mov 명령은 레지스터 %edi의 값(또는 0x28)을

스택의 0xd1c 위치에 복사한다. 명령 포인터는 다음에 실행될 명령의 주소인 0x52d 값을 가진다.

0x28 값을 저장해도 스택 포인터(%rsp)에 영향을 미치지 않는다. 따라서 프로그램이 의도하지 않는 한 스택의 '맨 위'는 여전히 0xd20이다.

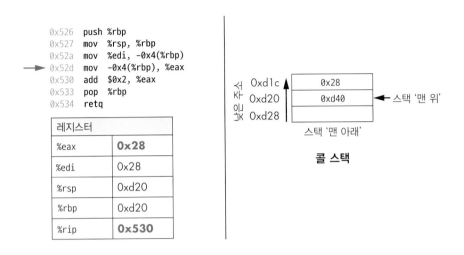

다음 mov 명령(mov -0x4(%rbp),%eax)은 스택 위치 0xd1c(즉, M[%rbp − 0x4] 또는 0x28)의 값을 복사해 레지스터 %eax에 저장한다. 레지스터 %rip는 다음에 실행할 명령인 0x530을 가리킨다.

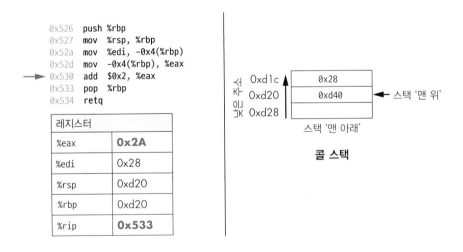

다음으로, add $0x2, %eax가 실행된다. add 명령은 add S, D의 형태를 띠며, S와 D를 더한 결괏값을 D에 저장한다. 그래서 add $0x2, %eax는 상숫값 0x2를 %eax에 저장된 값(또는 0x28)에 더한 뒤, 결괏값 0x2A를 레지스터 %eax에 저장한다. 레지스터 %rip는 다음에 실행할 명령(0x533)을 가리킨다.

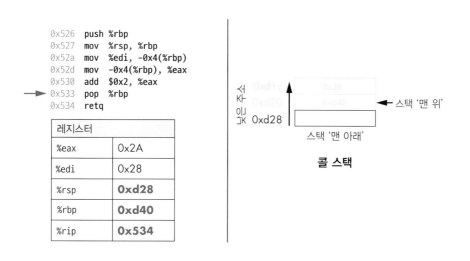

다음으로 pop %rbp 명령이 실행된다. 이 명령은 콜 스택 맨 위의 값을 '꺼내서' 대상 레지스터 %rbp에 넣는다. 이 명령은 다음 두 명령을 순서대로 실행한 것과 같다.

```
mov (%rsp), %rbp
add $8, %rsp
```

스택의 맨 위는 레지스터 %rsp에 저장된 값인 0xd20이다. 따라서 명령이 실행되면 (%rsp)의 값(즉, M[0xd20])은 레지스터 %rbp에 저장된다. 그러므로 %rbp의 값은 이제 0xd40이 된다. 스택이 낮은 주소 쪽으로 커지므로 스택 포인터는 8씩 증가한다(다시 말해 높은 주소 방향으로 감소한다). %rsp의 새 값은 0xd28이며, %rip는 마지막으로 실행한 명령의 주소를 가리킨다.

마지막으로 실행된 명령은 retq이다. retq에 관해서는 이후 함수 호출과 관련된 절에서 자세히 다룬다. 지금은 콜 스택이 함수로부터 반환하도록 준비시킨다는 점만 알아도 충분하다. 관습적으로 레지스터 %rax는 항상 반환값(존재한다면)을 가진다. 이 경우, adder2가 int 타입이므로 반환값은 컴포넌트 레지스터 %eax에 저장되고, 함수는 0x2A(혹은 42) 값을 반환한다.

다음 주제로 넘어가기 전에, 레지스터 **%rsp**와 **%rbp**의 최종값이 각각 **0xd28**과 **0xd40**임에 주목하자. 두 값은 **이 함수가 실행되기 시작했을 때의 값과 동일하다!** 콜 스택은 프로그램 컨텍스트에서 함수가 실행될 때 각 함수와 관련된 임시 변수와 데이터의 저장을 목적으로 한다. 함수 실행이 완료되면, 스택은 함수가 호출되기 직전의 상태를 반환한다. 따라서 대개 다음 두 명령을 함수 시작에서 볼 수 있다.

```
push %rbp
mov %rsp, %rbp
```

다음 두 명령은 함수의 끝에서 볼 수 있다.

```
pop %rbp
retq
```

7.3 산술 명령

x86 ISA는 ALU가 수행하는 산술 연산에 해당하는 여러 명령을 구현한다. [표 7–6]은 어셈블리를 읽을 때 볼 수 있는 여러 산술 명령이다.

표 7-6 흔히 사용하는 산술 명령

명령	해석
add S,D	$S + D \rightarrow D$
sub S,D	$D - S \rightarrow D$
inc D	$D + 1 \rightarrow D$
dec D	$D - 1 \rightarrow D$
neg D	$-D \rightarrow D$
imul S,D	$S \times D \rightarrow D$
idiv S	%rax / S: 몫 → %rax, 나머지 → %rdx

add와 sub 명령은 덧셈과 뺄셈에 해당하며 피연산자가 2개 있다. 다음 세 개 항은 C에서의 증가(x++), 감소(x--), 부정(-x) 연산 같은 단일 레지스터 명령이다. 곱셈 결과를 표현하는 데 64비트 이상이 필요한 경우 해당 값은 64비트에 맞춰 잘린다.

나눗셈 명령은 다소 다르게 동작한다. idiv 명령 실행에 앞서, 레지스터 %rax가 분자를 포함한다고 가정한다. 피연산자 S에 대해 idiv를 호출하면, %rax의 값을 S로 나눈 뒤 그 몫은 레지스터 %rax에, 나머지는 레지스터 %rdx에 저장한다.

7.3.1 비트 시프트 명령

컴파일러는 비트 시프트 명령으로 비트 시프트 연산을 수행한다. 곱셈과 나눗셈 명령은 전형적으로 실행하는 데 오랜 시간이 걸린다. 비트 시프트는 제수나 분모가 2의 제곱인 경우 컴파일러에 지름길을 제공한다. 예를 들어 77 * 4를 계산할 때, 대부분의 컴파일러는 이 연산을 77 << 2로 해석함으로써 imul 명령 사용을 피한다. 마찬가지로 77 / 4를 계산할 때도, 컴파일러는 이 연산을 77 >> 2로 해석함으로써 idiv 명령 사용을 피한다.

왼쪽 및 오른쪽 시프트는 산술 연산 시프트(부호 있는 연산)인지 아니면 논리 연산 시프트(부호 없는 연산)인지에 따라 다른 명령으로 해석된다는 점을 기억하자.

표 7-7 비트 시프트 명령

명령	해석	산술 연산 아니면 논리 연산?
sal v,D	D << v → D	산술 연산
shl v,D	D << v → D	논리 연산
sar v,D	D >> v → D	산술 연산
shr v,D	D >> v → D	논리 연산

모든 시프트 명령은 피연산자가 두 개다. 첫 번째 피연산자는 대개 레지스터(D로 표기), 두 번째 연산자는 시프트 값(v)이다. 64비트 시스템의 경우, 시프트 값은 단일 바이트로 인코딩된다(63을 넘는 시프트는 상식에 맞지 않으므로). 시프트 값 v는 반드시 상수이거나 레지스터 %cl에 저장돼야 한다.

7.3.2 비트와이즈 명령

컴파일러는 비트와이즈 명령으로 데이터에 대해 비트와이즈 연산을 수행한다. 컴파일러가 비트와이즈 연산을 사용하는 이유는 특정한 최적화를 위해서다. 예를 들어 77 mod 4를 구현하기 위해 더 비싼 `idiv` 명령 대신 77 & 3 연산을 선택할 수 있다.

[표 7-8]은 흔히 사용하는 비트와이즈 명령을 정리한 표다.

표 7-8 비트와이즈 연산

명령	해석
and S,D	S & D → D
or S,D	S ¦ D → D
xor S,D	S ^ D → D
not D	~D → D

비트와이즈 **not**은 부정(neg)과 다르다는 점을 유념하자. **not** 명령은 각 비트를 뒤집지만 1을 더하지 않는다. 이 두 연산을 혼동하지 않도록 주의한다.

7.3.3 부하 효과 주소 명령

마지막으로 **부하 효과 주소**load effective address 혹은 lea 명령에 관해 다룬다. 이 명령은 대부분의 독자가 경악을 금치 못하는 산술 연산이다. 이는 전통적으로 메모리의 주소 위치를 빠르게 계산하는 방법으로 사용된다. lea 명령은 지금까지 본 것과 같은 피연산자 구조에 대해 연산을 수행하지만, 메모리 룩업은 포함하지 않는다. 피연산자에 포함된 데이터 타입(즉, 상수인지 주소인지)에 관계없이, lea는 단순하게 산술 연산만 수행한다.

예를 들어 레지스터 %rax가 상숫값 0x5, 레지스터 %rdx가 상숫값 0x4, 레지스터 %rcx가 0x808(주솟값이 될)을 가졌다고 가정하자. [표 7-9]는 몇 가지 lea 연산과 그 해석, 해당하는 값을 나타낸다.

표 7-9 lea 연산 예

명령	해석	값
lea 8(%rax), %rax	$8 + \%rax \rightarrow \%rax$	$13 \rightarrow \%rax$
lea (%rax, %rdx), %rax	$\%rax + \%rdx \rightarrow \%rax$	$9 \rightarrow \%rax$
lea (,%rax,4), %rax	$\%rax \times 4 \rightarrow \%rax$	$20 \rightarrow \%rax$
lea -0x8(%rcx), %rax	$\%rcx - 8 \rightarrow \%rax$	$0x800 \rightarrow \%rax$
lea -0x4(%rcx, %rdx, 2), %rax	$\%rcx + \%rdx \times 2 - 4 \rightarrow \%rax$	$0x80c \rightarrow \%rax$

모든 경우에 lea 명령은 소스 S에 의해 정의된 피연산자에 대해 산술 연산을 수행하고, 그 결과를 대상 피연산자 D에 저장한다. mov 명령은 lea 명령과 동일하다. 단, mov 명령은 소스 피연산자가 메모리 형태인 경우 반드시 소스 피연산자 값을 메모리 위치로 다뤄야 한다는 차이가 있다. 그에 비해, lea는 메모리 룩업 없이 피연산자에 대해 같은(때로는 복잡한) 산술 연산을 수행한다. 컴파일러는 일부 산술 연산 유형 대신 현명하게 lea를 사용할 수 있다.

7.4 조건부 제어와 반복문

이 절에서는 조건문과 반복문('1.3 조건문과 반복문' 참조)에 대한 x86 어셈블리 명령을 살펴본다. 코드는 조건문을 사용해 조건 표현식의 결과에 따라 프로그램 실행을 변경할 수 있다.

7.4.1 사전 준비

컴파일러는 명령 포인터(%rip)가 프로그램 시퀀스상에서 다음에 실행될 명령을 가리키도록 조건문을 변환한다.

조건부 비교 명령

비교 명령이 수행하는 산술 연산은 조건부 프로그램의 실행을 용이하게 한다. [표 7-10]은 조건부 제어와 관련된 기본 명령을 나타낸다.

표 7-10 조건부 제어 명령

명령	해석
cmp R1, R2	R1과 R2를 비교한다(즉, R2 − R1을 평가한다)
test R1, R2	R1 & R2를 계산한다

cmp 명령은 두 레지스터 R2와 R1의 값을 비교한다. 구체적으로는 R2에서 R1을 뺀다. test 명령은 비트와이즈 AND를 수행한다. 다음과 같은 명령을 흔히 볼 수 있다.

```
test %rax, %rax
```

이 예시에서 %rax끼리의 비트와이즈 AND는 %rax에 0이 있을 때만 0이 된다. 다시 말해, 0 값에 대한 테스트는 다음과 동일하다.

```
cmp $0, %rax
```

지금까지 다룬 산술 명령과 달리 cmp와 test 명령은 대상 레지스터를 변경하지 않는다. 대신, 두 명령은 **조건 코드 플래그**condition code flags로 불리는 단일 비트 값 열을 수정한다. 예를 들어 cmp 명령은 R2 − R1의 계산 결괏값에 따라 조건 코드 플래그를 양수(크다), 음수(작다), 또는 0(같다) 값으로 바꾼다. 조건 코드값은 ALU의 연산에 관한 정보를 인코딩한다는 점을 상기하자 ('5.5.1 ALU'). 조건 코드 플래그는 X86 시스템의 FLAGS 레지스터 일부다.

표 7-11 흔히 사용하는 조건 코드 플래그

플래그	해석
ZF	0과 같은가? (1: 네; 0: 아니오)
SF	음수인가? (1: 네; 0: 아니오)
OF	오버플로가 발생했는가? (1: 네; 0: 아니오)
CF	산술 자리 올림이 발생했는가? (1: 네; 0: 아니오)

[표 7−11]은 조건 코드 연산에 사용되는 일반적인 플래그를 나타낸다. cmp R1, R2 명령을 다시 살펴보자.

- ZF 플래그는 R1과 R2가 같으면 1로 설정된다.
- SF 플래그는 R2가 R1보다 작으면(R2 − R1의 결과가 음수이면) 1로 설정된다.
- OF 플래그는 R2 − R1의 결과가 정수 오버플로를 발생시키면 1로 설정된다(부호가 있는 비교에서 유용하다).
- CF 플래그는 R2 − R1의 결과가 자리 올림을 발생시키면 1로 설정된다(부호가 없는 비교에서 유용하다).

SF와 OF 플래그는 부호가 있는 정수의 비교에서 사용되고, CF 플래그는 부호가 없는 정수의 비교에서 사용된다. 조건 코드 플래그에 관한 자세한 논의는 이 책의 범위를 벗어나지만, cmp와 test를 통해 레지스터를 설정함으로써 다음에 다룰 점프 명령을 올바르게 작동할 수 있다.

점프 명령

점프 명령을 사용하면 프로그램의 실행을 코드의 새로운 위치로 '점프'하게 할 수 있다. 이제까지 살펴본 어셈블리 프로그램에서 %rip는 항상 프로그램 메모리의 다음 명령을 가리킨다. 점프 명령은 %rip가 아직 실행되지 않은 새로운 명령을 가리키거나(if 구문의 경우 등) 이전에 실행된 명령(반복문의 경우 등)을 가리키게 할 수 있다.

표 7-12 직접 점프 명령

명령	설명
jmp L	L에서 지정한 위치로 점프한다
jmp *addr	지정한 주소로 점프한다

직접 점프 명령direct jump instruction. [표 7-12]는 직접 점프 명령 목록이다. L은 **심볼릭 라벨**symbolic label 이며, 프로그램의 목적 파일object file을 식별하는 데 사용된다. 모든 라벨은 문자와 콜론 뒤의 숫자로 구성된다. 라벨은 목적 파일 범위에 대해 **local** 또는 **global**이 될 수 있다. 함수 라벨은 **global**이 되기 쉬우며, 대개 함수 이름과 콜론으로 구성된다. 예를 들어 main:(또는 <main>:) 은 사용자가 정의한 main 함수에 대한 라벨로 사용된다. 이와 대조적으로 스코프가 **local**인 라벨은 앞에 점이 붙는다. 예를 들어 .L1:은 if 구문이나 반복 컨텍스트에서 만날 수 있는 로컬 라벨이다.

모든 라벨은 관련된 주소를 갖는다. CPU가 jmp 명령을 실행할 때, 이 명령은 %rip를 수정해 라벨 L에 의해 정의된 프로그램 주소를 반영하도록 한다. 어셈블리를 작성하는 프로그래머 역시 jmp * 명령을 사용해 점프할 특정 주소를 지정할 수 있다. 종종 **local** 라벨은 함수 시작 지점의 오프셋으로 간주된다. 따라서 main의 시작에서 28바이트 떨어진 주소는 <main+28>이라는 라벨로 표현되기도 한다.

예를 들어 jmp 0x8048427 <main+28> 명령은 주소 0x8048427(<main+28> 라벨과 관련됨)로 점프할 것을 지시하는데, 이는 main 함수의 시작 주소에서 28바이트 떨어져 있음을 나타낸다. 이 명령을 실행하면 %rip는 0x8048427로 설정된다.

조건부 점프 명령conditional jump instruction. 조건부 점프 명령 동작은 cmp 명령에 의해 설정된 조건 코드 레지스터에 따라 결정된다. [표 7-13]은 흔히 쓰는 조건부 점프 명령 목록이다. 각 명령은 점프 명령임을 알리는 j 문자로 시작하고 명령의 접미사는 해당 점프가 수행되는 조건을 나타낸다. 점프 명령 접미사는 부호가 있는 수 비교인지, 부호가 없는 수 비교인지도 결정한다.

표 7-13 조건부 점프 명령(괄호 안은 동의어)

부호가 있는 비교	부호가 없는 비교	설명
je (jz)		같거나(==) 또는 0이면 점프한다
jne (jnz)		같지 않으면 점프한다(!=)
js		음수이면 점프한다
jns		비음수이면 점프한다
jg (jnle)	ja (jnbe)	크면 점프한다(>)
jge (jnl)	jae (jnb)	크거나 같으면(>=) 점프한다

부호가 있는 비교	부호가 없는 비교	설명
jl (jnge)	jb (jnae)	작으면(<) 점프한다
jle (jng)	jbe (jna)	작거나 같으면(<=) 점프한다

여러 조건부 점프 명령을 암기하는 대신, 명령 접미사를 알아두는 것이 훨씬 이롭다. [표 7-14]는 점프 명령에서 자주 사용되는 접미사 목록이다.

표 7-14 점프 명령 접미사

문자	원 용어
j	jump(점프)
n	not(같지 않다)
e	equal(같다)
s	signed(부호가 있다)
g	greater(크다, 부호 있는 해석)
l	less(작다, 부호 있는 해석)
a	above(크다, 부호 없는 해석)
b	below(작다, 부호 없는 해석)

명령을 소리 내어 읽어보면 부호를 가진 비교 명령 jg는 **jump greater**(크면 점프)의 약자이며, 동의어인 jnle는 **jump not less or equal**(작거나 같지 않으면 점프)의 약자이다. 마찬가지로 부호가 없는 비교 명령 ja는 **jump above**(크면 점프)의 약자이며, 동의어인 jnbe는 **jump not below or equal**(작거나 같지 않으면 점프)의 약자이다.

명령을 소리 내어 읽어보면 특정 동의어가 왜 특정 명령에 상응하는지 이해할 수 있다. **더 크다**greater와 **더 작다**less라는 용어가 CPU에서 숫자 값을 부호가 있는 값으로 비교한다는 점을 기억해야 한다. 반면, **above**와 **below**는 부호가 없는 숫자를 비교한다.

goto 구문

이후 절들에서는 어셈블리의 조건부와 반복문을 살펴보고 C로 역엔지니어링한다. 조건부 및 반복문과 관련된 어셈블리 코드를 C로 되돌릴 때는 C 언어의 goto 형식을 이해하면 도움이 된다. goto 구문은 C의 프리미티브이며 코드의 다른 부분으로 프로그램 실행을 이동한다. goto 구문과 관련된 어셈블리 명령은 jmp다.

goto 구문은 goto 키워드와 그 뒤에 이어지는 **goto 라벨**로 구성된다. goto 라벨은 실행이 계속돼야 하는 지점을 나타내는 프로그램 라벨 유형이다. 따라서 goto done은 프로그램을 실행할 때 done이라는 라벨이 붙은 위치로 점프해야 함을 의미한다. switch 구문을 포함한 C 언어의 프로그램 라벨 예시는 '2.9.1 switch 구문'에서 이미 다뤘다.

다음 코드 목록은 표준 C 코드로 작성한 getSmallest 함수(첫 번째) 및 이와 관련해 C 코드로 작성한 goto 형태다(두 번째). getSmallest 함수는 두 정수(x와 y)의 값을 비교해 둘 중 작은 변수를 smallest 변수에 할당한다.

정규 C 버전

```
int getSmallest(int x, int y) {
    int smallest;
    if ( x > y ) { // if (조건)
        smallest = y; // then 구문
    }
    else {
        smallest = x; // else 구문
    }
    return smallest;
}
```

goto를 사용한 코드

```
int getSmallest(int x, int y) {
    int smallest;

    if (x <= y ) { // if (!조건)
        goto else_statement;
    }
    smallest = y; // then 구문
    goto done;

else_statement:
```

```
    smallest = x; // else 구문


  done:
    return smallest;
  }
```

여기서는 goto 형태가 직관적이지 않을 수 있으나 해당 내용을 자세히 들여다보자. 조건부는 x 가 y보다 작거나 같은지 확인한다.

- 만약 x가 y보다 작거나 같다면, 프로그램은 else_statement라는 라벨로 제어를 이동한다. 이 라벨은 smallest=x라는 단일 구문을 포함한다. 프로그램은 선형적으로 실행되므로, 프로그램은 done 라벨 아래의 코드를 실행한다. 이 코드는 smallest(x)의 값을 반환한다.
- x가 y보다 크다면, smallest는 y로 할당된다. 프로그램은 다음으로 goto done 구문을 실행한다. 이에 따라 제어는 done 라벨로 이동하며, smallest(y)의 값을 반환한다.

프로그래밍의 초기 시절에는 goto 구문이 널리 사용됐지만, 현대 코드에서 goto 구문을 사용하는 것은 코드의 전체 가독성을 떨어뜨리기 때문에 바람직하지 않은 관행으로 간주된다. 사실, 컴퓨터 과학자인 에츠허르 데이크스트라$^{Edsger\ Dijkstra}$는 goto 구문의 사용을 혹평하는 「Go To는 해로운 명령어$^{Go\ To\ Statement\ Considered\ Harmful}$」라는 유명한 논문[1]을 쓰기도 했다.

일반적으로 잘 설계된 C 프로그램에서는 goto 구문을 사용하지 않으며 프로그래머는 그런 코드가 읽고, 디버깅하고, 유지보수하기 어렵다는 것을 알기 때문에 이의 사용을 꺼린다. 그러나 C 언어의 goto 구문은 이해해두는 편이 좋다. GCC는 전형적으로 조건이 있는 코드를 goto 형태로 변경한 뒤, if 구문이나 반복문이 있는 어셈블리로 변환하기 때문이다.

7.4.2 어셈블리에서의 if 구문

어셈블리의 getSmallest 함수를 살펴보자. 편의상 함수를 다시 생성한다.

```
int getSmallest(int x, int y) {
    int smallest;
```

---

1 Edsger Dijkstra, "Go To Statement Considered Harmful," Communications of the ACM 11(3), pp. 147–148, 1968.

```
    if ( x > y ) {
        smallest = y;
    }
    else {
        smallest = x;
    }
    return smallest;
}
```

위 코드에 대해 GDB에서 추출된 어셈블리 코드는 다음과 비슷하다.

```
(gdb) disas getSmallest
Dump of assembler code for function getSmallest:
    0x40059a <+4>:    mov     %edi,-0x14(%rbp)
    0x40059d <+7>:    mov     %esi,-0x18(%rbp)
    0x4005a0 <+10>:   mov     -0x14(%rbp),%eax
    0x4005a3 <+13>:   cmp     -0x18(%rbp),%eax
    0x4005a6 <+16>:   jle     0x4005b0 <getSmallest+26>
    0x4005a8 <+18>:   mov     -0x18(%rbp),%eax
    0x4005ae <+24>:   jmp     0x4005b9 <getSmallest+35>
    0x4005b0 <+26>:   mov     -0x14(%rbp),%eax
    0x4005b9 <+35>:   pop     %rbp
    0x4005ba <+36>:   retq
```

지금까지 봐온 어셈블리 코드와 다소 다르다. 각 명령에 연관된 **바이트**가 아닌 **주소**를 볼 수 있다. 이 어셈블리 세그먼트는 설명을 위해 간결하게 편집했다. 보통 함수 생성과 관련된 명령 (즉, push %rbp, mov %rsp, %rbp)은 표시하지 않는다. 관습적으로 GCC는 레지스터 %rdi와 %rsi에 각각 함수의 첫 번째, 두 번째 매개변수를 넣는다. getSmallest에 대한 매개변수가 int 타입이므로, 컴파일러는 컴포넌트 레지스터 %edi와 %esi에 각 매개변수를 넣는다. 명확한 설명을 위해, 매개변수를 각각 x와 y로 부르겠다.

앞에서 본 어셈블리 코드의 처음 몇 줄을 살펴보자. 이 예시는 명시적으로 스택을 그리지 않는다. 스택은 여러분이 직접 그려보기 바란다. 이를 통해 여러분은 스택 추적 스킬을 기를 수 있다.

- 첫 번째 mov 명령은 레지스터 %edi(첫 번째 매개변수, x)에 있는 값을 복사하고, 콜 스택상의 메모리 위치 %rbp-0x14에 놓는다. 명령 포인터(%rip)는 다음 명령의 주소인 0x40059d로 설정된다.

- 두 번째 mov 명령은 레지스터 %esi(두 번째 매개변수, y)에 있는 값을 복사하고, 콜 스택상의 메모리 위치 %rbp-0x18에 놓는다. 명령 포인터(%rip)는 다음 명령의 주소인 0x4005a0으로 설정된다.

- 세 번째 명령인 mov는 x를 레지스터 %eax로 복사한다. 레지스터 %rip는 차례로 다음 명령의 주소를 가리키도록 업데이트된다.

- cmp 명령은 위치 %rbp-0x18의 값(두 번째 매개변수, y)과 x의 값을 비교하고 코드 플래그 레지스터에 적절한 조건을 설정한다. 레지스터 %rip는 다음 명령 주소인 0x4005a6을 가리킨다.

- 주소 0x4005a6의 jle 명령은 x가 y보다 작거나 같으면, 다음 명령이 위치 <getSmallest+26>에서 실행돼야 하고, %rip가 주소 0x4005b0으로 설정돼야 함을 나타낸다. 그렇지 않으면 %rip는 순서상 다음 명령인 0x4005a8로 설정된다.

다음으로 실행하는 명령은 프로그램이 주소 0x4005a6의 분기(즉, 점프 실행)를 따르는지 여부에 따라 달라진다. 우선 분기를 따르지 않는 경우부터 생각해보자. 이 경우, %rip는 0x4005a8(즉, <getSmallest+18>)로 설정되고 다음 명령 시퀀스가 실행된다.

- <getSmallest+18>의 mov -0x18(%rbp), %eax 명령은 y의 값을 레지스터 %eax에 복사한다. 레지스터 %rip는 0x4005ae를 가리킨다.

- <getSmallest+24>의 jmp 명령은 레지스터 %rip를 주소 0x4005b9로 설정한다.

- 마지막으로 pop %rbp 명령과 retq 명령이 실행된다. 이 명령들은 스택을 정리하고 함수 호출로부터 복귀한다. 이 경우, y가 반환 레지스터에 남는다.

이제 브랜치에서 <getSmallest+16>가 선택된다고 가정하자. 다시 말해, jle 명령이 레지스터 %rip를 0x4005b0(즉, <getSmallest+26>)로 설정한다. 그리고 다음 명령을 실행한다.

- 주소 0x4005b0의 mov -0x14(%rbp), %eax 명령은 x의 값을 레지스터 %eax에 복사한다. 레지스터 %rip는 0x4005b9를 가리킨다.

- 마지막으로 pop %rbp 명령과 retq 명령을 실행한다. 이 명령은 스택을 정리하고 함수 호출에서 복귀한다. 이 경우, 컴포넌트 레지스터 %eax는 x를 포함하며 getSmallest는 x를 반환한다.

앞의 어셈블리를 다음과 같이 표현할 수 있다.

```
0x40059a <+4>:   mov %edi,-0x14(%rbp)       # x를 %rbp-0x14에 복사한다.
0x40059d <+7>:   mov %esi,-0x18(%rbp)       # y를 %rbp-0x18에 복사한다.
0x4005a0 <+10>:  mov -0x14(%rbp),%eax       # x를 %eax에 복사한다.
0x4005a3 <+13>:  cmp -0x18(%rbp),%eax       # x와 y를 비교한다.
```

```
0x4005a6 <+16>: jle 0x4005b0 <getSmallest+26>   # x<=y이면 <getSmallest+26>로 이동한다.
0x4005a8 <+18>: mov -0x18(%rbp),%eax             # y를 %eax에 복사한다.
0x4005ae <+24>: jmp 0x4005b9 <getSmallest+35>   # <getSmallest+35>로 이동한다.
0x4005b0 <+26>: mov -0x14(%rbp),%eax             # x를 %eax에 복사한다.
0x4005b9 <+35>: pop %rbp                          # %rbp를 복원한다(스택을 비운다).
0x4005ba <+36>: retq                             # 함수를 벗어난다(%eax를 반환한다).
```

이를 다시 C 코드로 변환하면 다음과 같다.

goto를 사용한 코드

```c
int getSmallest(int x, int y) {
    int smallest;
    if (x <= y) {
        goto assign_x;
    }
    smallest = y;
    goto done;

assign_x:
    smallest = x;

done:
    return smallest;
}
```

변환된 C 코드

```c
int getSmallest(int x, int y) {
    int smallest;
    if (x <= y) {
        smallest = x;
    }
    else {
        smallest = y;
    }
    return smallest;
}
```

이 코드에서 변수 smallest는 레지스터 %eax에 해당한다. 만약 x가 y보다 작거나 같으면, 코드는 smallest = x 구문을 실행한다. 이는 이 함수의 goto 형태 안의 assign_x에 할당된 goto 라벨과 관련된다. 그렇지 않으면 smallest = y 구문이 실행된다. goto 라벨 done은 smallest의 값이 반환돼야 함을 나타낸다.

어셈블리 코드를 C 코드로 변환한 코드가 원래의 **getSmallest** 함수와 살짝 다른 것을 눈여겨 보자. 큰 차이가 없어서 자세히 보면 두 함수는 논리적으로 동일하다. 하지만 컴파일러는 우선 모든 if 구문을 동등한 goto 형태로 변환한다. 그 결과 약간 다르지만 동등한 버전의 코드가 생성된다. 다음 코드 예시는 표준 if 구문 포맷과 그에 해당하는 goto 형태를 나타낸다.

C if 구문

```
if (<조건>) {
    <then 구문>;
}
else {
    <else 구문>;
}
```

컴파일러가 변환한 goto 형태

```
    if (!<조건>) {
        goto else;
    }
    <then 구문>;
    goto done;
else:
    <else 구문>;
done:
```

컴파일러가 어셈블리로 변환한 코드는 조건이 참일 때 점프를 지정한다. 이는 조건이 참이 아닐 때 (else로) '점프'하는 if 구문의 구조와 반대된다. goto 형태는 로직에서 이 차이를 나타낸다.

getSmallest 함수의 원래 goto 변환에서 다음을 확인할 수 있다.

- x <= y는 !<조건>에 해당한다.

- smallest = x는 <else 구문>이다.

- smallest = y줄은 <then 구문>이다.

- 함수의 마지막 줄은 return smallest다.

위 내용을 기반으로 함수의 원 버전을 다시 작성하면 다음과 같다.

```
int getSmallest(int x, int y) {
    int smallest;
    if (x > y) {      //!(x <= y)
        smallest = y; // then 구문
    }
    else {
        smallest = x; // else 구문
    }
    return smallest;
}
```

이 버전은 원래 getSmallest 함수와 동일하다. C 코드 수준에서 다른 방식으로 작성된 함수가 어셈블리 명령에서는 동일할 수 있음을 기억하자.

cmov 명령

조건부 명령 중에서 마지막으로 설명할 것은 **조건부 이동**conditional move(cmov) 명령이다. cmp, test, jmp 명령은 프로그램에서의 **조건부 제어 전달**conditional transfer of control을 구현한다. 다시 말해, 프로그램의 실행 분기는 여러 갈래로 나뉜다. 이 브랜치들의 비용이 매우 높기 때문에 코드를 최적화하는 데 큰 문제가 될 수 있다.

이와 대조적으로, cmov 명령은 **조건부 데이터 전달**conditional transfer of data을 구현한다. 다시 말해, 조건부의 <then 구문>과 <else 구문>이 모두 실행되면 조건의 결과에 따라 데이터를 적절한 레지스터에 위치시킨다.

C의 **삼항 표현**을 사용하면 컴파일러는 종종 점프 대신 cmov 명령을 생성한다. 표준 if-then-else 구문에 대한 삼항 표현은 다음 형태를 띤다.

```
result = (<조건>) ? <then 구문> : <else 구문>;
```

이 형태를 사용해 getSmallest 함수를 삼항 표현으로 작성해본다. 새 버전의 함수는 원래의 getSmallest 함수와 정확하게 동일하게 동작한다.

```
int getSmallest_cmov(int x, int y) {
    return x > y ? y : x;
}
```

큰 변화가 보이지 않는다면 결과 어셈블리를 들여다보자. 첫 번째와 두 번째 매개변수(x와 y)가 레지스터 %edi와 %esi에 각각 저장된다.

```
0x4005d7 <+0>:   push    %rbp              # %rbp를 저장한다.
0x4005d8 <+1>:   mov     %rsp,%rbp         # %rbp를 업데이트한다.
0x4005db <+4>:   mov     %edi,-0x4(%rbp)   # x를 %rbp-0x4에 복사한다.
0x4005de <+7>:   mov     %esi,-0x8(%rbp)   # y를 %rbp-0x8에 복사한다.
0x4005e1 <+10>:  mov     -0x8(%rbp),%eax   # y를 %eax에 복사한다.
0x4005e4 <+13>:  cmp     %eax,-0x4(%rbp)   # x와 y를 비교한다.
0x4005e7 <+16>:  cmovle -0x4(%rbp),%eax    # (x <= y)이면 x를 %eax에 복사한다.
0x4005eb <+20>:  pop     %rbp              # %rbp를 복원한다.
0x4005ec <+21>:  retq                      # %eax를 반환한다.
```

이 어셈블리 코드에는 점프가 없다. x와 y를 비교한 후, x가 y보다 작거나 같을 때만 반환 레지스터로 이동한다. 점프 명령과 마찬가지로, cmov 명령의 접미사는 조건부 이동이 발생하는 조건을 나타낸다. [표 7-15]는 조건부 이동 명령 셋의 목록이다.

표 **7-15** cmov 명령

부호가 있는	부호가 없는	설명
cmove (cmovz)		같으면(==) 이동한다
cmovne (cmovnz)		같지 않으면(!=) 이동한다
cmovs		음수이면 이동한다

부호가 있는	부호가 없는	설명
cmovns		음수가 아니면 이동한다
cmovg (cmovnle)	cmova (cmovnbe)	크면(>) 이동한다
cmovge (cmovnl)	cmovae (cmovnb)	크거나 같으면(>=) 이동한다
cmovl (cmovnge)	cmovb (cmovnae)	작으면(<) 이동한다
cmovle (cmovng)	cmovbe (cmovna)	작거나 같으면(<=) 이동한다

원 함수 getSmallest의 경우, 컴파일러의 내부 최적화 장치(10장 참조)는 레벨 1 최적화가 활성화되면(즉, -O1) jump 명령을 하나의 cmov 명령으로 변환한다.

```
#compiled with: gcc -O1 -o getSmallest getSmallest.c
<getSmallest>:
   0x400546 <+0>: cmp    %esi,%edi        # x와 y를 비교한다.
   0x400548 <+2>: mov    %esi,%eax        # y를 %eax에 복사한다.
   0x40054a <+4>: cmovle %edi,%eax        # (x<=y)이면 x를 %eax에 복사한다.
   0x40054d <+7>: retq                    # %eax를 반환한다.
```

일반적으로 컴파일러는 점프 명령를 cmov 명령으로 최적화하는 데 매우 주의를 기울인다. 부작용과 포인터값이 연관될 때는 더욱 그렇다. 다음은 incrementX 함수를 작성하는 동등한 두 가지 방법이다.

C 코드

```
int incrementX(int *x) {
    if (x != NULL) { // x가 NULL이 아니면
        return (*x)++; // x를 증가시킨다.
    }
    else { // x가 NULL이면
        return 1; // 1을 반환한다.
    }
}
```

```c
int incrementX2(int *x){
    return x ? (*x)++ : 1;
}
```

각 함수는 정수에 대한 포인터를 입력으로 받고 그 입력이 NULL인지 확인한다. 만약 x가 NULL 이 아니면, 함수는 x 값을 증가시킨 뒤 참조되지 않은 값을 반환한다. 그렇지 않으면, 함수는 1 을 반환한다.

incrementX2가 삼항 표현을 사용하므로 cmov 명령을 사용한다고 생각하기 쉽다. 하지만 두 함수는 동일한 어셈블리 코드로 변환된다.

```
0x4005ed <+0>:    push    %rbp
0x4005ee <+1>:    mov     %rsp,%rbp
0x4005f1 <+4>:    mov     %rdi,-0x8(%rbp)
0x4005f5 <+8>:    cmpq    $0x0,-0x8(%rbp)
0x4005fa <+13>:   je      0x40060d <incrementX+32>
0x4005fc <+15>:   mov     -0x8(%rbp),%rax
0x400600 <+19>:   mov     (%rax),%eax
0x400602 <+21>:   lea     0x1(%rax),%ecx
0x400605 <+24>:   mov     -0x8(%rbp),%rdx
0x400609 <+28>:   mov     %ecx,(%rdx)
0x40060b <+30>:   jmp     0x400612 <incrementX+37>
0x40060d <+32>:   mov     $0x1,%eax
0x400612 <+37>:   pop     %rbp
0x400613 <+38>:   retq
```

cmov 명령은 **조건과 관련된 양쪽 브랜치를 모두 실행한다.** 다시 말해 x는 항상 역참조된다. x가 널 포인터인 경우를 생각해보자. 널 포인터를 역참조하는 것은 코드에서 널 포인터 예외를 야기하고 세그멘테이션 폴트로 이어진다는 점을 기억하자. 이런 상황이 발생하지 않도록, 컴파일러는 안전한 길을 택해 점프를 사용한다.

7.4.3 어셈블리에서의 for 반복문

if 구문과 마찬가지로, 어셈블리에서 반복문은 점프 명령을 사용해 구현된다. 그렇지만 반복문은 평가된 조건의 결과에 기반해 명령을 **다시 실행**revisited시킬 수 있다.

다음 예시에서의 sumUp 함수는 1부터 사용자가 정의한 정수까지 모든 양의 정수를 합한다. 이 코드는 C의 while 반복문을 설명하기 위해 의도적으로 최적화하지 않았다.

```
int sumUp(int n) {
    // total과 i를 초기화한다.
int total = 0;
    int i = 1;

    while (i <= n) {  // i가 n보다 작거나 같은 동안
        total += i;   // i를 total에 더한다.
        i++;          // i를 1 증가시킨다.
    }
    return total;
}
```

GDB를 사용해 이 코드를 컴파일하고 디스어셈블하면 다음 어셈블리 코드가 나타난다.

```
Dump of assembler code for function sumUp:
0x400526 <+0>:   push   %rbp
0x400527 <+1>:   mov    %rsp,%rbp
0x40052a <+4>:   mov    %edi,-0x14(%rbp)
0x40052d <+7>:   mov    $0x0,-0x8(%rbp)
0x400534 <+14>:  mov    $0x1,-0x4(%rbp)
0x40053b <+21>:  jmp    0x400547 <sumUp+33>
0x40053d <+23>:  mov    -0x4(%rbp),%eax
0x400540 <+26>:  add    %eax,-0x8(%rbp)
0x400543 <+29>:  add    $0x1,-0x4(%rbp)
0x400547 <+33>:  mov    -0x4(%rbp),%eax
0x40054a <+36>:  cmp    -0x14(%rbp),%eax
0x40054d <+39>:  jle    0x40053d <sumUp+23>
```

```
0x40054f <+41>:   mov     -0x8(%rbp),%eax
0x400552 <+44>:   pop     %rbp
0x400553 <+45>:   retq
```

이 예시에서도 스택을 명시적으로 그리지 않겠다. 여러분이 직접 그려보기를 권한다.

첫 5개 명령

이 함수의 첫 5개 명령은 함수 실행을 위한 스택과 임시값을 셋업한다.

```
0x400526 <+0>:   push %rbp                # %rbp를 스택에 저장한다.
0x400527 <+1>:   mov  %rsp,%rbp           # %rbp 값을 업데이트한다(새 프레임).
0x40052a <+4>:   mov  %edi,-0x14(%rbp)    # n을 %rbp-0x14에 복사한다.
0x40052d <+7>:   mov  $0x0,-0x8(%rbp)     # 0을 %rbp-0x8에 저장한다(total).
0x400534 <+14>:  mov  $0x1,-0x4(%rbp)     # 1을 %rbp-0x4에 저장한다(i).
```

함수 안의 **임시 변수**가 스택 위치에 저장된다는 점을 상기하자. 단순하게 설명하기 위해 위치 %rbp-0x8은 total, 위치 %rbp-0x4는 i로 표기한다. sumUp의 입력 매개변수(n)는 스택 위치 %rbp-0x14로 이동한다. 스택의 임시 변수는 바뀌지만, 스택 포인터는 첫 번째 명령(즉, push %rbp)을 실행한 뒤에도 바뀌지 않는다.

반복문 본체

sumUp 함수의 다음 7개 명령은 반복문 본체에 해당한다.

```
0x40053b <+21>:  jmp  0x400547 <sumUp+33>  # <sumUp+33>으로 점프한다.
0x40053d <+23>:  mov  -0x4(%rbp),%eax      # i를 %eax에 저장한다.
0x400540 <+26>:  add  %eax,-0x8(%rbp)      # i를 total에 저장한다(total += i).
0x400543 <+29>:  add  $0x1,-0x4(%rbp)      # 1을 i에 더한다(i += 1).
0x400547 <+33>:  mov  -0x4(%rbp),%eax      # i를 %eax에 복사한다.
0x40054a <+36>:  cmp  -0x14(%rbp),%eax     # i를 n과 비교한다.
0x40054d <+39>:  jle  0x40053d <sumUp+23>  # (i <= n)이면 <sumUp+23>으로 점프한다.
```

- 첫 번째 명령은 <sumUp+33>으로 직접 점프하며, 명령 포인터(%rip)가 주소 0x400547로 설정된다.
- 다음으로 mov -0x4(%rbp),%eax 명령이 실행된다. 이 명령은 레지스터 %eax에 i 값을 넣는다. 레지스터 %rip는 0x40054a로 업데이트된다.
- <sumUp+36>의 cmp 명령은 i를 n과 비교하고, 적절한 조건 코드 레지스터를 설정한다. 레지스터 %rip는 0x40054d로 설정된다.

그런 후 jle 명령을 실행한다. 다음에 실행할 명령은 브랜치 수행 여부에 따라 달라진다.

브랜치를 **수행한다**고 가정하자(즉, i <= n이 참인 경우). 명령 포인터가 0x40053d로 설정되고 프로그램 실행이 <sumUp+23>로 점프한다. 다음 명령을 차례로 실행한다.

- mov 명령(<sumUp+23>)은 i 값을 레지스터 %eax에 복사한다.
- add %eax,-0x8(%rbp) 명령은 i 값을 total에 더한다(즉, total += i).
- add 명령(<sumUp+29>)은 1을 i에 더한다(즉, i += 1).
- mov 명령(<sumUp+33>)은 업데이트된 i 값을 레지스터 %eax에 복사한다.
- cmp 명령은 i와 n을 비교하고 적절한 조건 코드 레지스터를 설정한다.
- 다음으로, jle를 실행한다. i가 n보다 작거나 같으면, 프로그램은 다시 한번 <sumUp+23>으로 점프하고 반복문(<sumUp+23>과 <sumUp+39> 사이에서 정의됨)을 반복한다.

브랜치가 수행되지 않으면(즉, i가 n보다 작거나 같지 않으면) 다음 명령을 실행한다.

```
0x40054f <+41>:   mov    -0x8(%rbp),%eax      # total을 %eax에 복사한다.
0x400552 <+44>:   pop    %rbp                 # rbp를 원복한다.
0x400553 <+45>:   retq                        # (total)을 반환한다.
```

이 명령은 total 값을 레지스터 **%eax**에 복사하고, **%rbp**를 원래 값으로 원복한 뒤 함수를 이탈한다. 따라서 이 함수는 이탈하면서 **total**을 반환한다.

다음은 sumUp 함수의 어셈블리와 goto 형태로 나타낸 코드다.

어셈블리

```
<sumUp>:
  <+0>:   push   %rbp
  <+1>:   mov    %rsp,%rbp
  <+4>:   mov    %edi,-0x14(%rbp)
```

```
<+7>:    mov    $0x0,-0x8(%rbp)
<+14>:   mov    $0x1,-0x4(%rbp)
<+21>:   jmp    0x400547 <sumUp+33>
<+23>:   mov    -0x4(%rbp),%eax
<+26>:   add    %eax,-0x8(%rbp)
<+29>:   add    $0x1,-0x4(%rbp)
<+33>:   mov    -0x4(%rbp),%eax
<+36>:   cmp    -0x14(%rbp),%eax
<+39>:   jle    0x40053d <sumUp+23>
<+41>:   mov    -0x8(%rbp),%eax
<+44>:   pop    %rbp
<+45>:   retq
```

변환한 goto 형태

```
int sumUp(int n) {
    int total = 0;
    int i = 1;
    goto start;
body:
    total += i;
    i += 1;
start:
    if (i <= n) {
        goto body;
    }
    return total;
}
```

이 코드는 goto 구문을 사용하지 않은 다음의 C 코드와 동일하다.

```
int sumUp(int n) {
    int total = 0;
    int i = 1;
    while (i <= n) {
        total += i;
```

```
        i += 1;
    }
    return total;
}
```

어셈블리에서의 for 반복문

sumUp 함수의 주요 반복문은 for 반복문으로 작성할 수도 있다.

```
int sumUp2(int n) {
    int total = 0;            // total을 0으로 초기화한다.
    int i;
    for (i = 1; i <= n; i++) { // i를 1로 초기화하고 i<=n인 동안 1씩 증가시킨다.
        total += i;           // total을 i만큼 업데이트한다.
    }
    return total;
}
```

이 코드는 while 반복문 예시와 동일한 어셈블리 코드를 만들어낸다. 다음은 그 어셈블리 코드와 각 줄의 주석이다.

```
Dump of assembler code for function sumUp2:
0x400554 <+0>:   push   %rbp                  # %rbp를 저장한다.
0x400555 <+1>:   mov    %rsp,%rbp             # %rpb를 업데이트한다(새 스택 프레임).
0x400558 <+4>:   mov    %edi,-0x14(%rbp)      # %edi를 %rbp-0x14에 복사한다(n).
0x40055b <+7>:   movl   $0x0,-0x8(%rbp)       # 0을 %rbp-0x8에 복사한다(total).
0x400562 <+14>:  movl   $0x1,-0x4(%rbp)       # 1을 %rbp-0x4 (i)에 복사한다.
0x400569 <+21>:  jmp    0x400575 <sumUp2+33> # <sumUp2+33>으로 점프한다.
0x40056b <+23>:  mov    -0x4(%rbp),%eax       # i를 %eax에 복사한다[loop].
0x40056e <+26>:  add    %eax,-0x8(%rbp)       # i를 total에 더한다(total+=i).
0x400571 <+29>:  addl   $0x1,-0x4(%rbp)       # 1을 i에 더한다(i++).
0x400575 <+33>:  mov    -0x4(%rbp),%eax       # i를 %eax에 복사한다[start].
0x400578 <+36>:  cmp    -0x14(%rbp),%eax      # i와 n을 비교한다.
```

```
0x40057b <+39>:   jle    0x40056b <sumUp2+23>   # (i <= n)이면 반복문으로 점프한다.
0x40057d <+41>:   mov    -0x8(%rbp),%eax        # total을 %eax에 복사한다.
0x400580 <+44>:   pop    %rbp                   # 함수에서 이탈할 준비를 한다.
0x400581 <+45>:   retq                          # total을 반환한다.
```

왜 for 반복문 버전의 코드가 while 반복문 버전의 코드와 동일한 어셈블리를 만들어내는지 이해하려면, for 반복문이 다음과 같이 표현된다는 점을 상기해야 한다.

```
for (<초기화>; <부울 표현식>; <단계>){
    <본문>
}
```

이 표현은 다음 while 반복문의 표현과 동일하다.

```
<초기화>
while (<부울 표현식>) {
    <본문>
    <단계>
}
```

모든 for 반복문을 while 반복문으로 표현할 수 있다('1.3.2 C의 반복문'의 'for 반복문' 참조). 다음 C 프로그램 두 개는 앞의 어셈블리를 동일하게 표현한 코드다.

for 반복문

```
int sumUp2(int n) {
    int total = 0;
    int i = 1;
    for (i; i <= n; i++) {
        total += i;
    }
    return total;
}
```

```
int sumUp(int n){
    int total = 0;
    int i = 1;
    while (i <= n) {
        total += i;
        i += 1;
    }
    return total;
}
```

7.5 어셈블리에서의 함수

앞 절에서는 어셈블리에서의 간단한 함수를 살펴봤다. 이번 절에서는 더 큰 프로그램의 컨텍스트에서 어셈블리의 여러 함수 간 상호작용을 살펴본다. 또한 함수 관리와 관련된 새로운 명령도 몇 가지 소개한다.

먼저 콜 스택을 관리하는 방법을 다시 살펴보자. **%rsp**는 **스택 포인터**이며 항상 스택의 맨 위를 가리킨다. 레지스터 **%rbp**는 베이스 포인터(**프레임 포인터**라고도 불림)이며, 현재 스택 프레임의 시작을 가리킨다. **스택 프레임**(**활성화 프레임** 또는 **활성화 레코드**라고도 불림)은 단일 함수 호출에 할당된 스택의 비율을 나타낸다. 현재 실행 중인 함수는 항상 스택의 맨 위에 위치하며, 그 스택 프레임을 활성 프레임이라 부른다. 활성 프레임은 스택 포인터(스택의 맨 위)와 프레임 포인터(프레임의 맨 아래)에 묶여있다. 활성화 레코드에는 전형적으로 함수의 지역 변수가 담긴다. [그림 7-4]는 main 함수와 이 함수가 호출하는 fname 함수의 스택 프레임을 나타낸다. 이후 main 함수는 **호출자**caller 함수, fname 함수는 **피호출자**callee 함수라 부르겠다.

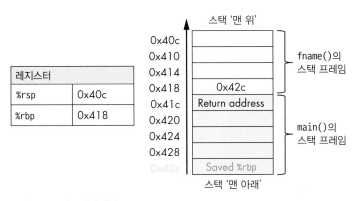

그림 7-4 스택 프레임 관리

[그림 7-4]에서 현재 활성 프레임은 피호출자 함수(fname)에 속한다. 스택 포인터와 프레임 포인터 사이의 메모리는 지역 변수를 위해 사용된다. 스택 포인터는 지역 변수를 스택에 넣거나, 스택에서 꺼낼 때 움직인다. 대조적으로 프레임 포인터는 상대적으로 고정된 채로 유지되며, 현재 스택 프레임의 시작(맨 아래)을 가리킨다. 그 결과, GCC 같은 컴파일러는 프레임 포인터를 기준으로 스택의 값을 참조한다. [그림 7-4]에서 활성 프레임은 fname의 베이스 포인터(즉, 스택 주소 0x418) 아래에 묶여 있다. 주소 0x418에 저장된 값은 **%rbp** 값(0x42c)으로 '저장되어' 있으며, 그 자체는 main 함수의 활성화 프레임의 맨 아래 값을 가리킨다. main 함수의 활성화 프레임의 맨 위는 **반환 주소**^{return address}에 묶여 있으며, 이는 피호출자 함수인 fname의 실행이 끝날 때 main 함수가 프로그램을 재실행할 위치를 나타낸다.

WARNING_ 반환 주소는 스택 메모리가 아닌 코드 세그먼트 메모리를 가리킨다

프로그램의 콜 스택 영역(스택 메모리)은 코드 영역(코드 세그먼트 메모리)과 다르다. **%rbp**와 **%rsp**가 스택 메모리의 주소를 가리키는 반면, **%rip**는 코드 세그먼트 메모리의 주소를 가리킨다. 다시 말해, 반환 주소는 스택 메모리가 아닌 코드 세그먼트 메모리의 주소다(그림 7-5).

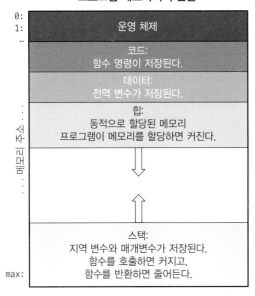

프로그램 메모리의 부분들

0: 1: ...	운영 체제
	코드: 함수 명령이 저장된다.
	데이터: 전역 변수가 저장된다.
	힙: 동적으로 할당된 메모리 프로그램이 메모리를 할당하면 커진다.
	⇩
	⇧
max:	스택: 지역 변수와 매개변수가 저장된다. 함수를 호출하면 커지고, 함수를 반환하면 줄어든다.

메모리 주소

그림 7-5 프로그램 주소 공간의 부분들

[표 7−16]은 컴파일러가 기본적인 함수 관리에 사용하는 추가 명령을 나타낸다.

표 7-16 흔히 사용하는 함수 관리 명령

명령	해석
leaveq	함수에서 이탈하기 위한 스택을 준비한다
	mov %rbp,%rsp
	pop %rbp
callq addr <fname>	활성 프레임을 피호출자 함수로 전환한다
	push %rip
	mov addr, %rip
retq	활성 프레임을 피호출자 함수로 원복한다
	pop %rip

예를 들어 leaveq 명령 함수는 컴파일러가 스택과 프레임 포인터를 사용해 함수의 이탈을 준비할 때 사용하는 짧은 명령에 해당한다. 피호출자 함수가 실행을 마치면, leaveq는 프레임 포인터가 이전 값으로 원복되는 것을 보장한다.

callq와 retq 명령은 한 함수가 다른 함수를 호출할 때 결정적 역할을 담당한다. 두 명령은 모두 명령 포인터(레지스터 %rip)를 변경한다. 호출자 함수가 callq 명령을 실행하면, %rip의 현재 값은 스택에 저장된다. 이는 반환 주소를 나타내거나 피호출자 함수가 실행을 마칠 때 호출자 함수에서 재시작될 위치를 나타낸다. 또한 callq 명령은 %rip의 값을 피호출자 함수의 주소로 바꾼다.

retq 명령은 %rip의 값을 스택에 저장된 값으로 원복함으로써, 호출자 함수에 지정된 프로그램 주소에서 프로그램이 재개됨을 보장한다. 피호출자 함수에서 반환하는 모든 값은 %rax 또는 그 컴포넌트 레지스터 중 하나(예, %eax)에 저장된다. retq 명령은 대부분 함수의 마지막 명령이다.

7.5.1 함수 매개변수

IA32와 달리, 함수 매개변수는 전형적으로 함수 호출에 앞서 레지스터에 로드된다. [표 7-17]은 함수의 매개변수와 함수 호출에 앞서 매개변수를 로딩할 레지스터(존재한다면)를 나타낸다.

표 7-17 함수 매개변수의 위치

매개변수	위치
매개변수 1	%rdi
매개변수 2	%rsi
매개변수 3	%rdx
매개변수 4	%rcx
매개변수 5	%r8
매개변수 6	%r9
매개변수 7+	콜 스택

첫 6개 함수 매개변수는 레지스터 %rdi, %rsi, %rdx, %rcx, %r8, %r9에 각각 로드된다. 그 후 추가 매개변수는 그 크기에 따라(32비트 데이터에는 4바이트 오프셋, 64비트 데이터에는 8바이트 오프셋) 계속해서 콜 스택에 로드된다.

7.5.2 예시 추적

이 장 초반에 소개한 첫 코드 예시를 함수 관리에 관한 지식을 활용해 추적해보자. 함수가 아무런 인자를 받지 않음을 명시하기 위해 각 함수의 매개변수 목록에 void 키워드를 추가했다. 이로써 프로그램 출력은 바뀌지 않지만, 이에 해당하는 어셈블리는 더 간결해진다.

```c
#include <stdio.h>

int assign(void) {
    int y = 40;
    return y;
}

int adder(void) {
    int a;
    return a + 2;
}

int main(void) {
    int x;
    assign();
    x = adder();
    printf("x is: %d\n", x);
    return 0;
}
```

이 코드를 gcc -o prog prog.c 명령어로 컴파일하고, objdump -d으로 변환된 어셈블리를 확인한다. 후자의 명령어를 실행하면 불필요한 정보가 대거 포함된 매우 큰 파일을 출력한다. less 명령어와 검색 기능을 사용해 adder, assign, main 함수만 추출한다.

```
0000000000400526 <assign>:
  400526:    55              push    %rbp
  400527:    48 89 e5        mov     %rsp,%rbp
```

```
40052a:        c7 45 fc 28 00 00 00        movl    $0x28,-0x4(%rbp)
400531:        8b 45 fc                    mov     -0x4(%rbp),%eax
400534:        5d                          pop     %rbp
400535:        c3                          retq


0000000000400536 <adder>:
400536:        55                          push    %rbp
400537:        48 89 e5                    mov     %rsp,%rbp
40053a:        8b 45 fc                    mov     -0x4(%rbp),%eax
40053d:        83 c0 02                    add     $0x2,%eax
400540:        5d                          pop     %rbp
400541:        c3                          retq


0000000000400542 <main>:
400542:        55                          push    %rbp
400543:        48 89 e5                    mov     %rsp,%rbp
400546:        48 83 ec 10                 sub     $0x10,%rsp
40054a:        e8 e3 ff ff ff              callq   400526 <assign>
40054f:        e8 d2 ff ff ff              callq   400536 <adder>
400554:        89 45 fc                    mov     %eax,-0x4(%rbp)
400557:        8b 45 fc                    mov     -0x4(%rbp),%eax
40055a:        89 c6                       mov     %eax,%esi
40055c:        bf 04 06 40 00              mov     $0x400604,%edi
400561:        b8 00 00 00 00              mov     $0x0,%eax
400566:        e8 95 fe ff ff              callq   400400 <printf@plt>
40056b:        b8 00 00 00 00              mov     $0x0,%eax
400570:        c9                          leaveq
400571:        c3                          retq
```

각 함수는 프로그램에 선언된 이름에 해당하는 심볼릭 라벨로 시작한다. 가령 <main>:은 main 함수의 심볼릭 라벨이다. 함수 라벨의 주소는 해당 함수의 첫 번째 명령의 주소다. 이후 설명에서는 지면상 주소의 하위 12비트만 표시한다. 따라서 프로그램 주소 0x400542는 0x542로 표시한다.

7.5.3 main 추적

[그림 7-6]은 main 실행 직전의 실행 스택을 나타낸다.

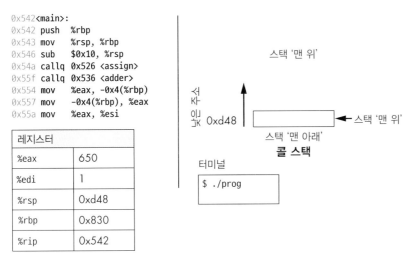

```
0x542<main>:
0x542 push   %rbp
0x543 mov    %rsp, %rbp
0x546 sub    $0x10, %rsp
0x54a callq 0x526 <assign>
0x55f callq 0x536 <adder>
0x554 mov    %eax, -0x4(%rbp)
0x557 mov    -0x4(%rbp), %eax
0x55a mov    %eax, %esi
```

레지스터	
%eax	650
%edi	1
%rsp	0xd48
%rbp	0x830
%rip	0x542

그림 7-6 main 함수 실행 전의 초기 CPU 레지스터와 콜 스택 상태

스택은 낮은 주소 쪽으로 커진다는 사실을 기억하자. 이 예시에서 **%rbp**의 초깃값은 스택 주소가 0x830이고, **%rsp**의 초깃값은 스택 주소가 0xd48이다. 이 두 값은 예시를 위해 임의로 정한 것으로 큰 의미는 없다.

앞의 예시에서 본 함수는 정수 데이터를 활용하므로, 컴포넌트 레지스터 **%eax**와 **%edi**를 강조했다. 이들은 현재 쓰레기값을 갖고 있다. 왼쪽 위 화살표는 현재 실행 중인 명령을 나타낸다. 처음에 **%rip**의 주소는 0x542인, 이는 **main** 함수의 첫 번째 행줄의 프로그램 메모리 주소다.

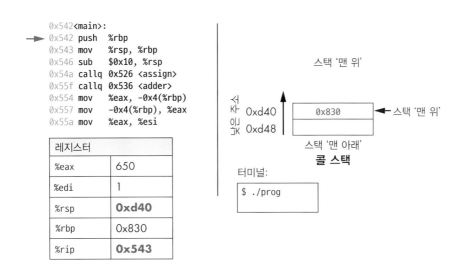

첫 번째 명령은 **%rbp**의 현재 값을 저장한다. 0x830을 스택에 넣는다. 스택이 낮은 주소 방향
으로 커지므로 스택 포인터 **%rsp**는 0xd40으로 업데이트된다. 이는 0xd48보다 8바이트가 더
작은 값이다. **%rip**는 순서상 다음 명령으로 이동한다.

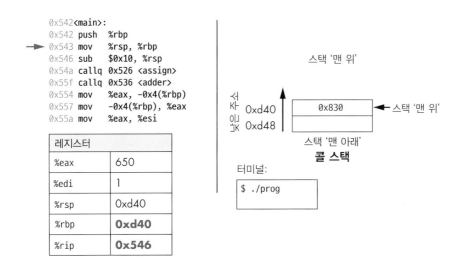

다음 명령(mov **%rsp, %rbp**)은 **%rbp**의 값이 **%rsp**와 같아지도록 업데이트한다. 프레임 포인터
(**%rbp**)는 이제 main 함수를 위한 스택 프레임의 시작 위치를 가리킨다. **%rip**는 순서상 다음 명
령으로 이동한다.

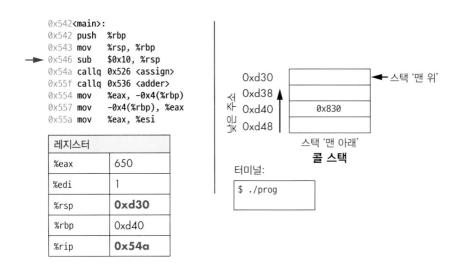

sub 명령은 스택 포인터 주소에서 0x10을 뺀다. 이는 스택이 16바이트 '커지게' 만든다. 스택에서 두 개의 8바이트 위치로 나타냈다. 따라서 레지스터 %rsp의 값은 새로운 0xd30이 된다. %rip는 순서상 다음 명령으로 이동한다.

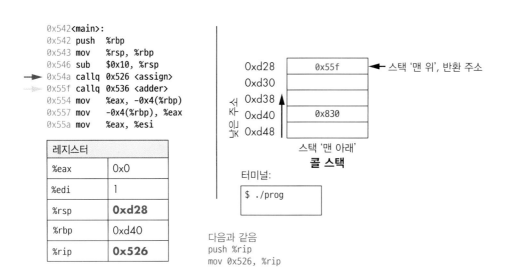

callq <assign> 명령은 레지스터 %rip(다음에 실행할 명령의 주소를 나타냄)의 값을 스택에 넣는다. callq <assign>의 다음 명령은 주소 0x55f를 가지므로, 해당 값이 스택의 반환 주소로 넣어진다. 반환 주소는 main으로 프로그램 실행이 되돌아왔을 때 실행이 재개되는 프로그램 주소를 나타낸다.

다음으로, callq 명령은 assign 함수의 주소(0x526)를 레지스터 %rip로 옮긴다. 이는 프로그램 실행이 main의 다음 명령이 아닌 피호출자 함수 assign에서 재개돼야 함을 나타낸다.

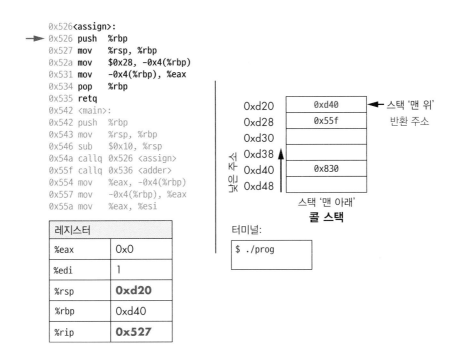

assign 함수 안에서 실행되는 첫 두 명령은 모든 함수가 수행하는 일반 절차다. 첫 번째 명령은 %rbp에 저장된 값(메모리 주소 0xd40)을 스택에 넣는다. 이 주소는 main을 위한 스택 프레임의 시작을 가리킨다. %rip는 assign의 두 번째 명령을 가리킨다.

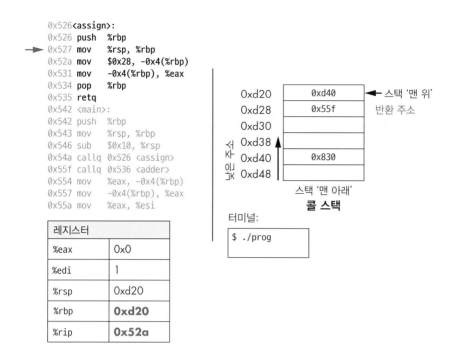

```
0x526 <assign>:
0x526 push   %rbp
0x527 mov    %rsp, %rbp
0x52a mov    $0x28, -0x4(%rbp)
0x531 mov    -0x4(%rbp), %eax
0x534 pop    %rbp
0x535 retq
0x542 <main>:
0x542 push   %rbp
0x543 mov    %rsp, %rbp
0x546 sub    $0x10, %rsp
0x54a callq  0x526 <assign>
0x55f callq  0x536 <adder>
0x554 mov    %eax, -0x4(%rbp)
0x557 mov    -0x4(%rbp), %eax
0x55a mov    %eax, %esi
```

레지스터	
%eax	0x0
%edi	1
%rsp	0xd20
%rbp	**0xd20**
%rip	**0x52a**

0xd20	0xd40	← 스택 '맨 위'
0xd28	0x55f	반환 주소
0xd30		
0xd38		
0xd40	0x830	
0xd48		

스택 '맨 아래'
콜 스택

터미널:
```
$ ./prog
```

다음 명령(mov %rsp, %rbp)은 %rbp 값을 스택의 맨 위 값으로 업데이트한다. 이 값은 assign 을 위한 스택 프레임의 시작을 가리킨다. 명령 포인터(%rip)는 assign 함수의 다음 명령을 가리킨다.

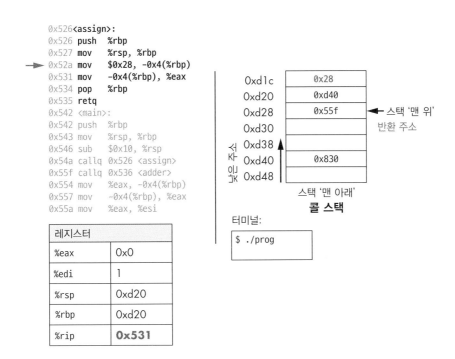

```
0x526 <assign>:
0x526 push   %rbp
0x527 mov    %rsp, %rbp
0x52a mov    $0x28, -0x4(%rbp)
0x531 mov    -0x4(%rbp), %eax
0x534 pop    %rbp
0x535 retq
0x542 <main>:
0x542 push   %rbp
0x543 mov    %rsp, %rbp
0x546 sub    $0x10, %rsp
0x54a callq  0x526 <assign>
0x55f callq  0x536 <adder>
0x554 mov    %eax, -0x4(%rbp)
0x557 mov    -0x4(%rbp), %eax
0x55a mov    %eax, %esi
```

Oxd1c	0x28
Oxd20	0xd40
Oxd28	0x55f	◀— 스택 '맨 위' 반환 주소
Oxd30	
Oxd38	
Oxd40	0x830
Oxd48	

스택 '맨 아래'
콜 스택

터미널:

```
$ ./prog
```

레지스터	
%eax	0x0
%edi	1
%rsp	0xd20
%rbp	0xd20
%rip	**0x531**

주소 0x52a의 mov 명령은 값 $0x28(또는 40)을 스택 주소 -0x4(%rbp)에 넣는다. 이 주소는
프레임 포인터보다 4바이트 더 위에 있다. 프레임 포인터는 대개 스택의 위치를 참조한다. 하
지만 이 동작은 %rsp의 값을 바꾸지 않는다. 스택 포인터는 여전히 주소 0xd20을 가리킨다.
레지스터 %rip는 assign 함수의 다음 명령을 가리킨다.

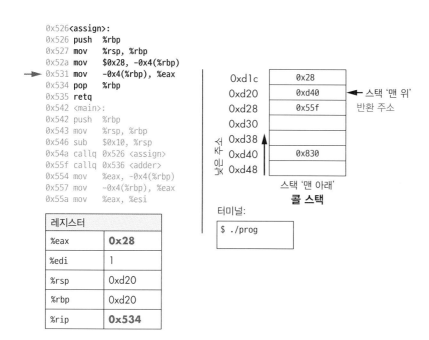

```
0x526<assign>:
0x526 push   %rbp
0x527 mov    %rsp, %rbp
0x52a mov    $0x28, -0x4(%rbp)
0x531 mov    -0x4(%rbp), %eax
0x534 pop    %rbp
0x535 retq
0x542 <main>:
0x542 push   %rbp
0x543 mov    %rsp, %rbp
0x546 sub    $0x10, %rsp
0x54a callq  0x526 <assign>
0x55f callq  0x536 <adder>
0x554 mov    %eax, -0x4(%rbp)
0x557 mov    -0x4(%rbp), %eax
0x55a mov    %eax, %esi
```

| 0xd1c | 0x28 |
| 0xd20 | 0xd40 | ◄— 스택 '맨 위'
| 0xd28 | 0x55f | 반환 주소
0xd30	
0xd38	
0xd40	0x830
0xd48	

스택 '맨 아래'
콜 스택

터미널:
```
$ ./prog
```

레지스터	
%eax	**0x28**
%edi	1
%rsp	0xd20
%rbp	0xd20
%rip	**0x534**

주소 0x531의 mov 명령은 값 $0x28을 레지스터 **%eax**에 넣는다. 이 레지스터는 함수의 반환값을 가진다. **%rip**는 assign 함수의 pop 명령을 가리킨다.

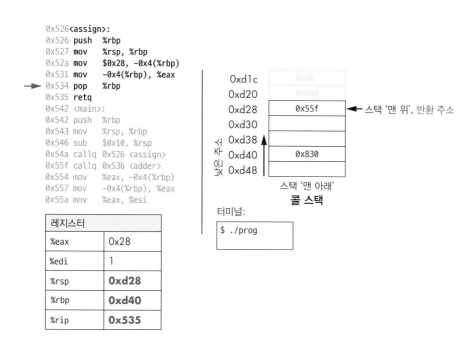

```
0x526<assign>:
0x526 push   %rbp
0x527 mov    %rsp, %rbp
0x52a mov    $0x28, -0x4(%rbp)
0x531 mov    -0x4(%rbp), %eax
0x534 pop    %rbp
0x535 retq
0x542 <main>:
0x542 push   %rbp
0x543 mov    %rsp, %rbp
0x546 sub    $0x10, %rsp
0x54a callq  0x526 <assign>
0x55f callq  0x536 <adder>
0x554 mov    %eax, -0x4(%rbp)
0x557 mov    -0x4(%rbp), %eax
0x55a mov    %eax, %esi
```

| 0xd1c | 0x28 |
| 0xd20 | 0xd40 |
| 0xd28 | 0x55f | ◄— 스택 '맨 위', 반환 주소
0xd30	
0xd38	
0xd40	0x830
0xd48	

스택 '맨 아래'
콜 스택

터미널:
```
$ ./prog
```

레지스터	
%eax	0x28
%edi	1
%rsp	**0xd28**
%rbp	**0xd40**
%rip	**0x535**

이 시점에서 assign 함수의 실행은 거의 완료된다. 다음으로 pop %rbp 명령이 실행된다. 이 명령은 %rbp의 값을 이전 값, 즉 0xd40으로 원복한다. pop 명령이 스택 포인터를 수정하므로 %rsp는 0xd28로 업데이트된다.

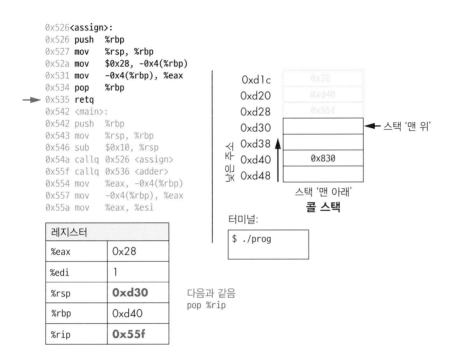

assign의 마지막 명령은 retq 명령이다. retq는 반환값을 스택에서 꺼내 레지스터 %rip로 옮긴다. 예시에서 %rip는 이제 main 함수의 주소 0x55f에 있는 callq 명령을 가리킨다.

여기서 짚고 넘어갈 중요한 사항이 있다.

- 스택 포인터와 프레임 포인터는 assign 호출 이전의 값으로 원복된다. 이는 main에 대한 스택 프레임이 다시 활성 프레임이 되는 것을 나타낸다.
- 이전 활성 스택 프레임에서 이전 값은 제거되지 않는다. 이들은 여전히 콜 스택에 남아 있다.

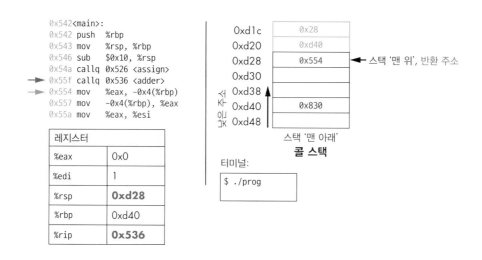

```
0x542<main>:
0x542 push    %rbp
0x543 mov     %rsp, %rbp
0x546 sub     $0x10, %rsp
0x54a callq   0x526 <assign>
0x55f callq   0x536 <adder>
0x554 mov     %eax, -0x4(%rbp)
0x557 mov     -0x4(%rbp), %eax
0x55a mov     %eax, %esi
```

레지스터	
%eax	0x0
%edi	1
%rsp	**0xd28**
%rbp	0xd40
%rip	**0x536**

main으로 돌아와서, adder를 호출하면 새로운 반환 주소(0x554)로 스택의 이전 주소를 덮어쓴다. 반환 주소는 adder가 반환한 뒤에 실행되는 다음 명령(또는 mov %eax,-0x4(%rbp))을 가리킨다. 레지스터 %rip는 adder 안에서 실행할 첫 번째 명령(주소 0x536)을 가리킨다.

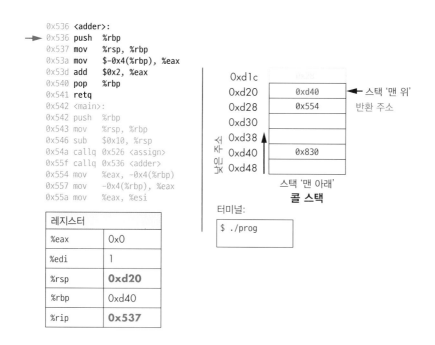

```
0x536 <adder>:
0x536 push    %rbp
0x537 mov     %rsp, %rbp
0x53a mov     $-0x4(%rbp), %eax
0x53d add     $0x2, %eax
0x540 pop     %rbp
0x541 retq
0x542 <main>:
0x542 push    %rbp
0x543 mov     %rsp, %rbp
0x546 sub     $0x10, %rsp
0x54a callq   0x526 <assign>
0x55f callq   0x536 <adder>
0x554 mov     %eax, -0x4(%rbp)
0x557 mov     -0x4(%rbp), %eax
0x55a mov     %eax, %esi
```

레지스터	
%eax	0x0
%edi	1
%rsp	**0xd20**
%rbp	0xd40
%rip	**0x537**

adder 함수의 첫 번째 명령은 호출자의 프레임 포인터(main의 %rbp)를 스택에 저장한다.

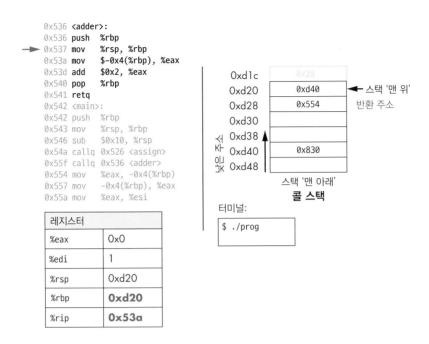

다음 명령은 현재 **%rsp**의 값(주소 0xd20)으로 **%rbp**를 업데이트한다. 이 두 명령은 adder를 위한 스택 프레임의 시작 부분을 구성한다.

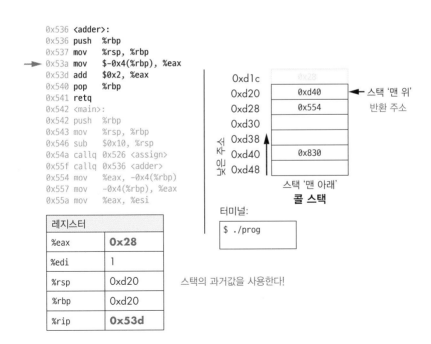

다음에 실행할 명령을 주의해 확인하자. $0x28은 assign을 호출하는 있는 동안 스택에 머문다. mov $-0x4(%rbp), %eax 명령은 스택의 오래된 값을 레지스터 %eax로 옮긴다! 프로그래머가 adder 함수의 a 변수를 초기화하면 이 동작은 일어나지 않는다.

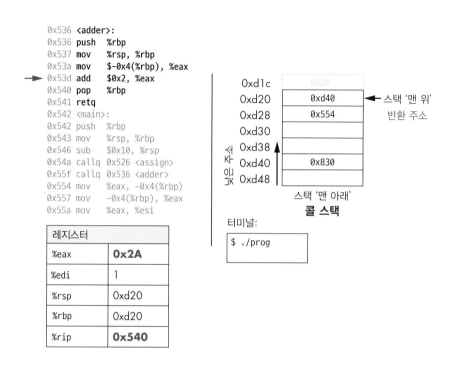

0x53d의 add 명령은 2를 레지스터 %eax에 더한다. 32비트 정수가 반환되면, x86-64는 %rax가 아니라 컴포넌트 레지스터 %eax를 활용함을 기억하자. 이 두 명령은 adder의 다음 코드와 같다.

```
int a;
return a + 2;
```

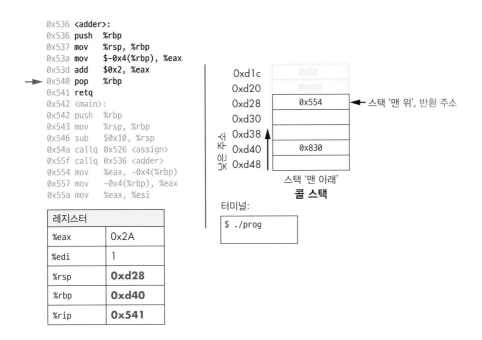

```
0x536 <adder>:
0x536 push   %rbp
0x537 mov    %rsp, %rbp
0x53a mov    $-0x4(%rbp), %eax
0x53d add    $0x2, %eax
0x540 pop    %rbp
0x541 retq
0x542 <main>:
0x542 push   %rbp
0x543 mov    %rsp, %rbp
0x546 sub    $0x10, %rsp
0x54a callq  0x526 <assign>
0x55f callq  0x536 <adder>
0x554 mov    %eax, -0x4(%rbp)
0x557 mov    -0x4(%rbp), %eax
0x55a mov    %eax, %esi
```

레지스터	
%eax	0x2A
%edi	1
%rsp	**0xd28**
%rbp	**0xd40**
%rip	**0x541**

pop을 실행한 뒤 프레임 포인터는 다시 main을 위한 스택 프레임의 처음(주소 0xd40)을 가리
킨다. 스택 포인터는 이제 주소 0xd28을 가진다.

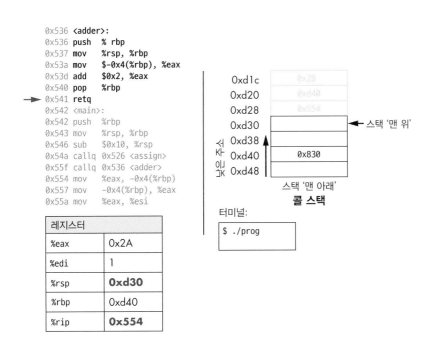

```
0x536 <adder>:
0x536 push   % rbp
0x537 mov    %rsp, %rbp
0x53a mov    $-0x4(%rbp), %eax
0x53d add    $0x2, %eax
0x540 pop    %rbp
0x541 retq
0x542 <main>:
0x542 push   %rbp
0x543 mov    %rsp, %rbp
0x546 sub    $0x10, %rsp
0x54a callq  0x526 <assign>
0x55f callq  0x536 <adder>
0x554 mov    %eax, -0x4(%rbp)
0x557 mov    -0x4(%rbp), %eax
0x55a mov    %eax, %esi
```

레지스터	
%eax	0x2A
%edi	1
%rsp	**0xd30**
%rbp	0xd40
%rip	**0x554**

retq를 실행하면 스택에서 반환 주소를 꺼내고 명령 포인터를 0x554로 원복하거나, main에서 다음에 실행할 명령의 주소를 가리키게 한다. 이제 **%rsp**에 저장된 주소는 0xd30이다.

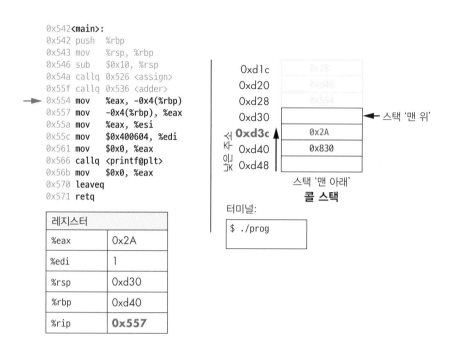

```
0x542 <main>:
0x542 push   %rbp
0x543 mov    %rsp, %rbp
0x546 sub    $0x10, %rsp
0x54a callq  0x526 <assign>
0x55f callq  0x536 <adder>
0x554 mov    %eax, -0x4(%rbp)
0x557 mov    -0x4(%rbp), %eax
0x55a mov    %eax, %esi
0x55c mov    $0x400604, %edi
0x561 mov    $0x0, %eax
0x566 callq  <printf@plt>
0x56b mov    $0x0, %eax
0x570 leaveq
0x571 retq
```

0xd1c	0x28
0xd20	0xd40
0xd28	0x554
0xd30		← 스택 '맨 위'
0xd3c	0x2A
0xd40	0x830
0xd48	

스택 '맨 아래'
콜 스택

터미널:

```
$ ./prog
```

레지스터	
%eax	0x2A
%edi	1
%rsp	0xd30
%rbp	0xd40
%rip	**0x557**

main으로 돌아와서, mov %eax, -0x4(%rbp) 명령은 %eax 안에 있는 값을 %rbp보다 4바이트 더 위(주소 0xd3c)에 놓는다. 다음 명령은 그 값을 레지스터 %eax로 되돌린다.

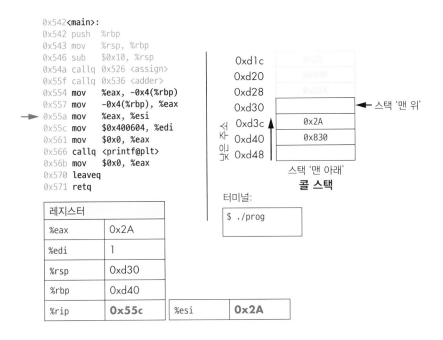

위로 조금 건너뛰어, 주소 0x55a의 mov 명령은 **%eax**(또는 0x2A)의 값을 레지스터 **%esi**에 복사한다. 이 레지스터는 32비트 컴포넌트 레지스터로 **%rsi**와 함께 있고, 일반적으로 함수의 두 번째 매개변수를 저장한다.

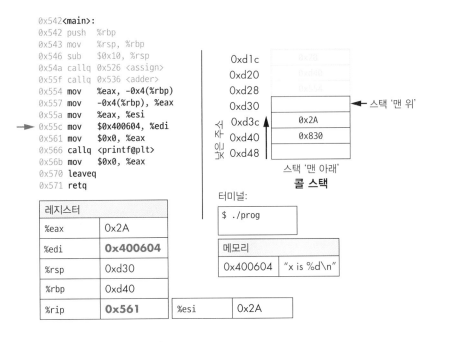

다음 명령(mov $0x400604, %edi)은 상숫값(코드 세그먼트 메모리의 주소)을 레지스터 **%edi**에 복사한다. 레지스터 **%edi**는 **%rdi**의 32비트 컴포넌트 레지스터이며, 주로 함수의 첫 번째 매개변수를 저장한다. 코드 세그먼트 메모리 주소 0x400604는 문자열 "x is %d\n"의 기본 주소다.

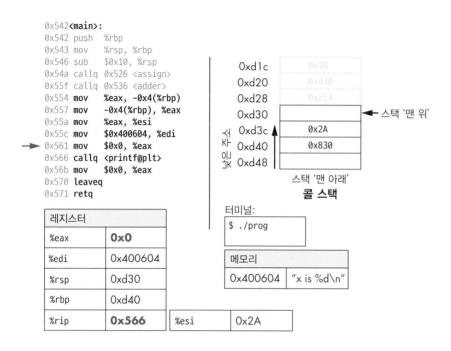

다음 명령은 레지스터 **%eax**의 값을 0으로 초기화한다. 명령 포인터는 printf 함수(라벨 <printf@plt>로 표시)의 호출을 가리킨다.

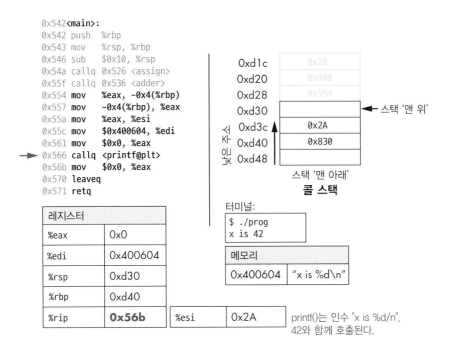

```
0x542 <main>:
0x542 push   %rbp
0x543 mov    %rsp, %rbp
0x546 sub    $0x10, %rsp
0x54a callq  0x526 <assign>
0x55f callq  0x536 <adder>
0x554 mov    %eax, -0x4(%rbp)
0x557 mov    -0x4(%rbp), %eax
0x55a mov    %eax, %esi
0x55c mov    $0x400604, %edi
0x561 mov    $0x0, %eax
0x566 callq  <printf@plt>
0x56b mov    $0x0, %eax
0x570 leaveq
0x571 retq
```

0xd1c	0x28
0xd20	0xd40
0xd28	0x554
0xd30		◄─ 스택 '맨 위'
0xd3c	0x2A
0xd40	0x830
0xd48	

낮은주소

스택 '맨 아래'

콜 스택

레지스터	
%eax	0x0
%edi	0x400604
%rsp	0xd30
%rbp	0xd40
%rip	**0x56b**

%esi	0x2A

터미널:
```
$ ./prog
x is 42
```

메모리	
0x400604	"x is %d\n"

printf()는 인수 "x is %d/n",
42와 함께 호출된다.

다음 명령은 printf 함수를 호출한다. 명료함을 위해 printf(stdio.h의 일부) 함수는 추적하지 않는다. 하지만 매뉴얼 페이지(man -s3 printf)를 통해 printf가 다음 포맷을 가짐을 알수 있다.

```
int printf(const char * format, ...)
```

다시 말해, 첫 번째 인자는 포맷을 지정하는 문자열에 대한 포인터이고, 두 번째 인자는 해당 포맷 안에서 사용될 값을 차례로 지정한다. 주소 0x55a – 0x566에서 지정된 명령은 main 함수의 다음 줄에 해당한다.

```
printf("x is %d\n", x);
```

printf 함수가 호출되면 다음이 수행된다.

- printf를 호출한 뒤에 실행되는 명령을 지정한 주소를 스택에 넣는다.
- %rbp의 값을 스택에 넣고, %rbp는 해당 스택의 맨 위, 다시 말해 printf 스택 프레임의 시작을 나타내는 값으로 업데이트된다.

일정 시점에서 printf는 인자 "x is %d\n"과 값 0x2A를 참조한다. 첫 번째 매개변수는 컴포넌트 레지스터 %edi에 저장되고, 두 번째 인자는 컴포넌트 레지스터 %esi에 저장된다. 반환 주소는 %rbp의 바로 아래 %rbp+8에 위치한다.

n개의 인자가 있는 모든 함수에 대해 GCC는 첫 6개 매개변수를 레지스터에 넣는다(표 7-17). 이후 남은 인자는 스택(반환 주소 아래)에 넣는다.

printf를 호출한 뒤, 값 0x2A는 사용자에게 정수 포맷으로 출력된다. 따라서 값 42가 화면에 출력된다!

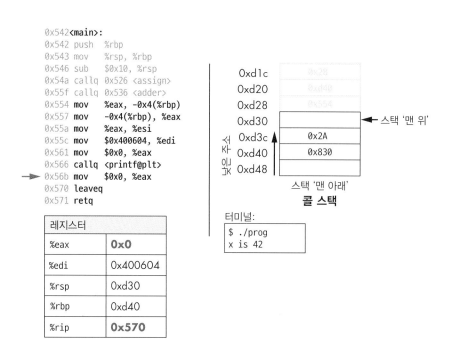

printf를 호출한 뒤, 마지막 몇 개 명령어는 스택을 정리하고 main 함수에서의 깔끔한 이탈을 준비한다. 먼저 0x56b의 mov 명령은 반환 레지스터에 0이 있음을 보장한다(main이 마지막에 한 일은 return 0이다).

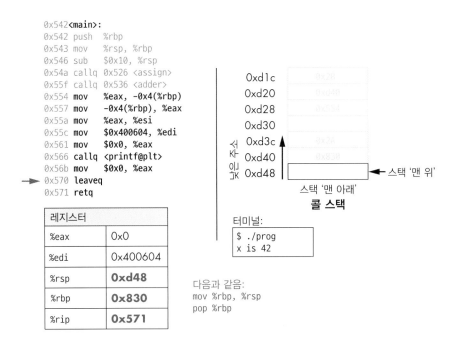

leaveq 명령은 함수 호출에서 복귀하기 위해 스택을 준비한다. leaveq는 다음 명령에 견줄 수 있다.

```
mov %rbp, %rsp
pop %rbp
```

다시 말해, CPU는 스택 포인터를 프레임 포인터로 덮어씌운다. 예시에서, 스택 포인터는 처음에 0xd30에서 0xd40으로 업데이트된다. 다음으로, CPU는 pop %rbp를 실행한다. 이 명령은 0xd40의 값(예시에서는 주소 0x830)을 %rbp 안에 저장한다. leaveq가 실행된 뒤, 스택 포인터와 프레임 포인터는 main 실행 이전의 원래 값으로 원복된다.

마지막으로 retq 명령이 실행된다. 반환 레지스터 %eax가 0x0이면 프로그램은 정상적인 종료를 나타내는 0을 반환한다.

이 절을 주의 깊게 읽었다면 작성한 프로그램이 42를 출력하는 이유를 이해할 수 있다. 근본적으로, 프로그램이 스택의 오래된 값을 잘못 사용하면 예상치 못한 방식으로 동작할 수 있다. 이 예시는 매우 안전하다. 하지만 해커들이 함수 호출을 활용해 프로그램을 실제로 이상한 방식으로 동작하게 하는 방법도 이후 절들에서 살펴보겠다.

7.6 재귀

재귀 함수는 특별한 함수 클래스로 스스로(**자기 참조**^{self-referential} 함수로도 알려짐)를 호출해 값을 계산한다. 비재귀 함수와 마찬가지로, 각 함수 호출에 대해 새로운 스택 프레임을 생성한다. 표준 함수와 달리, 그 자신을 호출한다.

1부터 n까지 양의 정수를 더하는 문제를 다시 보자. 이전 절에서 sumUp 함수를 사용해 이 작업을 완료했다. 다음 코드는 이와 비슷한 sumDown 함수다. 이 함수는 수를 역순(n에서 1로)으로 더한다. 이를 재귀 함수로 나타내면 다음과 같다.

반복적

```
int sumDown(int n) {
    int total = 0;
    int i = n;
    while (i > 0) {
        total += i;
        i--;
    }
    return total;
}
```

재귀적

```
int sumr(int n) {
    if (n <= 0) {
        return 0;
    }
    return n + sumr(n-1);
}
```

재귀 함수 sumr의 기본 케이스는 1 작은 모든 n 값에 적용된다. 재귀적 단계에서는 값 n − 1 과 함께 sumr을 호출하고, 그 결과를 n에 더한 뒤 반환한다. sumr을 컴파일하고 GDB로 디스 어셈블하면 다음의 어셈블리 코드를 얻는다.

```
Dump of assembler code for function sumr:
0x400551 <+0>:  push  %rbp                    # %rbp를 저장한다.
0x400552 <+1>:  mov   %rsp,%rbp               # %rbp를 업데이트한다(새로운 스택 프레임).
0x400555 <+4>:  sub   $0x10,%rsp             # 스택 프레임을 16바이트만큼 확장한다.
0x400559 <+8>:  mov   %edi,-0x4(%rbp)        # 첫 번째 매개변수 (n)을 %rbp-0x4로 옮긴다.
0x40055c <+11>: cmp   $0x0,-0x4(%rbp)        # n을 0과 비교한다.
0x400560 <+15>: jg    0x400569 <sumr+24>    # (n > 0)이면 <sumr+24>로 점프한다[body].
0x400562 <+17>: mov   $0x0,%eax              # 0을 %eax에 복사한다.
0x400567 <+22>: jmp   0x40057d <sumr+44>    # <sumr+44>로 점프한다[done].
0x400569 <+24>: mov   -0x4(%rbp),%eax        # n을 %eax에 복사한다(result = n).
0x40056c <+27>: sub   $0x1,%eax              # %eax에서 1을 뺀다(result -= 1).
0x40056f <+30>: mov   %eax,%edi              # %eax를 %edi에 복사한다.
0x400571 <+32>: callq 0x400551 <sumr>        # sumr을 호출한다(result).
0x400576 <+37>: mov   %eax,%edx              # 반환값을 %edx에 복사한다.
0x400578 <+39>: mov   -0x4(%rbp),%eax        # n을 %eax에 복사한다.
0x40057b <+42>: add   %edx,%eax              # sumr(result)를 n에 더한다.
0x40057d <+44>: leaveq                       # 함수에서 이탈할 준비를 한다.
0x40057e <+45>: retq                         # 결과를 반환한다.
```

이전 어셈블리 코드의 각 줄에 주석을 달았다. 이제 이와 동일한 goto를 사용한 C 프로그램과 goto를 사용하지 않은 C 프로그램을 살펴보자.

goto를 사용한 C

```
int sumr(int n) {
    int result;
    if (n > 0) {
        goto body;
    }
    result = 0;
    goto done;
```

```
body:
    result = n;
    result -= 1;
    result = sumr(result);
    result += n;
done:
    return result;
}
```

---

goto를 미사용한 C

```
int sumr(int n) {
    int result;
    if (n <= 0) {
        return 0;
    }
    result = sumr(n-1);
    result += n;
    return result;
}
```

처음에는 원래의 sumr 함수와 동일하게 보이지 않겠지만, 자세히 보면 두 함수는 실제로 동일하다.

7.6.1 애니메이션: 콜 스택 변화

연습 삼아 여러분이 직접 스택을 그리면서 값의 변화를 확인해보기 바란다. 그리고 값 3에 이 함수를 실행할 때 스택이 어떻게 업데이트되는지 알려주는 온라인 애니메이션[2]도 확인하자.

---

2 https://diveintosystems.org/book/C7-x86_64/recursion.html

7.7 배열

배열('1.5.1 배열 소개' 참조)은 타입이 같은 데이터 요소의 셋으로 순서가 있으며 메모리에 연속으로 저장된다. 정적으로 할당된 1차원 배열('2.5.1 1차원 배열' 참조)은 <type> arr[N] 형태를 띤다. <type>은 데이터 타입, arr은 배열 식별자, N은 데이터 요소 수다. 배열은 <type> arr[N]과 같이 정적으로 선언하거나 arr = malloc(N * sizeof(<type>)과 같이 동적으로 선언해 총 N × sizeof(<type>) 바이트의 메모리를 할당한다.

arr 배열의 인덱스 i인 요소에 접근할 때는 arr[i] 구문을 사용한다. 컴파일러는 주로 배열 참조를 포인터 산술 연산으로 바꾼 뒤('2.2.1 포인터 변수' 참조), 어셈블리로 전환한다. 따라서 arr+i는 &arr[i]와 같고, *(arr+i)는 arr[i]와 같다. arr에서 각 데이터 요소의 타입이 <type>이므로, arr+i는 요소 i가 주소 arr + sizeof(<type>) × i에 위치함을 의미한다.

[표 7-18]은 자주 쓰는 배열 연산과 그 어셈블리 명령을 정리한 표다. 이어지는 예시에서는 길이가 10인 int 배열 하나를 정의했다고 가정한다(int arr[10]). 레지스터 %rdx는 arr의 주소, 레지스터 %rcx는 int 타입값 i, 레지스터 %rax는 어떤 변수 x(int 타입)를 나타낸다고 가정하자. int 변수는 4바이트 공간을 차지하고, int * 변수는 8바이트 공간을 차지한다.

표 7-18 자주 사용하는 배열 연산과 그 어셈블리 표현

연산	타입	어셈블리 표현
x = arr	int *	mov %rdx,%rax
x = arr[0]	int	mov (%rdx),%eax
x = arr[i]	int	mov (%rdx,%rcx,4),%eax
x = &arr[3]	int *	lea 0xc(%rdx),%rax
x = arr+3	int *	lea 0xc(%rdx),%rax
x = *(arr+5)	int	mov 0x14(%rdx),%eax

[표 7-18]에서 각 표현식의 타입에 주의를 기울이자. 일반적으로 컴파일러는 mov 명령을 사용해 포인터를 역참조하고, lea 명령을 사용해 주소를 계산한다.

요소 arr[3](혹은 포인터 산술 연산 시 *(arr+3))에 접근하기 위해, 컴파일러는 주소 arr+3 대신 arr+3*4에 대한 메모리 룩업을 수행한다. 이를 이해하기 위해 배열에서 인덱스 i의 요소

가 주소 arr + sizeof(<type>) * i에 저장된다는 점을 상기하자. 따라서 컴파일러는 올바른 오프셋을 계산하기 위해 데이터 타입의 크기(예시에서는 4바이트, sizeof(int) = 4)만큼 곱해야 한다. 또한 메모리는 바이트 단위로 접근할 수 있다. 올바른 바이트 수만큼 오프셋을 계산하는 방식과 주소를 계산하는 방식은 동일하다. 마지막으로 int 값은 4바이트 공간만 필요로 하므로, 레지스터 %rax의 컴포넌트 레지스터 %eax에 저장된다.

예를 들어 정수 요소 10개가 있는 간단한 배열(array)을 생각해보자(그림 7-7).

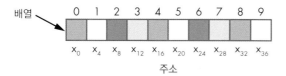

그림 7-7 정수 요소 10개가 있는 배열의 메모리 레이아웃. x_i 라벨이 붙은 상자는 4바이트를 나타낸다.

array가 정수 배열이므로, 각 요소는 정확하게 4바이트를 차지한다. 따라서 요소가 10개 있는 정수 배열은 연속적인 40바이트의 메모리를 소비한다.

요소 3의 주소를 계산하기 위해, 컴파일러는 인덱스 3과 정수 타입의 데이터 크기(4)를 곱해 오프셋 12(또는 0xc)를 계산한다. 당연히, [그림 7-7]에서 요소 3은 바이트 오프셋 x_{12}에 위치한다.

간단한 C 함수 sumArray를 살펴보자. 이 함수는 배열의 모든 요소를 더한다.

```
int sumArray(int *array, int length) {
    int i, total = 0;
    for (i = 0; i < length; i++) {
        total += array[i];
    }
    return total;
}
```

sumArray 함수는 배열의 주소(array)와 배열의 길이(length)를 받아 해당 배열의 모든 요소를 더한다. sumArray 함수와 동일한 어셈블리 코드는 다음과 같다.

```
0x400686 <+0>:  push  %rbp                          # %rbp를 저장한다.
0x400687 <+1>:  mov   %rsp,%rbp                      # %rbp를 업데이트한다(새로운 스택 프레임).
0x40068a <+4>:  mov   %rdi,-0x18(%rbp)               # array를 %rbp-0x18에 복사한다.
0x40068e <+8>:  mov   %esi,-0x1c(%rbp)               # length를 %rbp-0x1c에 복사한다.
0x400691 <+11>: movl  $0x0,-0x4(%rbp)                # 0을 %rbp-0x4에 복사한다(total).
0x400698 <+18>: movl  $0x0,-0x8(%rbp)                # 0을 %rbp-0x8에 복사한다(i).
0x40069f <+25>: jmp   0x4006be <sumArray+56>         # <sumArray+56>으로 점프한다.
0x4006a1 <+27>: mov   -0x8(%rbp),%eax                # i를 %eax에 복사한다.
0x4006a4 <+30>: cltq                                 # i를 64비트 정수로 변환한다.
0x4006a6 <+32>: lea   0x0(,%rax,4),%rdx              # i*4를 %rdx에 복사한다.
0x4006ae <+40>: mov   -0x18(%rbp),%rax               # 배열을 %rax에 복사한다.
0x4006b2 <+44>: add   %rdx,%rax                      # array+i*4를 계산하고 %rax에 저장한다.
0x4006b5 <+47>: mov   (%rax),%eax                    # array[i]를 %eax에 복사한다.
0x4006b7 <+49>: add   %eax,-0x4(%rbp)                # %eax를 total에 더한다.
0x4006ba <+52>: addl  $0x1,-0x8(%rbp)                # 1을 i에 더한다(i+=1).
0x4006be <+56>: mov   -0x8(%rbp),%eax                # i를 %eax에 복사한다.
0x4006c1 <+59>: cmp   -0x1c(%rbp),%eax               # i와 length를 비교한다.
0x4006c4 <+62>: jl    0x4006a1 <sumArray+27>         # i < length이면 <sumArray+27>로 점프한다.
0x4006c6 <+64>: mov   -0x4(%rbp),%eax                # total을 %eax에 복사한다.
0x4006c9 <+67>: pop   %rbp                           # 함수에서 이탈할 준비를 한다.
0x4006ca <+68>: retq                                 # total을 반환한다.
```

어셈블리 코드를 추적할 때는 접근하는 데이터가 주소를 나타내는지 아니면 값을 나타내는지 고려해야 한다. 예를 들어 <sumArray+11>의 명령을 실행한 결과는 %rbp-0x4이며, int 타입을 갖는 변수로 초깃값은 0으로 설정된다. 이에 비해 %rbp-0x18에 저장된 인수는 함수의 첫 번째 매개변수로(array) 정수 포인터(int *) 타입이며, 배열의 기본 메모리에 해당한다. 다른 변수(i)는 위치 %rbp-0x8에 저장된다. 마지막으로 add, mov 등의 명령 끝에 필요한 경우 크기를 나타내는 접미사가 붙는다. 상숫값을 포함하는 경우, 컴파일러는 얼마나 많은 상수 바이트가 옮겨졌는지 명시적으로 언급해야 한다.

눈치 빠른 독자라면 <sumArray+30> 줄에 처음 보는 명령어 cltq를 알아챘을 것이다. cltq 명령은 'convert long to quad'를 의미하며 %eax에 저장된 32비트 int 값을 64비트 정숫값으로 바꿔 %rax에 저장한다. 바로 뒤에 실행되는 명령이 포인터 산술 연산을 하기 때문에 이 변환 연산이 필요하다. 64비트 시스템에서 포인터는 8바이트 공간을 차지한다. 컴파일러는 cltq

를 사용해 손쉽게 모든 데이터가 32비트 컴포넌트 레지스터가 아닌 64비트 레지스터에 저장됨을 보장한다.

위치 <sumArray+32>와 <sumArray+49> 사이의 5개 명령을 살펴보자.

```
<+32>: lea 0x0(,%rax,4),%rdx    # i*4를 %rdx에 복사한다.
<+40>: mov -0x18(%rbp),%rax     # array를 %rax에 복사한다.
<+44>: add %rdx,%rax            # i*4를 array에 더하고(즉, array+i) %rax에 더한다.
<+47>: mov (%rax),%eax          # array+i*4를 역참조하고 %eax에 넣는다.
<+49>: add %eax,-0x4(%rbp)      # %eax를 total에 더한다(즉, total+=array[i]).
```

컴파일러는 일반적으로 **lea**를 사용해 피연산자에 대해 간단한 산술 연산을 수행한다. 피연산자 0x0(,%rax,4)는 %rax*4 + 0x0으로 변환된다. %rax는 i의 값을 가지므로, 이 연산은 i*4의 값을 %rdx에 복사한다. 이 시점에서 %rdx는 array[i]의 올바른 오프셋을 계산하기 위한 바이트 수를 가진다(sizeof(int) = 4).

다음 명령(mov -0x18(%rbp),%rax)은 함수의 첫 번째 인자(array의 기본 주소)를 레지스터 %rax에 복사한다. 다음 명령에서 %rdx를 %rax에 더하면, %rax는 array+i*4를 가진다. array 안의 인덱스 i의 요소는 주소 array + sizeof(<type>) * i에 저장된다. 따라서 %rax는 이제 주소 &array[i]에 대한 어셈블리 수준 계산을 포함한다.

<sumArray+47>의 명령은 %rax에 위치한 값을 **역참조하고**, array[i]의 값을 %eax에 넣는다. array[i]는 32비트 int 값을 가지므로 컴포넌트 레지스터 %eax를 사용한다! 대조적으로 변수 i는 <sumArray+30>번 줄에서 64비트로 바뀌었다. i가 **주소 계산**에 사용됐기 때문이다.

마지막으로, %eax를 %rbp-0x4 안의 값(혹은 total)에 더한다. 따라서 위치 <sumArray+22>부터 <sumArray+39>까지의 명령은 sumArray 함수의 total += array[i]에 해당한다.

7.8 행렬

행렬matrix은 2차원 배열이다. C에서 행렬은 2차원 배열로 정적으로 선언하거나(M[n][m]), malloc 호출이나 배열의 배열로 동적으로 할당할 수 있다. 그중 배열의 배열로 구현하는 방법을 살펴보자. 첫 번째 배열에는 n 요소가 있고(M[n]), 행렬의 각 요소 M[i]에 m개의 요소가 있는 배열 하나가 존재한다. 다음 코드는 4 × 3 크기의 행렬을 선언한다.

```
// 정적으로 할당된 행렬(스택에 할당됨)
int M1[4][3];

// 동적으로 할당된 행렬(프로그래머에게 익숙한 방법, 힙에 할당됨)
int **M2, i;
M2 = malloc(4 * sizeof(int*));
for (i = 0; i < 4; i++) {
    M2[i] = malloc(3 * sizeof(int));
}
```

동적으로 할당된 행렬의 경우, 주 배열은 연속된 int 포인터의 배열을 포함한다. 각 정수 포인터는 메모리의 다른 배열을 가리킨다. [그림 7-8]에 이 행렬들을 일반적으로 시각화했다.

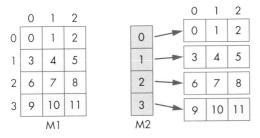

그림 7-8 정적으로 할당된 3 x 4 행렬(M1)과 동적으로 할당된 3 x 4 행렬(M2)

행렬의 할당 방법에 관계없이, (i, j) 요소는 이중 인덱싱 시스템 M[i][j]를 사용해 접근할 수 있다. M은 M1 또는 M2다. 그러나 이 행렬들은 메모리상에서의 구조가 다르다. 두 행렬은 모두 주 배열의 요소가 메모리에서 연속적으로 위치하지만, 정적으로 할당된 배열은 모든 행을 메모리의 연속적인 공간에 저장한다(그림 7-9).

그림 7-9 행렬 M1의 메모리 레이아웃(행 우선 순서)

그러나 M2에서는 연속적인 순서를 보장하지 않는다. n × m 행렬을 힙에 연속적으로 할당하기 위해서는 n × m 요소를 할당하는 단일한 `malloc`을 호출해야 한다('2.5.2 2차원 배열'의 '2차원 배열 메모리 레이아웃' 참조).

```
// 동적 행렬(힙에 할당됨, 메모리 효율 우선)
#define ROWS 4
#define COLS 3
int *M3;
M3 = malloc(ROWS * COLS * sizeof(int));
```

M3 선언에서 요소 (i, j)에는 `M[i][j]` 표기법을 사용해 접근할 수 없다. 대신 `M3[i*COLS + j]` 형식을 사용해 접근한다.

7.8.1 연속적인 2차원 배열

연속적으로 할당된(정적으로 할당되거나 메모리 효율 우선 방식으로 동적으로 할당된) 행렬을 첫 번째 매개변수로 받고, 행과 열의 수를 두 번째와 세 번째 매개변수로 받고, 행렬의 모든 값을 더해 반환하는 `summat` 함수를 생각해보자.

다음 코드는 확장된 인덱싱 방법을 사용한다. 이 방법은 정적 혹은 동적으로 할당된 연속적인 행렬 모두에 적용할 수 있기 때문이다. 앞에서 설명한 것처럼 `m[i][j]` 표기는 메모리 효율 우선 방식으로 동적으로 할당된 행렬에서는 동작하지 않는다.

```
int summat(int *m, int rows, int cols) {
    int i, j, total = 0;
    for (i = 0; i < rows; i++){
        for (j = 0; j < cols; j++){
            total += m[i*cols + j];
        }
    }
    return total;
}
```

다음은 이에 해당하는 어셈블리 코드와 각 줄의 주석이다.

```
Dump of assembler code for function sumMat:
0x400686 <+0>:     push  %rbp                      # %rbp를 저장한다.
0x400687 <+1>:     mov   %rsp,%rbp                 # %rbp를 업데이트한다(새로운 스택 프레임).
0x40068a <+4>:     mov   %rdi,-0x18(%rbp)          # m을 %rbp-0x18에 복사한다.
0x40068e <+8>:     mov   %esi,-0x1c(%rbp)          # rows를 %rbp-0x1c에 복사한다.
0x400691 <+11>:    mov   %edx,-0x20(%rbp)          # cols 매개변수를 to %rbp-0x20에 복사한다.
0x400694 <+14>:    movl  $0x0,-0x4(%rbp)           # 0을 %rbp-0x4에 복사한다(total).
0x40069b <+21>:    movl  $0x0,-0xc(%rbp)           # 0을 %rbp-0xc에 복사한다(i).
0x4006a2 <+28>:    jmp   0x4006e1 <sumMat+91>      # <sumMat+91>로 점프한다.
0x4006a4 <+30>:    movl  $0x0,-0x8(%rbp)           # 0을 %rbp-0x8에 복사한다(j).
0x4006ab <+37>:    jmp   0x4006d5 <sumMat+79>      # <sumMat+79>로 점프한다.
0x4006ad <+39>:    mov   -0xc(%rbp),%eax           # i를 %eax로 복사한다.
0x4006b0 <+42>:    imul  -0x20(%rbp),%eax          # i와 cols를 곱한 뒤 %eax에 넣는다.
0x4006b4 <+46>:    mov   %eax,%edx                 # i*cols를 %edx에 복사한다.
0x4006b6 <+48>:    mov   -0x8(%rbp),%eax           # j를 %eax에 복사한다.
0x4006b9 <+51>:    add   %edx,%eax                 # i*cols와 j를 더한 뒤 %eax에 넣는다.
0x4006bb <+53>:    cltq                            # %eax를 64비트 int로 변환한다.
0x4006bd <+55>:    lea   0x0(,%rax,4),%rdx         # (i*cols+j)와 4를 곱하고 %rdx에 넣는다.
0x4006c5 <+63>:    mov   -0x18(%rbp),%rax          # m을 %rax에 복사한다.
0x4006c9 <+67>:    add   %rdx,%rax                 # m과 (i*cols+j)*4를 더한 뒤 %rax에 넣는다.
0x4006cc <+70>:    mov   (%rax),%eax               # m[i*cols+j]를 %eax에 복사한다.
0x4006ce <+72>:    add   %eax,-0x4(%rbp)           # m[i*cols+j]와 total을 더한다.
0x4006d1 <+75>:    addl  $0x1,-0x8(%rbp)           # 1과 j를 더한다(j++).
0x4006d5 <+79>:    mov   -0x8(%rbp),%eax           # j를 %eax에 복사한다.
0x4006d8 <+82>:    cmp   -0x20(%rbp),%eax          # j와 cols를 비교한다.
0x4006db <+85>:    jl    0x4006ad <sumMat+39>      # (j < cols)이면 <sumMat+39>로 점프한다.
0x4006dd <+87>:    addl  $0x1,-0xc(%rbp)           # 1과 i를 더한다.
0x4006e1 <+91>:    mov   -0xc(%rbp),%eax           # i를 %eax에 복사한다.
0x4006e4 <+94>:    cmp   -0x1c(%rbp),%eax          # i와 rows를 비교한다.
0x4006e7 <+97>:    jl    0x4006a4 <sumMat+30>      # (i < rows)이면 <sumMat+30>로 점프한다.
0x4006e9 <+99>:    mov   -0x4(%rbp),%eax           # total을 %eax에 복사한다.
0x4006ec <+102>:   pop   %rbp                      # 스택을 정리한다.
0x4006ed <+103>:   retq                            # total을 반환한다.
```

지역 변수 i, j, total은 각각 스택에서 %rbp-0xc, %rbp-0x8, %rbp-0x4에 로드된다. 입력 매개변수 m, row, cols는 위치 %rbp-0x8, %rbp-0x1c, %rbp-0x20에 각각 저장된다. 위 내용을 기반으로 요소 (i, j)에 대한 접근을 다루는 부분만 조금 더 깊이 살펴본다.

```
0x4006ad <+39>: mov  -0xc(%rbp),%eax      # i를 %eax에 복사한다.
0x4006b0 <+42>: imul -0x20(%rbp),%eax     # i와 cols를 곱한 뒤 %eax에 넣는다.
0x4006b4 <+46>: mov  %eax,%edx            # i*cols를 %edx에 복사한다.
```

첫 번째 명령 셋은 i*cols를 계산한 뒤, 그 결과를 레지스터 %edx에 넣는다. 행렬의 이름이 matrix이므로 matrix + (i*cols)는 &matrix[i]와 같다.

```
0x4006b6 <+48>: mov  -0x8(%rbp),%eax      # j를 %eax에 복사한다.
0x4006b9 <+51>: add  %edx,%eax            # i*cols와 j를 더한 뒤 %eax에 넣는다.
0x4006bb <+53>: cltq                      # %eax를 64비트 int로 변환한다.
0x4006bd <+55>: lea  0x0(,%rax,4),%rdx    # (i*cols+j)와 4를 곱한 뒤 %rdx에 넣는다.
```

다음 명령 셋은 (i*cols + j)*4를 계산한다. 컴파일러는 인덱스 i*cols+j와 4를 곱한다. 행렬의 각 요소는 4바이트 정수이므로 컴파일러는 이 계산을 사용해 올바른 오프셋을 계산한다. <summMat+53>번 줄의 cltq 명령은 %eax의 값을 64비트 정수로 부호 확장한다. 이후 주소 계산에 사용되기 때문이다.

다음 명령 셋은 계산된 오프셋과 행렬 포인터를 더하고, 이를 역참조해 요소 (i, j)의 값을 출력한다.

```
0x4006c5 <+63>: mov -0x18(%rbp),%rax      # m을 %rax에 복사한다.
0x4006c9 <+67>: add %rdx,%rax             # m과 (i*cols+j)*4를 더한 뒤 %rax에 넣는다.
0x4006cc <+70>: mov (%rax),%eax           # m[i*cols+j]을 %eax에 복사한다.
0x4006ce <+72>: add %eax,-0x4(%rbp)       # m[i*cols+j]과 total을 더한다.
```

첫 번째 명령은 행렬 m의 주소를 레지스터 %rax에 로드한다. add 명령은 (i*cols + j)*4를 m의 주소에 더해 요소 (i, j)의 올바른 오프셋을 계산한다. 세 번째 명령은 %rax에 저장된 주소를 역참조하고, 그 값을 %eax에 넣는다. 대상 레지스터로 %eax를 사용한다는 점에 주목한다. 다루는 행렬은 정수를 포함하고, 정수는 4바이트 공간을 차지하므로 %rax 대신 컴포넌트 레지스터 %eax를 다시 사용한다.

마지막 명령은 %eax의 값을 스택 주소 %rbp-0x4에 위치한 total에 더한다.

요소 (1, 2)에 접근하는 방식을 생각해보자(그림 7-9). 편의를 위해 해당 그림을 [그림 7-10]에 불러왔다.

그림 7-10 행렬 M1의 메모리 레이아웃(행 우선 순서)

요소 (1, 2)는 주소 M1 + 1*COLS + 2에 위치한다. COLS = 3이므로 요소 (1, 2)는 M1+5와 일치한다. 이 위치의 요소에 접근하기 위해, 컴파일러는 5와 int 데이터 타입의 크기(4바이트)를 곱해야 한다. 그 결과 오프셋은 M1+20이며 그림의 x_{20} 바이트와 일치한다. 이 위치를 역참조하면 요소 5가 되며, 이는 실제 행렬의 요소 (1, 2)가 된다.

7.8.2 비연속적 행렬

비연속적 행렬의 구현은 조금 더 복잡하다. [그림 7-11]은 메모리상에서 M2의 형태를 나타낸다.

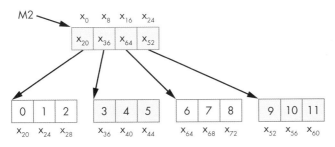

그림 7-11 행렬 M2의 비연속적 메모리 레이아웃

포인터의 배열은 연속적이고, M2의 각 요소가 가리키는 배열(즉, M2[i])도 연속적이다. 그러나 개별 배열은 서로 연속적이지 않다. M2가 포인터의 배열이므로, M2의 각 요소는 8바이트 공간을 차지한다. 한편, M2[i]가 int 배열이므로, M2[i]의 각 요소는 4바이트씩 떨어져 있다.

다음 예시의 summMatrix 함수는 정수 포인터의 배열 하나(matrix)를 첫 번째 매개변수로 받고, 행의 수와 열의 수를 각각 두 번째 매개변수와 세 번째 매개변수로 받는다.

```
int sumMatrix(int **matrix, int rows, int cols) {
    int i, j, total=0;

    for (i = 0; i < rows; i++) {
        for (j = 0; j < cols; j++) {
            total += matrix[i][j];
        }
    }
    return total;
}
```

이 함수는 앞에서 소개한 summMat 함수와 거의 동일해 보이지만, 함수가 포인터들의 배열을 인수 행렬로 받는다는 점에서 다르다. 각 포인터는 분리된 연속적인 배열의 주소를 가지는데, 이는 행렬의 분리된 각 행과 일치한다.

sumMatrix에 상응하는 어셈블리는 다음과 같다. 어셈블리 코드의 각 줄에 주석을 달았다.

```
Dump of assembler code for function sumMatrix:
0x4006ee <+0>:    push   %rbp                      # %rbp를 저장한다.
0x4006ef <+1>:    mov    %rsp,%rbp                  # %rbp를 업데이트한다(새 스택 프레임).
0x4006f2 <+4>:    mov    %rdi,-0x18(%rbp)          # matrix를 %rbp-0x18에 복사한다.
0x4006f6 <+8>:    mov    %esi,-0x1c(%rbp)          # rows를 %rbp-0x1c에 복사한다.
0x4006f9 <+11>:   mov    %edx,-0x20(%rbp)          # cols를 %rbp-0x20에 복사한다.
0x4006fc <+14>:   movl   $0x0,-0x4(%rbp)          # 0을 %rbp-0x4에 복사한다(total).
0x400703 <+21>:   movl   $0x0,-0xc(%rbp)          # 0을 %rbp-0xc에 복사한다(i).
0x40070a <+28>:   jmp    0x40074e <sumMatrix+96>  # <sumMatrix+96>으로 점프한다.
0x40070c <+30>:   movl   $0x0,-0x8(%rbp)          # 0을 %rbp-0x8에 복사한다(j).
```

```
0x400713 <+37>:    jmp    0x400742 <sumMatrix+84>   # <sumMatrix+84>로 점프한다.
0x400715 <+39>:    mov    -0xc(%rbp),%eax           # i를 %eax에 복사한다.
0x400718 <+42>:    cltq                             # i를 64비트 정수로 변환한다.
0x40071a <+44>:    lea    0x0(,%rax,8),%rdx         # i와 8을 곱한 뒤 %rdx에 넣는다.
0x400722 <+52>:    mov    -0x18(%rbp),%rax          # matrix를 %rax에 복사한다.
0x400726 <+56>:    add    %rdx,%rax                 # i*8 + matrix를 %rax에 넣는다.
0x400729 <+59>:    mov    (%rax),%rax               # matrix[i]를 %rax에 복사한다(ptr).
0x40072c <+62>:    mov    -0x8(%rbp),%edx           # j를 %edx에 복사한다.
0x40072f <+65>:    movslq %edx,%rdx                 # j를 64비트 정수로 변환한다.
0x400732 <+68>:    shl    $0x2,%rdx                 # j와 4를 곱한 뒤 %rdx에 넣는다.
0x400736 <+72>:    add    %rdx,%rax                 # j*4 + matrix[i]를 %rax에 넣는다.
0x400739 <+75>:    mov    (%rax),%eax               # matrix[i][j]를 %eax에 넣는다.
0x40073b <+77>:    add    %eax,-0x4(%rbp)           # matrix[i][j]와 total을 더한다.
0x40073e <+80>:    addl   $0x1,-0x8(%rbp)           # 1과 j를 더한다(j++).
0x400742 <+84>:    mov    -0x8(%rbp),%eax           # j를 %eax에 복사한다.
0x400745 <+87>:    cmp    -0x20(%rbp),%eax          # j와 cols를 비교한다.
0x400748 <+90>:    jl     0x400715 <sumMatrix+39>   # j<cols이면 <sumMatrix+39>로
                                                    # 점프한다.
0x40074a <+92>:    addl   $0x1,-0xc(%rbp)           # 1과 i를 더한다(i++).
0x40074e <+96>:    mov    -0xc(%rbp),%eax           # i를 %eax에 복사한다.
0x400751 <+99>:    cmp    -0x1c(%rbp),%eax          # i와 rows를 비교한다.
0x400754 <+102>:   jl     0x40070c <sumMatrix+30>   # i<rows이면 <sumMatrix+30>로
                                                    # 점프한다.
0x400756 <+104>:   mov    -0x4(%rbp),%eax           # total을 %eax에 복사한다.
0x400759 <+107>:   pop    %rbp                      # %rbp를 원복한다.
0x40075a <+108>:   retq                             # total을 반환한다.
```

변수 i, j, total은 각각 스택 주소 %rbp-0xc, %rbp-0x8, %rbp-0x4에 저장된다. 입력 매개변수 m, row, cols는 각각 위치 %rbp-0x8, %rbp-0x1c, %rbp-0x20에 저장된다.

요소 (i, j) 혹은 matrix[i][j]에 대한 접근을 다루는 부분만 조금 더 깊이 살펴본다.

```
0x400715 <+39>:    mov    -0xc(%rbp),%eax           # i를 %eax에 복사한다.
0x400718 <+42>:    cltq                             # i를 64비트 정수로 변환한다.
0x40071a <+44>:    lea    0x0(,%rax,8),%rdx         # i와 8을 곱한 뒤 %rdx에 저장한다.
0x400722 <+52>:    mov    -0x18(%rbp),%rax          # matrix를 %rax에 복사한다.
```

```
0x400726 <+56>: add    %rdx,%rax          # i*8과 matrix를 더한 뒤 %rax에 넣는다.
0x400729 <+59>: mov    (%rax),%rax        # matrix[i]를 %rax에 복사한다(pointer).
```

예시의 5개 명령은 matrix[i] 또는 *(matrix+i)을 계산한다. matrix[i]는 포인터가 하나이므로 i가 우선 64비트 정수로 변환된다. 다음으로 컴파일러는 i와 8을 곱한 뒤, 그 결괏값을 matrix와 더해 올바른 주소 오프셋을 계산한다(포인터는 8바이트 공간을 차지한다). <sumMatrix+59>의 명령어는 이후 계산된 주소를 역참조해 요소 matrix[i]를 얻는다.

matrix가 int 포인터 배열이므로, matrix[i]에 위치한 요소는 자체가 int 포인터다. matrix[i]의 j번째 요소는 matrix[i] 배열의 j × 4 오프셋에 위치한다.

다음 명령 셋은 matrix[i] 배열의 j번째 요소를 추출한다.

```
0x40072c <+62>: mov    -0x8(%rbp),%edx     # j를 %edx에 복사한다.
0x40072f <+65>: movslq %edx,%rdx           # j를 64비트 정수로 변환한다.
0x400732 <+68>: shl    $0x2,%rdx           # j와 4를 곱한 뒤 %rdx에 넣는다.
0x400736 <+72>: add    %rdx,%rax           # j*4와 matrix[i]를 더한 뒤 %rax에 넣는다.
0x400739 <+75>: mov    (%rax),%eax         # matrix[i][j]를 %eax에 복사한다.
0x40073b <+77>: add    %eax,-0x4(%rbp)     # matrix[i][j]와 total을 더한다.
```

이 코드의 첫 번째 명령은 변수 j를 레지스터 %edx에 로드한다. <sumMatrix+65>의 movslq 명령은 %edx를 64비트 정수로 변환하고, 그 결과를 64비트 레지스터 %rdx에 저장한다. 다음으로, 컴파일러는 왼쪽 시프트(shl) 명령을 사용해 j와 4를 곱한 뒤, 그 결과를 레지스터 %rdx에 저장한다. 마지막으로, 컴파일러는 결괏값을 matrix[i]에 위치한 주소에 더해 요소 matrix[i][j]의 주소를 얻는다. <sumMatrix+75>와 <sumMatrix+77>의 명령은 matrix[i][j]의 값을 얻은 뒤, 해당 값과 total을 더한다.

[그림 7-11]을 다시 보면서 M2[1][2]에 접근하는 경우를 생각해보자. 편의를 위해 같은 그림을 [그림 7-12]에 불러왔다.

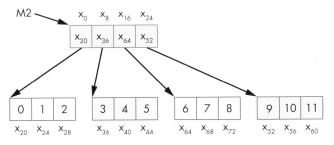

그림 7-12 행렬 M2의 비연속적 메모리 레이아웃

M2는 메모리 위치 x_0에서 시작한다. 먼저 컴파일러는 1에 8(sizeof(int *))을 곱해 M2의 주소(x_0)에 더해 M2[1]의 주소 x_8를 만든다. 이 주소를 역참조하면 M2[1] 또는 x_{36}과 관련된 주소를 얻는다. 다음으로, 컴파일러는 인덱스 2에 4(sizeof(int))를 곱한 뒤, 그 결과(8)를 x_{36}에 더해 x_{44}를 구한다. 주소 x_{44}를 역참조하면 값 5를 얻는다. [그림 7-11]에서도 M2[1][2]의 값이 5임을 확인할 수 있다.

7.9 어셈블리에서의 구조체

struct는 C에서 데이터 타입의 컬렉션을 만드는 또 다른 방법이다('2.7 C 구조체' 참조). 배열과 달리 구조체는 다른 데이터 타입을 그루핑할 수 있다. C는 struct로 만든 구조체 1차원 배열과 같이 저장하며, 데이터 요소(필드field)는 연속적으로 저장된다. 1장에 제시된 struct studentT를 다시 살펴보자.

```
struct studentT {
    char name[64];
    int  age;
    int  grad_yr;
    float gpa;
};


struct studentT student;
```

[그림 7-13]은 **student**가 메모리에 놓인 상태다. 각 x_i는 특정한 필드의 주소를 나타낸다.

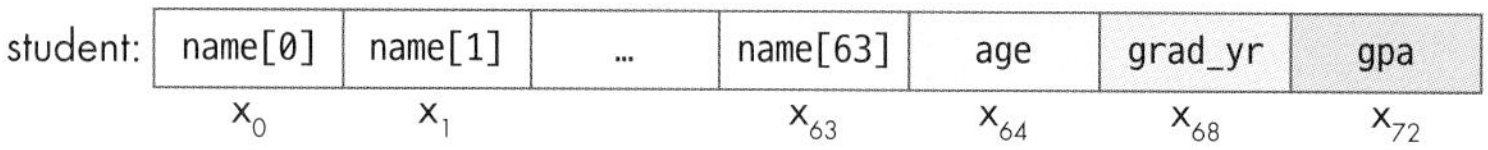

student:	name[0]	name[1]	...	name[63]	age	grad_yr	gpa
	x_0	x_1		x_{63}	x_{64}	x_{68}	x_{72}

그림 7-13 struct studentT의 메모리 레이아웃

필드들은 선언된 순서에 따라 메모리에 연속적으로 저장된다. [그림 7-13]에서 age 필드의 메모리 위치는 name 필드 바로 뒤(바이트 오프셋 x_{64})이며, 그 뒤로 grad_yr(바이트 오프셋 x_{68})과 gpa(바이트 오프셋 x_{72}) 필드가 위치한다. 이 메모리 구조는 필드에 효율적으로 접근할 수 있다.

함수 initStudent를 통해 컴파일러가 구조체를 다루는 어셈블리를 생성하는 방법에 관해 살펴본다.

```c
void initStudent(struct studentT *s, char *nm, int ag, int gr, float g) {
    strncpy(s->name, nm, 64);
    s->grad_yr = gr;
    s->age = ag;
    s->gpa = g;
}
```

initStudent 함수는 struct studentT의 기본 주소를 첫 번째 매개변수, 그 외 필요한 필드를 각각 나머지 매개변수로 받는다. 다음은 이 함수의 어셈블리 코드다.

```
Dump of assembler code for function initStudent:
0x4006aa <+0>:   push   %rbp                  # rbp를 저장한다.
0x4006ab <+1>:   mov    %rsp,%rbp             # rbp를 업데이트한다(새로운 스택 프레임).
0x4006ae <+4>:   sub    $0x20,%rsp            # 32바이트를 스택 프레임에 더한다.
0x4006b2 <+8>:   mov    %rdi,-0x8(%rbp)       # 첫 번째 매개변수(s)를
                                              # %rbp-0x8에 복사한다
0x4006b6 <+12>:  mov    %rsi,-0x10(%rbp)      # 두 번째 매개변수(nm)를
                                              # %rpb-0x10에 복사한다(nm).
```

```
0x4006ba <+16>: mov    %edx,-0x14(%rbp)    # 세 번째 매개변수(ag)를
                                           # %rbp-0x14에 복사한다.
0x4006bd <+19>: mov    %ecx,-0x18(%rbp)    # 네 번째 매개변수(gr)를
                                           # %rbp-0x18에 복사한다.
0x4006c0 <+22>: movss %xmm0,-0x1c(%rbp)   # 다섯 번째 매개변수(g)를
                                           # %rbp-0x1c에 복사한다.
0x4006c5 <+27>: mov    -0x8(%rbp),%rax     # s를 %rax에 복사한다.
0x4006c9 <+31>: mov    -0x10(%rbp),%rcx    # nm을 %rcx에 복사한다.
0x4006cd <+35>: mov    $0x40,%edx          # 0x40(또는 64)를 %edx에 복사한다.
0x4006d2 <+40>: mov    %rcx,%rsi           # nm을 %rsi에 복사한다.
0x4006d5 <+43>: mov    %rax,%rdi           # s를 %rdi에 복사한다.
0x4006d8 <+46>: callq 0x400460 <strncpy@plt> # strncpy(s->name, nm, 64)를 호출한다.
0x4006dd <+51>: mov    -0x8(%rbp),%rax     # s를 %rax에 복사한다.
0x4006e1 <+55>: mov    -0x18(%rbp),%edx    # gr을 %edx에 복사한다.
0x4006e4 <+58>: mov    %edx,0x44(%rax)     # gr을 %rax+0x44에
                                           # 복사한다(s->grad_yr).
0x4006e7 <+61>: mov    -0x8(%rbp),%rax     # s를 %rax에 복사한다.
0x4006eb <+65>: mov    -0x14(%rbp),%edx    # ag를 %edx에 복사한다.
0x4006ee <+68>: mov    %edx,0x40(%rax)     # ag를 %rax+0x40에 복사한다(s->age).
0x4006f1 <+71>: mov    -0x8(%rbp),%rax     # s를 %rax에 복사한다.
0x4006f5 <+75>: movss -0x1c(%rbp),%xmm0   # g를 %xmm0에 복사한다.
0x4006fa <+80>: movss %xmm0,0x48(%rax)    # g를 %rax+0x48에 복사한다.
0x400700 <+86>: leaveq                     # 함수에서 이탈할 준비를 한다.
0x400701 <+87>: retq                       # (void func, %rax ignored)를 반환한다.
```

이 코드를 이해하려면 각 필드의 바이트 오프셋에 주목해야 한다. 다음 사항을 유념한다.

strncpy를 호출할 때 s의 name 필드의 기본 주소, 배열 nm의 주소, 길이 지정자를 매개변수로 전달한다. name이 struct studentT의 첫 번째 필드이므로 주소 s는 s->name의 주소와 같다.

```
0x4006b2 <+8>:  mov    %rdi,-0x8(%rbp)     # 첫 번째 매개변수(s)를
                                           # %rbp-0x8에 복사한다.
0x4006b6 <+12>: mov    %rsi,-0x10(%rbp)    # 두 번째 매개변수(nm)를
                                           # %rpb-0x10에 복사한다.
0x4006ba <+16>: mov    %edx,-0x14(%rbp)    # 세 번째 매개변수(ag)를
                                           # %rbp-0x14에 복사한다.
```

```
0x4006bd <+19>: mov    %ecx,-0x18(%rbp)          # 네 번째 매개변수(gr)를
                                                 # %rbp-0x18에 복사한다.
0x4006c0 <+22>: movss %xmm0,-0x1c(%rbp)          # 다섯 번째 매개변수(g)를
                                                 # %rbp-0x1c에 복사한다.
0x4006c5 <+27>: mov    -0x8(%rbp),%rax           # s를 %rax에 복사한다.
0x4006c9 <+31>: mov    -0x10(%rbp),%rcx          # nm을 %rcx에 복사한다.
0x4006cd <+35>: mov    $0x40,%edx                # 0x40(혹은 64)를 %edx에 복사한다.
0x4006d2 <+40>: mov    %rcx,%rsi                 # nm을 %rsi에 복사한다.
0x4006d5 <+43>: mov    %rax,%rdi                 # s를 %rdi에 복사한다.
0x4006d8 <+46>: callq 0x400460 <strncpy@plt>    # strcnpy(s->name, nm, 64)를 호출한다.
```

앞에서 설명하지 않은 레지스터(%xmm0)와 명령(movss)이 보인다. %xmm0는 부동 소수점 값을 위해 예약된 레지스터 예시다. movss는 스택으로 옮겨진 데이터가 단일 정밀도 부동 소수점single-precision floating point임을 의미한다.

다음 부분(<initStudent+51>부터 <initStudent+58>까지의 명령)에서는 gr 매개변수의 값을 s의 시작부터 오프셋 0x44(혹은 68) 위치에 놓는다. [그림 7-13]의 메모리 레이아웃을 보면 이 주소는 s->grad_yr와 일치한다.

```
0x4006dd <+51>: mov    -0x8(%rbp),%rax           # s를 %rax에 복사한다.
0x4006e1 <+55>: mov    -0x18(%rbp),%edx          # gr을 %edx에 복사한다.
0x4006e4 <+58>: mov    %edx,0x44(%rax)           # gr을 %rax+0x44에
                                                 # 복사한다(s->grad_yr).
```

다음 부분(<initStudent+61>부터 <initStudent+68>까지의 명령)에서는 ag 매개변수를 struct의 s->age에 복사한다(s의 주소에서 오프셋 0x40 혹은 64에 위치한다).

```
0x4006e7 <+61>: mov    -0x8(%rbp),%rax           # s를 %rax에 복사한다.
0x4006eb <+65>: mov    -0x14(%rbp),%edx          # ag를 %edx에 복사한다.
0x4006ee <+68>: mov    %edx,0x40(%rax)           # ag를 %rax+0x40에 복사한다(s->age).
```

마지막으로, g 매개변수 값은 struct의 s->gpa 필드(바이트 오프셋 72 또는 0x48)에 복사된다. %xmm0 레지스터를 사용하는 이유는 위치 %rbp-0x1c의 데이터가 단일 정밀도 부동 소수점이기 때문이다.

```
0x4006f1 <+71>: mov    -0x8(%rbp),%rax       # s를 %rax에 복사한다.
0x4006f5 <+75>: movss -0x1c(%rbp),%xmm0      # g를 %xmm0에 복사한다.
0x4006fa <+80>: movss %xmm0,0x48(%rax)       # g를 %rax+0x48에 복사한다.
```

7.9.1 데이터 정렬과 구조체

다음의 수정된 struct studentTM 선언을 살펴보자.

```
struct studentTM {
    char name[63]; // 64 대신 63으로 업데이트한다.
    int  age;
    int  grad_yr;
    float gpa;
};

struct studentTM student2;
```

name의 크기는 원래의 64 대신 63바이트로 수정됐다. 이 수정이 struct가 메모리에 놓이는 것에 미치는 영향을 알아보자. [그림 7-14]와 같이 시각화한다.

그림 7-14 업데이트된 struct studentTM의 잘못된 메모리 레이아웃. name 필드가 64에서 63바이트로 줄었다.

그림에서 age 필드는 name 필드의 바로 다음 바이트에 나타난다. 하지만 이는 올바르지 않다. [그림 7-15]가 메모리의 실제 레이아웃을 나타낸다.

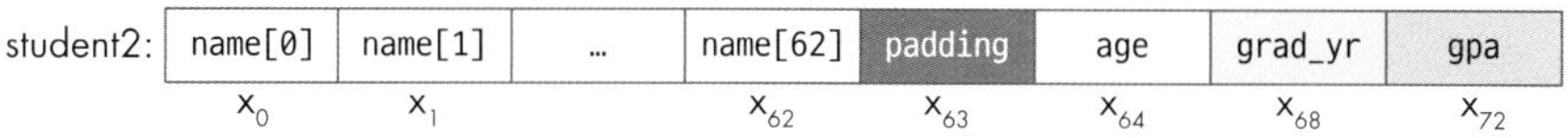

student2: | name[0] | name[1] | ... | name[62] | padding | age | grad_yr | gpa |

x_0 x_1 x_{62} x_{63} x_{64} x_{68} x_{72}

그림 7-15 업데이트된 struct studentTM의 올바른 메모리 레이아웃. 컴파일러는 메모리 할당 제약을 만족하기 위해 바이트 x_{63}을 추가한다. 추가된 바이트는 어떤 필드에도 해당하지 않는다.

x64의 정렬 정책에서는 2바이트 데이터 타입(예, short)이 2바이트 정렬 주소에, 4바이트 데이터 타입(예, int, float, 및 unsigned)이 4바이트 정렬 주소에 위치할 것을 요구한다. 더 큰 데이터 타입(long, double, 포인터 데이터)은 8바이트 정렬 주소에 위치한다. struct의 경우, 컴파일러는 각 필드가 정렬 요구 사항을 만족하도록 필드 사이에 빈 바이트를 패딩으로 붙인다. 예를 들어 [그림 7-15]에서 선언된 struct에서는 컴파일러가 바이트 x_{63}을 패딩으로 붙여 age 필드가 4의 배수인 주소에서 시작되도록 보장한다. 메모리에 적절하게 정렬된 값은 단일 연산으로 읽거나 쓸 수 있으므로 효율성이 높아진다.

struct를 다음과 같이 정의하면 어떤 일이 생길지 생각해보자.

```
struct studentTM {
    int  age;
    int  grad_yr;
    float gpa;
    char name[63];
};


struct studentTM student3;
```

name 배열을 마지막으로 옮기면 age, grad_yr, gpa가 4바이트로 정렬된다. 대부분의 컴파일러는 struct의 마지막에 있는 보충용 바이트를 제거한다. 하지만 struct가 배열이라는 컨텍스트에서 계속 사용되므로(struct studentTM courseSection[20];), 컴파일러는 배열의 각 struct 사이에 패딩으로 보충용 바이트를 추가함으로써 정렬 요구 사항의 만족을 보장한다.

7.10 실제 사례: 버퍼 오버플로

C 언어에서는 배열 경계 확인을 자동으로 하지 않는다. 배열 경계 밖의 메모리에 접근하면 문제가 발생할 수 있으며, 종종 세그멘테이션 폴트 같은 에러를 일으킨다. 그러나 영리한 공격자는 의도적으로 배열의 경계(**버퍼**buffer로 알려짐)를 넘는 악의적인 코드를 삽입해 프로그램이 의도하지 않은 실행을 하게 만든다. 최악의 경우 공격자는 루트 권한 또는 운영 체제 수준에서 컴퓨터 시스템에 접근할 수 있는 권한을 부여하는 코드를 실행할 수 있다. 프로그램에 존재하는 버퍼 오버런 에러를 활용한 공격을 **버퍼 오버플로 악용**buffer overflow exploit이라고 한다.

이 절에서는 GDB와 어셈블리 언어를 사용해 버퍼 오버플로 악용의 메커니즘을 파악한다. 이 장을 마저 읽기 전에 '3.5 어셈블리 코드 디버깅'을 읽기 바란다.

7.10.1 유명한 버퍼 오버플로 악용 사례

버퍼 오버플로 착취는 1980년대에 발생했으며, 2000년대 초반까지 컴퓨팅 업계의 주요한 골칫거리였다. 오늘날 많은 너비 조정 운영 체제가 단순한 버퍼 오버플로 공격에 대비한 보호 수단을 갖췄지만, 프로그래밍 부주의로 생기는 에러에는 너비 조정 프로그램이 무방비 상태로 광범한 위험에 노출돼있다. 최근 스카이프Skype[3], 안드로이드Android[4], 구글 크롬Google Chrome[5]과 여타 소프트웨어에서 버퍼 오버플로 악용이 발견됐다.

다음은 역사적으로 유명한 버퍼 오버플로 악용 사례다.

모리스 웜

모리스 웜[6]은 MIT(코넬의 재학생이 작성했음을 숨기기 위해)의 ARPANet에서 1998년에 릴리스되어 유닉스 핑거 대몬(fingerd)에 존재하는 버퍼 오버런 취약점을 착취했다. **대몬**은 리

---

3 Mohit Kumar, "Critical Skype Bug Lets Hackers Remotely Execute Malicious Code," https://thehackernews.com/2017/06/skype-crash-bug.html, 2017.

4 Tamir Zahavi–Brunner, "CVE–2017–13253: Buffer overflow in multiple Android DRM services," https://blog.zimperium.com/cve-2017-13253-buffer-overflow-multiple-android-drm-services, 2018.

5 Tom Spring, "Google Patches 'High Severity' Browser Bug," https://threatpost.com/google-patches-high-severity-browser-bug/128661, 2017.

6 Christopher Kelty, "The Morris Worm," Limn Magazine, Issue 1: Systemic Risk, 2011. https://limn.it/articles/the-morris-worm

눅스나 기타 유사 유닉스 시스템에서 일종의 프로세스로 백그라운드에서 지속적으로 실행되며 보통 청소나 모니터링을 수행한다. fingerd는 컴퓨터나 사람에게 사용자 친화적인 보고서를 반환한다. 이 웜은 같은 컴퓨터에 보고를 여러 차례 보내는 복제 메커니즘을 통해 대상 시스템을 사용 불가한 교착 상태에 빠뜨린다. 비록 저작자는 웜이 위해하지 않은 지적 습작이라 선언했지만, 복제 메커니즘을 타고 쉽사리 퍼져 나간 웜을 제거하기는 어려웠다. 이후 버퍼 오버플로를 악용해 시스템에 허가되지 않는 권한을 취득하는 웜까지 생겨났다. Code Red(2001), MS-SQL Slammer(2003), W32/Blaster(2003) 등이 유명한 사례다.

AOL 챗 전쟁

전 마이크로소프트 엔지니어인 데이비드 아우어바흐[7]는 버퍼 오버플로에 관한 그의 경험을 세세하게 설명했다. 그는 1990년대 후반 마이크로소프트의 메신저 서비스Microsoft's Messenger Service(MMS)와 AOL 인스턴스 메신저(AIM)를 통합하고자 노력했다. 당시 AIM은 친구나 가족과 인스턴스 메시지Instant Message(IM)를 보낼 수 있는 유일한 서비스였다. 판로를 찾고 있던 마이크로소프트는 MMS 사용자들이 AIM의 '친구들'에게 메시지를 보낼 수 있는 기능을 MMS에 추가하고자 했다. 달갑지 않은 상황을 마주한 AOL은 MMS가 AOL 서버에 접근하지 못하도록 패치를 적용했다. 마이크로소프트 엔지니어들은 MMS 클라이언트로 하여금 AIM 클라이언트가 AOL 서버에 보내는 메시지를 조작하는 방법을 찾아내게 했고, 그 결과 AOL은 수신한 메시지가 MMS에서 온 것인지 AIM에서 온 것인지 구분하기가 어렵게 됐다. AOL은 AIM이 메시지 전송 방식을 바꾸 대응했고, MMS 엔지니어들은 이에 맞서 MMS 클라이언트 메시지를 AIM의 방식에 맞게 다시 변경했다. 이 '채팅 전쟁chat war'은 AOL이 자신들의 클라이언트에 존재하는 버퍼 오버플로 에러를 이용해 AIM 클라이언트 메시지를 검증하게 될 때까지 지속됐다. MMS 클라이언트에 동일한 취약점이 없었기 때문에, AOL의 승리로 채팅 전쟁은 끝났다.

7.10.2 살펴보기: 추측 게임

버퍼 오버플로 공격의 메커니즘을 이해하기 위해, 사용자가 프로그램과 함께 추측 게임을 하는 간단한 실행 프로그램을 소개한다. secret 실행 파일[8]을 다운로드한 뒤 tar로 압축을 푼다.

7　David Auerbach, "Chat Wars: Microsoft vs. AOL," NplusOne Magazine, Issue 19, Spring 2014. https://nplusonemag.com/issue-19/essays/chat-wars

8　https://diveintosystems.org/book/C7-x86_64/_attachments/secretx86-64.tar.gz

```
$ tar -xzvf secretx86-64.tar.gz
```

다음은 해당 실행 파일과 관련된 메인 파일이다.

main.c

```
#include <stdio.h>
#include <stdlib.h>
#include "other.h" // secret 함수 정의를 포함한다.

/* You Win! 메시지를 출력한다! */
void endGame(void) {
    printf("You win!\n");
    exit(0);
}

/* 게임의 main 함수 */
int main() {
    int guess, secret, len, x=3
    char buf[12]; // 버퍼(12바이트 길이)

    printf("Enter secret number:\n");
    scanf("%s", buf); // 사용자 입력으로부터 guess를 읽는다.
    guess = atoi(buf); // 정수로 변환한다.

    secret = getSecretCode(); // getSecretCode 함수를 호출한다.

    // guess가 올바른지 확인한다.
    if (guess == secret) {
        printf("You got it right!\n");
    }
    else {
        printf("You are so wrong!\n");
        return 1; // 올바르지 않으면 종료한다.
    }

    printf("Enter the secret string to win:\n");
```

```
scanf("%s", buf); // 사용자 입력으로부터 암호 문자열을 얻는다.

guess = calculateValue(buf, strlen(buf)); // calculateValue 함수를 호출한다.

// guess가 올바른지 확인한다.
if (guess != secret) {
    printf("You lose!\n");
    return 2; // guess가 잘못되면 종료한다.
}
/* secret 문자열과 number가 모두 올바르면
call endGame()*/
endGame();

return 0;
}
```

추측 게임에서는 먼저 비밀번호와 암호 문자열을 입력한 사용자가 승리한다. 헤더 파일 other.h에는 getSecretCode와 calculateValue 함수 선언이 들어있지만, 프로그래머는 알 길이 없다. 그렇다면 사용자가 어떻게 프로그램을 깨부술 수 있을까? 생각나는 대로 해결책을 실행하기에는 너무 많은 시간이 걸린다. secret 실행 파일을 GDB로 분석하고 어셈블리를 따라가면서 비밀번호와 암호 문자열을 확인하는 전략이 있다. 어셈블리 코드를 분석해서 그 동작을 파악하는 프로세스를 어셈블리 **역엔지니어링**reverse engineering이라 부른다. GDB와 어셈블리 읽기에 능숙하다면 GDB를 사용해 그 값을 역엔지니어링해서 비밀번호와 암호 문자열을 알아낼 수 있다.

그런데 그보다 더 좋은 방법이 있다.

7.10.3 자세히 살펴보기

해당 프로그램은 첫 번째 scanf 호출에 잠재적인 버퍼 오버런 취약점이 있다. 무슨 일이 벌어지는지 이해하기 위해 GDB를 사용해 main 함수의 어셈블리 코드를 확인해보자. 또한 주소 0x0000000000400717에 중단점breaking point을 설정하자. 이 주소는 scanf를 호출하기 직전 명령의 주소다(scanf의 주소에 중단점을 설정하면 프로그램이 main 내부가 아니라 scanf 호출

내부에서 중단된다).

```
    0x00000000004006f2 <+0>:    push    %rbp
    0x00000000004006f3 <+1>:    mov     %rsp,%rbp
    0x00000000004006f6 <+4>:    sub     $0x20,%rsp
    0x00000000004006fa <+8>:    movl    $0x3,-0x4(%rbp)
    0x0000000000400701 <+15>:   mov     $0x400873,%edi
    0x0000000000400706 <+20>:   callq   0x400500 <printf@plt>
    0x000000000040070b <+25>:   lea     -0x20(%rbp),%rax
    0x000000000040070f <+29>:   mov     %rax,%rsi
    0x0000000000400712 <+32>:   mov     $0x400888,%edi
 => 0x0000000000400717 <+37>:   mov     $0x0,%eax
    0x000000000040071c <+42>:   callq   0x400540 <scanf@plt>
```

[그림 7-16]은 scanf를 호출하기 직전의 스택이다.

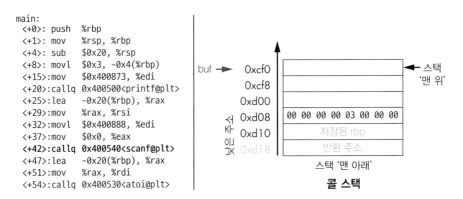

그림 7-16 scanf 호출 직전의 콜 스택

scanf 호출 전, scanf의 첫 2개 인수는 레지스터 **%edi**와 **%rsi**에 각각 미리 로드된다. 위치 <main+25>의 lea 명령은 buf 배열에 대한 참조를 만든다.

이제 사용자가 프롬프트에 1234567890을 입력했다고 가정하자. [그림 7-17]은 scanf 호출 완료 직후의 스택이다.

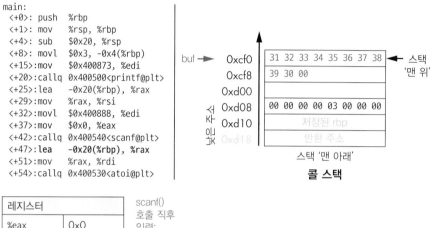

그림 7-17 입력 1234567890과 함께 scanf를 호출한 직후의 콜 스택

ASCII 인코딩의 0~9에 대한 16진수는 0x30~0x39이고, 각 스택 메모리 위치는 8바이트 길이를 갖는다. 프레임 포인터는 스택 포인터에서 32바이트 떨어져 있다. 여러분도 추적하고 있다면 GDB를 사용해 **%rbp**의 값을 출력해 확인할 수 있다(p **$rbp**). 예시에서 **%rbp**의 값은 0x7fffffffdd10이다. 다음 명령어로 **%rsp** 아래의 48바이트(16진수)를 확인할 수 있다.

```
(gdb) x /48bx $rsp
```

GDB 명령어를 실행한 결과는 다음과 유사하다.

```
(gdb) x /48bx $rsp
0x7fffffffdcf0: 0x31  0x32  0x33  0x34  0x35  0x36  0x37  0x38
0x7fffffffdcf8: 0x39  0x30  0x00  0x00  0x00  0x00  0x00  0x00
0x7fffffffdd00: 0xf0  0xdd  0xff  0xff  0xff  0x7f  0x00  0x00
0x7fffffffdd08: 0x00  0x00  0x00  0x00  0x03  0x00  0x00  0x00
0x7fffffffdd10: 0xd0  0x07  0x40  0x00  0x00  0x00  0x00  0x00
0x7fffffffdd18: 0x30  0xd8  0xa2  0xf7  0xff  0x7f  0x00  0x00
```

각 줄은 64비트 주소 1개나 32비트 주소 2개를 나타낸다. 따라서 32비트 주소 0x7fffffffdd0c
와 관련된 값은 0x7fffffffdd08을 나타내는 줄의 가장 오른쪽 4바이트에 위치한다.

NOTE_ 복수 바이트 값은 리틀 엔디안 오더로 저장된다

앞의 어셈블리 세그먼트에서 주소 0x7fffffffdd00의 바이트는 0xf0, 주소 0x7fffffffdd01의 바이트는
0xdd, 주소 0x7fffffffdd02의 바이트는 0xff, 주소 0x7fffffffdd03의 바이트는 0xff, 주소 0x7fffffffdd04
의 바이트는 0xff, 주소 0x7fffffffdd05의 바이트는 0x7f이다. 하지만 주소 0x7fffffffdd00의 64비트 값은
실제로는 0x7fffffffddf0이다. x86-64가 리틀 엔디안 시스템('4.7 정수 바이트 오더' 참조)이므로, 주소와
같은 복수 바이트 값은 뒤집힌 순서로 저장된다.

예시에서 buf의 주소는 스택의 맨 위에 위치한다. 따라서 첫 2개 주소는 입력 문자열
1234567890과 관련해 입력된 바이트를 가진다.

```
0x7fffffffdcf0: 0x31  0x32  0x33  0x34  0x35  0x36  0x37  0x38
0x7fffffffdcf8: 0x39  0x30  0x00  0x00  0x00  0x00  0x00  0x00
```

널 종료 바이트 \0은 주소 0x7fffffffdcf8의 세 번째 가장 중요한 바이트 위치(즉, 주소
0x7fffffffdcfa)에 나타난다. scanf는 모든 문자열의 끝에 널 바이트를 추가한다는 사실을 기
억하자.

물론 1234567890은 비밀번호가 아니다. 다음은 입력 문자열 1234567890으로 secret을 실행
하고자 할 때의 출력이다.

```
$ ./secret
Enter secret number:
1234567890
You are so wrong!
$ echo $?
1
```

echo $?는 셸에서 마지막으로 실행된 명령어의 반환값을 출력한다. 이 경우, 프로그램은 1을
반환한다. 이는 우리가 입력한 비밀번호가 틀렸기 때문이다. 오류가 없으면 관습적으로 프로그
램은 0을 반환함을 기억하자. 이제 프로그램을 속여서 0(게임에서 승리했음을 나타냄)을 반환
하고 종료하도록 만들어보겠다.

7.10.4 버퍼 오버플로: 첫 번째 시도

다음으로 문자열 1234567890123456789012345678901234567890123을 시도해보자.

```
$ ./secret
Enter secret number:
1234567890123456789012345678901234567890123
You are so wrong!
Segmentation fault (core dumped)
$ echo $?
139
```

흥미로운 결과다! 여기서 프로그램은 세그멘테이션 폴트로 망가졌고, 반환 코드는 139다. [그
림 7-18]은 새 입력값과 함께 scanf를 호출한 직후 main 함수에 대한 콜 스택의 모습이다.

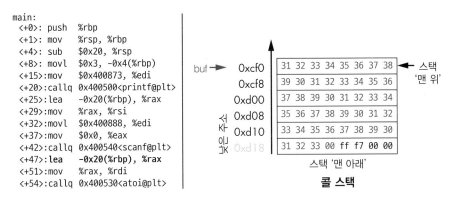

```
main:
 <+0>:  push   %rbp
 <+1>:  mov    %rsp, %rbp
 <+4>:  sub    $0x20, %rsp
 <+8>:  movl   $0x3, -0x4(%rbp)
 <+15>:mov    $0x400873, %edi
 <+20>:callq  0x400500<printf@plt>
 <+25>:lea    -0x20(%rbp), %rax
 <+29>:mov    %rax, %rsi
 <+32>:movl   $0x400888, %edi
 <+37>:mov    $0x0, %eax
 <+42>:callq  0x400540<scanf@plt>
 <+47>:lea    -0x20(%rbp), %rax
 <+51>:mov    %rax, %rdi
 <+54>:callq  0x400530<atoi@plt>
```

buf ➡	0xcf0	31 32 33 34 35 36 37 38	⬅ 스택 '맨 위'
	0xcf8	39 30 31 32 33 34 35 36	
	0xd00	37 38 39 30 31 32 33 34	
	0xd08	35 36 37 38 39 30 31 32	
	0xd10	33 34 35 36 37 38 39 30	
	0xd18	31 32 33 00 ff f7 00 00	

스택 '맨 아래'

콜 스택

레지스터	
%eax	0x0
%edi	0x400888
%rsp	0xcf0
%rbp	0xcf0
%rip	0xd10

scanf()
호출 직후
입력:
1234567890123456789012345678901234567890123

메모리	
0x400873	"Enter secret number"
0x400888	"%s"

그림 7-18 입력 1234567890123456789012345678901234567890123과 함께 scanf를 호출한 직후의 콜 스택

입력 문자열이 매우 길기 때문에 0xd08과 0xd10에 저장된 값을 덮어쓸 뿐만 아니라 main의 스택 프레임 아래의 반환 주소까지 넘친다. 함수가 반환할 때, 프로그램은 반환 주소에 의해 지정된 주소에서 실행을 재개하려고 시도한다는 점을 기억하자. 이 예시에서 프로그램은 main에서 빠져나온 뒤 주소 0xf7ff00333231에서 실행을 재개하려 하지만, 이 주소가 존재하지 않는 것처럼 보인다. 그래서 프로그램은 세그멘테이션 폴트를 일으키며 망가진다.

GDB에서 프로그램을 재실행하면(input.txt는 위 입력 문자열을 포함한다), 이 무모한 장난이 실제로 동작함을 확인할 수 있다.

```
$ gdb secret
(gdb) break *0x0000000000400717
(gdb) run < input.txt
(gdb) ni
(gdb) x /48bx $rsp
0x7fffffffdcf0: 0x31  0x32  0x33  0x34  0x35  0x36  0x37  0x38
0x7fffffffdcf8: 0x39  0x30  0x31  0x32  0x33  0x34  0x35  0x36
0x7fffffffdd00: 0x37  0x38  0x39  0x30  0x31  0x32  0x33  0x34
```

```
0x7fffffffdd08: 0x35  0x36  0x37  0x38  0x39  0x30  0x31  0x32
0x7fffffffdd10: 0x33  0x34  0x35  0x36  0x37  0x38  0x39  0x30
0x7fffffffdd18: 0x31  0x32  0x33  0x00  0xff  0x7f  0x00  0x00
(gdb) n
Single stepping until exit from function main,
which has no line number information.
You are so wrong!
0x00007fff00333231 in ?? ()
```

입력 문자열은 배열 buf의 정의된 제한을 넘고, 스택에 저장된 모든 값을 덮어쓴다. 다시 말해, 이 문자열은 버퍼 오버런을 만들고 스택을 오염시켜, 프로그램을 망가뜨린다. 이 프로세스는 **스택 부수기**로도 알려져 있다.

7.10.5 현명한 버퍼 오버플로: 두 번째 시도

첫 번째 예시에서는 %rbp 레지스터를 덮어쓰고 쓰레기 주소를 반환함으로써 스택을 오염시켜 프로그램을 망가뜨렸다. 단지 프로그램을 망가뜨리는 것이 목적이라면 이 정도로 충분하다. 하지만 지금은 추측 게임이 0을 반환하는 것, 다시 말해 승리가 목표다. 콜 스택을 쓰레기값이 아닌 의미 있는 값으로 채움으로써 목표를 달성할 수 있다. 가령 반환 주소가 endGame의 주소가 되도록 스택을 덮어쓸 수 있다. 그러면 프로그램이 main에서 돌아오려고 할 때, 세그멘테이션 폴트와 함께 망가지지 않고 endGame을 실행한다.

endGame의 주소를 알아내기 위해 GDB에서 secret을 다시 조사해보자.

```
$ gdb secret
(gdb) disas endGame
Dump of assembler code for function endGame:
   0x00000000004006da <+0>:   push   %rbp
   0x00000000004006db <+1>:   mov    %rsp,%rbp
   0x00000000004006de <+4>:   mov    $0x40086a,%edi
   0x00000000004006e3 <+9>:   callq  0x400500 <puts@plt>
   0x00000000004006e8 <+14>:  mov    $0x0,%edi
   0x00000000004006ed <+19>:  callq  0x400550 <exit@plt>
End of assembler dump.
```

endGame은 주소 0x00000000004006da에서 시작한다. [그림 7-19]는 secret이 강제로 endGame을 실행하도록 악용한 예시다.

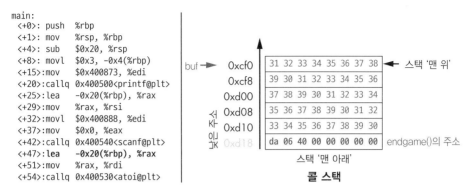

```
main:
 <+0>:  push   %rbp
 <+1>:  mov    %rsp, %rbp
 <+4>:  sub    $0x20, %rsp
 <+8>:  movl   $0x3, -0x4(%rbp)
 <+15>:mov    $0x400873, %edi
 <+20>:callq 0x400500<printf@plt>
 <+25>:lea    -0x20(%rbp), %rax
 <+29>:mov    %rax, %rsi
 <+32>:movl   $0x400888, %edi
 <+37>:mov    $0x0, %eax
 <+42>:callq 0x400540<scanf@plt>
 <+47>:lea    -0x20(%rbp), %rax
 <+51>:mov    %rax, %rdi
 <+54>:callq 0x400530<atoi@plt>
```

레지스터	
%eax	0x0
%edi	0x400888
%rsp	0xcf0
%rbp	0xcf0
%rip	0xd10

scanf()
호출 직후

메모리	
0x400873	"Enter secret number"
0x400888	"%s"

그림 7-19 secret이 endGame 함수를 실행하도록 하는 문자열 예시

40바이트의 쓰레기값 뒤에 반환 주소가 붙는다. x86-64가 리틀 엔디안 시스템이므로 반환 주소의 바이트는 그 순서가 뒤집혀 나타난다.

다음 프로그램은 공격자가 오버플로를 악용하는 방법을 나타낸다.

```
#include <stdio.h>

char ebuff[]=
"\x31\x32\x33\x34\x35\x36\x37\x38\x39\x30" /* 쓰레기값의 첫 번째 10바이트 */
"\x31\x32\x33\x34\x35\x36\x37\x38\x39\x30" /* 쓰레기값의 다음 10바이트 */
"\x31\x32\x33\x34\x35\x36\x37\x38\x39\x30" /* 쓰레기값의 다음 10바이트 */
"\x31\x32\x33\x34\x35\x36\x37\x38\x39\x30" /* 쓰레기값의 마지막 10바이트 */
"\xda\x06\x40\x00\x00\x00\x00"             /* endGame의 주소(리틀 엔디안) */
;
```

```
int main(void) {
    int i;
    for (i = 0; i < sizeof(ebuff); i++) { /* 각 문자를 출력한다. */
        printf("%c", ebuff[i]);
    }
    return 0;
}
```

각 숫자 앞의 \x는 각 문자가 16진수 포맷으로 되어 있음을 나타낸다. ebuff[]를 정의한 뒤,
main 함수가 이를 문자별로 출력할 뿐이다. 관련된 바이트 문자열을 얻기 위해, 이 프로그램을
다음과 같이 컴파일하고 실행한다.

```
$ gcc -o genEx genEx.c
$ ./genEx > exploit
```

파일 exploit을 scanf의 입력으로 사용하려면 다음처럼 입력한다.

```
$ ./secret < exploit
Enter secret number:
You are so wrong!
You win!
```

프로그램은 'You are so wrong!'을 출력한다. exploit에 포함된 문자열이 비밀번호가 아
니기 때문이다. 그러나 프로그램은 'You win!'도 출력한다. 다시 말하지만, 프로그램을 속여
서 0을 반환하도록 만들려 한다. 외부 프로그램을 사용해 '성공'의 증거를 추적할 수 있는 더 큰
시스템에서는 프로그램이 출력하는 것보다 프로그램이 반환하는 것이 훨씬 더 중요하다.

반환값을 확인하면 다음과 같다.

```
$ echo $?
0
```

프로그램에서 오버플로를 성공적으로 악용했다! 게임에서 우리가 이겼다!

7.10.6 버퍼 오버플로에서 보호하기

앞의 예시에서는 secret 실행 파일의 제어 흐름을 바꿔서 강제로 성공을 의미하는 0 값을 반환하게 했다. 그러나 이런 버퍼 오버플로는 시스템에 실질적인 충격을 가한다. 또한 오래된 일부 컴퓨터 시스템이 스택 메모리의 바이트를 실행했다. 공격자가 콜 스택에 어셈블리 명령과 관련된 바이트를 넣는다면, CPU는 해당 바이트를 실제 명령어로 해석하고 그러면 공격자는 입맛에 맞는 모든 코드를 CPU가 실행하게 만들 수 있다. 다행히도, 현대 컴퓨터 시스템에는 공격자가 버퍼 오버플로를 악용하기 어렵게 만드는 전략이 마련돼 있다.

스택 무작위화: 운영 체제는 스택의 시작 주소를 스택 메모리의 무작위 위치에 할당한다. 그 결과, 프로그램을 실행할 때마다 콜 스택의 위치와 크기가 달라진다. 같은 코드를 실행하는 여러 머신에서는 스택 주소가 각각 다르게 된다. 현대 리눅스 시스템은 표준 관행으로 스택 무작위화를 사용한다. 그렇다 해도 공격자는 마음먹고 주소를 바꿔가며 반복함으로써 무차별 공격을 가할 수 있다. 공격자는 공격 코드 전에 매우 많은 nop 명령을 사용하는 **NOP sled**라는 기법을 사용한다. nop 명령(0x90)을 실행하면 프로그램 카운터가 다음 명령을 가리키도록 증가할 뿐 달리 미치는 영향이 없다. 공격자가 CPU 어딘가에서 NOP sled를 사용하면 이어지는 악성 코드가 실행된다. 알레프 원의 writeup[9]은 이런 유형의 공격 메커니즘을 상세히 소개한다.

스택 부패 감지: 또 다른 방어책으로 스택이 오염됐을 때 감지하는 방법이 있다. GCC의 최근 버전은 카나리canary로 알려진 스택 보호 장치를 이용하는데, 이 장치는 스택의 버퍼와 다른 요소 사이를 보호한다. 카나리는 메모리의 쓸 수 없는 영역에 저장된 값이며, 스택에 저장된 값과 비교된다. 만약 카나리가 프로그램 실행 중 '죽으면', 프로그램은 공격받고 있음을 알고 오류 메시지를 표시하며 종료한다. 하지만 영리한 공격자는 카나리를 바꿔 프로그램이 스택 오염을 감지하지 못하게 한다.

실행 영역 제한: 이 방어책에서 실행 코드는 메모리의 특정 영역으로 제한된다. 다시 말해, 콜 스택이 더 이상 실행 가능하지 않다. 그렇다 해도 이 방어책마저 무너질 수 있다. **반환 지향 프로그래밍(ROP)**을 활용한 공격에서 공격자는 실행 가능한 영역에서 명령을 '체리피킹'한 뒤, 명령에서 명령으로 점프하며 공격할 수 있다. 이 악용과 관련된 유명한 사례를 온라인, 특히 비디오 게임[10]에서 찾을 수 있다.

---

9 Aleph One, "Smashing the Stack for Fun and Profit," http://insecure.org/stf/smashstack.html, 1996.

10 DotsAreCool, "Super Mario World Credit Warp" (Nintendo ROP example), https://youtu.be/vAHXK2wut_I, 2015.

그럼에도 수비의 최전방은 언제나 프로그래머다. 프로그램을 겨냥한 버퍼 오버플로 공격을 방지하려면, 가급적 C 함수를 길이 지정자와 함께 사용하고 배열 경계 확인을 수행하는 코드를 추가해야 한다. 정의된 모든 배열은 선택한 **길이 지정자**와 반드시 일치해야 한다. [표 7-19]에 버퍼 오버플로에 취약한 '나쁜' C 함수와 이를 바꾼 '좋은' 함수를 정리했다(buf에 12바이트가 할당됐다고 가정한다).

표 7-19 길이 지정자를 사용한 C 함수

나쁜 함수	좋은 함수
gets(buf)	fgets(buf, 12, stdin)
scanf("%s", buf)	scanf("%12s", buf)
strcpy(buf2, buf)	strncpy(buf2, buf, 12)
strcat(buf2, buf)	strncat(buf2, buf, 12)
sprintf(buf, "%d", num)	snprintf(buf, 12, "%d", num)

secret2 바이너리[11]에는 버퍼 오버플로 취약점이 없다. 다음은 새로운 바이너리의 **main** 함수다.

main2.c

```
#include <stdio.h>
#include <stdlib.h>
#include "other.h" // secret 함수 정의를 포함한다.

/* You Win! 메시지를 출력한다! */
void endGame(void) {
    printf("You win!\n");
    exit(0);
}

/* 게임의 main 함수 */
int main() {
    int guess, secret, len, x=3
```

---

11 https://diveintosystems.org/book/C7-x86_64/_attachments/secret2x86-64.tar.gz

```
    char buf[12]; // 버퍼(12바이트 길이)

    printf("Enter secret number:\n");
    scanf("%12s", buf); // 사용자 입력으로부터 guess를 읽는다(수정됨!).
    guess = atoi(buf); // 정수로 변환한다.

    secret=getSecretCode(); // getSecretCode 함수를 호출한다.

    // guess가 올바른지 확인한다.
    if (guess == secret) {
        printf("You got it right!\n");
    }
    else {
        printf("You are so wrong!\n");
        return 1; // 올바르지 않으면 종료한다.
    }

    printf("Enter the secret string to win:\n");
    scanf("%12s", buf); // 사용자 입력으로부터 secret 문자열을 얻는다.

    guess = calculateValue(buf, strlen(buf)); // calculateValue 함수를 호출한다.

    // guess가 올바른지 확인한다.
    if (guess != secret) {
        printf("You lose!\n");
        return 2; // guess가 잘못되면 종료한다.
    }

    /* secret 문자열과 숫자가 모두 올바르다면
    endGame()을 호출한다. */
    endGame();

    return 0;
}
```

모든 scanf 호출에 길이 지정자를 추가했다. 이제 scanf 함수는 첫 번째 12바이트를 읽은 뒤에 멈춘다. 악용에 사용한 문자열은 더 이상 프로그램을 망가뜨리지 않는다.

```
$ ./secret2 < exploit
Enter secret number:
You are so wrong!
$ echo $?
1
```

물론, 기본적인 역엔지니어링 스킬을 구사하는 독자라면 어셈블리 코드를 분석해 추측 게임에서 이길 수 있다. 역엔지니어링을 통해 프로그램을 이겨보지 못했다면, 한번 도전해보기 바란다.

## CHAPTER 8

32비트 X86 어셈블리(IA32)

이번 장에서는 인텔 아키텍처 32비트^{Intel Architecture 32-bit} (IA32) 명령 셋 아키텍처(ISA)에 관해 다룬다. 명령 셋 아키텍처는 기계 수준 프로그램의 명령 셋과 바이너리 인코딩을 정의한다는 점을 상기하자(5장 참조). 이 장의 예시를 실행하려면 32비트 실행파일을 생성하는 기능을 가진 기기가 필요하다. 'x86'이라는 용어는 IA-32 아키텍처의 동의어로 자주 사용된다. 이 아키텍처의 64비트 확장은 x86-64(또는 x64)라 불리며 대부분의 현대 컴퓨터에 내장됐다.

32비트 프로세서가 현대 컴퓨터에 내장된 경우는 거의 없다. 2007년 이후 생산된 대부분의 인텔 및 AMD 제품은 64비트 프로세서다. 지금 사용하는 시스템의 프로세스를 확인할 때는 uname -p 명령을 사용하면 된다.

```
$ uname -p
i686
```

어셈블리에 관한 설명은 세부적인 사항이 다를 뿐 7장과 유사해 해당 장의 내용은 온라인 PDF로 제공한다. 8장의 내용은 https://github.com/hanbit/dive-into-systems/blob/main/ch8-9.pdf의 6페이지를 참조하기 바란다

## CHAPTER 9

ARM 어셈블리

이번 장에서는 모든 리눅스 OS ARM 컴퓨터가 사용하는 최신 ARM ISA인 ARM version 8 애플리케이션 프로파일(ARMv8-A) 아키텍처인 A64 ISA를 알아본다. 명령 셋 아키텍처는 기계 수준 프로그램의 명령 셋과 바이너리 인코딩을 정의한다는 점을 상기하자(5장 참조). 이 장의 예시를 실행하려면 64비트 ARMv8-A 프로세서가 장착된 기기가 필요하다. 이 책의 코드와 예시는 64비트 Ubuntu Mate 운영 체제를 실행하는 라즈베리 파이 3B+를 사용했다. 2016년 이후 출시된 모든 라즈베리 파이는 A64 ISA를 사용 가능하다. 그러나 라즈베리 파이의 운영 체제는 집필 시점 기준으로 여전히 32비트를 사용한다.

리눅스 머신에 64비트 ARMv8 프로세서가 장착됐는지 확인하려면, `uname -p` 명령을 실행한다. 64비트 시스템인 경우 다음과 같이 출력된다.

```
$ uname -p
aarch64
```

어셈블리에 관한 설명은 세부적인 사항이 다를 뿐 7장과 유사해 해당 장의 내용은 온라인 PDF로 제공한다. 9장의 내용은 `https://github.com/hanbit/dive-into-systems/blob/main/ch8-9.pdf`의 108페이지를 참조하기 바란다.

## CHAPTER 10

어셈블리 핵심 교훈

3부에서는 어셈블리 기본을 다뤘다. 오늘날 대부분의 사람이 고수준의 프로그래밍 언어로 코드를 작성하지만, 어셈블리를 이해하는 프로그래머라면 자신이 작성한 프로그램과 컴파일러가 무엇을 하는지 훨씬 잘 파악할 수 있다. 어셈블리 관련 지식은 임베디드 시스템과 리소스가 제한된 환경에서 소프트웨어를 설계하는 사람이나 취약점 분석 부문에서 일하는 사람에게 필수다. 이 책에는 64비트 인텔 어셈블리(x86-64)를 다루는 7장만 수록했다. 32비트 인텔 어셈블리(IA32), 64비트 ARM 어셈블리(ARMv8-A)를 다루는 8장과 9장은 온라인으로 제공한다.

10.1 공통 특징

모든 어셈블리 언어는 중요한 공통 특징이 있다.

ISA가 어셈블리 언어를 정의한다. 한 머신에서 사용할 수 있는 특정한 어셈블리 언어는 해당 머신의 **명령 셋 아키텍처**(ISA)에 의해 정의된다. 특정 리눅스 머신의 기반 아키텍처를 확인할 때는 uname -p 명령어를 사용한다.

레지스터가 데이터를 저장한다. 모든 ISA는 기본 **레지스터** 셋을 정의한다. CPU는 이들을 사용해 데이터를 조작한다. 몇몇 레지스터는 **범용** 레지스터이며 모든 유형의 데이터를 저장한다. 한편 일부 레지스터는 **특수 목적용** 레지스터이며 전형적으로 특정한 목적을 위해 컴파일러에 의해 예약된다(예, 스택 포인터, 베이스 포인터 등). 범용 레지스터는 읽고 쓰기가 가능한 반면, 일부 특수 목적용 레지스터는 읽기만 가능하다(예, 명령 포인터).

명령이 CPU가 할 수 있는 동작을 정의한다. ISA 역시 **명령**을 정의하는데, 이 명령이 CPU가 수행할 연산을 지정한다. 각 명령은 명령이 무엇을 하는지 지정하는 **운영 코드**opcode와 사용될 데이터를 지정하는 **피연산자**를 하나 이상 갖는다. ISA는 데이터 이동, 산술 연산, 조건, 브랜치, 메모리 접근을 위한 구체적인 명령을 문서화한다. 이 핵심 명령은 종종 조합되어 배열, 구조체, 행렬 같은 복잡한 데이터 구조를 나타낸다.

프로그램 스택이 특정 함수와 관련된 지역 변수를 저장한다. 컴파일러는 프로세스의 가상 주소 공간의 스택(혹은 스택 메모리)을 사용해 임시 데이터를 저장한다. 모든 현대 시스템에서 프로그램 스택은 낮은 메모리 주소 방향으로 늘어난다. 컴파일러는 스택 포인터와 베이스 포인터를 사용해 **스택 프레임**을 지정한다. 스택 프레임은 특정한 함수 또는 프로시저와 관련된 스택 영역을 정의한다. 새로운 스택 프레임은 함수가 호출될 때마다 스택에 추가되며, 피호출자 함수와 관련된 스택 영역을 정의한다. 특정 함수와 관련된 스택 프레임은 해당 함수가 반환되면 스택에서 제거된다. 전형적으로, 스택 포인터와 베이스 포인터는 함수가 종료되면 원래 값으로 원복된다. 이러한 과정(경리bookkeeping)은 지역 변수가 스택으로부터 '정리되는' 것을 의미하지만, 오래된 데이터는 보통 쓰레기값의 형태로 남아 종종 디버깅하기 어려운 동작을 야기한다. 악의를 가진 행위자들은 ISA의 스택 경리 지식을 활용해 버퍼 오버플로 같은 위험한 보안 공격을 실행하기도 한다.

보안. 모든 시스템이 버퍼 오버플로 같은 보안 취약점에 취약하다. 그렇다 해도 비교적 최신의 ARMv8-A는 오래된 인텔 아키텍처에 영향을 미친 몇몇 보안 결함에서 배운 바가 있다. 그럼에도 최전방 수비는 늘 프로그래머의 몫이다. 아무리 신형 보호 장치를 추가해도 모든 ISA가 잠재적 보안 결함에 취약하다. C 언어로 프로그래밍을 한다면, 가능한 한 **길이 지정자**를 사용해 경계를 초과한 입력으로 생기는 보안 취약성에 노출될 기회를 줄여야 한다(표 10-1 참조).

표 10-1 길이 지정자를 사용한 C 함수

나쁜 함수	좋은 함수
gets(buf)	fgets(buf, 12, stdin)
scanf("%s", buf)	scanf("%12s", buf)
strcpy(buf2, buf)	strncpy(buf2, buf, 12)
strcat(buf2, buf)	strncat(buf2, buf, 12)
sprintf(buf, "%d")	snprintf(buf, 12, "%d", num)

10.2 더 읽어보기

실제 사용되는 가장 대중적인 몇 가지 어셈블리만 간략하게 소개한 책이다. 어셈블리를 더 깊이 이해하고 싶다면, ISA 사양 문서를 살펴보기 바란다.

- Intel 64 and IA32 Manuals, https://software.intel.com/en-us/articles/intel-sdm#architecture
- ARM Cortex-A Programmer's Guide, https://developer.arm.com/docs/den0024/a/preface

32비트 어셈블리를 학습하는 데 유용한 무료 자료다.

- IA32 Programming Web Aside, Randal Bryant and David O'Hallaron, http://csapp.cs.cmu.edu/3e/waside/waside-ia32.pdf
- 32-bit ARM Assembly, Azeria Labs, https://azeria-labs.com/writing-arm-assembly-part-1

다음 도서는 어셈블리 기능을 심층적으로 다룬다. 무료는 아니지만, 읽을 가치가 충분하다.

- Intel systems: Randal Bryant and David O'Hallaron, Computer Systems: A Programmer's Perspective, Pearson, 2015.
- ARMv8: David Patterson and John Hennessy, Computer Organization and Design: ARM Edition, Morgan Kaufmann, 2016.

성능 최적화 및 관리

11장부터 13장까지는 프로그램의 성능에 영향을 미치는 요소에 대해 알아보고 이를 이용해 프로그램을 최적화하는 방법을 알아본다. 또, 운영 체제의 기초적인 개념을 살펴보며 프로그램의 작동 방식을 이해한다.

11장 **저장소 메모리 계층 구조**는 저장 장치와 메모리 계층의 구조를 알아보고 이들이 프로그램 성능에 미치는 영향을 살펴본다. 12장 **코드 최적화**는 컴파일러 최적화와 성능 중심의 프로그램 설계, 코드 최적화 팁, 프로그램 성능 측정 방법을 설명한다. 13장 **운영 체제**는 프로세스와 가상 메모리, 프로세스 간 통신 등 핵심 운영 체제 추상화와 그 이면의 메커니즘을 살펴본다.

Part IV

성능 최적화 및 관리

저장소와 메모리 계층

일반적으로 성능이 좋은 프로그램을 작성하려면 효율적인 알고리즘을 설계하고 구현하는 것이 가장 중요하다. 하지만 이에 못지않게 성능에 영향을 미치는 요소가 바로 메모리다. 놀랍게도, 동일한 입력에 대해 점근적 성능asymptotic performance(최악의 경우 단계 수)이 동일한 두 알고리즘이 알고리즘을 실행하는 하드웨어 구조 때문에 실질적으로 매우 다르게 동작하기도 한다. 이런 차이는 일반적으로 알고리즘이 메모리에 접근하는 방식, 특히 데이터를 저장하는 장소와 데이터에 접근할 때 사용하는 패턴에서 비롯되는데, 이 패턴을 **메모리 지역성**memory locality이라 한다. 최고의 성능을 달성하기 위해서는 프로그램의 접근 패턴을 하드웨어의 메모리 정렬 방식에 맞춰야 한다.

다음과 같이 변형된 두 함수를 생각해보자. N × N 행렬에서 값의 평균을 구하는 함수다. 두 함수는 모두 같은 메모리 위치에 같은 횟수만큼(N^2) 접근하지만, 변형 1이 변형 2보다 실제 시스템에서 약 다섯 배 더 빠르다. 함수가 메모리 위치에 접근하는 패턴이 다르기 때문이다. 이 장의 후반부에서 메모리 프로파일링 도구인 캐시그린드cachegrind를 사용해 이 예시를 분석하겠다.

변형 1

```
float averageMat_v1(int **mat, int n) {
    int i, j, total = 0;

    for (i = 0; i < n; i++) {
```

```
        for (j = 0; j < n; j++) {
            // Note indexing: [i][j]
            total += mat[i][j];
        }
    }

    return (float) total / (n * n);
}
```

변형 2

```
float averageMat_v2(int **mat, int n) {
    int i, j, total = 0;

    for (i = 0; i < n; i++) {
        for (j = 0; j < n; j++) {
            // Note indexing: [j][i]
            total += mat[j][i];
        }
    }

    return (float) total / (n * n);
}
```

레지스터, CPU 캐시, 메인 메모리, 디스크 파일 등 모든 저장 위치는 접근 시간, 전송률, 저장 용량 등 모든 면에서 크게 다르다. 고성능 애플리케이션을 프로그래밍할 때는 데이터가 저장되는 위치와 각 장치에 저장된 데이터에 프로그램이 접근하는 빈도를 고려해야 한다. 예를 들어 프로그램이 시작될 때 느린 디스크에 한 번 접근해도 큰 문제가 되지 않는다. 그러나 디스크에 빈번하게 접속하면 프로그램이 현저히 느려진다.

이 장에서는 다양한 메모리 장치의 특성을 비교하고 이 장치가 현대 PC에서 구성되는 방식을 설명한다. 이런 컨텍스트에서 다양한 메모리 장치가 어떻게 결합되어 전형적인 프로그램의 메모리 접근 패턴에서 발견되는 지역성을 활용하는지 알아본다.

11.1 메모리 계층

현대 컴퓨터 저장소에는 용량이 큰 장치일수록 성능이 낮다는 공통점이 있다. 달리 말해, 시스템은 속도가 빠른 장치를 사용하고 장치는 많은 양의 데이터를 저장하지만, 이 둘을 충족하는 장치는 존재하지 않는다. 성능과 용량의 이 같은 트레이드오프를 메모리 계층^{memory hierarchy}이라 한다. [그림 11-1]은 이 계층을 시각적으로 나타낸다.

이와 유사하게, 저장 장치의 비용과 저장 밀도도 트레이드오프 관계에 있다. 빠른 장치는 바이트당 비용과 운영 비용(예, 에너지 사용)이 모두 높다. 캐시가 아무리 뛰어난 성능을 제공한다 해도, 메인 메모리만큼 캐시가 큰 CPU는 비용(과 제조상의 어려움) 때문에 애당초 설계 자체가 불가능하다. 실용적 시스템이라면 장치를 조합해 프로그램의 성능과 용량 요구 사항을 충족해야 한다. 그리고 오늘날 대부분의 전형적인 시스템은 [그림 11-1]에 표시된 거의 모든 장치를 통합한다.

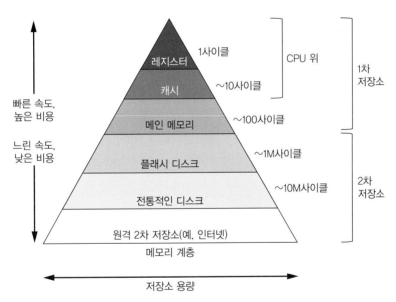

그림 11-1 메모리 계층

메모리 계층의 현실은 데이터의 저장 위치가 성능에 미치는 영향까지 신경 쓰고 싶지 않은 프로그래머에게는 귀찮은 대상이다. 프로그래머는 대부분의 애플리케이션에서 정수를 선언할 때 데이터가 캐시에 저장되는지 메인 메모리에 저장되는지에 따른 차이를 두고 고민하고 싶지 않을 것이다. 프로그래머에게 각 변수가 차지하는 메모리 시간을 일일이 관리하는 일은 부담스러울 것이다. 하지만 특별히 중요한 소규모 코드에는 때때로 이런 노력을 기울일 가치가 있다. [그림 11-1]에는 캐시를 단일 엔티티로 나타냈지만, 대부분의 시스템에는 여러 레벨의 캐시가 있고 캐시 사이에도 작은 계층이 형성된다. 예를 들어 CPU에는 일반적으로 매우 작고 빠른, ALU에서 비교적 매우 가까운 레벨 1(L1) 캐시가 있다. 그리고 L1보다 더 크고 느린, ALU에서 비교적 멀리 떨어진 레벨 2(L2) 캐시도 있다. 많은 멀티코어 CPU는 더 큰 레벨 3(L3) 캐시를 사용해 코어끼리 데이터를 공유한다. 성능이 매우 중요한 애플리케이션에서는 캐시 레벨 간 차이가 중요하지만, 이 책에서는 단순화하기 위해 캐시를 단일 레벨로 간주한다.

이 장에서는 일차적으로 레지스터, CPU 캐시, 메인 메모리 간의 데이터 이동에 중점을 두지만 메모리 계층에 걸친 일반적인 저장 장치의 특성을 먼저 다음 절에서 살펴본다. 이후 '11.3 가상 메모리'에서 메모리 관리라는 광의의 관점에서 디스크와 디스크 역할을 알아본다.

11.2 저장소

시스템 설계자들은 프로그램이 데이터에 접근하는 방식에 따라 메모리 계층의 장치를 분류한다. **1차 저장 장치**primary storage devices(1차 저장소)는 CPU 프로그램이 직접 접근할 수 있다. 즉, CPU의 어셈블리 명령은 해당 명령이 읽어들여야 하는 데이터의 정확한 위치를 인코딩한다. 1차 저장소에는 어셈블리 명령이 직접 참조하는 CPU 레지스터와 메인 메모리(RAM)가 속한다. IA32 어셈블리의 경우 **%reg**와 (%reg)가 1차 저장소에 속한다.

이와 대조적으로, **2차 저장 장치**secondary storage devices(2차 저장소)는 CPU 명령이 직접 참조할 수 없다. 2차 저장 장치의 내용에 접근하려면, 프로그램이 먼저 장치에 저장해 둔 데이터를 1차 저장소(대개 메모리)에 복사하도록 명령해야 한다. 잘 알려진 2차 저장 장치는 지속적으로 파일 데이터를 저장하는 디스크 장치(예, 하드 디스크 드라이브나 솔리드 스테이트 드라이브)다. 기타 장치로는 플로피 디스크, 자기 테이프 카트리지, 원격 파일 서버 등이 있다.

저장소를 1차 저장소와 2차 저장소로 구분하지 않아도, 이미 프로그램에서 이 둘의 차이는 경험했으리라 본다. 예를 들어 일반 변수를 선언하고 할당한 뒤(1차 저장소)에야 프로그램이 즉시 변수에 산술 연산을 할 수 있다. 파일 데이터(2차 저장소)를 다룰 때는 프로그램이 반드시 값을 파일에서 메모리 변수로 읽은 뒤에 접근할 수 있다('2.8.2 파일 입출력' 참조).

성능과 용량 특성을 기준으로 저장 장치를 구분하는데, 그중 중요한 특성 세 가지는 다음과 같다.

용량capacity. 장치가 저장할 수 있는 데이터양. 바이트 단위로 측정한다.

지연latency. 데이터 읽기 명령이 실행된 뒤, 장치가 응답하는 데까지 걸리는 시간. 전형적으로 몇 분의 몇 초(예, 100만 분의 수초(밀리초, milliseconds), 1억 분의 수초(나노초, nanoseconds)) 또는 CPU 사이클로 측정한다.

전송률transfer rate. 일정한 구간의 시간 동안 장치에서 메인 메모리로 옮길 수 있는 데이터양. 처리량throughput이라고도 하며 전형적으로 초당 바이트bytes per second로 측정한다.

컴퓨터의 다양한 장치를 살피다 보면, 세 측면에 따라 장치 성능에 큰 차이가 있음을 알게 된다. 성능 차이를 결정하는 두 가지 주요한 요소는 **거리**와, 장치를 구현하는 데 사용한 **기술의 종류**다.

프로그램이 사용하고자 하는 모든 데이터가 궁극적으로 CPU의 산술 연산 컴포넌트(예, ALU)에서 접근할 수 있어야 하기 때문에 거리가 영향을 미친다. CPU 설계자들은 레지스터를 ALU에 가깝게 두어 둘 사이에 신호가 전파되는 데 걸리는 시간을 최소화한다. 따라서 레지스터가 단 몇 바이트 정도만 저장할 수 있어 그 양이 많지 않으므로 ALU는 거의 실시간으로 레지스터에 저장된 값을 사용할 수 있다. 이와 대조적으로, 디스크 같은 2차 저장 장치는 긴 전선으로 연결된 다양한 제어 장치를 통해 데이터를 메모리로 전송한다. 추가 거리와 중간 처리는 2차 저장 장치의 속도를 크게 낮춘다.

그레이스 호퍼의 '나노초'

컴퓨터 선구자이자 미해군 제독이었던 그레이스 호퍼Grace Hopper는 청중 앞에서 말할 때 약 30cm 길이의 철사 가닥을 청중에게 건넸다. 이 철사 가닥은 전기 신호가 1나노초 안에 이동할 수 있는 최대 거리를 나타내 '그레이스 호퍼의 나노초Grace Hopper's nano-seconds'로 불렸다. 그녀는 철사 가닥을 이용해 위성 통신의 한계 지연을 설명하고, 빠른 속도를 내기 위해 컴퓨팅 장비가 가능한 한 작아야 함을 시연했다. 유튜브[1]에서 나노초에 관한 그레이스 호퍼의 발표 영상을 확인할 수 있다.

---

1   https://www.youtube.com/watch?v=9eyFDBPk4Yw

기반 기술 또한 장치 성능에 큰 영향을 미친다. 레지스터와 캐시는 고작 몇 개의 논리 게이트로 구성된 비교적 작은 회로로 만들어진다. 이 회로는 크기가 작고 복잡성이 최소화되어 전기 신호를 빠르게 전파해 지연을 줄인다. 이들과 대척점에 있는 전통적인 하드 디스크에는 수백 기가바이트를 저장하는 회전하는 자기 플래터가 있다. 자기 플래터는 밀도가 높은 저장소를 제공하지만, 데이터가 위치한 정확한 위치를 찾으려면 기기적 정렬과 회전하는 컴포넌트가 있어야 하기 때문에 상대적으로 접근 지연이 매우 크다.

이 절에서는 1차 저장 장치와 2차 저장 장치를 자세히 살펴보고 이들의 성능 특성을 분석한다.

11.2.1 1차 저장소

1차 저장 장치는 **임의 접근 메모리**(RAM)로 구성된다. 임의 접근이란 데이터에 접근하는 시간이 데이터가 저장된 위치의 영향을 받지 않는다는 의미다. 즉, RAM은 정확한 위치로 무언가를 움직이거나 테이프 휠을 되감을 필요가 없다. RAM은 크게 **정적 RAM**static RAM(SRAM)과 **동적 RAM**dynamic RAM(DRAM)으로 나뉘는데, 두 가지 RAM 모두는 현대 컴퓨터에서 중요한 역할을 한다. [표 11-1]은 일반적인 1차 저장 장치의 성능 지표와 이들이 사용하는 RAM의 유형을 나타낸다.

표 11-1 1차 저장소 특성(전형적인 2022 워크스테이션 기준)

장치	용량	대략적인 지연	RAM 유형
레지스터	4~8바이트	< 1ns	SRAM
CPU 캐시	1~32메가바이트	5ns	SRAM
메인 메모리	4~64기가바이트	100ns	DRAM

SRAM은 작은 전자 회로(예, 래치)에 데이터를 저장한다. 전형적으로 가장 빠른 유형의 메모리이며, 설계자들은 SRAM을 CPU에 직접 통합해 레지스터와 캐시를 만든다. SRAM은 상대적으로 제작 비용, 운영 비용(예, 전력 소비)이 높고, 점유 공간도 크다. 전체적으로 이 같은 비용 제한으로 CPU에 장착되는 SRAM 저장소의 양은 제한된다.

DRAM은 전하electrical charge를 저장하는 **커패시터**capacitor라는 전기 컴포넌트에 데이터를 저장한다. DRAM은 저장된 값을 유지하기 위해 커패시터의 전하를 자주 새로 채워야 하기 때문에 '동적'

이라 불린다. 현대 시스템은 메인 메모리 모듈이 DRAM으로 구성되는데, 이 모듈은 고속의 **메모리 버스**memory bus를 통해 CPU에 연결된다.

[그림 11-2]는 메모리 버스를 기준으로 1차 저장 장치의 위치를 나타낸다. 메모리에서 값을 꺼내려면 CPU는 꺼내고자 하는 데이터의 주소를 메모리 버스에 입력하고 메모리 모듈에 읽기를 수행하라는 신호를 보낸다. 짧은 지연 후, 메모리 모듈은 버스를 통해 CPU로 요청받은 주소에 저장된 값을 전송한다.

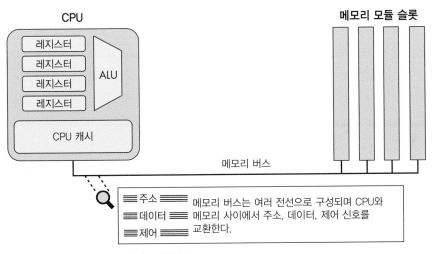

그림 11-2 1차 저장소와 메모리 버스 아키텍처

CPU와 메인 메모리는 물리적으로 겨우 몇 cm 정도 떨어져 있지만, 데이터가 둘 사이를 오갈 때 반드시 메모리 버스를 경유해야 한다. CPU와 메모리 사이에 거리와 회로를 추가하면 지연이 늘고 CPU 저장소에 비해 메인 메모리의 전송률이 낮아진다. 그 결과, 메모리 버스를 **폰 노이만 병목**von Neumann bottleneck으로 부르기도 한다. 물론 메인 메모리는 성능이 낮아도 핵심 컴포넌트다. 메인 메모리에는 CPU에 저장할 수 있는 데이터보다 훨씬 더 많은 데이터를 저장할 수 있기 때문이다. 저장소 형태에 관계없이 용량과 속도에는 명확한 트레이드오프가 있다.

CPU 캐시는 물리적 측면에서는 물론이고, 성능과 용량이라는 특성 관점에서도 레지스터와 메인 메모리의 중간 역할을 한다. CPU 캐시는 전형적으로 수킬로바이트에서 수메가바이트 데이터를 CPU에 직접 저장하지만, 물리적으로는 레지스터만큼 ALU에 가까이 있지 않다. 따라서 캐시는 메인 메모리보다 더 빨리 접근하지만, 데이터를 계산에 사용하려면 레지스터보다 몇 사이클을 더 거쳐야 한다.

프로그래머가 명시적으로 값을 캐시에 로딩하지 않고, CPU의 제어 회로가 메인 메모리 내용 일부를 캐시에 저장한다. CPU는 전략적으로 메인 메모리의 어느 일부를 캐시에 저장할지 제어함으로써 메인 메모리의 요청을 가능한 한 (훨씬 성능이 뛰어난) 캐시가 담당하게 한다. 캐시 구성과 캐시에 저장될 데이터를 관리하는 알고리즘과 관련된 설계 결정 사항은 이 장의 후반에서 설명한다.

실제 시스템은 여러 레벨의 캐시를 조합해 사용하는데, 여러 레벨의 캐시는 메모리 계층의 축약 버전인 것처럼 동작한다. 즉, CPU에 있는 매우 작고 빠른 **L1 캐시**는 그보다 좀 더 크고 느린 **L2 캐시**의 일부를 저장하고, L2 캐시는 그보다 좀 더 크고 느린 **L3 캐시**의 일부를 저장한다. 이 절에서는 캐시가 하나뿐인 단일 캐시 시스템을 설명한다. 실제 시스템에서 캐시 간에 주고받는 상호작용은 뒤에서 자세히 설명할 단일 캐시와 메인 메모리 간의 상호작용과 매우 흡사하다.

> **NOTE_** 여러분이 사용하는 시스템의 캐시와 메인 메모리 크기가 궁금하다면, `lscpu`를 실행해 CPU(및 캐시 용량) 정보를 출력해보라. `free -m` 명령은 시스템의 메인 메모리 용량을 메가바이트 단위로 출력한다.

11.2.2 2차 저장소

물리적으로 2차 저장 장치는 CPU와 메인 메모리에서 훨씬 멀리 떨어진 시스템과 연결된다. 대부분의 컴퓨터 장비에 비해 지난 수년간 급속도로 발전했고 다른 하드웨어에 비해 그 형태도 상당히 다양해지고 있다. 과거에는 두꺼운 종이에(인덱스 카드처럼) 구멍을 뚫은 천공 카드puch card[2]에 데이터를 저장했다. 천공 카드는 1890년에 미국 인구 조사 당시 고안되어, 1960년대부터 1970년대까지 사용자 데이터(종종 프로그램)를 충실하게 저장했다.

테이프 드라이브tape drive[3]는 자기 테이프 스풀spool에 데이터를 저장한다. 테이프 드라이브는 우수한 저장 밀도(작은 크기에 많은 정보를 저장)에 비해 비용이 낮지만, 정확한 위치를 찾으려면

----

2 https://en.wikipedia.org/wiki/Punched_card
3 https://en.wikipedia.org/wiki/Magnetic_tape_data_storage

꾸러미를 돌려야 하기 때문에 접근 속도가 매우 느리다. 이 장비는 컴퓨터 사용자들이 볼 기회가 별로 없지만, 다시 읽을 가능성이 거의 없는 대단위 저장 작업(예, 대규모 데이터 백업)에서 여전히 사용되고 있다. 현대 테이프 드라이브는 사용 편의를 위해 자기 테이프 스풀 대신 작은 카트리지를 사용한다.

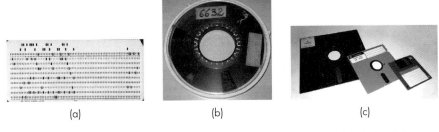

(a)　　　　　　　　　(b)　　　　　　　　　(c)

그림 11-3 (a) 천공 카드, (b) 자기 테이프 스풀, (c) 다양한 플로피 디스크 크기 (이미지 출처: 위키백과)

플로피 디스크[4] 및 광학 디스크[5] 같은 제거 가능한 미디어^{removable media} 역시 널리 알려진 2차 저장소다. 플로피 디스크는 헤드 위에서 회전하는 자기 기록판으로디스크의 내용을 읽고 쓴다. [그림 11-3]은 천공 카드, 테이프 드라이브, 플로피 디스크의 사진이다. 광학 디스크(예, CD, DVD, Blu-ray)는 디스크 표면의 작은 표식을 통해 정보를 저장한다. 드라이브는 디스크에 레이저를 투사해 읽는다. 표식 유무에 따라 레이저 빔이 반사되어 0 아니면 1로 인코딩된다.

오늘날의 2차 저장 장치

표 11-2 2차 저장 장치 특성(전형적인 2022 워크스테이션 기준)

장치	용량	지연	전송률
플래시 디스크	0.5~2테라바이트	0.1~1ms	200~3,000메가바이트/초
전통적인 하드 디스크	0.5~10테라바이트	5~10ms	100~200메가바이트/초
원격 네트워크 서버	매우 다양함	20~200ms	매우 다양함

[표 11-2]는 오늘날 워크스테이션에서 사용하는 2차 저장소의 특성을 나타낸다. [그림 11-4]는 여러 가지 중간 장치 컨트롤러를 통해 2차 저장소에서 메인 메모리에 이르는 일반 경로를

4　https://en.wikipedia.org/wiki/Floppy_disk
5　https://en.wikipedia.org/wiki/Optical_disc

나타낸다. 예를 들어 전통적인 하드 디스크가 직렬 $ATA^{serial\ ATA}$ 컨트롤러에 연결되고, 이는 다시 시스템 I.O 컨트롤러로 연결되고, 이는 다시 메모리 버스로 연결된다. 이 중간 장치는 운영 체제와 프로그램 간 디스크 통신의 상세 내용을 추상화해 디스크 사용을 용이하게 한다. 그렇지만 데이터 흐름이 추가 장치를 경유할 때마다 전송이 지연된다.

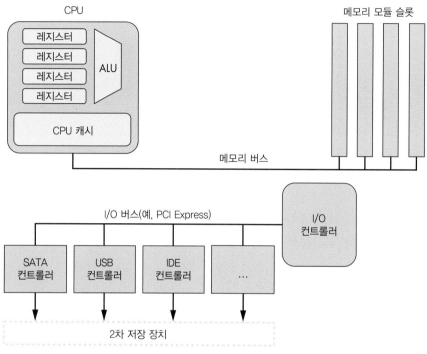

그림 11-4 2차 저장소와 I/O 버스 아키텍처

오늘날 가장 많이 사용하는 두 가지 2차 저장 장치는 **하드 디스크 드라이브**(HDD)와 플래시 기반의 **솔리드 스테이트 드라이브**(SSD)다. 하드 디스크는 자기 기록이 가능한 평평한 몇 장의 원형 플래터로 구성된다. 플래터가 분당 5,000~15,000회의 고속으로 회전하는 동안, 끝에 디스크 헤드가 달린 작은 팔이 플래터 사이를 움직이면서 동심원을 그리는 트랙에서 데이터를 읽거나 쓴다.

[그림 11-5]는 하드 디스크[6]의 주요한 여러 컴포넌트를 나타낸다. 데이터에 접근하기 전에, 디스크는 디스크 헤드와 필요한 데이터가 담긴 트랙을 정렬한다. 정렬을 위해서는 헤드가 트랙

---

6 https://en.wikipedia.org/wiki/Hard_disk_drive

위치까지 팔을 움직여야 하는데, 디스크 팔을 움직이는 것을 **탐색**seeking이라 한다. 실제로 기기적 움직임이 요구되기 때문에, 탐색하기에 대략 몇 밀리초의 **탐색 시간** 지연이 소요된 후 데이터에 접근한다. 팔이 올바른 위치에 오면, 디스크는 플래터가 회전해서 디스크 헤드가 원하는 데이터를 저장한 위치 바로 위에 올 때까지 대기한다. 이 과정에서 또 다른 짧은 지연(몇 밀리초)이 발생하는데, 이를 **회전 지연**rotational latency이라 한다. 따라서 이런 기기적 특성상 하드 디스크는 1차 저장 장치에 비해 접근 지연이 상당히 크다.

읽기/쓰기 헤드

스핀들

팔

플래터

그림 11-5 하드 디스크 드라이브의 주요 요소

지난 몇 년 동안 기기적으로 움직이는 부분이 없는(따라서 지연이 낮은) SSD가 신흥 강자로 떠올랐다. SSD는 기기적인 움직임에 의존하지 않기 때문에 솔리드 스테이트 드라이브라 한다. 솔리드 스테이트 기술은 다양하지만, 상용 SSD 장치에서 주도권을 쥔 것은 플래시 메모리[7]다. 플래시 메모리 기술의 세부 사항은 이 책의 범위를 넘어서지만, 짧게 언급하자면 플래시 기반 장치의 데이터 읽기, 쓰기, 삭제하기 속도는 전통적인 하드 디스크보다 훨씬 빠르다. SSD는 기

---

7 https://en.wikipedia.org/wiki/Flash_memory

계적인 2차 저장 장치에 비해 저장 밀도가 낮지만, 노트북 컴퓨터 같은 소비자 장치에서 하드 디스크를 대신하고 있다.

11.3 지역성

메모리 장치마다 성능과 저장 특성이 크게 다르기 때문에 현대 시스템은 다양한 형태의 저장소를 통합해 사용한다. 다행히 프로그램 대부분은 **지역성**locality으로 알려진 공통의 메모리 접근 패턴을 나타내므로, 설계자들은 하드웨어가 지역성을 활용해 데이터를 적절한 저장 위치로 자동으로 이동하도록 구축한다. 구체적으로, 시스템은 프로그램이 활발하게 사용하는 데이터의 서브셋을 CPU의 계산 회로 가까이에 있는 저장소로 이동해 성능을 향상한다. 필요한 데이터가 CPU로 향하는 계층을 따라 상향 이동할 때, 사용되지 않는 데이터는 프로그램이 다시 필요로할 때까지 훨씬 느린 저장소로 이동한다.

그런데 시스템 설계자에게는 지역성을 활용해 시스템을 구축하는 것이 추상화 문제를 의미한다. 이 시스템이 제공하는 메모리 장치의 추상적인 뷰가 프로그래머에게 고속 온 칩 저장소의 성능 특성과 모든 메모리 용량의 합을 가진 것처럼 느끼게 하기 때문이다. 물론 사용자에게 이런 장밋빛 환상을 완벽하게 제공할 수는 없지만, 프로그램 지역성을 활용함으로써 시스템 대부분은 잘 작성된 프로그램에서 좋은 성능을 달성한다.

시스템은 두 가지 형태의 지역성을 활용한다.

시간적 지역성temporal locality. 프로그램은 같은 데이터에 반복적으로 접근하는 경향이 있다. 즉, 만약 프로그램이 최근에 변수를 사용했다면 곧 그 변수를 다시 사용할 가능성이 있다.

공간적 지역성spatial locality. 프로그램은 이전에 접근한 데이터 가까이에 있는 데이터를 사용하는 경향이 있다. 여기서 '가까이'란 데이터의 메모리 주소가 인접함을 가리킨다. 가령 어떤 프로그램이 주소 N과 N + 4의 데이터에 접근했다면, 곧 N + 8에 접근할 가능성이 있다.

11.3.1 코드에서의 지역성 예

다행히도 보통 프로그래밍 패턴에서는 앞에서 설명한 지역성의 두 형태가 매우 빈번하게 나타난다. 예를 들어 다음 함수를 보자.

```
/* 길이가 len인 정수 배열의 요소를 모두 더한다. */
int sum_array(int *array, int len) {
    int i;
    int sum = 0;

    for (i = 0; i < len; i++) {
        sum += array[i];
    }

    return sum;
}
```

이 코드에서 for 반복문의 되풀이되는 특성은 i, len, sum, array(배열의 기본 주소)에 시간적 지역성을 부여한다. 프로그램이 반복문을 반복할 때마다 이 변수들에 접근하기 때문이다. 시간적 지역성을 활용하면 시스템은 각 변수를 메인 메모리에서 CPU 캐시로 한 번만 로드하면 된다. 두 번째부터는 고속 캐시에서 접근한다.

배열의 내용에 접근할 때는 공간적 지역성의 이점이 작용한다. 프로그램이 배열의 요소에 한 번씩만 접근한다 해도, 현대 시스템은 한 번에 하나 이상의 int를 메모리에서 CPU 캐시로 로드한다. 즉, 배열의 첫 번째 인덱스에 접근하면 첫 번째 정수만이 아니라 그 뒤의 정수 몇 개도 함께 캐시에 저장한다. 이때 캐시에 추가로 로드하는 정수의 정확한 양은 해당 캐시의 블록 크기block size에 따라 다른데, 블록 크기란 캐시에 한 번에 전송할 수 있는 데이터양이다.

예를 들어 블록 크기가 16바이트라면 이 시스템은 한 번에 4개 정수를 메모리에서 캐시로 복사한다. 따라서 배열의 첫 번째 정수에 접근하려면 비용이 더 큰 메인 메모리에 접근해야 한다. 그러나 그다음 3개 정수는 프로그램이 한 번도 접근하지 않았어도 캐시에서 제공된다.

많은 사례에서 프로그래머는 시스템에 유리하도록 지역성 패턴을 나타내는 코드를 의도적으로 작성할 수 있다. 예를 들어 N × N 행렬에서 요소에 접근하는 중첩된 반복문을 생각해보자(이 장의 앞부분에서 살펴본 예시다).

버전 1

```
float averageMat_v1(int **mat, int n) {
    int i, j, total = 0;

    for (i = 0; i < n; i++) {
        for (j = 0; j < n; j++) {
            // Note indexing: [i][j]
            total += mat[i][j];
        }
    }

    return (float) total / (n * n);
}
```

버전 2

```
float averageMat_v2(int **mat, int n) {
    int i, j, total = 0;

    for (i = 0; i < n; i++) {
        for (j = 0; j < n; j++) {
            // Note indexing: [j][i]
            total += mat[j][i];
        }
    }

    return (float) total / (n * n);
}
```

이 두 버전에서 반복 변수(i와 j)와 누적 변수(total)는 좋은 시간적 지역성을 나타낸다. 두 반복문이 모두 반복할 때마다 이 변수들을 되풀이해 사용하기 때문이다. 따라서 이 코드를 실행하면, 시스템은 이 변수들을 CPU 위의 저장소에 저장함으로써 우수한 성능을 낸다.

하지만 행렬이 메모리에서 행을 우선으로 구조화되기 때문에('2.5.2 2차원 배열'의 '2차원 배열 메모리 레이아웃' 참조), 버전 1 코드는 버전 2 코드보다 다섯 배 더 빠르게 실행된다. 이 차이는 공간적 지역성에서 발생하는데, 버전 1 코드가 메모리상에서 행렬의 값에 순차적으로(즉, 연속적인 메모리 주소 순으로) 접근하기 때문이다. 따라서 큰 블록을 메모리에서 캐시로 로드하는 시스템의 이점을 누리게 된다. 블록의 값을 메모리로 이동하는 비용을 단 한 번만 지불하기 때문이다.

버전 2 코드는 연속적인 메모리 주소에 위치하지 않은 행 사이를 되풀이해 점프하며 행렬의 값에 접근한다. 이 코드는 연속적인 메모리 접근에서 동일한 캐시 블록을 전혀 읽지 않으므로, 캐시에 해당 블록이 필요하지 않다고 간주한다. 따라서 모든 행렬의 값을 읽을 때마다 메모리를 참조하는 비용을 지불해야 한다.

이 예시를 통해 프로그래머가 시스템 관점에서 프로그램 실행 비용에 미치는 영향을 알아봤다. 고성능 애플리케이션, 특히 정기적으로 배열에 접근하는 프로그램을 작성할 때는 이 원칙을 명심하자.

11.3.2 지역성부터 캐시까지

우리에게 익숙한 책을 예로 들어 시간적 지역성과 공간적 지역성이라는 개념이 캐시 설계에 미치는 영향을 설명한다. 피오나Fiona는 기숙사에 있는 자기 방에서 숙제를 하고 있다. 피오나의 책상에 둘 수 있는 책은 세 권이 전부이고, 방 밖 책장에는 그보다 더 많은 책이 있다. 그리고 캠퍼스 건너편에 있는 도서관에는 훨씬 많은 책이 보관돼 있다. 이 예시의 '책 보관 계층'을 그리면 [그림 11-6]과 비슷하다. 이 사례로 피오나가 책을 보관할 위치를 결정하는 데 도움을 줄 지역성의 활용 방법을 설명하겠다.

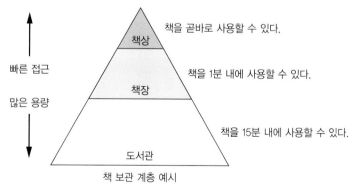

그림 11-6 가상의 책 보관 계층

11.3.3 시간적 지역성

시간적 지역성에 따르면, 피오나가 자주 사용하는 책은 가능한 한 책상에 가깝게 두어야 한다. 종종 작업 공간을 청소하기 위해 책을 잠깐 책장으로 옮겨야 한다면, 그 비용은 크지 않다. 하지만 다음 날 다시 사용할 책을 도서관에 갖다두는 것은 어리석다. 그 반대도 마찬가지다. 제한된 책상이나 책장 한켠을 차지하고 있는 어떤 책을 한동안 사용하지 않았다면, 이 책은 도서관으로 옮길 후보가 된다.

그렇다면 피오나는 책상에 어떤 책을 두어야 할까? 이 예시에서 실제 학생들은 앞으로 주어질 과제를 확인하고, 가장 유용하다고 생각되는 책을 선택한다. 즉, 공간을 가장 잘 사용하는 방법을 결정하려면 **미래 사용**에 관한 정보가 필요하다.

안타깝게도, 하드웨어 설계자들은 미래를 예측할 수 있는 회로를 아직 만들지 못했다. 그렇다면 예측의 대안으로, 프로그래머나 사용자에게 프로그램이 데이터를 어떻게 사용할 것인지를 사전에 알려주어 배치를 최적화하는 시스템을 상상할 수 있다. 이 전략은 매우 정기적인 접근 패턴을 나타내는 특별한 애플리케이션(예, 대규모 데이터베이스)에서는 효과적일 수 있다. 그러나 개인용 컴퓨터 같은 범용 시스템에서 사용자에게 사전 알림을 요구하는 것은 큰 부담이 된다. 많은 사용자는 시스템이 현명한 결정을 내리는 데 필요한 정보를 제공하길 원하지 않는다.

따라서 시스템은 미래의 정보에 의존하는 대신 과거를 보고 미래에 어떤 일이 벌어질 가능성이 있는지 예측한다. 이 발상을 책 사례에 적용해 책 보관 공간을 관리하는 비교적 간단한(그러면서도 효과적인) 전략을 제안할 수 있다.

- 사용할 책을 현 위치에서 책상으로 옮긴다.
- 책상이 가득 차면, 가장 덜 최근에 사용한 책(즉, 책상에서 가장 오랫동안 손대지 않아 그대로 남아있는 책)을 책장으로 옮긴다.
- 책장이 가득 차면, 책장에서 가장 덜 최근에 사용한 책을 도서관으로 옮겨 공간을 확보한다.

이 전략은 완벽하지는 않지만, 단순한 매력이 있다. 단지 책을 보관 위치 간에 옮기는 능력과 이전에 사용한 순서를 알려주는 메타 정보만 있으면 충분하다. 게다가, 이 전략은 시간적 지역성의 두 가지 목적을 충족한다.

- 자주 사용하는 책은 책상이나 책장에 두어 도서관으로 옮기는 일을 방지한다.
- 자주 사용하지 않는 책은 결과적으로 가장 덜 최근에 사용한 책이므로, 그 시점에서 책을 도서관으로 옮기는 것은 합리적이다.

이 전략을 1차 저장 장치에 적용할 수 있다. 데이터를 메인 메모리에서 CPU로 로드할 때, CPU 캐시에 데이터를 저장할 공간을 마련한다. 캐시가 이미 가득 찼다면, 가장 덜 최근에 사용한 메모리를 캐시에서 메인 메모리로 옮겨 캐시에 공간을 확보한다. 이런 메커니즘이 현대 캐싱 시스템에 어떻게 구현됐는지는 이후 캐시를 다루는 절에서 세부적으로 살펴본다.

11.3.4 공간적 지역성

공간적 지역성에 따르면, 피오나는 도서관에 갈 때 미래에 도서관에 가게 될 가능성을 줄이기 위해 책을 한 권 이상 꺼내야 한다. 특히 꺼낸 책의 '가까이에 있는' 책이 도서관으로 옮길 책의 후보이므로, 그 책을 추가로 꺼내야 한다. 그렇지 않으면 다시 도서관에 가야 한다.

피오나가 셰익스피어의 역사와 관련된 문학 과정을 수강하고 있다고 하자. 수강 첫 주 과제는 『헨리 6세 1부Henry VI, Part I』다. 피오나가 도서관에서 그 책을 찾았을 때, 그 가까이에서 2부와 3부를 발견할 가능성이 높다. 2부와 3부를 읽어오는 과제가 주어질지 모른다 해도, 2부와 3부가 필요할 것이라는 예측은 상당히 합리적이다. 즉, 2부와 3부는 피오나에게 필요한 책과 가까이 있기 때문에 도서관에 있는 다른 책보다 필요할 가능성이 훨씬 더 크다.

이 사례에서 그 가능성은 도서관에서 책을 책장에 배열한 방식에 의해 커진다. 프로그램도 이와 유사하게 메모리에 데이터를 조직화한다. 예를 들어 배열이나 구조체 같은 프로그래밍 구조는 관련 데이터 셋을 메모리의 연속적인 영역에 저장한다. 배열에서 연속적인 요소에 반복을 수행할 때, 접근된 메모리 주소에 분명 공간적 패턴이 존재한다. 이런 공간적 지역성의 교훈을 1차 저장 장치에 적용하면, 메인 메모리에서 데이터를 꺼낼 때 시스템은 해당 데이터의 가까이에 있는 데이터도 함께 꺼내야 한다.

다음 절에서 캐시의 특성을 정의하고, 지역성이 자동으로 발생했음을 하드웨어가 식별하고 활용하도록 하는 메커니즘을 설명한다.

11.4 CPU 캐시

저장 장치의 특성을 살펴보고, 시간적 및 공간적 지역성의 중요한 패턴에 관해 알아봤다. 이제

CPU 캐시를 설계하고 구현하는 방법을 살펴보자. 캐시는 CPU에 있는 작고 빠른 저장 장치이며 메인 메모리의 제한된 서브셋을 저장한다. 캐시를 설계할 때는 답을 알아야 할 중요한 질문이 있다. 프로그램 메모리의 어느 서브셋을 가져와야 하는가? 언제 프로그램 데이터의 서브셋을 메인 메모리에서 캐시로 혹은 그 반대로 복사해야 하는가? 프로그램의 데이터가 캐시에 있는지 여부를 시스템은 어떻게 결정할 수 있는가?

이 같은 도전적인 질문을 본격적으로 탐색하기 전에, 캐시 행동과 용어를 몇 가지 소개하겠다. 메모리에 있는 데이터에 접근할 때, 프로그램은 가장 먼저 데이터의 메모리 주소를 계산한다 ('7.1.3 명령 구조' 참조). 이상적으로, 원하는 주소의 데이터가 캐시에 이미 존재한다면, 프로그램은 메인 메모리 접근을 건너뛸 수 있다. 성능을 최대화하기 위해, 하드웨어는 캐시와 메인 메모리 모두에 원하는 주소를 동시에 전송한다. 캐시가 메모리보다 더 빠르고 ALU에 더 가까이 있기 때문에 캐시가 메모리보다 훨씬 더 빨리 응답한다. 해당 데이터가 캐시에 있으면(**캐시 성공** cache hit), 캐시 하드웨어는 메모리 접근 대기를 취소한다. 메모리보다 캐시에서 더 빠르게 데이터를 얻을 수 있기 때문이다.

해당 데이터가 캐시에 없으면(**캐시 실패**cache miss), CPU는 메모리에서 데이터를 꺼낼 때까지 대기한다. 메인 메모리에 대한 요청이 완료되면, CPU는 꺼낸 데이터를 캐시에 쓰고, 그 후부터 같은 주소에 대한 후속 요청(시간적 지역성 덕분에)은 캐시를 통해 빠르게 응답받을 수 있다. 실패한 메모리 접근이 메모리에 쓰는 것이라면, CPU는 여전히 값을 캐시에 로드한다. 왜냐하면 프로그램이 나중에 동일한 위치에 다시 접근하려고 시도할 가능성이 크기 때문이다.

실패 후 데이터를 캐시에 로딩할 때 CPU는 종종 캐시 공간이 충분하지 않음을 발견한다. 이경우, 캐시는 가장 먼저 들어온 몇몇 데이터를 희생해 로딩할 새 데이터를 위한 공간을 확보한다. 캐시는 메인 메모리에서 복사된 데이터의 서브셋을 저장하므로, 수정된 캐시 데이터를 없앨 때는 먼저 메인 메모리의 내용을 업데이트해야 한다.

설명한 기능을 모두 제공하기 위해, 캐시 설계자들은 다음 세 가지 설계 중 하나를 채택한다. 이 절에서는 그중 가장 덜 복잡한 **다이렉트 맵트 캐시**direct-mapped caches를 살펴본다.

11.4.1 다이렉트 맵트 캐시

다이렉트 맵트 캐시는 저장소 공간을 **캐시 라인**cache-lines이라는 단위로 나눈다. 캐시 라인은 캐시 크기에 따라 수십 개, 수백 개 혹은 수천 개가 될 수 있다. 다이렉트 맵트 캐시의 각 캐시 라인에는 서로 독립적인 **캐시 데이터 블록**^{cache data block}과 **메타데이터**^{metadata}라는 중요한 두 유형의 정보가 담긴다.

캐시 데이터 블록(종종 **캐시 블록**으로 줄여 표현)은 메인 메모리에서 가져온 프로그램 데이터의 서브셋을 저장한다. 캐시 블록은 프로그램 데이터 덩어리를 여러 바이트에 저장함으로써 공간적 지역성을 활용한다. 캐시 블록의 크기는 캐시와 메인 메모리 간의 데이터 전송 단위를 결정한다. 다시 말해, 메모리에서 데이터를 캐시로 로딩할 때, 캐시는 항상 캐시 블록 크기만큼의 데이터 덩어리를 받는다. 캐시 설계자들은 캐시 블록 크기를 선택할 때 다양한 트레이드오프 균형을 맞춘다. 저장 공간 예산이 고정되므로 캐시는 작은 블록이 많거나 큰 블록이 적을 수 있다. 큰 블록을 사용하면 좋은 공간적 지역성을 활용하는 프로그램의 성능을 개선할 수 있다. 반면 많은 블록을 사용하면 더 다양한 메모리의 버스 셋을 저장할 수 있다. 궁극적으로 어떤 전략에서 최고의 성능을 달성할지는 애플리케이션의 워크로드에 달렸다. 범용 CPU는 시스템의 애플리케이션에 관해 많은 것을 가정할 수 없으므로, 오늘날 전형적인 CPU 블록 크기는 16~64 바이트다.

메타데이터는 캐시 라인의 데이터 블록의 내용에 관한 정보를 저장한다. 캐시 라인의 메타데이터는 프로그램 데이터를 포함하지 않는다. 대신 캐시 라인을 유지하도록 캐시 라인의 데이터 블록이 저장하는 메모리의 서브셋 식별을 돕는 정보를 저장한다.

프로그램이 메모리 주소에 접근하려고 시도할 때 캐시는 해당 데이터를 찾기 위해 어디를 확인해야 하는지 알아야 하고, 해당 위치에서 원하는 데이터를 사용할 수 있는지 확인해야 한다. 확인이 됐다면 저장한 캐시 블록의 일부를 꺼내 요청한 애플리케이션에 전달해야 한다. 다음 단계는 캐시에서 데이터를 찾아 꺼내는 절차를 세부적으로 나타낸다.

캐시 데이터 위치 확인하기

캐시는 현재 요청된 주소에 해당하는 메모리의 서브셋이 캐시의 어디에 위치하는지를 빠르게 결정해야 한다. 이 질문에 답하려면 캐시가 어떤 캐시 라인을 확인해야 하는지부터 결정해야 한다. 다이렉트 맵트 캐시에서 메모리의 각 주소는 정확하게 하나의 캐시 라인에 상응한다. 이 제한 때문에 **다이렉트 맵트**^{direct-mapped}라고 불린다. 각 메모리 주소가 한 캐시 라인에 매핑된다.

[그림 11-7]은 작은 다이렉트 맵트 캐시에서 메모리 주소가 캐시 라인에 매핑되는 모습을 나

타낸다. 이 캐시는 캐시 라인이 4개 있고, 캐시 블록 크기가 32바이트다. 캐시의 블록 크기는 캐시와 메인 메모리 간에 데이터를 전송하는 최소 단위다. 따라서 모든 메모리 주소가 32바이트 범위 안에 속하고 각 범위가 한 캐시 라인에 매핑된다.

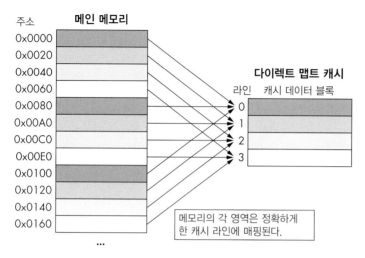

그림 11-7 메모리 주소가 캐시 라인에 매핑되는 예시(4라인 다이렉트 맵트 캐시, 32바이트 캐시 블록)

메모리의 각 영역은 단 하나의 캐시 라인에 매핑되지만, 여러 메모리 범위가 동일한 캐시 라인에 매핑될 수 있다. 같은 캐시 라인에 매핑된 메모리 영역(즉, [그림 11-7]에서 같은 색상 덩어리)이 같은 캐시 라인의 공간을 두고 경쟁하며, 각 색상의 한 영역만 한 순간에 캐시에 존재할 수 있다.

캐시는 메모리 주소의 일부 비트를 사용해 메모리 주소를 캐시 라인에 매핑한다. 이 일부 비트가 메모리 주소의 인덱스 부분으로 알려진 중간 비트이며, 캐시는 이 비트를 사용해 메모리 주소를 어느 라인에 매핑할지 결정한다. 이로써 데이터가 캐시 라인에 골고루 분배되도록 한다.

인덱스로 사용되는 비트의 수(다양하다)가 캐시가 보유할 라인의 수를 결정한다. [그림 11-8]은 캐시 라인을 참조하는 메모리 주소의 인덱스 부분을 나타낸다.

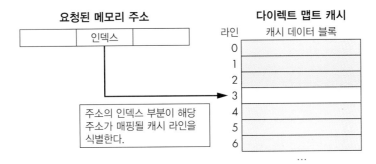

그림 11-8 메모리 주소의 중간 인덱스 부분이 캐시 라인을 식별한다.

프로그램 데이터가 함께 클러스터를 이룰 때, 주소의 중간을 사용해 캐시 라인 경쟁을 줄인다. 이는 좋은 지역성을 보여주는 프로그램에서 종종 나타난다. 즉, 프로그램은 몇 안 되는 위치 안 (예, 스택이나 힙)에서도 변수들을 가까이에 한데 모아 저장하는 경향이 있다. 이렇게 클러스터 된 변수들은 동일한 최상위 주소 비트를 공유한다. 그러므로 최상위 비트를 인덱스로 사용하면 클러스터된 변수를 모두 동일한 캐시 라인에 매핑하고, 나머지 캐시는 사용되지 않은 상태로 두게 된다. 이처럼 캐시는 주소 중간의 비트를 사용해 데이터를 캐시 라인에 골고루 분배한다.

캐시 내용 식별하기

적절한 캐시 라인의 위치를 찾았다면, 캐시는 해당 라인의 주소가 요청된 주소인지 결정해야 한다. 여러 메모리의 범위가 동일한 캐시 라인에 매핑되므로, 캐시는 해당 라인의 메타데이터 를 확인해서 중요한 두 가지 질문에 답해야 한다. 이 캐시 라인에 유효한 메모리의 서브셋이 존 재하는가? 그렇다면, 이 캐시 라인에 매핑되는 메모리의 여러 서브셋 중 현재 존재하는 것은 어느 것인가?

두 질문에 답하기 위해 각 캐시 라인의 메타데이터는 **유효 비트**와 태그를 포함한다. 유효 비트 는 캐시 라인에 현재 유효한 메모리의 서브셋이 있는지를 나타내는 단일 비트다(유효하면 1로 설정된다). 유효하지 않은 라인(valid=0인 경우)에는 아무런 데이터도 캐시에 로드되지 않으므 로 캐시 성공이 나오지 못한다. 유효하지 않은 라인은 캐시에서 비공간으로 나타난다.

각 캐시 라인의 메타데이터는 태그도 저장한다. 태그는 해당 라인의 캐시 블록에 어떤 메모리 의 서브셋이 존재하는지를 고유하게 식별한다. 태그 필드는 캐시 라인에 저장된 메모리 범위의 최상위 비트를 저장하며, 캐시 라인은 이를 참조해 데이터 블록의 메모리 주소를 추적할 수 있다. 다시 말해, 많은 메모리 서브셋이 동일한 캐시 라인에 매핑되기 때문에(인덱스 비트가 동일하기 때문에), 태그는 캐시 라인에 현재 어느 서브셋이 존재하는지 기록한다.

캐시 룩업이 성공하려면, 해당 캐시 라인에 저장된 태그 필드가 프로그램이 요청한 메모리 주소의 태그 부분(상위 비트)과 매칭돼야 한다. 태그가 매칭되지 않으면 캐시 라인에 유효한 데이터가 존재한다 해도, 해당 캐시 라인에 있는 데이터가 요청된 메모리 주소를 갖고 있지 않은 셈이다. [그림 11-9]는 캐시가 메모리 주소를 태그와 인덱스로 나누고, 인덱스 비트를 사용해 대상 캐시 라인을 선택하고, 해당 라인의 유효 비트를 확인하며, 해당 라인의 태그 매핑 여부를 확인하는 방법을 나타낸다.

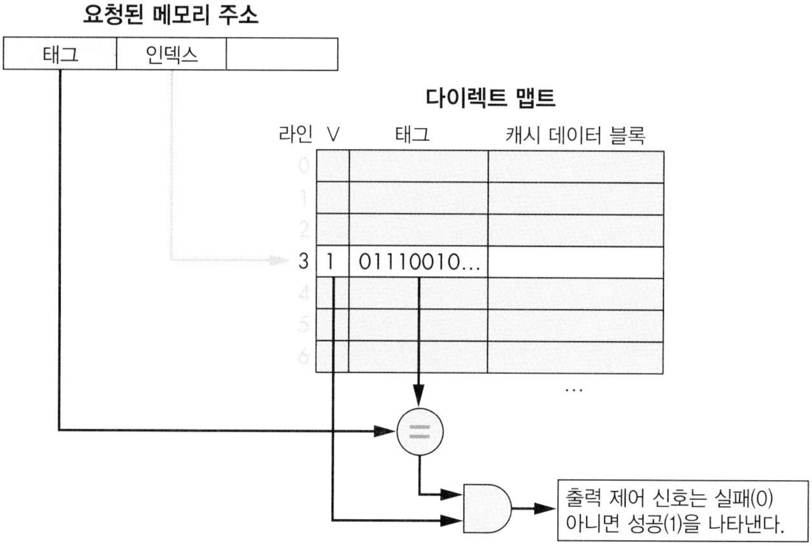

그림 11-9 캐시는 요청된 메모리 주소의 인덱스 비트를 사용해 적합한 캐시 라인을 찾은 뒤, 동시에 해당 라인의 유효 비트를 검증하고 해당 태그를 요청된 주소의 태그와 확인한다. 해당 라인의 태그가 매칭돼서 유효한 것으로 판정되면, 룩업은 성공한다.

캐시된 데이터 꺼내기

프로그램이 요청한 메모리 주소를 사용해 적정한 캐시 라인을 찾고, 해당 라인에 그 메모리 주소가 포함된 메모리의 유효한 서브셋임을 검증한 뒤, 마지막으로 캐시는 요청된 데이터를 해당 데이터를 필요로 하는 CPU 컴포넌트에 보낸다. 캐시 라인의 데이터 블록 크기(예, 64바이트)가 대개 프로그램이 요청한 데이터 크기(예, 4바이트)보다 훨씬 더 크므로, 캐시는 요청된 주소의 최하위 비트를 캐시된 데이터 블록의 **오프셋**으로 사용한다. [그림 11-10]은 프로그램이 주소의 오프셋 부분을 사용해 캐시 블록의 어느 바이트를 꺼내야 할지 식별하는 방법이다.

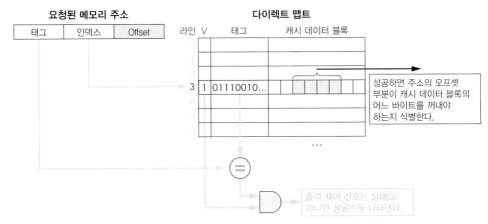

그림 11-10 주어진 캐시 데이터 블록에서 주소의 오프셋 부분은 프로그램이 꺼내기 원하는 바이트가 어느 것인지 식별한다.

메모리 주소 분할

캐시의 크기가 메모리 주소에서 오프셋, 인덱스, 태그 부분으로 해석할 비트의 수를 좌우한다. 마찬가지로 주소 각 부분의 비트 수는 캐시의 크기가 얼마나 돼야 하는지를 시사한다. 주소의 각 부분에 어느 비트가 속하는지 결정할 때는 주소를 오른쪽부터 왼쪽 순으로(즉, 가장 중요하지 않은 비트에서 가장 중요한 비트로) 살펴보면 도움이 된다.

주소의 가장 오른쪽 부분이 오프셋이고, 그 길이는 캐시 블록 크기로 결정된다. 주소의 오프셋 부분은 캐시 데이터 블록 안에 있는 바이트를 모두 참조할 수 있을 만큼 많은 비트로 구성돼야 한다. 예를 들어 캐시가 32바이트 데이터 블록을 저장한다고 가정하자. 프로그램이 32바이트 중 임의의 위치를 물을 수 있으므로, 캐시는 프로그램이 32개 위치 중 정확하게 어디를 원하는지 설명할 수 있는 비트가 충분히 존재해야 한다. 이 경우, 오프셋을 위해 5비트가 필요하다. 5비트를 사용하면 고유한 32개 값을 나타낼 수 있기 때문이다($\log_2 32 = 5$). 거꾸로, 4비트를 오프셋으로 사용하는 캐시는 16바이트 데이터 블록을 저장해야 한다($2^4 = 16$).

주소의 인덱스 부분은 오프셋의 바로 왼쪽에서 시작한다. 인덱스 비트 수를 결정하려면 캐시 라인의 수를 고려해야 한다. 인덱스 비트의 수는 각 캐시 라인을 고유하게 식별할 수 있을 만큼 충분해야 한다. 오프셋에 적용한 논리를 따르면, 라인이 1,024개인 캐시의 인덱스는 10비트여야 한다($\log_2 1{,}024 = 10$). 마찬가지로, 인덱스용으로 12비트를 사용하는 캐시는 라인이 4,096개가 돼야 한다($2^{12} = 4{,}096$)

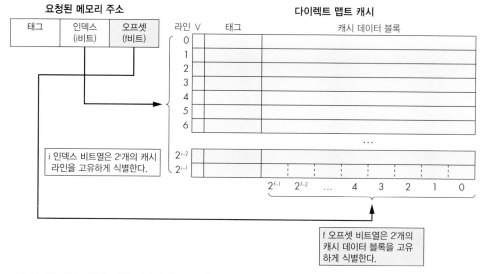

그림 11-11 캐시 라인을 고유하게 식별하는 주소의 인덱스 부분과 캐시 라인의 데이터 블록 안의 위치를 고유하게 식별하는 오프셋 부분

나머지 주소 비트는 태그를 형성한다. 태그는 캐시 라인에 포함된 메모리의 서브셋을 고유하게 식별해야 하므로, 앞에서 사용되지 않은 비트를 모두 사용한다. 예를 들어 머신이 32비트 주소를 사용하는데 오프셋으로 5비트, 인덱스로 10비트를 사용한다면, 주소의 나머지 17비트($32 - 15 = 17$)는 태그를 나타낸다.

다이렉트 맵트 읽기 예시

CPU에 다음 특성이 있다고 가정하자.

- 16비트 메모리 주소
- 캐시 라인이 128개인 다이렉트 맵트 캐시
- 32바이트 캐시 데이터 블록

캐시는 [그림 11-12]와 같이 텅 빈 상태에서 시작한다.

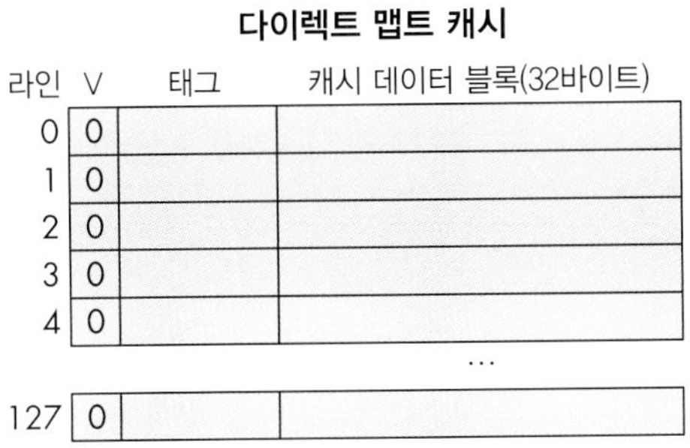

다이렉트 맵트 캐시

라인	V	태그	캐시 데이터 블록(32바이트)
0	0		
1	0		
2	0		
3	0		
4	0		
		...	
127	0		

그림 11-12 비어 있는 다이렉트 맵트 캐시 예

이 CPU에서 실행하고 있는 프로그램이 다음 메모리 위치에 접근한다고 가정하자(그림 11-13~그림 11-16).

1 주소 1010000001100100에서 읽는다.

2 주소 1010000001100111에서 읽는다.

3 주소 1001000000100000에서 읽는다.

4 주소 1111000001100101에서 읽는다.

전체 순서를 함께 진행하기 위해, 캐시의 행동을 추적할 때 다음 단계를 따른다.

1 요청된 주소를 오른쪽(낮은 자리 비트)에서 왼쪽(높은 자리 비트)으로 세 부분으로 나눈다. 캐시 데이터 블록 안의 오프셋, 적절한 캐시 라인의 인덱스, 해당 캐시 라인이 저장하는 메모리의 서브셋을 식별하는 태그다.

2 요청된 주소의 가운데 부분을 사용해 캐시를 인덱싱해서 해당 주소가 매핑되는 캐시 라인을 찾는다.

3 캐시 라인의 유효 비트를 확인한다. 유효 비트가 유효하지 않으면, 프로그램은 태그가 무엇인지에 관계없이 해당 캐시 라인의 내용을 사용하지 못한다(캐시 실패).

4 캐시 라인의 태그를 확인한다. 주소의 태그가 캐시 라인의 태그와 일치하고 해당 라인이 유효하면, 그 캐시 라인의 데이터 블록에는 프로그램이 찾는 데이터가 존재한다(캐시 성공). 그렇지 않으면, 캐시는 식별된 인덱스 위치의 메인 메모리에서 데이터를 로드해야 한다(캐시 실패).

5 성공한다면, 주소의 낮은 자리의 오프셋 비트를 사용해서 저장된 블록으로부터 프로그램이 원하는 데이터를 추출한다(예시에서는 표현하지 않음).

주소 분할

먼저 메모리 주소를 **오프셋**, **인덱스**, **태그**로 나누는 방법을 결정하자. 낮은 자리 비트에서 시작해 높은 자리 비트로(오른쪽에서 왼쪽으로) 가면서 주소의 각 부분을 생각한다.

오프셋: 블록 사이즈는 32바이트이므로 주소의 가장 오른쪽 5비트($\log_2 32 = 5$)를 사용해 오프셋 부분을 구성한다. 5비트를 사용하면, 오프셋은 블록의 32바이트를 고유하게 식별할 수 있다.

인덱스: 캐시 라인이 128개이므로 주소의 다음 7비트($\log_2 128 = 7$)를 사용해 인덱스 부분을 구성한다. 7비트를 사용하면, 인덱스는 각 캐시 라인을 고유하게 식별할 수 있다.

태그: 오프셋이나 인덱스에 속하지 않은 주소의 남은 비트로 태그 부분을 구성한다. 예시의 주소는 나머지 4비트를 사용해 태그를 형성한다($16 - (5 + 7) = 4$).

주소 1010000001100100에 쓴다.

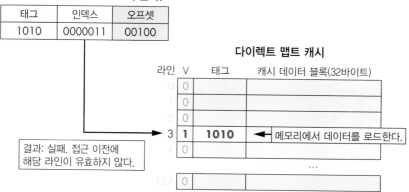

그림 11-13 주소 1010000001100100에서 읽을 때 인덱스 0000011(라인 3)이 유효하지 않으므로, 요청은 실패한다. 캐시는 메인 메모리에서 데이터를 로드한다.

주소 1010000001100111에서 읽는다.

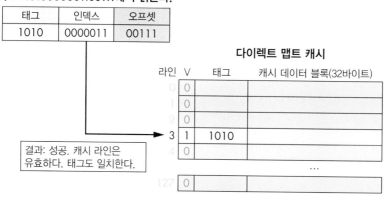

그림 11-14 주소 1010000001100111에서 읽는다. 인덱스 0000011(라인 3)이 유효하고 태그(1010)가 일치하므로 요청은 성공이다. 캐시는 자신의 데이터 블록의 바이트 7(오프셋 0b00111)부터 시작하는 데이터를 내보낸다.

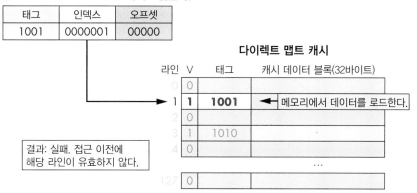

주소 1001000000100000에서 w 읽는다.

태그	인덱스	오프셋
1001	0000001	00000

다이렉트 맵트 캐시

라인 V 태그 캐시 데이터 블록(32바이트)

0	0		
1	1	**1001**	← 메모리에서 데이터를 로드한다.
2	0		
3	1	1010	
4	0		
		...	
127	0		

결과: 실패. 접근 이전에
해당 라인이 유효하지 않다.

그림 11-15 주소 1001000000100000에서 읽는다. 인덱스 0000001(라인 1)이 유효하지 않으므로, 요청은 실패하고 캐시는 메인 메모리에서 데이터를 로드한다.

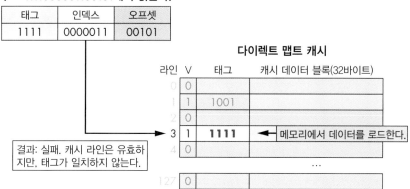

주소 1111000001100101에서 읽는다.

태그	인덱스	오프셋
1111	0000011	00101

다이렉트 맵트 캐시

라인 V 태그 캐시 데이터 블록(32바이트)

0	0		
1	1	1001	
2	0		
3	1	**1111**	← 메모리에서 데이터를 로드한다.
4	0		
		...	
127	0		

결과: 실패. 캐시 라인은 유효하
지만, 태그가 일치하지 않는다.

그림 11-16 주소 1111000001100101에서 읽는다. 인덱스 0000011(라인 3)이 유효하지만 태그가 일치하지 않으므로, 요청은 실패한다. 캐시는 메인 메모리에서 데이터를 로드한다.

캐시된 데이터에 쓰기

이 절에서 지금까지는 주로 CPU가 캐시에서 룩업을 수행할 때의 메모리 읽기 동작을 살펴봤다. 프로그램이 캐시에 값을 쓸 수 있어야 하는데, 캐시는 다음 두 전략 중 하나로 저장 동작을 지원한다.

라이트 스루 캐시^{write-through cache} 전략에서는 메모리 쓰기 동작이 캐시의 값을 수정하고, 동시에 메인 메모리의 내용을 업데이트한다. 즉, 쓰기 동작은 항상 캐시와 메인 메모리의 내용을 동기화한다.

라이트 백 캐시^{write-back cache} 전략에서는 메모리 쓰기 동작이 캐시의 데이터 블록에 저장된 값만 수정하고, 메인 메모리는 업데이트하지 않는다. 따라서 캐시 데이터를 업데이트한 뒤, 메인 메모리의 해당 데이터와 다른 캐시의 내용을 메모리에 쓴다.

캐시 블록의 내용과 그에 대응하는 메인 메모리의 내용이 다른 것을 식별하기 위해, 라이트 백 캐시는 **더티 비트**^{dirty bit}라는 추가 메타데이터 비트를 저장한다. **더티 캐시 라인**^{dirty cash line}에서 데이터 블록을 희생할 때, 캐시 블록의 데이터는 먼저 메인 메모리에 그 내용을 기록해 내용을 동기화해야 한다. [그림 11-17]은 더티 비트가 추가된 다이렉트 맵트 캐시를 나타낸다. 더티 비트는 캐시 데이터 블록을 희생하기 전에 메모리에 쓸 라인을 표시한다.

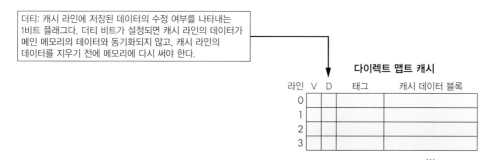

그림 11-17 더티 비트가 추가된 캐시

다른 경우와 마찬가지로, 두 설계 차이에 따른 트레이드오프가 발생한다. 라이트 스루 캐시는 라이트 백 캐시보다 덜 복잡하고, 각 캐시 라인에 더티 비트의 형태로 추가 메타데이터를 저장할 필요가 없다. 반면, 라이트 백 캐시는 메모리의 같은 위치에 반복적으로 쓰기 작업을 하는 비용을 줄일 수 있다.

예를 들어 프로그램이 캐시에서 어떤 변수의 메모리를 제거하지 않고 동일한 변수를 빈번하게 업데이트한다고 가정하자. 각각의 업데이트는 그저 이전 값을 덮어쓸 뿐이지만, 라이트 스루 캐시는 업데이트될 때마다 메인 메모리에 내용을 쓴다. 반면, 라이트 백 캐시는 해당 캐시 블록

이 제거될 때만 단 한 번 메인 메모리에 내용을 쓴다. 여러 쓰기를 거치는 메모리 접근 비용이
줄면 성능이 대폭 개선되므로, 현대 캐시는 라이트 백 설계를 채택하고 있다.

다이렉트 맵트 쓰기 예시(라이트 백)

캐시에 쓰기는 읽기와 비슷하게 동작한다. 단, 캐시 라인의 더티 비트를 수정하는 것만 다르다.
더티 캐시 라인을 제거할 때, 캐시는 수정된 데이터 블록을 먼저 메모리에 쓴 뒤 삭제해야 한다.

앞에서 설명한 예시에 이어, 다음의 두 주소에 추가로 접근한다고 가정하자.

5 주소 1111000001100000에 쓴다.

6 주소 1010000001100100에 쓴다.

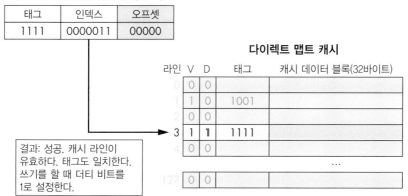

그림 11-18 주소 1111000001100000에 쓴다. 인덱스 0000011(라인 3)이 유효하고, 태그(1111)가 일치하므로 요청은 성공
한다. 이 접근이 쓰기이므로, 캐시는 해당 라인의 더티 비트를 1로 설정한다.

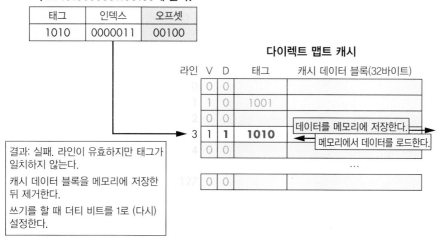

그림 11-19 주소 1010000001100100에 쓴다. 인덱스 0000011(라인 3)이 유효하지만 태그가 일치하지 않으므로, 요청은 실패한다. 대상 캐시 라인이 모두 유효하고 더티 비트가 설정됐으므로, 캐시는 기존 데이터 블록을 메인 메모리에 쓴 뒤 새로운 데이터를 로딩해야 한다. 이 접근이 쓰기이므로, 캐시는 새로 로딩한 라인의 더티 비트를 1로 설정한다.

예시의 네 번째와 여섯 번째 접근에서, 캐시는 데이터를 삭제한다. 두 메모리 영역이 같은 캐시 라인에 접근하기 위해 경쟁하기 때문이다. 이런 경쟁을 줄일 목적의 또 다른 캐시 설계를 다음에서 살펴본다.

11.4.2 캐시 실패 및 어소시에이티브 설계

캐시 설계자들은 캐시 성공률을 최대화해서 가급적 메인 메모리에 메모리를 요청하는 일을 줄이려 한다. 지역성을 통해 성공률이 높기를 희망하지만, 실제 다양한 이유로 모든 캐시 접근에서 성공을 기대할 수는 없다.

강제 실패^{compulsory miss} 또는 **콜드 스타트 실패**^{cold-start miss}. 프로그램이 메모리 위치(혹은 해당 메모리 근처)에 접근한 적이 없다면, 캐시에서 해당 위치의 데이터를 발견할 가능성은 거의 없다. 따라서 프로그램이 새로운 메모리 주소에 처음 접근할 때 빈번한 캐시 실패를 피할 수 없다.

용량 실패^{capacity miss}. 캐시가 메인 메모리의 서브셋을 저장하는데, 이상적으로 엄밀하게 말하면 프로그램이 활발하게 사용하는 메모리의 서브셋을 저장한다. 하지만 프로그램이 캐시 크기보다 더 많은 메모리를 활발하게 사용한다면, 원하는 데이터를 모두 찾을 수 없어 **용량 실패**로 이어진다.

충돌 실패conflict misses. 어떤 캐시 설계에서는 데이터를 찾는 복잡성을 줄이기 위해 캐시 데이터가 상주하는 공간을 제한하는데, 이는 충돌 실패로 이어질 수 있다. 예를 들어 다이렉트 맵트 캐시가 100% 가득 차지 않아도 프로그램은 같은 캐시 위치에 자주 사용하는 두 변수에 대한 주소를 매핑할 수 있다. 이 경우, 두 변수 중 하나에 접근하게 되면 다른 변수를 캐시에서 제거해야한다. 이 둘이 같은 캐시 라인을 두고 경쟁하기 때문이다.

각 실패 유형의 상대적 빈도는 프로그램의 메모리 접근 패턴에 달렸다. 그러나 일반적으로 캐시 크기를 늘리지 않는 한, 캐시의 설계는 주로 충돌 실패율에 영향을 미친다. 다이렉트 맵트 캐시가 다른 설계보다 덜 복잡하기는 하지만, 이 방식 역시 충돌 실패를 피할 수 없다.

다이렉트 맵트 캐시의 대안으로 **어소시에이티브**associative 캐시가 있다. 어소시에이티브 설계에서 캐시는 메모리의 한 영역을 저장할 공간을 하나 이상 유연하게 선택할 수 있다. 직관적으로 생각할 때, 더 많은 저장 위치를 제공하면 충돌 가능성이 줄지만, 접근할 때마다 더 많은 위치를 확인해야 하므로 복잡성이 커진다.

풀리 어소시에이티브fully associative 캐시에서는 모든 메모리 영역이 모든 캐시 위치에 할당될 수 있다. 풀리 어소시에이티브 캐시는 가장 유연하지만, 룩업 및 제거 복잡도가 가장 높다. 모든 동작에서 모든 위치를 동시에 고려하기 때문이다. 풀리 어소시에이티브 캐시는 변환 색인 버퍼 translation look-aside buffers('13.3.4 메모리 효율성'의 '페이지 접근 빠르게 만들기' 참조) 같은 작고 특화된 애플리케이션에서 효과적이고, 그 복잡성으로 인해 범용 CPU 캐시에는 일반적으로 적합하지 않다.

셋 어소시에이티브set associative 캐시는 다이렉트 맵트 설계와 풀리 어소시에이티브 설계의 중간에 해당하며, 범용 CPU에 적합하다. 셋 어소시에이티브 캐시에서는 모든 메모리 영역이 정확하게 하나의 **캐시 셋**에 매핑되는데, 각 셋은 여러 캐시 라인을 저장한다. 셋 하나에 할당된 라인수가 캐시의 고정된 크기이며, 일반적으로 셋당 2~8개 라인을 저장한다.

11.4.3 셋 어소시에이티브 캐시

셋 어소시에이티브 설계는 복잡성과 충돌 간에 훌륭한 접점을 제공한다. 캐시가 한 번의 룩업에서 확인해야 할 위치의 수가 셋 하나에 할당된 라인 수로 제한되므로, 동일한 셋에 매핑된 여러 메모리 영역에서는 셋 전체가 가득 차기 전까지 충돌 실패가 발생하지 않는다.

셋 어소시에이티브 캐시에서 메모리 주소의 인덱스 부분은 하나의 캐시 라인 셋에 매핑된다. 주소 룩업을 수행할 때, 캐시는 셋에 속한 모든 캐시 라인을 동시에 확인한다. [그림 11-20]은 양방향 셋 어소시에이티브 캐시two-way set associative cache에서의 태그와 유효 비트 확인을 나타낸다.

셋의 유효한 라인에 포함된 태그 중 어느 하나라도 주소의 태그 부분과 일치하면, 일치하는 캐시 라인은 룩업을 완료한다. 룩업 결과, 검색 범위가 하나의 캐시 라인으로 줄어든 뒤에는 다이렉트 맵트 캐시처럼 동작한다. 캐시는 주소의 오프셋을 사용해 캐시 라인의 캐시 블록으로부터 CPU의 산술 컴포넌트로 필요한 바이트를 전송한다.

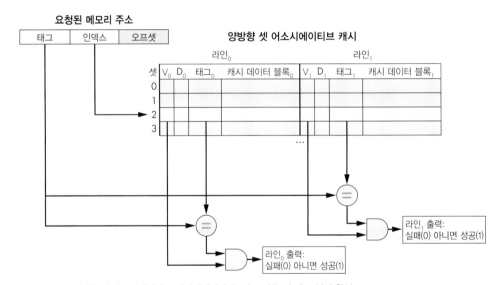

그림 11-20 양방향 셋 어소시에이티브 캐시에서의 유효 비트 검증 및 태그 일치 확인

셋 안에 캐시 라인이 여러 개 있으면 유연성이 좋아져 충돌이 줄지만, 새로운 과제를 야기한다. 값을 캐시에 로딩할 때(캐시에 제거해야 하는 데이터가 이미 존재할 때), 캐시가 어느 라인을 사용할지 결정해야 한다.

이 선택 문제를 해결하기 위해 캐시는 지역성을 활용한다. 구체적으로, 시간적 지역성은 최근 사용된 데이터가 다시 사용될 가능성이 높음을 의미한다. 그러므로 캐시는 앞의 책 보관 사례에서 사용한 전략을 사용한다. 셋에서 제거할 라인을 결정할 때, 가장 덜 최근에 사용된(LRU)

라인을 선택한다. LRU는 캐시의 제거 메커니즘을 제어하기 때문에 **캐시 교체 정책**^{cache replacement}policy으로 알려져 있다.

LRU 정책을 사용하기 위해서는, 각 셋이 셋 안의 어느 라인이 가장 덜 최근에 사용됐는지를 식별할 추가 메타데이터 비트열을 저장해야 한다. 셋 하나에 들어있는 라인 수가 늘면, 셋의 LRU 상태를 인코딩하는 데 필요한 비트 수도 늘어난다. 바로 이 추가 메타데이터 비트열 때문에 셋 어소시에이티브 설계는 간단한 다이렉트 맵트 캐시에 비해 '더 복잡'하다.

[그림 11–21]은 셋당 라인이 2개 있는 양방향 셋 어소시에이티브 캐시를 나타낸다. 라인이 2개인 경우, 각 셋은 한 비트의 LRU 메타데이터를 사용해 가장 덜 최근에 사용된 라인을 추적한다. 그림에서 가장 덜 최근에 사용된 라인은, LRU 값이 0이면 가장 왼쪽의 라인이고 값이 1이면 가장 오른쪽의 라인이다.

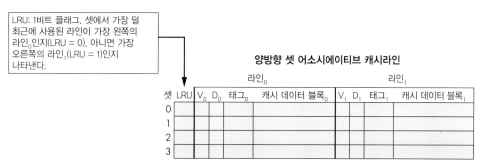

그림 11-21 양방향 셋 어소시에이티브 캐시. 각 셋은 LRU 메타데이터의 비트 하나를 저장해 삭제 결정에 관한 정보를 제공한다.

WARNING_ LRU 비트의 해석

[그림 11–21]에서 0이 '왼쪽'을, 1이 '오른쪽'을 의미한 것은 임의로 정한 것이다. LRU 비트의 해석은 캐시에 따라 다양하다. 실무에서 할당된 캐시를 다룰 때, 지금처럼 LRU 인코딩 스킴으로 할당됐다고 가정하면 안 된다!

셋 어소시에이티브 캐시 예시

CPU 특성이 다음과 같다고 가정하자.

- 16비트 메모리 주소
- 셋이 64개인 양방향 셋 어소시에이티브 캐시. 양방향 셋 어소시에이티브 캐시를 만들려면 저장 용량을 두 배로 늘려야 한다(셋당 라인이 2개). 따라서 이 예시에서는 셋을 절반으로 줄여 앞에서 살펴본 다이렉트 맵트 예시와 동일한 수의 라인을 저장한다.
- 32바이트 캐시 블록
- 셋에서 가장 덜 최근에 사용된 라인이 가장 왼쪽의 라인(LRU = 0)인지, 아니면 가장 오른쪽의 라인(LRU = 1)인지 나타내는 LRU 캐시 교체 정책

처음에는 [그림 11-22]와 같이 캐시가 비어 있다(모든 라인이 유효하지 않고, LRU 비트가 0이다).

양방향 셋 어소시에이티브 캐시

		라인$_0$				라인$_1$			
셋	LRU	V_0	D_0	태그$_0$	캐시 데이터 블록$_0$	V_1	D_1	태그$_1$	캐시 데이터 블록$_1$
0	0	0	0			0	0		
1	0	0	0			0	0		
2	0	0	0			0	0		
3	0	0	0			0	0		
4	0	0	0			0	0		
					...				
63	0	0	0			0	0		

그림 11-22 텅 빈 양방향 셋 어소시에이티브 캐시 예

이 CPU에서 실행 중인 프로그램이 다음 메모리 위치에 접근한다고 가정하자(그림 11-23~그림 11-28).

1 주소 1010000001100100에서 읽는다.
2 주소 1010000001100111에서 읽는다.
3 주소 1001000000100000에서 읽는다.
4 주소 1111000001100101에서 읽는다.
5 주소 1111000001100000에 쓴다.
6 주소 1010000001100100에 쓴다.

먼저 메모리 주소를 **오프셋**, **인덱스**, **태그**로 나누는 방법을 결정하자. 낮은 자리 비트에서 시작해 높은 자리 비트로 가면서(오른쪽에서 왼쪽으로) 주소의 각 부분을 생각한다.

오프셋: 블록 크기가 32바이트이므로 주소의 가장 오른쪽 5비트($\log_2 32 = 5$)를 사용해 오프셋 부분을 구성한다. 5비트를 사용하면, 오프셋은 블록의 모든 바이트를 고유하게 식별할 수 있다.

인덱스: 캐시의 셋이 64개이므로 주소의 다음 6비트($\log_2 64 = 6$)를 사용해 인덱스 부분을 구성한다. 6비트를 사용하면, 오프셋은 블록의 모든 셋을 고유하게 식별할 수 있다.

태그: 오프셋이나 인덱스에 속하지 않은 주소의 남은 비트로 태그 부분을 구성한다. 예시에서 주소의 나머지 6비트를 사용해 태그를 만든다($16 - (5 + 6) = 5$).

그림 11-23 주소 1010000001100100에서 읽는다. 인덱스 000011(셋 3)의 2개 라인이 유효하지 않으므로, 요청은 실패한다. 캐시가 메인 메모리에서 데이터를 로드하는데, 셋의 LRU 비트가 0이다. 따라서 캐시는 데이터를 왼쪽 라인으로 로드하고 LRU 비트를 1로 업데이트한다.

그림 11-24 주소 1010000001100111에서 읽는다. 인덱스 000011(셋 3)의 왼쪽 라인에 일치하는 태그가 있다. 따라서 요청은 성공한다.

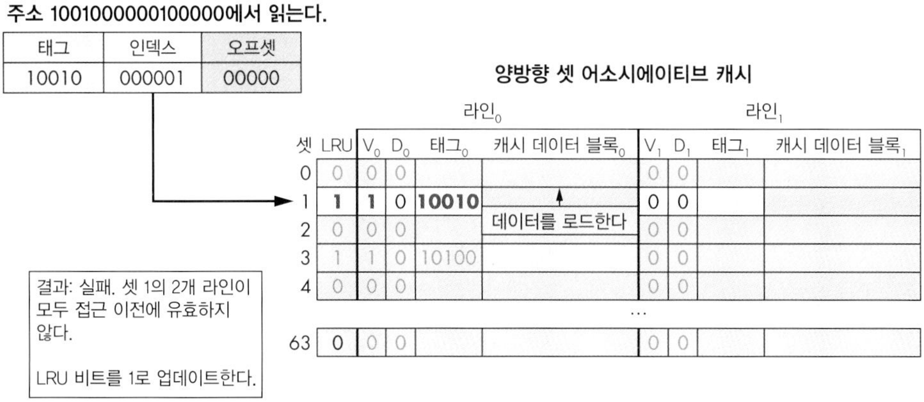

주소 1001000000100000에서 읽는다.

태그	인덱스	오프셋
10010	000001	00000

양방향 셋 어소시에이티브 캐시

그림 11-25 주소 1001000000100000에서 읽는다. 인덱스 000011(셋 3)의 2개 라인이 유효하지 않으므로, 요청은 실패한다. 캐시가 메인 메모리에서 데이터를 로드하는데, 셋의 LRU 비트가 0이다. 따라서 캐시는 데이터를 왼쪽 라인으로 로드하고 LRU 비트를 1로 업데이트한다.

주소 1111000001100101에서 읽는다.

태그	인덱스	오프셋
11110	000011	00101

양방향 셋 어소시에이티브 캐시

그림 11-26 주소 1111000001100101에서 읽는다. 인덱스 000011(셋 3)에서 한 라인의 태그가 일치하지 않고, 다른 라인의 태그가 일치한다. 따라서 요청은 실패한다. 이 셋의 LRU 비트는 1이다. 따라서 캐시는 데이터를 오른쪽 라인으로 로드하고 LRU 비트를 0으로 업데이트한다.

주소 1111000001100000에 쓴다.

태그	인덱스	오프셋
11110	000011	00000

결과: 성공. 유효한 라인 중 하나에 일치하는 태그가 있다.

라인 1의 더티 비트를 설정한다.

그림 11-27 주소 1111000001100000에 쓴다. 인덱스 000011(셋 3)의 오른쪽 라인이 유효하고 일치하는 태그가 있다. 따라서 요청은 성공한다. 이 접근이 쓰기이므로, 캐시는 해당 라인의 더티 비트를 1로 설정한다. LRU 비트가 0으로 남아 있는데, 이는 왼쪽 라인이 가장 덜 최근에 사용됐음을 의미한다.

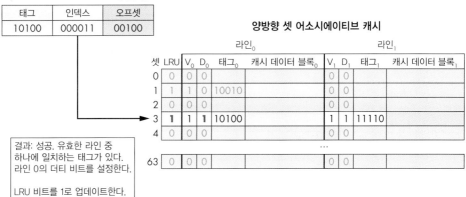

주소 1010000001100100에 쓴다.

태그	인덱스	오프셋
10100	000011	00100

결과: 성공. 유효한 라인 중 하나에 일치하는 태그가 있다. 라인 0의 더티 비트를 설정한다.

LRU 비트를 1로 업데이트한다.

그림 11-28 주소 1010000001100100에 쓴다. 인덱스 000011(셋 3)의 왼쪽 라인이 유효하고 일치하는 태그가 있다. 따라서 요청은 성공한다. 이 접근이 쓰기이므로, 캐시는 해당 라인의 더티 비트를 1로 설정한다. 왼쪽 라인에 접근한 뒤, 캐시는 왼쪽 라인의 LRU 비트를 1로 설정한다.

이 예시에서 다이렉트 맵트 캐시에서 충돌 실패를 두 번 일으킨 메모리 접근 시퀀스가 양방향 셋 어소시에이티브 캐시에서는 충돌하지 않는다.

11.5 캐시 분석과 발그린드

캐시가 프로그램 성능에 대단한 영향을 미치므로, 대부분의 시스템에는 프로그램의 캐시 사용을 측정하는 프로파일링 도구가 있다. 이 절에서는 그런 도구의 하나인 발그린드의 ca-chegrind 모드를 사용해 캐시 성능을 평가한다.

무작위의 N × N 행렬을 생성하는 다음 프로그램을 생각해보자.

```c
#include <stdio.h>
#include <stdlib.h>
#include <sys/time.h>
#include <time.h>
int **genRandomMatrix(int n, int max) {
    int i, j;
    int **mat = malloc(n * sizeof(int *));

    for (i = 0; i < n; i++) {
        mat[i] = malloc(n * sizeof(int));

        for (j = 0; j < n; j++) {
            mat[i][j] = 1 + rand() % max;
        }
    }

    return mat;
}

void free_all(int **mat, int n) {
    int i;

    for (i = 0; i < n; i++) {
        free(mat[i]);
    }

    free(mat);
}
```

```
int main(int argc, char **argv) {
    int i, n;
    int **matrix;

    if (argc != 2) {
        fprintf(stderr, "usage: %s <n>\n", argv[0]);
        fprintf(stderr, "where <n> is the dimension of the matrix\n");
        return 1;
    }

    n = strtol(argv[1], NULL, 10);
    srand(time(NULL));

    matrix = genRandomMatrix(n, 100);

    free_all(matrix, n);
    return 0;
}
```

이 장의 도입부에서 행렬 요소의 평균을 구하는 두 함수를 소개했다. 두 함수는 행렬을 인덱싱하는 방법만 달랐다.

버전 1

```
float averageMat_v1(int **mat, int n) {
    int i, j, total = 0;

    for (i = 0; i < n; i++) {
        for (j = 0; j < n; j++) {
            // Note indexing: [i][j]
            total += mat[i][j];
        }
    }

    return (float) total / (n * n);
}
```

```
float averageMat_v2(int **mat, int n) {
    int i, j, total = 0;

    for (i = 0; i < n; i++) {
        for (j = 0; j < n; j++) {
            // Note indexing: [j][i]
            total += mat[j][i];
        }
    }

    return (float) total / (n * n);
}
```

이 절에서는 캐시 프로파일링 도구를 사용해 두 함수의 차이를 정량화한다.

11.5.1 이론적 분석과 벤치마킹

지역성과 메모리 계층에 기반해 이론적 분석을 하면, 버전 1의 공간적 지역성(행렬 mat에 대한)이 더 좋다. mat이 행 우선 순서로 메모리에 저장되기 때문이다('2.5.2 2차원 배열'의 '2차원 메모리 레이아웃' 참조). 버전 2의 공간적 지역성은 버전 1보다 좋지 않다. 행렬의 각 요소에 열 우선 순서를 따라 접근하기 때문이다. 데이터는 캐시에 블록으로 로드된다는 점을 기억하자. 열 우선 순서로 행렬을 탐색하는 과정에서는 캐시 실패가 더 많이 발생하며, 결과적으로 성능도 떨어진다.

main 함수가 gettimeofday 함수를 호출해 두 버전의 성능 차이를 정확하게 측정하자.

```
int main(int argc, char** argv) {
    /* 커맨드 라인 매개변수를 검증한다. */
    if (argc != 2) {
        fprintf(stderr, "usage: %s <n>\n", argv[0]);
        fprintf(stderr, "where <n> is the dimension of the matrix\n");
        return 1;
```

```
    }

    /* 변수를 선언하고 초기화한다. */
    int i;
    float res;
    double timer;
    int n = strtol(argv[1], NULL, 10);
    srand(time(NULL));
    struct timeval tstart, tend;
    int ** matrix = genRandomMatrix(n, 100);

    /* 버전 1의 시간 */
    gettimeofday(&tstart, NULL);
    res = averageMat_v1(matrix, n);
    gettimeofday(&tend, NULL);
    timer = tend.tv_sec - tstart.tv_sec + (tend.tv_usec - tstart.tv_usec)/1.e6;
    printf("v1 average is: %.2f; time is %g\n", res, timer);

    /* 버전 2의 시간 */
    gettimeofday(&tstart, NULL);
    res = averageMat_v2(matrix, n);
    gettimeofday(&tend, NULL);
    timer = tend.tv_sec - tstart.tv_sec + (tend.tv_usec - tstart.tv_usec)/1.e6;
    printf("v2 average is: %.2f; time is %g\n", res, timer);

    /* 정리 */
    free_all(matrix, n);
    return 0;
}
```

코드를 컴파일하고 실행하면 다음 결과를 얻을 수 있다(시간 자체는 실행하는 머신에 따라 다를 수 있다).

```
$ gcc -o cachex cachex.c
$ ./cachex 5000
v1 average is: 50.49; time is 0.053641
v2 average is: 50.49; time is 0.247644
```

두 버전에는 큰 차이가 있다! 궁극적으로, 행 우선 순서를 사용하는 버전 1이 버전 2보다 4.61배 더 빠르다!

11.5.2 실세계에서의 캐시 분석: 캐시그린드

이론적으로 두 해결책을 분석하고 실행한 결과, 버전 1이 버전 2보다 더 빠름을 알았다. 하지만 캐시 분석을 세부적으로 확인한 것은 아니다. 다행히도 발그린드가 도움이 된다. 발그린드를 사용해 책의 앞부분에서 프로그램의 메모리 누수를 찾을 수 있음을 설명했다('3.3 발그린드로 메모리 디버깅'). 이 절에서는 발그린드가 제공하는 캐시 시뮬레이터인 캐시그린드에 관해 설명한다. 캐시그린드를 사용해 프로그램이나 특정 함수가 캐시에 어떤 영향을 미치는지 알아본다.

캐시그린드는 프로그램이 컴퓨터의 캐시 계층과 상호작용하는 방법을 시뮬레이션한다. 많은 경우, 캐시그린드는 머신의 캐시 구조를 자동으로 발견한다. 캐시 구조를 자동으로 발견할 수 없는 경우에는 첫 레벨(L1) 캐시와 마지막 레벨(LL) 캐시를 시뮬레이션한다. 캐시그린드는 L1 캐시에 명령 캐시^{instruction cache}와 데이터 캐시^{data cache}라는 두 개의 독립적인 컴포넌트가 들어 있다고 가정한다. LL 캐시가 런타임에 가장 중요한 영향을 주기 때문이다. L1 캐시 또한 첫 레벨에서 영향을 미치므로, 프로그램이 L1 캐시와도 잘 상호작용하도록 보장해야 한다. 이런 가정은 현대 머신 대부분의 구조와 일치한다.

캐시그린드는 다음 정보를 수집하고 출력한다.

- 명령 캐시 읽기(Ir)
- L1 명령 캐시 읽기 실패(I1mr) 및 LL 캐시 명령 읽기 실패(ILmr)
- 데이터 캐시 읽기(Dr)
- D1 캐시 읽기 실패(D1mr) 및 LL 캐시 데이터 실패(DLmr)
- 데이터 캐시 쓰기(Dw)
- D1 캐시 쓰기 실패(D1mw) 및 LL 캐시 데이터 쓰기 실패(DLmw)

D1 전체 접근은 D1 = D1mr + D1mw로 계산되고, LL 전체 접근은 ILmr + DLmr + DLmw로 주어진다.

버전 1 코드가 캐시그린드 아래서 얼마나 잘 동작하는지 확인해보자. 캐시그린드를 실행하기 위해 컴파일 코드에 다음 명령어로 발그린드를 실행한다.

```
$ valgrind --tool=cachegrind ./cachex 1000
```

발그린드가 제공하는 cachegrind 도구는 cachex 실행 파일을 감싼 래퍼로 동작한다. 캐시그린드에서 더 작은 행렬 크기를 선택하면 실행 속도가 좋아진다. 캐시그린드는 전체 프로그램에서 캐시 성공과 캐시 실패가 발생한 횟수에 관한 정보를 출력한다.

```
==28657== Cachegrind, a cache and branch-prediction profiler
==28657== Copyright (C) 2002-2015, and GNU GPL'd by Nicholas Nethercote et al.
==28657== Using Valgrind-3.and LibVEX; rerun with -h for copyright info
==28657== Command: ./cachex 1000
==28657==
--28657-- warning: L3 cache found, using its data for the LL simulation.
average is: 50.49; time is 0.080304
average is: 50.49; time is 0.09733
==28657==
==28657== I   refs:        122,626,329
==28657== I1  misses:            1,070
==28657== LLi misses:            1,053
==28657== I1  miss rate:          0.00%
==28657== LLi miss rate:          0.00%
==28657==
==28657== D   refs:         75,292,076  (56,205,598 rd   + 19,086,478 wr)
==28657== D1  misses:        1,192,118  ( 1,129,099 rd   +     63,019 wr)
==28657== LLd misses:           64,399  (     1,543 rd   +     62,856 wr)
==28657== D1  miss rate:          1.6% (      2.0%   +        0.3%   )
==28657== LLd miss rate:          0.1% (      0.0%   +        0.3%   )
==28657==
==28657== LL refs:           1,193,188  ( 1,130,169 rd   +     63,019 wr)
==28657== LL misses:            65,452  (     2,596 rd   +     62,856 wr)
==28657== LL miss rate:          0.0% (      0.0%   +        0.3%   )
```

그러나 이 분석에서 구체적으로 흥미로운 부분은 평균을 구하는 두 버전 함수에서 (캐시) 성공과 실패에 대한 내용이다. 해당 정보를 보려면 캐시그린드 도구인 cg_annotate를 사용한다. 캐시그린드를 실행하면 현재 작업 디렉터리에 cachegrind.out.n 같은 파일이 생성된다. n은 프로세스 ID 숫자다. 다음 명령어를 입력해(cachegrind.out.28657을 출력 파일명으로 교체한다) cg_annotate를 실행한다.

```
$ cg_annotate cachegrind.out.28657

I1 cache:          32768 B, 64 B, 8-way associative
D1 cache:          32768 B, 64 B, 8-way associative
LL cache:          8388608 B, 64 B, 16-way associative
Command:           ./cachex 1000
Data file:         cachegrind.out.28657
Events recorded:   Ir I1mr ILmr Dr D1mr DLmr Dw D1mw DLmw
Events shown:      Ir I1mr ILmr Dr D1mr DLmr Dw D1mw DLmw
Event sort order:  Ir I1mr ILmr Dr D1mr DLmr Dw D1mw DLmw
Thresholds:        0.1 100 100 100 100 100 100 100 100
Include dirs:
User annotated:
Auto-annotation:   off


-----------------------------------------------------------------------
         Ir  I1mr  ILmr        Dr    D1mr  DLmr       Dw   D1mw   DLmw
-----------------------------------------------------------------------
122,626,329 1,070 1,053 56,205,598 1,129,099 1,543 19,086,478 63,019 62,856
PROG TOTALS


-----------------------------------------------------------------------
        Ir I1mr ILmr        Dr    D1mr DLmr       Dw   D1mw   DLmw
file:function
-----------------------------------------------------------------------
14,009,017   3    3 9,005,008    62,688    0  1,004      0      0
averageMat_v1
14,009,017   0    0 9,005,008 1,062,996    0  1,004      0      0
averageMat_v2
```

평균 함수의 두 버전에 집중하기 위해 명령의 출력을 조금 편집했다. 출력 결과를 보면, 데이터 실패가 버전 2에서는 1,062,996번 발생했는데, 버전 1에서는 겨우 62688번 발생했다. 캐시그린드는 우리가 올바르게 분석했음을 확실한 증거로 뒷받침한다!

11.6 예측하기: 멀티코어 프로세서에서의 캐싱

이제까지는 단일 코어 프로세서에서의 단일 레벨 캐시에 집중했다. 그러나 현대 프로세서는 여러 레벨의 캐시 메모리가 장착된 멀티코어 프로세서다. 전형적으로 모든 코어는 각각 메모리 계층의 가장 높은 레벨에 프라이빗 캐시 메모리를 가지며, 낮은 레벨에 있는 하나의 캐시를 공유한다. [그림 11-29]는 4코어 프로세서의 메모리 계층을 나타낸다. 각 코어가 프라이빗 레벨 1(L1) 캐시를 가지며, 모든 코어가 레벨 2(L2) 캐시를 공유한다.

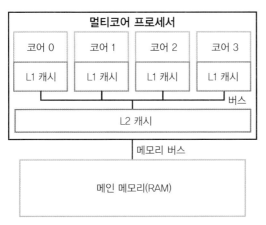

그림 11-29 멀티코어 프로세서의 메모리 계층 예시. 4개 코어는 각각 자신의 프라이빗 L1 캐시를 가지며, 하나의 L2 캐시를 공유하며, 공유 버스를 통해 접근한다. 멀티코어 프로세서는 메모리 버스로 RAM과 연결된다.

메모리 계층에서는 레벨이 높을수록 접근 속도가 빠르고 용량이 작다는 점을 상기하자. 따라서 L1 캐시가 L2 캐시보다 접근 속도가 더 빠르고 용량이 더 작다. 마찬가지로, L2 캐시가 RAM 보다 접근 속도가 더 빠르고 용량이 더 작다. 또한 캐시 메모리는 메모리 계층의 낮은 레벨에서 값을 복사한다. L1 캐시에 저장된 값은 L2 캐시에 저장된 값의 사본이고, L2 캐시에 저장된 값은 RAM에 저장된 값의 사본이다. 결과적으로 높은 레벨의 메모리가 낮은 레벨 메모리의 캐시처럼 동작한다. 따라서 [그림 11-29]에서 L2 캐시는 RAM 내용의 캐시이고, 각 코어의 L1 캐시는 L2 캐시 내용의 캐시다.

멀티코어 프로세서의 각 코어는 동시에 독립적인 명령 스트림을 실행하는데, 이 명령 스트림은 다른 프로그램의 것일 때가 많다. 각 코어에 프라이빗 L1 캐시가 제공되기 때문에, 각 코어는 코어 안의 가장 빠른 캐시 메모리에서 실행하는 명령 스트림에서 나오는 데이터와 명령의 사본을 저장한다. 다시 말해, 각 코어의 L1 캐시는 실행 스트림에서 나오는 메모리 블록의 사본만 저장하고 모든 코어가 공유하는 단일 L2 캐시에서 공간을 두고 경쟁하지 않는다. 이 설계는 모든 코어가 단일 L1 캐시를 공유하는 경우보다 각 코어의 프라이빗 L1 캐시(가장 빠른 캐시 메모리 안에 있는)의 캐시 성공률을 높인다.

오늘날의 프로세서는 캐시가 2단계 이상인 경우가 많다. 데스크톱 시스템에서 많이 사용되는 3단계에서는 가장 높은 레벨(L1)이 전형적으로 프로그램 명령용과 프로그램 데이터용의 두 단계로 나뉜다. 낮은 레벨의 캐시는 보통 **통합 캐시**^{unified caches}로, 각 코어가 보통 하나의 프라이빗 L1 캐시를 갖고, 모든 캐시가 하나의 L3 캐시를 공유한다. L2 캐시 레벨은 각 코어의 프라이빗 L1 캐시와 공유 L3 캐시 사이에 존재하는데, 이는 현대 CPU 설계에 따라 상당히 다르다. L2 는 프라이빗 L2 캐시이거나, 모든 코어가 공유하거나, 일부 코어가 공유하는 하이브리드 형태를 취할 수 있다.

리눅스 시스템의 프로세서와 캐시 정보

CPU 설계 정보가 궁금하다면, 여러 방법으로 시스템의 프로세서와 캐시 정보를 얻을 수 있다. 예를 들어 lscpu는 프로세서와 프로세서의 코어, 코어의 캐시 레벨과 크기 정보를 출력한다.

```
$ lscpu
...
CPU(s):                 12
Thread(s) per core:     2
Core(s) per socket:     6
Socket(s):              1
...
L1d cache:              192 KiB
L1i cache:              384 KiB
L2 cache:               3 MiB
L3 cache:               16 MiB
```

출력 결과에 따르면, 코어(Socket(s) × Core(s) per socket)가 6개이고, 각 코어가 양방향 하이퍼스레드^{hyper-threaded}(Thread(s) per core)로 구성되어 운영 체제 입장에서는 12개 CPU 를 가진 것처럼 보인다(하드웨어 멀티스레딩의 자세한 정보는 '5.9.2 멀티코어 및 하드웨어 멀티스레딩' 참조). 또한 출력 결과에 따르면, 캐시 레벨은 3레벨(L1, L2, L3)이다. L1 캐시가 둘

로 나뉘어 하나가 데이터를 캐싱하고(L1d), 다른 하나가 명령을 캐싱한다(L1i).

프로세서 정보는 lscpu 외에, /proc과 /sys 파일시스템의 파일에도 들어있다. 예를 들어 cat /proc/cpuinfo는 프로세서에 관한 정보를 출력한다. 다음은 특정한 프로세서 코어의 캐시 정보를 출력하는 명령어다(각 파일의 이름은 코어의 하이퍼스레딩된 CPU를 따른다. 이 예시에서 cpu0과 cpu6이 코어 0의 하이퍼스레딩된 CPU다).

```
$ ls /sys/devices/system/cpu/cpu0/cache
index0/  index1/  index2/  index3/
```

출력은 코어 0에 캐시(index0 ~ index3)가 4개 있음을 나타낸다. 각 캐시의 세부 정보를 보려면, 인덱스 디렉터리의 type, level, shared_cpu_list 파일을 확인한다.

```
$ cat /sys/devices/system/cpu/cpu0/cache/index*/type
Data
Instruction
Unified
Unified
$ cat /sys/devices/system/cpu/cpu0/cache/index*/level
1
1
2
3
$ cat /sys/devices/system/cpu/cpu0/cache/index*/shared_cpu_list
0,6
0,6
0,6
0-11
```

type 출력에 따르면, 코어 0은 별도의 데이터, 명령 캐시와 2개의 다른 통합 캐시를 가진다. level 출력과 type 출력을 결합하면, 데이터와 명령 캐시가 모두 L1 캐시이고 통합 캐시가 L2 캐시와 L3 캐시임을 알 수 있다. shared_cpu_list에서는 L1 캐시와 L2 캐시가 코어 0의 프라이빗 캐시이고(코어 0의 하이퍼스레딩된 CPU인 CPU 0과 6에 의해서만 공유됨), L3 캐시는 6개 코어가 모두 공유한다(0~11의 하이퍼스레딩된 12개 코어가 모두 공유한다).

11.6.1 캐시 일관성

프로그램이 전형적으로 높은 참조 지역성을 보이므로, 각 코어는 자신이 실행하는 명령 스트림으로부터 데이터와 명령의 사본을 저장하는 독립된 L1 캐시를 갖는 것이 유리하다. 하지만 L1 캐시가 여러 개이면 **캐시 일관성**cache coherency 문제를 야기할 수 있다. 캐시 일관성은 한 코어의 L1 캐시에 저장된 메모리 블록의 사본값이 다른 코어의 L1 캐시에 저장된 동일한 블록의 사본값과 다를 때 문제가 된다. 이 문제는 한 코어가 자신의 L1 캐시에 캐시된 블록이자 다른 코어의 L1 캐시에 캐시된 블록에 값을 쓸 때 발생한다. 캐시 블록에는 메모리 내용의 사본이 담기기 때문에, 시스템은 해당 메모리 내용의 단일 값에 대한 일관성을 캐시된 블록의 모든 사본에서 유지해야 한다. **캐시 일관성 프로토콜**cache-coherence protocol을 구현해서 여러 코어가 캐시하고 접근할 수 있는 일관성 있는 메모리 뷰를 보장해야 한다. 캐시 일관성 프로토콜은 한 메모리 위치에 접근하는 모든 코어가 자신의 L1 캐시에 저장됐을 수 있는 오래된 사본이 아니라, 해당 메모리 위치에서 가장 최근에 수정된 값을 참조한다는 것을 보장한다.

11.6.2 MSI 프로토콜

캐시 일관성 프로토콜은 종류가 매우 다양한데, 그중 하나인 **MSI 프로토콜**을 자세히 살펴본다. MSI 프로토콜(Modified, Shared, Invalid)은 각 캐시 라인에 3개 플래그(또는 비트)를 붙인다. 플래그는 미설정(0) 값 아니면 설정(1) 값을 가진다. 세 플래그의 값은 그 데이터 블록의 상태를 캐시 일관성 관점에서 해당 블록의 다른 캐시된 사본에 대해 인코딩한다. 세 플래그의 값은 캐시 라인의 데이터 블록에 대한 캐시 일관성 읽기 및 쓰기 동작을 유발한다. 다음이 MSI 프로토콜에서 사용하는 세 플래그다.

- M 플래그. 설정됐다면 해당 블록이 수정됐음을 나타낸다. 즉, 코어가 캐시된 값의 사본에 값을 썼다.
- S 플래그. 설정됐다면 해당 블록이 수정되지 않았으며, 따라서 안전하게 공유될 수 있음을 나타낸다. 즉, 여러 L1 캐시가 안전하게 블록의 사본을 저장했으며 그 사본에서 안전하게 읽을 수 있다.
- I 플래그. 설정됐다면 해당 캐시 블록이 유효하지 않으며 오래된 데이터를 가지고 있음을 나타낸다(오래된 데이터는 메모리 블록의 현재 값을 반영하지 않는 데이터의 오래된 사본을 의미한다).

MSI 프로토콜은 캐시 항목에 대한 읽기와 쓰기 접근 시 트리거된다.

읽기 접근 시

- 해당 캐시 블록이 M이나 S 상태이면, 캐시된 값은 읽기를 만족하는 데 사용된다(그 사본의 값은 해당 메모리 블록의 가장 최신 값이다).

- 해당 캐시 블록이 I 상태이면, 캐시된 사본은 해당 블록의 새로운 버전 이전의 것이며, 블록의 새로운 값을 캐시 라인에 로드한 뒤에 읽기를 만족한다.

  만약 다른 코어의 L1 캐시가 새로운 값을 저장하면(이 코어는 M 플래그를 설정하고 값을 저장한다. 즉, 값의 수정된 사본을 저장한다는 의미다), 다른 코어는 그 값을 낮은 레벨(예, L2 캐시)에 써야 한다. 라이트 백을 수행한 뒤, 캐시 라인의 M 플래그를 초기화하고(사본과 낮은 레벨 캐시의 사본이 같아진다), S 비트를 설정해서 이 캐시 라인의 블록이 다른 코어들에 의해 안전하게 캐시될 수 있음을 알린다(L1 블록이 L2 캐시에 있는 L1 블록의 사본과 일치하므로, 코어는 L1 사본에서 블록의 현재 값을 읽을 수 있다).

  I 플래그가 설정된 라인에 읽기 접근을 시작하는 코어는 그 캐시 라인에 블록의 새로운 값을 로드할 수 있다. 이 코어는 I 플래그를 초기화한다. 이는 해당 블록이 이제 유효하며 블록의 새로운 값을 저장했음을 나타낸다. 이후 S 플래그를 설정한다. 이는 해당 블록이 안전하게 공유될 수 있음을 나타낸다(캐시 라인이 저장한 최신 값이 다른 캐시된 사본과 일치한다). 그리고 M 플래그를 제거한다. 이는 L1 블록의 값이 L2 캐시에 저장된 사본의 값과 일치함을 나타낸다(읽기 작업은 L1 캐시의 사본을 변경하지 않는다).

쓰기 접근 시

- 블록이 M 상태이면, 블록의 캐시된 사본에 값을 쓴다. 플래그 값은 바뀌지 않는다(블록은 M 상태를 유지한다).

- 블록이 I이나 S 상태이면, 블록의 내용이 작성됐다고(수정됐다고) 알린다. S 상태에 저장된 블록이 담긴 다른 L1 캐시는 해당 블록의 S 비트를 초기화하고 I 비트를 설정한다(이들의 블록 사본은 다른 코어가 작성한 사본보다 더 오래됐다). 다른 L1 캐시가 M 상태에 있으면, 그 블록을 높은 레벨에 쓴 뒤 그 사본에 I 플래그를 설정한다. 그런 다음 코어 쓰기는 블록의 새 값을 L1 캐시에 로드하고 M 플래그를 설정한 뒤(그 사본은 쓰기 동작에 의해 수정된다), I 플래그를 초기화하고(그 사본은 이제 유효하다), 캐시된 블록에 쓴다.

[그림 11-30]~[그림 11-32]는 MSI 프로토콜을 적용해 두 코어의 프라이빗 L1 캐시에 캐시된 메모리 블록에 대한 읽기와 쓰기 접근의 일관성을 보장하는 예를 나타낸다. [그림 11-30]에서 공유된 데이터 블록은 두 코어의 L1 캐시에 S 플래그가 설정된 상태로 복사된다. 즉, L1 캐시된 사본은 L2 캐시 블록의 값과 동일하다(모든 사본이 블록의 현재 값인 6을 저장한다). 이 시점에서 코어 0과 1은 일관성 액션을 트리거하지 않고도 자신의 L1 캐시에 저장된 사본을 안전하게 읽을 수 있다(S 플래그는 공유된 사본이 최신임을 나타낸다).

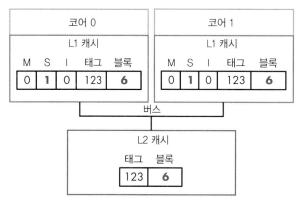

그림 11-30 시작 시점에 두 코어는 S 플래그가 설정된 상태로 프라이빗 L1 캐시에 블록의 사본을 갖고 있다.

다음으로 코어 0이 자신의 L1 캐시에 저장된 블록의 사본에 데이터를 쓰면, L1 캐시 컨트롤러는 다른 L1 캐시에 자신의 블록 사본을 비유효화하라고 알린다. 코어 1의 L1 캐시 컨트롤러는 자신이 가진 사본의 S 플래그를 초기화하고 I 플래그를 설정한다. 이는 그 블록 사본이 오래됐음을 의미한다. 코어 0은 자신의 L1 캐시에 있는 블록 사본에 값을 쓰고(예시에서는 그 값을 7로 바꾼다), 캐시 라인의 M 플래그를 설정하고 S 플래그를 초기화한다. 이는 그 사본이 수정됐으며 현재 블록값을 저장함을 의미한다. 이 시점에서 L2 캐시의 사본과, 코어 1의 L1 캐시가 만료된다. [그림 11-31]은 캐시가 만료된 상태를 나타낸다.

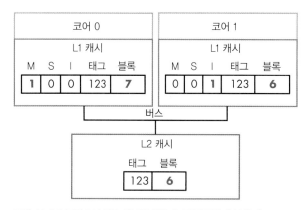

그림 11-31 코어 0이 블록 사본에 값을 쓴 뒤 만료된 캐시 상태

이 시점에서 코어 0은 자신의 캐시된 사본을 안전하게 읽을 수 있다. 사본은 M 상태에 있는데, 블록의 가장 최근에 쓰인 값을 가지고 있음을 나타내기 때문이다.

코어 1이 메모리 블록으로부터 값을 읽을 때, L1 캐시된 사본의 I 플래그는 L1의 블록 사본이 만료됐으며, 더 이상 읽기 조건을 만족할 수 없음을 나타낸다. 코어 1이 읽기 조건을 만족하려면, L1 캐시 컨트롤러가 먼저 블록의 새로운 값을 L1 캐시에 로드해야 한다. 이를 위해, 코어 0의 L1 컨트롤러는 먼저 블록의 수정된 값을 L2 캐시에 써야 한다. 그래야 코어 1의 L1 캐시가 자신의 L1 캐시에 블록의 새로운 값을 읽을 수 있다. 이 동작을 수행한 결과(그림 11-32), 코어 0과 코어 1의 L1 캐시의 블록 사본은 모두 S 상태에서 저장된다. 이는 각 코어의 L1 사본이 최신 데이터이며, 이후의 블록 읽기 동작을 안전하게 만족함을 나타낸다.

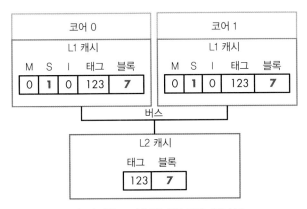

그림 11-32 코어 1이 다음으로 블록을 읽은 뒤의 캐시 상태

11.6.3 캐시 일관성 프로토콜 구현

캐시 일관성 프로토콜을 구현하기 위해, 프로세서는 다른 코어의 L1 캐시 내용에 접근할 때 해당 내용과 관련된 일관성 상태를 언제 변경해야 하는지 식별할 메커니즘이 필요하다. 이 메커니즘을 구현하는 방법의 하나로 모든 L1 캐시가 공유하는 버스를 **스누핑**snooping하는 방법이 있다. 스누핑 캐시 컨트롤러는 캐시하는 블록에 대한 읽기/쓰기 버스를 엿듣는다. 모든 읽기 및 쓰기 요청은 메모리 주소에 관한 것이므로, 엿보기 L1 캐시 컨트롤러는 자신이 저장한 블록에 대해 다른 L1 캐시의 모든 읽기 및 쓰기를 식별할 수 있다. 따라서 일관성 프로토콜에 기반해 적절하게 응답할 수 있다. 예를 들어 캐시 컨트롤러는 다른 L1 캐시에 의해 같은 주소에 대한 쓰기가 발생하는 경우 캐시 라인에 I 플래그를 설정할 수 있다. 이 예시는 스누핑을 이용해 **쓰기 비유효화 프로토콜**write-invalidate protocol을 구현하는 방법이다.

MSI 프로토콜 또는 이와 비슷한 MESI 및 MOESI 프로토콜은 쓰기 비유효화 프로토콜이다. 즉, 쓰기 시점에서 캐시된 엔트리의 사본을 비유효화한다. 스누핑은 쓰기 업데이트 캐시 일관성 프로토콜에서도 사용할 수 있다. 이 프로토콜에서는 버스에서 새로운 값이 감지되면 다른 L1 캐시에 저장된 모든 사본을 업데이트하는 데 적용된다.

디렉터리 기반 캐시 일관성 메커니즘은 엿보기 대신 캐시 일관성 프로토콜을 트리거하는 데 사용된다. 이 방법은 스누핑보다 확장이 더 용이하다. 스누핑은 단일 버스를 공유하는 여러 코어의 성능이 제한되기 때문이다. 하지만 디렉터리 기반 메커니즘은 엿보기 방식보다 속도가 더 느린데, 메모리 블록이 공유되는 것을 감지하기 위해 상태가 더 많이 필요하기 때문이다.

11.6.4 멀티코어 캐싱과 관련된 더 많은 정보

멀티코어 프로세서에서 메모리 계층의 가장 높은 레벨에서 자체적으로 별도의 캐시를 가져 프로그램 데이터와 실행 명령의 사본만을 저장하면 프로세서에 캐시 일관성 프로토콜을 구현해야 하는 프로세서에 복잡성을 추가해 성능상 이점을 제공한다.

캐시 일관성은 독자적인 L1 캐시를 가지는 멀티코어 프로세서에서의 메모리 일관성 문제를 해결한다. 그러나 멀티코어 프로세서에 대한 캐시 일관성 프로토콜의 결과로 인해 다른 문제가 발생한다. **거짓 공유**false sharing라 불리는 이 문제는 단일 멀티스레드 병렬 프로그램의 여러 스레드가 여러 코어에서 동시에 실행되고, 다른 스레드에 의해 접근될 때와 가까운 메모리 위치에 접근할 때 발생한다. '14.5 캐시 일관성과 거짓 공유'에서 거짓 공유 문제와 그 해결책에 관해 더 살펴본다.

다양한 프로토콜과 그 구현 방법을 포함해 멀티코어 프로세서에서의 하드웨어 캐싱에 관한 자세한 정보는 컴퓨터 아키텍처 책[8]을 참조하기 바란다.

---

8 One suggestion is "Computer Organization and Design: The Hardware and Software Interface," by David A. Patterson and John L. Hennessy.

11.7 정리

컴퓨터 저장 장치의 특성과 접근 지연, 저장 용량, 전송 지연, 비용 같은 핵심 지표의 트레이드 오프에 관해 살펴봤다. 각각의 장치는 설계와 성능 트레이드오프가 다르기 때문에 자연스럽게 메모리 계층을 형성하게 되는데, 이 계층은 장치 용량과 접근 시간에 따라 위치가 정렬된다. 계층의 맨 위에는 CPU 캐시나 메인 메모리처럼 CPU에 신속하게 데이터를 직접 제공하는 1차 저장 장치가 위치하지만, 이들의 저장 용량은 제한적이다. 계층의 아래쪽에는 솔리드 스테이트 드라이브나 하드 디스크처럼 낮은 비용으로 높은 밀도의 대량 저장 공간을 제공하는 2차 저장 장치가 자리한다.

현대 시스템이 많은 용량과 우수한 성능을 요구하기 때문에, 시스템 설계자들은 컴퓨터에 다양한 형태의 저장 장치를 장착한다. 무엇보다, 시스템은 특정한 데이터를 어느 저장 장치가 저장하고 있는지 관리해야 한다. 시스템은 활발하게 사용되는 데이터를 빠른 저장 장치에 저장하고자 하며, 자주 사용되지 않는 데이터를 느린 저장 장치로 옮기려고 한다.

어느 데이터가 사용되고 있는지 결정하기 위해, 시스템은 **지역성**으로 알려진 프로그램 데이터 접근 패턴에 의존한다. 프로그램에는 **시간적 지역성**과 **공간적 지역성**이라는 두 유형의 중요한 지역성이 있다. 시간적 지역성이란 프로그램이 동일한 데이터에 시간 간격을 두고 반복적으로 접근하는 경향을 의미하고, 공간적 지역성은 이전에 접근한 데이터에 가까이 있는 데이터에 다시 접근하는 경향을 말한다.

지역성은 CPU 캐시의 기반이 된다. CPU 캐시는 메인 메모리의 작은 서브셋을 CPU 칩과 직접 연결된 고속의 저장소에 저장한다. 프로그램이 메인 메모리에 접근하려 할 때, CPU는 가장 먼저 캐시에 저장된 데이터를 확인한다. 캐시에서 데이터를 찾으면 비용이 더 큰 메인 메모리로의 접근을 면할 수 있다.

프로그램이 메모리 읽기 또는 쓰기 요청을 발행할 때는 접근하고자 하는 메모리 주소를 제공한다. CPU는 메모리 주소의 세 영역을 사용해 캐시 라인이 메인 메모리의 어느 영역을 저장하는지 식별한다. 주소 중간의 **인덱스** 비트열은 주소와 캐시에서의 저장 위치를 매핑한다. 높은 자리의 **태그** 비트열은 해당 캐시 위치에 어느 메모리의 서브셋을 저장했는지 고유하게 식별한다. 높은 자리의 **오프셋** 비트열은 저장된 데이터의 어느 바이트에 프로그램이 접근하기 원하는지 식별한다.

마지막으로, 캐시그린드 도구를 사용해 실행 중인 프로그램에 대한 캐시 성능을 프로파일링하는 방법을 살펴봤다. 캐시그린드는 프로그램과 캐시 계층의 상호작용을 시뮬레이션하고 프로그램의 캐시 사용 통계 자료(즉, 캐시 성공률과 실패율)를 수집한다.

## CHAPTER 12

코드 최적화

코드 최적화code optimization는 프로그램의 근본적인 기능을 변경하지 않으면서 코드 크기, 복잡도, 메모리 사용, 런타임(또는 이들의 조합)을 줄여 프로그램을 개선하는 작업이다. 많은 컴파일 시스템에 중간 단계로 코드 최적화 도구가 내장된다. 특히 **최적화 컴파일러**는 컴파일 과정의 일환으로 코드 개선 변환을 적용한다. 실제로 모든 현대 컴파일러(GCC 포함)는 최적화 컴파일러다. GCC C 컴파일러에서 제공하는 다양한 **최적화 플래그**optimization flags를 활용하면 구현된 최적화의 서브셋에 직접 접근할 수 있다. 컴파일러 최적화 플래그는 코드를 최적화할 때 그 대가로 컴파일 시간 증가와 디버깅 용이성 감소를 기꺼이 감수한다. 단순함을 위해 GCC는 최적화 플래그의 서브셋을 상이한 **최적화 레벨**optimization level로 감싸며 프로그래머는 이를 직접 호출할 수 있다. 예를 들어 다음 명령어는 샘플 프로그램을 최적화 레벨 1로 컴파일한다.

```
$ gcc -O1 -o program program.c
```

레벨 1(-O1 또는 -O) 최적화에서 GCC는 기본 최적화를 수행하고 컴파일 시간을 최소로 유지하면서 코드 크기와 실행 시간을 줄인다. 레벨 2(-O2) 최적화는 대부분의 GCC에 구현된 최적화이며, 공간–성능 간의 트레이드오프를 다루지 않는다. 마지막으로, 레벨 3(-O3)은 추가적인 최적화를 수행한다(이 장 후반부에서 설명할 함수 인라이닝 등). 컴파일 시간이 상당히 많이 늘어날 수 있다. 구현된 최적화 플래그의 자세한 내용은 GCC 문서[1]에서 확인할 수 있다.

---

1 https://gcc.gnu.org/onlinedocs/gcc/Optimize-Options.html

컴파일러 최적화와 그 구조, 동작에 관한 세부 내용은 이 책의 범위를 벗어나므로 설명하지 않는다. 관심이 있다면 아호[Aho], 세티[Sethi], 울만[Ulman]이 함께 쓴 세미나 자료인 'Compilers: Principles, Techniques, and Tools'를 참조하기 바란다. 이 장에서는 대부분의 컴파일러가 할 수 있는 일과 할 수 없는 일, 프로그래머가 컴파일러와 프로파일링 도구를 사용해 코드를 개선하는 방법을 살펴본다.

컴파일러가 이미 하고 있는 것

실제로 모든 컴파일러가 수행하는 공통적인 최적화에 관해서는 이후 절에서 간략하게 설명한다. 이런 최적화는 컴파일러에서 이미 구현하고 있으므로, 여러분이 수작업으로 구현해서는 절대로 안 된다.

상수 접기

코드 안의 상수는 컴파일 시 평가되며, 이후 결과 명령의 수를 줄인다. 예를 들어 다음 코드 스니펫에서 **매크로 확장**[macro expansion]은 int debug = N-5를 int debug = 5-5로 교체한다. **상수 접기**[constant folding]는 이후 이 구문을 int debug = 0으로 업데이트한다.

```
#define N 5
int debug = N - 5; // 상수 접기는 이 구문을 debug = 0으로 변경한다.
```

상수 전파

상수 전파[constant propagation]는 상숫값을 가진 변수를 컴파일 시 상수로 변경한다(그 값을 컴파일 시점에 알고 있을 때). 다음 코드 세그먼트를 살펴보자.

```
int debug = 0;

// 배열의 모든 요소를 더한다.
```

```
int doubleSum(int *array, int length){
    int i, total = 0;
    for (i = 0; i < length; i++){
        total += array[i];
        if (debug) {
            printf("array[%d] is: %d\n", i, array[i]);
        }
    }
    return 2 * total;
}
```

상수 전파를 채택한 컴파일러는 if (debug)를 if (0)으로 대체한다.

죽은 코드 제거

사용되지 않는 변수, 할당, 구문이 프로그램에 존재하기 마련이다. 불필요한 구문은 의도적으로 만들어지는 법이 거의 없지만, 종종 소프트웨어 개발 사이클의 고정적인 반복이나 정리 과정의 부산물로 만들어진다. 발견되지 않은 채 남아 있는 소위 **죽은 코드**dead code는 컴파일러로 하여금 프로세싱 시간을 낭비하는 불필요한 어셈블리 명령을 내리게 한다. 대부분의 컴파일러는 데이터 흐름 분석dataflow analysis 같은 기법을 사용해 도달하지 않는 코드 세그먼트를 식별하고 삭제한다. **죽은 코드 제거**dead code elimination는 코드 크기와 관련된 명령 셋의 크기를 줄임으로써 프로그램을 고속화한다. 예시로 doubleSum 함수를 다시 확인해보자. 여기에서 컴파일러는 상수 전파를 채용해 if 구문 안의 debug를 0으로 바꾼다.

```
int debug = 0;

// 배열의 모든 요소를 더한다.
int doubleSum(int *array, int length){
    int i, total = 0;
    for (i = 0; i < length; i++){
        total += array[i];
        if (0) { // debug는 컴파일러의 상수 전파에 의해 0으로 교체된다.
            printf("array[%d] is: %d\n", I, array[i]);
        }
```

```
    }
    return 2 * total;
}
```

데이터 흐름 분석을 채용한 컴파일러는 if 구문이 항상 거짓(false)으로 평가되어 printf 문이 실행되지 않는다고 인식한다. 따라서 컴파일러는 컴파일된 실행 파일에서 if 구문과 printf 호출을 제거하고 경로는 debug = 0 구문도 제거한다.

표현 간략화

유난히 복잡한 명령이 있다. 예를 들어 어셈블리의 imul과 idiv 산술 명령은 실행 시간이 오래 걸린다. 컴파일러는 보통 수학 연산을 최대한 단순화해 비용이 많이 드는 연산의 수를 줄이려고 한다. 다음 doubleSum 함수에서 컴파일러는 표현식 2 * total을 total + total로 치환한다. 덧셈 연산이 곱셈 연산보다 비용이 적기 때문이다.

```
// 디버깅 선언은 죽은 코드 제거를 통해 제거된다.
// 배열의 모든 요소를 더한다.
int doubleSum(int *array, int length){
    int I, total = 0;
    for (i = 0; i < length; i++){
        total += array[i];
        // if 구무은 데이터 흐름 분석을 통해 제거된다.
    }
    return total + total; // 표현식 단순화
}
```

마찬가지로, 컴파일러는 코드에 비트 시프트와 다른 비트와이즈 연산자를 사용해 표현식을 단순화한다. 예를 들어 컴파일러는 표현식 total * 8을 total << 3, 표현식 total % 8을 total & 7 등으로 치환한다. 비트와이즈 연산은 빠른 단일 연산으로 수행할 수 있기 때문이다.

컴파일러가 항상 할 수는 없는 것: 코드 최적화 학습의 이점

최적화 컴파일러의 이점을 활용하면서도 코드 최적화를 배우는 것이 왜 유용한지 바로 와닿지 않을 수 있다. 컴파일러를 그저 마법 같은 '똑똑한' 블랙박스처럼 생각하고 싶을 수도 있다. 하지만 결국, 컴파일러 역시 일종의 소프트웨어이고, 코드 속도를 향상하기 위해 코드 변환을 수행할 뿐이다. 컴파일러 역시 수행할 수 있는 최적화 유형에 제한이 있다.

알고리즘의 강도는 줄이지 못한다

코드 성능이 저조한 제1의 이유는 잘못된 데이터 구조와 알고리즘의 선택이다. 컴파일러는 이 나쁜 결정을 마법처럼 고치지는 못한다. 이를테면 컴파일러는 버블 소트[bubble sort]를 구현한 프로그램을 퀵 소트[quick sort]를 구현한 프로그램으로 최적화하지 못한다. 컴파일러는 나날이 정교해지고 최적화 역시 꾸준히 개선되고 있지만, 개별 컴파일러의 최적화 품질은 플랫폼에 따라 천차만별이다. 따라서 코드가 최고의 알고리즘과 데이터 구조를 활용하도록 보장하는 것은 다름 아닌 프로그래머의 손에 달렸다.

컴파일러 최적화 플래그는 코드 '최적화'(혹은 일관성)를 보장하지 않는다

컴파일러 최적화 레벨을 올린다고 해서(예, -02에서 -03으로) 항상 프로그램의 런타임이 주는 것이 아니다. 종종 프로그래머는 최적화 플래그를 -02에서 -03으로 업데이트하면 프로그램 **속도가 느려지거나** 성능이 전혀 향상되지 않음을 발견한다. 또 최적화 플래그가 없을 때는 문제 없던 컴파일 코드가, -02나 -03 옵션과 함께 컴파일하면 프로그램에서 세그멘테이션 폴트나 기타 에러가 발생하기도 한다. 이런 유형의 프로그래밍 에러는 특히 디버깅하기가 어렵다. 왜냐하면 gcc의 디버깅 플래그(-g)가 최적화 플래그(-0)와 호환되지 않기 때문이다. -0 레벨의 컴파일 최적화에 따라 수행된 코드 변환은 기반 코드를 분석하는 디버거의 기능과 충돌한다. GDB와 발그린드[Valgrind] 같은 여러 프로파일링 도구를 사용하려면 -g 플래그를 사용해야 한다.

일관성 없는 동작이 일어나는 큰 이유 중 하나는 C/C++ 표준에서 정의되지 않은 동작을 해결할 지침을 명확하게 제공하지 않기 때문이다. 그 결과, 모호함을 해결할 방법을 컴파일러가 임의로 결정한다. 정의되지 않은 동작을 최적화 레벨이 다루는 방법에 일관성이 없기 때문에 답이 변경될 수 있다. 존 레게르John Regehr[2]의 다음 예시를 생각해보자.

```
int silly(int a) {
  return (a + 1) > a;
}
```

a = INT_MAX를 인수로 해서 silly를 실행했다고 가정하자. 이 경우, 연산 a + 1은 정수 오버플로를 일으킨다. 그러나 C/C++ 표준에서는 컴파일러가 정수 오버플로를 처리하는 방법을 정의하지 않는다. 실제로, 이 프로그램을 옵션이 없이 최적화 컴파일하면 함수는 0을 반환하지만, -O3 옵션으로 최적화 컴파일하면 함수는 1을 반환한다.

최적화 플래그는 주의해서, 신중하게, 꼭 필요할 때만 사용해야 한다. 어느 최적화 플래그를 사용해야 할지 배워두면 컴파일러를 유리하게 활용할 수 있다.[3]

NOTE_ 컴파일러는 정의되지 않은 행동을 반드시 다루지 않아도 된다

a = INT_MAX 인수와 함께 silly 함수를 실행하는 것은 정의되지 않은 동작의 예다. 컴파일러에 의해 일관성 없는 결과가 만들어지는 것은 컴파일러 설계 오류이거나 최적화 플래그 사용에 따른 결과가 아니다. 컴파일러는 언어의 명세를 따르도록 구체적으로 설계됐다. C 언어 표준에는 정의되지 않은 동작이 일어났을 때 컴파일러가 어떻게 해야 하는지 정의하지 않는다. 프로그램은 부서지거나, 컴파일되지 않거나, 일관성 없는 결과나 올바르지 않은 결과를 생성할 수도 있다. 결국, 정의되지 않은 코드 동작을 식별하고 제거하는 것은 프로그래머의 몫이다. silly가 0을 반환할지, 1을 반환할지, 아니면 그 외 값을 반환할지는 궁극적으로 프로그래머가 결정해야 한다. C 프로그램에서의 정의되지 않은 동작이나 관련 이슈에 관해 더 자세히 알고 싶다면, C FAQ[3] 또는 존 레게르의 Guide to Undefined Behavior[4]를 참조하기 바란다.

---

2 John Regehr, "A Guide to Undefined Behavior in C and C++, Part 1". https://blog.regehr.org/archives/213, 2010

3 C FAQ, "comp.lang.c FAQ list: Question 11.33," http://c-faq.com/ansi/undef.html

4 John Regehr, "A Guide to Undefined Behavior in C and C++, Part 1," https://blog.regehr.org/archives/213, 2010.

포인터는 문제가 될 수 있음

컴파일러는 소스 프로그램의 근본적인 동작을 그대로 둔 채 코드를 변환한다는 것을 기억하자. 변환으로 인해 프로그램의 동작이 변경될 위험이 있다면, 컴파일러는 변환을 하지 않는다. 특히 서로 다른 두 포인터가 메모리의 같은 주소를 가리키는 **메모리 앨리어싱**memory aliasing의 경우 그렇다. 예시로 다음 shiftAdd 함수를 생각해보자. 이 함수는 두 개의 정수 포인터를 매개변수로 받는다. 함수는 첫 번째 인수에 10을 곱한 뒤, 그 결과를 두 번째 숫자에 더한다. 그러므로 shiftAdd 함수에 정수 5와 6을 전달하면 반환값은 56이 된다.

최적화되지 않은 버전

```
void shiftAdd(int *a, int *b){
    *a = *a * 10; // 10을 곱한다.
    *a += *b; // b를 더한다.
}
```

최적화된 버전

```
void shiftAddOpt(int *a, int *b){
    *a = (*a * 10) + *b;
}
```

shiftAddOpt 함수는 shiftAdd 함수에서 a에 대한 추가 메모리 참조를 제거해 최적화한 것으로, 컴파일된 어셈블리에서는 더 적은 명령 셋이 만들어진다. 그렇지만 컴파일러는 메모리 앨리어싱의 위험이 있기 때문에 이 최적화를 수행하지 않는다. 그 이유를 이해하기 위해 다음 main 함수를 살펴보자.

```
int main(void){
    int x = 5;
    int y = 6;
    shiftAdd(&x, &y); // 56을 만들어야 한다.
    printf("shiftAdd produces: %d\n", x);

    x = 5; // x를 재설정한다.
```

```
    shiftAddOpt(&x, &y); // 56을 만들어야 한다.
    printf("shiftAddOpt produces: %d\n", x);

    return 0;

}
```

이 프로그램을 컴파일하고 실행하면 예상한 결과를 얻는다.

```
$ gcc -o shiftadd shiftadd.c
$ ./shiftadd
shiftAdd produces: 56
shiftAddOpt produces: 56
```

이번에는 프로그램이 수정되어 shiftAdd가 x를 가리키는 두 개의 포인터를 매개변수로 받는 다고 가정하자.

```
int main(void){
    int x = 5;
    shiftAdd(&x, &x); // 55를 만들어야 한다.
    printf("shiftAdd produces: %d\n", x);

    x = 5; // x를 재설정한다.
    shiftAddOpt(&x, &x); // 55를 만들어야 한다.
    printf("shiftAddOpt produces: %d\n", x);

    return 0;

}
```

예상 출력값은 55다. 하지만 업데이트한 코드를 다시 컴파일하고 실행하면 두 개의 다른 출력을 얻는다.

```
$ gcc -o shiftadd shiftadd.c
$ ./shiftadd
shiftAdd produces: 100
shiftAddOpt produces: 55
```

a와 b가 같은 메모리 위치를 가리킨다는 가정하에 shiftAdd 함수를 다시 따라가보면 문제를 발견할 수 있다. shiftAdd에서 a에 10을 곱하면 x가 50으로 업데이트된다. 다음으로 shiftAdd에서 a를 b에 더하면 x를 2배 한 100이 된다. 프로그래머는 이들이 같을 것이라 짐작했겠지만, shiftAdd와 shiftAddOpt에서 메모리 앨리어싱의 위험은 사실 같지 않다. 이 문제를 해결하기 위해서는 shiftAdd의 두 번째 매개변수를 포인터로 넘기지 않아야 한다. 두 번째 인수를 정수로 변경하면 앨리어싱의 위험이 사라지고, 컴파일러는 한 함수를 다른 함수로 최적화할 수 있다.

최적화되지 않은 버전(수정됨)

```
void shiftAdd(int *a, int b){
    *a = *a * 10; // 10을 곱한다.
    *a += b; // b를 더한다.
}
```

최적화된 버전(수정됨)

```
void shiftAddOpt(int *a, int b){
    *a = (*a * 10) + b;
}
```

불필요한 메모리 참조를 제거함으로써 프로그래머는 원래 shiftAdd 함수의 가독성을 유지하면서, 동시에 컴파일러가 해당 함수를 최적화하도록 할 수 있다.

샘플 프로그램

다음 절에서는 인기 있는 최적화 유형을 학습하고, 컴파일러가 코드를 쉽게 최적화하도록 돕는 프로그래밍과 프로파일링 전략에 관해 논의한다. 논의를 진행하기 위해, 다음 (최적화되지 않은) 프로그램을 최적화한다. 이 프로그램[5]은 2와 n 사이의 모든 소수를 찾는다.

optExample.c

```
// 헬퍼 함수: 숫자가 소수인지 확인한다.
int isPrime(int x) {
    int i;
    for (i = 2; i < sqrt(x) + 1; i++) { // 2보다 작은 소수는 없다.
        if (x % i == 0) { // 숫자가 i로 나누어떨어지면
            return 0; // 소수가 아니다
        }
    }
    return 1; // 그렇지 않으면 소수다.
}


// 다음 소수를 찾는다.
int getNextPrime(int prev) {
    int next = prev + 1;
    while (!isPrime(next)) { // 숫자가 소수가 아닌 동안 반복한다.
        next++; // 값을 증가시킨 뒤 다시 확인한다.
    }
    return next;
}


// 소수열을 생성한다.
int genPrimeSequence(int *array, int limit) {
    int i;
    int len = limit;
    if (len == 0) return 0;
    array[0] = 2; // 첫 번째 숫자를 2로 초기화한다.
    for (i = 1; i < len; i++) {
```

----

5 https://diveintosystems.org/book/C12-CodeOpt/_attachments/optExample.c

```
        array[i] = getNextPrime(array[i-1]); // 배열을 채운다.
        if (array[i] > limit) {
            len = i;
            return len;
        }
    }
    return len;
}


int main(int argc, char **argv) {

    // 에러 핸들링 및 타이밍 코드는 간결함을 위해 생략

    int *array = allocateArray(limit);
    int length = genPrimeSequence(array, limit);

    return 0;
}
```

[표 14-1]은 서로 다른 최적화 레벨 플래그를 사용해 2~5,000,000의 소수를 생성하는 데 걸린 시간을 나타낸다. 다음과 같은 기본 컴파일 명령어를 사용했다.

```
$ gcc -o optExample optExample.c -lm
```

표 **12-1** 2~5,000,000의 소수 생성에 데 걸린 시간(초)

최적화 미적용	-O1	-O2	-O3
3.86	2.32	2.14	2.15

최적화 플래그를 사용했을 때 관측된 시간 중 가장 빠른 것은 약 2.14초다. 최적화 플래그를 사용하면 그렇지 않을 때보다 1초가량 프로그램의 런타임이 줄지만, 최적화 플래그의 레벨을 높였을 때의 개선은 미미하다. 다음 절에서는 컴파일러가 최적화를 쉽게 하도록 프로그램을 수정하는 방법을 살펴본다.

12.1 코드 최적화 첫 단계: 코드 프로파일링

진짜 문제는 프로그래머들이 잘못된 부분에서 잘못된 시간에 효율성을 걱정하며 너무 많은 시간을 보낸다는 것이다. 미성숙한 최적화는 프로그래밍에서 발생하는 모든 악(적어도 대부분의 악)의 근원이다.

도널드 커누스[Don Knuth]

코드 최적화의 큰 위험 요소 하나는 **미성숙한 최적화**[premature optimization]란 개념이다. 미성숙한 최적화는 프로그래머가 데이터가 아닌 '느낌적인 느낌'에 기반해 최적화를 시도할 때 발생한다. 가능하다면 최적화를 시작할 **핫 스팟**[hot spot]이나 대부분의 명령이 발생하는 프로그램의 영역을 식별하기에 앞서, 다양한 입력에 대해 코드의 다양한 부분에서 실행 시간을 측정하는 것이 매우 중요하다.

optExamaple.c를 최적화하는 방법을 생각해보면서 먼저 main 함수를 자세히 들여다보자.

```c
int main(int argc, char **argv) {

    // 에러 핸들링 및 타이밍 코드는 간결함을 위해 생략
    int limit = strtol(argv[1], NULL, 10);
    int length = limit;
    int *array = allocateArray(length); // 지정된 길이의 배열을 할당한다.

    genPrimeSequence(array, limit, &length); // 소수열을 생성한다.

    return 0;
}
```

main 함수가 함수를 2개 호출한다. 첫 번째 함수인 allocateArray는 사용자가 지정한 길이 (혹은 제한)의 배열을 초기화하고, 두 번째 함수인 genPrimeSequence는 제한된 길이 안에서 소수 열을 생성한다(2와 n 사이에는 n개 이상의 소수가 존재할 수 없으며, 대개 소수의 수는 그보다 훨씬 적다). main 함수는 이전 예시에 나온 두 함수의 시간을 측정하는 코드를 포함한다. limit을 5,000,000으로 설정한 후 코드를 컴파일하고 실행하면 다음 결과를 얻는다.

```
$ gcc -o optExample optExample.c -lm
$ time -p ./optExample 5000000
Time to allocate: 5.5e-05
Time to generate primes: 3.85525
348513 primes found.
real 3.85
user 3.86
sys 0.00
```

optExample 프로그램은 완료되기까지 약 3.86초가 걸리며, 대부분의 시간이 genPrimeSequence에 소요된다. allocateArray 최적화에는 시간이 거의 소요되지 않는다. 여기서의 개선이 전체 프로그램의 실행 시간에 비해 상당히 작기 때문이다. 다음 예시에서는 genPrimeSequence 함수와 그 관련 함수에 중점을 둔다. 편의를 위해 함수를 다시 기재한다.

```
// 헬퍼 함수: 숫자가 소수인지 확인한다.
int isPrime(int x) {
    int i;
    for (i = 2; i < sqrt(x) + 1; i++) { // 2보다 작은 소수는 없다.
        if (x % i == 0) { // 숫자가 i로 나누어떨어지면
            return 0; // 소수가 아니다.
        }
    }
    return 1; // 그렇지 않으면 소수다.
}


// 다음 소수를 찾는다
int getNextPrime(int prev) {
    int next = prev + 1;
    while (!isPrime(next)) { // 숫자가 소수가 아닌 동안 반복한다.
        next++; // 값을 증가시킨 뒤 다시 확인한다.
    }
    return next;
}


// 소수열을 생성한다.
```

```
int genPrimeSequence(int *array, int limit) {
    int i;
    int len = limit;
    if (len == 0) return 0;
    array[0] = 2; // 첫 번째 숫자를 2로 초기화한다.
    for (i = 1; i < len; i++) {
        array[i] = getNextPrime(array[i-1]); // 배열을 채운다.
        if (array[i] > limit) {
            len = i;
            return len;
        }
    }
    return len;
}
```

프로그램의 핫 스팟을 찾기 위해 반복문이 있는 영역에 집중한다. 코드를 직접 검사해서 핫 스팟을 찾을 수도 있지만, 최적화를 진행하기에 앞서 반드시 벤치마킹 도구를 사용해 검증해야한다. optExample 프로그램을 직접 검사하면 다음을 확인할 수 있다.

genPrimeSequence 함수는 2와 임의의 정수 n 사이의 모든 소수를 생성하고자 시도한다. 2와 n 사이의 소수의 개수는 n개를 넘을 수 없으므로, genPrimeSequence의 for 반복문은 n번 이상 실행되지 않는다. for 반복문의 각 반복에서는 getNextPrime을 한 번씩 호출한다. 따라서 getNextPrime은 n번 이상 실행되지 않는다.

getNextPrime 함수의 while 반복문은 소수를 발견할 때까지 계속 실행된다. n의 함수로서 getNextPrime 함수의 while 반복문이 몇 번이나 실행될지 미리 결정하는 것은 매우 어렵지만(연속된 소수 사이의 차이가 무작위로 크므로), isPrime이 반복마다 실행되는 것은 분명하다.

isPrime 함수가 단 하나의 for 반복문을 포함하고 이 반복문이 k번 반복한다고 가정하자. 그러면 반복문 내부의 코드는 총 k번 실행된다. '1.3.2 C의 반복문'에서 설명한 것처럼 for는 초기화 구문(루프 변수를 특정 값으로 초기화), 부울 표현식(반복문 종료 시점을 결정한다), 단계 표현식(매 반복마다 반복 변수를 업데이트)으로 구성된다. [표 14-2]는 k회 반복하는 for 반복문에서 각 코드가 실행되는 횟수를 나타낸다. 매 for 반복문에서 초기화는 한 번만 일어난다. 부울 표현식은 k번의 반복에서 k+1번 실행한다. 반복을 종료하기 위한 마지막 확인을 위해 한 번 실행되기 때문이다. 반복문 내부와 단계 표현식은 각각 k번 실행된다.

표 12-2 반복문 실행 컴포넌트(k회 반복 가정)

초기화 구문	부울 표현식	단계 표현식	반복문 내부 코드
1	k + 1	k	k

코드를 직접 검사한 결과, 이 프로그램은 isPrime 함수에서 대부분의 시간이 소요되며, sqrt 함수가 가장 빈번하게 실행되는 것으로 보인다. 다음에는 코드 프로파일링을 사용해 이 가정을 검증해보자.

12.1.1 콜그린드를 사용한 프로파일링

이 작은 프로그램을 직접 검사함으로써 sqrt 함수가 코드의 '핫 스팟'이라는 가정을 직관적으로 세울 수 있었다. 그러나 더 큰 프로그램에서는 핫 스팟을 식별하기가 훨씬 복잡하다. 복잡함에 관계없이, 프로파일러를 사용해 가정을 검증하는 것은 좋은 아이디어다. 발그린드[6] 같은 코드 프로파일링 도구를 사용하면 프로그램 실행에 관한 많은 아이디어를 얻을 수 있다. 이 절에서는 콜그린드callgrind 도구를 사용해 OptExample 프로그램의 호출 그래프를 살펴본다.

callgrind를 사용할 때는 먼저 optExample 프로그램을 -g 옵션을 사용해 다시 컴파일링한 뒤, 작은 범위(2~100,000)에서 callgrind를 실행한다. 발그린드 애플리케이션과 마찬가지로 callgrind는 프로그램의 래퍼로서 실행되고, 함수 실행 횟수, 실행된 명령의 전체 갯수 등을 결과로 표시한다. 결과적으로 optExample 프로그램을 callgrind와 함께 실행하면 실행 시간이 조금 더 걸린다.

```
$ gcc -g -o optExample optExample.c -lm
$ valgrind --tool=callgrind ./optExample 100000
==32590== Callgrind, a call-graph generating cache profiler
==32590== Copyright (C) 2002-2015, and GNU GPL'd, by Josef Weidendorfer et al.
==32590== Using Valgrind-3.and LibVEX; rerun with -h for copyright info
```

---

6 http://valgrind.org

```
==32590== Command: ./optExample 100000
==32590==
==32590== For interactive control, run 'callgrind_control -h'.
Time to allocate: 0.003869
Time to generate primes: 0.644743
9592 primes found.
==32590==
==32590== Events    : Ir
==32590== Collected : 68338759
==32590==
==32590== I   refs:      68,338,759
```

터미널에서 ls를 입력하면 callgrind.out.xxxxx라는 이름의 파일이 표시된다. xxxxx는 고유 id다. 여기서는 파일 callgrind.out.32590이 이에 해당한다(즉, 앞의 출력에서 가장 왼쪽 열에 보이는 숫자). 이 파일에 callgrind_annotate를 실행하면 우리가 관심을 갖고 있는 세 함수에 관한 추가 정보를 표시한다.

```
$ callgrind_annotate --auto=yes callgrind.out.32590
  --------------------------------------------------------------
Profile data file 'callgrind.out.32393' (creator: callgrind-3.11.0)
  --------------------------------------------------------------
...
   .     // 헬퍼 함수: 숫자가 소수인지 확인한다.
   400,004   int isPrime(int x) {
       .         int i;
36,047,657        for (i = 2; i < sqrt(x)+1; i++) { // 2보다 작은 소수는 없다.
13,826,015   => ???:sqrt (2765204x)
16,533,672            if (x % i == 0) { // 숫자가 i로 나누어떨어지면
   180,818                return 0; // 소수가 아니다.
       .              }
       .         }
     9,592        return 1; // 그렇지 않으면 소수다.
   200,002   }
       .
       .     // 다음 소수를 찾는다.
    38,368   int getNextPrime(int prev) {
```

```
   28,776          int next = prev + 1;
  509,597          while (!isPrime(next)) { // 숫자가 소수가 아닌 동안 반복한다.
67,198,556    => optExample.c:isPrime (100001x)
   90,409              next++; // 값을 증가시킨 뒤 다시 확인한다.
        .          }
    9,592          return next;
   19,184  }
        .
        .   // 소수열을 생성한다.
        6   int genPrimeSequence(int * array, int limit) {
        .       int i;
        2       int len = limit;
        2       if (len == 0) return 0;
        2       array[0]=2; // 첫 번째 숫자를 2로 초기화한다.
   38,369       for (i = 1; i < len; i++) {
  143,880           array[i] = getNextPrime(array[i-1]); // 배열을 채운다.
67,894,482    => optExample.c:getNextPrime (9592x)
   76,736           if (array[i] > limit){
        2               len = i;
        2               return len;
        .           }
        .       }
        .       return len;
        4   }
```

가장 왼쪽 열의 숫자는 해당 줄과 관련된 명령의 총 실행 횟수를 나타내고, 괄호 안의 숫자는 특정한 함수가 실행된 횟수를 나타낸다. 왼쪽 열의 숫자를 사용해 코드를 직접 검사한 결과를 검증할 수 있다. getPrimeSequence 함수에서, getNextPrime 함수는 가장 많이 실행된 명령으로 약 6,780만 번 실행되는데, 이는 9,592번의 함수 호출에 해당한다(2~100,000의 소수를 생성하기 위해). getNextPrime 검사 결과, 대부분의 명령(6,710만 번 또는 99%)이 isPrime 호출에 의한 것이며, 해당 함수는 100,001번 호출된다. 마지막으로 isPrime 검사 결과 1,300만 개 명령(20.5%)이 sqrt 함수에 의한 것이며, 이 함수는 총 270만 번 실행된다.

이 결과는 프로그램이 대부분의 시간을 isPrime 함수에서 소요하고, sqrt 함수가 가장 빈번하게 실행되는 함수라는 우리의 가정이 옳았음을 뒷받침한다. 실행되는 명령의 전체 갯수를 줄이면 더 빠른 프로그램을 만들 수 있다. 위 분석 결과에 따르면, 우리는 **isPrime** 함수를 개선하는 데 초기의 노력을 집중하고, 잠재적으로 sqrt가 실행되는 횟수를 줄여야 한다.

12.1.2 루프 불변 코드 이동

루프 불변 코드 이동loop-invariant code motion은 최적화 기법의 하나다. 반복문의 동작에 영향을 주지 않으면서, 루프 안에서 발생하는 정적 계산을 루프 밖으로 옮긴다. 최적화 컴파일러는 대부분의 루프 불변 코드 최적화를 자동으로 수행할 수 있다. 구체적으로 GCC의 -fmove-loop-invariants 컴파일러 플래그(최적화 레벨 -01에서 활성화됨)는 루프 불변 코드 동작의 예를 식별하고 이들을 각 루프 밖으로 이동한다.

하지만 컴파일러가 항상 루프 불편 코드 동작을 식별할 수 있는 것은 아니다. 특히 함수 호출의 경우가 그렇다. 함수 호출은 무심코 **부작용**side effect(의도하지 않은 동작)을 일으키기 때문에, 대부분의 컴파일러가 함수 호출이 일관적으로 같은 결과를 반환하는지 결정하려는 시도를 회피한다. 따라서 프로그래머는 sqrt(x)가 항상 어떤 입력값 x의 제곱근을 반환한다는 것을 알지만, GCC는 그런 가정을 하지 않는다. sqrt 함수가 시크릿 전역 변수 g를 업데이트한다고 가정해보자. 이 경우, 함수 밖에서 sqrt를 한 번 호출(g를 한 번 업데이트)하면 루프의 매 반복마다 이를 호출하는 것(g를 n번 업데이트)과 동일하지 않다. 해당 함수가 항상 같은 결과를 반환한다는 결정을 컴파일러가 내리지 못하면, 컴파일러는 sqrt 함수를 루프 밖으로 옮기지 않는다.

그러나 프로그래머는 sqrt(x) + 1이라는 계산을 for 반복문 밖으로 이동해도 루프의 동작에 미치는 영향이 없다는 것을 알고 있다. 다음에 나타낸 업데이트된 함수는 온라인[7]에서 확인할 수 있다.

```c
// 헬퍼 함수: 숫자가 소수인지 확인한다.
int isPrime(int x) {
    int i;
    int max = sqrt(x)+1;
    for (i = 2; i < max; i++) { // 2보다 작은 소수는 없다.
```

---

[7] https://diveintosystems.org/book/C12-CodeOpt/_attachments/optExample2.c

```
        if (x % i == 0) { // 숫자가 i로 나누어떨어지면
            return 0; // 소수가 아니다.
        }
    }
    return 1; // 그렇지 않으면 소수다.
}
```

[표 12-3]은 간단한 변경으로 컴파일러 플래그를 사용하지 않았음에도 optExample2의 실행 시간이 2초(47%) 감소한 것을 나타낸다. 또한 컴파일러가 optExample2를 최적화하는 데 걸린 시간 역시 약간 줄었다.

표 12-3 2~5,000,000의 소수 생성에 걸린 시간(초)

버전	최적화 미적용	−O1	−O2	−O3
기존 코드	3.86	2.32	2.14	2.15
루프 불변 코드 이동 적용	1.83	1.63	1.71	1.63

optExample2 실행 파일에 callgrind를 다시 실행하면, 실행 시간이 이처럼 크게 개선된 이유를 관찰할 수 있다. 다음 코드는 파일 callgrind.out.30086이 optExample2 실행 파일에 callgrind를 수행해 얻은 주석이 포함된다고 가정한다.

```
$ gcc -g -o optExample2 optExample2.c -lm
$ valgrind --tool=callgrind ./optExample2 100000
$ callgrind_annotate --auto=yes callgrind.out.30086
 ----------------------------------------------------------------
Profile data file 'callgrind.out.30086' (creator: callgrind-3.11.0)
 ----------------------------------------------------------------
 ...
   400,004   int isPrime(int x) {
         .       int i;
   900,013       int max = sqrt(x)+1;
   500,000   => ???:sqrt (100001x)
11,122,449       for (i = 2; i < max; i++) { // 2보다 작은 소수는 없다.
16,476,120           if (x % i == 0) { // 숫자가 i로 나누어떨어지면
   180,818               return 0; // 소수가 아니다.
```

```
        ·            }
        ·          }
    9,592        return 1; // 그렇지 않으면 소수다.
  200,002     }

        ·
        ·      // 다음 소수를 찾는다
   38,368     int getNextPrime(int prev) {
   28,776        int next = prev + 1;
  509,597        while (!isPrime(next)) { // 숫자가 소수가 아닌 동안 반복한다
29,789,794  => optExample2.c:isPrime (100001x)
   90,409            next++; // 값을 증가시킨 뒤 다시 확인한다
        ·          }
    9,592        return next;
   19,184     }
```

sqrt 호출을 for 반복문 밖으로 이동하면 프로그램에서 sqrt 함수가 호출되는 횟수를 270만 번에서 10만 번으로 줄일 수 있다(96% 감소). 이 횟수는 isPrime 함수가 호출되는 횟수와 같으며, 이는 isPrime 함수가 호출될 때마다 sqrt 함수가 정확하게 한 번 실행됨을 의미한다.

프로그래머가 직접 코드 이동을 하지 않더라도, 최적화 플래그가 저장되면 컴파일러는 상당한 수준의 최적화를 수행할 수 있다. 이 경우에는 x86 ISA가 지정한 fsqrt라는 특별한 명령 때문에 가능하다. 최적화 플래그가 설정되면, 컴파일러는 sqrt 함수의 모든 인스턴스를 fsqrt 명령으로 치환한다. 이 프로세스를 **인라이닝**inlining이라 하는데, 이에 관해서는 이후 절에서 자세히 살펴본다. fsqrt는 함수가 아니므로, 컴파일러는 보다 쉽게 루프 불변 특성을 식별하고 루프 본문 밖으로 이동할 수 있다.

12.2 그 외 컴파일러 최적화

앞 절에서 설명한 루프 불변 코드 이동 최적화에서는 간단한 변경으로 실행 시간을 크게 줄였다. 그러나 이런 최적화의 효과는 상황에 따라 다르며, 항상 성능을 개선하는 것도 아니다. 대부분의 경우, 루프 불변 코드 이동은 컴파일러에 의해 처리된다.

오늘날에는 코드를 쓸 때보다 읽을 때가 더 많다. 대부분의 경우, 부분적인 성능 향상보다는 코드 가독성을 높이는 것이 훨씬 가치 있다. 일반적으로 프로그래머는 가능한 한 최적화를 컴파일러에 맡겨야 한다. 이 절에서는, 과거에는 프로그래머가 직접 구현했지만 오늘날에는 보통 컴파일러들에 의해 구현되는 코드 최적화 기법에 관해 살펴본다.

이후 절에서 설명할 기법들의 직접 구현을 옹호하는 다양한 온라인 소스도 찾아볼 수 있다. 하지만 우선 사용하는 컴파일러가 그런 최적화를 지원하는지 확인한 뒤, 코드에서 직접 최적화 구현을 시도하기 바란다. 이 절에서 설명하는 최적화 기법은 GCC에 구현돼 있으며, 과거 컴파일러에서는 사용하지 못할 수도 있다.

12.2.1 함수 인라이닝

컴파일러가 시도하는 최적화 단계 중 하나가 **함수 인라이닝**function inlining인데, 이는 함수 호출부를 함수의 본문으로 치환한다. 예를 들어 main 함수에서 allocateArray 함수를 인라이닝하는 컴파일러는 allocateArray 호출을 malloc 직접 호출로 치환한다.

기존 코드

```
int main(int argc, char **argv) {
    // 간결함을 위해 생략했다.
    // 일부 변수는 지면의 제약상 줄여 표기했다.
    int lim = strtol(argv[1], NULL, 10);

    // 배열 할당
    int *a = allocateArray(lim);

    // 소수열을 생성한다.
    int len = genPrimeSequence(a, lim);
    return 0;
}
```

```
int main(int argc, char **argv) {
    // 간결함을 위해 생략했다.
    // 일부 변수는 지면의 제약상 줄여 표기했다.
    int lim = strtol(argv[1], NULL, 10);

    // 배열 할당(인라이닝 적용)
    int *a = malloc(lim * sizeof(int));

    // 소수열을 생성한다.
    int len = genPrimeSequence(a, lim);

    return 0;
}
```

함수를 인라이닝하면 프로그램의 실행 시간을 약간 절약할 수 있다. 프로그램이 함수를 호출할 때마다 함수 생성 및 파기에 관련된 많은 명령을 생성해야 한다. 함수를 인라이닝하면 컴파일러는 이러한 과도한 호출을 제거할 수 있으며, 컴파일러는 상수 전파, 상수 접기, 죽은 코드 제거 등을 포함해 기타 잠재적인 개선을 쉽게 식별할 수 있다. optExample 프로그램의 경우, 인라이닝은 sqrt 함수 호출을 fsqrt 명령으로 치환하고 해당 명령을 루프 밖으로 이동한다.

-finline-functions 플래그는 GCC로 하여금 함수들이 인라이닝돼야 함을 제시한다. 이 최적화는 최적화 레벨 3에서 활성화된다. -finline-functions는 -O3 플래그와 독립적으로 사용될 수 있지만, 이는 그저 컴파일러에 함수를 인라이닝할 수 있는지 확인하라는 제안에 불과하다. 마찬가지로 static inline 키워드도 컴파일러에 특정 함수가 인라이닝돼야 함을 제안할 때 사용된다. 컴파일러가 모든 함수를 인라이닝하지는 않으며, 함수 인라이닝으로 인해 코드가 항상 빨라지는 것도 아니다.

일반적으로 프로그래머는 직접 함수를 인라이닝하지 말아야 한다. 함수 인라이닝은 코드 가독성을 크게 떨어뜨리고, 에러 발생 가능성을 높이며, 함수 업데이트와 유지 보수를 어렵게 만들 리스크가 높다. 가령 getNextPrime 함수 안의 isPrime 함수를 인라이닝하려고 하면 getNextPrime의 가독성을 현저히 저하한다.

12.2.2 루프 언롤링

이 절에서 마지막으로 살펴볼 컴파일러 최적화 전략은 **루프 언롤링**loop unrolling이다. isPrime 함수[8]를 다시 보자.

```
// 헬퍼 함수: 숫자가 소수인지 확인한다.
int isPrime(int x) {
    int i;
    int max = sqrt(x) + 1;

    // 2보다 작은 소수는 없다.
    for (i = 2; i < max; i++) {
        // 숫자가 i로 나누어떨어진다.
        if (x % i == 0) {
            return 0; // 소수가 아니다.
        }
    }
    return 1; // 그렇지 않으면 소수다.
}
```

for 반복문이 총 max번 실행된다. 여기서 max는 정수 x의 제곱근보다 1 큰 수다. 어셈블리 레벨에서 루프의 각 실행마다 i가 max보다 작은지 확인한다. 만약 그렇다면, 명령 포인터는 루프의 본문으로 점프하고, 나머지 연산을 수행한다. 나머지 연산의 결과가 0이면, 프로그램은 즉시 루프에서 벗어나 0을 반환한다. 그렇지 않다면, 루프는 실행을 계속한다. 브랜치 예측자branch predictor는 조건 표현식이 무엇으로 평가될지(특히 루프 안에서) 잘 예측하지만, 잘못된 추측은 명령 파이프라인을 혼란하게 만들기 때문에 성능에 큰 영향을 미칠 수 있다.

루프 언롤링은 컴파일러의 잘못된 추측이 미치는 영향을 줄이기 위해 수행하는 최적화다. 각 반복에서 수행하는 작업량을 n배로 늘림으로써 루프의 반복 횟수를 n배만큼 줄인다. 루프를 2배로 언롤링하면, 루프의 반복 횟수는 절반이 되고, 반복당 수행하는 작업량은 두 배가 된다.

그렇다면 직접 isPrime 함수에 2배 루프 언롤링을 적용해보자.

---

8 https://diveintosystems.org/book/C12-CodeOpt/_attachments/optExample3.c

```
// 헬퍼 함수: 숫자가 소수인지 확인한다.
int isPrime(int x) {
    int i;
    int max = sqrt(x)+1;

    // 2보다 작은 소수는 없다.
    for (i = 2; i < max; i+=2) {
        // 숫자가 i 또는 i+1로 나누어떨어지면
        if ( (x % i == 0) || (x % (i+1) == 0) ) {
            return 0; // 소수가 아니다.
        }
    }
    return 1; // 그렇지 않으면 소수다.
}
```

for 반복문을 수행하는 반복의 횟수가 절반으로 줄었지만, 루프의 각 반복에서 두 번의 나머지 체크를 수행하기 때문에 반복당 작업량은 두 배가 됐다. 프로그램을 다시 컴파일하고 실행하면 실행 시간의 상당한 개선을 확인할 수 있다(표 14-4).

코드의 가독성 역시 저하됐다. 루프 언롤링은 -funroll-loops 컴파일러 최적화 플래그를 사용해 적용할 수도 있다. 이 플래그는 컴파일러에 컴파일 시 반복이 결정되는 루프를 언롤하도록 지시한다. -funroll-all-loops 컴파일러 플래그는 좀 더 공격적인 옵션이다. 이 플래그는 컴파일러가 반복 횟수를 확신하지 못해도 모든 루프를 언롤한다. [표 14-4]는 앞의 프로그램을 수작업으로 2배 루프 언롤링[9]했을 때와, -funroll-loops 및 -funroll-all-loops 컴파일러 최적화 플래그로 컴파일했을 때의 실행 시간을 나타낸다.

표 12-4 2~5,000,000의 소수 생성에 걸린 시간(초)

버전	File	최적화 미적용	-O1	-O2	-O3
기존 코드	optExample.c	3.86	2.32	2.14	2.15
루프 불변 코드 이동	optExample2.c	1.83	1.63	1.71	1.63
직접 2배 루프 언롤링	optExample3.c	1.65	1.53	1.45	1.45

9 https://diveintosystems.org/book/C12-CodeOpt/_attachments/optExample3.c

버전	File	최적화 미적용	-O1	-O2	-O3
언롤링					
-funroll-loops	optExample2.c	1.82	1.48	1.46	1.46
-funroll-all-loops	optExample2.c	1.81	1.47	1.47	1.46

수동 루프 언롤링은 어느 정도 성능 개선을 보이지만, 컴파일러의 내장 루프 언롤링 플래그는 다른 최적화 플래그와 합해야 비슷한 성능을 얻을 수 있다. 루프 언롤링 최적화를 코드에 적용하고 싶다면, 적절한 컴파일러 플래그를 사용해야 한다. 루프를 직접 언롤링하지 말라.

12.3 메모리 고려 사항

프로그래머는 메모리 사용에 특별히 주의해야 한다. 행렬이나 배열처럼 메모리를 많이 사용하는 데이터 구조를 사용할 때 특히 그렇다. 컴파일러가 제공하는 최적화 기능이 강력하긴 하지만, 컴파일러의 최적화가 항상 프로그램의 메모리 사용을 개선하지는 않는다. 이 절에서는 행렬 벡터 프로그램을 구현한 matrixVector.c[10]를 사용해 메모리 사용을 개선하는 기법과 도구를 설명한다.

프로그램의 main 함수는 두 단계를 수행한다. 첫째, 입력 행렬, 입력 벡터, 출력 행렬에 메모리를 할당하고 초기화한다. 둘째, 행렬 벡터 곱셈을 수행한다. 10,000 x 10,000차원의 행렬 벡터에 관한 코드를 수행한 결과, matrixVectorMultiply 함수가 대부분의 실행 시간을 차지하는 것이 확인됐다.

```
$ gcc -o matrixVector matrixVector.c
$ ./matrixVector 10000 10000
Time to allocate and fill matrices: 1.2827
Time to allocate vector: 9.6e-05
Time to matrix-vector multiply: 1.98402
```

따라서 이후 matrixVectorMultiply 함수에 관해 집중적으로 살펴본다.

....

10 https://diveintosystems.org/book/C12-CodeOpt/_attachments/matrixVector.c

12.3.1 루프 상호 교환

루프 상호 교환loop interchange 최적화는 중첩된 루프에서 안쪽 루프와 바깥쪽 루프를 교환해 캐시 지역성을 최대화한다. 컴파일러가 이 작업을 자동으로 수행하기는 어렵다. GCC에서 -floop-interchange 컴파일러 플래그를 제공하지만 현재 기본으로 사용할 수는 없다. 그러므로 프로그래머는 자신이 작성한 코드가 메모리에 민감한 배열이나 행렬 같은 데이터 구조에 어떻게 접근하는지 주의해야 한다. 예를 들어 matrixVector.c의 matrixVectorMultiply 함수를 자세히 들여다보자.

기존 코드

```
void matrixVectorMultiply(int **m,
                          int *v,
                          int **res,
                          int row,
                          int col) {
    int i, j;
    // 모든 행렬의 열마다 사이클을 돈다.
    // 가장 안쪽 루프(비효율적)
    for (j = 0; j < col; j++){
        for (i = 0; i < row; i++){
            res[i][j] = m[i][j] * v[j];
        }
    }
}
```

루프 상호 교환 적용

```
void matrixVectorMultiply(int **m,
                          int *v,
                          int **res,
                          int row,
                          int col) {
    int i, j;
    // 행렬의 행마다 사이클을 돈다.
    // 가장 안쪽 루프
```

```
    for (i = 0; i < row; i++){
        for (j = 0; j < col; j++){
            res[i][j] = m[i][j] * v[j];
        }
    }
}
```

입력과 출력 행렬은 동적으로 할당된다('2.5.2 2차원 배열'에서 설명한 '동적으로 할당된 2차원 배열'의 '방법 2: 프로그래머 친화적인 방법' 참조). 그 결과, 행렬의 행은 서로 연속적이지 않지만, 각 행 안의 요소들은 연속적이다. 루프의 현재 순서에 따르면, 프로그램은 각 행 대신 각 열을 따라 사이클을 돈다. 데이터는 캐시에 요소가 아닌 블록 단위로 로드된다는 점을 기억하자 ('11.4.1 다이렉트 맵트 캐시') 그 결과, res 혹은 m 안에 있는 배열의 x 요소에 접근하면 x에 인접한 요소들도 캐시에 로드된다. 행렬의 각 '열'을 따라 사이클링을 돌면 보다 많은 캐시 실패가 발생한다. 캐시는 접근 시마다 새로운 블록을 로드해야 하기 때문이다. [표 14-5]는 최적화 플래그를 추가해도 함수의 실행 시간이 줄지 않음을 나타낸다. 그렇지만 루프의 순서를 바꾸기만 해도(이전 코드 예시와 같이), 함수의 속도가 8배 가까이 빨라지며, 컴파일러는 추가적인 최적화를 수행할 수 있다.

표 12-5 10,000 × 10,000 요소에 걸린 행렬 곱셈 수행 시간(초)

버전	프로그램	활성화되지 않음	−O1	−O2	−O3
기존	matrixVector	2.01	2.05	2.07	2.08
루프 상호 교환	matrixVector2	0.27	0.08	0.06	0.06

발그린드용 도구인 cachegrind('11.5 캐시 분석과 발그린드' 참조)는 이전 예시에 나온 matrixVectorMultiply 함수의 데이터 지역성 문제를 식별하고, 캐시 접근 차이를 확인하는 좋은 방법이다.

12.3.2 지역성을 개선하는 컴파일러 최적화: 분열과 융합

10,000 × 10,000 요소에 대해 개선된 프로그램을 다시 실행하면, 다음과 같은 실행 시간을 얻는다.

```
$ gcc -o matrixVector2 matrixVector2.c
$ ./matrixVector2 10000 10000
Time to allocate and fill matrices: 1.29203
Time to allocate vector: 0.000107
Time to matrix-vector multiply: 0.271369
```

이제 행렬 할당과 값 채우기가 대부분의 시간을 차지한다. 추가적인 시간은 행렬의 값을 채우는 데 실제로 가장 많은 시간이 소요됨을 나타낸다. 코드를 자세히 살펴보자.

```
// 행렬을 채운다.
for (i = 0; i < rows; i++){
    fillArrayRandom(matrix[i], cols);
    fillArrayZeros(result[i], cols);
}
```

입력 및 출력 행렬을 채우기 위해 모든 행에 대해 하나의 for 반복을 수행하고, 각 행렬에 대해 fillArrayRandom과 fillArrayZeros 함수를 호출한다. 일부 시나리오에서는 단일 루프를 둘로 나누는 것(이른바 **루프 분할**loop fission)이 컴파일러에 이로울 수도 있다.

기존 코드

```
for (i = 0; i < rows; i++) {
    fillArrayRandom(matrix[i], cols);
    fillArrayZeros(result[i], cols);
}
```

루프 분할 적용

```
for (i = 0; i < rows; i++) {
    fillArrayRandom(matrix[i], cols);
}

for (i = 0; i < rows; i++) {
    fillArrayZeros(result[i], cols);
}
```

동일한 범위에서 작동하는 두 개의 루프를 취하고, 그 내용을 단일 루프로 조합하는(즉, 루프 분할의 반대) 것을 **루프 융합**loop fusion이라 한다. 루프 분할과 융합은 컴파일러가 데이터 지역성을 개선하기 위해 수행하는 최적화 방법이다. 멀티코어 프로세서를 위한 컴파일러는 루프 분할과 융합을 사용해 루프가 여러 코어에서 효율적으로 실행되도록 한다. 예를 들어 컴파일러는 루프 분할을 사용해 두 개의 루프를 각각 다른 코어에 할당한다. 마찬가지로, 컴파일러는 루프 융합을 사용해 종속된 연산을 루프 본문에 결합하고, 루프 반복의 서브셋을 각 코어에 분배할 수 있다(각 반복에서 사용되는 데이터는 독립적이라고 가정한다).

이 예시의 경우, 루프 분할을 수동으로 적용하는 것이 프로그램 성능을 직접 개선하지는 않는다. 실제로 배열을 채우는 데 필요한 시간의 양은 전혀 변하지 않는다. 그렇다 해도 다소 미묘한 최적화를 볼 수 있는데, `fillArrayZeros`를 포함하는 루프가 필요하지 않다. `matrixVectorMultiply` 함수가 값들을 `result` 배열의 각 요소에 할당한다. 즉, 사전에 모든 값을 0으로 초기화할 필요는 없다.

이전 버전: matrixVector2.c

```
for (i = 0; i < rows; i++) {
    matrix[i] = allocateArray(cols);
    result[i] = allocateArray(cols);
}


for (i = 0; i < rows; i++) {
    fillArrayRandom(matrix[i], cols);
    fillArrayZeros(result[i], cols);
}
```

업데이트 버전: matrixVector3.c

```
for (i = 0; i < rows; i++) {
    matrix[i] = allocateArray(cols);
    result[i] = allocateArray(cols);
}

for (i = 0; i < rows; i++) {
    fillArrayRandom(matrix[i], cols);
```

```
        //fillArrayZeros(result[i], cols); //no longer needed
}
```

12.3.3 massif를 사용한 메모리 프로파일링

이전 절에서 설명한 변경을 적용하면 실행 시간이 약간만 줄어든다. 결과 행렬의 모든 요소를 0으로 채우는 단계가 생략되기는 하지만, 입력 행렬을 난수로 채우는 데 여전히 상당한 시간이 소요된다.

```
$ gcc -o matrixVector3 matrixVector3.c
$ ./matrixVector3 10000 10000
Time to allocate matrices: 0.049073
Time to fill matrices: 0.946801
Time to allocate vector: 9.3e-05
Time to matrix-vector multiply: 0.359525
```

각 배열이 메모리에서 비연속적으로 저장됐지만, 각 열은 10,000 x sizeof(int)바이트 혹은 40,000바이트를 차지한다. 총 20,000개 배열이 할당되므로(초기 행렬과 결과 행렬 각 10,000 개씩), 이는 800만 바이트 혹은 약 762MB의 공간에 해당한다. 762MB를 난수로 채우는 데 상당한 시간이 드는 것은 충분히 납득할 만하다. 행렬의 경우, 입력 크기에 따라 메모리 사용은 2차식으로 증가하며 성능에 큰 영향을 미친다.

발그린드의 massif 도구를 사용하면 메모리 사용을 프로파일링할 수 있다. 이 책에서 다룬 다른 발그린드 도구와 마찬가지로('3.3 발그린드로 메모리 디버깅', '11.5 캐시 분석과 발그린드', '12.1.1 콜그린드를 사용한 프로파일링' 참조), massif 역시 프로그램 실행 파일의 래퍼로 동작한다. 구체적으로 massif는 프로그램 전체에 대한 프로그램 메모리 사용의 스냅샷을 얻어 메모리 사용의 변동을 프로파일링한다. massif를 사용하면 프로그램이 힙 메모리를 어떻게 사용하는지 알 수 있으며, 메모리 사용을 개선할 기회를 찾아낼 수 있다. matrixVector3 실행 파일에 대해 massif 도구를 실행해보자.

```
$ valgrind --tool=massif ./matrixVector3 10000 10000
==7030== Massif, a heap profiler
```

```
==7030== Copyright (C) 2003-2015, and GNU GPL'd, by Nicholas Nethercote
==7030== Using Valgrind-3.and LibVEX; rerun with -h for copyright info
==7030== Command: ./matrixVector3 10000 10000
==7030==
Time to allocate matrices: 0.049511
Time to fill matrices: 4.31627
Time to allocate vector: 0.001015
Time to matrix-vector multiply: 0.62672
==7030==
```

massif를 실행하면 massif.out.xxxx 파일이 생성된다. xxxx는 고유 id 번호다. ls 명령어를 실행하면, 이에 해당하는 massif 파일을 확인할 수 있다. 다음 예시에서는 massif.out.7030 이 이 파일에 해당한다. ms_print 명령어를 사용해 massif 출력 결과를 확인해보자.

```
$ ms_print massif.out.7030
--------------------------------------------------------------------------------
Command:            ./matrixVector3 10000 10000
Massif arguments:   (none)
ms_print arguments: massif.out.7030
--------------------------------------------------------------------------------


    MB
763.3^                                      :::::::::::::::::::::#
    |::::::::::::::::::::::::::::::::::::::::::::::::::::         #
    |:                                       :                  #
    |@                                       :                  #
    |@                                       :                  #
    |@                                       :                  #
    |@                                       :                  #
    |@                                       :                  #
    |@                                       :                  #
    |@                                       :                  #
    |@                                       :                  #
    |@                                       :                  #
    |@                                       :                  #
    |@                                       :                  #
    |@                                       :                  #
```

```
            ¦@                              :                      #
            ¦@                              :                      #
            ¦@                              :                      #
            ¦@                              :                      #
            ¦@                              :                      #
            ¦@                              :                      #
        0 +------------------------------------------------------------>Gi
          0                                                        9.778

 Number of snapshots: 80
  Detailed snapshots: [3, 12, 17, 22, 49, 59, 69, 79 (peak)]
```

출력의 가장 윗부분은 메모리 사용 그래프다. x축은 실행된 명령의 수를 나타내고, y축은 메모리 사용을 나타낸다. 위 그래프는 matrixVector3이 총 97억 7800만 번(9.778billlion, 9.779Gi) 실행된 것을 나타낸다. 실행되는 동안 massif는 힙의 사용을 측정하기 위해 80개 스냅샷을 얻었다. 메모리 사용은 마지막 스냅샷에서 최대가 됐다. 최대 메모리 사용은 763.3MB이며, 비교적으로 프로그램 전체에서 일정한 상태를 유지한다.

그래프 이후에 모든 스냅샷을 요약해 표시한다. 다음은 스냅샷 79 부근 스냅샷의 정보를 나타낸 출력이다.

```
 ....

 --------------------------------------------------------------------------
   n        time(i)         total(B)   useful-heap(B) extra-heap(B)  stacks(B)
 --------------------------------------------------------------------------
   70      1,081,926      727,225,400     727,080,000      145,400         0
   71      1,095,494      737,467,448     737,320,000      147,448         0
   72      1,109,062      747,709,496     747,560,000      149,496         0
   73      1,122,630      757,951,544     757,800,000      151,544         0
   74      1,136,198      768,193,592     768,040,000      153,592         0
   75      1,149,766      778,435,640     778,280,000      155,640         0
   76      1,163,334      788,677,688     788,520,000      157,688         0
   77      1,176,902      798,919,736     798,760,000      159,736         0
   78  7,198,260,935      800,361,056     800,201,024      160,032         0
   79 10,499,078,349      800,361,056     800,201,024      160,032         0
```

```
99.98% (800,201,024B) (heap allocations) malloc/new/new[], --alloc-fns, etc.
->99.96% (800,040,000B) 0x40089D: allocateArray (in matrixVector3)
```

각 행은 특정한 스냅샷에 해당하며, 실행에 걸린 시간, 해당 시점에서의 총 힙 메모리 사용량 (바이트 단위), 해당 시점에서 프로그램이 요청한 바이트 수(useful-heap), 프로그램의 요청에 대해 할당한 바이트 수, 스택의 크기 등을 나타낸다. 스택 프로파일링은 비활성화한다(스택 프로파일링은 massif의 속도를 크게 저하한다). 스택 프로파일링을 활성화하려면, massif를 실행할 때--stacks=yes 옵션을 함께 사용한다.

massif 도구는 프로그램 힙 메모리 사용의 99%가 allocateArray 함수 안에서 발생하며, 총 8억바이트가 할당됐음을 나타낸다. 이는 앞에서 우리가 직접 계산한 결과와 비슷하다. massif 는 프로그램에서 힙 메모리를 많이 사용하는 영역을 식별하기에 유용하지만, 종종 프로그램의 속도를 늦춘다. 예를 들어 **메모리 누수**memory leak는 프로그래머가 처음에 free를 호출하지 않고 빈번하게 malloc을 호출할 때 발생한다. massif 도구는 이러한 누수를 발견하는 데 대단히 유용하다.

12.4 핵심 교훈

짧은(그리고 아마도 두려운) 코드 최적화 여정에서 한 가지 중요한 메시지를 발견할 수 있다. 코드 최적화를 직접 할 생각이라면, 자신이 수행할 부분과 컴퓨터에 위임할 부분을 분명하게 나눠라. 다음으로 코드 성능을 개선하고자 할 때 고려해야 할 중요한 팁을 소개한다.

12.4.1 좋은 데이터 구조와 알고리즘 선택하기

적절한 알고리즘과 데이터 구조를 선택하는 것이 무엇보다 중요하다. 이 선택의 실패는 코드의 성능 저조로 직결된다. 예를 들어 유명한 에라토스테네스의 체 알고리즘Sieve of Eratosthenes algorithm 은 앞에서 직접 작성한 optExample보다 소수를 생성하는 데 훨씬 더 효과적이며, 그 성능도 훨씬 더 뛰어나다. 다음 목록은 체의 구현을 사용해 2~5,000,000의 소수를 생성하는 데 필요한 시간을 나타낸다.

```
$ gcc -o genPrimes genPrimes.c
$ ./genPrimes 5000000
Found 348513 primes (0.122245 s)
```

에라토스테네스의 체 알고리즘은 0.12초 만에 2~5,000,000에 있는 소수를 모두 찾아낸다. optExample2 알고리즘은 -O3 최적화 플래그를 함께 사용했을 때, 같은 소수를 찾아내는 데 1.26초가 걸렸으므로 약 12배의 성능 차이가 있다. 에라토스테네스의 체 알고리즘 구현은 여러분을 위한 연습으로 남겨둔다. 하지만 사전에 더 적합한 알고리즘을 선택함으로써, 지루한 최적화 작업 시간을 확실히 줄일 수 있다. 이 예시로 데이터 구조와 알고리즘에 관한 지식이 컴퓨터 과학의 토대가 되는 이유를 알 수 있다.

12.4.2 가능한 표준 라이브러리 함수 사용하기

바퀴를 재발명하지 말라. 프로그래밍 과정에서 매우 표준적인 무언가를 수행할 함수가 필요하다면(예, 절댓값을 찾거나 숫자 리스트의 최솟값/최댓값을 찾는 등), 잠시 숨을 고르고 고수준 언어의 표준 라이브러리가 그와 비슷한 함수를 제공하는지 확인하자. 표준 라이브러리의 함수는 잘 테스트됐으며 최적화된 성능을 제공하는 경향이 있다. 가령 독자 여러분이 sqrt 함수를 직접 구현한다면, 컴파일러는 자동으로 이를 fsqrt 명령으로 치환하지 못할 수 있다.

12.4.3 느낌이 아닌 데이터에 기반한 최적화

최고의 데이터 구조와 알고리즘을 선택했고 그와 함께 표준 라이브러리 함수를 채용하기로 결정한 뒤, 추가적인 성능 개선이 필요하다면 발그린드 같은 우수한 코드 프로파일러를 활용한다. 결코 느낌에 따라 최적화를 수행해서는 안 된다. 데이터로 입증하지 못한 채, 최적화해야 한다는 느낌에만 지나치게 집중하면 시간 낭비로 이어지는 경우가 많다.

12.4.4 복잡한 코드는 여러 함수로 분할하기

수동 코드 인라이닝을 통해서는 일반적으로 현대 컴파일러를 통해 얻은 괄목할 만한 성능 이득을 얻지 못한다. 그 대신, 컴파일러가 여러분의 최적화를 쉽게 도울 수 있게 만들어라. 컴파일러는 짧은 코드 세그먼트를 더 쉽게 최적화한다. 복잡한 동작을 여러 함수로 분할하면 코드 가독성이 좋아지고 컴파일러 최적화가 용이해진다. 여러분이 사용하는 컴파일러가 인라이닝을 시도하는지 혹은 코드 인라이닝을 수행하기 위한 별도의 플래그를 갖고 있는지 확인하자. 코드 인라이닝은 여러분이 직접 하는 것보다 컴파일러가 수행하도록 하는 것이 더 낫다.

12.4.5 코드 가독성을 우선시하기

오늘날의 많은 애플리케이션에서는 가독성이 단연 중요하다. 코드는 기록된 것보다 더 자주 읽힌다는 것은 명백한 사실이다. 많은 기업에서 소프트웨어 엔지니어들이 가독성을 최대화하도록 수많은 시간을 들여 특정 코드 작성법을 교육한다. 코드를 최적화해 코드 가독성이 눈에 띄게 좋아졌다면, 그만큼 성능도 개선됐는지 확인해야 한다. 예를 들어 오늘날의 많은 컴파일러는 루프 언롤링을 활성화하는 최적화 플래그를 갖고 있다. 프로그래머는 가능한 한 직접 루프를 언롤링하려 시도하지 말고 컴파일러가 제공하는 최적화 플래그를 사용해야 한다. 루프를 직접 언롤링하면 가독성에 큰 영향을 미친다. 코드 가독성이 저하되면 종종 버그가 은연 중에 코드에 유입될 가능성이 높아지는데, 이는 보안 취약점으로 작용할 수 있다.

12.4.6 메모리 사용에 주의하기

프로그램의 메모리 사용은 종종 프로그램이 실행하는 명령의 수보다 프로그램의 실행 시간에 더 큰 영향을 미친다. 루프 상호 교환 예시에서 이 점을 강조했다. 두 경우, 루프에서 실행하는 명령의 수는 동일하지만 루프의 순서는 메모리 접근과 지역성에 큰 영향을 미친다. 프로그램을 최적화할 때는 `massif`와 `cachegrind` 같은 메모리 프로파일링 도구를 고려하는 것도 잊지 말라.

12.4.7 컴파일러는 계속해서 개선되고 있다

컴파일러 작성자들은 컴파일러가 보다 정교한 최적화를 안전하게 수행할 수 있도록 끊임없이 컴파일러를 업데이트한다. 예를 들어 GCC는 버전 4.0부터 정적 단일 할당^{static single}

assignment(SSA) 형식[11]으로 전환했다. 이로 인해 일부 최적화의 효과가 상당히 개선됐다. GCC 코드 베이스의 **GRAPHITE** 브랜치는 다면체 모델polyhedral model[12]을 구현했다. 이 모델에서는 컴파일러가 보다 복잡한 유형의 루프 변환을 수행한다. 컴파일러가 갈수록 정교해짐에 따라, 직접 최적화를 해서 얻는 이익이 상당히 감소했다.

---

11 https://gcc.gnu.org/onlinedocs/gccint/SSA.html
12 https://polyhedral.info

## CHAPTER 13

운영 체제

운영 체제operating system(OS)는 특별한 컴퓨터 하드웨어와 컴퓨터에서 실행되는 애플리케이션 사이에 위치하는 특별한 시스템 소프트웨어다. OS 소프트웨어는 컴퓨터의 전원이 켜질 때부터 꺼질 때까지 상주한다. OS는 프로그램을 효율적으로 실행하도록 기반 하드웨어 컴포넌트를 관리하고 컴퓨터를 쉽게 사용하게 한다.

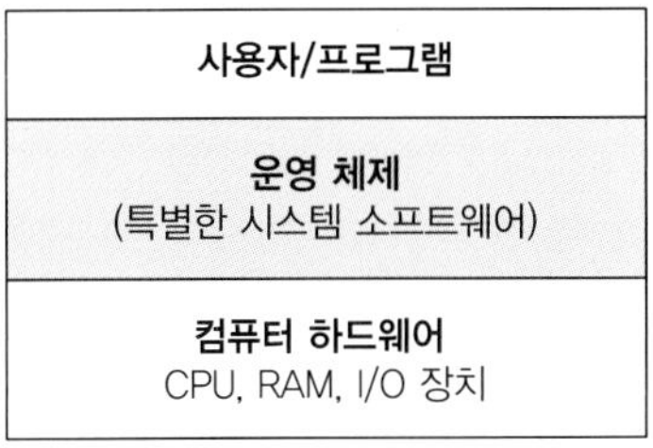

사용자/프로그램
운영 체제 (특별한 시스템 소프트웨어)
컴퓨터 하드웨어 CPU, RAM, I/O 장치

그림 13-1 OS는 사용자와 하드웨어 사이에 위치하는 특별한 시스템 소프트웨어다. 컴퓨터 하드웨어를 관리하고 추상화를 구현해 하드웨어를 쉽게 사용하게 한다.

OS는 프로그램이 컴퓨터에서 실행되도록 지원함으로써 컴퓨터 하드웨어를 사용하기 쉽게 만든다. 사용자가 아이콘을 더블 클릭하거나, 실행 파일의 이름을 셸 프롬프트에 입력해서(예, ./a.out) 프로그램을 시작하면, 기반 시스템에서 어떤 일이 일어나는지 상상해보자. OS는 이 동작의 모든 세부 사항을 처리한다. 디스크에서 RAM으로 프로그램을 로딩하고, CPU를 초기화해서 프로그램 명령을 실행한다. OS는 컴퓨터에서 사용자 프로그램을 실행하는 저수준의 동작을 숨겨 사용자가 보지 못하게 한다.

OS가 시스템 리소스를 효율적으로 사용하는 방법의 하나가 바로 **멀티프로그래밍**multiprogramming 구현이다. 멀티프로그래밍이란 컴퓨터에서 한 순간에 하나 이상의 프로그램이 실행되는 기능을 말한다. 그렇다고 해서 컴퓨터 하드웨어의 모든 프로그램이 반드시 동시에 실행된다는 의미는 아니다. 사실, 시스템에서 실행되는 프로그램의 수는 전형적으로 CPU 코어의 수보다 훨씬 더 많다. 멀티프로그래밍은 OS가 CPU 등의 하드웨어 리소스를 시스템에서 실행되는 여러 프로그램 사이에서 공유하는 것을 의미한다. 예를 들어 어떤 프로그램에 현재 디스크에 있는 데이터가 필요하면, OS는 이 프로그램이 데이터가 로딩되길 기다리는 동안 다른 프로그램이 CPU를 사용하도록 한다. 멀티프로그래밍이 없다면 CPU는 컴퓨터에서 실행되는 프로그램이 더 느린 하드웨어 장치에 접근하는 동안 아무것도 하지 않고 기다려야 한다. 멀티프로그래밍을 지원하려면, OS는 **프로세스**process라 불리는 실행 중인 프로그램의 추상화를 구현해야 한다. 프로세스 추상화process abstraction를 통해 OS는 언제든 시스템에서 실행되는 여러 프로그램을 관리할 수 있다.

마이크로소프트 윈도우즈Windows, 애플 맥OSmacOS와 iOS, 오라클 솔라리스Solaris, OpenBSD와 리눅스Linux 같은 오픈소스 유닉스Unix 변형은 모두 멀티프로그래밍을 지원하는 운영 체제다. 이 책의 예시에서는 리눅스를 사용한다. 그러나 여타 범용 운영 체제도 다소 방식이 다를 수 있으나 비슷한 기능을 구현한다.

커널

운영 체제라는 용어는 종종 더 큰 시스템 레벨 소프트웨어, 다시 말해 기반 시스템을 '사용하기 쉽게' 추상화하도록 리소스를 관리하는 소프트웨어를 가리킨다. 이 장에서는 운영 체제 커널kernel에 집중한다. 따라서 커널 없이 OS라고만 표기해도 이는 커널 OS를 뜻한다.

OS 커널은 OS의 핵심 기능(시스템을 사용하는 데 필요한 기능)을 구현한다. 이런 기능에는 프로그램 실행을 위한 컴퓨터 하드웨어 계층 관리, 시스템 사용자에게 제공하는 OS 추상화 구현 및 관리(예, 파일은 저장된 데이터에 대한 OS 추상화다), 사용자 애플리케이션과 하드웨어 장치 계층에 대한 인터페이스 구현 등이 포함된다. 커널은 하드웨어가 프로그램을 실행하고 프로세스와 같은 추상화를 구현하게 하는 메커니즘을 구현한다. **메커니즘**은 OS 기능의 '방법how'에 해당한다. 또한 커널은 컴퓨터 하드웨어를 효율적으로 관리하고, 그 추상화를 제어하는 정책policy을 구현한다. 정책은 OS 기능의 '무엇을what', '언제when', '누구에게to whom'를 정의한다. 예를 들어 메커니즘은 CPU를 초기화해서 특정 프로세스에서 명령을 실행하도록 구현하고, 정책은 CPU에서 다음에 실행될 프로세스가 어느 것인지 결정한다.

커널은 시스템의 사용자들을 위한 프로그래밍 인터페이스인 **시스템 콜 인터페이스**^{system call interface}를 구현한다. 사용자와 프로그램은 시스템 콜 인터페이스를 통해 OS와 상호작용한다. 예를 들어 프로그램이 현재 날짜의 시간을 알고 싶다면, OS의 `gettimeofday` 시스템 콜을 호출해 OS에서 해당 정보를 얻을 수 있다.

커널은 하드웨어 장치와 상호작용하기 위한 인터페이스(**장치 인터페이스**^{device interface})도 제공한다. 전형적으로 하드 디스크 드라이브, 키보드, 솔리드 스테이트 드라이브 같은 I/O 장치가 이 인터페이스를 통해 커널과 상호작용한다. 이 같은 장치는 특별히 장치 드라이버 소프트웨어를 제공하는데, 드라이버 소프트웨어는 OS에서 실행되면서 장치와 OS 사이의 데이터 전송을 처리한다. 장치 드라이버 소프트웨어는 OS의 장치 인터페이스를 통해 OS와 상호작용한다. 새 장치는 OS 장치 인터페이스에 맞게 작성된 장치의 드라이버 코드를 OS에 로딩함으로써 추가된다. 그 외에 커널이 직접 관리하는 하드웨어 장치는 CPU나 RAM 등이다. [그림 13-2]는 사용자 애플리케이션과 컴퓨터 하드웨어 계층 사이에 위치한 OS 커널 계층을 나타낸다. 이 계층 안에 사용자 인터페이스와 하드웨어 장치 인터페이스가 들어있다.

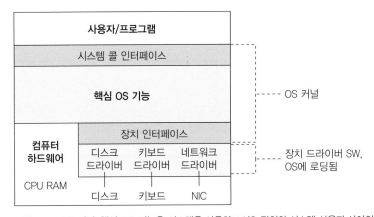

그림 13-2 OS 커널. 핵심 OS 기능은 시스템을 사용하고 I/O 장치와 시스템 사용자 사이의 협업을 원활하게 한다.

이 장에서는 프로그램 실행 및 효율적인 시스템 리소스 관리와 관련된 운영 체제의 역할을 살펴본다. OS 기능의 메커니즘('어떻게')과 주된 2개의 추상화 구현인 **프로세스**(실행 중인 프로그램)와 **가상 메모리**^{virtual memory}(RAM이나 2차 저장소의 물리적 공간에서 추상화된 프로세스 메모리 공간상의 관점)에 중점을 둔다.

13.1 OS의 동작과 실행

OS는 시스템에서 프로그램의 실행을 지원한다. 컴퓨터에서 프로그램 실행을 시작하려면, OS는 실행 프로그램에 RAM을 일부 할당하고, 프로그램의 바이너리 실행 파일을 디스크에서 RAM으로 로드한다. 다음으로, 실행 프로그램과 관련된 프로세스의 OS 상태를 생성하고 초기화한 뒤, CPU가 프로세스 명령을 실행하도록 초기화한다(즉, OS는 CPU 레지스터가 프로세스 명령을 가져와 실행할 수 있도록 CPU 레지스터를 초기화한다). [그림 13-3]은 이 단계를 나타낸다.

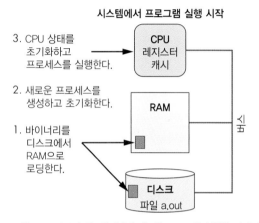

그림 13-3 OS가 하드웨어에서 새로운 프로그램 실행을 시작하기 위해 수행하는 단계

사용자 프로그램과 마찬가지로 OS 역시 컴퓨터 하드웨어에서 실행되는 소프트웨어다. 그러나 OS는 모든 시스템 리소스를 관리하고 컴퓨터 시스템 사용자를 위한 인터페이스를 구현하는 특별한 시스템 소프트웨어다. 컴퓨터 시스템을 사용하기 위해서는 OS가 필요하다. OS가 소프트웨어이기 때문에 그 바이너리 실행 코드는 여느 프로그램과 마찬가지로 하드웨어상에서 실행된다. 즉 그 데이터와 명령이 RAM에 저장되고, 그 명령을 사용자 프로그램의 명령과 마찬가지로 CPU가 가져와 실행한다. 결과적으로 OS가 실행하기 위해서는 그 바이너리 실행 파일이 RAM에 로딩되고, CPU가 OS 코드를 실행할 수 있도록 초기화돼야 한다. 하지만 OS는 하드웨어에서 코드를 실행하는 일을 책임지기 때문에, 자신이 하드웨어상에서 실행을 시작하려면 다른 도움이 필요하다.

13.1.1 OS 부팅

OS가 컴퓨터에 로딩되고 초기화되는 과정은 부팅booting이라 알려져 있다. OS는 '알아서 잘pulls itself up by its bootstraps' 혹은 컴퓨터상에서 스스로 부팅한다. OS가 컴퓨터에 처음으로 로딩되고 부트 코드boot code를 실행하려면 도움이 필요하다. OS 코드 실행이 시작되도록 하기 위해, 컴퓨터 전원이 켜지면 컴퓨터 펌웨어firmware(하드웨어에 있는 비휘발성 메모리)에 저장된 코드가 가장 먼저 실행된다. BIOSBasic Input/Output System와 UEFIUnified Extensible Firmware Interface가 이런 펌웨어에 속한다. 전원이 켜지면 BIOS 혹은 UEFI가 실행되고 OS의 첫 번째 덩어리(부트 블록)를 디스크에서 RAM으로 로드하고, CPU에서 부트 블록의 명령을 실행할 수 있을 만큼의 하드웨어 초기화를 수행한다. OS가 실행을 시작하면, OS는 디스크에서 남은 부분을 로딩하고 하드웨어 리소스를 식별하고 초기화한다. 그리고 데이터 구조와 추상화를 초기화해서 사용자들이 시스템을 사용할 수 있도록 준비한다.

13.1.2 인터럽트와 트랩

OS는 부팅을 마친 뒤 시스템을 사용할 수 있도록 초기화하고, 그저 할 일을 기다린다. 대부분의 운영 체제가 인터럽트 주도 시스템interrupt-driven system으로 구현된다. 즉, OS는 다른 엔티티가 요청을 하기 전까지는 아무것도 실행하지 않는다. OS는 깨어나서(잠에서 방해를 받으면) 요청을 처리한다.

하드웨어 계층의 장치는 OS가 자신 대신 데이터를 처리하기를 바란다. 예를 들어 **네트워크 인터페이스 카드**network interface card(NIC)는 컴퓨터와 네트워크 사이의 하드웨어 인터페이스다. NIC가 네트워크 연결을 통해 데이터를 받으면, NIC는 OS를 방해하고(잠에서 깨우고) 받은 데이터를 처리하게 한다(그림 13-4). 예를 들어 OS가 NIC로부터 받은 데이터가 웹브라우저의 요청에 의한 웹페이지의 일부라고 결정한다면, NIC의 데이터를 받아 대기 중인 웹브라우저 프로세스에 전달한다.

사용자 애플리케이션에서도 OS가 보호하고 있는 리소스에 대한 접근이 필요할 때 OS에 요청한다. 예를 들어 어떤 애플리케이션이 파일에 데이터를 쓰고 싶다면 OS에 대한 시스템 콜을 생성하는데, 시스템 콜은 OS를 깨워서 쓰기 동작을 수행하게 한다(그림 13-4). OS는 디스크에 저장된 파일에 데이터를 씀으로써 해당 시스템 콜을 처리한다.

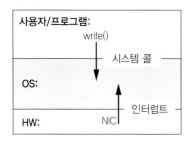

그림 13-4 인터럽트 주도 시스템. 사용자 레벨 프로그램은 시스템 콜을 생성하고 하드웨어 장치는 인터럽트를 발행해 OS를 동작시킨다.

NIC가 네트워크를 통해 데이터를 받을 때와 같이 하드웨어 계층에서 발생하는 인터럽트는 전형적으로 하드웨어 인터럽트^{hardware interrupt} 또는 **인터럽트**라 부른다. 애플리케이션이 생성하는 시스템 콜과 같이, 명령을 실행한 결과로 소프트웨어 계층에서 발생하는 인터럽트를 일반적으로 **트랩**^{trap}이라 부른다. 즉, 시스템 콜은 'OS에 덫을 놓는 것'이다. 이 덫은 사용자 레벨 프로그램을 위한 요청을 처리한다. 두 계층에서 발행하는 예외도 OS를 방해할 수 있다. 예를 들어 하드디스크 드라이브는 디스크 블록이 손상돼 읽기 작업에 실패할 때 OS에 인터럽트를 발생시킬 수 있다. 또는 애플리케이션 프로그램에서 0으로 나누는 명령을 실행했을 때 OS에 트랩을 발생시킬 수 있다.

시스템 콜은 CPU의 명령 셋 아키텍처(ISA)의 일부로 정의된 특별한 트랩 명령을 사용해 구현된다. OS는 각 시스템 콜에 고유한 식별 번호를 부여해 관리한다. 애플리케이션이 시스템 콜을 호출하고 싶을 때는, 원하는 콜의 번호를 알려진 위치에 넣고(ISA에 따라 그 위치는 다르다) 트랩 명령을 발행해 OS에 인터럽트를 발생시킨다. 트랩 명령은 CPU로 하여금 애플리케이션 프로그램의 명령 실행을 중지하고, 해당 트랩을 다루는 OS 명령 실행을 시작하게 한다(OS 트랩 핸들러 코드를 실행한다). 트랩 핸들러는 사용자가 제공한 시스템 콜 번호를 읽고 그에 해당하는 시스템 콜 구현을 실행한다.

다음은 IA32 리눅스 시스템에서 **write** 시스템 콜의 동작을 나타낸다.

```
/* C 코드 */
ret = write(fd, buff, size);

# IA32 어셈블리
```

```
write:

...             # OS가 write를 수행할 수 있는 상태와 매개변수를 설정한다.
movl $4, %eax   # 4(write를 위한 고유 ID)를 레지스터 eax에 로딩한다.
int  $0x80      # 트랩 명령: CPU를 방해하고 OS로 전환한다.
addl $8, %ebx   # 트랩 명령 이후의 예시 명령
```

첫 번째 명령(movl $4, %eax)은 write용 시스템 콜 번호(4)를 레지스터 eax에 로딩한다. 두 번째 명령(int $0x80)은 트랩을 트리거한다. OS 트랩 핸들러 코드가 실행되면, 레지스터 eax의 값(4)을 사용해 어느 시스템 콜이 호출됐는지 판단하고 그에 따른 트랩 핸들러 코드를 실행한다(예시에서는 write 핸들러 코드를 실행했다). OS 핸들러가 실행된 뒤, OS는 트랩 명령 바로 뒤의 명령(예시에서 addl)에서 프로그램을 계속 이어 실행한다.

실행되는 프로그램 명령으로부터 발생하는 시스템 콜과 달리, 하드웨어 인터럽트는 인터럽트 버스를 통해 CPU로 전달된다. 장치는 전형적으로 인터럽트 유형을 의미하는 번호인 시그널_{signal}을 CPU의 인터럽트 버스에 놓는다(그림 13-5). CPU가 인터럽트 버스에서 시그널을 감지하면, 현재 프로세스의 명령 실행을 중단하고 OS 인터럽트 핸들러 코드를 실행한다. OS 핸들러가 실행된 뒤 OS는 인터럽트가 발생했을 때 실행되던 애플리케이션 명령에서 프로그램을 계속 이어 실행한다.

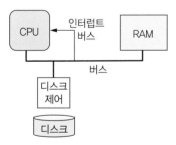

그림 13-5 하드웨어 장치(디스크)는 인터럽트 버스를 통해 CPU에 시그널을 보내고, 하드웨어 장치를 위한 OS 실행을 트리거한다.

CPU에서 사용자 프로그램이 실행되고 있을 때 인터럽트(혹은 트랩)가 발생하면, CPU는 OS의 인터럽트(또는 트랩) 핸들러 코드를 실행한다. OS는 인터럽트 처리를 마치면, 방해받은 사용자 프로그램을 인터럽트가 발생한 시점의 위치에서 다시 시작한다.

OS는 소프트웨어이므로 여느 사용자 프로그램과 마찬가지로 그 코드는 RAM에 로딩되어 CPU에서 실행된다. OS는 자신의 코드와 상태를 시스템에서 실행되는 일반 프로세스로부터 보호해야 한다. CPU는 두 가지 실행 모드를 정의한다.

1 **사용자 모드**user mode. CPU는 사용자 레벨 명령만 실행하고 운영 체제가 접근을 허락한 메모리 위치에만 접근한다. OS는 전형적으로 사용자 모드에서 CPU가 OS의 명령과 데이터에 접근하지 못하게 막는다. 사용자 모드에서는 CPU가 직접 접근할 수 있는 하드웨어 컴포넌트도 제한한다.

2 **커널 모드**kernel mode. CPU는 모든 명령을 실행하고 모든 메모리 위치에 접근한다(OS 명령과 데이터를 저장한 위치 포함). 또한 하드웨어 컴포넌트에 직접 접근할 수 있고 특별한 명령을 실행할 수도 있다.

OS 코드가 CPU에서 실행될 때 시스템은 커널 모드에서 실행된다. 사용자 레벨 프로그램이 CPU에서 실행될 때 시스템은 사용자 모드에서 실행된다. 사용자 모드의 CPU가 인터럽트를 받으면, CPU는 커널 모드로 전환되어 인터럽트 핸들러 루틴을 가져오고, OS 핸들러 코드를 실행한다. 커널 모드에서는 사용자 모드에서 허가되지 않는 하드웨어와 메모리 위치에도 OS가 접근할 수 있다. OS가 인터럽트 처리를 마치면, CPU 상태를 원복해서 인터럽트가 발생했을 때 멈췄던 위치에서 사용자 레벨 코드를 계속 이어 실행하고, CPU를 사용자 모드로 되돌린다(그림 13-6).

그림 13-6 CPU와 인터럽트 CPU에서 실행되는 사용자 코드가 방해를 받으면(시간 축에서의 시간 X), OS 인터럽트 핸들러 코드가 실행된다. OS가 인터럽트 처리를 완료하면, 사용자 코드 실행이 재개된다(시간 축에서의 시간 Y).

인터럽트 주도 시스템에서는 인터럽트가 언제든 발생할 수 있다. 다시 말해, OS는 머신 사이클의 어느 시점에서든 사용자 코드를 실행하다가 인터럽트 핸들러 코드로 전환할 수 있다. 사용자 모드에서 커널 모드로의 전환 실행을 효율적으로 지원하는 한 방법으로, 시스템의 모든 프로세스의 실행 컨텍스트 안에서 커널이 실행되도록 하는 방법이 있다. 부트 시, OS는 그 코드를 RAM의 고정된 위치에 로딩한다. 해당 위치는 각 프로세스 주소 공간의 맨 위에 매핑된다(그림 13-7). 그리고 CPU 레지스터를 OS 핸들러 함수의 시작 위치로 초기화한다. 인터럽트가 발행하면 CPU는 커널 모드로 전환하고, OS 인터럽트 핸들러 코드 명령을 실행한다. 이 명령은 각 프로세스 주소 공간의 맨 위 주소를 통해 접근할 수 있다. 모든 프로세스에는 주소 공간 맨 위의 동일 위치에 매핑된 OS가 있으므로, OS 인터럽트 핸들러 코드는 인터럽트가 발생했을 때 CPU에서 실행되는 프로세스의 컨텍스트에 관계없이 빠르게 실행될 수 있다. 이 OS 코드는 커널 모드에서만 접근할 수 있으므로 OS를 사용자 모드의 접근으로부터 보호한다. 사용자 모드에서 프로세스가 실행될 때는 그 주소 공간의 맨 위에 매핑된 OS 주소를 읽거나 OS 주소에 쓸 수 없다.

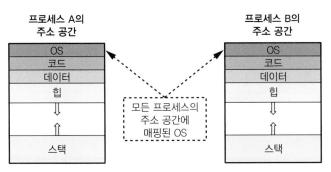

그림 13-7 프로세스 주소 공간: OS 커널은 모든 프로세스 주소 공간의 맨 위에 매핑된다.

OS 코드를 각 프로세스의 주소 공간에 매핑함으로써 인터럽트가 발생했을 때 빠르게 커널 코드를 실행할 수 있지만, 많은 현대 프로세서는 OS를 이런 방식으로 매핑함으로써 커널 보호의 취약점을 안게 됐다. 2018년 1월, 멜트다운Meltdown 하드웨어 취약점[1]이 알려졌다. 운영 체제는 이 취약점에 대한 보호 수단으로 커널 메모리와 사용자 레벨 프로그램 메모리를 분리했지만, 인터럽트를 처리하기 위한 커널 모드로의 전환 효율성을 떨어뜨렸다.

13.2 프로세스

운영 체제에 의한 대표적인 추상화는 **프로세스**다. 프로세스는 시스템에서 실행되는 프로그램의 인스턴스를 나타내는데, 프로그램의 바이너리 실행 코드, 데이터, 실행 컨텍스트 등이다. 컨텍스트는 레지스터 값, 스택 위치, 현재 실행 중인 명령을 유지하면서 프로그램의 실행을 추적한다.

---

1 Meltdown and Spectre. https://meltdownattack.com

프로세스는 동시에 여러 프로세스가 존재하도록 지원하는 **멀티프로그래밍** 시스템에서 필요한 추상화다. OS는 프로세스 추상화를 사용해서 시스템에서 실행 중인 프로그램들의 개별 인스턴스를 추적하고, 이들의 시스템 리소스 사용을 관리한다.

OS는 각 프로세스에 시스템의 '고립된 시각^{lone view}'를 제공한다. 즉, OS는 프로세스를 서로 격리하고 각 프로세스에 머신 전체를 제어하고 있다는 환상을 갖게끔 한다. 실제로는 OS가 여러 활성화된 프로세스를 지원하고 그들 사이에서 리소스를 공유하도록 관리한다. OS는 사용자가 볼 수 없도록 시스템 리소스의 공유와 접근에 관한 세부 사항을 숨기고, 시스템에서 실행되는 다른 프로세스의 동작으로부터 프로세스를 보호한다.

예를 들어 사용자가 동시에 두 개의 유닉스 셸 프로그램 인스턴스와 웹브라우저를 실행할 수 있다. OS는 실행 중인 세 가지 프로그램을 위해 프로세스를 3개 생성한다. 유닉스 셸 프로그램을 실행하기 위한 프로세스 2개와 웹브라우저를 실행하기 위한 프로세스 1개다. OS는 CPU에서 실행되는 세 가지 프로세스를 번갈아 처리하며, 한 프로세스가 CPU에서 실행될 때는 해당 프로세스에 할당된 실행 상태와 시스템 리소스에만 접근할 수 있도록 보장한다.

13.2.1 멀티프로그래밍과 컨텍스트 스위칭

OS가 하드웨어 리소스를 효율적으로 사용할 수 있는 것은 멀티프로그래밍 덕분이다. 예를 들어 CPU에서 실행되는 프로세스가 현재 디스크에 있는 데이터에 접근해야 한다면, 해당 데이터를 로딩할 때까지 CPU를 기다리게 하는 대신, 다른 프로세스를 CPU에 할당해서 원래 프로세스의 읽기 동작을 디스크에서 처리하는 동안 해당 프로세스를 실행한다. 멀티프로세싱을 사용하면, OS는 프로세스가 메모리 계층의 하위 레벨 데이터에 접근하기 위해 기다리는 동안 CPU가 다른 프로세스를 실행하도록 함으로써 메모리 계층이 프로그램 부하에 미치는 영향을 완화할 수 있다.

범용 운영 체제는 종종 멀티프로그래밍의 일종인 **타임셰어링**^{timesharing}을 구현한다. OS는 타임셰어링을 사용해 **타임 슬라이스**^{time slice} 또는 **퀀텀**^{quantum}으로 알려진 짧은 시간 동안 CPU에서 번갈아 실행되도록 스케줄링한다. CPU에서 할당한 타임 슬라이스를 프로세스가 완료하면, OS는 해당 프로그램을 CPU에서 제거하고 다른 프로세스를 실행한다. 대부분의 시스템에서는 타임 슬라이스를 수밀리초 정도로 정의한다. CPU 관점에서는 긴 시간이지만, 사람에겐 인지할 수 없는 수준의 시간이다.

타임셰어링 시스템은 사용자에게 컴퓨터 시스템에 관한 '고립된 시점'을 지원한다. 각 프로세스가 CPU에서 짧은 시간 간격으로 빈번하게 실행되므로, 사용자는 이들이 모두 같은 리소스를 공유한다는 사실을 인지하지 못한다. 사용자는 오로지 시스템에 막대한 부하가 걸리는 경우에만 시스템에 미치는 다른 시스템의 영향을 인지한다. 유닉스의 `ps -A` 명령어는 시스템에서 실행되는 프로세스를 모두 표시한다. 얼마나 많은 프로세스가 수행되고 있는지 알면 깜짝 놀랄 것이다. `top` 명령어는 시스템 상태를 확인하는 데 유용하다. 이 명령어를 실행하면 현재 시스템 리소스(CPU 시간, 메모리 공간 등)를 가장 많이 사용하는 프로세스를 표시한다.

멀티프로그래밍과 타임셰어링을 사용하는 시스템에서는 프로세스가 동시에 실행된다. 즉 프로세스의 실행이 시간적으로 중첩된다. 예를 들어 OS는 CPU에서 프로세스 A의 실행을 시작하고, 그 뒤 프로세스 B로 전환해 실행한 다음, 일정 시간이 지난 뒤 다시 프로세스 A를 실행할 수 있다. 이 경우 프로세스 A와 B가 동시에 실행된다. OS가 두 프로세스 간에 전환함에 따라 CPU에서 실행이 중첩되기 때문이다.

컨텍스트 스위칭

멀티프로그래밍의 기반이 되는 메커니즘은 OS가 실행 중인 프로세스를 다른 프로세스로 교체하는 방법을 정의한다. 멀티프로그래밍 정책은 CPU 스케줄링을 제어하거나 그다음에 CPU를 대상 집합의 어느 프로세스가 얼마나 오랫동안 사용할지 제어한다. 여기서는 멀티프로그래밍을 구현하는 메커니즘에 집중한다. 스케줄링 정책은 운영 체제 관련 서적에서 자세히 다룬다.

OS는 **컨텍스트 스위칭**context switching을 수행(혹은 CPU의 프로세스 상태를 전환)하는데, 이것이 바로 멀티프로그래밍(및 타임셰어링)의 기반 메커니즘이다. CPU는 크게 두 단계로 컨텍스트 스위칭을 수행한다.

1 OS는 현재 CPU에서 실행되는 프로세스의 컨텍스트를 저장한다. 이 컨텍스트에는 PC, 스택 포인터, 범용 레지스터, 조건 코드 등이 포함된다.

2 OS는 CPU의 또 다른 프로세스에서 저장된 컨텍스트를 복원하고, CPU에서 이 프로세스의 실행을 시작하도록 한다. 이때 이전에 명령이 중지됐던 곳에서 계속 이어 실행한다.

컨텍스트 스위칭의 일면을 보면, 컨텍스트 스위칭을 구현한 OS 코드를 CPU에서 실행하면서 프로세스의 실행 컨텍스트를 저장하거나 복원한다는 것이 양립하기 어려워 보인다. 컨텍스트 스위칭 코드가 CPU의 하드웨어 레지스터를 사용해 실행돼야 하는데, CPU에 컨텍스트 스위치 오프된 프로세스의 레지스터 값이 컨텍스트 스위칭 코드에 의해 저장돼야 하기 때문이다. 이 난점은 컴퓨터 하드웨어의 원조로 해결할 수 있다.

부트 시간에 OS는 CPU 상태를 포함해 하드웨어를 초기화한다. 그래서 인터럽트가 발생해 CPU가 커널 모드로 전환할 때, OS 인터럽트 핸들러 코드가 실행되고 인터럽트된 프로세스의 실행 상태를 그 실행으로부터 보호한다. 동시에 컴파일러 하드웨어와 OS는 사용자 레벨 실행 컨텍스트의 초기에 저장된 내용 일부를 수행한다. 이를 통해 인터럽트된 프로세스의 실행 상태를 잃지 않고 CPU에서 OS 코드를 실행할 수 있다. 예를 들어 인터럽트된 프로세스의 레지스터 값은 해당 프로세스가 다시 CPU에서 실행될 수 있도록 저장돼야 한다. 프로세스는 그 레지스터 값을 사용해 해당 위치부터 재개할 수 있다. 하드웨어 지원에 따라, 사용자 레벨 프로세스의 레지스터 값을 저장하는 일은 전적으로 하드웨어가 수행하거나 아니면 커널의 인터럽트 핸들링 코드의 첫 부분인 소프트웨어가 수행할 수 있다. 최소한 프로세스의 프로그램 카운터(PC) 값만이라도 저장돼서 커널 인터럽트 핸들러 주소가 PC에 로드됐을 때 프로세스의 PC 값이 사라지지 않아야 한다.

OS가 실행되면, 프로세스 컨텍스트 스위칭 코드 전체가 실행되고, CPU에서 실행되는 프로세스의 전체 실행 상태를 저장하고, 다른 프로세스의 저장된 실행 상태를 CPU에 원복한다. OS는 커널 모드에서 실행되기 때문에 모든 컴퓨터 메모리에 접근할 수 있으며, 특별한 권한이 필요한 명령을 실행할 수 있고, 모든 하드웨어 레지스터에도 접근할 수 있다. 그 결과 컨텍스트 스위칭 코드는 모든 프로세스의 CPU 실행 상태에 접근하고, 이를 메모리에 저장할 수 있다. 그리고 프로세스의 실행 상태를 메모리에서 CPU로 복원할 수 있다. OS 컨텍스트 스위칭 코드는 복원된 프로세스의 실행 상태를 실행하도록 CPU를 설정하고, CPU를 사용자 모드로 전환함으로써 완료된다. 사용자 모드로 전환되면 CPU는 명령을 실행하고, CPU에 컨텍스트 스위칭된 프로세스의 실행 상태를 사용한다.

13.2.2 프로세스 상태

멀티프로그래밍 시스템에서는 OS가 늘 시스템에 존재하는 여러 프로세스를 추적하고 관리해야 한다. OS는 다음 정보를 포함해 모든 프로세스의 정보를 보관한다.

- **프로세스 ID**(PID). 프로세스 고유 식별자. ps 명령은 PID를 포함해 시스템의 프로세스에 관한 정보를 표시한다.

- 프로세스의 주소 공간 정보
- 프로세스의 실행 상태(예, CPU 레지스터 값, 스택 위치)
- 프로세스에 할당된 리소스 셋(예, open files)
- 현재 프로세스 상태process state. CPU에서 프로세스를 실행하기에 적합한지 그 자격 여부를 결정하는 값이다.

프로세스는 수명 주기 동안 다양한 상태를 갖는다. OS는 이 프로세스 상태를 사용해 CPU에 스케줄링할 프로세스를 식별한다.

프로세스의 실행 상태는 다음과 같이 네 종류가 있다.

- **대기**ready : 프로세스가 CPU에서 실행될 수 있지만 아직 스케줄링되지 않은 상태다(CPU의 컨텍스트 스위칭 대상이다). OS가 새로운 프로세스를 생성하고 초기화하면, 프로세스는 대기 상태에 들어간다(CPU가 그 첫 번째 명령을 실행할 준비). 타임셰어링의 경우, 프로세스의 타임 슬라이스가 종료되어 CPU에 컨텍스트 스위칭되면 마찬가지로 대기 상태에 들어간다(CPU가 프로세스의 다음 명령을 수행할 수 있지만, 타임 슬라이스를 모두 사용했기 때문에 CPU에 다시 스케줄링되어야 한다).
- **실행 중**running : 프로세스가 CPU에 스케줄링됐고, 실제로 명령을 실행하고 있는 상태다.
- **블록됨**blocked : 프로세스가 실행을 재개하기 위해 특정한 이벤트를 대기하는 상태다. 예를 들어 프로세스는 디스크에서 읽어야 할 특정 데이터를 기다리고 있을 수 있다. 블록된 프로세스는 CPU의 스케줄링 대상이 아니다. 어떤 이벤트가 발생해서 해당 프로세스를 블록하면, 그 프로세스는 대기 상태가 된다(다시 실행할 준비).
- **종료됨**exited : 프로세스가 종료됐지만, 시스템에서는 아직 완전히 제거되지 않은 상태다. 프로세스는 그 프로그램 명령의 실행을 완료했거나, 에러가 발생했거나(예, 0으로 나누려고 시도함), 또는 다른 프로세스로부터 종료 요청을 받은 경우 종료된다. 종료된 프로세스는 다시 실행되지 않는다. 하지만 그 실행 상태와 관련된 최종 정리가 완료되기 전까지는 시스템에 남아있다.

[그림 13-8]은 시스템 안에서 여러 상태를 이동하는 프로세스의 수명 주기를 나타낸다. 한 상태에서 다른 상태로의 이동은 전환(화살표)으로 나타냈다. 예를 들어 프로세스는 세 경우에 대기ready 상태로 이동한다. 첫째, OS에서 새롭게 생성된 경우다. 둘째, 어떤 이벤트를 대기하기 위해 블록된 상태에서 해당 이벤트가 발생한 경우다. 셋째, CPU에서 실행되는 중 타임 슬라이스가 끝나서 OS가 다른 대기 상태 프로세스에 컨텍스트 스위칭을 해서 CPU를 할당한 경우다.

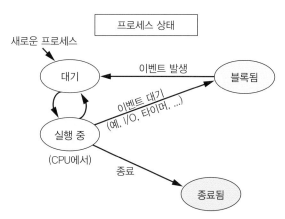

그림 13-8 수명 주기 동안의 프로세스 상태

프로세스 런타임

프로그래머는 프로세스의 완료 시간을 그 성능 평가 지표로 자주 사용한다. 입력을 받지 않는 프로그램에서는 전형적으로 실행 시간이 빠를수록 더 좋고 최적화된 구현임을 나타낸다. 가령 어떤 큰 수의 소인수prime factor를 계산하는 두 프로그램을 비교할 때, 올바른 값을 더 빠르게 완료하는 프로그램이 선호된다.

프로세스의 실행 시간은 두 가지로 측정할 수 있다. 첫째 지표는 전체 **벽 시간**wall time(혹은 벽시계 시간wall-clock time)이다. 벽 시간이란 프로세스 시작과 완료 사이의 시간이다. 프로세스가 시작돼서 끝날 때까지의 시간을 벽에 걸린 시계로 측정한 시간이다. 벽 시간에는 프로세스가 CPU에서 실행 중 상태에 있는 시간, I/O 같은 이벤트를 대기하는 블록된 상태에 있는 시간, CPU에서의 실행을 스케줄링하기 위해 기다리는 대기 상태에 있는 시간이 모두 포함된다. 멀티프로그래밍과 타임셰어링 시스템에서 프로세스의 벽 시간은 시스템에 동시에 실행되거나 시스템 리소스를 공유하는 다른 프로세스들로 인해 느려질 수 있다.

둘째 지표는 **CPU 시간**(혹은 프로세스 시간)이다. CPU 시간은 프로세스가 CPU에서 그 명령을 실행하는 실행 중 상태에 있는 시간이다. CPU 시간은 프로세스가 블록된 상태나 대기 상태에서 기다리는 시간을 포함하지 않는다. 결과적으로 프로세스의 총 CPU 시간은 시스템에서 동시에 실행되는 다른 프로세스들의 영향을 받지 않는다.

13.2.3 프로세스 생성 및 파기

OS는 기존 프로세스의 시스템 콜 요청에 따라 새로운 프로세스를 생성한다. 유닉스에서는 fork 시스템 콜을 호출해 새로운 프로세스를 생성한다. fork를 호출하는 프로세스를 부모parent 프로세스라고 하고, 이 프로세스가 생성하는 프로세스를 자녀child 프로세스라 칭한다. 예를 들어 여러분이 셸에서 a.out을 실행하면, 셸 프로세스는 fork 시스템 콜을 호출해서 자녀 프로세스를 새로 만들 것을 OS에 요청한다. 이 자녀 프로세스는 a.out 프로그램을 실행하는 데 사용된다. 웹브라우저 프로세스의 예를 들면, fork를 호출해 브라우징 이벤트를 다룰 자녀 프로세스를 생성한다. 웹브라우저는 사용자가 웹페이지를 로딩했을 때 웹서버와 주고받는 통신을 처리할 자녀 프로세스를 생성할 수도 있다. 사용자 마우스 입력을 위한 프로세스, 별도의 브라우저 창이나 탭을 처리할 프로세스를 만들 수도 있다. 이 같은 복수 프로세스 웹브라우저는 자녀 브라우저 프로세스를 통해 계속해서 사용자 요청을 처리할 수 있고, 동시에 일부 자녀 브라우저 프로세스는 원격 웹서버 응답이나 사용자의 마우스 클릭 등을 기다리기 위해 블록될 수 있다.

이 같은 부모 자녀 관계의 **프로세스 계층**은 시스템에서 활성화된 프로세스 사이에도 존재한다. 예를 들어 프로세스 A가 fork를 두 번 호출하면, 자녀 프로세스 B와 C가 새로 생성된다. 이후 프로세스 C가 fork를 호출하면, 또 다른 프로세스 D가 새로 생성된다. 프로세스 C는 A의 자녀이고, D의 부모이다. 프로세스 B와 C는 형제sibling다(이들은 같은 부모 프로세스 A를 공유한다). 프로세스 A는 B, C, D의 조상ancestor이다. [그림 13-9]는 이 예시를 나타낸다.

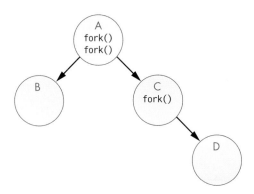

그림 13-9 프로세스 계층 예시. 부모 프로세스(A)는 fork를 두 번 호출해 두 자녀 프로세스(B, C)를 생성한다. C는 fork를 호출해 자녀 프로세스 D를 생성한다. 리눅스에서는 pstree 또는 ps -Aef --forest 명령을 실행해 프로세스 계층을 표시한다.

기존 프로세스가 프로세스 생성을 트리거하므로, 새 프로세스를 생성하려면 최소 하나의 프로세스가 존재해야 한다. 부트 시간에 OS는 시스템에 첫 번째 사용자 레벨 프로세스를 생성한다. init이라 불리는 이 특별한 프로세스는 프로세스 계층의 최상단에 위치하고, 시스템 내 모든 프로세스의 조상이 된다.

13.2.4 fork

fork 시스템 콜은 프로세스를 생성할 때 사용한다. fork를 호출하면, 자녀는 부모의 실행 상태를 상속한다. OS는 호출한 프로세스(부모 프로세스)가 fork를 호출한 시점에서 부모 프로세스의 실행 상태를 복사한다. 이 실행 상태는 부모의 주소 공간의 내용, CPU 레지스터 값, 부모에 할당된 모든 시스템 리소스를 포함한다. OS 역시 프로세스 제어 구조체$^{process\ control\ struct}$를 생성한다. 프로세스 제어 구조체는 자녀 프로세스를 관리하는 OS 데이터 구조이며, 자녀 프로세스에 고유 PID를 할당한다. OS는 새 프로세스를 생성하고 초기화한 뒤, 부모와 자녀 프로세스를 동시에 실행한다. 이들은 계속해서 함께 실행되는데, CPU에 OS 컨텍스트 스위칭이 온/오프됨에 따라 실행이 중첩되기도 한다.

OS가 CPU에서 자녀 프로세스를 먼저 스케줄링하면, 중단된 부모 지점에서 실행을 재개한다. 이 지점은 fork 호출의 반환 지점이 되는데, fork 명령이 부모의 실행 상태의 사본을 자녀에게 전달하기 때문이다(자녀는 실행할 때 이 상태의 사본을 사용한다). 프로그래머의 입장에서는 한 번의 fork 호출로 반환을 두 번 하는 셈이다. 한 번은 실행 중인 부모 프로세스의 컨텍스트, 다른 한 번은 실행 중인 자녀 프로세스의 컨텍스트다.

프로그램에서 자녀와 부모 프로세스를 구분하기 위해, fork 호출이 각각 다른 값을 반환하도록 한다. 자녀 프로세스는 항상 반환값 0을 받는다. 반면, 부모 프로세스는 자녀의 PID 숫자(fork가 실패하면 −1)를 받는다.

다음 코드는 fork 시스템 콜을 호출한다. 이 시스템 콜은 동시에 호출한 프로세스에서 새로운 자녀 프로세스를 생성한다.

```
pid_t pid;

pid = fork();    /* 새로운 자녀 프로세스를 생성한다. */

print("pid = %d\n", pid);    /* 부모와 자녀 모두가 여기를 실행한다. */
```

fork 호출로 새로운 자녀 프로세스를 생성한 뒤, 부모와 자녀 프로세스는 fork 호출의 반환 지점에서 모두 각자의 실행 컨텍스트에서 실행된다. 두 프로세스는 각각 fork의 반환값을 자신의 pid 변수에 할당하고, 모두 printf를 호출한다. 자녀 프로세스의 호출은 0을 출력하고, 부모 프로세스의 호출은 자녀의 PID값을 출력한다.

[그림 13-10]은 코드가 실행된 뒤의 프로세스 계층을 나타낸다. 자녀 프로세스는 fork 지점에서 자녀 프로세스의 실행 컨텍스트의 정확한 사본을 얻는다. 그러나 변수 pid에 저장된 값은 부모의 pid과 다르다. fork가 자녀의 PID 값(예시에서 14)을 부모 프로세스에, 0을 자녀 프로세스에 반환하기 때문이다.

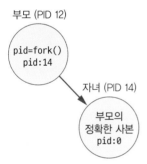

그림 13-10 프로세스(PID 12)는 fork를 호출해서 새로운 자녀 프로세스를 생성한다. 새 자녀 프로세스는 부모의 주소와 실행 상태의 정확한 사본을 얻는다. 그러나 프로세스 식별자(PID 14)는 다르다. fork가 자녀 프로세스에 0, 부모 프로세스에 자녀의 PID 값을 반환하기 때문이다.

종종 프로그래머는 fork를 호출한 뒤 부모와 자녀 프로세스가 각각 다른 작업을 수행하기를 원한다. 프로그래머는 fork에서 다른 반환값을 사용해 부모와 자녀 프로세스가 상이한 코드 브랜치를 실행하도록 할 수 있다. 예를 들어 다음 코드 스니펫은 자녀 프로세스를 생성하고 fork의 반환값을 사용해 호출 이후에 부모와 자녀 프로세스가 서로 다른 코드 브랜치를 실행하게 한다.

```
    pid_t pid;

    pid = fork();   /* 새로운 자녀 프로세스를 생성한다. */

    if (pid == 0) {
        /* 자녀 프로세스만 이 코드를 실행한다. */
        ...
    } else if (pid != -1)  {
        /* 부모 프로세스만 이 코드를 실행한다. */
        ...
    }
```

이들은 생성되자마자. 부모와 자녀 프로세스가 각자의 실행 컨텍스트에서 동시에 실행되고, 각자가 가진 프로그램 변수의 다른 사본을 수정하며 코드의 다른 브랜치를 실행할 수 있다는 점을 기억하자.

다음 프로그램[2]을 살펴보자. 이 프로그램의 fork 호출에는 pid 값에 따라 부모와 자녀 프로세스가 다른 코드를 실행하게 하는 분기가 포함된다(이 예시는 호출 프로세스의 PID를 반환하는 getpid의 호출도 포함한다).

```
    #include <stdio.h>
    #include <stdlib.h>
    #include <unistd.h>

    int main() {
        pid_t pid, mypid;
        printf("A\n");
        pid = fork();   /* 새로운 자녀 프로세스를 생성한다. */

        if(pid == -1) {  /* 에러 반환값을 확인하고 처리한다. */
            printf("fork failed!\n");
            exit(pid);
        }
```

---

2 https://diveintosystems.org/book/C13-OS/_attachments/fork.c

```
    if (pid == 0) { /* 자녀 프로세스 */
        mypid = getpid();
        printf("Child: fork returned %d, my pid %d\n", pid, mypid);

    } else  {  /* 부모 프로세스 */
        mypid = getpid();
        printf("Parent: fork returned %d, my pid %d\n", pid, mypid);
    }

    printf("B:%d\n", mypid);

    return 0;
}
```

위 프로그램을 실행하면 다음과 같은 출력을 얻는다(부모의 PID가 12, 자녀의 PID가 14라고
가정한다).

```
A
Parent: fork returned 14, my pid 12
B:12
Child: fork returned 0, my pid 14
B:14
```

실제로 이 프로그램의 출력은 [표 13-1]의 옵션 중 어느 것이든 될 수 있다(프로그램을 여러
차례 실행하면 하나 이상의 순서를 자주 본다). [표 13-1]의 예시에서 부모는 B:12를 출력하
고 자녀는 B:14를 출력한다. 하지만 정확한 PID 값은 실행할 때마다 달라진다.

표 13-1 이 출력하는 결과 여섯 가지

경우 1	경우 2	경우 3	경우 4	경우 5	경우 6
A	A	A	A	A	A
부모…	부모…	부모…	자녀…	자녀…	자녀…
자녀…	자녀…	B:12	부모…	부모…	B:14
B:12	B:14	자녀…	B:12	B:14	부모…
B:14	B:12	B:14	B:14	B:12	B:12

경우의 수는 전부 여섯 가지다. 왜냐하면 fork 시스템 콜이 반환한 뒤, 부모와 자녀 프로세스가 동시에 실행되는데, 여러 다른 순서로 CPU에 스케줄링될 수 있어 그 명령을 뒤섞어 순서를 만들 수 있기 때문이다. [그림 13-11]에 나타낸 프로그램의 실행 시간을 생각해보자. 점선은 두 프로세스의 동시 실행을 나타낸다. 각 프로세스의 CPU에서의 실행 스케줄링에 따라 한 프로세스가 자신의 printf 구문 2개를 다른 프로세스보다 먼저 실행할 수 있다. 또는 2개의 printf 실행이 교차할 수도 있다. 그 결과 [표 13-1] 같은 출력 조합이 만들어진다. fork를 호출하기 전에는 하나의 프로세스, 부모 프로세스만 존재하기 때문에 A가 항상 fork 호출 이후의 모든 출력보다 먼저 부모 프로세스에 의해 출력된다.

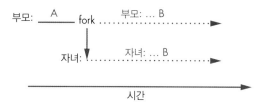

그림 13-11 프로그램의 실행 타임라인 fork를 호출하기 이전에는 부모 프로세스만 존재한다. fork가 반환한 뒤에는 두 프로세스가 동시에 실행된다(점선으로 표시).

13.2.5 exec

보통 새로운 프로세스는 부모 프로세스의 프로그램과 다른 프로그램을 실행하기 위해 생성한다. 다시 말해, 시작 지점에 새로운 프로그램을 실행할 의도로 프로세스를 생성하기 위해 fork를 호출한다. 가령 사용자가 셸에서 ./a.out을 입력하면 셸 프로세스는 새로운 자녀 프로세스를 포크한 뒤 a.out을 실행한다. 다른 두 프로세스, 즉 셸과 a.out 프로세스는 서로 보호된다. 이들은 각자 다른 프로세스의 실행 상태에 간섭하지 않는다.

fork는 새 프로세스를 생성하지만, 자녀가 a.out을 실행하도록 하지는 않는다. 자녀 프로세스를 초기화해서 새 프로그램을 실행하려면, 자녀 프로세스가 exec 시스템 콜 중 하나를 호출해야 한다. 유닉스는 OS가 호출 프로세스의 이미지에 바이너리 실행 파일의 새로운 이미지를 중첩하도록 트리거하는 exec 시스템 콜 그룹을 지원한다. 다시 말해, exec 시스템 콜은 OS에 호출한 프로세스의 주소 공간 내용을 지정된 a.out으로 덮어쓰고, 그 실행 상태를 다시 초기화해서 a.out 프로그램의 첫 번째 명령을 실행하는 상태로 만든다.

exec 시스템 콜의 예로 execvp를 들 수 있다. 이 함수의 프로토타입은 다음과 같다.

```
int execvp(char *filename, char *argv[]);
```

filename 매개변수는 프로세스의 이미지를 초기화하는 바이너리 실행 파일, argv는 실행을
시작할 때 프로그램의 main 함수에 전달할 커맨드 라인 인수를 나타낸다.

다음 예시 코드를 실행하면 새로운 자녀 프로세스를 만들고 a.out을 실행한다.

```
pid_t pid;
int ret;
char *argv[2];

argv[0] = "a.out";  // main에 대한 커맨드라인 인수를 초기화한다.
argv[1] = NULL;

pid = fork();
if (pid == 0) { /* 자녀 프로세스 */
    ret = execvp("a.out", argv);
    if (ret < 0) {
        printf("Error: execvp returned!!!\n");
        exit(ret);
    }
}
```

argv 변수는 argv 인수의 값으로 초기화된다. 이 값은 a.out의 main 함수에 전달된다.

```
int main(int argc, char *argv) { ...
```

execvp는 argv 값(예시에서는 1)에 따라 argc로 전달할 값을 결정한다.

[그림 13-12]는 이 코드가 실행된 뒤의 프로세스 계층을 나타낸다.

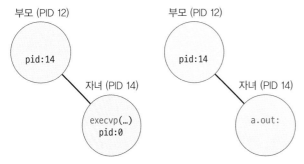

그림 13-12 자녀 프로세스가 execvp를 호출하면(왼쪽), OS는 그 이미지를 a.out으로 치환하고(오른쪽) 자녀 프로세스를 초기화해서 처음에 a.out 프로그램 실행을 시작하게 한다.

앞의 예시에서 execvp를 호출한 뒤 나타난 이상한 에러 메시지 같은 것에 주의하자. exec 시스템 콜로부터의 반환이 왜 에러가 되는가? exec 시스템 콜이 성공하면, 그 뒤에 곧바로 이어지는 에러 감지 및 핸들링 코드가 실행되지 않는다. 왜냐하면 해당 프로세스가 이 코드 대신 **a.out** 프로그램의 코드를 실행하기 때문이다(해당 프로세스의 주소 공간 내용은 exec에 의해 변경된다). 다시 말해, exec 함수 호출이 성공하면 프로세스는 exec 호출 반환 지점에서 실행을 재개하지 않는다. 이러한 동작 때문에, 다음 코드는 이전과 하는 역할이 동일하다(그러나 코드는 더 이해하기 쉽다).

```
pid_t pid;
int ret;

pid = fork();
if (pid == 0) { /* 자녀 프로세스 */
    ret = execvp("a.out", argv);
    printf("Error: execvp returned!!!\n");  /* execvp 실패 시에만 실행됨 */
    exit(ret);
}
```

13.2.6 exit와 wait

프로세스가 종료되려면 exit를 호출해야 한다. exit가 호출되면, OS는 대부분의 프로세스 상태를 정리한다. 프로세스는 exit 코드를 실행한 뒤에 자신이 종료됐음을 부모 프로세스에 알린다. 그러면 부모는 자녀 프로세스의 남은 상태를 시스템에서 정리해야 한다.

프로세스는 다양한 방법으로 종료한다. 첫째, 프로세스가 자신의 애플리케이션 코드를 모두 완료한다. main 함수에서의 반환은 프로세스로 하여금 exit 시스템 콜을 호출하도록 한다. 둘째, 프로세스가 0으로 나누거나 널 포인터를 역참조하는 것 같은 유효하지 않은 동작을 하는데, 이런 동작은 프로세스 종료로 직결된다. 마지막으로, 프로세스가 OS나 다른 프로세스로부터 종료를 명령하는 시그널을 받는다(사실 0으로 나누거나 널 포인터를 역참조하게 되면 OS는 프로세스에 SIGFPE와 SEGSEGV 시그널을 보내 종료를 명한다).

시그널

시그널signal은 OS가 프로세스에 전달하는 일종의 소프트웨어 인터럽트이자, 연관된 프로세스가 서로 통신하는 방법이다. OS는 프로세스가 다른 프로세스로 시그널을 보낼 인터페이스를 제공해 프로세스가 이를 통해 통신하게 한다(프로세스가 널 포인터를 역참조하면 프로세스에 SIGSEGV를 보낸다).

시그널을 받은 프로세스는 동작을 중단하고 특별한 시그널 핸들러 코드를 실행한다. 시스템은 다양한 의미로 통신하기 위해 고정된 개수의 시그널을 정의하며, 각 시그널은 고유한 번호로 구별된다. OS는 각 시그널 타입에 대한 기본 시그널을 핸들러를 구현한다. 하지만 프로그래머는 사용자 레벨 시그널 핸들러 코드를 등록해 애플리케이션에서 대부분 신호의 기본 동작을 덮어쓸 수 있다.

'13.4.1 시그널'에서 시그널과 시그널 핸들링에 관한 많은 정보를 볼 수 있다.

셸 프로세스가 a.out을 실행하는 자녀 프로세스를 종료하고자 한다면, 자녀 프로세스에 SIGKILL 시그널을 보낼 수 있다. 이 시그널을 받은 자녀 프로세스는 SIGKILL에 대한 시그널 핸들러 코드를 실행한다. 이 핸들러 코드는 exit를 호출해 자녀 프로세스를 종료시킨다. 사용자가 프로그램을 실행 중인 유닉스 셸에서 CTRL−C를 입력하면, 자녀 프로세스가 SIGINT 시그널을 받는다. SIGINT의 기본 시그널 핸들러도 exit를 호출해 자녀 프로세스를 종료시킨다.

exit 시스템 콜을 실행한 뒤, OS는 해당 프로세스의 부모 프로세스에 SIGCHILD 시그널을 보내 그 자녀 프로세스가 종료됐음을 알린다. 그러면 자녀 프로세스는 **좀비**^{zombie} 프로세스가 되어 종료됨 상태로 이동하고 더는 CPU에서 실행되지 않는다. 좀비 프로세스의 상태는 부분적으로 제거되지만, OS는 종료된 방법에 관한 정보를 포함해 정보를 계속 보관한다.

부모 프로세스는 wait를 호출해 좀비가 된 자녀 프로세스를 제거한다(시스템에서 나머지 상태를 제거한다). 자녀 프로세스가 종료되기 전에 부모 프로세스가 wait를 호출하면, 부모 프로세스는 자녀 프로세스로부터 SIGCHILD 시그널을 받을 때까지 블록된다. waitpid 시스템 콜은 PID 인수를 받는 wait 시스템 콜이다. 부모 프로세스는 지정한 자녀 프로세스가 종료될 때까지 블록될 수 있다.

[그림 13-13]은 프로세스가 종료될 때 발생하는 이벤트의 순서를 나타낸다.

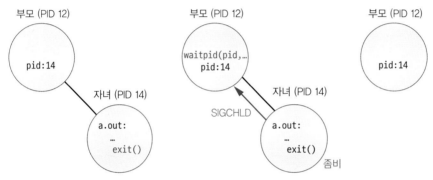

그림 13-13 프로세스 종료. 왼쪽 그림: 자녀 프로세스가 exit 시스템 콜을 호출해 대부분의 실행 상태를 제거한다. 가운데 그림: exit를 실행한 뒤, 자녀 프로세스는 좀비가 된다(종료됨 상태로 이동해 다시 실행되지 못한다). 부모 프로세스는 SIGCHILD 시그널을 받아 자녀 프로세스가 종료됐음을 안다. 오른쪽 그림: 부모 프로세스가 waitpid를 호출해 좀비가 된 자녀 프로세스를 제거한다(자녀 프로세스의 남은 상태를 시스템에서 제거한다).

부모 프로세스와 자녀 프로세스가 동시에 실행되므로 부모는 자녀가 종료되기 전에 wait를 호출하거나, 자녀는 부모가 wait를 호출하기 전에 종료될 수 있다. 부모 프로세스가 wait를 호출할 때 여전히 자녀 프로세스가 실행 중이라면, 부모는 자녀가 종료될 때까지 블록된다(부모 프로세스가 블록됨 상태로 이동해 SIGCHILD 시그널 이벤트가 발생할 때까지 기다린다). 부모 프로세스의 블로킹 동작은 셸의 포그라운드^{foreground}에서 프로그램을 실행하면(a.out) 확인할 수 있다. 셸 프로그램은 a.out이 종료될 때까지 셸 프롬프트를 출력하지 않는다. 즉, 셸 부모 프로세스는 wait를 호출해 블록된 상태에서, a.out를 실행하는 자녀 프로세스로부터 SIGCHILD를 받을 때까지 대기한다.

프로그래머는 부모 프로세스가 자녀 프로세스의 종료를 기다리느라 블록되지 않도록 설계할 수 있다. 부모 프로세스에서 wait 호출을 포함한 SIGCHILD 시그널 핸들러를 구현하면, 부모 프로세스는 단지 제거해야 할 종료된 자녀 프로세스가 있을 때만 wait를 호출함으로써, wait 호출로 인해 블록되지 않을 수 있다. 이 동작은 셸의 백그라운드에서 실행되는 프로그램에서 볼 수 있다(a.out &). 셸 프로그램은 실행을 계속하고, 프롬프트를 출력한다. 그리고 자녀가 a.out을 실행하는 동안에도 다른 명령어를 실행한다. 다음 예시는 부모 프로세스가 wait로 인해 블록되는 상태와 SIGCHILD 시그널 핸들러 안에서만 wait를 호출해 블록되지 않는 상태의 차이를 보여준다(프로그램을 오랫동안 충분히 실행해야 차이를 알 수 있다).

```
$ a.out          # 셸 프로세스는 자녀를 포크하고 wait를 호출한다.

$ a.out &         # 셸 프로세스는 자녀를 포크하고 wait를 호출하지 않는다.
$ ps             # (셸은 ps와 a.out을 동시에 실행할 수 있다)
```

다음 코드는 fork, exec, exit, wait 시스템 콜을 포함하는 예시다(가독성을 위해 에러 핸들링은 생략). 이 예시를 통해 지금까지 설명한 시스템 콜과 프로세스 실행에 미치는 영향을 이해했는지 확인해보자. 이 예시에서 부모 프로세스는 자녀 프로세스를 생성하고, 자녀 프로세스가 종료되기를 기다린다. 자녀 프로세스는 또 다른 자녀 프로세스를 포크하고 a.out 프로그램을 실행한다(자녀 1은 자녀 2의 부모다). 그 뒤 자신의 자녀 프로세스가 종료되기를 기다린다.

```
pid_t pid1, pid2, ret;
int status;

printf("A\n");

pid1 = fork();
if (pid1 == 0 ) {        /* 자녀 1 */
    printf("B\n");

    pid2 = fork();
```

```
    if (pid2 == 0 ){     /* 자녀 2 */
        printf("C\n");
        execvp("a.out", NULL);
    } else {                /* 자녀 1 (자녀 2의 부모) */
        ret = wait(&status);
        printf("D\n");
        exit(0);
    }
} else {                    /* 원래 부모 */
    printf("E\n");
    ret = wait(&status);
    printf("F\n");
}
```

[그림 13-14]는 앞의 예시에서 프로세스 생성/실행 중/블록됨/종료 이벤트의 실행 타임라인을 나타낸다. 점선은 프로세스의 실행이 자녀나 후손 프로세스와 중첩됨을 나타낸다. 프로세스가 동시에 실행되며 CPU에 어떤 순서로든 스케줄링될 수 있다. 실선은 프로세스 실행의 의존성을 나타낸다. 예를 들어 자녀 1은 종료된 자녀 프로세스(자녀 2)를 제거하기 전에는 exit를 호출할 수 없다. 프로세스가 wait를 호출하면, 그 자녀가 종료될 때까지 블록된다. 프로세스가 exit를 호출하면, 다시 실행되지 않는다. 프로그램의 출력에서는 해당 printf 구문이 실행된 지점에서의 각 프로세스의 실행 타임라인을 표시한다.

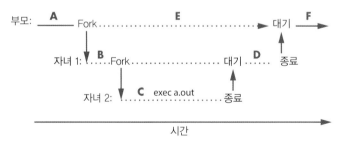

그림 13-14 예시 프로그램의 실행 타임라인. 세 프로세스의 fork, exec, wait, exit 호출 순서를 나타낸다. 실선은 프로세스 사이의 실행 순서의 의존성을 나타내고, 점선은 동시 실행 지점을 나타낸다. 부모는 자녀 1의 부모 프로세스이고, 자녀 1은 자녀 2의 부모 프로세스다.

이 프로그램에서 fork가 호출된 뒤, 부모 프로세스와 자녀 1 프로세스가 동시에 실행된다. 따라서 부모에서의 wait 호출은 자녀의 모든 명령과 교차할 수 있다. 예를 들어 부모 프로세스는 wait를 호출하고, 그 자녀 프로세스가 fork를 호출해서 그 자녀 프로세스를 생성할 때까지 블록될 수 있다. [표 13-2]는 예시 프로그램의 실행 결과, 얻을 수 있는 모든 출력을 나타낸다.

표 13-2 프로그램의 모든 출력 순서

옵션 1	옵션 2	옵션 3	옵션 4
A	A	A	A
B	B	B	E
C	C	E	B
D	E	C	C
E	D	D	D
F	F	F	F

[표 13-2]의 프로그램 출력은 모두 가능하다. 부모 프로세스가 wait를 호출하기 전까지는 후손 프로세스들과 동시에 실행되기 때문이다. 따라서 부모의 printf("E\n") 호출은 후손 프로세스의 시작과 종료 사이의 어느 지점에서든 교차할 수 있다.

13.3 가상 메모리

OS의 프로세스 추상화는 각 프로세스에 가상 메모리 공간을 제공한다. **가상 메모리**는 각 프로세스에 각각의 명령과 데이터를 저장할 고유한 논리적 주소 공간을 제공하는 추상화다. 각 프로세스의 가상 메모리 공간은 주소를 0부터 최대치까지 지정할 수 있는 바이트의 배열이다. 가령 32비트 시스템에서 최대 주소는 $2^{32} - 1$이다. 프로세스는 다른 프로세스의 주소 공간에 있는 내용에는 접근할 수 없다. 프로세스의 가상 주소 공간 일부는 그 프로세스가 실행 중인 바이너리 실행 파일에서 가져오고(예, text 부분에 a.out 파일의 프로그램 명령이 들어있다). 다른 일부는 런타임에서 생성된다(예, 스택).

OS는 가상 메모리를 프로세스의 **고립된 뷰**의 일부로 구현한다. 즉, 각 프로세스는 그 자신의 가상 주소 공간에서만 상호작용할 수 있다. 하지만 실제로 많은 프로세스가 동시에 컴퓨터의 물리적 메모리(RAM)를 공유한다. 또한 OS는 가상 메모리 구현을 사용해 프로세스들이 서로의 메모리 공간에 접근하지 못하도록 막는다. 예시로 간단한 C 프로그램을 보자.

```c
/* 간단한 프로그램 */
#include <stdio.h>

int main(int argc, char* argv[]) {
    int x, y;

    printf("enter a value: ");
    scanf("%d", &y);

    if (y > 10) {
        x = y;
    } else {
        x = 6;
    }
    printf("x is %d\n", x);

    return 0;
}
```

2개의 프로세스가 이 프로그램을 동시에 실행하면, 각각의 스택 메모리 사본이 각 프로세스의 별도의 가상 주소 공간에 담긴다. 그 결과, 한 프로세스가 x = 6을 실행해도 다른 프로세스의 x 값에 영향을 미치지 않는다. 각 프로세스는 자신의 x에 대한 사본을 고유의 가상 주소 공간에 가진다(그림 13-15).

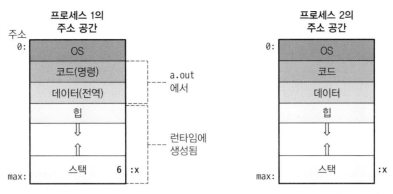

그림 13-15 2개 프로세스에서 2개의 a.out 실행. 각 프로세스는 a.out 프로그램의 고립된 인스턴스를 실행한다. 각 프로세스는 고유의 가상 주소 공간을 가지는데, 그 공간에는 프로그램 명령의 사본, 전역 변수, 스택 및 힙 메모리 공간이 포함된다. 예를 들어 각 프로세스는 가상 주소 공간의 스택 부분에 지역 변수 x를 가질 수 있다.

프로세스의 가상 주소 공간은 여러 섹션으로 나뉜다. 각 섹션은 프로세스의 서로 다른 메모리 부분을 저장한다. 맨 위 부분(가장 낮은 주소)은 OS용으로 예약되어 있으며 커널 모드에서만 접근할 수 있다. 프로세스 가상 주소 공간의 텍스트와 데이터 부분은 프로그램 실행 파일에서 초기화된다(a.out). 텍스트 섹션은 프로그램 명령을, 데이터 섹션은 전역 변수를 포함한다(데이터 부분은 실제 초기화된 전역 변수와 초기화되지 않은 전역 변수의 두 부분으로 나뉜다).

프로세스 가상 주소 공간의 스택과 힙 영역은 프로세스 실행에 따라 달라진다. 스택 공간은 프로세스가 함수를 호출할 때마다 커지고, 함수에서 반환할 때마다 작아진다. 힙 공간은 프로세스가 동적으로 메모리 공간을 할당하면 커지고(malloc 호출), 프로세스가 동적으로 할당한 메모리 공간을 해제하면 작아진다(free 호출). 프로세스 메모리의 힙과 스택 부분은 사용할 수 있는 공간을 최대화하기 위해 주소 공간에서 멀리 떨어져 있다. 전형적으로 스택은 프로세스 주소 공간의 맨 아래에 위치하며(최대 주소), 함수 호출에 따라 스택의 맨 위에 스택 프레임이 추가되면서 낮은 주소 방향으로 커진다.

13.3.1 메모리 주소

프로세스가 자체의 가상 주소 공간에서 동작하므로, 운영 체제는 두 가지 메모리 주소를 명확하게 구분해야 한다. **가상 주소**virtual address는 프로세스의 가상 주소 공간에 있는 저장소 위치를 말하고, **물리 주소**physical address는 물리 메모리(RAM)에서의 저장소 위치를 말한다.

물리 메모리(RAM)와 물리 메모리 주소

앞서 물리 메모리는 주소를 지정할 수 있는 바이트의 배열로 볼 수 있고, 주소는 RAM의 총크기에 따라 0부터 최대치까지로 지정할 수 있음을 설명했다. 예를 들어 시스템에 2기가바이트(GB) RAM이 있다면, 물리 메모리 주솟값은 0부터 $2^{31} - 1$(1GB는 2^{30}바이트이므로 2GB는 2^{31}바이트)이다.

CPU가 프로그램을 실행하기 위해서는 OS가 프로그램 명령과 데이터를 RAM에 로딩해야 한다. CPU는 직접 다른 저장 장치(예, 디스크)에 접근할 수 없다. OS는 RAM을 관리하고, 프로세스의 가상 주소 공간 내용을 RAM의 어느 위치에 저장할지 결정한다. 한 예로 프로세스 P1과 P2가 앞의 예제 프로그램을 실행하고 각각 변수 x의 사본을 가지고 있고, 각각 RAM의 다른 위치에 저장됐다고 가정하자. 즉, P1의 x와 P2의 x의 물리 주소가 각각 다르다. 만약 OS가 P1과 P2의 x에 같은 물리 주소를 할당하는 경우, P1이 x 값을 6으로 설정하면 P2의 x 값도 변경되어 각 프로세스가 고유의 가상 주소 공간을 가진다는 규칙을 위반한다.

항상 OS는 RAM에 많은 프로세스의 주소 공간 내용과 OS 코드를 저장하는데, 이는 각 프로세스의 가상 주소 공간에 매핑된다(OS 코드는 전형적으로 RAM의 0x0 주소부터 로딩된다). [그림 13-16]은 OS와 3개의 프로세스(P1, P2, P3)가 RAM에 로딩된 상태를 나타낸다. 각 프로세스는 주소 공간 내용을 위한 고유의 물리 위치를 가진다(즉, P1과 P2가 동일한 프로그램을 실행해도, 변수 x에 대한 별개의 물리 저장 위치를 가진다).

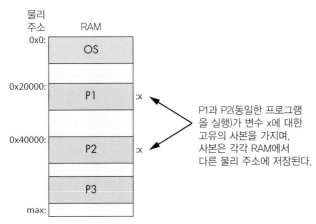

그림 13-16 RAM 내용 예시. OS는 주소 0x0에 로딩되고, 프로세스는 서로 다른 물리 메모리 주소에 로딩된다. P1과 P2가 동일한 a.out을 실행한다면, P1의 x에 대한 물리 주소는 P2의 x에 대한 물리 주소와 다르다.

가상 메모리와 가상 주소

가상 메모리는 메모리 공간을 프로세스 단위로 보는 것이고, 가상 주소는 그 메모리의 해당 단위에서의 주소다. 두 개의 프로세스가 동일한 바이너리 실행 파일을 실행하면, 이들은 주소 공간에서 함수 코드와 전역 변수에 대해서는 완전히 동일한 가상 주소를 가진다(힙 메모리의 동적으로 할당된 가상 주소와 스택의 지역 변수는 두 프로세스가 실행되는 런타임의 차이로 다소다를 수 있다). 다시 말해, 두 프로세스는 main 함수의 위치에 대해서는 동일한 가상 주소를 가지며, 그들의 주소 공간에서 전역 변수 x의 위치에 대해서도 동일한 가상 주소를 가진다(그림 13-17).

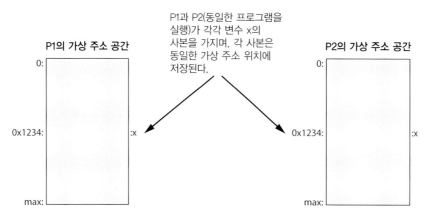

그림 13-17 동일한 a.out 파일을 실행하는 두 프로세스의 가상 메모리 내용 예시. P1과 P2는 동일한 가상 주소 위치에 전역 변수 x를 가진다.

13.3.2 가상 주소를 물리 주소로 변환

프로그램의 어셈블리와 기계 코드 명령은 가상 주소를 참조한다. 그 결과, 두 개의 프로세스가 동일한 a.out 프로그램을 실행한다면, CPU는 동일한 가상 주소를 사용해 그들의 분리된 가상 주소 공간 부분에 각각 접근한다. 예를 들어 x가 가상 주소 0x24100 위치에 있고, 어셈블리 명령이 x를 6으로 설정하는 코드가 다음과 같다고 가정하자.

```
movl $0x24100, %eax    # 0x24100을 레지스터 eax에 로딩한다.
movl $6, (%eax)        # 6을 메모리 주소 0x24100에 저장한다.
```

OS는 런타임에 각 프로세스의 x 변수를 다른 물리 메모리 주소에 로딩한다(RAM의 다른 위치). CPU가 가상 주소로 지정된 메모리에 로딩이나 저장을 수행할 때마다, CPU의 가상 주소는 그에 해당하는 RAM의 물리 주소로 변환된 뒤, RAM의 바이트를 읽거나 써야 한다.

가상 메모리가 운영 체제에 의해 구현되는 중요한 핵심 추상화이므로, 프로세서는 일반적으로 가상 메모리를 위한 하드웨어 지원을 제공해야 한다. OS는 이 하드웨어 레벨의 가상 메모리 지원을 사용해 가상 주소를 물리 주소로 신속하게 변환함으로써 OS가 모든 주소를 변환하는 것을 방지한다. 특정 OS는 가상 메모리 구현에 사용되는 페이징을 하드웨어가 얼마나 많이 지원할지 선택한다. 하드웨어로 구현된 기능과 소프트웨어로 구현된 기능 중 택일할 때는 속도와 유연함의 트레이드오프를 고려해야 한다.

메모리 관리 장치memory management unit(MMU)는 주소 변환을 구현하는 컴퓨터 하드웨어의 일부다. MMU 하드웨어와 OS는 함께 애플리케이션이 메모리에 접근할 때 가상 주소를 물리 주소로 변환한다. 특정한 하드웨어/소프트웨어 구분은 하드웨어와 OS의 구체적인 조합에 따라 다르다. 가장 완벽하다면 MMU 하드웨어는 전체 변환을 수행한다. CPU로부터 가상 주소를 받아서 RAM의 주소를 가리킬 때 사용하는 물리 주소로 변환한다(그림 13-18). 하드웨어가 가상 메모리를 지원하는 정도에 관계없이, OS가 처리해야만 하는 가상-물리 변환은 어느 정도 존재한다. 가상 메모리에 관한 이 장의 논의에서는 MMU가 더 완전하며, 주소 변환 시 요구되는 OS의 개입 분량이 최소라고 가정한다.

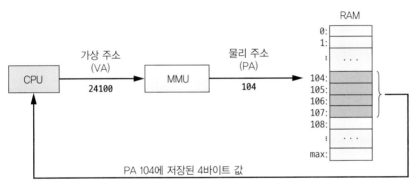

그림 13-18 메모리 관리 장치(MMU)는 가상 주소를 물리 주소로 매핑한다. 가상 주소는 CPU가 실행하는 명령 안에 사용된다. CPU가 물리 메모리에서 데이터를 가져와야 한다면, 가상 주소는 먼저 MMU에 의해 RAM을 가리킬 때 사용되는 물리 주소로 변환된다.

OS는 각 프로세스에 대한 가상 메모리 매핑을 유지함으로써 CPU에서 실행되는 모든 프로세스에서 가상 주소를 물리 주소로 올바르게 변환함을 보장한다. 컨텍스트 스위치 동안에는 OS가 MMU 하드웨어를 업데이트해서 변경된 프로세스의 가상-물리 메모리 매핑을 참조한다. OS는 컨텍스트 스위치 발생 시 프로세스별 주소 매핑 상태를 교체함으로써 프로세스가 다른 프로세스의 메모리 공간에 접근하지 못하도록 한다. 컨텍스트 스위치 시 매핑을 교체함으로써 한 프로세스의 가상 주소가 다른 프로세스의 가상 주소 공간을 저장하는 물리 주소에 매핑되지 않게 한다.

13.3.3 페이징

지난 몇 년 동안 많은 가상 메모리 시스템이 제안됐지만, 현재 가장 널리 사용되는 가상 메모리 구현은 페이징paging이다. **페이지드 가상 메모리**paged virtual memory 시스템에서는 OS가 각 프로세스의 가상 주소 공간을 **페이지**라 불리는 고정된 크기의 덩어리로 나눈다. OS는 시스템의 페이지 크기를 정의한다. 오늘날의 범용 운영 체제에서는 페이지 크기가 보통 몇 킬로바이트 정도다. 많은 시스템에서 기본 페이지 크기로 4KB(4,096바이트)를 사용한다.

물리 메모리도 이와 유사하게 OS에 의해 **프레임**frame이라 불리는 페이지 크기의 덩어리로 나뉜다. 페이지와 프레임은 같은 크기로 정의되므로, 프로세스 가상 메모리의 모든 페이지는 물리 RAM의 모든 프레임에 저장될 수 있다.

페이징 시스템에서는 페이지와 프레임의 크기가 같기 때문에 가상 메모리의 모든 페이지가 RAM의 모든 물리 프레임에 로드(저장)될 수 있다. 프로세스의 페이지는 연속된 RAM 프레임(RAM 내 연속된 주소 영역)에 저장될 필요가 없다. 또한 프로세스를 실행하기 위해 가상 메모리 공간의 모든 페이지가 RAM에 로딩될 필요도 없다.

[그림 13-19]는 프로세스 가상 주소 공간의 페이지가 물리 RAM의 프레임에 매핑되는 방법을 나타낸다.

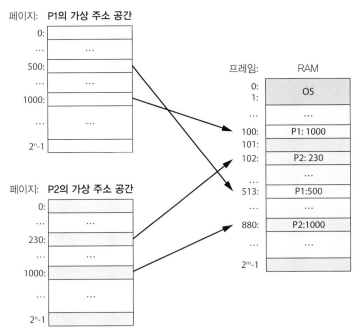

그림 13-19 페이지드 가상 메모리. 프로세스 가상 주소 공간의 각 페이지가 RAM의 프레임에 저장된다. 가상 주소 공간의 모든 페이지는 물리 메모리의 모든 프레임에 로딩(저장)될 수 있다. 예시에서 P1의 가상 페이지 1000은 물리 프레임 100에 저장되고, 페이지 500은 프레임 513에 위치한다. P2의 가상 페이지 1000은 물리 프레임 880에 저장되고, 페이지 230은 프레임 102에 위치한다.

페이지드 시스템에서의 가상 주소와 물리 주소

페이지드 가상 메모리 시스템은 가상 주소의 비트를 두 부분으로 나눈다. 최상위 비트열은 가상 주소가 저장될 **페이지 번호**page number를 지정한다. 최하위 비트열은 해당 페이지 안에서의 **바이트 오프셋**(페이지의 맨 위부터 그 주소에 해당하는 바이트가 몇 번째인지 알려주는)을 나타낸다.

마찬가지로, 페이징 시스템은 물리 메모리도 두 부분으로 나눈다. 최상위 비트열은 물리 메모리의 **프레임 번호**frame number, 최하위 비트열은 프레임 안에서의 **바이트 오프셋**을 나타낸다. 프레임과 페이지의 크기가 같으므로, 가상 주소의 바이트 오프셋 비트열과 이를 변환한 물리 주소의 오프셋 비트열은 동일하다. 가상 주소의 최상위 비트열과 이를 변환한 물리 주소의 최상위 비트열은 다르다. 이 비트열이 각각 가상 페이지 번호와 물리 프레임 번호를 나타내기 때문이다.

2^n바이트의 가상 주소 공간, 페이지 크기 2^k바이트, VA 비트열:

n−1		k k−1		0
가상 페이지 번호: p		페이지 안에서의 바이트 오프셋: d		

2^m바이트의 가상 주소 공간, 페이지 크기 2^k바이트, PA 비트열:

m−1		k k−1		0
프레임 번호: f		프레임 안에서의 바이트 오프셋: d		

그림 13-20 가상 주소와 물리 주소에서의 주소 비트열

예를 들어 16비트 가상 주소, 14비트 물리 주소, 8바이트 페이지가 있는 (매우 작은) 시스템을 생각해보자. 페이지 크기가 8바이트이므로, 가상 주소와 물리 주소의 낮은 자리 3비트는 페이지나 프레임에 대한 바이트 오프셋을 나타낸다. 3비트는 0부터 7까지(2^3 = 8), 8개의 고유한 바이트 오프셋 값을 인코딩할 수 있다. 가상 주소의 최상위 13비트가 페이지 번호를 지정하고, 물리 주소의 최상위 프레임 번호를 지정한다(그림 13-21).

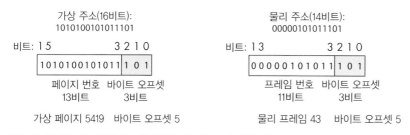

그림 13-21 예시 시스템에서의 가상 주소와 물리 주소 비트열 분리(가상 주소 길이 16비트, 물리 주소 길이 14비트, 페이지 크기 8바이트)

[그림 13-21]의 예시에서 가상 주소 43357(10진수)은 바이트 오프셋 5(2진수로 0b101, 주소의 최하위 3비트)와 페이지 번호 5419를 가진다(2진수로 0b1010100101011, 주소의 최상위 13비트). 즉 가상 주소는 페이지 5419의 맨 위부터 5바이트 떨어진 위치다.

이 가상 메모리의 페이지가 물리 메모리의 프레임 43(0b00000101011)에 로딩되면, 그 물리 주소는 349(0b00000101011101)가 된다. 여기서 최하위 3비트(0b101)는 바이트 오프셋을 나타내고, 최상위 11비트(0b00000101011)는 프레임 번호를 지정한다. 이는 물리 주소가 RAM의 프레임 43의 맨 위부터 바이트 5 위치에 있음을 나타낸다.

가상–물리 페이지 매핑을 위한 페이지 테이블

프로세스의 가상 메모리 공간의 모든 페이지가 RAM의 다른 프레임에 매핑될 수 있으므로, OS는 프로세스의 주소 공간에 있는 모든 가상 페이지의 매핑을 유지해야 한다. OS는 프로세스 단위의 **페이지 테이블**page table을 유지하며, 이를 사용해 프로세스의 가상 페이지 번호와 물리 프레임 번호 사이의 매핑을 저장한다. 페이지 테이블은 OS에 구현되는 데이터 구조체이며 RAM에 저장된다. [그림 13–22]는 OS가 두 프로세스의 페이지 테이블을 RAM에 저장하는 방법을 나타낸다. 각 프로세스의 페이지 테이블이 프로세스의 가상 페이지를 RAM의 물리 프레임에 매핑한 정보를 저장하고, 가상 메모리의 모든 페이지가 이를 사용해 RAM의 모든 물리 프레임에 저장될 수 있다.

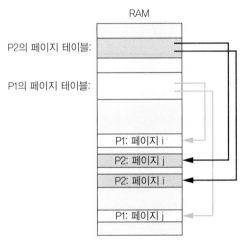

RAM

P2의 페이지 테이블:

P1의 페이지 테이블:

P1: 페이지 i
P2: 페이지 j
P2: 페이지 i
P1: 페이지 j

그림 13-22 모든 프로세스가 가상 페이지를 물리 프레임에 매핑한 정보가 담긴 페이지 테이블을 가진다. 페이지 테이블이 RAM에 저장되고, 시스템은 이를 사용해 프로세스의 가상 주소를 물리 주소로 변환한다. 이 물리 주소는 RAM의 위치를 참조하는 데 사용한다. 이 예시는 RAM에 프로세스 P1, P2용으로 별도의 페이지 테이블이 저장된 것을 나타낸다. 각 페이지 테이블은 가상 페이지를 물리 프레임으로 매핑하는 고유 정보를 포함한다.

가상 메모리의 모든 페이지에 대해, 페이지 테이블에는 하나의 **페이지 테이블 엔트리**page table entry(PTE)가 존재한다. PTE에는 해당 가상 페이지가 저장된 물리 메모리(RAM)의 프레임 번호가 담기고 가상 페이지에 관한 그 외 정보도 담길 수 있다. 또 PTE가 유효한 매핑 정보를 저장하고 있는지를 나타내는 데 사용되는 **유효 비트**valid bit가 포함되기도 한다. 페이지의 유효 비트가 0이면, 그 프로세스의 가상 주소 공간의 페이지는 현재 물리 메모리에 로딩되지 않았음을 나타낸다.

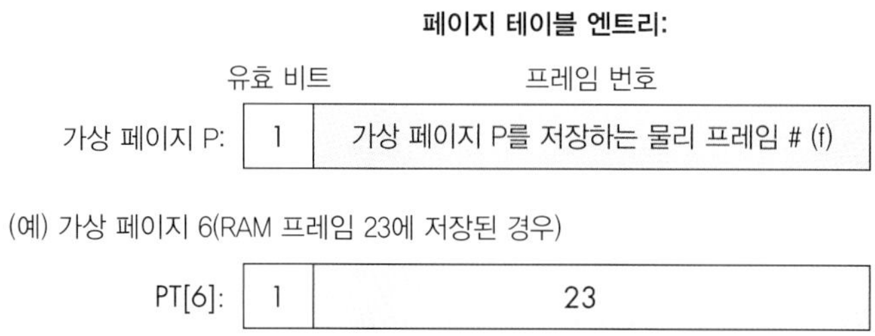

페이지 테이블 엔트리:

그림 13-23 페이지 테이블 엔트리(PTE)는 가상 페이지가 로딩된 RAM 프레임의 프레임 번호(23)를 저장한다. 프레임 번호(23)를 10진수로 표현했는데, 실제로는 PTE 엔트리에 2진수(0…010111)로 인코딩되어 있다. 유효 비트 1은 이 엔트리가 유효한 매핑을 저장하고 있음을 나타낸다.

페이지 테이블을 사용해 가상 주소를 물리 주소에 매핑하기

가상 주소를 물리 주소로 바꾸려면 다음 네 단계를 거쳐야 한다(그림 13-24). 특정한 OS/하드웨어의 조합에 따라 OS나 하드웨어가 각 단계의 일부나 모두를 수행할 수 있다. 여기서는 이 단계들에서 설명하는 주소 변환을 수행하는 기능을 모두 갖춘 MMU가 있다고 가정한다. 일부 시스템에서는 OS가 이 단계들의 일부분을 수행할 수도 있다.

1 먼저 MMU는 가상 주소를 두 부분으로 나눈다. 페이지 크기가 2^k바이트일 때, 최하위 k비트(VA 비트열 k-1 ~ 0)는 페이지에 대한 바이트 오프셋(d)을 인코딩하고, 최상위 n - k비트(VA 비트열 n - 1 ~ k)는 가상 페이지 번호(p)를 인코딩한다.

2 다음으로, MMU는 페이지 번호 값(p)을 페이지 테이블에 대한 인덱스로 사용해 페이지 p에 대한 PTE에 접근한다. 대부분의 아키텍처는 하나의 **페이지 테이블 베이스 레지스터**(PTBR)를 가진다. PTBR은 실행 중인 프로세스에 대한 페이지 테이블의 RAM 주소를 저장한다. PTBR의 값은 페이지 번호 값(p)과 조합되어 페이지 p에 대한 PTE 주소를 계산한다.

3 PTE의 유효 비트가 설정되면(즉, 1이면) PTE의 프레임 번호는 유효한 VA-PA 매핑을 나타낸다. 유효 비트가 0이면 페이지 폴트가 발생하고, OS가 이 주소 변환을 처리한다(OS 페이지 폴트 핸들링에 관해서는 뒤에서 설명한다).

4 MMU는 물리 주소를 구성한다. PTE 엔트리의 프레임 번호(f) 비트열을 물리 메모리의 최상위 비트열로, VA의 페이지 오프셋(d) 비트열을 물리 메모리의 최하위 비트열로 사용한다.

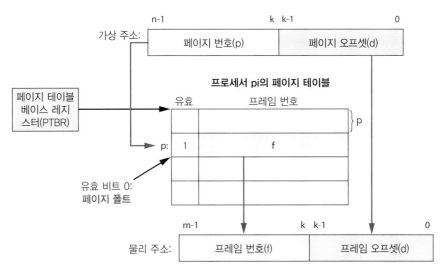

그림 13-24 프로세스의 페이지 테이블을 사용해 가상 주소를 물리 주소로 변환한다. PTBR은 현재 실행 중인 프로세스의 페이지 테이블의 베이스 주소를 저장한다.

예시: 페이지 테이블을 사용해 가상–물리 주소 매핑하기

예시로 매우 작은 페이징 시스템을 생각해보자. 시스템의 페이지 크기가 4바이트, 가상 주소가 6비트(높은 자리의 4비트가 페이지 번호, 낮은 자리의 2비트가 바이트 오프셋), 물리 주소가 7비트다.

이 시스템에서 프로세스 P1에 대한 페이지 테이블이 [표 13–3]과 같다고 가정하자(값은 10진수와 2진수로 표현했다).

표 13-3 프로세스 P1의 페이지 테이블

엔트리	유효	프레임 #
0 (0b0000)	1	23 (0b10111)
1 (0b0001)	0	17 (0b10001)
2 (0b0010)	1	11 (0b01011)
3 (0b0011)	1	16 (0b10000)
4 (0b0100)	0	8 (0b01000)
5 (0b0101)	1	14 (0b01110)
⋮	⋮	⋮
15 (0b1111)	1	30 (0b11110)

이 예시에 주어진 정보로 주소 크기, 주소 부분, 주소 변환에 대한 중요한 사항을 알 수 있다.

첫째, 페이지 테이블의 크기(페이지 테이블에 포함된 엔트리의 수)가 가상 주소의 비트 수와 시스템 페이지의 크기에 따라 결정된다. 각 6비트 가상 주소의 높은 자리 4비트열이 페이지 번호를 의미하므로, 가상 메모리의 페이지 수는 총 16(2^4)개다. 페이지 테이블이 가상 페이지당 1개 엔트리를 가지므로, 각 프로세스의 페이지 테이블에는 총 16개의 페이지 테이블 엔트리가 있다.

둘째, 각 페이지 테이블 엔트리(PTE)의 크기가 시스템의 물리적 주소 비트 수와 시스템의 페이지 크기에 따라 다르다. 각 PTE가 하나의 유효 비트와 하나의 물리 프레임 번호를 저장한다. 유효 비트는 단일 비트이며, 프레임 번호는 5비트다. 물리 주소는 7비트고, 오프셋은 최하위 2비트다(각 페이지의 4바이트에 접근한다). 결과적으로 최상위 5비트가 프레임 번호가 된다. 따라서 각 PTE 엔트리는 6비트(유효 비트 1비트, 프레임 번호 5비트)다.

셋째, 가상 메모리와 물리 메모리가 주소의 비트 수에 따라 결정된다. 가상 주소가 6비트이므로 2^6바이트의 메모리에 접근할 수 있으며, 각 프로세스의 가상 주소 공간은 2^6(혹은 64)바이트다. 마찬가지로, 물리 메모리의 최대 크기는 2^7(혹은 128)바이트다.

마지막으로, 페이지 크기, 가상 주소와 물리 주소의 비트 수, 페이지 테이블이 가상 주소와 물리 주소의 매핑을 결정한다. 예를 들어 프로세스 P1이 가상 주소 0x001110에서 값을 로딩하는 명령을 실행하면, 그 페이지 테이블을 이용해 가상 주소를 물리 주소 0b1000010으로 바꾼다. 이후 이 주소를 이용해 RAM의 값에 접근한다.

가상 주소(VA)를 물리 주소(PA)로 전환하는 단계는 다음과 같다.

1 VA를 페이지 번호(p)와 바이트 오프셋(d) 비트열로 나눈다. 최상위 4비트가 페이지 번호(0b0011 혹은 페이지 3)이고, 낮은 자리 2비트가 페이지에서의 바이트 오프셋이다(0b10 혹은 바이트 2).

2 해당 페이지 번호(3)를 페이지 테이블의 인덱스로 사용해 가상 페이지 3에 대한 PTE를 읽는다(PT[3]: valid:1 frame#:16).

3 유효 비트로 PTE 매핑의 유효성을 확인한다. 이 경우 유효 비트가 1이므로, PTE는 유효한 매핑을 가진다. 즉, 가상 메모리 페이지 3은 물리 메모리 프레임 16에 저장된다.

4 물리 주소를 구성한다. PTE에서 얻은 5비트 프레임을 최상위 주소(0b10000), 가상 주소에서 최하위 2비트 오프셋(0b10)을 최하위 2비트로 사용한다. 따라서 물리 주소는 0b100010(RAM 프레임에서 바이트 오프셋 2의 위치)가 된다.

페이징 구현

대부분의 컴퓨터 하드웨어가 페이지드 가상 메모리를 제공하며, OS와 하드웨어는 함께 해당 시스템의 페이징을 구현한다. 최소한, 대부분의 아키텍처는 PTBR을 제공하며, PTBR은 현재 실행 중인 프로세스의 테이블의 기본 주소를 저장한다. 가상–물리 주소 변환을 수행하기 위해서는, 가상 주소의 가상 페이지 번호 부분을 PTBR에 저장된 값과 조합해서 해당 가상 페이지의 PTE 엔트리를 찾아야 한다. 다시 말해, 가상 페이지 번호가 프로세스 페이지 테이블에 대한 인덱스이며, 그 값과 PTBR 값을 조합하면 페이지 p에 대한 PTE의 RAM 주소를 얻을 수 있다 (즉, PTBR + p × (PTE의 크기)는 페이지 p의 RAM 주소다). 일부 아키텍처는 PTE 비트열을 하드웨어에서 조작함으로써 완전한 페이지 테이블 룩업을 제공하기도 한다. 그렇지 않으면 OS에 인터럽트를 걸어서 페이지 테이블 룩업의 일부를 처리하고, PTE 비트에 접근해서 가상 주소를 물리 주소로 변환해야 한다.

컨텍스트 스위치 시, OS는 프로세스의 PTBR 값을 저장하고 복원함으로써 프로세스가 CPU에서 실행될 때, 프로세스가 RAM에 있는 자체의 페이지 테이블에서 고유한 가상–물리 주소 간에 매핑하도록 보장한다. 이 조치는 OS가 프로세스의 가상 주소 공간을 다른 프로세스의 가상 주소 공간으로부터 보호하는 메커니즘의 하나다. 컨텍스트 스위치 시 PTBR 값을 바꾸면 프로세스는 다른 프로세스의 VA–PA 매핑에 접근할 수 없으므로, 다른 프로세스의 가상 주소 공간 내용을 저장한 물리 주소의 값을 읽거나 쓸 수 없다.

예시: 2개 프로세스의 가상–물리 주소 매핑

다음 예시 시스템을 살펴보자(표 13–4). 이 시스템에는 8바이트 페이지, 7비트 가상 주소, 6비트 물리 주소가 있다.

표 13-4 예시 프로세스 페이지 테이블

P1의 페이지 테이블			P2의 페이지 테이블		
엔트리	유효	프레임 #	엔트리	유효	프레임 #
0	1	3	0	1	1
1	1	2	1	1	4
2	1	6	2	1	5
⋮			⋮		
11	1	7	11	0	3
⋮			⋮		

[표 13-4]는 두 프로세스 P1과 P2가 갖는 페이지 테이블의 현재 상태(일부)를 나타낸 표다. 다음과 같이 CPU에서 생성된 가상 메모리 시퀀스를 물리 주소로 계산해보자(CPU에서 실행 중인 프로세스를 나타내는 접두사를 각 주소에 붙였다).

```
P1: 0000100
P1: 0000000
P1: 0010000
              <---- 컨텍스트 스위치
P2: 0010000
P2: 0001010
P2: 1011001
              <---- 컨텍스트 스위치
P1: 1011001
```

먼저, 가상 주소와 물리 주소의 비트열을 나눈다. 페이지 크기가 8바이트이므로, 각 주소의 최하위 3비트는 페이지 오프셋(d)을 인코딩한다. 가상 주소 7비트에서 3비트가 페이지 오프셋에 사용되므로, 최상위 4비트가 페이지 번호(p)를 지정한다. 물리 주소 6비트에서 최하위 3비트가 페이지 오프셋이므로, 최상위 3비트가 프레임 번호를 지정한다.

다음으로 각 가상 주소에 대해, 페이지 번호 비트열(p)을 사용해 페이지 p에 대한 프로세스 페이지 테이블 PTE를 찾는다. PTE의 유효 비트(v)가 설정됐으면, 프레임 번호(f)를 PA의 상위 비트로 사용한다. PA의 하위 비트는 VA의 바이트 오프셋 비트열(d)로 구성된다.

계산 결과가 [표 13-5]와 같다(각 주소의 변환에서 어떤 페이지 테이블이 사용됐는지 눈여겨보자).

표 13-5 프로세스 P1, P2로부터의 메모리 접근 예시에 대한 주소 매핑

프로세스	가상 주소	p	d	PTE	f	d	물리 주소
P1	0000100	0000	100	PT[0]: 1(v), 3(f)	011	100	011100
P1	0000000	0000	000	PT[0]: 1(v), 3(f)	011	000	011000
P1	0010000	0010	000	PT[2]: 1(v), 6(f)	110	000	110000
컨텍스트 스위치(P1 —〉 P2)							

프로세스	가상 주소	p	d	PTE	f	d	물리 주소
P2	0010000	0010	000	PT[2]: 1(v), 5(f)	101	000	101000
P2	0001010	0001	010	PT[1]: 1(v), 4(f)	100	010	100010
P2	1011001	1011	001	PT[11]: 0(v), 3(f)	페이지 폴트(유효 비트 0)		
컨텍스트 스위치(P2 —> P1)							
P1	1011001	1011	001	PT[11]: 1(v), 7(f)	111	001	111001

예를 들어 P1이 첫 번째 주소에 접근한다고 가정하자. P1이 그 가상 주소 8(0b0000100)에 접근하면, 해당 주소는 페이지 번호 0(0b0000)과 바이트 오프셋 4(0b100)로 나뉜다. 페이지 번호(0)는 PTE 엔트리 0을 찾는다. PTE 엔트리 0의 유효 비트가 1인 것은 페이지 매핑 엔트리가 유효함을 나타낸다. 페이지 매핑 엔트리의 프레임 번호는 3(0b011)이다. 물리 주소(0b011100)는 프레임 번호(0b011)를 최상위 비트, 페이지 오프셋(0b100)을 최하위 비트로 구성된다.

프로세스 P2가 CPU에서 컨텍스트 스위치되면, P2의 페이지 테이블 매핑이 사용된다(P1과 P2가 동일한 가상 주소 0b0010000에 접근할 때 그 물리 주소는 서로 다르다). P2가 유효 비트가 0인 PTE 엔트리에 접근하면, 페이지 폴트가 발생하고 OS에 이를 처리하게 한다.

13.3.4 메모리 효율성

운영 체제에는 하드웨어 리소스를 효율적으로 관리한다는 목표가 있다. 시스템 성능은 특히 OS가 메모리 계층을 관리하는 방법에 좌우된다. 예를 들어 프로세스는 디스크에 저장된 데이터보다 RAM에 저장된 데이터에 접근할 때 더 빠르게 실행된다.

OS는 시스템의 멀티프로그래밍 정도를 높이려고 노력한다. 이를 통해 일부 프로세스가 디스크 I/O 같은 이벤트를 대기하면서 블록되어 있는 동안 CPU가 실질적인 일을 계속하도록 유지한다. 그러나 RAM이 크기가 고정된 저장소이므로, OS는 어느 프로세스가 어느 시점에 RAM에 데이터를 로딩할지 결정해야 한다. 이는 시스템의 멀티프로그래밍 정도를 제한한다. RAM이 대용량(수십 혹은 수백 기가바이트)인 시스템도 시스템의 모든 프로세스 주소 공간 전체를 동시에 저장하지 못한다. 그 결과 OS는 프로세스의 가상 주소 공간 중 일부만 RAM에 로딩하고 실행함으로써 시스템 효율적으로 사용한다.

RAM, 디스크, 페이지 교체를 사용해 가상 메모리 구현하기

'11.3 지역성'에서 메모리는 대개 매우 높은 지역성을 보인다고 설명했다. 이 말을 페이징 관점에서 보면, 프로세스가 메모리 공간의 페이지에 접근할 때 매우 높은 시간적, 공간적 지역성을 띤다는 말이다. 또한 프로세스는 실행되는 동안 전형적으로 그 주소 공간의 넓은 영역에 접근하지 않는다는 의미다. 실제로 프로세스는 전체 주소 공간의 많은 영역에 거의 접근하지 않는다. 가령 프로세스는 전형적으로 스택이나 힙 메모리 공간 전체를 사용하지 않는다.

OS가 RAM과 CPU를 효율적으로 활용하는 방법의 하나는 RAM을 디스크의 캐시처럼 사용한다. 이렇게 함으로써 OS는 시스템에서 실행되는 프로세스가 가상 메모리의 일부만 RAM의 물리 프레임에 로딩하도록 할 수 있다. 그 외 가상 메모리 페이지가 디스크 같은 2차 저장 장치에 남아 있으며, OS는 프로세스가 해당 페이지의 주소에 접근할 때마다 이들을 RAM으로 옮긴다. 이런 효율적인 활용은 OS의 **가상 메모리** 추상화의 한 양상이다. OS는 하나의 큰 물리 '메모리'의 뷰를 구현한다. 이 메모리는 RAM 저장소와 디스크 또는 그 외 2차 저장 장치를 조합해 구현한다. 프로그래머는 명시적으로 프로그램 메모리를 관리할 필요가 없다. 물론 프로그램이 필요할 때 RAM에 읽고 쓰는 작업을 직접 처리할 필요도 없다.

RAM을 디스크의 캐시처럼 취급함으로써 OS는 RAM 안에 프로세스가 접근 중이거나 최근에 접근했던 가상 주소 공간의 페이지만 유지한다. 그 결과, 프로세스는 접근하는 페이지 셋을 빠른 RAM에 저장하고, 자주 접근하지 않는(혹은 전혀 접근하지 않는) 페이지 셋은 느린 디스크에 저장한다. 이로써 RAM을 더 효율적으로 사용한다. OS가 실행 중인 프로세스가 실제로 사용하는 페이지만 RAM에 저장하고, 오랜 시간 혹은 전혀 접근하지 않는 페이지를 저장하는 데 RAM 공간을 낭비하지 않기 때문이다. 또한 더 많은 프로세스가 동시에 RAM 공간을 공유해서 활성화된 페이지를 저장함으로써 CPU를 더욱 효율적으로 사용할 수 있다. 이는 결과적으로 시스템에서 대기 상태인 프로세스의 수를 증가시키고, 프로세스가 디스크 I/O 같은 이벤트를 대기하기 때문에 CPU가 유휴 상태에 있게 되는 시간을 줄인다.

그러나 가상 메모리 시스템에서 프로세스는 때때로 현재 RAM에 저장되지 않은 페이지에 접근하려고 시도한다(이 접근 시도는 **페이지 폴트**를 일으킨다). 페이지 폴트가 발생하면 OS가 페이지를 디스크에서 RAM으로 읽어야 프로세스를 계속 실행할 수 있다. 이때 MMU는 PTE의 유효 비트를 읽어서 페이지 폴트 예외를 발생시켜야 할지 판단한다. PTE의 유효 비트 값이 0이면, OS에 트랩을 걸고 다음 단계를 수행하게 한다.

1 OS는 RAM의 남아 있는 프레임^{free frame}(예, 프레임 j)을 찾고, 폴트가 발생한 페이지를 로드한다.

2 다음으로 디스크를 읽어서 디스크의 페이지를 RAM의 프레임 j에 로딩한다.

3 디스크에서 읽기를 완료하면 OS는 PTE 엔트리를 업데이트한다. 프레임 번호를 j로, 유효 비트를 1로 설정한다(폴트가 발생한 페이지에 대한 이 PTE는 이제 프레임 j로 유효하게 매핑된다).

4 마지막으로 OS는 페이지 폴트를 일으킨 명령에서 프로세스를 재시작한다. 이제 페이지 테이블이 폴트가 발생한 페이지에 유효하게 매핑되므로 프로세스는 가상 메모리 공간에 접근할 수 있는데, 이 주소는 물리 프레임 j의 오프셋에 매핑된다.

페이지 폴트를 처리하기 위해서 OS는 어느 RAM 프레임이 남아 있는지 계속 추적해야 한다. 그래야 디스크에서 읽은 페이지를 저장할 RAM의 자유 프레임을 찾을 수 있다. 운영 체제는 페이지 폴트가 발생했을 때 할당할 수 있는 자유 프레임의 목록을 유지한다. RAM에 사용할 수 있는 자유 프레임이 없으면, OS는 한 프레임을 골라서 저장된 페이지와 폴트가 발생한 페이지를 치환한다. 치환된 페이지의 PTE가 업데이트되며, 유효 비트는 0으로 설정된다(이 페이지의 PTE 매핑은 더 이상 유효하지 않다). 치환된 페이지의 RAM에 담긴 내용과 디스크에 담긴 내용이 다르면, 해당 내용을 디스크에 다시 쓴다. 페이지가 RAM에 로딩되어 있는 동안 프로세스가 페이지의 내용을 새로 쓰면, RAM에 있는 페이지 버전은 디스크에 다시 써야 한다. 그 뒤 페이지를 치환함으로써 가상 메모리의 페이지가 수정된 내용을 유지한다. PTE는 종종 **더티 비트**를 포함한다. 더티 비트는 RAM에 있는 페이지 사본이 수정됐는지를 나타내기 위해 사용된다. 페이지 치환이 발생하는 동안, 치환된 페이지의 더티 비트가 설정되면, 해당 페이지를 디스크에 쓴 뒤, 폴트가 발생한 페이지와 치환해야 한다. 더티 비트가 0이면 치환된 페이지의 디스크 사본이 메모리 사본과 동일하므로, 페이지는 디스크에 다시 쓸 필요가 없다.

가상 메모리와 관련된 부분은 페이지된 가상 메모리를 구현하는 **메커니즘** 부분에만 집중한다. 그러나 페이징과 관련된 OS 구현에서는 정책이 중요하다. OS는 시스템의 자유 RAM이 고갈됐을 때 페이지 치환 정책을 실행해야 한다. **페이지 치환 정책**은 현재 사용되고 있는 RAM의 프레임을 선택해 폴트가 발생한 페이지와 치환한다. 현재 페이지는 RAM에서 삭제되어 폴트가 발생한 페이지를 저장할 공간을 확보한다. OS는 공간을 만들기 위해 어느 페이지를 디스크에 쓸지 정하는 좋은 치환 정책을 구현해야 한다. 예를 들어 OS는 **최근에 가장 덜 사용한**^{least recently used}(LRU) 페이지를 선택하는 정책을 구현할 수 있다. 이 정책에서는 가장 덜 최근에 접근된 RAM의 프레임에 저장된 페이지를 치환한다. LRU는 메모리 접근의 지역성이 높을 때 잘 동작한다. OS는 이외에 다른 정책도 구현할 수 있다. 페이지 치환 정책에 관한 자세한 내용은 OS 교재를 참조하기 바란다.

페이지 접근 빠르게 만들기

페이징은 장점이 많지만 모든 메모리 접근의 속도를 상당히 떨어뜨린다. 페이지드 가상 메모리 시스템에서 가상 메모리에 읽고 쓰려면 RAM에 두 번 접근해야 한다. 첫째로 페이지 테이블 엔트리를 읽어서 가상-물리 주소 변환을 위한 프레임 번호를 얻고, 둘째로 물리 RAM 주소에 위치한 바이트를 읽거나 바이트에 쓴다. 따라서 페이지드 가상 메모리 시스템에서는 모든 메모리 접근이 직접 물리 RAM 참조를 지원하는 시스템보다 두 배 느리다.

추가적인 페이징 오버헤드를 줄이는 방법의 하나로, 가상 페이지 번호를 물리 프레임 번호에 매핑하는 페이지 테이블을 캐시할 수 있다. 가상 주소를 변환할 때, MMU는 먼저 캐시에 있는 페이지 번호를 확인한다. 페이지 번호를 찾으면, 해당 페이지의 프레임 번호 매핑은 캐시 엔트리에서 찾을 수 있으며, PTE를 읽기 위해 RAM에 한 번 접근하지 않아도 된다.

변환 색인 버퍼translation look-aside buffer(TLB)는 하드웨어 캐시로, (페이지 번호, 프레임 번호) 매핑을 저장한다. 하드웨어 수준에서 빠른 룩업에 최적화된 작고 완전하게 결합된 캐시다. MMU가 TLB에서 매핑을 찾으면(TLB 성공), 페이지 테이블 룩업이 필요하지 않으며 단 한 번의 RAM 접근으로 가상 메모리 주소에 로딩하거나 저장할 수 있다. MMU가 TLB에서 매핑을 찾지 못하면(TLB 실패), 페이지의 PTE에 대한 추가적인 RAM 접근이 필요하다. 먼저 RAM에 로딩하거나 저장할 물리 주소를 구축한다. TLB 실패와 관련된 매핑은 TLB에 추가된다. 메모리 참조의 지역성이 좋아서 TLB 성공률은 매우 높고, 결과적으로 페이지드 가상 메모리에서 빠르게 메모리에 접근할 수 있다. 즉 한 번의 RAM 접근만으로 대부분의 가상 메모리 접근을 수행할 수 있다. [그림 13-25]는 TLB가 가상-물리 주소 매핑에 어떻게 사용되는지 나타낸다.

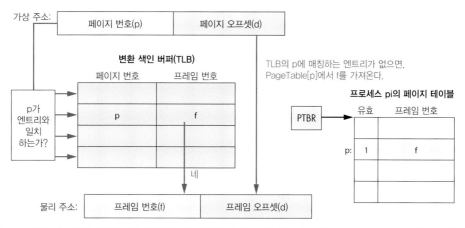

그림 13-25 TLB는 먼저 페이지 p에 대한 엔트리를 검색한다. 엔트리를 찾으면 가상 주소를 물리 주소로 변환하기 위한 페이지 테이블 색인이 필요하지 않다.

13.4 프로세스 간 통신

프로세스는 OS가 구현하는 주요 추상화의 하나다. 프라이빗 가상 주소 공간은 멀티프로그래밍 시스템의 중요한 추상화이며, OS가 프로세스 간에 서로의 실행 상태를 간섭하지 못하게 막는 방법이다. 그러나 종종 사용자나 프로그래머는 프로세스가 실행될 때 프로세스 간에 통신하기를 원할 수도 있다(아니면 실행 상태를 공유하기를 원할 수도 있다).

운영 체제는 전형적으로 다양한 유형의 프로세스 간 커뮤니케이션 지원을 구현한다. 혹은 프로세스 간에 서로 커뮤니케이션하고 실행 상태를 공유할 수 있는 방법을 제공한다. **시그널**은 매우 제한된 형태의 프로세스 간 커뮤니케이션이다. 한 프로세스가 다른 프로세스에 시그널을 보내 특정한 이벤트를 알릴 수 있다. 프로세스는 **메시지 전달**message passing을 통해 커뮤니케이션할 수 있다. OS는 메시지 커뮤니케이션 채널을 구현하고, 프로세스는 이를 사용해 다른 프로세스들과 메시지를 교환한다. 마지막으로 프로세스는 **공유 메모리**shared memory를 통해 서로 커뮤니케이션한다. 이를 통해 프로세스는 가상 주소 공간의 전체 또는 일부를 공유할 수 있다. 공유 메모리를 사용하는 프로세스는 공유 공간의 주소를 읽거나 그 주소에 씀으로써 서로 커뮤니케이션한다.

13.4.1 시그널

시그널은 OS를 경유해서 한 프로세스에서 다른 프로세스로 보내지는 소프트웨어 인터럽트다. 프로세스가 시그널을 받으면, 현재 실행 지점은 OS의 방해를 받고 시그널 핸들러 코드를 실행한다. 시그널 핸들러가 반환하면, 프로세스는 시그널을 추가하기 위해 방해를 받았던 지점에서 다시 실행된다. 때때로 시그널 핸들러는 프로세스를 종료하기도 한다. 이 경우 프로세스는 중단된 시점에서 다시 실행되지 않는다.

시그널은 하드웨어 인터럽트나 트랩과 비슷하지만 사실 다르다. 트랩은 프로세스가 명시적으로 시스템 콜을 호출했을 때 발생하는 동기적 소프트웨어 인터럽트지만, 시그널은 비동기적이다. 즉 프로세스는 실행 중 아무 때나 시그널의 방해를 받을 수 있다. 시그널은 하드웨어 장치가 아닌 소프트웨어에 의해 트리거된다는 점에서 비동기 하드웨어 인터럽트와도 다르다.

프로세스는 kill 시스템 콜을 실행해서 다른 프로세스로 시그널을 보낼 수 있다. 이 시스템 콜은 OS가 시그널을 다른 프로세스로 송신하도록 요청한다. OS는 대상 프로세스에 시그널을 송신하고, 송신한 특정 시그널과 관련된 시그널 핸들러 코드를 실행하도록 실행 상태를 설정한다.

> **NOTE_ kill** 시스템 콜은 종료 시그널을 보낼 때 자주 사용하지만, 사실 프로세스에서 모든 유형의 시그널을 전송할 때에도 사용할 수 있다.

OS 자체도 시그널을 사용해 프로세스에 특정한 이벤트를 알린다. 예를 들어 OS는 SIGCHLD 시그널을 프로세스에 보내서 자녀 프로세스의 종료를 처리한다.

시스템은 고정된 수의 시그널을 정의한다(리눅스를 예로 들면 32개의 고유한 시그널을 정의한다). 그 결과, 시그널을 통한 프로세스 간 통신은 메시징이나 공유 메모리 등의 프로세스 간 통신 방법에 비해 제한될 수밖에 없다. [표 13-6]에 일부 시그널을 정의했다. 추가적인 예시를 확인하고 싶다면(man 7 signal)을 참조한다.

표 13-6 프로세스 간 통신에 사용되는 시그널 예

시그널	설명
SIGSEGV	세그멘테이션 폴트(예, 널 포인터 역참조)
SIGINT	인터럽트 프로세스(예, 터미널 창에서 CTRL-C로 프로세스 종료)
SIGCHLD	자녀 프로세스 종료(예, exit 실행 후 자녀가 현재 좀비 상태)
SIGALRM	타이머가 꺼졌음을 프로세스에 고지(예, alram(2) 2초마다)
SIGKILL	프로세스 종료(예, pkill -9 a.out)
SIGBUS	버스 에러 발생(예, int에 접근하는 잘못 정렬된 메모리 주소)
SIGSTOP	프로세스를 중단하고, 블록된 상태로 이동(예, CTRL-Z)
SIGCONT	블록된 프로세스 재개(프로세스를 대기 상태로 이동. 예, bg 또는 fg)

프로세스가 시그널을 받으면, 여러 기본 동작 중 하나를 수행한다. 프로세스가 종료하거나 시그널을 무시하기도 하고, 프로세스가 블록되거나 블록에서 해제될 수 있다.

OS는 기본 동작을 정의하고 모든 시그널 번호에 대한 기본 시그널 핸들러 코드를 제공한다. 그러나 애플리케이션 프로그래머는 시그널 대부분의 기본 동작을 변경할 수 있고 고유의 시그널 핸들러 코드를 작성할 수 있다. 애플리케이션 프로그램이 특정한 시그널에 대한 시그널 핸들러를 등록하지 않았다면, 프로세스가 시그널을 받았을 때 OS의 기본 핸들러를 실행한다. 일부 시그널에 대해서는 OS에서 정의한 기본 동작을 애플리케이션 시그널 핸들러 코드로 덮어쓸 수 없다. 예를 들어 프로세스가 **SIGKILL** 시그널을 받고, OS는 항상 프로세스를 강제로 종료한다. **SIGSTOP** 시그널을 받으면 항상 재시작 시그널(**SIGCONT**)이나 종료 시그널(**SIGKILL**)을 받을 때까지 대기한다.

리눅스는 두 가지 다른 시스템 콜을 제공하며, 이를 사용해 시그널의 기본 동작을 변경하거나(sigaction), 특정 시그널에 대한 시그널 핸들러를 등록할 수 있다(signal). sigaction은 POSIX와 호환되며 더 많은 기능을 제공하기 때문에, 프로덕션 소프트웨어에서 사용된다. 하지만 signal이 훨씬 이해하기 쉬우므로 예시에서는 signal을 사용한다.

다음 예시 프로그램[3]은 SIGALRM, SIGINT, SIGCONT 시그널에 대한 시그널 핸들러를 등록한다. 이때 signal 시스템 콜을 사용한다(가독성을 위해 에러 핸들링은 생략).

---

3 https://diveintosystems.org/book/C13-OS/_attachments/signals.c

```
/*
 * SIGALRM, SIGINT, SIGCONT를 위한 예시 핸들러
 *
 * 시그널 핸들러 함수의 프로토타입이 다음과 일치해야 한다:
 *    void handler_function_name(int signum);
 *
 * 이 프로그램을 컴파일하고 실행한 뒤, 다음을 실행해서 프로세스 시그널을 보낼 수 있다.
 *  kill -INT  pid(혹은 Ctrl-C)는 SIGINT를 보낸다.
 *  kill -CONT pid(혹은 Ctrl-Z fg)은 SIGCONT를 보낸다.
 */
#include <stdio.h>
#include <stdlib.h>
#include <unistd.h>
#include <signal.h>

/* SIGALRM용 시그널 핸들러 */
void sigalarm_handler(int sig) {
    printf("BEEP, signal number %d\n.", sig);
    fflush(stdout);
    alarm(5);   /* 5초 후에 다른 SIGALRM을 보낸다. */
}

/* SIGCONT용 시그널 핸들러 */
void sigcont_handler(int sig) {
    printf("in sigcont handler function, signal number %d\n.", sig);
    fflush(stdout);
}

/* SIGINT용 시그널 핸들러 */
void sigint_handler(int sig) {
    printf("in sigint handler function, signal number %d...exiting\n.", sig);
    fflush(stdout);
    exit(0);
}

/* main: 시그널 핸들러를 등록하고, 시그널을 받을 때까지 반복적으로 블록한다. */
int main() {
```

```
    /* 시그널 핸들러들을 등록한다. */
    if (signal(SIGCONT, sigcont_handler) == SIG_ERR) {
        printf("Error call to signal, SIGCONT\n");
        exit(1);
    }

    if (signal(SIGINT, sigint_handler) == SIG_ERR) {
        printf("Error call to signal, SIGINT\n");
        exit(1);
    }

    if (signal(SIGALRM, sigalarm_handler) == SIG_ERR) {
        printf("Error call to signal, SIGALRM\n");
        exit(1);
    }

    printf("kill -CONT %d to send SIGCONT\n", getpid());

    alarm(5);   /* 5초 후에 SIGALRM을 보낸다. */

    while(1) {
        pause(); /* 시그널이 발생하기를 기다린다. */
    }
}
```

위 프로그램을 실행하면 프로세스는 5초마다 SIGALRM을 받는다(main과 sigalarm_handler 에서 alarm을 호출하기 때문이다). SIGINT와 SIGCONT 시그널은 다른 셸에서 kill 혹은 pkill 명령어가 실행되면 트리거된다. 예를 들어 프로세스의 PID가 1234이고 그 실행 파일 이 a.out이면, 다음 셸 명령어는 이 프로세스에 SIGINT와 SIGCONT 시그널을 보내서 이 프로세스의 시그널 핸들러를 트리거한다.

```
$ pkill -INT a.out
$ kill  -INT 1234


$ pkill -CONT a.out
$ kill  -CONT 1234
```

SIGCHLD 핸들러 작성하기

프로세스가 종료되면 OS는 SIGCHLD 시그널을 그 부모 프로세스에 전달한다. 자녀 프로세스를 만든 프로그램에서 부모 프로세스는 자녀 프로세스가 종료될 때까지 그 호출로 인해 블록되기를 항상 원하지는 않는다. 예를 들어 셸 프로그램이 명령어를 백그라운드에서 실행하면, 자녀 프로세스와 동시에 계속 실행되면서, 자녀 프로세스가 백그라운드에서 실행되는 동안 포그라운드에서 다른 셸 명령어를 처리한다. 하지만 부모 프로세스는 wait를 호출해서 종료 후 좀비 상태가 된 자녀 프로세스를 제거해야 한다. 그렇지 않으면 좀비 프로세스가 사라지지 않고, 일부 시스템 리소스를 계속 점유한다. 이 경우, 부모 프로세스가 SIGCHLD 시그널에 대한 시그널 핸들러를 등록할 수 있다. 부모 프로세스는 종료된 자녀 프로세스로부터 SIGCHLD를 받으면, 핸들러 코드를 실행하고 wait를 호출해서 좀비 자녀 프로세스를 제거한다.

다음 코드에는 SIGCHLD 시그널에 대한 시그널 핸들러 함수를 구현했다. 또한 이 스니펫은 SIGCHLD 시그널에 대한 시그널 핸들러 함수를 등록하는 main 함수를 일부 나타낸다(이 동작은 fork를 호출하기 전에 실행해야 한다는 점에 주의하자).

```
/*
 * SIGCHLD용 시그널 핸들러: 좀비 자녀를 제거한다.
 *  signum: 시그널 번호 (SIGCHLD: 20)
 */
void sigchld_handler(int signum) {
    int status;
    pid_t pid;

    /*
     * 종료됨 상태의 자녀 프로세스를 모두 제거한다.
     * (자녀가 하나 이상일 수 있으므로 루프를 사용한다)
     */
    while( (pid = waitpid(-1, &status, WNOHANG)) > 0) {
        /* 동작을 확인하고 싶다면 디버깅 출력문의 주석을 해제한다.
        printf("signal %d me:%d child: %d\n", signum, getpid(), pid);
         */
    }
}
```

```
int main() {

    /* SIGCHLD 핸들러를 등록한다. */
    if ( signal(SIGCHLD, sigchild_handler) == SIG_ERR) {
        printf("ERROR signal failed\n");
    exit(1);
    }


    ...


    /* 자녀 프로세스를 생성한다. */
    pid = fork();
    if(pid == 0) {
        /* 자녀 코드는 execvp를 호출할 수 있다. */
        ...
    }
    /* 부모는 자녀와 함께 계속 실행된다. */
    ...
```

이 예시에서는 −1을 PID로 **waitpid**에 전달한다. 이는 '모든 좀비 자녀 프로세스를 제거하라'는 의미다. 동시에 **WNOHANG** 플래그를 전달한다. 이는 **waitpid** 호출이 제거할 좀비 자녀가 없는 경우에는 블록 상태로 대기하지 말라는 의미다. 또한 **waitpid**가 **while** 반복문 안에서 호출된다. 이 반복문은 유효한 PID를 받을 때까지 계속 실행된다(계속해서 좀비 자녀 프로세스를 제거한다). 반복문 안에서 시그널 핸들러 함수는 **waitpid**를 호출해야 한다. 실행되는 동안 프로세스가 종료된 다른 자녀 프로세스로부터 SIGCHLD 시그널을 추가적으로 받을 수 있기 때문이다. OS는 프로세스가 받은 SIGCHLD 시그널의 수를 유지하지 않는다. 그저 프로세스가 SIG-CHLD 시그널을 받으면 프로세스의 실행을 방해하고 핸들러 코드를 실행한다. 결과적으로 반복문이 존재하지 않으면, 시그널 핸들러는 좀비 자녀 일부를 제거하지 못할 수 있다.

시그널 핸들러는 부모 프로세스가 SIGCHLD 시그널을 받을 때마다 실행된다. 부모가 **wait** 또는 **waitpid** 호출로 인해 블록되어 있는지는 관계없다. 부모 프로세스가 SIGCHLD를 받았을 때 **wait**를 호출해서 대기 상태에 있다면, 부모 프로세스는 잠에서 깨어나 시그널 핸들러 코드를 실행하고 하나 이상의 좀비 자녀를 제거한다. 그리고 이어서 **wait**를 호출한 시점 이후부터 프로그램을 다시 실행한다(종료된 자녀 프로세스를 제거했다). 하지만 부모 프로세스가 **waitpid**

를 호출하고 특정한 자녀를 대기하는 중이라면, 해당 부모는 종료된 자녀를 제거하는 시그널 핸들러 코드를 실행한 뒤 계속 대기하거나, 대기하지 않을 수 있다. 부모 프로세스는, 시그널 핸들러 코드가 부모가 기다리는 자녀를 제거했다면 실행을 계속한다. 그렇지 않으면 지정한 자녀가 종료될 때까지 waitpid를 호출한 상태에서 계속 대기한다. 존재하지 않는 자녀 프로세스 (아마도 시그널 핸들러 반복문에서 이미 제거됐을 프로세스)의 PID를 사용해 waitpid를 호출하면 호출자는 블록되지 않는다.

13.4.2 메시지 전달

프라이빗 가상 주소 공간을 가진 프로세스가 통신하는 한 방법은 **메시지 전달**message passing, 즉 서로 메시지를 주고받는 방법이다. 메시지 전달을 통해 프로그램은 시그널이 지원하는 미리 정해진 소수의 메시지가 아닌 임의의 데이터를 교환할 수 있다. 운영 체제는 전형적으로 몇 가지 유형의 메시지 전달 추상화를 구현하는데, 프로세스는 이를 사용해 커뮤니케이션할 수 있다.

메시지 전달은 프로세스 간 커뮤니케이션 모델이며 다음의 세 부분으로 구성된다.

1 프로세스가 OS로부터 일정한 유형의 메시지 채널을 할당받는다. 메시지 채널 유형의 예로는 단방향 커뮤니케이션을 위한 **파이프**, 양방향 커뮤니케이션을 위한 **소켓**을 들 수 있다. 메시지 채널을 구성하기 위해 프로세스에 연결 단계가 추가될 수 있다.

2 프로세스가 해당 메시지 채널을 사용해 메시지를 주고받는다.

3 프로세스가 채널을 사용한 뒤 자신의 메시지 채널을 닫는다.

파이프는 단방향 커뮤니케이션 채널이며, 같은 머신에서 실행되는 두 프로세스가 사용한다. 단방향이란 파이프의 한쪽 끝은 메시지 송신(쓰기)만, 파이프의 다른 한쪽은 수신(읽기)만 담당한다는 의미다. 파이프는 셸 명령어에서 한 프로세스의 출력을 다른 프로세스의 입력으로 전달할 때 주로 사용한다.

예를 들어 다음 배시 셸 프롬프트에 입력한 명령어를 살펴보자. 이 명령은 두 프로세스 사이에 파이프를 만든다(cat 프로세스가 foo.c 파일의 내용을 출력하고, 파이프(|)가 그 출력을 grep 명령어에 전달한다. 이 명령어는 입력된 문자열에서 'factorial'을 검색한다).

```
$ cat foo.c | grep factorial
```

이 명령어를 실행하면 배시 셸 프로세스는 pipe 시스템 콜을 호출해, OS에 파이프 커뮤니케이션을 생성하도록 요청한다. 파이프는 셸의 두 자녀 프로세스에 의해 사용된다(cat과 grep). 셸 프로그램은 cat 프로세스의 stdout이 파이프의 한쪽 끝에 데이터를 쓰고, grep 프로세스의 stdin이 파이프의 다른 한쪽 끝에서 데이터를 읽도록 설정한다. 그래서 자녀 프로세스가 생성되고 실행되면, cat 프로세스의 출력이 grep 프로세스의 입력으로 보내지게 된다(그림 13-26).

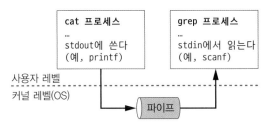

그림 13-26 파이프는 단방향 커뮤니케이션 채널이며 동일한 시스템의 프로세스가 사용한다. 이 예시에서 cat 프로세스는 파이프의 쓰기 끝에 데이터를 기록해서 grep 프로세스에 정보를 보낸다. grep 프로세스는 파이프의 읽기 끝에서 데이터를 읽어 정보를 받는다.

파이프는 데이터를 한 프로세스에서 다른 프로세스로 한 방향으로만 전달하는 반면, 다른 메시지 전달 추상화는 프로세스 사이에 양방향으로 커뮤니케이션할 수 있다. **소켓**은 양방향 커뮤니케이션 채널이다. 소켓의 양쪽 끝은 모두 메시지를 보내고 받는 데 사용된다. 소켓은 동일한 컴퓨터에서 실행되는 프로세스는 물론, 네트워크로 연결된 다른 컴퓨터에서 실행되는 프로세스도 사용할 수 있다. 컴퓨터는 **근거리 통신망**local area network(LAN)으로 연결될 수 있다. LAN은 대학 내 컴퓨터 과학부의 네트워크 같은 좁은 영역의 컴퓨터를 연결한다. 통신하는 프로세스는 인터넷으로 연결된 서로 다른 LAN에 존재할 수도 있다. 두 머신 사이에 네트워크 연결이 존재하는 한, 이 프로세스는 소켓을 사용해 커뮤니케이션할 수 있다.

그림 13-27 소켓은 양방향 통신 채널로, 네트워크로 연결된 머신의 프로세스 간 통신에 사용된다.

각 컴퓨터에는 고유한 시스템(하드웨어와 OS)이 내장되어 시스템의 OS가 타 시스템의 리소스를 알거나 관리하지 못하므로, 메시지 전달은 다른 컴퓨터의 프로세스들이 커뮤니케이션할 수 있는 유일한 방법이다. 이 유형의 커뮤니케이션을 지원하기 위해, 운영 체제는 네트워크를 통해 메시지를 주고받는 공통의 메시지 전달 프로토콜을 구현해야 한다. TCP/IP는 인터넷을 통해 메시지를 보내는 데 사용할 수 있는 메시징 프로토콜의 하나다. 프로세스가 다른 프로세스로 메시지를 보내고자 할 때는 하나의 **send** 시스템 콜을 호출하고, 전송하고자 하는 OS 소켓과 메시지 버퍼, 메시지에 관한 추가 정보나 의도한 수신자 정보를 전달한다. OS는 메시지 버퍼의 메시지를 감싸서 네트워크를 통해 다른 머신으로 보낸다. OS는 네트워크에서 메시지를 받으면, 메시지의 포장을 제거하고 메시지 수신을 요청한 시스템의 프로세스에 메시지를 전달한다. 이 프로세스는 메시지가 도착할 때까지 블록된 상태로 기다릴 수도 있다. 이 경우, 메시지를 받으면 대기 상태의 프로세스를 다시 실행한다.

프로그래머에게 세부적인 사항을 숨기는 메시지 전달의 상위에는 많은 시스템 소프트웨어 추상화가 존재한다. 그러나 다른 컴퓨터끼리의 프로세스 간 커뮤니케이션은 반드시 저수준의 메시지 전달을 사용해야 한다(공유 메모리와 시그널을 통한 커뮤니케이션은 다른 시스템에서 실행되는 프로세스를 위한 것이 아니다). 13장에서는 메시지 전달과 그 상위의 추상화를 자세히 살펴본다.

13.4.3 공유 메모리

소켓을 사용한 메시지 전달은 동일한 머신에서 실행되는 프로세스와 다른 머신에서 실행되는 프로세스 간에 유용한 양방향 커뮤니케이션이다. 그러나 두 프로세스가 같은 머신에서 실행된다면, 공유된 시스템 리소스를 사용해서 메시지 전달을 사용했을 때보다 더 효율적으로 커뮤니케이션할 수 있다.

예를 들어 운영 체제는 프로세스들이 그 가상 주소 공간의 일부 혹은 전체를 공유하도록 허가함으로써 프로세스 간 커뮤니케이션을 지원할 수 있다. 한 프로세스가 그 주소 공간의 공유된 부분을 통해 값을 읽고 씀으로써 같은 메모리 영역을 공유하는 프로세스들이 커뮤니케이션한다.

OS가 부분적인 주소 공간 공유를 구현하는 방법 하나는 둘 이상의 프로세스 페이지 테이블의 엔트리를 동일한 물리 프레임에 매핑하도록 설정하는 것이다. [그림 13-28]은 매핑의 예시를 나타낸다. 커뮤니케이션을 하기 위해서는 한 프로세스가 공유 페이지의 주소에 값을 쓰고 다른 프로세스가 그 값을 순차적으로 읽는다.

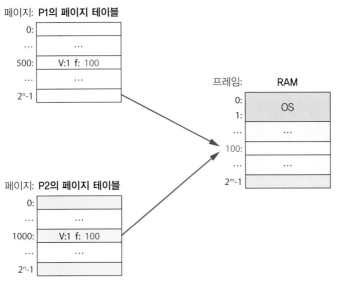

그림 13-28 OS는 가상 주소 공간의 공유 페이지를 지원할 수 있다. 이때 공유 프로세스의 페이지 테이블에 있는 항목을 동일한 물리 프레임 번호로 설정한다(예, 프레임 100). 프로세스가 물리 메모리의 공유 페이지를 참조하기 위해 같은 가상 주소를 사용할 필요는 없다.

OS가 부분적인 공유 메모리를 지원한다면, OS는 프로그래머가 메모리의 공유 페이지(공유 영역/세그먼트)를 생성하고 추가할 수 있는 인터페이스를 구현해야 한다. 유닉스 시스템에서 **shmget** 시스템 콜은 공유된 메모리 세그먼트를 생성하고 추가한다. 각 공유 메모리 세그먼트는 가상 주소의 연속적인 셋에 일치한다. 이 셋의 물리 매핑은 같은 공유 메모리 세그먼트에 붙어 있는 다른 프로세스들과 공유된다.

또한 운영 체제는 전형적으로 단일한 전체 가상 주소 공간의 공유를 지원한다. **스레드**는 OS의 실행 제어 흐름 추상화다. 하나의 프로세스는 하나의 가상 주소 공간에 하나의 실행 제어 흐름 스레드를 가진다. 멀티스레드 프로세스는 단일하고 공유된 가상 주소 공간에 여러 동시 실행 제어 흐름 스레드를 가진다. 즉 모든 스레드가 스레드를 포함하는 프로세스의 전체 가상 주소 공간을 공유한다.

스레드는 공통의 주소 공간에서 공유된 위치를 읽거나 위치에 씀으로써 실행 상태를 쉽게 공유할 수 있다. 예를 들어 한 스레드가 전역 변숫값을 변경하면, 그 외 모든 스레드가 그 변경 결과를 확인할 수 있다.

멀티프로세서 시스템(SMP 또는 멀티코어)에서 멀티스레드 프로세스의 각 스레드는 여러 코어에서 동시에 병렬로 스케줄링되어 실행될 수 있다. 스레드와 병렬 멀티스레드 프로그래밍은 12장에서 자세히 살펴본다.

13.5 정리 및 기타 OS 기능

운영 체제가 무엇이고, 어떻게 동작하며, 컴퓨터에서 실행되는 애플리케이션에서 어떤 역할을 하는지 살펴봤다. OS는 하드웨어와 애플리케이션 프로그램 간의 시스템 소프트웨어 계층으로, 효율적으로 컴퓨터 하드웨어를 관리하고, 추상화를 구현해서 컴퓨터를 쉽게 사용하도록 한다. 운영 체제는 프로세스와 가상 메모리를 구현해서 멀티프로그래밍을 지원한다(하나 이상의 프로그램이 동시에 컴퓨터 시스템에서 실행되게 한다). OS는 시스템의 모든 프로세스와 그 상태를 추적하고, CPU 코드에서 실행되는 프로세스의 컨텍스트 스위칭을 구현한다. 또한 OS는 프로세스가 새로운 프로세스를 생성하고 종료하며 서로 통신할 수 있는 방법을 제공한다. 가상 메모리를 통해 OS는 각 프로세스에 대한 프라이빗 가상 메모리 공간 추상화를 구현한다. 가상 메모리 추상화를 통해 프로세스가 컴퓨터의 물리 메모리 공간을 공유하는 다른 프로세스에 영향을 미치지 못하게 한다. 페이징은 가상 메모리 구현의 하나로, 각 프로세스의 가상 주소 공간의 페이지를 물리 RAM 공간의 프레임에 매핑한다. 가상 메모리는 OS가 RAM을 좀 더 효율적으로 사용하는 방법이기도 하다. RAM을 디스크에 대한 캐시처럼 취급함으로써, 가상 메모리 공간의 페이지를 RAM이나 디스크에 저장한다.

프로그램을 효율적으로 실행하기 위해 구현한 추상화와 메커니즘을 포함해, 프로그램을 실행하는 데 운영 체제의 역할은 이 장에서 설명한 내용으로 끝나지 않는다. 프로세스와 프로세스 관리에 관한 구현 옵션과 세부 사항, 정책 이슈 등은 매우 다양하다. 가상 메모리와 메모리 관리에 있어서도 마찬가지다. 이 외에도 운영 체제는 컴퓨터를 사용하고 관리하는 데 필요한 중요한 추상화, 기능, 정책을 구현한다. 예를 들어 OS는 저장된 데이터에 대한 접근을 위한 파일 시스템 추상화, 사용자와 시스템을 보호하기 위한 보호 메커니즘과 보안 정책, 서로 다른 OS와 하드웨어 리소스를 위한 스케줄링 정책 등을 구현한다.

현대 운영 체제는 프로세스 간 통신, 네트워킹, 병렬 및 분산 컴퓨팅에 대한 지원을 구현한다. 또한 대부분의 운영 체제는 **하이퍼바이저**hypervisor 지원을 포함한다. 하이퍼바이저는 시스템 하드웨어를 가상화하고 호스트 OS가 여러 가상 게스트 운영 체제를 실행할 수 있게 한다. 가상화virtualization는 호스트 OS가 여러 운영 체제의 부팅과 실행을 상위에서 관리할 수 있도록 지원하는데, 각 운영 체제는 기반 하드웨어에 대한 프라이빗 가상화된 뷰를 가진다. 호스트 운영 체제의 하이퍼바이저 지원은 가상화를 관리하는데, 여기에는 기반 물리 리소스를 게스트 운영 체제 사이에서 보호하고 관리하는 작업이 포함된다.

마지막으로, 대부분의 운영 체제는 어느 정도의 확장성을 제공한다. 사용자(주로 시스템 관리자)는 OS를 튜닝할 수 있다. 예를 들어 대부분의 유닉스 유사 시스템에서 사용자(보통 root나 superuser 권한 필요)는 OS 버퍼, 캐시, 스왑 파티션의 크기를 변경할 수 있고 OS 하위 시스템과 하드웨어 장치에서 다른 스케줄링 정책을 선택할 수 있다. 이런 수정을 통해 사용자는 그들이 수행하는 애플리케이션 작업 유형에 따라 시스템을 조정할 수 있다. 이런 유형의 운영 체제는 종종 **로더블 커널 모듈**loadable kernel module을 지원한다. 로더블 커널 모듈은 커널에 로딩한 뒤 커널 모드에서 실행할 수 있는 실행 코드다. 로더블 커널 모듈은 주로 커널에 추상화나 기능을 추가하거나, 특정한 하드웨어 장치 관리에 사용되는 장치 드라이버 코드를 커널에 로딩하는 경우 사용한다. 운영 체제와 관련된 더 많고 깊은 내용을 배우고 싶다면『Operating Systems: Three Easy Pieces』[4] 같은 운영 체제 서적을 참조하기 바란다.

---

4 Remzi H. Arpaci–Dusseau and Andrea C. Arpaci–Dusseau, Operating Systems: Three Easy Pieces, Arpaci–Dusseau Books, 2018

Part V

병렬 프로그래밍

14장부터 15장까지는 병렬 프로그래밍에 대해 알아본다. 오늘날의 CPU는 여러 개의 코어나 연산 장치를 탑재하는데 이런 머신이 갖는 멀티코어 아키텍처에 대한 개념과 이를 활용해 프로그램 실행 속도를 높이는 방법을 알아본다.

14장 **멀티코어 시대의 공유 메모리 활용**은 병렬 성능 측정(속도 향상, 효율성, 암달의 법칙), 스레드 안전성 및 캐시 일관성에 대한 고급 주제를 다룬다. 15장 **기타 병렬 시스템 및 병렬 프로그래밍 모델**은 분산 메모리 시스템의 기본 개념과 메시지 전달 인터페이스(MPI), 하드웨어 가속기 및 CUDA, 클라우드 컴퓨팅 및 맵리듀스에 대해 소개한다

Part V

병렬 프로그래밍

멀티코어 시대의 공유 메모리 활용

지금까지 아키텍처에 대한 논의는 순전히 단일 CPU 세계에 대해서만 다뤘다. 하지만 세상은 변했다. 오늘날의 CPU는 코어나 연산 장치를 여러 개 탑재한다. 이 장에서는 멀티코어 아키텍처와 이를 활용해 프로그램 실행 속도를 높이는 방법을 설명한다.

> **NOTE_ CPU, 프로세서, 코어**
>
> 이 장에서는 **프로세서**와 **CPU**를 뚜렷하게 구분하지 않고 맞바꿔 사용한다. **프로세서**란 외부 데이터에 계산을 수행하는 회로를 의미하고, 이 정의에 따르면 **중앙 처리 장치**(CPU)도 일종의 프로세서다. 연산 코어가 여러 개 있는 프로세서나 CPU를 **멀티코어 프로세서** 또는 **멀티코어 CPU**라고 부른다. 컴퓨팅 단위의 하나인 **코어**는 전통적인 CPU를 구성하는 여러 컴포넌트, 즉 산술 논리 장치(ALU), 레지스터register, 캐시cache로 이루어진다. **코어**는 프로세서와 개념이 다르지만 두 용어가 문헌에서 맞바꿔 사용되는 것은 일반적이며, 멀티코어 프로세서가 참신한 것으로 인식되던 시기에 작성된 문헌에서는 더욱 그렇다.

1965년 인텔의 설립자 고든 무어는 직접 회로의 트랜지스터 수가 매년 2배가 될 것이라고 추정했다. **무어의 법칙**으로 알려진 그의 예측은 나중에 2년마다 2배로 늘어나는 것으로 수정됐다. 바딘의 트랜지스터에서 현대 컴퓨터에 사용되는 소형 칩 트랜지스터에 이르기까지, 전자 스위치의 진화에도 불구하고 무어의 법칙은 지난 50년간 유효했다. 그러나 밀레니엄 시대로 접어들면서 프로세서 설계는 몇 가지 중요한 성능 장벽에 부딪혔다.

메모리 장벽: 메모리 기술의 향상이 클럭 속도의 향상에 보조를 맞추지 못해 메모리가 성능 향상

의 병목 구간이 된 셈이다. 결과적으로 CPU의 실행 속도를 지속적으로 높여도 전체 시스템 성능이 향상되지 않는다.

전력 장벽: 프로세서의 트랜지스터 수를 늘리면 필연적으로 해당 프로세서가 과열되고 전력 소비가 증가하므로 시스템에 전력을 공급하고 냉각하는 데 필요한 비용이 증가한다. 멀티코어 시스템의 확산으로 전력은 컴퓨터 시스템 설계의 주요 관심사가 됐다.

전력 장벽과 메모리 장벽은 컴퓨터 설계자가 프로세서 설계 방식을 변경하는 계기가 됐다. 설계자들은 CPU의 단일 명령 스트림 실행 속도를 높이기 위해 더 많은 트랜지스터를 추가하는 대신, 하나의 CPU에 여러 컴퓨팅 코어를 추가하기 시작했다. **컴퓨팅 코어**는 종래의 CPU보다 트랜지스터 수가 더 적고 더 생성하기 쉽게 단순화된 처리 장치다. 여러 개의 코어를 하나의 CPU에 결합하면, CPU가 다중의 독립적인 명령 스트림을 동시에 실행할 수 있다.

WARNING_ 더 많은 코어 != 더 좋은 것

코어가 모두 동일하고 컴퓨터에 많을수록 더 좋다고 생각할 수도 있다. 하지만 반드시 그렇지는 않다! 예를 들어 **그래픽 처리 장치**(GPU) 코어는 CPU 코어보다 트랜지스터 수가 훨씬 더 적고 벡터와 관련된 특정 작업에 특화됐다. 전형적인 GPU는 GPU 코어가 5,000개 이상일 수 있다. 그러나 GPU 코어는 수행할 수 있는 작업 유형이 제한되고 CPU 코어 같은 범용 컴퓨팅에 항상 적합하지는 않다. GPU를 사용한 컴퓨팅은 **매니코어**many-core 컴퓨팅으로 알려져 있다. 이 장에서는 **멀티코어** 컴퓨팅에 집중하고자 한다. 매니코어 컴퓨팅에 대한 논의는 13장을 참조하자.

자세히 살펴보기: 코어 수는?

라즈베리 파이[1] 같은 소형 장치가 장착된 거의 모든 컴퓨터 시스템의 코어는 멀티코어다. 멀티코어 프로그램은 시스템의 코어 수를 식별해야 그 성능을 정확하게 측정할 수 있다. 리눅스와 맥OS 컴퓨터에서 시스템 아키텍처를 요약해 표시하는 명령어는 lscpu다. 다음은 샘플 시스템에서 실행할 때 lscpu 명령어의 출력이다(주요 특징을 강조하기 위해 일부 출력 생략).

---

[1] https://www.raspberrypi.org

```
$ lscpu

Architecture:          x86_64
CPU op-mode(s):        32-bit, 64-bit
Byte Order:            Little Endian
CPU(s):                8
On-line CPU(s) list:   0-7
Thread(s) per core:    2
Core(s) per socket:    4
Socket(s):             1
Model name:            Intel(R) Core(TM) i7-3770 CPU @ 3.40GHz
CPU MHz:               1607.562
CPU max MHz:           3900.0000
CPU min MHz:           1600.0000
L1d cache:             32K
L1i cache:             32K
L2 cache:              256K
L3 cache:              8192K
...
```

lscpu 명령어는 프로세서의 유형, 코어 속도, 코어 수 등 유용한 정보를 많이 제공한다. 시스템의 **물리적인**(또는 실제) 코어 수를 계산하려면 소켓 수에 소켓당 코어 수를 곱한다. 앞의 lscpu 출력 샘플은 시스템에 소켓당 코어가 4개 있는 소켓 1개 또는 물리적 코어가 총 4개 있음을 나타낸다.

하이퍼스레딩

언뜻 보면 앞서 예시에 사용한 시스템은 총 8개 코어가 있는 것 같다. 이 점은 'CPU(s)' 필드에 명시돼있다. 그러나 해당 필드는 실제로 물리적 코어 수가 아닌 **하이퍼스레딩**(논리적) 코어 수를 나타낸다. 하이퍼스레딩 또는 동시 멀티스레딩simultaneous multithreading(SMT)을 사용하면 단일 코어에서 여러 스레드를 효율적으로 처리할 수 있다. 하이퍼스레딩은 프로그램의 전체 실행 시간을 줄일 수 있지만 코어의 성능을 물리적 코어와 같은 속도로 확장하지는 못한다. 그러나 하나의 작업이 유휴 상태에 있다면(예, '5.8.2 제어 해저드'에서 설명한 제어 해저드가 발생한 경우), 다른 작업은 여전히 코어를 활용할 수 있다. 간단히 말해 하이퍼스레딩은 프로세스 속도 향상(개별 프로세스의 실행 속도를 측정)이 아닌 프로세스 처리량(주어진 시간 단위에 완료되는 프로세스 수를 측정)을 개선하기 위해 도입됐다. 다음 장에서 성능에 대한 논의 대부분은 속도 향상에 중점을 둔다.

14.1 멀티코어 시스템 프로그래밍

오늘날 프로그래머가 알고 있는 공통 언어는 대부분 멀티코어 시대 이전에 만들어졌다. 그 결과, 많은 언어가 프로그램의 실행 속도를 향상하기 위해 멀티코어 프로세스를 암묵적으로(또는 자동으로) 사용할 수 없다. 대신 프로그래머는 시스템에서 다중 코어를 활용하기 위해 명시적으로 소프트웨어를 작성해야 한다.

14.1.1 멀티코어 시스템이 프로세스 실행에 미치는 영향

프로세스는 실행 중인 프로그램의 추상화로 생각할 수 있다('13.2 프로세스' 참조). 각 프로세스는 자체 가상 공간에서 실행된다. 운영 체제(OS)는 CPU에서 실행할 프로세스를 스케줄링한다. CPU가 현재 실행 중인 프로세스를 변경할 때 **컨텍스트 스위치**context switch가 발생한다.

[그림 14-1]은 예시 프로세스가 단일 코어 CPU에서 실행되는 순서를 나타낸다.

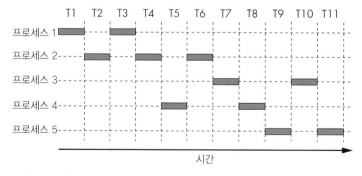

그림 14-1 단일 CPU 코어를 공유하는 5개 프로세스의 실행 시간 순서

가로축은 시간을, 각 시간 조각은 시간 단위를 나타내고, 사각형은 프로세스가 단일 코어 CPU를 사용 중임을 나타낸다. 컨텍스트 스위치가 발생하기 전에 각 프로세스가 하나의 조각 시간 동안 실행되고 있다고 가정한다. 따라서 프로세스 1은 T1과 T3 동안 CPU를 사용한다.

이 예시에서 프로세스(P) 실행 순서는 P1, P2, P1, P2, P4, P2, P3, P4, P5, P3, P5다. 이때 시간을 측정하는 두 가지 방법을 구별해야 한다. **CPU 시간**은 프로세스가 CPU에서 실행되는 데 걸리는 시간을 측정한 결과다. 이와 대조적으로 **벽시계 시간**^{wall clock time}은 프로세스가 완료되는 데 걸리는 시간을 인간이 인지하는 시간으로 측정한 결과다. 컨텍스트 스위치로 인해 벽시계 시간이 CPU 시간보다 훨씬 더 길어질 수 있다. 예를 들어 프로세스 1의 시간 단위는 CPU 시간상으로는 2개인데 벽시계 시간상으로는 3개다.

한 프로세스의 총 실행 시간이 다른 프로세스의 실행 시간과 겹치면 이들 프로세스는 서로 동시에 실행 중인 상태다. 단일 코어 시대에는 운영 체제가 동시성을 사용하면 컴퓨터가 한 번에 많은 작업을 실행할 수 있다는 착각을 불러일으켰다(예, 계산기 프로그램, 웹브라우저, 워드 프로세싱 문서를 모두 동시에 열 수 있다). 그러나 실제로 각 프로세스는 순차적으로 실행되고 운영 체제는 프로세스가 실행되고 완료되는 순서를 결정한다(후속 실행에서는 종종 다름). '13.2.1 멀티프로그래밍과 컨텍스트 스위칭'을 참조하자.

예시로 돌아가서, 프로세스 1과 프로세스 2는 시간 시점 T2~T4에서 실행이 겹치기 때문에 서로 동시에 실행되는 것을 관찰할 수 있다. 마찬가지로 프로세스 2는 프로세스 4와 동시에 실행된다. 그 실행이 시점 T4~T6에서 겹치기 때문이다. 반대로 프로세스 2는 프로세스 3과 동시에 실행되지 않는다. 실행이 겹치지 않기 때문이다. 프로세스 3은 T7에서 실행되지만 프로세스 2는 T6에서 완료된다.

멀티코어 CPU는 OS가 각각의 코어에 다른 프로세스를 스케줄링하도록 해서 프로세스가 동시에 실행되게 한다. 여러 코어가 프로세스의 명령을 동시에 실행하는 것을 **병렬 실행**^{parallel execution}이라고 한다. [그림 14-2]는 듀얼 코어 시스템에서 예시 프로세스가 실행되는 순서를 나타낸다.

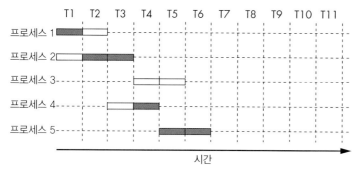

그림 14-2 CPU 코어 2개(진한 색과 옅은 색)로 확장된 5개프로세스의 실행 시간 순서

이 예시에서 두 CPU 코어가 다른 색으로 표현됐다. 프로세스 실행 순서가 이전과 같이 P1, P2, P1, P2, P4, P2, P3, P4, P5, P3, P5라고 가정하자. 코어가 여러 개이면 특정 프로세스를 더 빨리 실행할 수 있다. 예를 들어 시간 단위 T1 동안 코어 1은 프로세스 1을 실행하고 코어 2는 프로세스 2를 실행한다. T2에서 코어 1은 프로세스 2를 실행하고 코어 2는 프로세스 1을 실행한다. 따라서 프로세스 1은 T2에서 실행을 완료하지만 프로세스 2는 T3에서 실행을 완료한다.

여러 프로세스의 병렬 실행은 한 번에 실행되는 프로세스의 수만 증가시킨다. [그림 14-2]에서 모든 프로세스는 시간 단위 T7 이전에 실행을 완료한다. 그러나 각각의 개별 프로세스는 [그림 14-1]에서 보듯이 완료하는 데 동일한 CPU 시간이 필요하다. 예를 들어 프로세스 2는 단일 코어 시스템에서 실행하든 멀티코어 시스템에서 실행하든 시간 단위가 3개 필요하다(즉, CPU 시간은 동일하다). 멀티코어 프로세서는 프로세스 실행 또는 주어진 시간에 완료할 수 있는 프로세스 수의 프로세스 실행 처리량을 늘린다. 따라서 개별 프로세스의 CPU 시간이 변경되지 않더라도 벽시계 시간이 단축될 수 있다.

14.1.2 스레드를 사용한 프로세스 실행 가속화

스레드라는 가볍고 독립적인 실행 흐름으로 프로세스를 분해해 단일 프로세스의 실행 속도를 높일 수 있다. [그림 14-3]은 프로세스가 두 개의 스레드, 즉 멀티스레드로 변환될 때 해당 프로세스의 가상 주소 공간이 변경되는 모습이다. 각 스레드에는 고유한 호출 스택 메모리가 할당됐지만, 모든 스레드가 멀티스레드 프로세스에 할당된 프로그램 데이터, 명령, 힙을 공유한다.

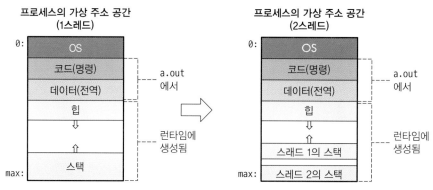

그림 14-3 스레드가 2개인 단일 스레드 프로세스와 멀티스레드 프로세스의 가상 주소 공간 비교

OS는 프로세스를 스케줄링하는 방식으로 스레드도 스케줄링한다. 멀티코어 프로세스에서 OS는 서로 다른 스레드가 별도의 코어에서 실행되도록 스케줄링해서 멀티스레드 프로그램의 실행 속도를 높일 수 있다. 병렬로 실행할 수 있는 최대 스레드 수는 시스템의 물리적 코어 수와 같다. 스레드 수가 물리적 코어 수를 초과하면, 나머지 스레드는 실행 순서를 기다려야 한다(이점은 프로세스가 단일 코어에서 실행되는 방식과 유사하다).

예시: 스칼라 곱셈

멀티스레딩을 사용해 애플리케이션의 속도를 높이는 방법을 보여주는 첫 예시로, 배열 array와 정수 s의 스칼라 곱셈을 수행하는 문제를 살펴보자. 스칼라 곱셈에서 배열의 각 요소는 요소와 s를 곱해 크기가 조정된다.

스칼라 곱셈 함수의 직렬 구현은 다음과 같다.

```
void scalar_multiply(int * array, long length, int s) {
    for (i = 0; i < length; i++) {
        array[i] = array[i] * s;
    }
}
```

array에 N개의 요소가 있다고 가정하자. t개의 스레드로 이 애플리케이션의 멀티스레드 버전을 만들기 위해 다음과 같은 작업이 필요하다.

1 t개의 스레드를 생성한다.

2 각 스레드에 입력 배열의 하위 집합(즉, N/t개의 요소)을 할당한다.

3 각 스레드에 해당하는 하위 집합 요소를 s로 곱하라고 지시한다.

scalar_multiply의 직렬 구현이 요소가 1억 개인 입력 배열을 곱하는 데 60초가 걸린다고 가정하자. t = 4 스레드로 실행하는 버전을 빌드하려면 각 스레드에 총 입력 배열의 1/4(2500만 개 요소)을 할당한다.

[그림 14-4]는 단일 코어에서 4개의 스레드를 실행하는 순서를 나타낸다. 이전과 마찬가지로 실행 순서는 운영 체제의 휘하에 있다. 이 사례에서는 스레드 실행 순서가 스레드 1, 스레드 3, 스레드 2, 스레드 4라고 가정한다. 단일 코어 프로세서(사각형으로 표시)에서 각 스레드는 순차적으로 실행된다. 따라서 하나의 코어에서 실행되는 멀티스레드 프로세스는 여전히 실행하는 데 60초가 걸린다(스레드 생성 오버헤드를 고려하면 약간 더 오래 걸릴 수 있다).

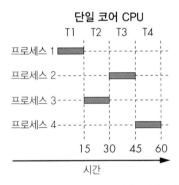

그림 14-4 단일 코어 CPU에서 4개의 스레드 실행

이제 듀얼 코어 시스템에서도 멀티스레드 프로세스를 실행한다고 하자. [그림 14-5]가 그 결과다. 다시 t = 4 스레드이고 스레드 실행 순서가 스레드 1, 스레드 3, 스레드 2, 스레드 4라고 가정한다. 두 개의 코어는 옅은 색의 사각형으로 표시됐다. 시스템이 듀얼 코어이기 때문에 스레드 1과 스레드 3이 T1 동안 병렬로 실행된다. 그런 다음 스레드 2와 스레드 4가 T2 동안 병렬로 실행된다. 따라서 단일 코어에서 실행하는 데 60초가 걸렸던 멀티스레드 프로세스가 듀얼 코어에서는 30초 만에 실행된다.

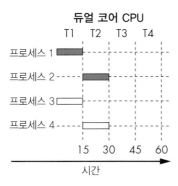

그림 14-5 듀얼 코어 CPU에서 4개의 스레드 실행

마지막으로 멀티스레드 프로세스(t = 4)가 쿼드 코어 CPU에서 실행된다고 하자. 실행 순서 중 하나만 [그림 14-6]에 나타내고 4개 코어를 각각 다른 색으로 표현했다. 쿼드 코어 시스템에서 각 스레드는 T1 동안 병렬로 실행된다. 따라서 쿼드 코어 CPU에서는 단일 코어에서 60초가 걸렸던 멀티스레드 프로세스가 15초 만에 실행된다.

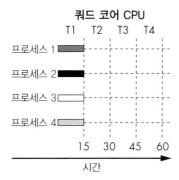

그림 14-6 쿼드 코어 CPU에서 4개의 스레드 실행

일반적으로 스레드 수가 코어(c) 수와 일치하고 운영 체제가 각 스레드가 별도의 코어에서 병렬로 실행되도록 스케줄링하면, 멀티스레드 프로세스는 약 1/c의 시간에 실행된다. 이러한 선형 속도 향상은 이상적이지만 실제로는 자주 관찰되지 않는다. 예를 들어 CPU를 사용하기 위해 대기 중인 프로세스(또는 멀티스레드 프로세스)가 많은 경우 모든 프로세스가 제한된 수의 코어를 놓고 경쟁하게 되어 프로세스 간 **리소스 경합**이 발생할 수 있다. 지정된 스레드 수가 CPU 코어 수를 초과하면, 각 스레드가 실행될 차례를 기다려야 한다. '14.4 병렬 프로그램의 성능 측정'에서 선형 속도 향상을 방해하는 다른 요인을 살펴본다.

14.2 첫 번째 멀티스레드 프로그램 작성

이 절에서는 널리 사용되는 POSIX 스레드 라이브러리인 **Pthreads**를 살펴본다. POSIX는 Portable Operating System Interface의 약자로, 유닉스 시스템의 동작 방식과 느낌을 규정하는 IEEE 표준이다. POSIX 스레드 API는 거의 모든 유닉스 유사 운영 체제에서 사용 가능한데, 각 운영 체제는 표준을 전부 내지는 거의 충족한다. 따라서 리눅스 시스템에서 POSIX 스레드를 사용해 병렬 코드를 작성하면 여타 리눅스 시스템에서 작동하고 맥OS나 기타 유닉스 변형을 실행하는 시스템에서 작동할 가능성도 크다.

Pthreads를 사용한 예시 'Hello World' 프로그램[2]을 분석하는 작업으로 시작해보자. 간결함을 위해 목록에서 오류 처리는 제외했지만 업로드한 코드에는 샘플 오류 처리가 포함돼 있다.

```c
#include <stdio.h>
#include <stdlib.h>
#include <pthread.h>

/* pthread_create에 전달된 "스레드 함수".  각 스레드는
 * 이 함수에서 반환될 때 함수를 실행하고 종료한다. */
void *HelloWorld(void *id) {
    /* 인수가 long에 대한 포인터라는 것을 알고 있으므로
     * generic (void *)에서 a (long *)로 형변환할 수 있다. */
    long *myid = (long *) id;

    printf("Hello world! I am thread %ld\n", *myid);

    return NULL; // 어떤 것을 반환하기 위한 스레드가 필요하지 않다.
}

int main(int argc, char **argv) {
    int i;
    int nthreads; // 스레드의 수
    pthread_t *thread_array; // 미래 스레드 배열에 대한 포인터
    long *thread_ids;
```

---

2 https://diveintosystems.org/book/C14-SharedMemory/_attachments/hellothreads.c

```
    // 커맨드 라인에서 생성할 스레드 수를 읽는다.
    if (argc !=2) {
        fprintf(stderr, "usage: %s <n>\n", argv[0]);
        fprintf(stderr, "where <n> is the number of threads\n");
        return 1;
    }
    nthreads = strtol(argv[1], NULL, 10);

    // 스레드 구조체 및 식별자를 위한 공간을 할당한다.
    thread_array = malloc(nthreads * sizeof(pthread_t));
    thread_ids = malloc(nthreads * sizeof(long));

    // 각 스레드에 ID를 할당하고 모든 스레드를 생성한다.
    for (i = 0; i < nthreads; i++) {
        thread_ids[i] = i;
        pthread_create(&thread_array[i], NULL, HelloWorld, &thread_ids[i]);
    }

    /* 모든 스레드를 조인한다. 메인은 이 반복문에서 모든 스레드가
     * 스레드 함수에서 반환될 때까지 일시 중단한다. */
    for (i = 0; i < nthreads; i++) {
        pthread_join(thread_array[i], NULL);
    }

    free(thread_array);
    free(thread_ids);

    return 0;
}
```

이 프로그램을 더 작은 컴포넌트별로 살펴보자. **pthread.h** 헤더 파일이 포함됐고 이 파일이 pthread 타입과 함수를 선언한다. 다음으로, HelloWorld 함수가 나중에 **pthread_create**에 전달할 **스레드 함수**를 정의한다. 스레드 함수는 생성된 작업자[worker] 스레드의 **main** 함수와 유사하다. 스레드는 스레드 함수가 시작될 때 실행을 시작하고 끝에 도달하면 실행을 종료한다. 각스레드는 자체 실행 상태(즉, 자체 스택 메모리와 레지스터 값)를 사용해 스레드 함수를 실행한

다. 또 스레드 함수는 void * 타입이다. 이때 프로그래머가 **익명 포인터**를 지정하면 다른 타입의 인수와 반환값을 처리하는 스레드 함수를 작성하는 셈이다('2.9.3 void * 타입과 타입 리캐스팅' 참조). 마지막으로, main 함수에서 메인 스레드는 작업자 스레드를 만들고 조인하기 전에 프로그램 상태를 초기화한다.

14.2.1 스레드 생성과 조인

프로그램은 처음에 단일 스레드 프로세스로 시작한다. 메인 함수를 실행함에 따라 생성될 스레드의 수를 읽고 두 배열 thread_array와 thread_ids에 대한 메모리를 할당한다. thread_array 배열에는 생성된 스레드의 주소 집합이 담긴다. thread_ids 배열은 각 스레드가 전달되는 인수 집합을 저장한다. 이 예시에서 각 스레드는 자신의 순위(또는 thread_ids[i]로 표시되는 ID)의 주소를 전달받는다.

모든 예비 변수가 할당되고 초기화된 후, 메인 스레드는 멀티스레딩의 주요한 두 단계를 실행한다.

- **생성** 단계는 메인 스레드가 하나 이상의 작업자 스레드를 생성하는 단계다. 생성된 후 각 작업자 스레드는 시스템의 다른 스레드, 프로세스와 동시에 자체 실행 컨텍스트 내에서 실행된다.
- **조인** 단계는 단일 스레드 프로세스로 진행하기 전에, 모든 작업자가 완료되기를 메인 스레드가 기다리는 단계다. 종료된 스레드를 조인하면 스레드의 실행 컨텍스트와 리소스가 해제된다. 종료되지 않은 스레드를 조인하려고 시도하면 해당 스레드가 종료될 때까지 호출자가 블록되는데, 이는 프로세스의 wait 함수와 코드가 유사하다('13.2.6 exit와 wait' 참조).

Pthreads 라이브러리는 스레드를 생성하기 위해 pthread_create 함수를 제공하고 스레드를 조인하기 위해 pthread_join 함수를 제공한다. pthread_create 함수에는 다음과 같은 시그니처가 있다.

```
pthread_create(pthread_t *thread, const pthread_attr_t *attr,
               void *thread_function, void *thread_args)
```

이 함수는 스레드 구조체의 포인터(pthread_t 타입), 속성 구조체의 포인터(일반적으로 NULL로 설정), 스레드가 실행해야 할 함수의 이름, 그리고 스레드 함수가 시작할 때 전달할 인수 배열을 인자로 받는다.

Hello World 프로그램이 메인 함수에서 **pthread_create**를 다음과 같이 호출한다.

```
pthread_create(&thread_array[i], NULL, HelloWorld, &thread_ids[i]);
```

- &thread_array[i]에는 스레드 i의 주소가 담긴다. pthread_create 함수는 pthread_t 스레드 객체를 할당하고 이 위치에 주소를 저장해서 프로그래머가 이후(예, 조인할 때) 해당 스레드를 참조할 수 있게 한다.
- NULL은 스레드를 기본 속성으로 생성하도록 지정한다. 대부분의 프로그램에서 두 번째 매개변수는 NULL로 두는 것이 안전하다.
- HelloWorld는 생성된 스레드가 실행해야 하는 스레드 함수의 이름을 지정한다. 이 함수는 스레드의 '메인' 함수처럼 동작한다. 임의의 스레드 함수(예, function)의 경우 이 함수의 프로토타입은 void * function(void *) 형식과 일치해야 한다.
- &thread_ids[i]는 스레드 i에 전달될 인수의 주소를 지정한다. 이 경우, thread_ids[i]에는 스레드 ID를 나타내는 long이 포함된다. pthread_create 함수의 마지막 인수가 포인터여야 하기 때문에 스레드 ID의 주소를 전달한다.

HelloWorld 스레드 함수를 실행할 여러 스레드를 생성하려면, 프로그램은 각 스레드에 고유 ID를 할당하고 각 스레드를 **for** 반복문 내에서 생성해야 한다.

```
for (i = 0; i < nthreads; i++) {
    thread_ids[i] = i;
    pthread_create(&thread_array[i], NULL, HelloWorld, &thread_ids[i]);
}
```

OS가 생성된 각 스레드의 실행을 스케줄링하고, 사용자는 스레드의 실행 순서에 대해 어떠한 가정도 할 수 없다.

pthread_join 함수는 참조하는 스레드가 종료될 때까지 호출자의 실행을 일시 중단한다. 시그니처는 다음과 같다.

```
pthread_join(pthread_t thread, void **return_val)
```

pthread_join 함수는 pthread_t 구조체를 입력받아 대기하고, 선택적으로 스레드 반환값을
저장할 포인터 인자를 받는다.

Hello World 프로그램이 main에서 pthread_join을 사용할 때는 다음과 같다.

```
pthread_join(thread_array[t], NULL);
```

이 줄은 메인 스레드가 스레드 t의 종료를 기다려야 함을 나타낸다. 두 번째 인자로 NULL을 전
달하는 것은 프로그램이 스레드의 반환값을 사용하지 않음을 나타낸다.

이전 프로그램에서 main은 반복문에서 pthread_join을 호출했다. main 함수가 메모리 정리
와 프로세스 종료를 하기 전에 모든 작업자 스레드가 종료될 필요가 있기 때문이다.

```
for (i = 0; i < nthreads; i++) {
    pthread_join(thread_array[i], NULL);
}
```

14.2.2 스레드 함수

이전 프로그램에서 각각 생성된 스레드는 문자열 Hello world! I am thread n을 출력한
다. 여기서 n은 스레드의 고유 ID다. 스레드는 메시지를 출력한 후 종료된다. HelloWorld 함
수를 자세히 살펴보자.

```
void *HelloWorld(void *id) {
    long *myid = (long*)id;

    printf("Hello world! I am thread %ld\n", *myid);
```

```
        return NULL;
    }
```

pthread_create가 thread_args 매개변수를 사용해 스레드 함수에 인수를 전달한다. Hello World 프로그램은 main의 pthread_create 함수에서 이 매개변수가 실제로 스레드의 ID라고 지정했다. HelloWorld의 매개변수는 제네릭 또는 익명 포인터(void *)로 선언돼야 한다('2.9.3 void * 타입과 타입 리캐스팅' 참조). Pthreads 라이브러리는 매개변수 타입을 지정하지 않음으로써 void *를 사용해 pthread_create를 좀 더 범용적으로 사용할 수 있게 한다. 프로그래머로서, void *는 사용하기 전에 리캐스팅해야 한다는 점을 감안하면 다소 불편하다. 여기서 매개변수가 long * 타입임을 알고 있다. 따라서 안전하게 값을 long *으로 캐스팅하고 포인터를 역참조해 long 값을 전달할 수 있다. 많은 병렬 프로그램이 이 구조를 따른다.

스레드 함수의 매개변수와 유사하게 Pthreads 라이브러리는 또 다른 void *를 지정함으로써 스레드 함수의 반환 타입을 지정하지 않는다. 프로그래머는 스레드 함수에서 원하는 포인터를 자유롭게 반환할 수 있다. 프로그램이 스레드의 반환값에 접근해야 한다면 pthread_join의 두 번째 인자를 통해 반환값을 검색할 수 있다. 이 예에서 스레드는 값을 반환할 필요가 없으므로 NULL 포인터를 반환한다.

14.2.3 코드 실행

다음 명령은 GCC를 사용해 프로그램을 컴파일한다. Pthreads 애플리케이션을 구축하려면 Pthreads 함수와 타입에 접근할 수 있도록 GCC에 -lpthread 링커 플래그를 전달해야 한다.

```
$ gcc -o hellothreads hellothreads.c -lpthread
```

명령어 인수 없이 프로그램을 실행하면 사용법 안내가 출력된다.

```
$ ./hellothreads
usage: ./hellothreads <n>
where <n> is the number of threads
```

4개의 스레드로 프로그램을 실행하면 다음과 같은 결과가 출력된다.

```
$ ./hellothreads 4
Hello world! I am thread 1
Hello world! I am thread 2
Hello world! I am thread 3
Hello world! I am thread 0
```

각 스레드는 고유한 ID 번호를 출력한다. 이 실행에서 스레드 1의 출력이 먼저 표시되고 스레드 2, 3, 0의 순서로 표시된다. 프로그램을 다시 실행하면 출력이 다른 순서로 표시되는 것을 볼 수 있다.

```
$ ./hellothreads 4
Hello world! I am thread 0
Hello world! I am thread 1
Hello world! I am thread 2
Hello world! I am thread 3
```

운영 체제의 스케줄러가 스레드의 실행 순서를 결정한다. 사용자 관점에서 실행 순서는 사용자의 통제 범위를 벗어난 다양한 요인(예, 시스템 리소스, 시스템에 들어오는 입력, 운영 체제 스케줄링)의 영향을 받기 때문에 **실질적으로 무작위로** 결정된다. 모든 스레드가 서로 동시에 실행되고 각 스레드가 printf를 호출하므로(stdout으로 출력), 처음으로 stdout에 출력되는 결과가 가장 먼저 나타난다. 후속 실행은 결과가 다를 수도 있고 그렇지 않을 수도 있다.

WARNING_ 스레드 실행 순서

스레드가 실행되는 순서에 대해 절대 가정하지 말아야 한다. 프로그램의 정확성을 위해 스레드가 특정 순서로 실행돼야 하는 경우 스레드가 실행되지 않아야 할 때 실행되는 것을 방지하기 위해 동기화('14.3 스레드 동기화' 참조)를 프로그램에 추가해야 한다.

14.2.4 스칼라 곱셈 다시 살펴보기

'14.1.2 스레드를 사용한 프로세스 실행 가속화'의 '스칼라 곱셈 예시'에서 구현한 스칼라 곱셈 프로그램을 멀티스레드로 구현해보자. scalar_multiply를 병렬화하는 일반적인 전략은 여러 스레드를 생성하고 각 스레드에 입력 배열의 하위 집합을 할당한 다음 각 스레드가 배열 하위 집합의 요소에 s를 곱하도록 지시한다.

다음은 이 작업을 수행하는 스레드 함수다. array, length, s가 프로그램의 전역 범위로 이동한 것을 주목하자.

```
long *array; // 메인에 할당
long length; // 메인에 설정 (10억)
long nthreads; // 스레드 수
long s; //스칼라

void *scalar_multiply(void *id) {
    long *myid = (long *) id;
    int i;

    // 각 스레드에 처리할 요소 청크 할당
    long chunk = length / nthreads;
    long start = *myid * chunk;
    long end   = start + chunk;
    if (*myid == nthreads - 1) {
        end = length;
    }

    // 할당된 청크에 스칼라 곱셈 수행
    for (i = start; i < end; i++) {
        array[i] *= s;
    }

    return NULL;
}
```

각 부분을 파고들자. 첫 번째 단계는 각 스레드에 다음과 같이 배열을 나눠 할당한다.

```
long chunk = length / nthreads;
long start = *myid * chunk;
long end  = start + chunk;
```

변수 chunk는 각 스레드에 할당된 요소의 개수를 저장한다. 각 스레드가 대략 동일한 양의 작업을 수행하게 하려면 요소 수를 스레드 수로 나눈 값(length / nthreads)을 chunk 크기 값으로 설정한다.

다음으로 각 스레드가 처리할 요소의 고유한 범위를 할당한다. 각 스레드는 chunk 크기와 고유한 ID를 사용해서 범위의 start와 end 인덱스를 계산한다.

예를 들어 요소가 1억 개 있는 배열에서 4개의 스레드(ID 0~3)가 동작하는 경우, 각 스레드는 2500만 개 요소의 chunk를 처리할 수 있다. 스레드 ID를 통합하면 각 스레드에 고유한 입력 하위 집합이 할당된다.

다음 두 줄은 length가 스레드 수로 균등하게 나뉘지 않는 경우를 처리한다.

```
if (*myid == nthreads - 1) {
    end = length;
}
```

스레드를 4개가 아닌 3개로 지정했다고 하자. 명목상 chunk 크기는 33,333,333개 요소가 되어 1개의 요소가 처리되지 않는다. 앞의 예시 코드에서는 남은 요소를 마지막 스레드에 할당한다.

> **NOTE_ 균형 잡힌 입력 생성**
>
> 방금 보여준 청킹 코드는 불완전하다. 스레드 수가 입력을 균등하게 나누지 못하는 경우, 나머지는 마지막 스레드에 할당된다. 배열에 100개 요소가 있고 12개 스레드가 지정된 샘플을 생각해보자. 청크 크기가 8이고, 나머지는 4다. 예시 코드에서 첫 11개 스레드에는 각각 8개 요소가 할당되고 마지막 스레드에는 12개 요소가 할당된다. 결과적으로 마지막 스레드는 다른 스레드보다 50% 더 많은 작업을 수행한다. 이 예시를 청크로 나누는 더 좋은 방법은 처음 4개 스레드가 각각 9개 요소를 처리하고, 나머지 8개 스레드가 각각 8개 요소를 처리하는 방법이다. 이 방법은 스레드 전체 입력에서 **로드 밸런싱** 결과가 더 좋다.

적절한 지역 start와 end 인덱스가 계산되면, 각 스레드는 이제 배열의 범위에 따라 스칼라 곱셈을 수행할 준비가 된다. scalar_multiply 함수의 마지막 부분이 이를 수행한다.

```
for (i = start; i < end; i++) {
    array[i] *= s;
}
```

14.2.5 스칼라 곱셈 계산: 다중 인수

이전 구현의 주요 약점은 전역 변수의 광범위한 사용이다. '2.1 프로그램 메모리와 범위' 의 논의에서는 전역 변수가 유용하지만 C에서는 일반적으로 피해야 한다고 설명했다. 프로그램에서 전역 변수의 수를 줄이려면 전역 범위에서 t_arg 구조체를 다음과 같이 선언한다.

```
struct t_arg {
    int *array; // 공유 배열에 대한 포인터
    long length; // 배열의 요소 수
    long s; //스케일링 팩터
    long numthreads; // 총 스레드 수
    long id; //  논리 스레드 ID
};
```

메인 함수는 array를 할당하고 지역 변수인 length, nthreads, s(스케일링 팩터)를 설정할 뿐만 아니라 t_arg 레코드의 배열을 할당한다.

```
long nthreads = strtol(argv[1], NULL, 10); // 스레드 수 가져오기
long length = strtol(argv[2], NULL, 10); // 배열의 길이 구하기
long s = strtol( argv[3], NULL, 10 ); // 스케일링 팩터 가져오기

int *array = malloc(length*sizeof(int));

// 스레드 구조와 식별자를 위한 공간 할당
```

```
pthread_t *thread_array = malloc(nthreads * sizeof(pthread_t));
struct t_arg *thread_args = malloc(nthreads * sizeof(struct t_arg));

// 모든 스레드에 대한 스레드 인수 채우기
for (i = 0; i < nthreads; i++){
    thread_args[i].array = array;
    thread_args[i].length = length;
    thread_args[i].s = s;
    thread_args[i].numthreads = nthreads;
    thread_args[i].id = i;
}
```

나중에 main에서, pthread_create를 호출할 때 스레드와 관련된 t_args 구조체가 인수로 전달된다.

```
for (i = 0; i < nthreads; i++){
    pthread_create(&thread_array[i], NULL, scalar_multiply, &thread_args[i]);
}
```

마지막으로, scalar_multiply 함수는 다음과 같다.

```
void * scalar_multiply(void* args) {
    // void*에서 struct t_arg로 캐스트
    struct t_arg * myargs = (struct t_arg *) args;

    // 구조체에서 모든 변수 추출
    long myid =  myargs->id;
    long length = myargs->length;
    long s = myargs->s;
    long nthreads = myargs->numthreads;
    int * ap = myargs->array; // 메인의 배열에 대한 포인터

    // 이전과 같이 코딩
    long chunk = length/nthreads;
```

```
    long start = myid * chunk;
    long end   = start + chunk;
    if (myid == nthreads-1) {
        end = length;
    }

    int i;
    for (i = start; i < end; i++) {
        ap[i] *= s;
    }

    return NULL;
}
```

이 프로그램의 완전한 구현은 독자에게 연습 문제로 남긴다. 간결함을 위해 오류 처리 과정은 생략했다.

14.3 스레드 동기화

지금까지 살펴본 예시에서 각 스레드는 다른 스레드와 데이터를 공유하지 않고 실행됐다. 예를 들어 스칼라 곱셈 프로그램에서 배열의 각 요소는 다른 요소와 완전히 독립적이어서 스레드가 데이터를 공유할 필요가 없다.

그러나 다른 스레드와 쉽게 데이터를 공유하는 기능은 주요한 기능이다. 멀티스레드 프로세스의 모든 스레드는 프로세스에 공통되는 힙을 공유한다. 이 절에서 스레드에서 사용할 수 있는 데이터 공유 및 보호 메커니즘을 자세히 살펴본다.

스레드 동기화는 스레드가 특정 순서로 실행되는 것을 말한다. 스레드 동기화는 프로그램의 실행 시간을 늘리기도 하지만, 프로그램의 정확성을 보장하기 위해 필요할 때가 있다. 이 절에서는 주로 **뮤텍스**라는 동기화 구조체가 스레드 프로그램의 정확성을 어떻게 보장하는지에 대해 논의한다. 그다음 그 외 일반적인 동기화 구조체, 가령 **세마포어**semaphores, **배리어**barriers, **조건 변수**condition variables를 설명하며 이 절을 마무리한다.

CountSort

조금 더 복잡한 예시인 CountSort를 살펴보자. CountSort 알고리즘은 알려진 작은 범위의 R 값을 정렬하기 위한 간단한 선형(O(N)) 정렬 알고리즘으로, 여기서 R은 N보다 훨씬 더 작다. CountSort가 어떻게 작동하는지 설명하기 위해, 0에서 9 사이의 무작위 값으로 구성된 15개 요소의 배열 A를 생각해보자(가능한 값은 10개).

```
A = [9, 0, 2, 7, 9, 0, 1, 4, 2, 2, 4, 5, 0, 9, 1]
```

CountSort는 다음과 같이 동작한다.

1 배열에 있는 각 값의 빈도를 계산한다.
2 빈도별로 각 값을 나열해서 원래 배열을 덮어쓴다.

1단계 후에 각 값의 빈도를 길이가 10인 `counts` 배열에 배치하는데, 여기서 `counts[i]` 의 값은 배열 A의 i 값의 빈도가 된다. 예를 들어 배열 A에 값이 2인 요소가 세 개 있으므로, counts[2]는 3이다.

앞 예시의 counts 배열은 다음과 같다.

```
counts = [3, 2, 3, 0, 2, 1, 0, 1, 0, 3]
```

counts 배열에 있는 요소의 합이 배열 A의 길이인 15와 같다는 점에 유의하자.

2단계에서는 counts 배열로 배열 A를 덮어쓰고, 빈도수로 정렬된 순으로 각 연속 값이 저장되는 배열 A의 인덱스 집합을 결정한다. 그러면 counts 배열이 배열 A에 값이 0인 요소가 세 개, 값이 1인 요소가 두 개 있음을 나타내므로, 최종 배열의 첫 세 요소는 0이고, 그다음 두 요소는 1이 된다.

2단계를 실행한 후 최종 배열은 다음과 같다.

```
A = [0, 0, 0, 1, 1, 2, 2, 2, 4, 4, 5, 7, 9, 9, 9]
```

다음은 CountSort 알고리즘의 직렬 구현이다. 여기서는 count(1단계)와 overwrite(2단계) 함수가 명확하게 구분된다. 간결함을 위해 전체 프로그램을 복제하지 않았지만, 소스는 다운로 드할 수 있다.[3]

```c
#define MAX 10 // 요소의 최댓값

/* 1단계 :
 * 입력 배열의 모든 요소의 빈도를 계산하고
 * 각 요소의 관련 카운트를 counts 배열에 저장한다.
 * 이 함수 호출 전에 counts 배열의 요소는 0으로 초기화된다. */

void countElems(int *counts, int *array_A, long length) {
    int val, i;
    for (i = 0; i < length; i++) {
      val = array_A[i]; // 인덱스 i의 값을 읽음
      counts[val] = counts[val] + 1; // counts에서 해당 위치 업데이트
    }
}

/* 2단계 :
 * counts 배열에 저장된 빈도를 사용해 입력 배열(array_A)을 덮어쓴다.
 */

void writeArray(int *counts, int *array_A) {
    int i, j = 0, amt;

    for (i = 0; i < MAX; i++) { // counts 배열을 반복한다.
        amt = counts[i]; // 요소 i의 빈도를 캡처한다.
        while (amt > 0) { // 모든 값이 기록되지 않는 동안
            array_A[j] = i; // array_A의 인덱스 j에 있는 값을 i로 바꾼다.
            j++; // array_A의 다음 위치로 이동
            amt--; // 작성된 양을 1씩 줄인다.
        }
    }
}
```

---

3 https://diveintosystems.org/book/C14-SharedMemory/_attachments/countSort.c

```
}

/* 메인 함수 :
 * 커맨드 라인 인수에서 배열 길이를 가져오고, 해당 크기의 임의의 배열을 할당하고
 * counts 배열을 할당한 다음
 * CountSort 알고리즘의 1단계(countsElem)와 2단계(writeArray)를 실행한다.
 */

int main( int argc, char **argv ) {
    // 간결함을 위해 코드를 생략함

    srand(10); // 정적 시드를 사용하면 실행할 때마다 출력이 동일하게 유지된다.

    long length = strtol( argv[1], NULL, 10 );
    int verbose = atoi(argv[2]);

    // 지정된 길이의 요소로 구성된 임의의 배열 생성
    int *array = malloc(length * sizeof(int));
    genRandomArray(array, length);

    // 정렬되지 않은 배열 출력 (주석 처리)
    // printArray(array, length);

    // counts 배열을 할당하고 모든 요소를 0으로 초기화
    int counts[MAX] = {0};

    countElems(counts, array, length); //1단계 호출
    writeArray(counts, array); // 2단계 호출

    // 정렬된 배열 출력 (주석 처리)
    // printArray(array, length);

    free(array); // 메모리 반환

    return 0;
}
```

크기가 15인 배열에서 이 프로그램을 실행하면 다음과 같이 출력된다.

```
$ ./countSort 15 1
array before sort:
5 8 8 5 8 7 5 1 7 7 3 3 8 3 4
result after sort:
1 3 3 3 4 5 5 5 7 7 7 8 8 8 8
```

이 프로그램의 두 번째 매개변수는 verbose 플래그로, 프로그램이 출력을 출력[print]하는지 여부를 나타낸다. 프로그램을 실행하고 싶지만 반드시 출력할 필요가 없는 큰 배열에 유용한 옵션이다.

countElems 병렬화 : 초기 시도

CountSort는 두 가지 주요 단계로 구성되며, 각 단계는 병렬화를 통해 이점을 얻는다. 남은 이 장에서는 주로 1단계의 병렬화, 즉 countElems 함수에 집중한다. writeArray 함수의 병렬화는 독자의 연습 문제로 남겨둔다.

다음 코드 블록은 스레드화된 countElems 함수를 구현한다. 예시에는 간결함을 위해 코드 일부(인수 구문 분석, 오류 처리)를 생략했지만, 전체 소스를 다운로드할 수 있다.[4] 다음 코드에서 각 스레드는 전역 배열의 할당된 범위 내에서 배열 요소의 빈도를 계산하려고 시도하고, 발견된 counts로 전역 카운트 배열을 업데이트한다.

```
/* CountSort 알고리즘의 1단계(첫 시도)에 대한 병렬 버전
 * args 값에서 인수 추출
 * 스레드가 계산을 담당하는 배열의 범위를 계산
 * 할당된 범위 내 모든 요소의 빈도를 계산
 * 각 요소의 관련 카운트를 counts 배열에 저장
 */
void *countElems( void *args ) {
    struct t_arg * myargs = (struct t_arg *)args;
    // 인수 추출 (간결함을 위해 생략)
```

----

4 https://diveintosystems.org/book/C14-SharedMemory/_attachments/countElems_p.c

```
    int *array = myargs->ap;
    long *counts = myargs->countp;
    // ... (nthreads, length, myid 가져오기)

    // 스레드에 작업 할당
    long chunk = length / nthreads; // 명목적인 청크 크기
    long start = myid * chunk;
    long end = (myid + 1) * chunk;
    long val;
    if (myid == nthreads-1) {
        end = length;
    }

    long i;
    // 프로그램의 핵심
    for (i = start; i < end; i++) {
        val = array[i];
        counts[val] = counts[val] + 1;
    }
    return NULL;
}
```

메인 함수는 앞서 살펴본 샘플 프로그램과 거의 유사하다.

```
int main(int argc, char **argv) {

    if (argc != 4) {
        // 사용 정보 출력 (간결함을 위해 생략)
        return 1;
    }

    srand(10); // 정확성 검사를 돕는 정적 시드

    // 커맨드 라인 인수 구문 분석
    long t;
    long length = strtol(argv[1], NULL, 10);
```

```c
    int verbose = atoi(argv[2]);
    long nthreads = strtol(argv[3], NULL, 10);

    // 지정된 길이의 요소로 구성된 임의의 배열 생성
    int *array = malloc(length * sizeof(int));
    genRandomArray(array, length);

    // counts 배열을 지정하고 모든 요소를 0으로 초기화
    long counts[MAX] = {0};

    // 스레드 및 인수 배열 할당
    pthread_t *thread_array; // 다음에 생성될 스레드 배열을 가리키는 포인터
    thread_array = malloc(nthreads * sizeof(pthread_t)); // 배열 할당
    struct t_arg *thread_args = malloc( nthreads * sizeof(struct t_arg) );

    // 매개변수로 스레드 배열 채우기
    for (t = 0; t < nthreads; t++) {
        // 생략
    }

    for (t = 0; t < nthreads; t++) {
        pthread_create(&thread_array[t], NULL, countElems, &thread_args[t]);
    }

    for (t = 0; t < nthreads; t++) {
        pthread_join(thread_array[t], NULL);
    }

    free(thread_array);
    free(array);
    if (verbose) {
        printf("Counts array:\n");
        printCounts(counts);
    }
    return 0;
}
```

재현 가능성을 위해 난수 생성기는 정적 값(10)으로 시드를 지정해 array(따라서 counts도)가 항상 동일한 숫자 집합을 포함하도록 한다. 추가 함수(printCounts)는 전역 counts 배열의 내용을 출력한다. 사용되는 스레드 수와 관계없이 counts 배열의 내용은 항상 동일해야 한다. 간결함을 위해 목록에서 오류 처리를 제외했다.

프로그램을 컴파일하고 1000만 개 요소에 대해 1, 2, 4개의 스레드로 실행하면 다음과 같은 결과가 나온다.

```
$ gcc -o countElems_p countElems_p.c -lpthread

$ ./countElems_p 10000000 1 1
Counts array:
999170 1001044 999908 1000431 999998 1001479 999709 997250 1000804 1000207

$ ./countElems_p 10000000 1 2
Counts array:
661756 661977 657828 658479 657913 659308 658561 656879 658070 657276

$ ./countElems_p 10000000 1 4
Counts array:
579846 580814 580122 579772 582509 582713 582518 580917 581963 581094
```

실행할 때마다 출력된 결과가 매우 크게 달라졌다. 특히 스레드의 수를 바꾸면 달라진다! 정적 시드를 사용하면 실행마다 동일한 숫자 집합이 보장되므로 이런 일이 발생하지 않아야 한다. 이 결과는 스레드 프로그램의 기본 규칙 하나를 위반한다. 프로그램의 출력은 사용하는 스레드 수에 무관하게 정확하고 일관돼야 한다.

첫 시도에서 countElems를 병렬화한 것이 작동하지 않는 것 같으므로, 이 프로그램이 어떤 작업을 수행하는지 더 깊이 파고들어 어떻게 수정할 수 있는지 살펴보자.

데이터 경쟁

무슨 일이 일어나고 있는지 이해하기 위해 멀티코어 시스템에서 두 개의 개별 코어와 두 개의 스레드로 실행되는 예시를 생각해보자. 모든 스레드의 실행은 OS에 의해 언제든지 선점될 수 있다. 즉, 각 스레드는 주어진 어느 시간에든 특정 함수의 명령을 실행할 수 있다. [표 14-1]은

countElems 함수를 실행하는 순서의 두 경우를 보여준다. 무슨 일이 일어나고 있는지 더 잘 설명하기 위해, counts[val] = counts[val] + 1이라는 줄을 다음과 같은 동등한 명령어 시퀀스로 변환했다.

1 counts[val]를 **읽고** 레지스터에 저장

2 레지스터를 1씩 증가하도록 **수정**

3 레지스터의 내용을 counts[val]에 **쓰기**

이것이 **읽기-수정-쓰기(read-modify-write)** 패턴이다. [표 14-1]의 예시에서는 각 스레드가 별도의 코어에서 실행된다(코어 0에서 스레드 0, 코어 1에서 스레드 1이 실행). 시간 단계 i에서 프로세스 실행을 검사하기 시작하는데, 이때 두 스레드는 모두 val이 1이다.

표 14-1 두 스레드가 countElems를 실행하는 순서 예시

시간	스레드 0	스레드 1
i	counts[1]을 읽어 코어 0의 레지스터에 저장	…
i + 1	레지스터를 1씩 증가	counts[1]을 읽어 코어 1의 레지스터에 저장
i + 2	레지스터의 내용으로 counts[1]을 덮어씀	레지스터를 1씩 증가
i + 3	…	레지스터의 내용으로 counts[1]을 덮어씀

[표 14-1]이 실행되기 전에 counts[1]이 값 60을 포함한다고 가정하자. 시간 단계 i에서 스레드 0은 counts[1]을 읽고 코어 0의 레지스터에 값 60을 저장한다. 시간 단계 i + 1에서, 스레드 0이 코어 0의 레지스터를 1씩 증가시키는 동안에 counts[1]의 현재 값(60)이 스레드 1에 의해 코어 1의 레지스터로 읽힌다. 시간 단계 i + 2에서, 스레드 0이 counts[1] 값을 61로 업데이트하는 동안에 스레드 1은 로컬 레지스터에 저장된 값(60)을 1씩 증가시킨다. 결과적으로 시간 단계 i + 3 동안에 counts[1] 값은 예상한 62가 아니라 스레드 1에 의해 값 61로 덮어쓰인다! 이로 인해 counts[1]이 증가분을 '잃게' 되는 셈이다!

두 스레드가 메모리의 동일한 위치에 쓰기를 시도하는 상황을 **데이터 경쟁 상태**라고 한다. 더 일반적으로, **경쟁 상태**는 두 개의 작업이 동시에 실행될 때 잘못된 결과를 내는 모든 상황을 의미한다. counts[1] 위치를 동시에 읽는 것은 그 자체로 경쟁 상태가 되지 않는다. 왜냐하면 값은 일반적으로 메모리에서 문제없이 단독으로 읽을 수 있기 때문이다. 이 단계와 counts[1]에 대한 쓰기의 조합이 잘못된 결과를 초래했다. 대부분의 스레드 프로그램에서 경쟁 조건의 한 유

형인 데이터 경쟁은 주로 읽기-수정-쓰기 패턴 때문에 일어난다. 여기서는 데이터 경쟁을 중심으로 경쟁 조건과 이 조건을 고치는 방법을 논의한다.

> **NOTE_ 원자적 연산**
>
> 연산이 **원자적**으로 정의되는 경우, 스레드가 중단 없이 실행된다고 인식한다(즉, '전부 아니면 전혀'). 일부 라이브러리에서는 키워드나 타입을 사용해 계산 블록을 원자적으로 취급해야 함을 지정한다. 이전 예시에서 counts[val] = counts[val] + 1 줄(심지어 counts[val]++로 작성돼도)은 원자적이 아니다. 이 한 줄은 실제로 기계 수준에서 여러 명령으로 이루어지기 때문이다. 데이터 경쟁이 없도록 하려면 상호 배제와 같은 동기화 구조체가 필요하다. 일반적으로 상호 배제가 명시적으로 적용되지 않는 한, 모든 연산이 비원자적이라고 가정해야 한다.

두 스레드의 모든 실행 순서가 경쟁 조건을 유발하는 것은 아니다. [표 14-2]에서 스레드 0과 1의 샘플 실행 순서를 생각해보자.

표 14-2 두 스레드가 countElems를 실행하는 또 다른 예시

시간	스레드 0	스레드 1
i	counts[1]을 읽어 코어 0의 레지스터에 저장	…
i + 1	레지스터를 1씩 증가	…
i + 2	레지스터의 내용으로 counts[1]을 덮어씀	…
i + 3	…	counts[1]을 읽어 코어 1의 레지스터에 저장
i + 4	…	레지스터를 1씩 증가
i + 5	…	레지스터의 내용으로 counts[1]을 덮어씀

이 실행 순서에서는 스레드 1이 counts[1]에서 읽기를 시작하기 전에 스레드 0이 새로운 값 (61)으로 업데이트한다. 결과적으로 스레드 1은 시간 단계 i + 3 동안 counts[1]에서 값 61을 읽어서 코어 1의 레지스터에 저장하고, 시간 단계 i + 5에서 counts[1]에 값 62를 쓴다.

데이터 경쟁을 해결하려면 먼저 **임계 구역**critical section을 찾아야 한다. 임계 구역이란 올바른 동작을 보장하기 위해 원자적으로(격리된 상태에서) 실행돼야 하는 코드의 서브셋이다. 스레드 프로그램에서 공유 리소스를 업데이트하는 코드 블록은 전형적으로 임계 구역으로 식별된다.

<countElems> 함수에서는 <counts> 배열을 업데이트하는 부분을 임계 구역에 두어 여러 스레드가 메모리의 동일한 위치를 업데이트함으로써 값이 손실되지 않도록 보장해야 한다.

```
long i;
for (i = start; i < end; i++) {
    val = array[i];
    counts[val] = counts[val] + 1; //이 줄은 보호돼야 한다.
}
```

<countElems>의 근본적인 문제는 여러 스레드가 <counts>에 동시에 접근하는 것이므로, 한 번에 하나의 스레드만이 임계 구역 내에서 실행되도록 보장하는 메커니즘이 필요하다. 다음에 소개할 뮤텍스 같은 동기화 구조체를 사용하면 스레드가 임계 구역에 순차적으로 들어가도록 강제할 수 있다.

14.3.1 상호 배제

데이터 경쟁을 해결하기 위해 상호 배제 잠금으로 알려진 동기화 구조체인 **뮤텍스**mutex를 사용해보자. 상호 배제 잠금은 한 번에 단 하나의 스레드만이 임계 구역 내의 코드를 입력하고 실행하도록 보장하는 동기화 기본 요소primitive 유형이다.

뮤텍스를 사용하기에 앞서 프로그램은 스레드가 공유하는 메모리에 뮤텍스를 선언해야 한다 (보통 전역 변수로 사용한다). 그리고 스레드가 공유 메모리를 사용해야 할 때 뮤텍스를 초기화해야 한다(전형적으로 main 함수에서 수행된다).

Pthreads 라이브러리는 뮤텍스를 위한 pthread_mutex_t 타입을 정의한다. 뮤텍스 변수를 선언하려면 다음 줄을 추가한다.

```
pthread_mutex_t mutex;
```

뮤텍스를 초기화하려면 pthread_mutex_init 함수를 사용한다. 이 함수는 뮤텍스의 주소와 속성 구조를 사용하며, 전형적으로 NULL로 설정된다.

```
pthread_mutex_init(&mutex, NULL);
```

뮤텍스가 더 이상 필요하지 않을 때(전형적으로 main 함수의 끝에서 pthread_join 후), 프로그램은 pthread_mutex_destroy 함수를 호출해 뮤텍스 구조를 해제해야 한다.

```
pthread_mutex_destroy(&mutex);
```

뮤텍스: 잠금 및 준비 완료

뮤텍스의 초기 상태는 잠금 해제 상태로, 이 상태에서는 어떤 스레드든 즉시 사용할 수 있다. 임계 구역에 들어가려면 스레드가 먼저 잠금을 획득해야 하는데, 이는 pthread_mutex_lock 함수를 호출해 수행한다. 스레드가 잠금을 보유한 후에는 다른 스레드가 해당 임계 구역에 진입할 수 없고 잠금을 보유한 스레드가 잠금을 해제할 때까지 기다려야 한다. 만약 다른 스레드가 pthread_mutex_lock 함수를 호출했는데 뮤텍스가 이미 잠겼다면, 해당 스레드는 뮤텍스가 사용 가능해질 때까지 **차단**[blocking](또는 대기) 상태가 된다. 차단은 해당 스레드가 대기 중인 조건(뮤텍스 사용 가능 여부)이 참이 될 때까지 CPU 사용을 예약하지 않음을 의미한다('13.2.2 프로세스 상태' 참조).

스레드가 임계 구역을 벗어날 때는 pthread_mutex_unlock 함수를 호출해 뮤텍스를 해제해야 하고, 이로써 다른 스레드가 해당 뮤텍스를 사용할 수 있게 된다. 따라서 최대 한 개의 스레드만 잠금을 획득하고 임계 영역에 진입함으로써 여러 스레드가 공유 변수를 읽고 업데이트하는 경쟁을 방지한다.

뮤텍스를 선언하고 초기화한 후에는 임계 구역을 가장 잘 적용하기 위해 잠금[lock]과 해제[unlock] 함수를 어디에 배치해야 하는지 알아야 한다. 다음은 뮤텍스를 사용해 countElems 함수를 보강한 초기 시도다.[5]

---

5 https://diveintosystems.org/book/C14-SharedMemory/_attachments/countElems_p_v2.c

```
pthread_mutex_t mutex; // main()에서 초기화된 뮤텍스의 전역 선언

/* CountSort 알고리즘 1단계의 병렬 버전 (뮤텍스를 사용한 시도 1)
 * args 값에서 인수 추출
 * 스레드가 계산을 담당한 배열의 범위를 계산
 * 할당된 범위 내 모든 요소의 빈도를 계산하고
 * 각 요소의 연관된 개수를 counts 배열에 저장
 */
void *countElems( void *args ) {
    // 인수 추출
    // 생략
    int *array = myargs->ap;
    long *counts = myargs->countp;

    // 스레드에 작업 할당
    long chunk = length / nthreads; // 명목적인 청크 크기
    long start = myid * chunk;
    long end = (myid + 1) * chunk;
    long val;
    if (myid == nthreads - 1) {
        end = length;
    }
    long i;

    // 프로그램의 핵심 부분
    pthread_mutex_lock(&mutex); // 뮤텍스 잠금 획득
    for (i = start; i < end; i++) {
        val = array[i];
        counts[val] = counts[val] + 1;
    }
    pthread_mutex_unlock(&mutex); // 뮤텍스 잠금 해제

    return NULL;
}
```

뮤텍스 초기화 및 해제 함수는 스레드 생성 및 조인 함수 주변의 **main** 함수에 배치된다.

```
// main()의 코드 스니펫

pthread_mutex_init(&mutex, NULL); // 뮤텍스 초기화

for (t = 0; t < nthreads; t++) {
    pthread_create( &thread_array[t], NULL, countElems, &thread_args[t] );
}

for (t = 0; t < nthreads; t++) {
    pthread_join(thread_array[t], NULL);
}
pthread_mutex_destroy(&mutex); // 뮤텍스 파괴(해제)
```

이 새 프로그램을 스레드 수를 변경하면서 재컴파일하고 실행해보자.

```
$ ./countElems_p_v2 10000000 1 1
Counts array:
999170 1001044 999908 1000431 999998 1001479 999709 997250 1000804 1000207

$ ./countElems_p_v2 10000000 1 2
Counts array:
999170 1001044 999908 1000431 999998 1001479 999709 997250 1000804 1000207

$ ./countElems_p_v2 10000000 1 4
Counts array:
999170 1001044 999908 1000431 999998 1001479 999709 997250 1000804 1000207
```

훌륭하다! 드디어 스레드 수에 관계없이 출력이 일관성 있게 나온다!

스레딩의 또 다른 주요 목표는 프로그램의 실행 시간의 단축이다. 즉, 프로그램 실행 **속도 향상**이다. countElems 함수의 성능을 벤치마킹해보자. time -p 같은 커맨드 라인 유틸리티를 사용하고 싶겠지만, time -p를 호출하면 (난수 생성을 포함한) 전체 프로그램의 벽시계 시간을 측정하므로 countElems 함수의 실행 시간만 측정할 수 없다. 이 경우, 코드 특정 부분의 벽시계 시간을 정확하게 측정하는 gettimeofday 같은 시스템 호출을 사용하는 편이 더 좋다. 1억 개 요소의 countElems 벤치마킹 결과, 실행 시간은 다음과 같다.

```
$ ./countElems_p_v2 100000000 0 1
Time for Step 1 is 0.368126 s

$ ./countElems_p_v2 100000000 0 2
Time for Step 1 is 0.438357 s

$ ./countElems_p_v2 100000000 0 4
Time for Step 1 is 0.519913 s
```

더 많은 스레드를 추가하면 프로그램이 **더 느려진다**! 이는 스레드를 사용해 프로그램을 **빠르게** 만든다는 목표에 상반한다.

무엇이 일어나고 있는지 이해하려면 countsElems 함수에서 잠금이 어디에 배치되는지 살펴봐야 한다.

```
// 이전 countElems 함수의 코드
// 프로그램의 핵심 부분
pthread_mutex_lock(&mutex); // 뮤텍스 잠금 획득
for (i = start; i < end; i++){
    val = array[i];
    counts[val] = counts[val] + 1;
}
pthread_mutex_unlock(&mutex); // 뮤텍스 잠금 해제
```

이 예시에서 잠금을 for 반복문의 전체 주위에 배치했다. 이 배치는 정확성 문제를 해결한다 해도 성능 측면에서 굉장히 부실한 결정이다. 이제 임계 구역에 전체 반복문 본문이 포함되기 때문이다. 이런 식으로 잠금을 배치하면 한 번에 하나의 스레드만 반복문을 실행할 수 있으므로, 프로그램이 병렬화되는 효과가 없어져 사실상 직렬화된다!

뮤텍스: 리로디드

접근 방식을 달리해서 이번에는 뮤텍스 잠금 및 해제 함수를 반복문의 모든 반복 내에 배치해 보자.

```
/* countElems 함수의 수정된 코드
 * 잠금은 이제 for 반복문 내부에 배치된다!
 */
//프로그램의 핵심 부분
for (i = start; i < end; i++) {
    val = array[i];
    pthread_mutex_lock(&m); // 뮤텍스 잠금 획득
    counts[val] = counts[val] + 1;
    pthread_mutex_unlock(&m); // 뮤텍스 잠금 해제
}
```

이 방법은 초기에는 좋은 해결책으로 보일 수 있다. 각 스레드가 반복문에 병렬로 진입할 수 있으며, 잠금 지점에 도달하면 직렬화된다. 임계 구역은 매우 작으며, counts[val] = counts[val] + 1만 포함한다.

이 버전에서 정확성 검사를 해보자.

```
$ ./countElems_p_v3 10000000 1 1
Counts array:
999170 1001044 999908 1000431 999998 1001479 999709 997250 1000804 1000207

$ ./countElems_p_v3 10000000 1 2
Counts array:
999170 1001044 999908 1000431 999998 1001479 999709 997250 1000804 1000207

$ ./countElems_p_v3 10000000 1 4
Counts array:
999170 1001044 999908 1000431 999998 1001479 999709 997250 1000804 1000207
```

그런대로 잘됐다. 이 버전은 사용된 스레드 수와 관계없이 일관된 출력을 생성한다.

이제 성능을 살펴보자.

```
$ ./countElems_p_v3 100000000 0 1
Time for Step 1 is 1.92225 s
```

```
$ ./countElems_p_v3 100000000 0 2
Time for Step 1 is 10.9704 s

$ ./countElems_p_v3 100000000 0 4
Time for Step 1 is 9.13662 s
```

이 버전의 코드를 실행하면 (놀랍게도) 실행 시간이 **상당히 느려진다**!

결과적으로 뮤텍스 잠금과 해제는 비용이 많이 드는 작업이다. 함수 호출 최적화를 논의할 때 다룬 내용을 떠올려보라('12.2.1 함수 인라이닝' 참조). 루프 안에서 반복적인 (그리고 불필요한) 함수 호출은 프로그램 속도 저하의 주요한 원인이다. 뮤텍스를 사용할 때, 이전에는 각 스레드가 뮤텍스를 정확히 한 번씩 잠그고 해제했다. 현재 해결책에서 각 스레드는 뮤텍스를 n/t번 잠그고 해제하는데, 여기서 n은 배열의 크기, t는 스레드의 수이고 n/t는 각 스레드에 할당된 배열 범위의 크기다. 따라서 뮤텍스 연산 비용이 추가돼 루프의 실행 속도가 상당히 느려진다.

뮤텍스 다시 보기

올바른 동작을 보장하기 위해 임계 구역을 보호하는 것 외에도, 잠금 및 해제 함수를 가능한 한 적게 사용하고, 임계 구역을 가능한 한 작게 줄이는 것이 이상적이다.

첫 구현은 첫째 요건을 충족하지만, 그다음 구현은 둘째 요건을 달성하려고 노력한다. 언뜻 보기에 두 요건이 양립할 수 없는 것처럼 보인다. 실제로 두 요건과 프로그램의 실행 속도 향상까지 더불어 충족할 방법이 있을까?

다음 시도에서는 각 스레드가 스택에서 프라이빗 **지역**local 카운트 배열을 유지한다. 각 스레드의 카운트 배열은 지역 배열이므로, 스레드는 잠금 없이 해당 배열에 접근할 수 있다. 즉, 스레드 간에 공유하지 않는 데이터에 대해서는 경쟁 조건이 발생할 위험이 없다. 각 스레드는 할당된 공유 배열의 서브셋을 처리하고, 지역 카운트 배열을 채운다. 각 스레드는 자신의 하위 집합 내의 모든 값을 계산한 후 다음을 수행한다.

1 공유 뮤텍스를 잠근다(임계 구역에 진입).
2 지역 counts 배열의 값을 공유 counts 배열에 추가한다.
3 공유 뮤텍스 잠금을 해제한다(임계 구역에서 퇴출).

각 스레드가 공유 counts 배열을 한 번만 업데이트하도록 제한하면, 공유 변수의 경합(상호 배제)이 크게 줄고 비용이 많이 드는 뮤텍스 연산을 최소화할 수 있다.

다음은 수정된 countElems 함수다.[6]

```
/* CountSort 알고리즘 1단계의 병렬 버전 (뮤텍스를 사용한 최종 시도)
 * args 값에서 인수 추출
 * 스레드가 계산을 담당한 배열의 범위를 계산
 * 할당된 범위 내 모든 요소의 빈도를 계산
 * 각 요소의 관련 카운트를 counts 배열에 저장
 */
void *countElems( void *args ) {
    // 인수 추출
    // 생략
    int *array = myargs->ap;
    long *counts = myargs->countp;

    // counts 배열의 지역 선언, 모든 요소를 0으로 초기화
    long local_counts[MAX] = {0};

    // 스레드에 작업 할당
    long chunk = length / nthreads; // 명목적인 청크 크기
    long start = myid * chunk;
    long end = (myid + 1) * chunk;
    long val;
    if (myid == nthreads-1)
        end = length;

    long i;

    // 프로그램 핵심 부분
    for (i = start; i < end; i++) {
        val = array[i];

        // 지역 배열 counts 업데이트
```

6   https://diveintosystems.org/book/C14-SharedMemory/_attachments/countElems_p_v3.c

```
        local_counts[val] = local_counts[val] + 1;
    }

    // 전역 counts 배열로 업데이트
    pthread_mutex_lock(&mutex); // 뮤텍스 잠금 획득
    for (i = 0; i < MAX; i++) {
        counts[i] += local_counts[i];
    }
    pthread_mutex_unlock(&mutex); // 뮤텍스 잠금 해제
    return NULL;
}
```

이 버전에는 다음과 같은 기능이 추가됐다.

- 각 스레드의 범위에 속하는(즉, 스레드의 스택에 할당된) local_counts 배열이 존재한다. counts와 마찬가지로, local_counts는 입력 배열에서 가능한 최댓값을 나타내는 MAX개의 요소를 포함한다.
- 각 스레드는 공유 변수에 대한 경합 없이 자신의 속도로 local_counts를 업데이트한다.
- pthread_mutex_lock의 단일 호출은 각 스레드의 전역 counts 배열 업데이트를 보호한다. 이는 각 스레드 실행의 끝에서 한 번만 수행된다.

이렇게 함으로써, 각 스레드가 임계 구역에 머무는 시간을 공유 카운트 배열을 업데이트하는 데만 사용하도록 제한한다. 임계 구역에는 한 번에 하나의 스레드만 들어갈 수 있지만, 각 스레드가 임계 구역에서 보내는 시간은 전역 배열의 길이 n이 아니라 MAX에 비례한다. MAX가 n보다 훨씬 더 작기 때문에, 성능이 향상된다.

이제 이 버전의 코드를 벤치마킹하자.

```
$ ./countElems_p_v3 100000000 0 1
Time for Step 1 is 0.334574 s

$ ./countElems_p_v3 100000000 0 2
Time for Step 1 is 0.209347 s

$ ./countElems_p_v3 100000000 0 4
Time for Step 1 is 0.130745 s
```

와우, 차이가 크다! 프로그램이 올바른 결과를 계산할 뿐만 아니라 스레드 수를 늘릴수록 더 빠르게 실행된다.

여기서 얻는 교훈은 다음과 같다. 임계 영역을 효율적으로 최소화하려면 중간값을 수집하기 위해 지역 변수를 사용하자. 병렬화가 필요한 작업이 끝나면, 공유 변수를 안전하게 업데이트하기 위해 뮤텍스를 사용하자.

교착 상태

일부 프로그램에서 대기 중인 스레드는 서로 종속된다. 그래서 여러 동기화 구조체(예, 뮤텍스)가 잘못 적용되면 **교착 상태**deadlock가 발생할 수 있다. 교착 상태에 있는 스레드는 다른 스레드에 의해 실행이 차단되며, 이 스레드는 또 다른 차단된 스레드에 의해 차단된다. 정체(다른 차량에 가로막혀 주행할 수 없는 상태)는 번잡한 도시 교차로에서 흔히 볼 수 있는 교착 상태의 실례다.

멀티스레딩을 사용해 은행 애플리케이션을 구현하는 예시를 통해 교착 상태 시나리오를 설명하고자 한다. 각 사용자의 계정은 잔고와 해당 계정에 대한 뮤텍스로 식별된다(잔액을 업데이트할 때 경쟁 상태가 발생하지 않도록 보장한다).

```
struct account {
    pthread_mutex_t lock;
    int balance;
};
```

다음은 은행 계좌 간에 돈을 옮기는 Transfer 함수의 미숙한 구현이다.

```
void *Transfer(void *args){
    // 가독성을 높이기 위해 인수 전달이 제거됨
    // ...

    pthread_mutex_lock(&fromAcct->lock);
    pthread_mutex_lock(&toAcct->lock);

    fromAcct->balance -= amt;
```

```
    toAcct->balance += amt;

    pthread_mutex_unlock(&fromAcct->lock);
    pthread_mutex_unlock(&toAcct->lock);

    return NULL;
}
```

스레드 0과 1이 동시에 실행 중이고 각각 사용자 A와 B를 나타낸다고 가정하자. 이제 A와 B가 서로 돈을 보내려는 상황을 고려해보자. A는 B에게 20달러를 보내려 하고, 반면 B는 A에게 40달러를 보내려 한다.

[그림 14-7]에서 강조한 실행 경로에서 두 스레드는 동시에 Transfer 함수를 실행한다. 스레드 0은 acctA의 잠금을 획득하고, 스레드 1은 acctB의 잠금을 획득한다. 이제 무슨 일이 일어나는지 생각해보자. 스레드 0은 실행을 계속하려면 스레드 1이 보유한 acctB의 잠금을 얻어야 한다. 마찬가지로 스레드 1은 실행을 계속하기 위해 스레드 0이 보유한 acctA의 잠금을 획득해야 한다. 두 스레드가 서로 차단돼 있으므로 교착 상태에 빠진다.

스레드 0	스레드 1

`Transfer(...){`
`// acctA은 fromAcct다`
`// acctB는 toAcct다`
`pthread_mutex_lock (&acctA->lock);`
　스레드 0이 여기 도달했다.
`pthread_mutex_lock (&acctB->lock);`
	`Transfer(...){`
	`// acctB는 fromAcct다.`
	`// acctA는 toAcct다.`
	`pthread_mutex_lock (&acctB->lock);`
	　스레드 1이 여기 도달했다.
	`pthread_mutex_lock (&acctA->lock);`

그림 14-7 교착 상태의 예

물론 운영 체제가 교착 상태를 방지하는 보호 기능을 몇 가지 제공하지만, 프로그래머는 교착 상태의 가능성을 높이는 코드를 작성하지 않도록 주의해야 한다. 예를 들어 이전 시나리오에서는 각각의 lock/unlock 쌍이 그에 상응하는 잔액 업데이트 구문을 감싸도록 재배치함으로써 방지할 수 있었다.

```
void *Transfer(void *args){
    //가독성을 높이기 위해 인수 전달이 제거됨
    //...

    pthread_mutex_lock(&fromAcct->lock);
    fromAcct->balance -= amt;
    pthread_mutex_unlock(&fromAcct->lock);

    pthread_mutex_lock(&toAcct->lock);
    toAcct->balance += amt;
    pthread_mutex_unlock(&toAcct->lock);

    return NULL;
}
```

교착 상태는 스레드에 국한되지 않는다. 프로세스(특히 서로 통신하는 프로세스)도 서로 교착 상태에 빠질 수 있다. 프로그래머는 사용하는 동기화 프리미티브와 이를 잘못 사용했을 때의 결과를 염두에 둬야 한다.

14.3.2 세마포어

세마포어^{semaphores}는 운영 체제와 동시성 프로그램에서 많이 사용되는데, 공유 리소스 풀에 대한 동시 접근을 관리하는 것이 목표다. 세마포어를 사용할 때 목표는 누가 어느 리소스를 소유하는가에 있지 않고, 얼마나 많은 리소스가 아직 사용 가능한가에 있다. 세마포어는 여러 가지 면에서 뮤텍스와 다르다.

- 세마포어는 바이너리(잠금 또는 잠금 해제) 상태일 필요가 없다. **카운팅 세마포어**counting semaphore는 특수한 종류의 세마포어로, 가능한 리소스의 개수 r에 따라 0부터 r까지의 값을 가질 수 있다. 리소스가 생성될 때마다 세마포어가 증가하고, 리소스를 사용할 때마다 세마포어가 감소한다. 카운팅 세마포어의 값이 0이면 사용 가능한 리소스가 없다는 뜻이며, 리소스를 획득하려는 다른 스레드들은 대기(예, 블록)해야 한다.
- 세마포어는 기본적으로 잠겨 있을 수 있다.

세마포어는 뮤텍스와 조건 변수의 기능을 모방할 수 있지만, 때로는 세마포어를 사용하는 편이 더 간단하고 효율적이다. 또한 뮤텍스와 달리 모든 스레드가 세마포어를 잠금 해제할 수 있다는 장점도 있다(뮤텍스의 경우 호출 스레드가 잠금을 해제해야 한다).

세마포어는 Pthread 라이브러리의 일부가 아닌데, 그렇다고 사용할 수 없는 것은 아니다. 리눅스와 맥OS 시스템에서는 semaphore.h(전형적으로 /usr/include에 위치)에서 세마포어 프리미티브에 접근할 수 있다. 표준이 없기 때문에 함수 호출은 시스템마다 다를 수 있다. 즉 세마포어 라이브러리는 뮤텍스 라이브러리와 선언이 유사하다.

- 세마포어를 선언한다(sem_t 타입의 세마포어는 sem_t semaphore로 선언).
- sem_init를 사용해 세마포어를 초기화한다(보통 main에서 초기화된다). sem_init 함수에는 세 개의 매개변수가 있다. 첫째는 세마포어의 주소, 둘째는 초기 상태(잠겼거나 안 잠겼음)이며, 셋째 매개변수는 세마포어를 프로세스의 스레드(예, 값 0으로)와 공유하거나 프로세스(예, 값 1로) 간에 공유하는지를 나타낸다. 이 함수는 세마포어가 프로세스 동기화에 많이 사용되기 때문에 유용하다. 예를 들어, sem_init(&semaphore, 1, 0) 호출로 세마포어를 초기화하면, 세마포어가 처음에 잠겨 있음을 나타낸다(둘째 매개변수가 1임). 그리고 공통 프로세스의 스레드 간에 공유돼야 한다(셋째 매개변수가 0임). 반대로 뮤텍스는 항상 잠금 해제된 상태로 시작한다. 맥OS에서는 이에 준하는 기능이 sem_open이라는 점에 주의하자.
- sem_destroy를 사용해 세마포어를 제거한다(보통 main에서 사용된다). 이 함수는 sem_destroy(&semaphore)처럼 세마포어에 대한 포인터만을 받는다. 맥OS에서는 이와 동등한 기능이 sem_unlink 또는 sem_close일 수 있다.
- sem_wait 함수는 리소스가 사용 중임을 나타내고 세마포어를 감소시킨다. 세마포어의 값이 0보다 크면(아직 사용 가능한 리소스가 있음을 나타냄) 함수는 즉시 반환되고 스레드가 계속 진행된다. 세마포어의 값이 0이면 리소스가 사용 가능해질 때까지(즉, 세마포어가 양숫값을 가질 때까지) 스레드가 차단된다. sem_wait 호출은 전형적으로 sem_wait(&semaphore)와 같이 보인다.
- sem_post 함수는 리소스가 해제 중임을 나타내고 세마포어를 증가시킨다. 이 함수는 즉시 반환된다. 세마포어에서 대기 중인 스레드가 있는 경우(즉, 세마포어의 이전 값이 0이었다면) 다른 스레드가 해제된 리소스의 소유권을 갖게 된다. sem_post 호출은 sem_post(&semaphore)처럼 보인다.

14.3.3 기타 동기화 구조체

뮤텍스와 세마포어 외에 멀티스레드 프로그램에서 사용할 수 있는 동기화 구조체가 있다. 여기서는 Pthreads 라이브러리의 일부인 배리어와 조건 변수라는 동기화 구조체를 간략하게 설명한다.

배리어

배리어^{barrier}는 모든 스레드가 동시 실행을 계속하기 전에 실행 중인 공통 지점에 도달하도록 강제하는 동기화 구조체다. Pthreads는 배리어 동기화 프리미티브를 제공한다. Pthreads 배리어를 사용하려면 다음을 수행한다.

- 배리어 전역 변수 선언 (예, pthread_barrier_t barrier)
- main에서 배리어 초기화 (예, pthread_barrier_init(&barrier))
- 사용 후 main에서 배리어 제거 (예, pthread_barrier_destroy(&barrier))
- pthread_barrier_wait 함수를 사용해 동기화 지점 생성

다음 프로그램은 threadEx라는 함수에서 배리어를 사용한다.

```
void *threadEx(void *args){
    // 인수 구문 분석
    // ...
    long myid = myargs->id;
    int nthreads = myargs->numthreads;
    int *array = myargs->array

    printf("Thread %ld starting thread work!\n", myid);
    pthread_barrier_wait(&barrier); // 강제 동기화 지점
    printf("All threads have reached the barrier!\n");
    for (i = start; i < end; i++) {
        array[i] = array[i] * 2;
    }
    printf("Thread %ld done with work!\n", myid);

    return NULL;
}
```

이 예시에서는 모든 스레드가 작업을 시작한다는 메시지를 출력할 때까지 어떤 스레드도 배열의 할당된 부분 처리를 시작할 수 없다. 배리어가 없다면, 스레드는 다른 스레드가 작업 시작 메시지를 출력하기 전에 작업을 완료할 수 있다! 한 스레드는 또 다른 스레드가 작업을 완료하기 전에 완료 메시지를 출력할 수 있다.

조건 변수

조건 변수는 특정 조건에 도달할 때까지 스레드를 강제로 차단한다. 이 구조체는 스레드가 작업을 수행하기 전에 충족해야 할 조건이 있는 시나리오에 유용하다. 조건 변수가 없으면, 스레드가 CPU를 계속 사용하면서 조건이 충족되는지를 거듭 확인해야 하기 때문이다. 조건 변수는 항상 뮤텍스와 함께 사용된다. 이러한 동기화 구조체에서 뮤텍스는 상호 배제를 적용하고, 조건 변수는 특정 조건이 충족되기 전에 스레드가 뮤텍스를 획득할 수 있도록 보장한다.

POSIX 조건 변수의 유형은 `pthread_cond_t`다. 뮤텍스, 배리어와 마찬가지로, 조건 변수는 사용하기 전에 초기화돼야 하며 사용 후에는 제거돼야 한다.

조건 변수를 초기화하려면 `pthread_cond_init` 함수를 사용하고, 삭제하려면 `pthread_cond_destroy` 함수를 사용한다.

조건 변수를 사용할 때 일반적으로 호출되는 두 함수는 `pthread_cond_wait`와 `pthread_cond_signal`이다. 두 함수는 모두 조건 변수의 주소 외에 뮤텍스의 주소도 필요하다.

- `pthread_cond_wait(&cond, &mutex)` 함수는 조건 변수 cond와 뮤텍스 mutex의 주소를 인수로 사용한다. 이 함수는 호출한 스레드가 조건 변수 cond에서 차단되어 다른 스레드에서 시그널을 보내기(또는 '깨우기') 전까지 대기한다.
- `pthread_cond_signal(&cond)` 함수는 호출한 스레드가 (스케줄링 우선순위를 따라) 조건 변수 cond를 기다리는 다른 스레드를 차단 해제하거나 시그널을 보낸다. 대기 중인 스레드가 없으면 함수는 효과가 없다. `pthread_cond_signal` 함수는 `pthread_cond_wait`가 호출된 뮤텍스의 보유 여부와 상관없이 스레드에 의해 호출될 수 있다. 하지만 `pthread_cond_wait`는 뮤텍스를 보유해야만 호출된다.

조건 변수 예시

전통적으로 조건 변수는 한 스레드의 일부 집합이 다른 집합의 작업이 완료되기를 기다리고 있는 경우에 가장 유용하다. 다음 예시에서는 여러 스레드를 사용해 농부들이 닭이 낳은 달걀을 모으는 과정을 시뮬레이션한다. '닭(Chicken)'과 '농부(Farmer)'는 스레드의 두 클래스를 나타낸다. 이 프로그램의 전체 소스를 다운로드할 수 있다.[7] 다만 여기서는 간결함을 위해 많은 주석과 오류 처리를 제외했다.

main 함수는 공유 변수 num_eggs(주어진 시간에 사용 가능한 총 달걀 수), 공유 뮤텍스(스레드가 num_eggs에 접근할 때 사용되는 뮤텍스), 공유 조건 변수 eggs를 생성한다. 그런 다음 두 개의 닭 스레드와 두 개의 농부 스레드를 생성한다.

```c
int main(int argc, char **argv){
    // 생략

    // t_args의 포인터 필드를 통해 모든 스레드에서 공유됨
    int num_eggs;           // 모을 준비가 된 달걀의 수
    pthread_mutex_t mutex;  // 조건 변수와 관련된 뮤텍스
    pthread_cond_t  eggs;   // 알을 기다리는 농부를 막거나 깨울 때 사용

    // 생략

    num_eggs = 0; // 모을 준비가 된 달걀의 수
    ret = pthread_mutex_init(&mutex, NULL); //뮤텍스 초기화
    pthread_cond_init(&eggs, NULL); //조건 변수 초기화

    // theard_array 및 thread_arg 생략

    // 일부 닭과 농부 스레드 생성
    for (i = 0; i < (2 * nthreads); i++) {
        if ( (i % 2) == 0 ) {
            ret = pthread_create(&thread_array[i], NULL,
                                chicken, &thread_args[i]);
        }
        else {
            ret = pthread_create(&thread_array[i], NULL,
                                farmer, &thread_args[i] );
        }
    }
```

7 https://diveintosystems.org/book/C14-SharedMemory/_attachments/layeggs.c

```
        // 닭과 농부 스레드가 종료될 때까지 대기
        for (i = 0; i < (2 * nthreads); i++) {
            ret = pthread_join(thread_array[i], NULL);
        }

        // 프로그램 상태 정리
        pthread_mutex_destroy(&mutex); // 뮤텍스 제거
        pthread_cond_destroy(&eggs);   // 조건 변수 제거

        return 0;
}
// 각 Chicken 스레드는 특정 수의 알을 낳는 역할을 한다.
void *chicken(void *args ) {
        struct t_arg *myargs = (struct t_arg *)args;
        int *num_eggs, i, num;

        num_eggs = myargs->num_eggs;
        i = 0;

        // 알을 낳는다.
        for (i = 0; i < myargs->total_eggs; i++) {
            usleep(EGGTIME); // 닭이 잔다.

            pthread_mutex_lock(myargs->mutex);
            *num_eggs = *num_eggs + 1;   // 달걀 수 업데이트
            num = *num_eggs;
            pthread_cond_signal(myargs->eggs); // 잠자는 농부 깨우기 (꼬끼오)
            pthread_mutex_unlock(myargs->mutex);

            printf("chicken %d created egg %d available %d\n",myargs->id,i,num);
        }
        return NULL;
}
```

알을 낳기 위해 닭 스레드는 잠시 잠들었다가 뮤텍스를 획득하고 사용 가능한 총 달걀 수를 하나씩 업데이트한다. 뮤텍스를 해제하기 전에, 닭 스레드는 잠든 농부를 깨운다(아마도 꼬꼬댁 소리를 내서). 닭 스레드는 달걀을 다 낳을 때까지(**total_eggs**) 이 과정을 반복한다.

각 농부 스레드는 닭 무리로부터 total_eggs개의 달걀을 모아야 한다.

```
void *farmer(void *args ) {
    struct t_arg * myargs = (struct t_arg *)args;
    int *num_eggs, i, num;

    num_eggs = myargs->num_eggs;

    i = 0;

    for (i = 0; i < myargs->total_eggs; i++) {
        pthread_mutex_lock(myargs->mutex);
        while (*num_eggs == 0 ) { // 모을 달걀이 없음
            // 닭이 알을 낳을 때까지 기다림
            pthread_cond_wait(myargs->eggs, myargs->mutex);
        }

        // 뮤텍스 잠금 유지, num_eggs > 0
        num = *num_eggs;
        *num_eggs = *num_eggs - 1;
        pthread_mutex_unlock(myargs->mutex);

        printf("farmer %d gathered egg %d available %d\n",myargs->id,i,num);
    }
    return NULL;
}
```

각 농부 스레드는 사용 가능한 달걀이 있는지 확인하기 위해서(*num_eggs == 0), 공유 변수 num_eggs를 확인하기 전에 뮤텍스를 획득한다. 달걀이 없을 때는 농부 스레드가 차단된다(즉, 낮잠을 잔다).

농부 스레드가 닭 스레드로부터 시그널을 받아 '깨어난' 후 달걀이 아직 사용 가능한지 확인한다(다른 농부가 먼저 가져갈 수도 있음). 달걀이 사용 가능하다면 농부는 계란을 '모으고'(num_eggs를 하나 감소시키고) 뮤텍스를 해제한다.

이런 방식으로 닭과 농부는 협력해서 알을 낳고 모으는 일을 한다. 조건 변수는 닭 스레드가 알을 낳을 때까지 농부 스레드가 달걀을 모으지 않도록 한다.

브로드캐스팅

조건 변수와 함께 사용되는 또 다른 함수는 pthread_cond_broadcast로, 특정 조건에 대해 여러 스레드가 차단됐을 때 유용하다. pthread_cond_broadcast(&cond)를 호출하면 조건 cond에 차단된 모든 스레드가 깨어난다. 다음 예시는 앞서 설명한 배리어 구조체를 조건 변수로 구현한다.

```c
// 뮤텍스 (메인에서 초기화됨)
pthread_mutex_t mutex;

// 배리어를 나타내는 조건 변수 (메인에서 초기화됨)
pthread_cond_t barrier;

void *threadEx_v2(void *args){
    // 인수 구문 분석
    // ...

    long myid = myargs->id;
    int nthreads = myargs->numthreads;
    int *array = myargs->array

    // 배리어에 도달한 스레드 수를 나타내는 카운터
    int *n_reached = myargs->n_reached;

    // 배리어 코드 시작
    pthread_mutex_lock(&mutex);
    *n_reached++;

    printf("Thread %ld starting work!\n", myid)

    // 어떤 스레드도 배리어에 도달하지 않는다면
    while (*n_reached < nthreads) {
```

```
            pthread_cond_wait(&barrier, &mutex);
    }
    // 모든 스레드가 배리어에 도달함
    printf("all threads have reached the barrier!\n");
    pthread_cond_broadcast(&barrier);

    pthread_mutex_unlock(&mutex);
    // 배리어 코드 종료

    // 정상적인 스레드 작업
    for (i = start; i < end; i++) {
        array[i] = array[i] * 2;
    }
    printf("Thread %ld done with work!\n", myid);

    return NULL;
}
```

함수 threadEx_v2는 threadEx와 기능이 동일하다. 예를 들어 조건 변수의 이름은 barrier
다. 각 스레드가 잠금을 획득하면 그 지점까지 도달한 스레드 수인 n_reached를 증가시킨다.
배리어에 도달한 스레드 수가 전체 스레드 수보다 더 적은 동안에는 스레드가 조건 변수 bar-
rier와 뮤텍스 mutex에서 대기한다.

그러나 마지막 스레드가 배리어에 도달하면 pthread_cond_broadcast(&barrier)를 호출해
조건 변수 barrier에서 대기하고 있는 모든 스레드를 해제한다. 이를 통해 스레드들이 계속
실행할 수 있다.

이 예시에서는 pthread_cond_broadcast 함수를 설명했지만, 프로그램에서 배리어가 필요한
경우 Pthreads 배리어 프리미티브를 사용하는 것이 가장 좋다.

farmer와 threadEx_v2 코드에서 pthread_cond_wait 호출을 감싼 while 루프를 if 문으
로 대체해도 괜찮은지 질문하는 경우가 많은데, while 루프는 두 가지 이유에서 반드시 필요하
다. 첫째, 실행을 계속하기 위해 깨어난 스레드가 도달하기 전에 조건이 변경될 수 있다. while
루프는 마지막으로 한 번 더 조건을 확인한다. 둘째, pthread_cond_wait 함수는 조건이 충족
되지 않아도 스레드가 잘못 깨어나는 **거짓 기상**spurious wakeup에 취약하다. while 루프는 조건 변

수를 해제하기 전에 마지막으로 조건 변수를 확인하는 **조건부 루프**predicate loop다. 따라서 조건 변수를 사용할 때 조건부 루프를 사용해야 한다.

14.4 병렬 프로그램의 성능 측정

지금까지 `gettimeofday` 함수를 사용해 프로그램의 실행 시간을 측정했다. 이 절에서는 병렬 프로그램의 성능 측정과 관련된 주제와 더불어 병렬 프로그램이 직렬 프로그램에 비해 얼마나 잘 수행되는지 측정하는 방법을 설명한다.

14.4.1 병렬 프로그램의 성능

먼저 병렬 프로그램의 성능을 이해하는 데 필요한 주제들을 살펴보겠다.

가속화

프로그램이 c개 코어에서 실행되어 T_c 시간이 걸린다고 가정하자. 따라서 직렬 버전의 프로그램은 T_1 시간이 걸린다. 프로그램의 c 코어에서의 가속화speedup는 다음과 같은 방정식으로 표현된다.

$$가속화_c = \frac{T_1}{T_c}$$

직렬 프로그램이 60초 동안 실행되는 경우, 병렬 버전이 2개 코어에서 30초 동안 실행되는 경우, 가속화는 2다. 마찬가지로, 만약 프로그램이 4개 코어에서 15초 동안 실행되는 경우, 가속화는 4가 된다. 이상적인 시나리오에서, n개의 전체 스레드를 사용하는 n개 코어에서 실행되는 프로그램은 가속화가 n이 된다.

프로그램의 가속화가 1보다 크면, 병렬화parallelization로 약간 더 빨라졌음을 나타낸다. 만약 가속화가 1보다 작으면, 병렬 솔루션이 실제로 직렬 솔루션보다 느리다고 볼 수 있다. 프로그램의 가속화가 n보다 큰 경우도 있다(예를 들어 캐시 추가로 인해 메모리 접근이 감소하는 부작용 등으로). 이러한 경우를 **초선형 가속화**superlinear speedup라고 한다.

효율성

가속화는 코어의 수를 고려하지 않으며 직렬 시간과 병렬 시간의 비율이다. 예를 들어 직렬 프로그램이 60초 걸리지만, 4개 코어에서 병렬 프로그램이 30초 걸린 경우에도 가속화는 여전히 2가 된다. 그러나 이 측정 항목은 프로그램이 4개 코어에서 실행됐다는 사실을 포착하지는 못한다.

코어당 가속화를 측정할 때는 효율성을 사용한다.

$$효율성_c = \frac{T_1}{T_c \times c} = \frac{가속화_c}{c}$$

효율성efficiency은 전형적으로 0부터 1까지 다양하다. 효율성 1은 코어가 완벽하게 사용되고 있음을 나타낸다. 효율성이 0에 가까우면, 추가 코어가 성능을 개선하지 못하기 때문에 병렬성에 큰 이점이 없다. 효율성이 1보다 크면 초선형 가속화가 발생했다는 것을 나타낸다.

직렬 프로그램이 60초 걸린 이전 예시를 다시 보자. 만약 2개 코어에서 병렬 버전이 30초 동안 실행된다면, 프로그램의 효율성은 1(또는 100%)이다. 대신 프로그램이 4개 코어에서 30초 걸리면 효율성이 0.5(또는 50%)로 떨어진다.

병렬 프로그램의 실제 성능

이상적인 가속화는 선형적이다. 컴퓨팅 장치가 추가될 때마다 병렬 프로그램은 상응하는 만큼의 가속화를 달성해야 한다. 그러나 이러한 시나리오는 현실에서 드물다. 대부분의 프로그램은 코드 내부의 고유한 종속성 때문에 필연적으로 직렬 컴포넌트를 포함한다. 프로그램 내의 가장 긴 종속성 집합을 **임계 경로**critical path라고 한다. 프로그램의 임계 경로 길이를 줄이는 것은 병렬화의 중요한 첫 단계. 스레드 동기화 지점(프로그램이 여러 컴퓨팅 노드에서 실행되는 경우)과 프로세스 간의 통신 오버헤드는 프로그램의 병렬 성능을 제한할 수 있는 코드 내 컴포넌트다.

> **WARNING_ 모든 프로그램이 병렬성을 적용하기에 좋은 것은 아니다!**
>
> 임계 경로의 길이는 몇몇 프로그램의 병렬화를 굉장히 어렵게 만든다. 예를 들어, n번째 피보나치 수를 생성하는 문제를 생각해보자. 모든 피보나치 수는 그 앞에 있는 두 개의 피보나치 수에 종속되므로, 이 프로그램을 효율적으로 병렬화하기는 매우 어렵다!

앞서 이 장에서 다룬 CountSort 알고리즘의 countElems 함수의 병렬화를 생각해보자. 이상적인 상황이라면, 프로그램의 속도 향상이 코어 수에 비례해 선형적으로 증가할 것으로 예상된다. 논리 스레드가 8개인 쿼드 코어 시스템에서 실행 시간을 측정해 확인해보자.

```
$ ./countElems_p_v3 100000000 0 1
Time for Step 1 is 0.331831 s

$ ./countElems_p_v3 100000000 0 2
Time for Step 1 is 0.197245 s

$ ./countElems_p_v3 100000000 0 4
Time for Step 1 is 0.140642 s

$ ./countElems_p_v3 100000000 0 8
Time for Step 1 is 0.107649 s
```

[표 14-3]은 이러한 멀티스레드 실행의 가속화와 효율성을 보여준다.

표 14-3 성능 비교

스레드 수	2	4	8
가속화	1.68	2.36	3.08
효율성	0.84	0.59	0.39

2개 코어로 실행하는 경우 84%의 효율성을 보이지만, 8개 코어로 실행할 때는 코어 효율성이 39%로 떨어진다. 최적의 가속화인 8에 도달하지 못한 것에 주목하자. 그 이유는 스레드에 작업을 할당하는 오버헤드와 counts 배열에 대한 연속적인 업데이트가 많이 수행된 스레드가 성능을 좌우하기 시작하며, 쿼드 코어 프로세서에서 8개 스레드의 리소스 경합이 발생해 코어 효율성이 감소하기 때문이다.

암달의 법칙

1967년, IBM의 선두 컴퓨터 아키텍트인 진 암달[Gene Amdahl]은 컴퓨터 프로그램이 달성할 수 있는 최대 속도 향상이 필연적으로 직렬 컴포넌트의 크기로 제한된다고 예측했다(암달의 법칙

Amdahl's Law). 더 일반적으로, 암달의 법칙은 모든 프로그램에 대해 가속화할 수 있는 컴포넌트(최적화하거나 병렬화할 수 있는 프로그램의 비율, P)와 가속화할 수 없는 컴포넌트(직렬인 프로그램의 비율, S)가 있다고 설명한다. 최적화 가능하거나 병렬화 가능한 컴포넌트 P의 실행 시간이 0으로 줄더라도 직렬 컴포넌트인 S가 존재하며, 결국 S가 성능을 지배한다. S와 P는 프로그램의 비율이므로, S + P = 1이다.

프로그램이 한 코어에서 시간 T_1 동안 실행된다고생각해보자. 그러면 프로그램 실행 중 필연적으로 직렬인 부분은 S × T_1 시간이 걸리고, 프로그램 실행의 병렬화 가능한 부분(P = 1 − S)은 P × T_1 시간이 걸린다.

프로그램이 c개 코어에서 실행될 때 직렬 코드 부분은 여전히 S × T_1 시간이 걸린다(그 외 모든 조건이 동일할 때), 그러나 병렬화 가능한 부분은 c개 코어로 나눌 수 있다. 따라서 동일한 작업을 실행하기 위해 c개 코어가 있는 병렬 프로세서의 최대 개선은 다음과 같다.

$$T_c = S \times T_1 + \frac{P}{c} \times T_1$$

c가 증가함에 따라 병렬 프로세서에서의 실행 시간은 프로그램의 직렬 부분에 의해 좌우된다.

암달의 법칙이 미치는 영향을 이해하기 위해, 90%가 병렬화 가능하고 1개 코어에서 10초 동안 실행되는 프로그램을 생각해보자. 방정식에서 병렬화 가능한 컴포넌트(P)가 0.9이고, 직렬 구성요소(S)가 0.1이다. [표 14-4]는 암달의 법칙을 바탕으로 c개 코어에서 총시간(Tc)에 따른 가속화를 정리했다.

표 14-4 90% 병렬화 가능한 10초 프로그램에 대한 암달의 법칙 효과

코어 수	직렬 시간	병렬 시간	총시간(T_c s)	가속화(1개 코어 이상)
1	1	9	10	1
10	1	0.9	1.9	5.26
100	1	0.09	1.09	9.17
1000	1	0.009	1.009	9.91

시간이 지나면서 프로그램의 직렬 컴포넌트가 지배하기 시작하고 점점 더 많은 코어를 추가하는 효과가 거의 또는 전혀 없는 것처럼 보인다.

이 문제를 좀 더 정식으로 살펴보려면, 가속화 식에서 암달의 T_c를 계산해야 한다.

$$가속화_c = \frac{T_1}{T_c} = \frac{T_1}{S \times T_1 + \frac{P}{c} \times T_1} = \frac{T_1}{T_1 \left(S + \frac{P}{c}\right)} = \frac{1}{S + \frac{P}{c}}$$

이 방정식의 극한을 구하면 코어 수(c)가 무한대로 발산할 때, 가속화가 1/S에 수렴함을 알 수 있다. [표 14-4]의 예에서 가속화는 1/0.1, 즉 10에 접근한다.

다른 예시로, P = 0.99인 프로그램을 생각해보자. 즉 프로그램의 99%가 병렬화 가능하다. c가 무한대로 발산할 때, 직렬 시간이 성능을 지배하기 시작한다(이 예시에서 S = 0.01). 따라서 가속화는 1/0.01 = 100에 수렴한다. 즉, 코어가 백만 개여도 이 프로그램으로 달성할 수 있는 최대 가속화는 100에 불과하다.

모든 것이 끝난 것은 아니다: 암달 법칙의 한계

암달의 법칙을 배울 때는 창시자인 암달의 의도를 고려해야 한다. 이 법칙은 "실제 문제 및 이에 따른 불규칙성의 적용 가능성 면에서 단일 프로세서 접근 방식의 유효성과 다중 프로세서 접근 방식의 약점을 보여주기 위해 제안"됐다.[8] 1967년 논문에서 이 개념을 확장해 "10여 년 동안 예언자들은 단일 컴퓨터의 구성이 한계에 도달했으며 협력적인 해결책을 가능하게 하는 다중 컴퓨터의 연결만이 실질적인 발전을 이룩할 수 있다"고 주장했다. 그러나 이후의 연구는 암달이 만든 몇 가지 핵심 가정에 도전했다. 다음 하위 절의 구스타프슨-바시스 법칙을 설명하면서 암달 법칙의 한계와 병렬성의 이점을 생각하는 또 다른 방식에 대해 논의하겠다.

---

8 Gene Amdahl. "Validity of the single processor approach to achieving large scale computing capabilities," Proceedings of the April 18–20, 1967, Spring Joint Computer Conference. pp. 483–485. ACM, 1967.

14.4.2 더 살펴볼 주제

병렬 프로그램의 성능을 측정할 때 다음의 주제들 또한 염두에 두면 좋다.

구스타프슨–바시스 법칙

1988년에 존 L. 구스타프슨[John L. Gustafson]이라는 컴퓨터 과학자이자 샌디아 국립 연구소[Sandia National Labs]의 한 연구원이 'Reevaluating Amdahl's Law(암달의 법칙 재평가)'라는 논문을 썼다.[9] 이 논문에서 구스타프슨은 항상 참이지는 않은 병렬 프로그램의 실행에 대해 획기적인 가정을 제기한다.

특히 암달의 법칙은 컴퓨팅 코어 수 c와 병렬화 가능한 프로그램의 비율 P가 서로 독립적임을 시사한다. 이에 대해 구스타프슨은 "실제로는 거의 그렇지 않다"고 지적한다. 고정된 데이터에 코어 수를 변경하면서 프로그램 성능을 벤치마킹하는 것은 학문적으로 유용하지만, 실제 세계에서는 문제가 커져 더 많은 코어(또는 분산 메모리에 대한 논의에서 검토한 프로세서)를 추가한다. 구스타프슨은 "실행 시간을 문제 크기가 아닌 상수로 가정하는 것이 가장 현실적일 수 있다"고 했다.

따라서 구스타프슨에 따르면 "병렬로 수행할 수 있는 작업량은 프로세서 수에 따라 선형적으로 변한다"라고 말하는 것이 가장 정확하다.

코어가 c개 있는 시스템에서 실행되는 시간이 T_c인 병렬 프로그램을 생각해보자. S가 반드시 직렬 프로그램 실행의 비율을 나타내고, $S \times T_c$ 시간이 걸린다고 가정하자. 따라서 프로그램 실행의 병렬화 가능한 부분인 P = 1 − S는 c개 코어에서 실행되는 데 $P \times T_c$ 시간이 걸린다.

같은 프로그램이 코어가 1개인 시스템에서 실행될 때, 직렬 코드의 비율은 여전히 $S \times T_c$가 걸린다(다른 조건이 모두 동일하다고 가정한다). 그러나 병렬화 가능한 부분(이전에는 c개 코어로 나뉘었음)은 이제 단 하나의 코어에서 직렬로 실행돼야 하며, 이때 $P \times T_c \times c$ 시간이 걸린다. 다시 말해, 병렬 컴포넌트는 단일 코어 시스템에서 c배 더 긴 시간이 걸린다. 그 결과, 조정된 가속화는 다음과 같다.

$$\text{조정된 가속화}_c = \frac{T_1}{T_c} = \frac{S \times T_c + P \times T_c \times c}{T_c} = \frac{T_c(S + P \times c)}{T_c} = S + P \times c$$

9　John Gustafson, "Reevaluating Amdahl's law," Communications of the ACM 31(5), pp. 532–533, 1988.

이를 통해 조정된 가속화가 계산 장치의 수에 선형적으로 증가함을 알 수 있다.

이전 예시 프로그램의 99%가 병렬화 가능하다고 가정해보자(즉, P = 0.99). 조정된 가속화 방정식을 적용하면, 100개 프로세서에서 이론적인 속도 향상은 99.01이 된다. 1,000개 프로세서에서는 990.01이 된다. P에서 효율이 일정하게 유지된다는 점에 주목하자.

구스타프슨은 "속도 향상은 문제 크기를 고정하는 것이 아니라 프로세서 수에 맞게 문제를 확장해 측정해야 한다"고 결론 내린다. 구스타프슨의 결과는 프로세서 수를 업데이트함으로써 속도 향상을 계속 증가시킬 수 있음을 보여주기 때문에 주목할 만하다. 국립 슈퍼컴퓨팅 시설에서 연구원으로 일하던 구스타프슨은 일정한 시간 내에 더 많은 작업을 수행하는 데 관심이 있었다. 여러 과학 분야에서 보통 더 많은 데이터를 분석할 수 있는 능력은 결과의 정확도나 충실도의 향상으로 이어진다. 구스타프슨의 연구는 많은 수의 프로세서에서 큰 속도 향상을 얻을 수 있다는 것을 보여주었고, 병렬 처리에 대한 관심을 다시 불러일으켰다.[10]

확장성

리소스(코어, 프로세서) 수나 문제 크기를 늘릴 때 성능이 개선되거나 일정하게 유지되는 프로그램을 **확장 가능**하다고 말한다. 확장성에는 **강력한 확장**과 **약한 확장**이 있다. 이 컨텍스트에서 '약한'과 '강한'은 프로그램의 확장성 품질을 나타내지 않고, 단지 확장성을 측정하는 서로 다른 방법일 뿐이라는 점을 알아야 한다.

고정된 문제 크기에서 코어/처리 장치의 수를 늘렸을 때 성능이 개선되면 프로그램은 강한 확장성을 가진다. 프로그램이 n개 코어에서 실행될 때 속도 향상도가 n인 경우, 프로그램은 강력한 선형 확장성을 나타낸다. 물론, 암달의 법칙은 일정 지점 이후에 코어를 추가하는 것이 큰 의미가 없음을 보장한다.

프로그램이 코어 수와 동일한 비율로 데이터 크기를 증가시킬 때(즉, 코어/프로세서당 고정된 데이터 크기가 있는 경우) 성능이 일정하거나 향상된다면, 프로그램은 **약한 확장성**을 가진다. 코어당 작업량이 n배로 증가할 때 프로그램의 성능 개선이 n을 보이는 경우, 프로그램이 약한 선형 확장성을 가진다고 말한다.

---

10 Caroline Connor, "Movers and Shakers in HPC: John Gustafson," HPC Wire, http://www.hpcwire.com/hpcwire/2010-10-20/movers_and_shakers_in_hpc_john_gustafson.html

성능 측정에 대한 일반적인 조언

하이퍼스레딩된 코어에서의 벤치마킹과 성능에 대한 몇 가지 주의 사항과 함께 성능에 대한 논의를 마무리하고자 한다.

벤치마킹할 프로그램은 여러 번 실행한다. 이 책에 제시한 예시에서는 프로그램을 한 번만 실행해 프로그램의 실행 시간을 파악한다. 그러나 이런 방식은 공식적인 벤치마킹을 하기에 충분하지 않다. 프로그램을 한 번 실행한다고 프로그램의 진정한 실행 시간을 정확하게 측정해낼 수는 없다. 컨텍스트 스위치와 실행 중인 다른 프로세스로 인해 실행 시간이 잠시 급격하게 변동될 수 있다. 따라서 프로그램을 여러 번 실행하고 가능한 한 많은 세부 정보와 함께 평균 실행 시간을 보고하는 것이 좋다. 세부 정보에는 실행 횟수, 측정값의 변동성(예, 오차 막대, 최솟값, 최댓값, 중앙값, 표준 편차), 측정 수행 조건이 있다.

타이밍은 주의해서 측정한다. `gettimeofday` 함수는 프로그램이 실행되는 데 걸리는 시간을 정확하게 측정하는 데 유용하다. 그러나 이 함수 역시 잘못 사용될 수 있다. `gettimeofday` 호출을 `main`에서 스레드 생성과 조인 부분에만 두고 싶을 수 있지만, 정확히 어느 것을 측정하려고 하는지 생각해야 한다. 예를 들어 프로그램이 실행에 필요한 외부 데이터 파일을 읽어들이는 경우, 파일 읽기 시간을 프로그램의 실행 시간에 포함해야 한다.

하이퍼스레드 코어의 영향을 고려한다. 12장의 도입부 '자세히 살펴보기: 코어 수는?'과 '5.9.2 멀티 코어 및 하드웨어 멀티스레딩'에서 설명한 것처럼, 하이퍼스레드 (논리) 코어는 하나의 코어에서 여러 스레드를 실행할 수 있다. 논리 스레드가 2개 있는 4코어 시스템에는 8개 하이퍼스레드 코어가 있다고 말한다. 많은 경우 8개 논리 코어에서 프로그램을 병렬로 실행하면 4개 코어에서 프로그램을 실행하는 것보다 실행 시간이 더 짧다. 하지만 하이퍼스레딩 코어에서 리소스 경합이 발생하는 경우, 코어 효율성과 비선형 가속화가 떨어질 수 있다.

리소스 경합을 경계한다. 벤치마킹할 때는 시스템에서 실행 중인 다른 프로세스와 스레드 기반 애플리케이션들이 무엇인지 고려해야 한다. 성능 결과가 이상해 보인다면, 동일한 시스템에서 리소스 집약적인 작업을 실행하는 다른 사용자가 있는지 빠르게 확인하는 것이 좋다. 이를테면, `top` 명령어를 실행해볼 수 있다. 그렇다면 벤치마킹을 위해 다른 시스템을 사용해보자(아니면 시스템이 많이 사용되지 않을 때까지 기다린다).

14.5 캐시 일관성과 거짓 공유

멀티코어 캐시는 멀티스레드 프로그램의 성능에 지대한 영향을 미칠 수 있다. 그러나 먼저 캐시 설계와 관련된 기본 개념 몇 가지를 간단히 복습해보자('9.4 CPU 캐시' 참조).

- 데이터/명령어는 개별적으로 캐시로 전송되지 않는다. 대신, 데이터는 블록으로 전송되며, 블록 크기는 메모리 계층 구조의 낮은 수준에서 더 커진다.
- 각 캐시는 여러 셋^{set}으로 구성되고, 각 집합은 여러 줄^{line}로 구성된다. 각 라인은 단일 데이터 블록을 보관한다.
- 메모리 주소의 각 비트는 데이터 블록을 쓸 캐시의 셋, 태그, 블록 오프셋을 결정하는 데 사용된다.
- **캐시 성공**^{cache hit}이란 원하는 데이터 블록이 캐시에 존재하는 경우를 일컫는 말이다. 그렇지 않으면 **캐시 실패**^{cache miss}가 발생하고, 메모리 계층 구조의 다음으로 낮은 수준(캐시나 메인 메모리일 수 있음)에서 검색이 수행된다.
- **유효 비트**는 캐시의 특정 줄에 있는 블록을 사용할 수 있는지 여부를 나타낸다. 만약 유효 비트가 0으로 설정됐다면, 해당 라인의 데이터 블록은 사용할 수 없다(가령 블록에 종료된 프로세스의 데이터가 담겼을 수 있기 때문이다).
- 캐시/메모리에 정보를 기록하는 방식은 크게 두 가지 전략으로 구분된다. **라이트 스루** 전략에서는 캐시와 메인 메모리에 동시에 데이터를 기록한다. **라이트 백** 전략에서는 데이터를 캐시에만 쓰고, 블록이 캐시에서 제거된 후에도 계층 구조의 낮은 수준에서 쓴다.

14.5.1 멀티코어 시스템에서의 캐시

기존의 캐시와 달리, 공유 메모리 아키텍처에서는 각 코어가 자체 캐시를 가질 수 있고('11.6 예측하기: 멀티코어 프로세서에서의 캐싱' 참조), 여러 코어가 공통의 캐시를 공유할 수도 있다. [그림 14-8]은 듀얼 코어 CPU의 예시다. 각 코어에 자체 L1 캐시가 있지만, 두 코어가 공통으로 L2 캐시를 공유한다.

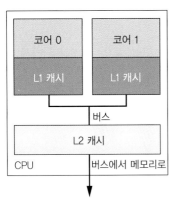

그림 14-8 별도의 L1 캐시와 공유하는 L2 캐시가 있는 듀얼 코어 CPU의 예

한 개의 실행 파일 안에서 여러 스레드는 별도의 함수를 실행할 수 있다. **캐시 일관성** 전략이 없으면('11.6.1 캐시 일관성' 참조), 각 캐시가 공유 메모리의 일관된 뷰를 유지하지 못하게 되어 공유 변수가 일관성 없이 업데이트될 가능성이 있다. 예를 들어 각 코어가 서로 다른 스레드를 동시에 실행하는 상황을 생각해보자. 이 경우, [그림 14-8]의 듀얼 코어 프로세서를 고려할 수 있다. 코어 0에 할당된 스레드에는 지역 변수 x가 있고, 코어 1에서 실행되는 스레드에는 지역 변수 y가 있으며, 두 스레드는 모두 전역 변수 g에 대한 공유 접근 권한을 가진다. [표 14-5]는 실행 경로의 한 경우를 나타냈다.

표 14-5 캐시에 문제가 있는 데이터 공유

시간	코어 0	코어 1
0	g = 5	(다른 작업)
1	(다른 작업)	y = g*4
2	x += g	y += g*2

g의 초깃값이 10이고, x와 y의 초깃값이 모두 0이라고 가정하자. 이러한 연산 시퀀스가 끝난 후 y의 최종 값은 무엇일까? 캐시 일관성이 없으면 대답하기 매우 어려운 질문이다. 저장된 g 값이 적어도 세 개 있기 때문이다. 코어 0의 L1 캐시에 하나, 코어 1의 L1 캐시에 하나, 공유 L2 캐시에 별도의 g 사본이 있다.

[그림 14-9]는 [표 14-5]의 작업이 완료된 후 일어날 수 있는 문제를 보여준다. L1 캐시가 라이트 백 정책을 실행한다고 가정하자. 코어 0에서 실행 중인 스레드가 g에 값을 5로 쓸 때, 코어 0의 L1 캐시에 있는 g 값만 업데이트된다. 코어 1의 L1 캐시에 있는 g 값은 여전히 10이고, 공유 L2 캐시에 있는 사본도 그대로 10이다. 라이트 스루 정책이 적용돼도 코어 1의 L1 캐시에 저장된 g의 사본이 업데이트된다는 보장이 없다! 이 경우, y의 최종값은 60이 된다.

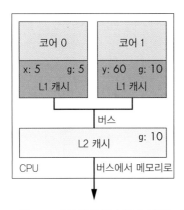

그림 14-9 캐시 일관성을 사용하지 않은, 캐시에 문제가 있는 업데이트

캐시 일관성 전략은 다른 캐시에 캐시된 공유 데이터 값의 복사본을 무효화하거나 업데이트한 것이다. 이 전략은 한 캐시에서 공유 데이터 값에 대한 쓰기가 이루어질 때 다른 캐시에 있는 캐시된 복사본에 적용된다. MSI 프로토콜이 무효화 캐시 일관성 프로토콜의 한 예다('11.6.2 MSI 프로토콜' 참조).

MSI를 구현하는 일반적인 기술은 **스누핑**snooping이다. 이러한 **스누피 캐시**는 쓰기 시그널에 대해 메모리 버스에서 스눕snoop한다. 만약 스누피 캐시가 공유 캐시 블록에 대한 쓰기 시그널을 감지하면, 해당 캐시 블록을 포함하는 라인을 무효화한다. 결과적으로 쓰기가 이루어진 캐시에서만 해당 블록이 유효하고, 그 외 모든 캐시에 있는 블록 복사본은 무효화된다.

이전 예시에 스누핑 기법을 적용해 MSI 프로토콜을 사용하면, 변수 y에 올바른 최종 할당값인 30이 나온다.

14.5.2 거짓 공유

캐시 일관성은 정확성을 보장하지만 성능에 악영향을 미칠 수 있다. 코어 0에서 g를 업데이트할 때 스누피 캐시는 g만이 아니라 g가 속한 **전체 캐시 라인**도 무효화한다.

CountSort 알고리즘의 countElems 함수를 병렬화하는 초기 시도를 고려해보자. 앞서 소개한 함수를 편의상 재인용한다.

```
/* CountSort 알고리즘의 1단계(첫 시도)에 대한 병렬 버전
 * args 값에서 인수 추출
 * 이 스레드가 계산하는 배열의 범위를 계산
 * 할당된 범위 내 모든 요소의 빈도를 계산
 * 각 요소의 관련 카운트를 counts 배열에 저장
 */
void *countElems(void *args){
    //인수 추출
    //생략
    int *array = myargs->ap;
    long *counts = myargs->countp;

    //스레드에 작업 할당
    //청크, 시작, 종료 계산
    //생략

    long i;
    //프로그램의 핵심 부분
    for (i = start; i < end; i++){
        val = array[i];
        counts[val] = counts[val] + 1;
    }

    return NULL;
}
```

이전에 이 함수에 대해 논의할 때('14.3 스레드 동기화'의 '데이터 경쟁' 참조) 데이터 경쟁이 counts 배열이 올바른 카운트 셋으로 채워지지 않게 할 수 있다고 지적했다. 이제 이 함수의

실행 시간을 측정하려고 시도하면 무슨 일이 일어나는지 알아보자. main 함수에 gettimeof-day를 사용해 시간 측정 코드를 추가한다. 이전과 마찬가지로 1억 개 요소에 대해 countElems 함수의 초기 버전을 벤치마크하면, 다음과 같은 시간이 소요된다.

```
$ ./countElems_p 100000000 0 1
Time for Step 1 is 0.336239 s

$ ./countElems_p 100000000 0 2
Time for Step 1 is 0.799464 s

$ ./countElems_p 100000000 0 4
Time for Step 1 is 0.767003 s
```

이 버전의 프로그램은 어떤 동기화 구조체도 없이, 스레드 수가 증가함에 따라 **더 느려진다!**

이 현상을 이해하기 위해, counts 배열을 다시 한번 살펴보자. 이 배열은 입력 배열에서 각 숫자의 발생 빈도를 저장한다. 최댓값 MAX는 MAX 변수에 의해 결정되는데, 예시 프로그램에서는 10으로 설정됐다. 다시 말해, counts 배열은 40바이트 공간을 차지한다.

리눅스 시스템에서 캐시 세부 정보(멀티코어 프로세서에서의 캐싱 예시는 '11.6 예측하기: 멀티코어 프로세서에서의 캐싱' 참조)는 /sys/devices/system/cpu/ 디렉터리에 위치한다. 각 논리 코어는 자체 cpu 하위 디렉터리를 가지며, 이를 cpuk라고 한다. 여기서 k는 k번째 논리 코어를 나타낸다. 각 cpu 하위 디렉터리는 차례로 해당 코어에서 사용할 수 있는 캐시를 나타내는 별도의 index 디렉터리를 가진다.

index 디렉터리는 각 논리 코어의 캐시에 대한 정보가 많이 담긴 파일을 포함한다. 다음은 샘플 index0 디렉터리의 내용이다(index0은 전형적으로 리눅스 시스템의 L1 캐시에 해당한다).

```
$ ls /sys/devices/system/cpu/cpu0/cache/index0
coherency_line_size      power              type
level                    shared_cpu_list    uevent
number_of_sets           shared_cpu_map     ways_of_associativity
physical_line_partition  size
```

L1 캐시의 캐시 라인 크기를 확인하려면 다음 명령어를 사용한다.

```
$ cat /sys/devices/system/cpu/cpu0/cache/coherency_line_size
64
```

출력 결과에서 해당 컴퓨터의 L1 캐시 라인 크기가 64바이트임을 알 수 있다. 즉, 40바이트짜리 counts 배열이 **한 개의 캐시 라인**에 들어갈 수 있다.

MSI 같은 무효화 캐시 일관성 프로토콜에서 프로그램이 공유 변수를 업데이트할 때마다, **변수를 저장한 그 외 캐시의 전체 캐시 라인이 무효화된다**. 이전 함수를 실행할 때 두 스레드에 무슨 일이 일어나는지 알아보자. 실행 경로 중 하나를 [표 14–6]에 나타냈다(각 스레드가 별도의 코어에 할당되고, 변수 x가 각 스레드에 지역 변수인 경우를 가정한다).

표 14-6 countElems를 실행하는 두 스레드의 실행 순서 예시

시간	스레드 0	스레드 1
i	array[x] 읽기 (1)	...
i + 1	counts[1] 증분 (**무효화 캐시 라인**)	array[x] 읽기 (4)
i + 2	array[x] 읽기 (6)	counts[4] 증분 (**무효화 캐시 라인**)
i + 3	counts[6] 증분 (**무효화 캐시 라인**)	array[x] 읽기 (2)
i + 4	array[x] 읽기 (3)	counts[2] 증분 (**무효화 캐시 라인**)
i + 5	counts[3] 증분 (**무효화 캐시 라인**)	...

시간 단계 i 동안, 스레드 0은 배열 부분에서 array[x]의 값을 읽는다. 이 예시에서는 그 값이 1이다. 시간 단계 i + 1부터 i + 5까지, 각 스레드는 array[x]에서 값을 읽는다. 각 스레드가 배열의 다른 요소를 참조하며, 샘플 실행 순서에서의 각 **array**의 참조는 고유한 값을 생성한다(따라서 이 샘플 실행 순서에서는 경쟁 조건이 없다!). array[x]에서 값을 읽은 후, 각 스레드는 counts의 관련 값을 증가시킨다.

counts 배열이 L1 캐시에서 **단일 캐시 라인에 맞춰져 있다**. 그 결과, counts에 대한 모든 쓰기는 **그 외 모든 L1 캐시의 전체 라인을 무효화**한다. 결과적으로, counts의 그 외 메모리 위치를 업데이트해도, counts를 포함한 어떠한 캐시 라인도 counts에 대한 모든 업데이트에 따라 무효화된다!

이 무효화로 인해 모든 L1 캐시는 L2에서 '유효한' 버전으로 캐시 라인을 업데이트해야 한다. L1 캐시에서 라인의 반복적인 무효화와 덮어쓰기는 **스래싱**thrashing의 예시다. 스래싱이란 캐시에서 반복적인 충돌이 누락을 야기하는 현상을 말한다.

더 많은 코어를 추가하면 문제가 더 악화된다. 이제 더 많은 L1 캐시가 라인을 무효화하기 때문이다. 결과적으로, 각 스레드가 counts 배열의 다른 요소에 접근하고 있음에도 불구하고, 스레드를 추가하면 실행 시간이 느려진다! 개별 요소가 여러 코어에 의해 공유되는 것처럼 보이는 현상인 거짓 공유의 일종이다. 이전 예시에서 모든 코어가 counts의 동일한 요소에 접근하는 것처럼 보이지만, 실제로는 그렇지 않다.

14.5.3 거짓 공유 수정

거짓 공유를 해결하는 한 방법은 배열(이 경우 counts)에 추가적인 요소를 채워 넣어(패딩) 단일 캐시 라인에 맞지 않게 하는 방법이다. 그러나 패딩은 메모리를 낭비할 수 있고, 모든 아키텍처의 문제를 완전히 제거하지 못할 수도 있다(두 대의 다른 기계에서 L1 캐시 크기가 다른 시나리오를 생각하자). 대부분의 경우, 다른 캐시 크기를 지원하기 위해 코드를 작성해도 성능에 큰 영향을 미치지 못한다.

더 나은 해결책은 가능한 한 스레드가 항상 **로컬 저장소**에 쓰도록 하는 것이다. 여기서 로컬 저장소란 스레드에 할당된 메모리를 가리킨다. 다음 해결책은 counts의 로컬로 선언된 버전인 local_counts에 업데이트를 수행함으로써 거짓 공유를 줄인다.

마지막 버전의 countElems 함수를 다시 살펴보자.

```
/* CountSort 알고리즘의 병렬 버전 단계 1 (뮤텍스를 사용한 최종 시도)
 * args 값에서 인수 추출
 * 이 스레드가 계산할 배열의 범위를 계산
 * 할당된 범위 내 모든 요소의 빈도를 계산
 * 각 요소의 관련 카운트를 counts 배열에 저장
 */
void *countElems( void *args ){
    //인수 추출
    //생략
```

```
        int *array = myargs->ap;
        long *counts = myargs->countp;

        long local_counts[MAX] = {0}; // 배열 local_counts의 로컬 선언

        // 스레드에 작업 할당
        // 청크, 시작 및 종료 값 계산 (생략)

        long i;

        // 프로그램의 핵심 부분
        for (i = start; i < end; i++){
            val = array[i];
            local_counts[val] = local_counts[val] + 1; // 배열 local_counts 업데이트
        }

        // 전역 counts 배열 업데이트
        pthread_mutex_lock(&mutex); // 뮤텍스 잠금 획득
        for (i = 0; i < MAX; i++){
            counts[i] += local_counts[i];
        }
        pthread_mutex_unlock(&mutex); // 뮤텍스 잠금 해제

        return NULL;
    }
```

이 예시에서 counts 대신 local_counts를 사용해 빈도를 누적하는 것이 거짓 공유를 원천적
으로 줄이는 주요 방법이다.

```
for (i = start; i < end; i++){
    val = array[i];
    local_counts[val] = local_counts[val] + 1; // 배열 local_counts 업데이트
}
```

캐시 일관성은 공유 메모리의 일관된 뷰를 유지하기 위한 것이므로, 무효화는 메모리 내의 공유 값에 대한 쓰기 작업에만 트리거된다. local_counts가 다른 스레드들 사이에서 공유되지 않기 때문에, 쓰기 작업은 관련된 캐시 라인을 무효화하지 않는다.

코드의 마지막 부분에서 뮤텍스는 한 번에 하나의 스레드만 공유 counts 배열을 업데이트하도록 보장함으로써 정확성을 확보한다.

```
// 전역 counts 배열 업데이트
pthread_mutex_lock(&mutex); // 뮤텍스 잠금 획득
for (i = 0; i < MAX; i++){
    counts[i] += local_counts[i];
}
pthread_mutex_unlock(&mutex); // 뮤텍스 잠금 해제
```

counts가 단일 캐시 라인에 위치하므로, 모든 쓰기 작업에 따라 여전히 무효화된다. 여기서의 차이점은 성능 저하가 최대 MAX × t번의 쓰기 작업 대 n번의 쓰기 작업이라는 점이다. 이때 n은 입력 배열의 길이이고, t는 사용된 스레드의 수다.

14.6 스레드 안전성

지금까지 스레드 수에 상관없이 멀티스레드 프로그램이 일관되고 정확하게 동작하도록 보장하는 동기화 구조체를 다뤘다. 그러나 모든 멀티스레드 애플리케이션의 컨텍스트에서 표준 C 라이브러리 함수를 '그대로' 사용할 수 있다고 가정하는 것은 안전하지 않다. C 라이브러리의 모든 함수가 **스레드 안전**thread safe하지 않다. 즉, 여러 스레드에서 실행해도 올바른 결과를 보장하고 예상치 못한 부작용 없이 실행할 수 있는 능력을 가진 것은 아니다. 우리가 작성하는 프로그램이 스레드 안전하도록 보장하기 위해, 스레드 수가 어떻게 변화하든 상관없이 멀티스레드 프로그램이 일관되고 올바르게 작동하도록 강제하는 뮤텍스와 배리어 같은 동기화 프리미티브를 사용하는 편이 좋다.

스레드 안전성과 밀접하게 관련된 또 다른 개념은 재진입성이다. 모든 스레드 안전한 코드는 재진입 가능하다. 그러나 모든 재진입 가능한 코드가 스레드 안전한 것은 아니다. 함수가 **재진입 가능하다**는 것은 함수가 다른 함수에 의해 다시 실행되거나 부분적으로 실행될 수 있고 이로 인해 문제가 발생하지 않는 경우를 일컫는다. 정의에 따르면, 재진입 가능한 코드는 프로그램의 전역 상태에 대한 접근이 항상 그 전역 상태를 일관성 있게 유지하도록 보장한다. 재진입성이 종종 (잘못된 방식으로) 스레드 안전성의 동의어로 사용되지만, 재진입 가능한 코드가 스레드 안전하지 않은 특수한 경우들이 있다.

멀티스레드 코드를 작성할 때는 C 라이브러리 함수가 실제로 스레드 안전한지 확인해야 한다. 다행스럽게도 스레드에 안전하지 않은 C 라이브러리 함수가 매우 적다. Open Group이 친절하게도 스레드 불안전 함수의 목록을 유지하고 있다.[11]

14.6.1 스레드 안전성 문제 해결

동기화 프리미티브는 스레드 안전성과 관련된 문제를 해결하는 가장 일반적인 방법이다. 그러나 무의식적으로 스레드에 안전하지 않은 C 라이브러리 함수를 사용하면 미묘한 문제가 발생할 수 있다. countsElem 함수를 약간 수정한 countElemsStr 함수를 살펴보자. 이 함수는 주어진 문자열에서 공백으로 구분된 각 숫자의 빈도를 세려고 시도한다. 다음 프로그램은 가독성을 위해 생략했으며, 전체 소스는 온라인에서 확인할 수 있다.[12]

```
/* 이 프로그램은 입력 문자열 내 모든 요소의 빈도를 계산하고
 * 각 요소의 연관된 카운트를 counts라는 배열에 저장한다. */
void countElemsStr(int *counts, char *input_str) {
    int val, i;
    char *token;
    token = strtok(input_str, " ");
    while (token != NULL) {
        val = atoi(token);
        counts[val] = counts[val] + 1;
        token = strtok(NULL, " ");
```

---

11 http://pubs.opengroup.org/onlinepubs/009695399/functions/xsh_chap02_09.html
12 https://diveintosystems.org/book/C14-SharedMemory/_attachments/countElemsStr.c

```
        }
    }

    /* 메인 함수
     * 정적인 문자열에 대해 countElemsStr을 호출하고
     * 해당 문자열에서 모든 숫자의 개수를 센다. */
    int main( int argc, char **argv ) {
        //간결함을 위해 생략됐지만 사용자가 정의한 문자열의 길이를 가져온다.

        //n개의 숫자로 문자열 채우기
        char *inputString = calloc(length * 2, sizeof(char));
        fillString(inputString, length * 2);

        countElemsStr(counts, inputString);

        return 0;
    }
```

countElemsStr 함수는 문자열을 파싱하기 위해 strtok 함수를 사용한다('2.6.3 C 문자열과 문자를 조작하기 위한 라이브러리'에서 strtok과 strtok_r에 대한 논의 참조). 이후, 문자열을 정수로 변환하고 counts 배열에 업데이트한다. 이때 각 숫자는 token에 저장된다.

이 프로그램을 100,000개 요소에 대해 컴파일하고 실행하면 다음과 같은 출력이 나타난다.

```
$ gcc -o countElemsStr countElemsStr.c

$ ./countElemsStr 100000 1
contents of counts array:
9963 9975 9953 10121 10058 10017 10053 9905 9915 10040
```

이제 countElemsStr의 멀티스레드 버전을 살펴보자.[13]

```
    /* countElemsStr의 병렬 버전 (첫 시도)
     * 입력 문자열 내 모든 요소의 빈도수를 계산하고
```

---

[13] https://diveintosystems.org/book/C14-SharedMemory/_attachmentscountElemsStr_p.c

```
 * 각 요소의 관련 카운트를 counts라는 배열에 저장 */
void *countElemsStr(void *args) {
    // 인수 분석
    struct t_arg *myargs = (struct t_arg *)args;
    // 생략

    // 지역 변수
    int val, i;
    char *token;
    int local_counts[MAX] = {0};

    // 시작 및 끝 값과 청크 크기를 계산
    // 생략

    // 값을 토큰화
    token = strtok(input_str + start, " ");
    while (token != NULL) {
        val = atoi(token); // int로 변환
        local_counts[val] = local_counts[val] + 1; // counts 관련 업데이트
        token = strtok(NULL, " ");
    }

    pthread_mutex_lock(&mutex);
    for (i = 0; i < MAX; i++) {
        counts[i] += local_counts[i];
    }
    pthread_mutex_unlock(&mutex);

    return NULL;
}
```

이 프로그램의 버전에서는 각 스레드가 input_str로 참조된 문자열의 별도 섹션을 처리한다. local_counts 배열은 대부분의 쓰기 연산이 로컬 저장소에서 이루어지도록 보장한다. 뮤텍스가 사용되어 두 개 이상의 스레드가 공유 변수 counts에 동시에 쓰지 못하게 한다.

그러나 이 프로그램을 컴파일하고 실행하면 다음과 같은 결과가 나타난다.

```
$ gcc -o countElemsStr_p countElemsStr_p.c -lpthread

$ ./countElemsStr_p 100000 1 1
contents of counts array:
9963 9975 9953 10121 10058 10017 10053 9905 9915 10040

$ ./countElemsStr_p 100000 1 2
contents of counts array:
498 459 456 450 456 471 446 462 450 463

$ ./countElemsStr_p 100000 1 4
contents of counts array:
5038 4988 4985 5042 5056 5013 5025 5035 4968 5065
```

counts 배열에 대한 접근 주변에 뮤텍스 잠금을 사용했음에도 불구하고, 각각의 실행 결과는 크게 다르다. 이 문제는 countsElemsStr 함수가 스레드 안전하지 않고, 문자열 라이브러리 함수인 strtok 또한 스레드 안전하지 않기 때문에 발생한다! OpenGroup 웹사이트를 방문하면 strtok이 스레드 불안전 함수 목록에 있음을 확인할 수 있다.

이 문제를 해결하기 위해서는, strtok을 스레드 안전한 대체품인 strtok_r로 교체하기만 하면 된다. 후자의 함수에서는, 스레드가 문자열의 어디를 파싱하고 있는지 추적할 수 있도록 도와주는 마지막 매개변수로 포인터가 사용된다. 다음은 strtok_r을 사용해 수정한 함수다.[14]

```
/* countElemsStr의 병렬 버전 (첫 시도)
 * 입력 문자열 내 모든 요소의 빈도수를 계산하고
 * 각 요소의 관련 카운트를 counts라는 배열에 저장
   void* countElemsStr(void* args) {
   // 인수 분석
   // 생략

   // 지역 변수
   int val, i;
   char * token;
```

---

14 https://diveintosystems.org/book/C14-SharedMemory/_attachments/countElemsStr_p_v2.c

```
    int local_counts[MAX] = {0};
    char * saveptr; // strtok_r의 상태를 저장하기 위함

    // 로컬 시작 및 끝과 청크 크기를 계산
    // 생략

    // 값을 토큰화
    token = strtok_r(input_str+start, " ", &saveptr);
    while (token != NULL) {
        val = atoi(token); // int로 변환
        local_counts[val] = local_counts[val]+1; // 관련 counts 업데이트
        token = strtok_r(NULL, " ", &saveptr);
    }

    pthread_mutex_lock(&mutex);
    for (i = 0; i < MAX; i++) {
        counts[i]+=local_counts[i];
    }
    pthread_mutex_unlock(&mutex);

    return NULL;
}
```

이 코드에서는 문자 포인터 saveptr의 선언과 strtok의 모든 인스턴스를 strtok_r로 교체
했다. 코드를 다시 실행하면 다음과 같은 결과가 생성된다.

```
$ gcc -o countElemsStr_p_v2 countElemsStr_p_v2.c -lpthread

$ ./countElemsStr_p_v2 100000 1 1
contents of counts array:
9963 9975 9953 10121 10058 10017 10053 9905 9915 10040

$ ./countElemsStr_p_v2 100000 1 2
contents of counts array:
9963 9975 9953 10121 10058 10017 10053 9905 9915 10040
```

```
$ ./countElemsStr_p_v2 100000 1 4
contents of counts array:
9963 9975 9953 10121 10058 10017 10053 9905 9915 10040
```

이제 프로그램은 모든 실행에 대해 동일한 결과를 생성한다. saveptr의 사용과 함께 strtok_r을 사용함으로써 각 스레드가 문자열을 파싱할 때 그들의 위치를 독립적으로 추적할 수 있도록 보장한다.

멀티스레드 애플리케이션을 작성할 때 항상 C의 스레드 불안전 함수 목록을 확인해야 한다. 이렇게 하면 프로그래머가 스레드 애플리케이션을 작성하고 디버깅할 때 많은 고민과 좌절을 줄일 수 있다.

14.7 OpenMP를 사용한 암시적 스레딩

지금까지 POSIX 스레드를 사용한 공유 메모리 프로그래밍을 소개했다. Pthreads는 간단한 애플리케이션에는 훌륭하지만, 프로그램 자체가 복잡해질수록 사용하기가 점점 어려워진다. POSIX 스레드는 **명시적 병렬 프로그래밍**의 한 예로, 각 스레드가 수행해야 할 정확한 작업과 각 스레드가 언제 시작하고 멈춰야 하는지는 프로그래머가 지정해야 한다.

Pthreads를 사용하면, 기존 순차 프로그램에 점진적으로 병렬성을 추가하는 것도 도전적일 수 있다. 즉, 스레드를 사용하기 위해 종종 프로그램 전체를 다시 작성해야 하는데, 이는 큰 규모의 기존 코드베이스를 병렬화하려 할 때 바람직하지 않다.

Open Multiprocessing(OpenMP) 라이브러리는 Pthreads에 대한 암시적 대안을 구현한다. OpenMP는 GCC와 LLVM, Clang 같은 인기 있는 컴파일러에 내장됐으며, C, C++, Fortran 프로그래밍 언어와 함께 사용할 수 있다. OpenMP는 프로그래머들이 코드의 일부에 **프라그마**(특수 컴파일러 지시자)를 추가해 기존 순차적 C 코드의 컴포넌트를 병렬화할 수 있다는 장점이 있다. OpenMP에 특정된 프라그마는 #pragma omp로 시작한다.

OpenMP에 대한 상세한 설명은 이 책의 범위를 벗어나지만, 많이 사용되는 프라그마 몇 가지와 샘플 애플리케이션 컨텍스트에서 사용되는 방법을 안내하겠다.

14.7.1 프라그마

다음은 OpenMP 프로그램에서 가장 자주 사용되는 프라그마다.

- **#pragma omp parallel**. 이 프라그마는 스레드 팀을 생성하고 각 스레드에 그 범위(보통은 함수 호출) 내의 코드를 실행하도록 한다. 이 프라그마의 호출은 대개 '14.2.1 스레드 생성과 조인'에서 논의된 pthread_create와 pthread_join 함수 쌍의 호출과 동일하다고 볼 수 있다. 이 프라그마는 다음과 같은 여러 절을 포함할 수 있다.
  - **num_threads**. 작성할 스레드 수를 지정한다.
  - **private**. 각 스레드에 대해 개별적(또는 지역적)이어야 하는 변수 목록 스레드에 독립적으로 있어야 할 변수는 또한 프라그마의 범위 내에서 선언될 수 있다(하단의 예시 참조). 각 스레드는 각 변수의 자체 복사본을 가져온다.
  - **shared**. 스레드 간에 공유돼야 할 변수의 목록이다. 모든 스레드 간에 공유되는 변수의 복사본이 하나 있다.
  - **default**. 컴파일러가 어떤 변수가 공유돼야 하는지 결정하는 것을 나타낸다. 대부분의 경우, default(none)를 사용해 어떤 변수가 공유돼야 하고 어떤 변수가 독립적이어야 할지를 명시적으로 지정하고 싶을 수 있다.

- **#pragma omp for**. 각 스레드가 for 반복문의 일부 반복을 실행하도록 지정한다. 반복문의 스케줄링은 시스템에 따라 다르지만, 보통 기본 설정은 '청크chunking' 방식인데, 이는 '14.2.4 스칼라 곱셈 다시 살펴보기'에서 이야기 했다. 이 프라그마는 정적 스케줄링 형태다. 각 스레드는 할당된 청크를 받고, 그 청크 내의 반복을 처리한다. 그러나 OpenMP는 동적 스케줄링도 쉽게 만든다. 동적 스케줄링에서 각 스레드는 반복을 받고, 자신의 반복 처리를 완료하면 새로운 셋을 요청한다. 다음 절을 사용해 스케줄링 정책을 설정할 수 있다.
  - **schedule(dynamic)**. 동적 형태의 스케줄링을 사용해야 함을 명시한다. 동적 형태의 스케줄링이 몇몇 경우에 유리하긴 하지만, 보통은 정적(기본값) 형태의 스케줄링이 더 빠르다.
- **#pragma omp parallel for**. omp parallel과 omp for 프라그마를 결합한다. omp for 프라그마와 달리, omp parallel for 프라그마는 각 스레드에 반복문의 반복 셋을 할당하기 전에 스레드 팀을 생성한다.
- **#pragma omp critical**. 범위 내의 코드가 **임계 구역**(즉, 올바른 동작을 보장하기 위해 한 번에 한 스레드만 코드 섹션을 실행해야 함)으로 처리돼야 함을 지정하는 데 사용된다.

스레드가 실행을 위해 종종 유용하게 접근할 수 있는 함수도 있다. 다음 예시를 살펴보자.

- **omp_get_num_threads**. 현재 실행 중인 팀의 스레드 수를 반환한다.
- **omp_set_num_threads**. 팀이 가져야 할 스레드 수를 설정한다.
- **omp_get_thread_num**. 호출하는 스레드의 식별자를 반환한다.

12.7.2 헬로 스레딩: OpenMP 버전

이제 Pthreads 대신 OpenMP를 사용해 'Hello World' 프로그램을 다시 살펴보자.

```c
#include <stdio.h>
#include <stdlib.h>
#include <omp.h>

void HelloWorld( void ) {
    long myid = omp_get_thread_num();
    printf( "Hello world! I am thread %ld\n", myid );
}

int main( int argc, char** argv ) {
    long nthreads;

    if (argc !=2) {
        fprintf(stderr, "usage: %s <n>\n", argv[0]);
        fprintf(stderr, "where <n> is the number of threads\n");
        return 1;
    }

    nthreads = strtol( argv[1], NULL, 10 );

    #pragma omp parallel num_threads(nthreads)
        HelloWorld();

    return 0;
}
```

OpenMP 프로그램이 Pthreads 버전보다 많이 짧다. OpenMP 라이브러리 함수에 접근하기 위해 omp.h 헤더 파일을 포함한다. main에서의 omp parallel num_threads(nthreads) 프라그마는 스레드 집합을 만들고, 각 스레드는 HelloWorld 함수를 호출한다. num_threads (nthreads) 절은 총 nthreads만큼의 스레드가 생성돼야 함을 지정한다. 또한 이 프라그마는 생성된 각 스레드를 단일 스레드 프로세스로 다시 조인한다. 다시 말해, 스레드 생성과 조인에 관련된 모든 저수준 작업은 프로그래머로부터 추상화되며, 단지 하나의 프라그마를 포함함으로써 이루어진다. 이러한 이유로, OpenMP는 암묵적 스레딩 라이브러리로 간주된다.

OpenMP는 스레드 ID를 명시적으로 관리하는 필요성도 추상화한다. HelloWorld의 컨텍스트에서 omp_get_thread_num 함수는 이를 실행하는 스레드에 연결된 고유 ID를 추출한다.

코드 컴파일

이 프로그램을 컴파일하고 실행해보자. 컴파일러에 OpenMP로 컴파일한다는 -fopenmp 플래그를 전달한다.

```
$ gcc -o hello_mp hello_mp.c -fopenmp

$ ./hello_mp 4
Hello world! I am thread 2
Hello world! I am thread 3
Hello world! I am thread 0
Hello world! I am thread 1
```

스레드의 실행이 후속 실행에 따라 변경될 수 있으므로, 이 프로그램을 다시 실행하면 메시지 순서가 다르게 나타난다.

```
$ ./hello_mp 4
Hello world! I am thread 3
Hello world! I am thread 2
Hello world! I am thread 1
Hello world! I am thread 0
```

이런 동작은 우리가 Pthreads로 작성한 예시와 일치한다('14.2 헬로 스레드! 첫 번째 멀티스레드 프로그램 작성' 참조).

14.7.3 더 복잡한 예시: OpenMP에서의 CountSort

프로그래머는 OpenMP로 자신의 코드를 점진적으로 병렬화할 수 있다. 이를 실제로 확인하기 위해, 이 장 앞부분에서 논의한 더 복잡한 CountSort 알고리즘을 병렬화해보자. 이 알고리즘은 작은 범위의 값이 담긴 배열을 정렬한다. 직렬 프로그램의 메인 함수는 다음과 같다.

```c
int main( int argc, char **argv ) {
    // 인자 파싱 (간결함을 위한 생략)

    srand(10); // 정적 시드를 사용하면 실행할 때마다 출력이 동일하게 유지됨

    // 지정된 길이의 요소로 구성된 임의의 배열 생성
    // 생략

    // counts 배열을 할당하고 모든 요소를 0으로 초기화
    int counts[MAX] = {0};

    countElems(counts, array, length); // 1단계 호출
    writeArray(counts, array); // 2단계 호출

    free(array); // 메모리 해제

    return 0;
}
```

main 함수는 몇 가지 커맨드 라인 파싱을 수행하고 임의의 배열을 생성한 후, countsElems 함수와 그다음으로 writeArray 함수를 호출한다.

OpenMP를 사용한 CountElems 병렬화

앞서 제시된 프로그램을 병렬화하는 방법은 여러 가지다. 한 방법(다음 예시)은 countElems 함수와 writeArray 함수의 컨텍스트에서 omp parallel 프라그마를 사용한다. 결과적으로, main 함수에는 아무런 변경도 필요하지 않다.[15]

먼저 OpenMP를 사용해 countElems 함수를 어떻게 병렬화하는지 살펴보자.

```
void countElems(int *counts, int *array, long length) {

    #pragma omp parallel default(none) shared(counts, array, length)
    {
        int val, i, local[MAX] = {0};
        #pragma omp for
        for (i = 0; i < length; i++) {
            val = array[i];
            local[val]++;
        }

        #pragma omp critical
        {
            for (i = 0; i < MAX; i++) {
                counts[i] += local[i];
            }
        }
    }
}
```

이 코드의 버전에서는 세 개의 프라그마가 사용된다. #pragma omp parallel 프라그마는 스레드 팀이 생성돼야 함을 나타낸다. main 함수의 omp_set_num_threads(nthreads) 코드는 스레드 팀의 기본 크기를 nthreads로 설정한다. omp_set_num_threads 함수를 사용하지 않으면, 할당된 스레드 수는 시스템의 코어 수와 같다. omp parallel 프라그마는 블록의 시작에서 암묵적으로 스레드를 생성하고 블록의 끝에서 이들을 조인한다. 중괄호({})는 범위를 지정

---

15 https://diveintosystems.org/book/C14-SharedMemory/_attachments/countSort_mp.c

하는 데 사용한다. shared 절은 변수 counts, array, length가 모든 스레드 간에 공유(전역적)됨을 선언한다. 따라서 변수 val, i, local[MAX]은 각 스레드에서 지역적으로 선언된다.

다음 프라그마 #pragma omp for는 for 반복문을 병렬화하고, 반복 횟수를 스레드 수만큼 나눈다. OpenMP는 반복문의 반복을 어떻게 가장 효율적으로 나눌 수 있는지 계산한다. 앞서 언급했듯이, 기본 전략은 대체로 청킹 방법을 사용하는데, 이 방법에서는 각 스레드가 대략 동일한 수의 반복을 계산한다. 따라서 각 스레드는 공유 배열인 array의 범위를 읽어들여, 그 카운트를 지역 배열 local에 누적한다.

#pragma omp critical 프라그마는 임계 구역 범위 내의 코드가 한 번에 정확히 하나의 스레드에 의해 실행돼야 함을 나타낸다. 이 프라그마는 이 프로그램의 Pthreads 버전에서 사용된 뮤텍스와 동일하다. 여기서 각 스레드는 공유 counts 배열을 차례로 하나씩 증가시킨다.

이 함수의 성능을 이해하기 위해 1억 개 요소로 실행해보자.

```
$ ./countElems_mp 100000000 1
Run Time for Phase 1 is 0.249893

$ ./countElems_mp 100000000 2
Run Time for Phase 1 is 0.124462

$ ./countElems_mp 100000000 4
Run Time for Phase 1 is 0.068749
```

성능이 훌륭하다. 함수는 두 개의 스레드에서 2배의 속도 향상을, 네 개의 스레드에서는 3.63배의 속도 향상을 보인다. Pthreads 구현보다 더 나은 성능을 얻었다!

OpenMP의 writeArray 함수

writeArray 함수를 병렬화하기는 훨씬 더 어렵다. 다음 코드는 적용할 수 있는 한 가지 해결책이다.

```
void writeArray(int *counts, int *array) {
    int i;
```

```
// 스레드 수가 MAX 이하인 것으로 가정
#pragma omp parallel for schedule(dynamic)
for (i = 0; i < MAX; i++) {
    int j = 0, amt, start = 0;
    for (j = 0; j < i; j++) {  // "참(true)" 시작 위치를 계산
        start += counts[j];
    }

    amt = counts[i]; // 채울 배열 위치의 수

    // 시작 위치에서 I 값으로 amt 요소를 덮어쓰기
    for (j = start; j < start + amt; j++) {
        array[j] = i;
    }
}
```

병렬화하기 전에 이 함수를 변경했는데, 그 이유는 이전 버전의 writeArray에서 j가 반복문의 이전 반복에 종속성을 가졌기 때문이다. 이 버전에서는 각 스레드가 counts의 이전 모든 요소의 합을 기반으로 고유한 start 값을 계산한다.

이 종속성이 제거되면 병렬화가 매우 간단해진다. #pragma omp parallel for 프라그마는 스레드 팀을 생성하고 각 스레드에 루프 반복 횟수의 서브셋을 할당함으로써 for 반복을 병렬화한다. 이 프라그마는 omp parallel과 omp for 프라그마의 조합이다(이는 countElems의 병렬화에 사용됐다).

여기서는 (이전의 countElems 함수처럼) 스레드 스케줄링을 위한 청킹이 적합하지 않다. 왜냐하면 counts의 각 요소 빈도가 극도로 다를 수 있기 때문이다. 스레드는 작업량이 동일하지 않고, 일부 스레드는 다른 스레드보다 더 많은 작업을 할당받는다. 따라서 schedule(dynamic) 절이 사용되어 각 스레드가 할당된 반복문을 완료하면 스레드 관리자로부터 새로운 반복문을 요청받는다.

각 스레드가 별개의 배열 위치에 쓰기 때문에 이 함수에는 상호 배제가 필요하지 않다.

OpenMP 코드가 POSIX 스레드 구현에 비해 훨씬 더 깔끔하다. 코드가 매우 읽기 쉬우며 수정할 필요가 거의 없다. 이처럼 구현 세부 사항이 프로그래머에게 숨겨진다는 점이 **추상화**의 장점이다.

그러나 추상화에 필요한 트레이드오프는 제어다. 프로그래머는 컴파일러가 병렬화의 세부 사항을 처리할 만큼 '똑똑하다'고 가정하고, 따라서 애플리케이션을 병렬화하는 것이 더욱 쉬워진다고 가정한다. 그래서 프로그래머는 더 이상 병렬화의 세부 사항에 대한 세밀한 결정을 내리지 않게 된다. 하지만 OpenMP의 프라그마가 내부에서 어떻게 실행되는지 명확히 이해하지 못하면 OpenMP 애플리케이션을 디버깅하거나 특정 시점에 가장 적합한 프라그마를 선택하는 것이 어려울 수 있다.

14.7.4 OpenMP에 대해 자세히 알아보기

OpenMP에 대한 심도 있는 논의는 이 책의 범위를 벗어나지만, 학습을 위한 유용한 무료 리소스가 있다.[16, 17]

14.8 정리

멀티코어 프로세서에 대한 개요와 그들을 프로그래밍하는 방법을 살펴봤다. 구체적으로, POSIX 스레드(또는 Pthreads) 라이브러리를 다루고, 이를 사용해 단일 스레드 프로그램의 성능을 향상하는 올바른 멀티스레드 프로그램의 작성법도 알아봤다. POSIX와 OpenMP 같은 라이브러리는 스레드가 공통 메모리 공간에서 데이터를 공유하는 **공유 메모리** 모델의 통신을 활용한다.

---

16 Blaise Barney, "OpenMP," https://hpc.llnl.gov/tuts/openMP
17 Richard Brown and Libby Shoop, "Multicore Programming with OpenMP," CSinParallel: Parallel Computing in the Computer Science Curriculum, http://selkie.macalester.edu/csinparallel/modules/MulticoreProgramming/build/html/index.html

14.8.1 주요 요점

스레드는 동시성 프로그램의 기본 단위다. 직렬 프로그램을 병렬화하기 위해 프로그래머는 **스레드**라는 가벼운 구조를 사용한다. 각각의 멀티스레드 프로세스는 자체적으로 스택 메모리를 할당받지만, 프로그램 데이터, 힙, 명령어는 프로세스 전체에서 공유된다. 프로세스와 마찬가지로, 스레드는 CPU에서 **확률적으로 실행된다**(즉, 실행 순서가 실행마다 변경되며, 어느 스레드가 어느 코어에 할당되는지는 운영 체제에 맡긴다).

동기화 구조는 프로그램의 올바른 동작을 보장한다. 공유 메모리는 스레드가 실수로 공유 메모리에 있는 데이터를 덮어쓸 수 있다. 두 개의 연산이 공유된 값을 잘못 업데이트할 때 **경쟁 상태**가 발생하는데, 공유 값이 데이터인 경우 **데이터 경쟁**이라는 특수한 종류의 경쟁 상태가 된다. 뮤텍스, 세마포어 등의 동기화 구조체는 공유 변수를 업데이트할 때 스레드가 한 번에 하나씩 실행되도록 보장해 프로그램의 정확성을 확보한다.

동기화 구조체를 사용할 때는 주의해야 한다. 동기화는 병렬 프로그램에서 직렬 계산 지점을 도입한다. 따라서 동기화 개념을 사용하는 방법에 대해 알아야 한다. 원자적으로 실행돼야 하는 연산의 셋을 **임계 구역**이라고 한다. 만약 임계 구역이 너무 크면, 스레드가 직렬로 실행되어 실행 시간이 개선되지 않는다. 동기화 구조체를 부주의하게 사용하면, **교착 상태** 같은 상황이 우발적으로 발생할 수 있다. 좋은 전략은 스레드가 가능한 한 지역 변수를 사용하고, 공유 변수를 필요한 경우에만 업데이트하는 것이다.

프로그램의 모든 컴포넌트를 병렬화할 수 있는 것은 아니다. 일부 프로그램은 필연적으로 큰 직렬 구성요소를 가져, 멀티스레드 프로그램의 성능을 저하시킬 수 있다(예, **암달의 법칙**). 프로그램의 높은 비율이 병렬화될 수 있더라도, 속도 향상은 일반적으로 선형적이지 않다. 프로그램의 성능을 확인할 때는 효율성과 확장성 같은 지표를 고려하는 것이 좋다.

14.8.2 더 읽어보기

스레드를 사용한 동시성 주제를 간략하게 소개하는 것이 목적이므로, 전체 내용을 다루지는 않는다. POSIX 스레드와 OpenMP로 하는 프로그래밍을 더 자세히 알고 싶다면, Lawrence Livermore National Labs의 블레이즈 바니[Blaise Barney]가 작성한 Pthreads와 OpenMP를 다룬 훌륭한 튜토리얼을 확인하길 권한다. Pthreads 튜토리얼[18], OpenMP 튜토리얼[19], 병렬 프로그램 디버깅을 위한 자동화 도구로는 Helgrind[20] 및 DRD Valgrind[21] 도구를 참조하는 것이 좋다.

마지막 장에서는 일반적인 병렬 아키텍처에 대한 고수준 개요와 해당 아키텍처를 프로그래밍하는 방법을 설명한다.

18 https://hpc-tutorials.llnl.gov/posix
19 https://hpc.llnl.gov/tuts/openMP
20 https://valgrind.org/docs/manual/hg-manual.html
21 https://valgrind.org/docs/manual/drd-manual.html

## CHAPTER 15

기타 병렬 시스템 및 병렬 프로그래밍 모델

이전 장에서 공유 메모리 병렬성과 멀티스레드 프로그래밍에 대해 논의했다. 이 장에서는 다양한 유형의 아키텍처를 위한 병렬 프로그래밍 모델과 언어를 소개한다. 즉, CUDA를 예시로 삼아 그래픽 처리 장치(GPU)와 GPU에서의 범용 컴퓨팅(GPGPU 컴퓨팅)을 중심으로 하드웨어 가속기의 병렬성을 소개한다. 또한 MPI를 예로 들어 분산 메모리 시스템과 메시지 전달, 맵리듀스^{MapReduce}와 아파치 스파크^{Apache Spark}를 예로 들어 클라우드 컴퓨팅을 소개한다.

완전히 새로운 세상: 플린의 아키텍처 분류법

플린의 분류법^{Flynn's taxonomy}은 현대 컴퓨팅 아키텍처의 생태계를 설명할 때 많이 사용된다(그림 15-1).

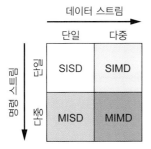

그림 15-1 플린의 분류법. 프로세서가 명령을 적용하는 방법을 분류하는 데 사용된다.

가로축은 데이터 스트림을 나타내고, 세로축은 명령어 스트림을 나타낸다. 여기서 스트림은 데이터나 명령어의 흐름을 의미한다. **단일 스트림**은 큐와 비슷하게, 시간 단위당 하나의 요소를 발행한다. 반대로, **다중 스트림**은 보통 시간 단위당 여러 요소를 발행한다(여러 개의 큐를 생각해보자). 따라서 단일 명령 스트림(SI)은 시간 단위당 한 개의 명령을 처리하고, 다중 명령어 스트림(MI)은 시간 단위당 여러 명령을 처리한다. 마찬가지로, 단일 데이터 스트림(SD)은 시간 단위당 하나의 데이터 요소를 처리하고, 다중 데이터 스트림(MD)은 시간 단위당 여러 데이터 요소를 처리한다.

프로세서는 사용하는 스트림의 유형에 따라 네 가지 범주 중 하나로 분류된다.

SISD(단일 명령/단일 데이터). 단일 명령/단일 데이터 시스템은 단일 제어 장치가 단일 명령 스트림을 처리해 한 번에 하나의 명령만 실행할 수 있다. 마찬가지로, 프로세서도 단일 데이터 스트림만 처리하거나 한 번에 하나의 데이터 단위만 처리할 수 있다. 2000년대 중반 이전에 상용으로 출시된 대부분의 프로세서는 SISD(단일 명령/단일 데이터) 머신이다.

MISD(다중 명령/단일 데이터). 다중 명령/단일 데이터 시스템은 단일 데이터 스트림에 작동하는 여러 개의 명령 장치가 있다. MISD 시스템은 보통 미항공우주국(NASA) 셔틀의 비행 제어 프로그램 같은 중대한 시스템에서 장애 허용성을 통합하기 위해 설계됐지만 실제로는 거의 사용되지 않는다.

SIMD(단일 명령/다중 데이터). 단일 명령/다중 데이터 시스템은 동시에 여러 데이터에 대해 동일한 명령을 잠금 단계 방식으로 실행한다. '잠금 단계' 실행 중에는 모든 명령이 큐에 들어가고 데이터는 다른 계산 장치에 분배된다. 실행 도중, 각 계산 장치는 큐의 첫 번째 명령어를 동시에 실행하고, 그다음 명령어를 동시에 실행하고, 그다음 명령어를 실행하고, 이런 식으로 계속한다. SIMD 아키텍처의 대표적인 예시는 그래픽 처리 장치(GPU)다. 초기 슈퍼컴퓨터도 SIMD 아키텍처를 따랐다. 다음 절에서 GPU에 대해 자세히 다룬다.

MIMD(다중 명령/다중 데이터). 다중 명령/다중 데이터 시스템은 가장 폭넓게 사용되는 아키텍처다. 이들은 굉장히 유연하며 다중 명령이나 다중 데이터 스트림에 대해 작동할 수 있는 능력이 있다. 거의 모든 현대 컴퓨터는 멀티코어 CPU를 사용하기 때문에 대부분 MIMD 머신으로 분류된다. '15.2 분산 메모리 시스템, 메시지 전달 및 MPI'에서 MIMD 시스템의 지류인 분산 메모리 시스템을 설명한다.

15.1 이종 컴퓨팅: 하드웨어 가속기, 범용 GPU 컴퓨팅, CUDA

이종 컴퓨팅^{heterogeneous computing}은 컴퓨터에 내장된 여러 처리 장치를 사용하는 컴퓨팅을 의미한다. 이러한 처리 장치는 종종 서로 다른 명령 집합 아키텍처(ISA)를 가지며, 일부는 운영 체제에 의해 관리되고, 다른 일부는 그렇지 않다. 전형적으로, 이종 컴퓨팅은 컴퓨터의 CPU 코어와 **그래픽 처리 장치**(GPU) 또는 **필드 프로그래밍 가능 게이트 어레이**^{field programmable gate array}(FPGA) 같은 가속기 장치를 사용해 병렬 컴퓨팅을 지원하는 것을 의미한다.[1]

최근에는 개발자들이 대규모의 데이터 중심 및 연산 중심 문제에 이종 컴퓨팅 솔루션을 구현하는 것이 점차 일반화되고 있다. 이러한 유형의 문제는 과학 계산뿐만 아니라 빅 데이터 처리, 분석, 정보 추출 같은 다양한 응용 분야에서 광범위하게 볼 수 있다. 컴퓨터의 CPU와 가속기 장치의 처리 능력을 모두 활용하면 프로그래머는 애플리케이션의 병렬 실행 정도를 증가시킬 수 있고, 이로 인해 성능과 확장성을 향상할 수 있다.

이 절에서는 하드웨어 가속기를 사용해 범용의 병렬 컴퓨팅을 지원하는 이종 컴퓨팅을 소개한다. GPU와 CUDA 프로그래밍 언어에 중점을 두겠다.

15.1.1 하드웨어 가속기

컴퓨터에는 CPU 외에도 특정 작업을 수행하기 위해 설계된 처리 장치가 있다. 이러한 장치는 CPU 같은 범용 처리 장치가 아니고, 특정 장치에 특화된 기능을 구현하거나 시스템에서 특수한 유형의 처리를 수행하는 데 최적화된 특수 목적 하드웨어다. FPGA, 셀 프로세서, GPU가 이런 류의 처리 장치에 속한다.

FPGA

FPGA는 게이트, 메모리 및 상호 연결 컴포넌트로 구성된 통합 회로다. FPGA는 재프로그래밍이 가능하므로 하드웨어에서 특정 기능을 구현하도록 재구성할 수 있어, 종종 애플리케이션 특화 통합 회로(ASIC)를 프로토타입으로 만드는 데 사용된다. 또한 전형적으로 전체 CPU보다 더 적은 전력으로 작동하므로 에너지 효율적 운영이 가능하다. FPGA가 컴퓨터 시스템에 통합

---

1 Sparsh Mittal, "A Survey Of Techniques for Architecting and Managing Asymmetric Multicore Processors," ACM Computing Surveys 48(3), February 2016.

된 예로는 센서 데이터 처리 암호화, 신형 하드웨어 설계 테스트에 사용되는 장치 컨트롤러가 있다(재프로그래밍이 가능하므로 설계를 구현하고 디버깅하고 테스트할 수 있다). FPGA는 간단한 처리 장치가 많은 회로로 설계될 수도 있다. 또한 시스템 버스에 직접 연결할 수 있는 저지연 장치다. 결과적으로, FPGA는 여러 데이터 입력 채널에서 독립적인 병렬 처리가 규칙적인 패턴으로 구성된 고속의 병렬 계산을 구현하는 데 사용돼왔다. 그러나 재프로그래밍에 오랜 시간이 걸려 병렬 작업 중 특정 부분의 빠른 실행을 지원하거나 고정된 프로그램 작업 부하를 실행하는 정도로 그 사용이 제한된다.[2]

GPU와 셀 프로세서

셀Cell 프로세서는 일종의 멀티코어 프로세서로, 하나의 범용 프로세서와 여러 개의 코프로세서로 구성된다. 다중 코프로세서multiple coprocessors는 멀티미디어 처리 같은 특수한 유형의 계산을 가속화하기 위해 특화된 장치다. 소니 플레이스테이션 3 게임 시스템은 셀 아키텍처를 처음으로 도입하고 셀 코프로세서를 사용해 고속 그래픽 처리를 구현했다.

GPU는 컴퓨터 그래픽 계산을 수행한다. 이미지 데이터를 처리해 고속의 그래픽 렌더링과 이미지 처리를 가능하게 한다. GPU는 그 결과를 프레임 버퍼에 쓰고, 버퍼는 데이터를 컴퓨터의 디스플레이로 전달한다. 컴퓨터 게임 애플리케이션의 주도하에 현재는 고급 GPU가 데스크톱과 노트북 시스템의 표준이 됐다.

2000년대 중반에 병렬 컴퓨팅 연구자들은 범용의 병렬 컴퓨팅을 지원하기 위해 컴퓨터의 CPU 코어에 가속기를 결합하는 방안의 잠재력을 인식했다.

15.1.2 GPU 아키텍처 개요

GPU 하드웨어는 컴퓨터 그래픽과 이미지 처리를 위해 설계됐다. 역사적으로, GPU 개발은 비디오 게임 산업에서 주도했다. 더 세밀한 그래픽과 더 빠른 프레임 렌더링을 지원하기 위해, 특별히 설계된 특수 목적 프로세서 수천 개로 구성된 것이 GPU 장치다. 여기서 특수 목적이란 병렬 2차원 이미지의 개별 픽셀값 같은 이미지 데이터를 효율적으로 조작하는 등을 말한다.

----

2 "FPGAs and the Road to Reprogrammable HPC," inside HPC, July 2019, https://insidehpc.com/2019/07/fpgas-and-the-road-to-reprogrammable-hpc

GPU가 구현하는 하드웨어 실행 모델은 SIMD의 변형인 **단일 명령/다중 스레드**^{single instruction/}

multiple thread(SIMT)다. SIMT는 멀티스레드 SIMD와 유사해 하나의 명령이 처리 장치에서 실행되는 여러 스레드에 의해 동시에 실행된다. SIMT에서는 총 스레드 수가 처리 장치 수보다 더 많을 수 있으며, 동일한 명령 순서를 실행하기 위해서는 스레드 그룹을 여러 개의 처리 장치에 스케줄링해야 한다.

예를 들어 NVIDIA GPU는 여러 개의 스트리밍 멀티프로세서 장치^{streaming multiprocessors}(SM)로 구성되며, 각각의 SM에는 독립적인 실행 제어 장치와 메모리 공간(레지스터, L1 캐시, 공유 메모리)이 있다. 각 SM은 여러 개의 스칼라 프로세서^{scalar processor}(SP) 코어로 이루어진다. SM에는 워프^{warp} 스케줄러가 있어서 애플리케이션 스레드 셋인 **워프**를 SP 코어에서 동기적으로 실행할 수 있도록 스케줄링한다. 동기^{lockstep} 실행에서 워프 내 각 스레드는 사이클마다 동일한 명령을 실행하지만 다른 데이터에 대해 실행된다. 예를 들어 어떤 애플리케이션이 컬러 이미지를 그레이스케일로 변환한다면, 워프 내 각 스레드가 같은 순서의 명령을 동시에 실행해 픽셀의 RGB 값을 그레이스케일로 설정한다. 워프 내 각 스레드는 이러한 명령을 다른 픽셀 데이터 값에 대해 실행하므로, 이미지의 여러 픽셀이 병렬로 업데이트된다. 스레드가 동기적으로 실행되기 때문에, 프로세서 설계를 단순화해 여러 코어가 동일한 명령어 제어 장치를 공유할 수 있다. 각 장치에는 캐시 메모리와 여러 레지스터가 있으며, 이들은 병렬 처리 코어에 의해 동기적으로 조작되는 데이터를 보유하는 데 사용된다.

[그림 15-2]의 단순화된 GPU 아키텍처로 SM 장치의 자세한 구조를 볼 수 있다. 각 SM에는 여러 개의 SP 코어, 워프 스케줄러, 실행 제어 장치, L1 캐시 및 공유 메모리 공간이 있다.

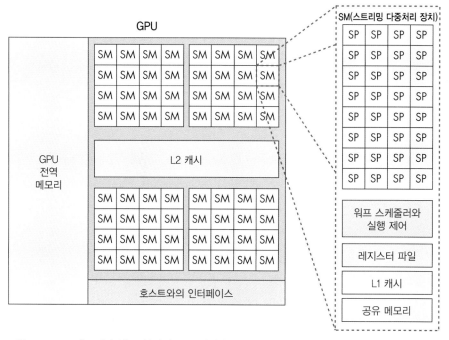

그림 15-2 2,048개 코어가 있는 단순화된 GPU 아키텍처의 예시. 이 그림에서 GPU는 64개 SM 장치로 나뉘고, 하나의 SM이 32개 SP 코어로 구성된다. SM의 워프 스케줄러는 SP에 대한 스레드 워프를 스케줄링한다. 스레드 워프는 SP 코어에서 동기적으로 실행된다.

15.1.3 GPGPU 컴퓨팅

범용 GPUgeneral purpose GPU(GPGPU) 컴퓨팅은 특수 목적의 GPU 프로세서를 일반 목적의 병렬 컴퓨팅 작업에 사용한다. GPGPU 컴퓨팅은 호스트 CPU 코어에서의 계산과 GPU 프로세서에서의 SIMT 계산을 결합한다. 해당 컴퓨팅은 다차원 데이터 그리드에서의 스트림 처리 계산으로 구성될 수 있는 병렬 애플리케이션(또는 애플리케이션의 일부)에서 가장 효과적으로 수행된다.

호스트 운영 체제는 GPU의 프로세서나 메모리를 관리하지 않는다. 결과적으로, 프로그램 데이터를 위한 공간은 GPU에 할당돼야 하고, 데이터는 프로그래머에 의해 호스트 메모리와 GPU 메모리 간에 복사돼야 한다. GPGPU 프로그래밍 언어와 라이브러리는 전형적으로 프로그래머에게 GPU 메모리를 명시적으로 관리하는 어려움을 일부 또는 전부 숨기는 GPU 메모리에 대한 프로그래밍 인터페이스를 제공한다. 예를 들어 CUDA에서 프로그래머는 GPU

에 CUDA 메모리를 명시적으로 할당하고 GPU의 CUDA 메모리와 호스트 메모리 간의 데이터를 복사하기 위해 CUDA 라이브러리 함수를 호출할 수 있다. 또한 CUDA 프로그래머는 CUDA 통합 메모리를 사용할 수 있는데, 호스트와 GPU 메모리 위의 단일 메모리 공간에 대한 CUDA의 추상화다. CUDA 통합 메모리는 별도의 GPU와 호스트 메모리, 그리고 둘 사이의 메모리 복사를 CUDA 프로그래머에게 숨긴다.

GPU가 스레드 동기화를 제한적으로 지원하므로 GPGPU 병렬 컴퓨팅은 매우 효과적으로 작동한다. GPGPU 병렬 컴퓨팅은 특히 병렬화하기 쉬운 애플리케이션 또는 동기화 지점이 매우 적으며 독립적인 병렬 스트림 기반 계산의 범위가 큰 애플리케이션에 적합하다. GPU는 대규모 병렬 프로세서이며, 데이터에 대해 독립적이고 동일한(또는 대부분 동일한) 계산 단계를 긴 시퀀스로 수행하는 어느 프로그램이든 GPGPU 병렬 애플리케이션으로 잘 수행될 수 있다. GPGPU 컴퓨팅은 호스트와 장치 메모리 간에 메모리 복사가 적을 때도 잘 수행된다. GPU-CPU 데이터 전송이 실행 시간을 지배하거나 애플리케이션이 긴밀한 동기화를 요구하는 경우, GPGPU 컴퓨팅은 잘 수행되지 않거나 멀티스레드 CPU 버전의 프로그램에 비해 별다른 이점이 없을 수 있다.

15.1.4 CUDA

CUDA^{Compute Unified Device Architecture}[3]는 NVIDIA의 그래픽 장치에서 GPGPU 컴퓨팅을 위한 프로그래밍 인터페이스다. CUDA는 일부 프로그램 함수가 호스트 CPU에서, 다른 일부는 GPU 장치에서 실행되는 이기종 컴퓨팅을 위해 설계됐다. 프로그래머는 전형적으로 CUDA 커널 함수를 지정하는 주석이 포함된 C 또는 C++로 CUDA 프로그램을 작성하며, GPU 장치 메모리를 관리하기 위해 CUDA 라이브러리 함수를 호출한다. CUDA **커널 함수**는 GPU에서 실행되는 함수이며, CUDA **스레드**는 CUDA 프로그램에서의 기본 실행 단위다. CUDA 스레드는 GPU의 SM에서 동조해 실행되는 워프에 스케줄링되며, GPU 메모리에 저장된 데이터의 일부분에 대한 CUDA 커널 코드를 실행한다. 커널 함수는 호스트 함수와 구분하기 위해 __global__로 주석이 달린다. CUDA __device__ 함수는 CUDA 커널 함수에서 호출할 수 있는 보조 함수다.

---

3 "GPU Programming," from CSinParallel: `https://csinparallel.org/csinparallel/modules/gpu_programming.html`; CSinParallel has other GPU programming modules: `https://csinparallel.org`

CUDA 프로그램의 메모리 공간은 호스트와 GPU 메모리로 구분된다. 프로그램은 CUDA 커널이 조작하는 프로그램 데이터를 저장하기 위해 명시적으로 GPU 메모리 공간을 할당하고 해제해야 한다. CUDA 프로그래머는 호스트와 GPU 메모리 사이에서 데이터를 명시적으로 복사하거나, GPU와 호스트가 직접 공유하는 메모리 공간의 뷰를 제공하는 CUDA 통합 메모리를 사용해야 한다. 다음은 CUDA의 기본 메모리 할당, 메모리 해제, 그리고 명시적 메모리 복사 함수의 예시다.

```
/* pass-by-pointer(포인터로 전달) 매개변수 dev_ptr를 통해 "반환"된 크기 바이트의 GPU 메
모리는 오류가 발생하면 * cudaSuccess 또는 cudaError 값을 반환한다.
 */
cudaMalloc(void **dev_ptr, size_t size);

/* GPU 메모리를 해제한다.
 * 오류가 발생하면 cudaSuccess 또는 cudaErrorInvalidValue를 반환한다.
 */
cudaFree(void *data);

/* src에서 dst로 데이터를 복사한다. 복사 방향은 종류를 따른다.
 *    종류: cudaMemcpyHosttoDevice는 CPU에서 GPU 메모리로 복사된다.
 *    종류: cudaMemcpyDevicetoHost는 GPU에서 CPU 메모리로 복사된다.
 * 오류 시 cudaSuccess 또는 cudaError 값을 반환한다.
 */
cudaMemcpy(void *dst, const void *src, size_t count, cudaMemcpyKind kind);
```

CUDA 스레드는 블록으로 구성되고, 블록은 그리드로 구성된다. 그리드는 블록의 1차원, 2차원 또는 3차원 그룹으로 구성될 수 있다. 마찬가지로 블록은 스레드의 1차원, 2차원 또는 3차원 그룹으로 구성될 수 있다. 각 스레드는 그리드의 (x,y,z) 위치에 있는 포함 블록의 (x,y,z) 위치에 따라 고유하게 식별된다. 예를 들어 프로그래머는 2차원 블록 및 그리드 차원을 다음과 같이 정의할 수 있다.

```
dim3 blockDim(16,16);  // 16x16의 2차원 배열에서 블록당 256 스레드
dim3 gridDim(20,20);   // 그리드당 400 블록, 20x20의 2차원 배열
```

커널이 호출되면 해당 블록/그리드 및 스레드/블록 레이아웃이 호출에 지정된다. 예를 들어, do_something이라는 커널 함수를 호출할 때, 앞에서 정의한 gridDim과 blockDim을 사용해 그리드와 블록 레이아웃을 지정하고, dev_array와 100이라는 매개변수를 전달한다.

```
ret = do_something<<<gridDim,blockDim>>>(dev_array, 100);
```

[그림 15-3]은 스레드 블록의 2차원 배열이다. 이 예에서 그리드는 블록의 3×2 배열이고 각 블록은 스레드의 4×3 배열이다.

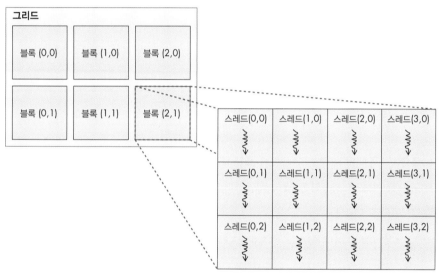

그림 15-3 CUDA 스레드 모델. 스레드의 블록 그리드. 블록과 스레드는 1차원, 2차원 또는 3차원 레이아웃으로 구성할 수 있다. 이 예시에서는 2차원 블록 그리드가 보이는데 그리드당 3 × 2 블록이 있고, 각 블록에는 2차원 스레드 집합이 있는데 블록마다 4 × 3 스레드가 있다.

스레드의 위치는 해당 블록의 (threadId.x, threadId.y) 좌표와 그리드 내 블록의 (block-Idx.x, blockIdx.y) 좌표로 나타낼 수 있다. 블록과 스레드 좌표는 (x, y)를 기반으로 하며, x축은 수평을 나타내고 y축은 수직을 나타낸다. (0,0) 요소는 왼쪽 위에 위치한다. 또한 CUDA 커널은 블록 차원(blockDim.x 및 blockDim.y)에 정의된 변수도 가진다. 따라서 커널을 실행하는 모든 스레드에서, 두 차원 배열 형태로 구성된 블록의 두 차원 배열에서 (행, 열) 위치는 다음과 같이 논리적으로 식별된다.

```
int row = blockIdx.y * blockDim.y + threadIdx.y;
int col = blockIdx.x * blockDim.x + threadIdx.x;
```

필수는 아니지만, 종종 CUDA 프로그래머는 스레드와 블록의 구성을 프로그램 데이터의 논리적 구성에 일치시킨다. 프로그램이 2차원 행렬을 조작하는 경우라면 스레드와 블록을 2차원 배열 형태로 구성하는 것이 일반적으로 적합하다. 이렇게 하면 스레드의 블록 (x, y)와 블록 내 스레드 (x, y)를 사용해 스레드의 위치를 2차원 스레드 블록과 관련된 하나 이상의 데이터 값과 연결할 수 있다.

예시 CUDA 프로그램: 스칼라 곱셈

한 예로, 벡터의 스칼라 곱셈을 수행하는 CUDA 프로그램을 고려해보겠다.

```
x = a * x    // 여기서 x는 벡터이고 a는 스칼라 값이다.
```

프로그램 데이터가 1차원 배열로 구성되기 때문에, 블록/그리드의 1차원 레이아웃과 스레드/블록의 1차원 레이아웃을 사용하는 것이 적합하다. 필수는 아니지만 스레드를 데이터에 더 쉽게 매핑할 수 있다.

실행하면, 이 프로그램의 main 함수는 다음과 같은 작업을 수행한다.

1 벡터 x의 호스트 측 메모리를 할당하고 초기화한다.

2 벡터 x를 위한 장치 측 메모리를 할당하고, 호스트 메모리에서 GPU 메모리로 복사한다.

3 벡터 x의 장치 주소와 스칼라 값 a를 인수로 전달해 벡터 스칼라 곱셈을 병렬로 수행하기 위해 CUDA 커널 함수를 호출한다.

4 GPU 메모리에서 호스트 메모리 벡터 x로 결과를 복사한다.

다음 예시에서는 스칼라 벡터 곱셈을 구현하기 위해 이러한 단계를 수행하는 CUDA 프로그램을 사용한다. 코드 목록에서 오류 처리 및 세부 정보를 생략했지만, 전체 솔루션은 온라인에서 사용할 수 있다.[4]

---

4   https://diveintosystems.org/book/C15-Parallel/_attachments/scalar_multiply_cuda.cu

CUDA 프로그램의 main 함수는 앞서 언급한 단계를 수행한다.

```
#include <cuda.h>

#define BLOCK_SIZE      64      /* 블록당 스레드*/
#define N               10240   /* 벡터 크기*/

// 일부 호스트 측 초기화 함수
void init_array(int *vector, int size, int step);

// 호스트 측 함수: main
int main(int argc, char **argv) {

  int *vector, *dev_vector, scalar;

  scalar = 3;      // 스칼라를 기본값으로 초기화
  if(argc == 2) { // 커맨드 라인 인수에서 스칼라 값 가져오기
    scalar = atoi(argv[1]);
  }

  // 1. 벡터에 호스트 메모리 할당 (오류 처리 누락)
  vector = (int *)malloc(sizeof(int)*N);

  // 호스트 메모리에서 벡터 초기화
  // (여기에는 나열되지 않은 사용자 정의 초기화 함수)
  init_array(vector, N, 7);

  // 2. 벡터를 위한 GPU 장치 메모리 할당 (오류 처리 누락)
  cudaMalloc(&dev_vector, sizeof(int)*N);

  // 2. 호스트 벡터를 장치 메모리로 복사 (오류 처리 누락)
  cudaMemcpy(dev_vector, vector, sizeof(int)*N, cudaMemcpyHostToDevice;)

  // 3. CUDA scalar_multiply 커널 호출
  // 블록/그리드에 대한 1차원 레이아웃을 지정(N/BLOCK_SIZE)
  //     그리고 블록당 스레드에 대한 1차원 레이아웃을 지정 (BLOCK_SIZE)
  scalar_multiply<<<(N/BLOCK_SIZE), BLOCK_SIZE===(dev_vector, scalar);
```

```
    // 4. 장치 벡터를 호스트 메모리로 복사 (오류 처리 누락)
     cudaMemcpy(vector, dev_vector, sizeof(int)*N, cudaMemcpyDeviceToHost);

    // ...(복사된 결과를 벡터에 대해 호스트에서 작업을 수행)

    // 호스트와 GPU에서 할당된 메모리 공간을 해제
    cudaFree(dev_vector);
    free(vector);

    return 0;
}
```

각 CUDA 스레드는 CUDA 커널 함수 scalar_multiply를 실행한다. CUDA 커널 함수는 개별 스레드의 관점에서 기록된다. 이는 전형적으로 두 가지 주요 단계로 구성된다. (1) 호출 스레드는 스레드의 위치와 그 위치를 둘러싼 블록과 그리드 내에서 블록의 위치에 따라 자신이 담당하는 데이터의 어느 부분인지 결정한다. (2) 호출 스레드는 자신의 데이터 부분에 대해 애플리케이션 특정 계산을 수행한다. 이 예시에서 각 스레드는 배열의 정확히 한 요소에 대해 스칼라 곱셈 계산을 담당한다. 커널 함수 코드는 먼저 호출 스레드의 블록 및 스레드 식별자에 기반한 고유한 인덱스 값을 계산한다. 그런 다음 이 값을 데이터 배열의 인덱스로 사용해 해당 배열 요소에 스칼라 곱셈을 수행한다(array[index] = array[index] * scalar). CUDA 스레드들이 GPU의 SM 장치에서 실행되며 각각 다른 인덱스 값을 계산해 배열의 요소들을 병렬로 업데이트한다.

```
/*
 * GPU 장치에서 벡터의 스칼라 곱셈을 수행하는
 * CUDA 커널 함수
 *
 * 각 array[i] 요소를 단일 스레드에 연결하기에
 * 충분한 스레드가 있다고 가정한다.
 * (일반적으로, 각 스레드는 데이터 요소 집합을 처리하는 책임이 있다.)
 */
__global__ void scalar_multiply(int *array, int scalar) {
```

```
    int index;

    // 호출 스레드의 인덱스 값을 속한 블록과
    // 그리드의 위치를 기반으로 계산한다.
    index = blockIdx.x * blockDim.x + threadIdx.x;

    // 스레드는 인덱스 값을 사용해서
    // 해당 배열 요소에 스칼라 곱을 수행한다.
    array[index] = array[index] * scalar;
}
```

CUDA 스레드 스케줄링 및 동기화

각 CUDA 스레드 블록은 GPU SM 장치에 의해 실행된다. SM은 동일한 스레드 블록의 워프를 스케줄링해 프로세서 코어를 실행한다. 워프의 모든 스레드는 전형적으로 서로 다른 데이터에 대해 잠금 단계에서 동일한 명령어를 실행한다. 스레드는 명령 파이프라인을 공유하지만, 각각 자신의 레지스터와 지역 변수, 매개변수를 위한 스택 공간을 갖게 된다.

스레드의 블록들이 개별 SM에서 스케줄링되기 때문에, 블록당 스레드 수를 늘리면 병렬 실행의 정도가 증가한다. SM은 스레드 워프를 처리 장치에서 실행하도록 스케줄링하기 때문에, 블록당 스레드 수가 워프 크기의 배수라면 계산에 어떠한 SM 프로세서 코어도 낭비되지 않는다. 실제로, 블록당 스레드 수를 SM의 처리 코어 수의 작은 배수로 사용해야 잘 작동한다.

CUDA는 후속 커널 호출의 스레드가 스케줄링되기 전에 단일 커널 호출의 모든 스레드가 완료되도록 보장한다. 따라서 별도의 커널 호출 사이에는 암시적 동기화 지점이 있다. 그러나 단일 커널 호출 내에서는 스레드 블록들이 GPU SM에서 커널 코드를 실행하기 위해 어떠한 순서로든 스케줄링된다. 따라서 프로그래머는 다른 스레드 블록 안의 스레드들 사이의 실행 순서를 가정해서는 안 된다. CUDA는 스레드 동기화를 일부 지원하지만 동일한 스레드 블록에 있는 스레드에 대해서만 지원한다.

15.1.5 기타 GPGPU 프로그래밍 언어

GPGPU 컴퓨팅을 위한 프로그래밍 언어도 있다. OpenCL, OpenACC, OpenHMPP는 어느 그래픽 장치에서도 사용할 수 있는 프로그래밍 언어다(NVIDIA 장치에 특화되지 않았음). OpenCL$^{Open Computing Language}$은 CUDA의 프로그래밍 모델과 유사하며, 둘 다 대상 아키텍처 위에 더 낮은 수준의 프로그래밍 모델(또는 더 얇은 프로그래밍 추상화)을 구현한다. OpenCL은 호스트 CPU와 함께 다른 계산 단위(CPU 또는 GPU, FPGA 같은 가속기 등)가 포함된 다양한 이기종 컴퓨팅 플랫폼을 대상으로 한다. OpenACC$^{Open Accelerator}$는 CUDA나 OpenCL보다 더 높은 수준의 추상화 프로그래밍 모델이다. 이는 이식성과 프로그래머의 편의성을 위해 설계됐다. 프로그래머는 병렬 실행을 위해 코드의 일부에 주석을 달고 컴파일러는 GPU에서 실행할 수 있는 병렬 코드를 생성한다. OpenHMPP$^{Open Hybrid Multicore Programming}$는 이종 프로그래밍을 위한 더 높은 수준의 프로그래밍 추상화를 제공하는 언어다.

15.2 분산 메모리 시스템, 메시지 전달 및 MPI

12장에서는 '헬로 스레딩!'에서 Pthreads 같은 메커니즘을 설명했다. '14.2 헬로 스레드! 첫 번째 멀티스레드 프로그램 작성'과 '14.7 OpenMP를 사용한 암시적 스레딩'에서는 프로그램이 **공유 메모리 시스템**의 여러 CPU 코어를 활용하기 위해 사용하는 Pthreads와 OpenMP 같은 메커니즘에 대해 설명했다. 이러한 시스템에서 각 코어는 동일한 물리적 메모리 하드웨어를 공유하며, 공유 메모리 주소에서 데이터를 읽고 쓰는 방식으로 데이터를 교환하고 동기화해 동작을 조정할 수 있다. 공유 메모리 시스템은 통신이 비교적 용이하지만, 시스템에 있는 CPU 코어의 수에 의해 확장성이 제한된다.

2019년 기준으로, 고급 상용 서버 CPU는 전형적으로 최대 64개 코어를 제공한다. 그러나 일부 작업에서는 몇 백 개의 CPU 코어로 충분하지 않을 수 있다. 예를 들어 지구의 해양 유체 역학을 시뮬레이션하거나 웹의 전체 내용을 인덱싱해 검색 애플리케이션을 구축하려고 한다고 상상해보자. 이러한 대규모 작업은 어떤 단일 컴퓨터가 제공할 수 있는 것보다 더 많은 물리적인 메모리와 프로세서가 필요하다. 따라서 많은 수의 CPU 코어가 필요한 애플리케이션은 공유 메모리를 포기한 시스템에서 실행된다. 대신, 각각 자체 CPU와 메모리를 내장하고 네트워크를 통해 통신해 동작을 조정하는 여러 컴퓨터로 구성된 시스템에서 실행된다.

여러 대의 컴퓨터가 함께 작동하는 것을 **분산 메모리 시스템**(또는 **분산 시스템**이라고도 함)이라고 한다.

WARNING_ 연대에 대한 참고사항

이 책에 제시된 순서와 상관없이, 시스템 설계자들은 스레드나 OpenMP 같은 메커니즘이 존재하기 훨씬 전에 분산 시스템을 만들었다.

일부 분산 메모리 시스템은 여타 시스템보다 하드웨어를 더 밀접하게 통합한다. 예를 들어 **슈퍼컴퓨터**는 많은 **계산 노드**가 빠른 연결 네트워크에 밀접하게 (긴밀하게 통합되어) 결합된 고성능 시스템이다. 각 계산 노드가 자체 CPU와 GPU, 메모리를 갖지만, 여러 노드는 보조 저장소와 전원 공급 장치 같은 보조 리소스를 공유할 수 있다. 하드웨어의 정확한 공유 수준은 슈퍼컴퓨터마다 다르다.

스펙트럼의 다른 끝에서, 분산 애플리케이션은 이더넷 같은 전통적인 로컬 영역 네트워크(LAN) 기술로 연결된 완전히 자율적인 컴퓨터(노드)의 느슨하게 결합된(통합이 덜된) 모음에서 실행될 수 있다. 이러한 노드의 모음은 일명 **대량생산 상품**_commodity off-the-shelf_(COTS) 클러스터로 알려져 있다. COTS 클러스터는 전형적으로 각 노드에 자체의 계산 하드웨어 셋(CPU, GPU, 메모리, 저장소)이 담긴 **독립적인 아키텍처**를 사용한다. [그림 15-4]는 두 개의 공유 메모리 컴퓨터로 구성된 독립적인 분산 시스템이다.

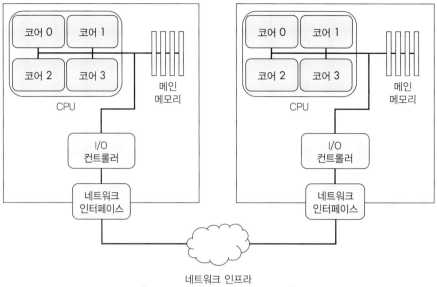

그림 15-4 컴퓨터 노드 두 개로 구성된 독립적인 분산 메모리 아키텍처의 주요 컴포넌트

15.2.1 병렬 및 분산 처리 모델

애플리케이션 설계자들은 종종 분산 애플리케이션을 검증된 설계를 사용해 구성한다. 그리고 이와 같은 애플리케이션 모델을 채택함으로써 애플리케이션의 행동이 잘 이해되는 규칙에 부합하므로 애플리케이션을 이해할 수 있다. 각 모델은 고유의 장점과 단점이 있으며, 모든 상황에 적합한 완벽한 해결책은 없다. 많이 사용하는 모델 몇 가지를 간략하게 설명하겠지만, 여기서 제시하는 것이 전부가 아님을 유의하기 바란다.

클라이언트/서버

클라이언트/서버 모델은 매우 흔한 애플리케이션 모델로, 애플리케이션의 책임을 클라이언트 프로세스와 서버 프로세스로 분할한다. 서버 프로세스는 클라이언트로부터 요청을 받아 서비스를 제공하는데, 이를 위해 잘 알려진 주소에서 클라이언트와의 연결을 기다린다. 연결을 만들면 클라이언트는 서버 프로세스에 요청을 보내고, 서버 프로세스는 이러한 요청을 처리하거나

(예, 요청된 파일을 가져오는 등) 오류를 보고한다(예, 파일이 존재하지 않거나 클라이언트의 인증이 올바르지 않은 경우).

생각조차 못했을지 모르지만, 웹페이지에 접근할 때도 클라이언트/서버 모델을 사용한다! 웹 브라우저(클라이언트)는 공개 주소(예, `diveintosystems.org`)의 웹사이트(서버)에 연결해 페이지의 내용을 가져온다.

파이프라인

파이프라인 모델은 애플리케이션을 연속되는 서로 다른 단계로 나누는데, 각 단계는 데이터를 독립적으로 처리할 수 있다. 이 모델은 대량의 데이터 입력에 대해 선형적이고 반복적인 작업이 있는 애플리케이션에 적합하다. 컴퓨터 애니메이션 영화 제작을 예로 들어보자. 영화의 각 프레임은 프레임을 변형하는 단계를 거쳐야 한다(예, 텍스처 추가 또는 조명 적용). 각 단계가 독립적이고 순차적으로 수행되기 때문에, 애니메이터들은 프레임을 대규모 컴퓨터 클러스터에서 병렬로 처리함으로써 렌더링 속도를 높일 수 있다.

보스/워커

보스/워커 모델에서는 한 개의 프로세스가 중앙 조정자 역할을 맡아 다른 노드의 프로세스들에게 작업을 분배한다. 이 모델은 대량의 분할 가능한 입력을 처리해야 하는 문제에 적합하다. 보스는 입력을 작은 조각으로 나누고 각 워커에 하나 이상의 조각을 할당한다. 일부 애플리케이션에서는 보스가 각 워커에 정확히 하나의 입력 조각을 정적으로 할당할 수도 있다. 다른 경우에는 워커들이 반복적으로 입력 조각을 처리하고 다음 입력 청크를 동적으로 가져오기 위해 보스에 돌아올 수 있다. 보스가 많은 워커에 배열을 분할해 배열의 스칼라 곱셈을 수행하는 예시 프로그램을 이 절 후반부에 소개하겠다.

이 모델은 '마스터/워커'나 그 비슷한 이름으로 불리기도 하지만 주요한 아이디어는 동일하다.

피어 투 피어

보스/워커 모델과는 달리, **피어 투 피어**peer-to-peer 애플리케이션은 중앙 집중식 제어 프로세스에 의존하지 않는다. 대신, 피어 프로세스는 서로 동등한 책임을 맡는 애플리케이션의 구조를 스스로 조직화한다. 예를 들어 비트토렌트^{BitTorrent} 파일 공유 프로토콜에서 모든 피어가 전체 파일을 받을 때까지각 피어는 다른 피어와 파일 일부를 반복적으로 교환한다.

피어 간 애플리케이션은 중앙 집중식 컴포넌트가 없기 때문에 일반적으로 노드 장애에 대해 견고하다. 반면, 전형적으로 복잡한 조정 알고리즘이 필요해 구축과 테스트가 어렵다.

15.2.2 통신 프로토콜

분산 메모리 시스템의 프로세스는 슈퍼컴퓨터나 COTS 클러스터와 관계없이 **메시지 전달**^{message} ^{passing}을 통해 통신한다. 메시지 전달은 한 프로세스가 명시적으로 메시지를 다른 노드에 있는 하나 이상의 프로세스에 보내고, 이를 수신하는 방식이다. 시스템에서 실행되는 애플리케이션은 네트워크를 활용하는 방법을 결정한다. 프로세스 간의 동작을 밀접하게 조정하기 위해 자주 통신하는 애플리케이션이 있는가 하면, 대량의 입력을 프로세스에 분할하고 대부분 독립적으로 작업하기 위해 통신하는 애플리케이션도 있다.

분산 애플리케이션은 통신 **프로토콜**을 정의해 통신 프로토콜을 구체화한다. 통신 프로토콜은 네트워크 사용에 관한 규칙을 정의한다.

- 프로세스가 메시지를 언제 보내야 하는지
- 어느 프로세스(들)에 메시지를 보내야 하는지
- 메시지를 어떻게 형식화하는지

프로토콜이 없으면 애플리케이션은 메시지를 올바르게 해석하지 못하거나 교착 상태에 빠질 수 있다(자세한 내용은 '14.3.1 상호 배제'의 '교착 상태' 참조). 예를 들어 애플리케이션이 두 개의 프로세스로 구성되고 각 프로세스가 서로 메시지를 보내기를 기다린다면 어느 프로세스도 진전을 이루지 못한다. 프로토콜은 이러한 실패 가능성을 줄이기 위해 통신에 구조를 추가한다.

통신 프로토콜을 구현하기 위해서는 메시지 송수신, 프로세스 명명(주소 지정), 프로세스 실행의 동기화 같은 기본적인 기능이 필요하다. 많은 애플리케이션이 이러한 기능을 위해 메시지 전달 인터페이스를 참조한다.

15.2.3 메시지 전달 인터페이스

메시지 전달 인터페이스 Message Passing Interface(MPI)는 분산 메모리 시스템에서 통신하기 위해 애플리케이션이 사용할 수 있는 표준화된 인터페이스를 정의한다. MPI는 직접 구현되지는 않지만, 애플리케이션에서 메시지 전달을 위해 사용할 수 있는 표준 인터페이스를 제공한다. MPI 통신 표준을 채택함으로써 애플리케이션은 이식성을 갖게 된다. 이식성이란 애플리케이션이 다양한 시스템에서 컴파일되고 실행될 수 있음을 의미한다. 다시 말해, MPI 구현이 설치됐다면 이식 가능한 애플리케이션은 시스템 간에 이동하며 예상대로 실행될 수 있다. 심지어 기본 특성이 다른 시스템에서도 잘 실행된다.

MPI를 사용하면 프로그래머는 애플리케이션을 여러 프로세스로 분할할 수 있다. MPI는 애플리케이션의 각 프로세스에 고유한 식별자인 **랭크**rank를 할당한다. 이 식별자는 0부터 N − 1까지의 범위를 가진다. 여기서 N은 프로세스의 수다. 프로세스는 `MPI_Comm_rank` 함수를 호출해 자신의 랭크를 알 수 있으며, `MPI_Comm_size` 함수를 호출해 애플리케이션에서 실행 중인 프로세스의 수를 알 수 있다. 프로세스는 메시지를 보내기 위해 `MPI_Send`를 호출하고 수신자의 랭크를 지정한다. 그리고 메시지를 받기 위해 `MPI_Recv`를 호출하고, 특정 노드에서의 메시지를 기다릴지 아니면 모든 송신자로부터 메시지를 받을지 지정한다(랭크로 `MPI_ANY_SOURCE` 상수를 사용).

기본적인 송신 및 수신 함수 외에, MPI는 한 프로세스가 여러 수신자에 데이터를 효율적으로 전달하는 다양한 함수도 정의한다. 예를 들어 `MPI_Bcast` 함수는 단 한 번의 함수 호출로 한 프로세스가 나머지 프로세스 전체에 메시지를 보내게 할 수 있다. 또한 MPI는 `MPI_Scatter`와 `MPI_Gather`라는 함수 쌍을 정의하는데, 이를 통해 한 프로세스가 배열을 분할하고 조각을 프로세스 간에 분배scatter하고 데이터를 조작한 후 결과를 통합gather하는 것이 가능하다.

MPI가 함수 셋과 함수의 동작 방식만을 정의하기 때문에, 각 시스템 설계자는 자신의 특정 시스템 기능에 맞게 MPI 기능을 구현할 수 있다. 예를 들어 여러 수신자에 동시에 메시지 사본을 보내는 방송(브로드캐스팅)을 지원하는 인터커넥트 네트워크가 있는 시스템은 해당 지원이 없는 시스템보다 MPI의 `MPI_Bcast` 함수를 더 효율적으로 구현할 수 있다.

15.2.4 MPI 헬로 월드

아래에 제시된 "Hello World" 프로그램[5]으로 MPI 프로그래밍을 소개하고자 한다.

```
#include <stdio.h>
#include <unistd.h>
#include "mpi.h"

int main(int argc, char **argv) {
    int rank, process_count;
    char hostname[1024];

    /* MPI 초기화 */
    MPI_Init(&argc, &argv);

    /* 얼마나 많은 프로세스가 있고 어떤 프로세스인지 결정 */
    MPI_Comm_size(MPI_COMM_WORLD, &process_count);
    MPI_Comm_rank(MPI_COMM_WORLD, &rank);

    /* 이 프로세스가 실행 중인 컴퓨터의 이름을 결정 */
    gethostname(hostname, 1024);

    /* 프로세스와 컴퓨터를 식별하는 메시지를 출력 */
    printf("Hello from %s process %d of %d\n", hostname, rank, process_count);

    /* 정리 */
    MPI_Finalize();

    return 0;
}
```

이 프로그램을 시작할 때, MPI는 한 개 이상의 컴퓨터에 독립적인 프로세스로 동시에 여러 개의 사본을 실행한다. 각 프로세스는 MPI를 호출해 실행 중인 총 프로세스 수를 확인하고(MPI_Comm_size를 사용), 해당 프로세스가 그중 어떤 역할을 하는지 확인한다(프로세스의 랭크,

----

5 https://diveintosystems.org/book/C15-Parallel/_attachments/hello_world_mpi.c

MPI_Comm_rank를 사용). 이 정보를 확인한 후 각 프로세스는 종료하기 전에 실행 중인 컴퓨터의 랭크와 이름^{hostname}이 포함된 간단한 메시지를 출력한다.

NOTE_ MPI 코드 실행하기

이러한 MPI 예시를 실행하려면 OpenMPI[6] 또는 MPICH[7] 같은 MPI 구현체가 시스템에 설치돼야 한다.

이 예시를 컴파일하려면 MPI를 인식하는 GCC 버전인 mpicc 컴파일러 프로그램을 실행해 프로그램을 빌드하고 MPI 라이브러리에 연결해야 한다.

```
$ mpicc -o hello_world_mpi hello_world_mpi.c
```

프로그램을 실행하려면 mpirun 유틸리티를 사용해 MPI로 여러 병렬 프로세스를 시작해야 한다. mpirun 명령어는 어느 컴퓨터에서 프로세스를 실행할지(--hostfile)와 각 컴퓨터에서 실행할 프로세스의 수(-np)를 지정한다. 여기서는 hosts.txt라는 파일을 제공해 mpirun에 lemon이라는 컴퓨터와 orange라는 컴퓨터를 사용해 총 네 개의 프로세스를 생성하도록 알린다.

```
$ mpirun -np 8 --hostfile hosts.txt ./hello_world_mpi
Hello from lemon process 4 of 8
Hello from lemon process 5 of 8
Hello from orange process 2 of 8
Hello from lemon process 6 of 8
Hello from orange process 0 of 8
Hello from lemon process 7 of 8
Hello from orange process 3 of 8
Hello from orange process 1 of 8
```

---

6 https://www.open-mpi.org
7 https://www.mpich.org

15.2.5 MPI 스칼라 곱셈

배열에 스칼라 곱셈을 수행하는 더 구체적인 MPI 예시를 생각해보자. 이 예시는 보스/워커 모델을 채택하며, 한 프로세스가 배열을 작은 조각으로 나누고 이를 워커 프로세스에 분배한다. 이 스칼라 곱셈의 구현에서 보스 프로세스도 워커로 동작하며, 다른 워커에 섹션을 분배한 후 일부 배열을 곱하는 역할도 수행하므로 주의해야 한다.

병렬 처리의 이점을 얻기 위해 각 프로세스는 자체적으로 배열의 지역 부분을 스칼라 값으로 곱하고, 그런 다음 워커는 모두 결과를 보스 프로세스로 다시 보내 최종 결과를 형성한다. 프로그램의 여러 부분에서 코드는 프로세스의 랭크가 0인지 확인한다.

```
if (rank == 0) {
    /* 이 코드는 보스에서만 실행된다. */
}
```

이 확인은 랭크가 0인 하나의 프로세스만이 보스 역할을 수행하도록 보장한다. 관례적으로, MPI 애플리케이션은 한 번만 수행되는 작업을 수행하기 위해 랭크 0을 선택한다. 프로세스가 몇 개이든(실행 중인 프로세스가 단 하나뿐이더라도) 항상 하나는 랭크 0을 부여받기 때문이다.

MPI 통신

보스 프로세스는 스칼라 값과 초기 입력 배열을 결정하는 데서 시작한다. 실제 과학 컴퓨팅 애플리케이션에서 보스는 이러한 값을 입력 파일에서 읽는다. 이 예시를 단순화하기 위해, 보스는 상수 스칼라 값(10)을 사용하고, 설명을 위해 간단한 40개 원소 배열(0부터 39까지의 시퀀스 포함)을 생성한다.

이 프로그램은 세 가지 중요한 작업에서 MPI 프로세스 간 통신이 필요하다.

> **1** 보스는 스칼라 값과 배열 크기를 모든 워커에 보낸다.
>
> **2** 보스는 초기 배열을 여러 조각으로 나누고 워커에 분배한다.
>
> **3** 각 워커는 배열의 일부에 스칼라 값을 곱하고 그 업데이트된 값을 다시 보스에 보낸다.

중요한 값의 브로드캐스팅

워커에 스칼라 값을 보내기 위해, 예시 프로그램은 MPI_Bcast 함수를 사용한다. 이 함수는 한 번의 함수 호출로 하나의 MPI 프로세스가 그 외 모든 MPI 프로세스에 동일한 값을 보낼 수 있게 한다.

```
/* 보스가 브로드캐스트를 통해 모든 프로세스에 스칼라 값을 보냄 */
MPI_Bcast(&scalar, 1, MPI_INT, 0, MPI_COMM_WORLD);
```

이 호출은 랭크 0의 프로세스의 스칼라 변수의 주소에서 시작해 하나의 정수(MPI_INT)를 그 외 모든 프로세스(MPI_COMM_WORLD)로 보낸다. 모든 워커 프로세스(0이 아닌 랭크의 프로세스)가 브로드캐스트를 자신의 지역 스칼라 변수에 받으므로, 이 호출이 완료되면 모든 프로세스는 사용할 스칼라 값을 알게 된다.

> **NOTE_ MPI_BCAST 동작**
>
> 모든 프로세스는 MPI_Bcast를 실행하지만, 호출하는 프로세스의 랭크에 따라 다르게 동작한다. 만약 랭크가 네 번째 인자와 일치하면, 호출자는 보내는 역할을 수행한다. MPI_Bcast를 호출하는 그 외 모든 프로세스는 수신자로 작동한다.

마찬가지로, 보스는 배열의 총크기를 그 외 모든 프로세스에 브로드캐스트한다. 전체 배열 크기를 알게 된 후, 각 프로세스는 전체 배열 크기를 MPI 프로세스의 수로 나누어 local_size 변수를 설정한다. local_size 변수는 각 워커의 배열 조각에 얼마나 많은 요소가 담길 것인지를 나타낸다. 예를 들어 입력 배열에 40개 요소가 있고 애플리케이션에 8개 프로세스가 있다면, 각 프로세스는 배열의 5개 요소 조각을 담당한다(40 / 8 = 5). 이 예시를 단순하게 유지하기 위해, 프로세스의 수가 배열의 크기를 균등하게 나눈다고 가정한다.

```
/* 각 프로세스는 존재하는 프로세스의 수를 결정한다. */
MPI_Comm_size(MPI_COMM_WORLD, &process_count);

/* 보스는 전체 배열 크기를 브로드캐스트로 모든 프로세스에 보낸다. */
MPI_Bcast(&array_size, 1, MPI_INT, 0, MPI_COMM_WORLD);

/* 각 프로세스가 얼마나 많은 배열 요소를 얻게 될지 결정한다.
 * 배열을 프로세스 수로 균등하게 나눌 수 있다고 가정한다. */
local_size = array_size / process_count;
```

배열 분배

이제 각 프로세스가 스칼라 값과 자신이 곱해야 하는 값의 수를 알았으므로 보스는 배열을 조각으로 나눠 워커에 분배해야 한다. 이 구현에서는 보스(랭크 0)도 워커로 참여한다. 예를 들어 40개 요소로 구성된 배열과 8개 프로세스(랭크 0~7)가 있다면, 보스는 자신(랭크 0)이 0~4번째 요소를 유지하고, 5~9번째 요소를 랭크 1에, 10~14번째 요소를 랭크 2에 전송하는 식으로 처리한다. [그림 15-5]은 보스가 MPI 프로세스에 배열의 조각을 할당한다.

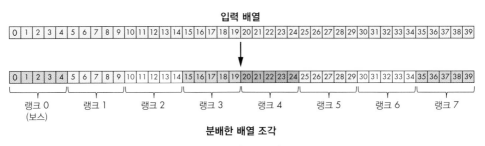

그림 15-5 8개 MPI 프로세스 사이의 40개 요소 배열 분배(랭크 0~7)

보스에서의 MPI_Send 호출과 각 워커에서의 MPI_Recv 호출을 결합해 배열의 조각을 각 워커에 분배하는 방법을 보자.

```
if (rank == 0) {
    int i;

    /* 각 워커 프로세스에 고유한 배열 청크를 보낸다. */
    for (i = 1; i < process_count; i++) {
        /* 배열 인덱스(i * local_size)에서 시작하는 local_size int 전송 */
        MPI_Send(array + (i * local_size), local_size, MPI_INT, i, 0,
                MPI_COMM_WORLD);
    }
} else {
    MPI_Recv(local_array, local_size, MPI_INT, 0, 0, MPI_COMM_WORLD,
            MPI_STATUS_IGNORE);
}
```

이 코드에서 보스는 워커 프로세스마다 한 번씩 실행되는 반복문을 실행하며, 각 워커에 배열한 조각을 보낸다. 배열 주소에서 오프셋(i * local_size)부터 데이터를 보내기 시작해 각 워커가 배열의 유일한 조각을 얻게 한다. 즉, 랭크 1의 워커는 인덱스 5에서 시작하는 배열 조각을 얻고, 랭크 2는 인덱스 10에서 시작하는 배열 조각을 얻는다. 그 모습은 [그림 15-5]와 같다.

MPI_Send의 각 호출은 랭크 i의 프로세스에 데이터(20바이트)의 local_size(5)만큼 보낸다. 맨 끝의 인자 0은 메시지 태그를 나타내는데, 이는 이 프로그램에서 필요하지 않은 고급 기능이다. 이를 0으로 설정하면 모든 메시지를 동일하게 취급한다.

모든 워커는 배열 조각을 검색하기 위해 MPI_Recv를 호출하고 이를 local_array가 참조하는 주소의 메모리에 저장한다. 랭크 0을 가진 노드로부터 local_size(5)의 데이터(20바이트)를 받는다. MPI_Recv는 블로킹 호출이다. 이는 해당 함수를 호출하는 프로세스가 데이터를 받을 때까지 일시 중지한다는 뜻이다. MPI_Recv 호출이 블록되기 때문에, 보스가 해당 워커에 배열 조각을 전송하기 전까지는 어떤 워커도 작업을 재개하지 않는다.

병렬 실행

워커가 배열 조각을 받은 후에는 각 배열 값을 스칼라로 곱하기 시작할 수 있다. 각 워커가 배열의 고유한 서브셋을 받기 때문에, 그들은 통신할 필요 없이 독립적으로 병렬로 실행할 수 있다.

결과 집계

마지막으로, 워커가 곱셈을 완료하면 수정된 배열 값을 보스에 돌려보내고, 보스는 결과를 집계한다. `MPI_Send`와 `MPI_Recv`를 사용하는 이 과정은 앞서 살펴본 배열 분배 코드와 비슷해 보이지만, 보내는 사람과 받는 사람의 역할이 반대다.

```
if (rank == 0) {
    int i;

    for (i = 1; i < process_count; i++) {
        MPI_Recv(array + (i * local_size), local_size, MPI_INT, i, 0,
                MPI_COMM_WORLD, MPI_STATUS_IGNORE);
    }
} else {
    MPI_Send(local_array, local_size, MPI_INT, 0, 0, MPI_COMM_WORLD);
}
```

`MPI_Recv`는 실행을 차단하거나 일시 중지시킨다. 그래서 `for` 그 외의 각 호출은 보스가 워커 i로부터 배열 조각을 받을 때까지 기다리게 한다.

분산/수집

이전 예시에서 `for` 반복문은 `MPI_Send`와 `MPI_Recv`로 데이터를 정확하게 분산하지만, 의도를 간결하게 표현하지 못한다. 즉, MPI 프로세스 전체에 배열을 분배한다는 분명한 목표 없이 송수신 호출로 MPI에 나타난다. 병렬 애플리케이션이 이 예시 배열처럼 데이터를 자주 분배하고 수집해야 하므로, MPI는 이 목적에 딱 맞는 함수를 제공한다. `MPI_Scatter`와 `MPI_Gather`가 그런 함수다.

이 함수들은 두 가지 주요한 이점을 제공한다. 이전 예시의 전체 코드 블록을 각각 하나의 MPI

함수 호출로 표현해 코드를 간소화하고, 연산의 의도를 기반으로 하는 MPI 구현에 표현해 성능을 최적화한다.

이전 예시의 첫 번째 반복문을 대체하기 위해, 각 프로세스는 MPI_Scatter를 호출할 수 있다.

```
/* 보스는 배열의 청크를 모든 프로세스에 고르게 분산시킨다. */
MPI_Scatter(array, local_size, MPI_INT, local_array, local_size, MPI_INT,
            0, MPI_COMM_WORLD);
```

이 함수는 자동으로 array에서 시작하는 메모리의 내용을 local_size 정수를 포함하는 조각으로 local_array 대상 변수에 분배한다. 0 인자는 랭크 0인 프로세스(보스)를 송신자로 지정한다. 그래서 보스는 array 소스를 읽고 다른 프로세스에 분배한다(보스도 한 조각을 받는다). 그 외 모든 프로세스는 수신자 역할을 하며 데이터를 자신의 local_array 대상으로 받는다.

이 단일 호출 후에, 각 워커는 배열을 병렬로 곱할 수 있다. 작업이 완료되면, 각 프로세스는 MPI_Gather를 호출해 결과를 보스의 array 변수로 다시 집계한다.

```
/* 보스는 모든 프로세스에서 조각을 수집하고
 * 결과를 최종 배열로 합친다. */
MPI_Gather(local_array, local_size, MPI_INT, array, local_size, MPI_INT,
           0, MPI_COMM_WORLD);
```

이 함수 호출은 MPI_Scatter의 반대로 작동한다. 이번에는 0 인수가 랭크 0의 프로세스(보스)가 수신자임을 나타내므로 array 변수를 업데이트하고, 각 워커는 그들의 local_array 변수로부터 local_size 정수를 보낸다.

MPI 스칼라 곱하기 전체 코드

다음은 MPI_Scatter와 MPI_Gather를 사용하는 전체 MPI 스칼라 곱셈 코드다.[8]

---

8 https://diveintosystems.org/book/C15-Parallel/_attachments/scalar_multiply_mpi.c

```c
#include <stdio.h>
#include <stdlib.h>
#include "mpi.h"

#define ARRAY_SIZE (40)
#define SCALAR (10)

/* 실제 애플리케이션에서는 보스 프로세스가 데이터 파일에서 입력을 읽는다.
 * 이 예시 프로그램은 간단한 배열을 생성하고
 * array_size 포인터 매개변수를 통해 호출자에 배열의 크기를 알린다. */
int *build_array(int *array_size) {
    int i;
    int *result = malloc(ARRAY_SIZE * sizeof(int));

    if (result == NULL) {
        exit(1);
    }

    for (i = 0; i < ARRAY_SIZE; i++) {
        result[i] = i;
    }

    *array_size = ARRAY_SIZE;
    return result;
}

/* 배열과 크기가 주어지면 배열의 요소를 출력한다. */
void print_array(int *array, int array_size) {
    int i;
    for (i = 0; i < array_size; i++) {
        printf("%3d ", array[i]);
    }
    printf("\n\n");
}

/* 배열의 각 요소에 스칼라 값을 곱한다. */
void scalar_multiply(int *array, int array_size, int scalar) {
```

```c
    int i;
    for (i = 0; i < array_size; i++) {
        array[i] = array[i] * scalar;
    }
}

int main(int argc, char **argv) {
    int rank, process_count;
    int array_size, local_size;
    int scalar;
    int *array, *local_array;

    /* MPI를 초기화한다. */
    MPI_Init(&argc, &argv);

    /* 얼마나 많은 프로세스가 있고 어떤 프로세스인지 결정 */
    MPI_Comm_size(MPI_COMM_WORLD, &process_count);
    MPI_Comm_rank(MPI_COMM_WORLD, &rank);

    /* 랭크 0을 보스로 지정한다. 보스는 초기 입력 배열을 생성하고
     * 이를 곱할 스칼라를 선택함으로써 문제를 설정한다. */
    if (rank == 0) {
        array = build_array(&array_size);
        scalar = SCALAR;

        printf("Initial array:\n");
        print_array(array, array_size);
    }

    /* 보스는 브로드캐스트로 모든 프로세스에 스칼라 값을 보낸다.
     * 워커 프로세스는 이 MPI_Bcast 호출을 통해 스칼라 값을 받는다. */
    MPI_Bcast(&scalar, 1, MPI_INT, 0, MPI_COMM_WORLD);

    /* 보스는 전체 배열 크기를 브로드캐스트로 모든 프로세스에 보낸다.
     * 워커 프로세스는 이 MPI_Bcast 호출을 통해 크기 값을 받는다. */
    MPI_Bcast(&array_size, 1, MPI_INT, 0, MPI_COMM_WORLD);

    /* 각 프로세스가 얼마나 많은 배열 요소를 얻을 것인지 결정한다. */
```

```
 * 배열이 프로세스의 수로 균등하게 나뉠 것이라고 가정한다. */
local_size = array_size / process_count;

/* 각 프로세스는 배열의 일부를 저장하기 위한 공간을 할당한다. */
local_array = malloc(local_size * sizeof(int));
if (local_array == NULL) {
    exit(1);
}

/* 보스는 배열의 청크를 모든 프로세스에 고르게 분산시킨다. */
MPI_Scatter(array, local_size, MPI_INT, local_array, local_size, MPI_INT,
            0, MPI_COMM_WORLD);

/* 모든 프로세스(보스 포함)는 병렬로 배열의 일부에 스칼라 곱셈을 수행한다. */
scalar_multiply(local_array, local_size, scalar);

/* 보스는 모든 프로세스로부터 청크를 모으고, 그 결과를 최종 배열로 합친다. */
MPI_Gather(local_array, local_size, MPI_INT, array, local_size, MPI_INT,
           0, MPI_COMM_WORLD);

/* 보스는 최종 결과를 출력한다. */
if (rank == 0) {
    printf("Final array:\n");
    print_array(array, array_size);
}

/* 정리 */
if (rank == 0) {
    free(array);
}
free(local_array);
MPI_Finalize();

return 0;
}
```

main 함수에서 보스는 문제를 설정하고 배열을 생성한다. 과학 컴퓨팅 응용 프로그램처럼 실제 문제를 해결해야 한다면, 보스는 주로 초기 데이터를 입력 파일에서 읽는다. 배열을 초기화한 후, 배열의 크기와 곱셈에 사용할 스칼라에 대한 정보를 그 외 모든 워커 프로세스에 보내야 하므로, 그 변수들을 모든 프로세스에 브로드캐스트한다.

이제 각 프로세스는 배열의 크기와 프로세스의 개수를 알고 있으므로, 곱셈을 담당하는 배열 요소의 개수를 나눌 수 있다. 간단하게 하기 위해, 이 코드는 배열이 프로세스의 개수로 균등하게 나뉜다고 가정한다.

그런 다음 보스는 MPI_Scatter 함수를 사용해 배열의 동일한 부분을 각 워커 프로세스(자신을 포함)에 보낸다. 이제 워커는 필요한 정보를 모두 갖게 됐으므로, 각자가 담당한 배열 부분에서 병렬로 곱셈을 수행한다. 마지막으로, 워커들이 곱셈을 완료하면 보스는 MPI_Gather를 사용해 각 워커의 배열 조각을 수집해 최종 결과를 보고한다.

이 프로그램을 컴파일하고 실행하면 다음과 같다.

```
$ mpicc -o scalar_multiply_mpi scalar_multiply_mpi.c

$ mpirun -np 8 --hostfile hosts.txt ./scalar_multiply_mpi
Initial array:
  0   1   2   3   4   5   6   7   8   9  10  11  12  13  14  15  16  17  18  19
 20  21  22  23  24  25  26  27  28  29  30  31  32  33  34  35  36  37  38  39

Final array:
  0  10  20  30  40  50  60  70  80  90 100 110 120 130 140 150 160 170 180 190
200 210 220 230 240 250 260 270 280 290 300 310 320 330 340 350 360 370 380 390
```

15.2.6 분산 시스템의 과제

일반적으로 분산 시스템에서 여러 프로세스의 동작을 조정하기는 매우 어렵다. 공유 메모리 시스템에서 CPU나 전원 공급 장치 등의 하드웨어 컴포넌트가 고장 나면 전체 시스템이 작동하지 않게 된다. 분산 시스템에서는 독립적인 노드들이 독립적으로 실패할 수 있다. 예를 들어 한 노드가 사라지고 다른 노드가 여전히 작동 중인 경우, 애플리케이션은 어떻게 진행할지를 결정해야 한다. 마찬가지로, 상호 연결된 네트워크가 실패할 경우 각 프로세스에는 그 외 모든 프로세스가 실패한 것처럼 보일 수 있다.

분산 시스템은 공유된 하드웨어, 즉 클럭의 부재로 문제가 발생할 수도 있다. 네트워크로 전송할 때 예측할 수 없는 지연이 발생하면 자율 노드는 메시지가 전송된 순서를 쉽게 판단하지 못한다. 문제의 해결은 이 책의 범위를 벗어나므로 생략하겠다. 다행히도, 분산 소프트웨어 설계자들은 분산 애플리케이션 개발을 용이하게 하는 여러 프레임워크를 구축했다. 이러한 프레임워크 일부를 다음 절에서 설명한다.

MPI 관련 자료

MPI가 매우 크고 복잡해 그 일부만 다뤘다. MPI의 자세한 정보는 다음 자료에서 자세하게 다룬다.

- 블레이즈 바니가 작성한 미국 로렌스 리버모어 국립 연구소의 MPI 튜토리얼[9]
- 시에스인패러럴CSinParallel MPI 패턴[10]

15.3 엑사스케일 그 이상: 클라우드 컴퓨팅, 빅 데이터, 그리고 컴퓨팅의 미래

기술의 발전으로 인류는 이전에 볼 수 없었던 속도로 데이터를 생성할 수 있게 됐다. 망원경, 생물학적 서열 분석기, 센서 같은 과학 기기는 저비용으로 고품질의 과학 데이터를 양산한다. 과학자들은 이 같은 '데이터 홍수'를 분석하기 위해 **고성능 컴퓨팅**high performance computing(HPC)의 기반이 되는 정교한 멀티노드 슈퍼컴퓨터에 더 많이 의존하고 있다.

HPC 애플리케이션은 일반적으로 C, C++ 또는 Fortran 같은 언어로 작성되며, POSIX 스레드, OpenMP, MPI 같은 라이브러리를 사용해 멀티스레딩과 메시지 패싱을 지원한다. 지금까지 이 책의 대부분은 HPC 시스템에서 많이 활용되는 아키텍처 특징, 언어, 라이브러리를 설명

---

9 https://hpc-tutorials.llnl.gov/mpi/
10 http://selkie.macalester.edu/csinparallel/modules/Patternlets/build/html/MessagePassing/MPI_Pattern-lets.html

했다. 과학 발전을 주시하는 기업, 국립 연구소, 기타 기관은 HPC 시스템을 사용하며 컴퓨팅 과학 생태계의 핵심을 형성한다.

한편, 인터넷 기반 장치의 보급과 소셜 미디어의 대중화로 인류는 웹페이지, 사진, 동영상, 트윗, 소셜 미디어 게시물 형태로 대량의 온라인 멀티미디어를 손쉽게 양산하고 있다. 온라인 데이터의 90%가 최근 2년 동안 양산됐으며, 사회에서는 사용자 데이터가 초당 30테라바이트(하루에 2.5엑사바이트)씩 쏟아지고 있다고 추산된다. **사용자 데이터**의 급증은 기업과 조직에 사용자의 습관, 관심사, 행동에 대한 풍부한 정보를 제공하며, 상업용 제품과 서비스를 더욱 특화하기 위해 데이터가 풍부한 고객 프로필을 구성하는 데 일조한다. 사용자 데이터를 분석하기 위해 기업은 전형적인 슈퍼컴퓨터와 많은 하드웨어 아키텍처 컴포넌트를 공유하는 멀티노드 데이터 센터에 많이 의존한다. 하지만 이러한 데이터 센터는 인터넷 기반 데이터를 위해 특수 설계된 소프트웨어 스택에 의존한다. 대규모 인터넷 기반 데이터의 저장과 분석에 사용되는 컴퓨터 시스템은 **고급 데이터 분석**(HDA) 시스템으로 불리기도 한다. 아마존, 구글, 마이크로소프트, 페이스북 등의 기업은 인터넷 데이터 분석에 대단한 관심을 보이며, 데이터 분석 생태계의 핵심을 형성하고 있다. 2010년경에 시작된 HDA와 데이터 분석 혁명은 현재 클라우드 컴퓨팅 연구를 주도하고 있다.

[그림 15-6]은 HDA와 HPC 커뮤니티가 사용하는 소프트웨어의 주요 차이점을 강조한다. 두 커뮤니티는 모두 분산 메모리 모델을 따르는 유사한 클러스터 하드웨어를 사용한다. 각 컴퓨팅 노드에는 전형적으로 하나 이상의 멀티코어 프로세서가 있고 종종 GPU가 있기도 하다. 클러스터 하드웨어에는 전형적으로 여러 노드에 로컬로 저장된 파일에 사용자와 애플리케이션이 공동으로 접근할 수 있는 **분산 파일 시스템**이 내장된다.

그림 15-6 HDA와 HPC 프레임워크의 비교. 잭 동가라와 다니엘 리드의 그림을 재구성했다.[11]

전형적으로 고성능 컴퓨팅용(HPC)으로 구축되고 최적화된 슈퍼컴퓨터와 달리, HDA 커뮤니티는 범용 컴퓨팅 노드의 대규모 집합인 **데이터 센터**를 활용한다. 이러한 노드는 대개 이더넷을 통해 네트워크로 연결된다. 소프트웨어 수준에서 데이터 센터에서 전형적으로 사용하는 프레임워크는 가상 머신, 대규모 분산 데이터베이스, 인터넷 데이터의 고속 처리가 가능하다. **클라우드**라는 용어는 HDA 데이터 센터의 데이터 저장 및 컴퓨팅 파워 요소를 가리킨다.

이 절에서는 클라우드 컴퓨팅과 클라우드 컴퓨팅을 가능하게 하는 대중적인 소프트웨어(특히 맵리듀스), 그리고 미래에 대한 몇 가지 도전을 간단히 살펴보자. 이러한 개념을 깊이 다루지 않으므로, 자세한 정보를 원하는 독자는 참고 자료를 탐색하기 바란다.

15.3.1 클라우드 컴퓨팅

클라우드 컴퓨팅은 다양한 서비스를 위해 클라우드를 사용하거나 임대하는 서비스다. 컴퓨팅 인프라가 '유틸리티'처럼 기능하는 것은 클라우드 컴퓨팅 덕분이다. 소수의 중앙 공급자가 조직과 사용자에게 인터넷을 통해 (무한한 양의) 계산 능력을 제공하고, 조직과 사용자는 원하는 만큼 사용하고 사용량만큼 비용을 지불한다. 클라우드 컴퓨팅은 크게 서비스로서의 소프트웨어

---

11 D. A. Reed and J. Dongarra, "Exascale Computing and Big Data," Communications of the ACM 58(7), 56–68, 2015.

(SaaS), 서비스로서의 인프라스트럭처(IaaS), 서비스로서의 플랫폼(PaaS)으로 나뉜다.[12]

서비스로서의 소프트웨어

서비스로서의 소프트웨어 Software as a Service(SaaS)는 클라우드를 통해 사용자에게 직접 제공되는 소프트웨어다. 대부분의 사람은 이 클라우드 컴퓨팅의 핵심 요소를 자신도 모르게 사용한다. 많은 사람이 일상적으로 사용하는 애플리케이션(웹 메일, 소셜 미디어, 비디오 스트리밍 등)이 클라우드 인프라를 이용한다. 고전적인 응용 사례인 웹 메일을 떠올려보자. 사용자는 어느 장치에서든 로그인해 웹 메일에 접속하고, 메일을 보내고 받을 수 있으며, 이런 용도로 사용하기에는 저장 공간이 결코 부족해 보이지 않는다. 관심이 있는 조직은 고객과 직원에게 이메일 서비스를 제공하기 위해 클라우드 이메일 서비스를 '임대'할 수 있다. 그러면 조직 입장에서는 자체적으로 서비스를 운영하기 위해 지불해야 할 하드웨어와 유지 보수 비용을 부담하지 않아도 된다. SaaS의 핵심은 클라우드 제공업체가 전적으로 관리한다는 점이다. 조직과 사용자는 애플리케이션, 데이터, 소프트웨어, 하드웨어 인프라의 어느 부분도 관리하지 않는다. 자신의 하드웨어에서 서비스를 설정하는 수고가 들 뿐이다. 클라우드 컴퓨팅이 등장하기 전에는, 조직에서 사용자에게 웹 메일을 제공하려면 내부 인프라를 구축하고 이를 유지보수할 전담 IT 직원이 필요했다. 인기 있는 SaaS 제공업체의 예로는 구글의 G 스위트와 마이크로소프트의 오피스 365가 있다.

서비스로서의 인프라

서비스로서의 인프라 Infrastructure as a Service(IaaS)는 범용의 가상 머신이나 특정 애플리케이션에 사전 설정된 가상 머신에 접근하는 형태로, 개인이나 조직이 필요에 맞춰 컴퓨팅 리소스를 '임대'하는 서비스다. 아마존 웹서비스(AWS)의 일래스틱 컴퓨터 클라우드Elastic Compute Cloud(EC2) 서비스가 IaaS의 고전적인 예시다. EC2를 사용하면 사용자가 원하는대로 커스터마이징 할 수 있는 가상 머신을 생성할 수 있다. EC2에서 **탄력적**elastic이라는 용어는 사용자가 필요에 따라 컴퓨팅 리소스 요청의 확대나 축소가 가능함을 의미하며, 비용은 사용한 만큼 지불한다. 예를 들어 조직은 자체 웹사이트를 호스팅하거나 사용자에게 맞춤형으로 만든 애플리케이션을 배포하기 위해 IaaS 제공업체를 이용할 수 있다. 몇몇 연구소와 학교는 연구실 장비 대신에 IaaS 서비스를

---

12 M. Armbrust et al., "A View of Cloud Computing," Communications of the ACM 53(4), 50–58, 2010.

이용해 클라우드에서 실험을 실행하거나 학습할 수 있는 가상 플랫폼을 제공한다. 어느 경우든 개인 클러스터나 서버의 유지 관리 수고와 비용이 들지 않는다. SaaS 분야와 달리, IaaS 분야의 사용 사례에서는 클라이언트가 애플리케이션, 데이터, 그리고 경우에 따라 가상 머신의 OS 자체를 설정해야 한다. 그러나 호스트 OS와 하드웨어 인프라는 클라우드 제공업체가 설정하고 관리한다. 인기 있는 IaaS 제공업체로는 아마존 AWS, 구글 클라우드 서비스(GCP), 마이크로소프트의 애저^{Azure}가 있다.

서비스로서의 플랫폼

서비스로서의 플랫폼$^{Platform\ as\ a\ Service}$(PaaS)은 개인과 조직이 클라우드를 위해 자체 웹 애플리케이션을 개발하고 배포하는 서비스다. 이를 통해 로컬 구성 또는 유지 보수 작업을 할 필요가 없어진다. 대부분의 PaaS 제공업체는 개발자가 다양한 언어로 애플리케이션을 작성하고 사용할 API를 선택할 수 있도록 지원한다. 예를 들어 마이크로소프트의 애저 서비스는 사용자가 비주얼 스튜디오$^{Visual\ Studio}$ IDE에서 웹 애플리케이션을 작성하고 테스트용으로 애저에 배포할 수 있도록 지원한다. 구글 앱 엔진$^{Google\ App\ Engine}$은 다양한 언어로 클라우드에서 사용자 정의 모바일 애플리케이션을 빌드하고 테스트할 수 있도록 지원한다. 그 밖의 대표적인 예로는 히로쿠^{Heroku}와 클라우드비^{CloudBees}가 있다. 개발자는 애플리케이션과 데이터에만 제어권을 가지며, 나머지 소프트웨어 인프라와 모든 하드웨어 인프라는 클라우드 제공업체가 제어한다는 점에 유의한다.

15.3.2 맵리듀스

아마도 클라우드 시스템에서 가장 유명한 프로그래밍 패러다임은 맵리듀스^{MapReduce}[13]일 것이다. 맵리듀스는 함수형 프로그래밍의 맵^{Map}과 리듀스^{Reduce} 연산에서 파생됐는데, 이 개념을 처음으로 대규모 웹 데이터의 분석에 적용한 기업은 구글이다. 구글은 맵리듀스를 이용해 경쟁업체보다 더 빠른 웹 쿼리를 수행할 수 있었고, 이를 통해 현재의 웹 서비스 제공업체이자 인터넷 거대 기업으로 급부상할 수 있었다.

---

13 Jeffrey Dean and Sanjay Ghemawat, "MapReduce: Simplified Data Processing on Large Clusters," Proceedings of the Sixth Conference on Operating Systems Design and Implementation, Vol. 6, USENIX, 2004.

맵과 리듀스 동작의 이해

맵리듀스 패러다임에서의 맵과 리듀스 함수는 함수형 프로그래밍에서의 맵과 리듀스 수학적 연산을 기반으로 한다. 이 절에서는 이러한 수학적 연산이 어떻게 작동하는지 간단히 설명하고, 앞서 소개한 몇 가지 예시를 다시 살펴본다.

맵 연산은 전형적으로 컬렉션의 모든 요소에 동일한 함수를 적용한다. 파이썬에 익숙한 독자는 이 기능을 파이썬의 리스트 컴프리헨션list comprehension 기능에서 볼 수 있다. 예를 들어 다음의 두 코드는 파이썬에서 스칼라 곱셈을 수행한다.

일반적인 스칼라 곱하기

```
'''
    스칼라 곱셈을 수행하는 전형적인 방법은
    다음과 같다.
'''

# 배열은 숫자의 배열이다.
# s는 정수형이다.
def scalarMultiply(array, s):

    for i in range(len(array)):
        array[i] = array[i] * s

    return array

# scalarMultiply 함수 호출
myArray = [1, 3, 5, 7, 9]
result = scalarMultiply(myArray, 2)

# [2, 6, 10, 14, 18] 출력
print(result)
```

리스트 컴프리헨션으로 스칼라 곱하기

```
'''
    리스트 컴프리헨션을 사용해서
```

```
        스칼라 곱셈을 수행하는
        동등한 프로그램
'''

# 두 숫자를 곱함
def multiply(num1, num2):
    return num1 * num2

# 배열은 숫자의 배열이다.
# s는 정수형이다.
def scalarMultiply(array, s):

    # 리스트 컴프리헨션을 사용
    return [multiply(x, s) for x in array]

# scalarMultiply 함수를 호출
myArray = [1, 3, 5, 7, 9]
result = scalarMultiply(myArray, 2)

# [2, 6, 10, 14, 18] 출력
print(result)
```

리스트 컴프리헨션은 동일한 함수(예시의 경우 배열 요소와 스칼라 값 s의 곱셈)를 배열의 각 요소 x에 적용한다.

단일 리듀스 연산은 여러 요소의 컬렉션을 가져와서 어떤 공통 함수를 사용해 하나의 값으로 결합한다. 예를 들어 파이썬의 sum 함수는 리듀스 연산과 유사하게 작동해 컬렉션(전형적으로 파이썬 리스트)을 가져와서 모든 요소를 더하는 방식으로 결합한다. 가령 **scalarMultiply** 함수에서 반환된 **result** 배열의 모든 요소에 덧셈을 적용하면 결합된 합계는 50이 된다.

맵리듀스 프로그래밍 모델

맵리듀스의 핵심 특징은 간소화된 프로그래밍 모델이라는 점이다. 프로그래머는 맵(map) 함수와 리듀스(reduce) 함수 두 가지 유형의 함수만 구현하면 된다. 나머지 작업은 맵리듀스 프레임워크가 자동으로 처리한다.

프로그래머가 작성한 맵 함수는 입력 (키^key,값^value) 쌍을 받아서 중간 (키,값) 쌍을 출력하고, 이를 모든 노드가 공유하는 분산 파일 시스템에 기록한다. 전형적으로 맵리듀스 프레임워크가 정의한 컴바이너^combiner가 그 후에 (키,값) 쌍을 키에 따라 집계해 (키,list(값)) 쌍을 만들고, 이를 프로그래머가 정의한 리듀스 함수에 전달한다. 리듀스 함수는 입력으로 (키,list(값)) 쌍을 받아 프로그래머가 정의한 연산을 통해 모든 값을 결합해 최종적으로 (키,값)을 형성한다. 이 출력에서 값은 축소 연산의 결과에 해당한다. 리듀스 함수의 출력은 분산 파일 시스템에 기록되고 보통 사용자에게 출력된다.

맵리듀스 모델로 프로그램을 병렬화하는 방법을 보여주기 위해 대규모 텍스트 말뭉치에서 각 단어의 빈도수를 결정하는 '단어 빈도수' 프로그램을 다루겠다.

C 프로그래머는 '단어 빈도수' 프로그램을 위해 다음과 같은 **map** 함수를 구현할 수 있다.

```c
void map(char *key, char *value){
    // 키는 문서 이름
    // 값은 일부 단어를 포함하는 문자열 (공백으로 구분)
    int i;
    int numWords = 0; // 찾은 단어 수. parseWords()에 의해 채워짐

    // numWords 단어의 배열을 반환
    char *words[] = parseWords(value, &numWords);
    for (i = 0; i < numWords; i++) {
        // 파일 시스템에 (단어, 1) 키-값 중간 결과를 출력한다.
        emit(words[i], "1");
    }
}
```

이 맵 함수는 입력으로 파일의 이름에 해당하는 문자열(**key**)과 파일 데이터의 컴포넌트가 담긴 별도의 문자열(**value**)을 받는다. 그다음 이 함수는 입력값으로부터 단어들을 파싱하고 각 단어(**words[i]**)를 별도로 문자열값 '1'과 함께 내보낸다. 맵리듀스 프레임워크에 의해 제공되는 **emit** 함수는 중간 (키, 값) 쌍을 분산 파일 시스템에 기록한다.

단어 빈도수 프로그램을 완성하기 위해, 프로그래머는 다음과 같은 리듀스 함수를 구현할 수 있다.

```
void reduce(char *key, struct Iterator values) {
    // 키는 개별 단어이며
    // 값은 Iterator 타입이다.
    // (항목 배열 (타입 char **)과 관련된 길이 (타입 int)를 포함하는 구조체다.)
    int numWords = values.length();  // 길이 구하기
    char *counts[] = values.items(); // 카운트 얻기
    int i, total = 0;
    for (i = 0; i < numWords; i++) {
        total += atoi(counts[i]); // 모든 카운트 합산
    }
    char *stringTotal = itoa(total); // 합계를 문자열로 변환
    emit(key, stringTotal); // 파일 시스템에 쌍으로 출력(단어, 합계)
}
```

이 리듀스 함수는 입력으로 특정 단어에 대응하는 문자열(key)과 키(items)와 관련된 집계된 항목 배열과 그 배열의 길이(length)로 구성된 이터레이터(Iterator) 구조체(다시 말해, 맵리듀스 프레임워크에서 제공)를 받는다. 단어 빈도 애플리케이션에서 items는 카운트의 목록에 해당한다. 이 함수는 이터레이터 구조체의 length 필드에서 단어의 수를 추출하고, items 필드에서 카운트 배열을 추출한다. 그다음에 모든 카운트를 순회하면서, 값을 변수 total에 집계한다. emit 함수가 char * 매개변수를 필요로 하기 때문에, 함수는 emit을 호출하기 전에 total을 문자열로 변환한다.

맵과 리듀스를 구현한 후에 프로그래머의 책임은 끝난다. 맵리듀스 프레임워크는 입력을 분할하고 맵 함수를 실행하는 프로세스(맵 작업)를 생성하고 관리하는 작업, 중간 (키, 값) 쌍을 집계하고 정렬하는 작업, 리듀스 함수를 실행하는 별도의 프로세스(리듀스 작업)를 생성하고 관리하는 작업, 그리고 최종 출력 파일을 생성하는 작업 등을 자동화한다.

[그림 15-7]에서는 맵리듀스가 인기 있는 조나단 콜튼Jonathan Coulton의 노래 '코드 몽키Code Monkey'의 앞 소절(code monkey get up get coffee, code monkey go to job)을 병렬화한다.

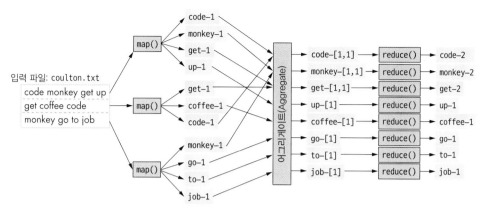

그림 15-7 맵리듀스 프레임워크를 사용한 음악 '코드 몽키'의 앞 소절 병렬화

[그림 15-7]은 이 프로세스의 개요를 나타낸다. 실행 전에 보스 노드는 입력을 M개의 부분으로 분할한다. 여기서 M은 맵 작업의 갯수에 해당한다. [그림 15-7]에서 M = 3이고, 입력 파일인 coulton.txt가 세 부분으로 나뉜다. 맵 단계에서, 보스 노드는 맵 작업을 하나 이상의 워커 노드에 분산하고, 각 맵 작업은 독립적으로 병렬로 실행된다. 예를 들어 첫 번째 맵 작업은 'code monkey get up'을 개별 단어로 구분해 (code, 1), (monkey, 1), (get, 1), (up, 1)이라는 네 개의 (키, 값) 쌍을 생성한다. 각 맵 작업은 중간 값을 분산 파일 시스템에 기록하여 각 노드에 일정량의 저장 공간을 차지한다.

리듀스 단계가 시작되기 전에, 프레임워크는 중간 (키, 값) 쌍을 (키, 값의 리스트) 형태로 집계하고 결합한다. [그림 15-7]을 보면 (키, 값) 쌍인 (get, 1)이 두 개의 서로 다른 맵 작업에서 발생한다. 맵리듀스 프레임워크는 이러한 별도의 (키,값) 쌍을 단일 (키, 값의 리스트) 형태인 (get,[1,1])으로 집계한다. 집계된 중간 쌍은 디스크의 분산 파일 시스템에 기록된다.

다음으로, 맵리듀스 프레임워크는 보스 노드에 R 개의 리듀스 작업을 생성하도록 지시한다. [그림 15-7]에서 R은 8이다. 그런 다음 맵리듀스 프레임워크는 작업을 워커 노드들 사이에 분배한다. 한 번 더 강조하면, 각 리듀스 작업은 독립적으로 실행되어 병렬로 처리된다. 이 예시의 경우 리듀스 단계에서 (키, 값)의 리스트인 (get,[1,1])는 (키,값)인 (get,2)로 축소된다. 각 워커 노드가 리듀스 작업의 출력을 최종 파일에 추가하므로 사용자는 작업이 완료된 후에도 해당 파일을 사용할 수 있다.

장애 허용

데이터 센터는 전형적으로 수천 개의 노드가 있고 따라서 자주 고장failure이 난다. 예를 들어 데이터 센터의 개별 노드에서 하드웨어 고장이 발생할 확률이 2%라면, 노드가 1,000개 있는 데이터 센터의 노드에서 고장 날 확률은 99.99% 이상이다. 그러므로 데이터 센터를 위해 작성된 소프트웨어는 하드웨어가 고장 나도 계속 작동할 수 있어야 하는데(그렇지 않으면 안전하게 실패해야 한다), 이를 **장애 허용**fault tolerant이라고 한다.

맵리듀스는 장애 허용을 염두에 두고 설계됐다. 1회의 맵리듀스 실행에는 하나의 보스 노드와 수천 개의 워커 노드가 있을 수 있다. 따라서 워커 노드가 실패할 확률은 높다. 이를 해결하기 위해, 보스 노드는 정기적으로 개별 워커 노드에 핑ping을 보낸다. 만약 보스 노드가 워커 노드로부터 응답을 받지 못하면, 보스는 해당 워커에 할당된 작업을 다른 노드에 재분배하고 작업을 재실행한다. 만약 보스 노드가 실패한다면(단일 노드이므로 발생 확률이 낮음), 맵리듀스 작업은 중단되고 별도의 노드에서 재실행해야 한다. 때때로 워커 노드가 작업으로 인해 응답하지 못할 수도 있다. 이 경우 워커 노드는 지연되거나 과부하될 수 있다. 따라서 맵리듀스는 느린 워커 노드(또는 꼬리 워커)의 영향을 제한하기 위해 동일한 핑 및 작업 재분배 전략을 사용한다.

하둡과 아파치 스파크

맵리듀스의 개발은 컴퓨팅 세계에 큰 파문을 일으켰다. 그러나 구글의 맵리듀스 구현은 소스 코드를 공개하지 않았고, 그래서 야후의 엔지니어들은 하둡을 개발했다.[14] 하둡은 맵리듀스의 오픈 소스 구현체로, 나중에 아파치 재단에 채택됐다. 하둡 프로젝트는 아파치 하둡에 사용하는 오픈소스 도구로 구성된 생태계다. 구글 파일 시스템의 오픈 소스 대안인 HDFSHadoop Distributed File System와 구글 BigTable을 모델로 한 HBase 등이 이 생태계에 속한다.

하둡은 몇 가지 주요 제한점이 있다. 먼저, 여러 개의 맵리듀스 작업을 하나의 큰 워크플로로 연결하기가 어렵다. 둘째, HDFS에 중간 결과를 기록하면 작은 작업(1GB 미만)에서 병목 현상을 일으킬 소지가 있다. 이러한 문제를 해결하기 위해 설계된 것이 아파치 스파크[15]다. 아파치 스파크는 최적화와 중간 데이터를 대부분 메모리에서 처리할 수 있는 능력 덕에 하둡에 비해 어떤 애플리케이션에서는 최대 100배 빠르다.[16]

---

14 https://hadoop.apache.org
15 https://spark.apache.org
16 DataBricks, "Apache Spark," https://databricks.com/spark/about

15.3.3 미래를 바라보며: 기회와 도전

인터넷 데이터 분석 커뮤니티의 혁신이 무색하게, 인류가 생성하는 데이터양은 나날이 증가하고 있다. 대부분의 데이터는 이른바 **에지 환경**에서 양산된다. 이 환경은 센서와 기타 데이터 생성 장치가 위치한 곳으로, 상용 클라우드 공급업체, HPC 시스템과는 네트워크의 반대쪽에 위치한 것으로 정의된다. 종래에는 과학자들과실무자들이 데이터를 수집하고 분석하기 위해 로컬 클러스터를 사용하거나 분석할 데이터를 슈퍼컴퓨터나 데이터 센터로 이동하는 방식이 보편적이었다. 그러나 센서 기술의 발전으로 데이터 홍수 문제가 심화되면서 이 같은 '중앙 집중식' 컴퓨팅 전략은 더 이상 유효하지 않게 됐다.

폭발적인 성장의 기폭제가 된 것은 다양한 센서가 내장된 소형 인터넷 연결 장치의 보급이다. **사물 인터넷**Internet of Things(IoT) 장치가 엣지 환경에서 대량의 다양한 데이터셋을 양산하고 있다. 대용량 데이터셋은 이동하는 데 많은 시간과 에너지가 소요되기 때문에 엣지에서 클라우드로 전송하기가 어렵. '빅데이터'로 불리는 데이터의 물류 문제를 완화하기 위해 연구 커뮤니티에서는 엣지와 클라우드 간 전송 지점마다 데이터를 요약하는 기술을 적극적으로 개발하기 시작했다.[17] 컴퓨팅 연구 커뮤니티에서는 엣지 환경에서 데이터를 처리하고, 저장, 요약하는 통합 플랫폼을 생성할 수 있는 인프라에 초미의 관심을 기울이는데, 이름하여 **엣지**(또는 **포그**) 컴퓨팅 분야다. 엣지 컴퓨팅은 빅 데이터의 전통적인 분석 모델을 뒤집는다. 분석이 슈퍼컴퓨터나 데이터 센터의 위치에서 이루어지는 것이 아니라 데이터 생산 근원인 소스에서 이루어진다.

데이터 이동 물류 외에 빅 데이터 분석에서 공통 관심사는 전력 관리다. 대규모 중앙집중형 자원인 슈퍼컴퓨터와 데이터 센터는 많은 에너지를 요한다. 현대 슈퍼컴퓨터는 전력 공급과 냉각을 위해 수메가와트(백만 와트)의 전력이 필요하다. 슈퍼컴퓨팅 커뮤니티에서 자주 회자되는 말이 있다. "메가와트는 큰돈megabuck을 요구한다" 즉, 1메가와트의 전력 요구에는 연간 약 100만 달러가 소요된다.[18] 에지 환경의 로컬 데이터 처리 덕분에 대규모 데이터셋 이동의 물류 문제를 다소 완화할 수 있지만, 해당 환경은 컴퓨팅 인프라에 최소한의 에너지를 사용하는 동시에 대규모 슈퍼컴퓨터와 데이터 센터의 에너지 효율을 향상하는 것이 급선무다.

---

17 M. Asch et al., "Big Data and Extreme-Scale Computing: Pathways to Convergence – Toward a shaping strategy for a future software and data ecosystem for scientific inquiry," The International Journal of High Performance Computing Applications 32(4), 435–479, 2018.

18 M. Halper, "Supercomputing's Super Energy Needs, and What to Do About Them," CACM News, `https://cacm.acm.org/news/192296-supercomputings-super-energy-needs-and-what-to-do-about-them/fulltext`

HPC와 클라우드 컴퓨팅 생태계를 통합해 대규모 데이터 분석을 위한 공통의 프레임워크, 인프라 및 도구 셋을 구축하는 방법에도 관심이 있다. 최근 몇 년 동안, 많은 과학자들이 클라우드 컴퓨팅 커뮤니티에서 개발된 기술과 도구를 채택해 전통적인 HPC 데이터셋을 분석하고, 그 반대로도 수행하고 있다. 양 진영의 소프트웨어 생태계를 통합하면 연구의 상호 교류와 데이터의 대량 증가에 대응할 두 커뮤니티의 협력, 리소스 공유를 위한 통합 시스템의 개발이 가능해진다. 빅 데이터 엑사스케일 컴퓨팅Big Data Exascale Computing(BDEC) 그룹[19]은 HPC와 클라우드 컴퓨팅을 다른 패러다임으로 보는 대신, 클라우드 컴퓨팅을 과학 컴퓨팅의 '디지털 기반' 단계로 보는 관점이 더 유용할 수 있다고 주장한다. 클라우드 컴퓨팅에서는 인터넷을 통해 데이터 소스가 점차 더 많이 생성될 것이기 때문이다. 또한 HPC와 클라우드 컴퓨팅 소프트웨어와 연구 커뮤니티를 완전히 통합하기 위해서는 문화, 교육은 물론이고 도구도 융합해야 한다. 또한 BDEC는 슈퍼컴퓨터와 데이터 센터가 여러 소스에서 발생하는 데이터 플러딩을 처리하기 위해 연동되는 컴퓨팅 리소스의 거대 네트워크에서 '노드'로 작동하는 모델을 제안한다. 각 노드는 수신되는 데이터를 적극적으로 요약하고, 필요할 때만 더 큰 계산 리소스 노드로 데이터를 전달한다.

클라우드 컴퓨팅과 HPC 생태계가 통합을 도모하고 데이터의 급증 사태에 대비할 때, 컴퓨터 시스템의 미래는 흥미진진한 가능성으로 가득해진다. 인공 지능과 양자 컴퓨팅 같은 새로운 분야가 **도메인별 아키텍처**(DSA)와 **응용 특화 통합 회로**(ASIC)의 생성을 견인하고 있다. 이 같은 신생 기술은 종래 기술보다 더 효율적으로 맞춤형 워크플로를 처리할 것이다(예, TPU[20]). 이러한 아키텍처의 보안은 커뮤니티에서 오랫동안 간과됐지만, 분석하려는 데이터가 중요해지며 그 비중도 확대될 전망이다. 새로운 아키텍처는 그들을 프로그래밍할 새로운 언어와, 다양한 인터페이스를 관리할 또 다른 운영 체제가 필요하다. 컴퓨터 아키텍처의 미래에 대해 더 알아보기 위해, 2017년 ACM 튜링상 수상자이자 컴퓨터 아키텍처 분야의 거장인 존 헨네시와 데이비드 패터슨의 논문[21]을 참고하길 권장한다.

....

19 https://www.exascale.org/bdec

20 N. P. Jouppi et al., "In-Datacenter Performance Analysis of a Tensor Processing Unit," Proceedings of the 44th Annual International Symposium on Computer Architecture, ACM, 2017

21 J. Hennessy and D. Patterson, "A New Golden Age for Computer Architecture," Communications of the ACM 62(2), 48-60, 2019.

INDEX

INDEX

INDEX

INDEX

INDEX

INDEX